国家社科基金
GUOJIA SHEKE JIJIN HOUGI ZIZHU XIANGMU
后期资助项目

唐前孟学史

A History of Mencius Studies in Pre-Tang Dynasties

高正伟 著

中华书局
ZHONGHUA BOOK COMPANY

图书在版编目（CIP）数据

唐前孟学史/高正伟著. —北京：中华书局，2022. 10
（国家社科基金后期资助项目）
ISBN 978-7-101-15907-3

Ⅰ. 唐…　Ⅱ. 高…　Ⅲ. 孟轲（约前372~前289）-哲学思想-
思想史　Ⅳ. B222.5

中国版本图书馆 CIP 数据核字（2022）第 174522 号

书　　　名	唐前孟学史	
著　　　者	高正伟	
丛 书 名	国家社科基金后期资助项目	
责任编辑	王传龙	
责任印制	管　斌	
出版发行	中华书局	
	（北京市丰台区太平桥西里 38 号　100073）	
	http://www.zhbc.com.cn	
	E-mail：zhbc@ zhbc.com.cn	
印　　　刷	三河市中晟雅豪印务有限公司	
版　　　次	2022 年 10 月第 1 版	
	2022 年 10 月第 1 次印刷	
规　　　格	开本/710×1000 毫米　1/16	
	印张 38½　插页 2　字数 600 千字	
国际书号	ISBN 978-7-101-15907-3	
定　　　价	168.00 元	

国家社科基金后期资助项目出版说明

后期资助项目是国家社科基金设立的一类重要项目，旨在鼓励广大社科研究者潜心治学，支持基础研究多出优秀成果。它是经过严格评审，从接近完成的科研成果中遴选立项的。为扩大后期资助项目的影响，更好地推动学术发展，促进成果转化，全国哲学社会科学工作办公室按照"统一设计、统一标识、统一版式、形成系列"的总体要求，组织出版国家社科基金后期资助项目成果。

全国哲学社会科学工作办公室

目　录

第一编　战国孟学史

第二编　秦汉孟学史

导　言

　　《孟子》一书在中国历史上扮演着重要的角色,它对中国政治、文化、哲学乃至文学都曾有过不小影响。就其存在形态而言,《孟子》首先是子学的。它是先秦原始儒家代表著作之一,也是诸子百家争鸣的重要组成部分。在马王堆汉墓帛书、郭店楚简以及上博简等孔孟间文献未出现之前,《孟子》与《论语》、《荀子》三部书长时间成为研究先秦及后世儒学不可多得的可靠文献。通过《孟子》,我们可以窥探到战国中后期儒家思想的现状、儒家学派内部的演变以及各学派之间的争论,在一定程度上恢复孟子及其著作在当时的本来面目。这对我们中肯地评价孟子思想和后世孟学的地位、影响,及其在当下文化建设中应有的作用,都是十分必要的。《孟子》又是经学的。它在汉初短暂入经后曾被长期视为子学,北宋后又开始了其漫长的经学历程,成为官方权威的政治教科书之一。

　　孟子及其著作的地位在总体上升过程中几经沉浮。孟子在死后相当长的时间内地位并不高,直至韩愈《原道》篇提出:"尧以是传之舜,舜以是传之禹,禹以是传之汤,汤以是传之文、武、周公,文、武、周公传之孔子,孔子传之孟轲。轲之死,不得其传焉。"[①] 把孟子视为先秦儒家中唯一继承孔子"道统"的人物,孟子其人其书的地位方才逐渐上升。北宋神宗熙宁四年,《孟子》一书首次被列为科举考试科目;元丰六年,孟子首次被官方追封为"邹国公",翌年被批准配享孔庙,《孟子》一书遂升格为儒家经典。南宋朱熹又把《孟子》与《大学》、《中庸》、《论语》合为"四书",其地位更在"五经"之上。元朝至顺元年,孟子被加封为"亚圣公","亚圣"之称遂官方化,地位仅次于孔子。孟子地位的节节攀升,主要原因之一是:读书人多把孟子作为孔子、子思之后的正统传人;作为儒家"道统"的继任者。韩愈开其端,后经过宋代范仲淹、周敦颐、二程、张载、

① 韩愈著,刘真伦、岳珍校注:《韩愈文集汇校笺注》第一册,中华书局,2010年,第4页。

王安石、朱熹等人大力宣扬,子思与孟子合称的思孟学派就由唐以后学者出于政治需要而作出的一种意识形态化表述,变为一种近于历史事实的存在,成为儒学传播者言必称说的内容。当然,孟子在后世也曾受到不少质疑和抨击。荀子首开其风,作《非十二子》,王充作《刺孟》。宋代是孟子及其书地位上升过程中最重要的阶段,但所受批评也最多:李觏有《常语》,司马光有《疑孟》,晁说之有《儒言》,郑厚有《艺圃折衷》等。明朝朱元璋曾大怒于孟子君臣关系之论,命人罢去孟子的配享,虽有刑部尚书钱唐冒死谏争,但仍让人删去藐视君权的语句,直至编出《孟子节文》这样的"洁本"方休。

孟子对后世的影响主要在思想和哲学方面。他的性善说、仁义观、义利观以及人格论、民本思想等,是中国思想宝库中的重要内容,影响着后世的思想家、政治家、文人学士以及普通老百姓。如他的民为邦本君为轻思想,影响着后世的学者、仁人志士、政治家乃至普通官吏,重视老百姓的生存和力量,因而不畏权势,为民请命。荀子引古语为孟子这一思想打了一个极形象的比喻:"君者,舟也;庶人者,水也。水则载舟,水则覆舟。"(《荀子·王制》)唐宰相魏征用类似的话告诫李世民说:"舟所以比人君,水所以比黎庶,水能载舟,亦能覆舟。"(《贞观政要》卷四)可以说,在有了统治与被统治的关系之初,高居庙堂的国君们便已看到了被统治的子民所蕴含着的力量,也逐渐认识到统治之本仍在于民。范仲淹把实现天下人之乐作为自己终生奋斗的目标,其千古名言"先天下之忧而忧,后天下之乐而乐",便是源自孟子"乐以天下,忧以天下"的思想。孟子"富贵不能淫,贫贱不能移,威武不能屈"的大丈夫精神、"舍生取义"的伟大人格,早已融入中华民族的血液,成为中华民族的一种优秀品格。他与孔子并称"孔孟",共同在中国儒学史乃至整个中国思想史上树立了一座高峰,也成为后世思想的源头活水。

孟子及其书的遭遇是一个有趣的现象,甚至可以说,它的经历在一定程度上成为中国两千余年封建社会的缩影。因此,通过孟学史的研究来加深对中国历史的认识就显得很有价值。

一、本论题研究文献综述

（一）孟学研究文献的大致情况

《孟子》一书问世以来，虽然其地位经历了数次起伏，但研究者却从未间断。在两千多年的孟子学术发展史上（以下简称孟学史），先后出现了太多的相关文献。据学者郑卜五统计，从先秦迄至 1993 年，中外有关研究《孟子》的论著，包括存和佚的专著、单篇论文、序跋例言、提要解题以及考证论评等著作，共计 2967 种①。如果再加上近几年的相关作品，数量远远超过 3000 种。据笔者初步统计整理，1949 之前现存的文献也有500 多种，其中以清代为最，民国与明代次之，魏晋南北朝最少，仅有后人辑佚且尚存争议的綦毋邃《孟子綦毋氏注》一卷。需要说明的是，这些数据还只包括以《孟子》文本、孟子生平、思想等为直接研究对象的文献，如果再加上那些有间接关联的著作，数量将更加庞大，用浩如烟海来形容也许并不为过。对孟学史的撰写来说，如此宏富的资料无疑增加了获取学术创新的可能与期待，我们更多面对的将是枯燥无味的材料梳理与研读，给准确把握孟学演变的真实历史带来难度。因此，在孟学史研究展开之前，对众多研究文献的适当分类是必要的。从孟学文献呈现的方式上，笔者把 1949 年之前的孟学文献粗略地划分为以下三类：

第一类是以《孟子》为研究对象的专著专文。主要包括注疏、经解、考证、辑佚等，如赵岐《孟子章句》、蔡模《孟子集疏》、狄子奇《孟子编年》。也有纯研究性的专著，如苏辙《孟子解》、陈士元《孟子杂记》，但此类著作在近代以后方大量出现。

第二类是在著作中单独辟出的卷、章、节以释《孟子》的文献，如张存中《四书通证》、陈澧《东塾读书记》。古代读书人在研读儒家经典时，常把它们看成一个整体，对《孟子》的疏解也就成为他们著作中的一部分，因此这一类文献所占比例也相当多，其中又以四书类最为突出，如朱熹的《孟子集注》属《四书章句集注》，许谦的《读孟子丛说》属《读四书丛说》。

第三类是虽无专卷、章、节言及孟子，但对孟子思想有或明或暗的

---

① 郑卜五：《孟子著述考（一）》，台北"国立编译馆"，1993 年。

继承与发展的文献,如帛书《五行》说文、《荀子》、《史记》、韩愈《原道》、叶适《习学记言序目》、潘平格《潘子求仁录》等。这类文献在汉唐的著作和宋元明清理学著作中较为突出。因为隋唐之前孟子地位不高,孟学还处于发端与初兴阶段,故孟子思想的影响也多局限于某一个或几个方面。而宋以后孟子居亚圣之位,孟学也顺理成章地入儒学正堂:一方面是《孟子》入四书并得到广泛疏解,另一方面是理学家从理学的视角对孟子思想进行全面解读。

另外,近现代以来,又有不少作品对前面三类研究文献进行再探讨,形成所谓孟学研究之再研究,我们不妨称之为第四类文献。对于这类文献,笔者以 1949 年为界,把之前的作为孟学史直接研究的对象,之后的则作为孟学史研究的参考文献。

当然,此种划分是粗线条的,因而也是不够严谨和精确的,特别是第一类和第二类就难以截然划开。但如此分类可以为后面材料的选择、使用和研究提供一个大致的指向。后面的章节中,笔者一般先探讨第一、二类文献,再有选择、有重点地综合分析第三、四类文献。希望这样可以做到主次分明:既能抓住孟学发展的核心,又能全面展现它在各个阶段被多个视角诠释的历史。

(二)先秦至魏晋南北朝孟学研究文献综述

在综述现代学术史意义上的研究文献之前,先对先秦至魏晋南北朝的孟学文献做一个简要梳理。这有利于分清思想观念的先后演变,辨明某一历史阶段中思想观念的本真与后起的改造,从而避免张冠李戴。当然,孟学史中任何所谓思想的本真都是相对而言的,此一本真的思想相对于之前的思想而言,可能又是后起的改造。但如果我们能在分析中有这样一种意识,且能尽量自觉地保持某一思想的原貌,也许我们的评述会更客观可信,由层层累积的误读也许就更少。虽然,这种误读本身也是孟学史要研究的对象。

先秦至魏晋南北朝孟学文献。孟学实际始于战国后期,大致在《孟子》成书之后。也许更确切地说,开孟学先河的乃是孟子后学,其思想载于马王堆汉墓帛书《五行》篇之说文,因此笔者认为《五行》篇说文是现在能看到的最早的孟学文献。至战国末期,《荀子》、《韩非子》、《吕氏春秋》从不同的政治和学术视角,对孟学进行批判性地吸收。两汉是孟学的初兴阶段,它在多个学术领域都有不同程度的渗透。在史学典籍《史记》《汉书》《汉纪》中,《孟子》文字被多次引用,其思想也影响着史家对历史人物、历史事件以及治国方略的评价。汉代子学受政治影响尤为突出,因而汉代士人常根据不同阶段的政治变化对《孟子》思想作出取舍。西汉陆贾《新语》、贾谊《新书》、刘安《淮南子》、董仲舒《春秋繁露》、扬雄《法言》《太玄》,两汉过渡期间的《盐铁论》《白虎通》,东汉王充《论衡》等,都体现出这一总的趋势。两汉经学是汉代主要的学术形式,儒士们把儒家五经视为至上法典,对它们进行逐字逐句的疏解和发挥,最后达到烦琐不堪的地步。《孟子》作为五经的羽翼,一度被置为传记博士,虽后旋而被废,但它也受到了儒士们的重视。汉代不少士人包括主要的经学家对《孟子》都曾作过注,如刘向《孟子刘中垒注》、程曾《孟子程氏章句》、郑玄《孟子郑氏注》、刘熙《孟子刘氏注》和高诱《孟子高氏章句》。此五注先后亡佚,今仅见后人辑本,最常见的是《玉函山房辑佚书》的辑录。范晔《后汉书·刘陶列传》还记载汉末刘陶"著书数十万言,又作《七曜论》《匡老子》《反韩非》《复孟轲》"①,但此《复孟轲》不见各类《艺文志》载录,恐早亡佚。首开孟学之大成者当数赵岐《孟子章句》,它成为后来注解、研究《孟子》的主要源头,在孟学史上占有重要地位。魏晋南北朝是孟学发展的低落时期。汉末,国家从治到乱,唯才是举的用人制代替了以儒术取士的察举制,加之汉代经学本身的僵固与烦琐,汉末以后政治变化过程中儒学的畸形发展,以及随之而兴起的玄学、佛教等,致使儒学独尊的局面结束。还作为子学范畴的《孟子》自然受到影响,在魏晋南北朝近 400 年的历史中,仅有綦毋邃的《孟子注》一部注本。但是,这一阶段对孟子核心思想的接受并没有中断,特别是孟子仁义观、仁政论、人性论等思想,更是被反复提及。汉末至曹魏时期的荀悦、徐干、曹操三父子、杜恕、诸葛亮、桓范、牟子、康僧会等,两晋的傅玄、郭象、葛洪、段灼、庾亮、袁准、陶渊明、仲长敖、张邈、袁豹、干宝、孙盛等,南北朝的萧绎、释道恒、何承天、孙绰、宗炳、萧子良、刘昼等,他们各自从不同侧面接受了孟子的思想。

---

① 范晔撰,李贤等注:《后汉书》卷五十七,中华书局,1965 年,第 1851 页。

先秦至魏晋南北朝孟学研究文献。虽然现代意义上的孟学史研究在近些年才开始,但广义上的孟学史研究在清代就已出现,如周广业《孟子古注考》,王步青辑录的《孟子集注本义汇参》,宋翔凤《孟子赵注补正》,桂文灿《孟子赵注考证》,蒋仁荣《孟子音义考证》等。这几部著作主要是对前人的《孟子》注进行考辨,可视为对孟学史中注疏部分的探讨。20世纪30年代迄今,现代意义上的孟学史研究从酝酿到逐渐成熟,并有几部孟学史断代研究的专著问世。相关的研究文献主要有以下三种。

第一种是对孟学史中的某些角度进行探讨的单篇论文。较早的有胡毓寰《孟子七篇源流及其注释》(《学术世界》1936年第1卷第12期)、蒙文通《汉儒之学源于孟子考》(《论学》1937年第3期),前文简述了《孟子》由子书入经书的情况以及历代有代表性的《孟子》注,后文则探讨了汉代今文经学与孟子的关系。80年代以后,主要的论文有:刘树勋《孟子研究综述》(《哲学动态》1981年第6期)、杨逊《孟子学说由"显"而"隐"的政治背景——〈孟学流变刍议〉之一》(《湘潭大学学报》1986年第3期)、刘斌《历代〈孟子〉研究概观》(《齐鲁学刊》1987年第2期)、梁宗华《孟子与中国传统文化》(《哲学动态》1989年第1期)、王基伦《孟子与〈史记〉之关系研究》(《中国学术年刊》1989年第10期)、刘培桂《历代对孟子的封赐与尊崇》(《齐鲁学刊》1992年第4期)、周洪才《〈孟子〉历代研究考述》(《石油大学学报》1993年第3期)、陈寒鸣《宋儒孟子观述论》(《中国哲学史》1997年第1期)、杨海文《孟子与汉代思想史的散点透视》(《齐鲁学刊》1998年第3期)、杨泽波《性善论对中国文化的影响》(《中共济南市委党校学报》1999年第1期)、周兴茂《孟子"五伦"的历史演变与现代价值》(《湖北民族学院学报》1999年第1期)、宁登国《〈孟子〉的历代诠释研究概观》(《管子学刊》1999年第4期)、朱义禄《论孟子民本思想对后世的影响》(《同济大学学报》2000年第2期)、史芳树《论孟子的"仁政"思想及对中国封建政治的影响》(《徐州师范大学学报》2000年第4期)、陈桐生《论孟子对西汉今文经学的特殊贡献》(《孔子研究》2001年第2期)、丁原明《两汉的孟学研究及其思想价值》(《文史哲》2002年第4期)、徐国荣《名士精神与汉魏之际孟子地位之沉浮》(《孔子研究》

2002 年第 5 期）、孙先英《〈孟子〉升经与王安石变法——兼论尊孟疑
孟的争论与实质》（《求索》2004 年第 5 期）、杨海文《〈孟子〉传记博士
问题的学术史考察》（《中国哲学史》2006 年第 4 期）、周淑萍《宋代孟
子升格运动中的四种关键力量》（《史学理论研究》2006 年第 4 期）、尉
利工《〈孟子〉由子学到经学的变迁》（《安徽师范大学学报》2006 年第
5 期）、刘瑾辉《清代〈孟子〉考据学综论》（《北京大学学报》2006 年第
6 期）、李峻岫《汉代〈孟子〉"传记博士"考论——兼论孟子其人其书
在两汉的学术地位》（《齐鲁学刊》2007 年第 1 期）、肖永明《汉唐〈论
语〉〈孟子〉学流变及特点》（《湖南大学学报》2007 年第 2 期）、刘瑾
辉《清代〈孟子〉义理学综述》（《孔子研究》2007 年第 5 期）、刘景文
《〈孟子〉历史地位的演进》（《安徽文学》2007 年第 11 期）、杨海文《中
国佛教史上第一篇孟子学文献——〈牟子理惑论〉新探》（《湖南大学
学报》2013 年第 5 期）、袁济喜《〈文心雕龙〉与孟子学说论析》（《国
学学刊》2013 年第 3 期）。港台地区的有：黄立人《两汉时期孟子学发
展概况——兼论孟子心性说对当代思想之影响》（《博学》2006 年第 5
期）、陈政扬《张载对孟子人性论的继承与发展》（《揭谛》2007 年第 12
期）。除少数论文是通史性概述外,绝大多数是选择一个或几个角度进
行分析,虽对我们深入认识孟学的个别特征有帮助,但只是孟学史中点
的探讨,尚不能达到学术史的效果。

　　近些年还有几篇硕士、博士论文涉及这个论题,分别是：董洪利《孟
子研究学史概述》（北京大学 1990 年博士论文）、张量《赵岐〈孟子章句〉
研究》（北京大学 2002 年硕士论文）、赵麦茹《汉唐〈孟子〉学研究》（西
北大学 2004 年硕士论文）、张绪峰《两汉孟子学简史》（山东大学 2007
年硕士论文）、郭伟宏《赵岐〈孟子章句〉研究》（山东大学 2008 年博士
论文）、林海云《〈孟子〉赵岐注研究》（湖南师范大学 2008 年硕士论文）。
其中有两篇研究孟学史,但仅选取了相关时间段中极少数著作进行分
析,也不能见出此一阶段孟学发展的全貌。

　　第二种是孟学通史或断代史类研究著作。近些年孟学史专著主要
有几种：董洪利《孟子研究》（江苏古籍出版社,1997 年）、黄俊杰《中国
孟学诠释史论》（社会科学文献出版社,2004 年）、周淑萍《两宋孟学研
究》（人民出版社,2007 年）、李畅然《清代〈孟子〉学史大纲》（北京大

学出版社,2007年)、刘瑾辉《清代〈孟子〉学研究》(社会科学文献出版社,2007年)、李峻岫《汉唐孟子学述论》(齐鲁书社,2010年)、兰翠《唐代孟子学研究》(北京大学出版社,2014年)。其中,董著与黄著属于通史性研究,前者除对汉以下各阶段的孟学作全景式简述外,还选择了最具有代表性的专著进行分析,有利于我们全景式地把握孟子学术发展的总体趋向。后者则选择了孟学发展史上最具代表性的思想家,分析他们如何在时代变局中重构孟子思想,正如黄先生所言:"中国思想史上心仪孟子、解读《孟子》书的思想家,精神上固然为孟子的境界所吸引而神驰向往,但是在现实上则又辗转于专制政治与一元化的社会结构之下,他们如何在两种极端之间维持生命境界的平衡? 他们如何在具体的历史情境与个人思想脉络中重新诠释孟学? 现在这部书,就是对于这个问题的解答。"① 黄先生以问题为导向展开研究,对于我们深入认识某个思想家对孟子思想的因革大有帮助。总体说来,这类专著多选择孟学文献比较丰富的宋、明、清三代作为研究对象,虽然因材料不够全面以及作者各有自己的研究思路和学术取向,使我们对孟学史的发展不易形成一个通透、全面而客观的认识,但它们却从点到面建立起了孟学史的大致框架,为进一步推进孟学史的研究提供了基础。

　　第三种是其他著作中涉及的孟学史研究。这类著作较多,但都是零星论及。如杨泽波《孟子评传》(南京大学出版社,1998年)就在"影响篇"分两章谈"孟子思想的历史影响"和"孟子历史地位的变迁"。其他还如唐君毅《中国哲学原论》(中国社会科学出版社,包括"原性篇"、"原教篇"、"导论篇"、"原道篇"四册)、徐复观《两汉思想史》(三卷)(华东师范大学出版社,2001年)、张立文《中国学术通史》(人民出版社,2004年)、杨国荣《孟子的哲学思想》(华东师范大学出版社,2009年)、金春峰《汉代思想史》(中国社会科学出版社,1997年),等等。这类孟学研究虽然不成系统,但往往因被放在更大的学术环境中去考察,所以不少结论颇具启发性。

---

① 黄俊杰:《中国孟学诠释史论·自序》,社会科学文献出版社,2004年。

二、本论题研究意义、方法与思路

（一）本论题研究意义

刘勰《时序》篇云：“时运交移，质文代变”，“歌谣文理，与世推移”，“故知文变染乎世情，兴废系乎时序。”[①] 文学创作是这样，历代孟子接受与研究也呈现出如此特点。自《孟子》问世以来，各个时期对其思想的阐述与发展无不映射出该时代的鲜明烙印，就是同一个时段的孟学研究也并非时常前后一贯。两千多年的孟学史，在哲学、政治学等多个领域取得了丰硕的成果，其中孟子思想本身的研究又占据了半壁江山。但是，面对这样宏富的孟子学术研究资料，我们还缺乏一个宏观的清理和总结，对孟学研究的阶段性特点以及前后相承接、改造、发挥的部分还没有一个完整而深入的认识。对于在中国思想史上有重要影响的孟子来说，其学术史的缺失不得不说是一个相当大的遗憾。蒋寅先生说：“《孟子》这样固属思想史重要内容的著作，其学术史研究的价值在我看来也绝不低于思想本身。孟子身后升沉荣毁的戏剧性遭遇，从一个侧面勾画出封建专制严酷程度的曲线。我始终认为，孔孟之道的意义主要在于两千年来对中国人以及汉文化圈的巨大影响。而要研究这种影响对文化传统的意义，花几十万字的篇幅写一部孔子、孟子研究，远不如写一部孔子、孟子学史更有意义。”[②] 笔者所理解的撰写孟学史的意义，至少应该包含四个层面：第一，从纯学术角度看，它可以理清孟子学术思想在两千多年里的演变、发展，给我们一个宏观的认识；第二，历史上点点滴滴的孟学研究，都是“当下”学术主体认识的反映，对它们的整理研究，可以大致把握那一个时段学术主体的思想，乃至映射出当时整个时代的思想风貌；第三，它可以反映出孟学在中国传统文化以及中华民族文化心态形成过程中的正反作用，进而正确评价其作用和意义；第四，在大力整理和弘扬传统学术的今天，孟学史研究还应该为今天民族文化传统的改造、发扬提供依据和启示。

---

① 刘勰著，周振甫注：《文心雕龙注释》，人民文学出版社，1981 年，第 476、479 页。
② 蒋寅：《学术的年轮》，中国文联出版社，2000 年，第 61—62 页。

（二）本论题研究方法与思路

方法之于研究，正如战术之于战斗，无恰当之战术，想要获胜，殊为不易。学术史的研究也是如此。因孟学史研究的方法问题关系着撰写的思路和视角、材料的取舍、撰写者评价的标准等问题，故而不得不谨慎对待。

作为学术史的研究，前人已有了不少方法。黄宗羲撰《明儒学案》"分其宗旨，别其源流"，"以有所授受者，分为各案；其特起者，后之学者，不甚著者，总列诸儒之案"①，以学派为中心，逐一评价。梁启超"用历史的眼光整理中国旧学术思想"②，以文化地理学为线索考察中国学术思想的变迁。后者影响了钱基博、刘师培。今人的研究方法又有其特点。针对机械搬用西方学术研究思路的情形，张立文先生提出，为探讨中国学术"话题本身"，应"自己讲"，即"直面已有（已存在）的哲学家、思想家、学问家、科学家、宗教家、文学家、史学家、经学家等的已有的学说和方法系统，并藉其文本和成果，通过考镜源流、分源别派，历史地呈现其学术延续的血脉和趋势"③。作为"史"类的研究，劳思光先生在《新编中国哲学史》中概述了几种常见方法：系统研究法、发生研究法、解析研究法和他自己概括的基源问题研究法④。他重视解析研究法，运用基源问题研究法。黄俊杰先生认为，经典解释学较为可行的方法是"通过数量庞大的经典注疏文字，梳理出中国经典解释学的特质及其'未经言明的'（Michael Polanyi 所谓'tacit'）方法论基础或解释策略"⑤。蒋寅先生对学术史研究有精辟的看法：

> 学术之为物，正像文学，一著于文字之表便脱离作者，成为一个独立的客观物。但因为它本身是精神活动的主观产物，所以它一产生就落在一个精神史的网络中。学术史研究的基本任务，就是要确定一部著作、一个学人、或一个学派乃至一个时代、一个民族的学术在那网络中的位置。因此，我们需要作四个向度的判断：第一，

① 见黄宗羲《明儒学案》之自序与凡例，中华书局，2008 年。
② 胡适：《四十自述·在上海》，上海亚东图书馆，1933 年。
③ 张立文主编：《中国学术通史·总序》，人民出版社，2004 年，第 5—6 页。
④ 劳思光：《新编中国哲学史》卷一，广西师范大学出版社，2005 年，第 4—12 页。
⑤ 黄俊杰：《中国孟学诠释史论·简体字版序》，社会科学文献出版社，2004 年。

考察学术的真实性,即确定它与作者的所属关系是否真实。这里的真实包含两层意思,一是指是否真的出自某人或某个时代,二是指是否为作者意图之真实、自由表达。只有确定了这一点,才能开始真正的学术史研究。第二,判断学术的正确性,即验证它的论证是否有根据,解释是否合理,结论能否成立。第三,揭示学术的独创性,即通过对师承、渊源的分析,同既有水平的比较,确定其独创性和成就。第四,指出学术的启示性,即研究它给当时、后世的启示和影响,确立其历史地位。以上四方面的工作,一指向作者,一指向世界,是为横向;一指向前人,一指向后世,是为纵向。学术就处在纵横两条线的交叉点上。四方面的工作做妥,学术史的发展、演变,学者的功过是非,学术著作的优劣深浅,自然一一彰明。①

笔者十分赞同蒋寅先生的观点,他的四个向度的判断包含了学术史最应关切的问题。根据诸位前贤的看法,笔者以为在方法和思路上,本论题的研究至少要处理好以下几组关系:

第一,史的构建与点的展开。从方法论上讲,史的构建与系统研究法密切相关,因为它的重点在于围绕某一主题在一定范围内纵向地展开。孟学史的落脚点也在"史"的建构上,因此也可以把孟学史看成是一个系统。这个系统虽然与严格意义上的工程学概念有不小的距离,但因为孟学的发展既有其内部或松或紧的逻辑关联,也有其与外部诸多学科的相互影响,因此从理论上说,孟学史应该是一个自成体系而相对独立存在的体系。而孟学史研究的关键之一,就是要构建出这一个体系。点的展开实际上也属于史的建构内容,它的重点在于选择一个点作横向的分析,尽量拓展和还原孟学史在某一时段的宽度,即把各个时段的孟学研究还原到它所处的当下,然后透过相关的研究文献去分析、解剖那一代人的思想观念。史的构建与点的展开是孟学史研究的核心,两者各有侧重。同时,要注意避免易出现的问题:一是史与点之间不能融合:点的分析只是一些零散的片段,不能体现出史的特征,正如散乱的珠子因无线没能构成项链。虽然有些孟学观念之间并没有呈现出明显的相

① 蒋寅:《学术的年轮》,第 62 页。

关性,但如果把它们放在更大的环境中去考查,也许就能豁然开朗。二是研究要尽量避免把孟学从当时的社会生活中剥离,为孟学而孟学,从而形成一种孤立的孟子接受史,这不是孟学应有的生存状态,更不是研究孟学的根本目的。

第二,考据与义理并重。如前文所言,孟学史研究将面对浩如烟海的古文献资料,其中又有不少资料存在种种疑问,诸如产生的时代、内容的真实性、作者的归属、作者思想前后的变化、版本的演变以至于由此产生的思想变化,等等。如果不能准确解决这些问题,对研究的文献作出一个近于事实的定位,那么孟学史的研究将失去基本的前提而变得毫无价值,而传统的考据学方法则是前辈总结的处理这类问题较为有效的手段。孟学史研究需要考据的方法,同样离不开义理的分析。这里对义理作广义的理解,一是指孟子学文献本身体现出的思想,二是研究者对其的基本看法,后者又包括了对孟学史发展总体趋向的判断以及对孟学研究中具体研究者的评价。在展开过程中,需要时时注意分清被研究者的评价、观点与研究者的评价、观点,即事实的评述与主观的看法,切不可张冠李戴,混为一谈。

第三,学术客体与学术主体的关系。上述"考据与义理"条已经包含了这个问题,这里主要从如何处理好两者关系角度作简要说明。客体与主体在孟学史中是相对的,历史上的孟学研究者相对于孟子及其思想来说是主体,但相对于今天的研究者而言,两者又皆为客体。学术史研究是尽量冷眼旁观,述而不作呢,还是在述中时加判断? 蒋寅先生说:"对于一门以反思学术发展流变为基本目标的学科及其著作来说,客体视角自应是基本视角,但我们不应由此放弃主体视角的关照。因为在很多场合,学术主体的意义远要比学术客体更为重要。《诗经》在清代以前的二千多年间,实际上是以汉儒赋予的意义为人们接受的,汉儒的《诗经》学本身并不足道,但其中贯穿的思想方法、解释原则尤其是它们对古代文化的深远影响,却是文化史上不容忽视的问题。……孔子思想从《论语》起就处在不断变化的解释中,或道,或法,或谶,或玄,或理,或释,荀子、董仲舒、韩愈、朱熹、王阳明、焦竑……许多人都曾在上面涂过大笔大笔的浓墨重彩。"①

---

① 蒋寅:《学术的年轮》,第61—62页。

蒋先生的看法客观而精准。因为与孔子相比,孟子的地位在历史上几经沉浮,鲜明地体现出政治实体变化而带来的戏剧性遭遇。在这种遭遇中,解释者们也从政治、思想等不同层面的需要而注入其主观色彩,虽然其说与孟子思想本身或同或近甚至大异其趣,但却正是思想文化演变的魅力所在,是展开孟学史研究的必要性前提。

当然,在实际分析中,对学术客体与学术主体的关系又必须慎重对待,标准把握不好,轻则可能会带来分析的混乱,重则会影响评价的客观乃至研究的取向。如劳思光先生在评价系统研究法与发生研究法这两种"史"类常用研究方法时所言,前一种易于排除系统之外的歧出观点,或以己代人,增补太多,甚至全以自己之喜好任意增删,致使某种思想失却原貌,此为"失实";后一种易走向大堆资料的呈现、罗列与陈述,不能完整呈现一个理论①。孟学史研究也如此,为了整体的流畅和前后的一致,研究者往往会想当然地改变某个古人对孟子的歧出评价,特别是当这个古人的思想前后不一致时,我们更愿相信这是后人的出错。或者为了与后来的某种思想牵连上渊源,而不惜强加某种观点于古人。因此,在孟学史研究中,要特别注意甄别"史"的内容与个人的阐发,既不能随意发挥而致使研究失实,也不能机械罗列文献而致使研究失去学术史应有的深刻。前者不能反映出孟学在各个阶段演变的真实面目,后者则难于反映出孟学与各个时代哲学思想、一般社会思想、精英社会思想以及政治集团等互动的真实情形,对此一阶段孟学作总体特征之判定就更是难上加难,或许就会流于世俗的判断而毫无新意。

三、孟子思想概述

孟子思想有丰富的内涵,概言之,涉及哲学、伦理学、政治学、诗学、教育学等方面。作为孟学的源头,这些思想既是当时诸子争鸣大背景下孟子个人的看法,也是后世学者对其继承、发展以及批判的对象。因此,虽然后文会不断涉及孟子思想的方方面面,但这里还是很有必要作一个简要的梳理,以便于在对比中看清孟学在不同时期、不同学者那里的演变情形。笔者认为,孟子思想的基本框架是:在尊天道而重人道的基础

---

① 劳思光:《新编中国哲学史》卷一,第5—6页。

上,以人性本善为前提,通过扩充主体的四端、直养浩然之气、辨明义利的关系等内在修养工夫与外在的教化,达至圣人的理想人格,此谓内圣境界;由此而致事功,治国平天下则以仁政为根本,包括行王道而非霸道,以民为本而轻君王,选贤使能,推行教化,此谓外王境界。可以说其学说之关键不外心性与仁政二途,一主内,一主外,前者为后者践行的理论基础,而后者则几乎是孟子一切学说的归宿①。孟子这一思想,实质是对《大学》格物、致知、诚意、正心、修身、齐家、治国、平天下过程的具体化②,《大学》云:"物格而后知至,知至而后意诚,意诚而后心正,心正而后身修,身修而后家齐,家齐而后国治,国治而后天下平。自天子以至于庶人,一是皆以修身为本。"③格物至修身五者主内,即孟子的内圣境界,齐家以下主外,即孟子的外王境界。前者为基础,是体,侧重心性之学;后者为学而优则仕的事功,是用,侧重于致用之学。

为尽量避免与后文的重复,以下侧重于梳理孟子思想的核心内容——天道观、心性论以及仁政说的形成过程,对思想本身不展开评述。

(一)天道观

多数研究者认为,孟子的天道观是先秦天道观发展中的一个重要环节,"天"这一范畴在孟子学术中占有重要地位。杨伯峻先生更是把《孟子》中的"天"细分为三个层次:自然之天、命运之天与主宰之天④。此说被研究者广为接受,并在几十年的研究中为孟子建立了一个较为完整的天道观体系。但劳思光先生对孟子的天道观却另有评价,他说:"当吾人取哲学史之角度,而详审资料及史实时,实不见'天'观念在孟子思想中有何重要地位;纯就理论关联看,孟子之说亦并不须涉及'形上天'。依此,吾人即可说,'天'观念在孟子思想中,只是一辅助性观念,倘除去此

---

① 劳思光先生说:"孟子之思想,以心性为中心;落至政治生活上,乃形成其政治思想。宇宙论问题及形上学问题,皆非孟子留意所在。"(劳思光:《新编中国哲学史》卷一,第149页)
② 历史上曾长期把《大学》看成出自曾子或其门人之手,至近代有学者怀疑其成书于秦汉之际甚至更晚。随着先秦文献的出土,有越来越多的证据表明传统之说是合理的,因此笔者也取前说。梁涛先生对此有较为清晰的分析,见其《郭店竹简与思孟学派》第三章第一节"曾子与《大学》"(梁涛:《郭店竹简与思孟学派》,中国人民大学出版社,2008年)。
③ 《四书章句集注·大学章句》,中华书局,1983年,第4页。
④ 杨伯峻:《孟子译注》,中华书局,2005年,第358页。

观念,孟子之主要理论并不受影响。"① 孟子的天道观在孟子思想体系中究竟有何地位? 它与孔子以来的儒家天道观有何关联? 以下略作分析。

"天"的观念起源很早,但在殷商卜辞中多称为"帝"或者"上帝"。郭鼎堂先生在考察了殷商卜辞以及《尚书》逸文等文献后说:"殷时代是已经有至上神的观念,起初是称为'帝',后来是称为'上帝',大约是在殷周之际的时候已经是称为'天':因为天的称谓在周初的《周书》上已经屡见,在周初的彝铭如《大丰毁》和《大盂鼎》上也是屡见,那是因袭殷末人无疑的。由卜辞看来可知殷人的至上神是有意志的一种人格神,上帝能够命令,上帝是有好恶的。"② 周代的天在相当长的时间内也是一种至上神,如《尚书·泰誓》中武王说:"今商王受,弗敬上天,降灾下民。……皇天震怒,命我文考,肃将天威。……商罪贯盈,天命诛之。予弗顺天,厥罪惟钧。"③ 但是周人对天还有怀疑的一面,《尚书·康诰》云:"天畏棐忱,民情大可见,小人难保。""肆汝小子封,惟命不于常。"④《君奭》亦云:"天不可信,我道惟宁王德延,天不庸释于文王受命。"⑤《诗经》中也有类似的表述,《大雅·文王》云:"商之孙子,其丽不亿。上帝既命,侯于周服。侯服于周,天命靡常。"⑥ 郭鼎堂先生精辟地指出了周人对天既尊又疑的原因,他说:"请把周初的几篇文章来细细地读,凡是极端尊崇天的说话都是对待着殷人或殷的旧时的属国说的,而有怀疑天的说话是周人对着自己说的,这是很重要的一个关键,便是周人之继承殷人的天的思想只是政策上的继承,他们是把宗教思想视为了愚民的政策。"⑦ 这种尊而又疑的态度也正是孟子天道观的特点之一。

孔子对天道的态度直接影响孟子。孔子重人事而少言天道鬼神,子贡说:"夫子之言性与天道,不可得而闻也。"⑧《子罕》篇亦云:"子罕

---

① 劳思光:《新编中国哲学史》卷一,第 150 页。
② 郭鼎堂:《先秦天道观之进展》,商务印书馆,1936 年,第 10—11 页。
③ 阮元校刻:《十三经注疏·尚书正义》卷十一,中华书局,1980 年,第 180—181 页。
④《十三经注疏·尚书正义》卷十四,第 203、205 页。
⑤《十三经注疏·尚书正义》卷十六,第 223 页。
⑥《十三经注疏·毛诗正义》卷十六,第 504—505 页。
⑦ 郭鼎堂:《先秦天道观之进展》,第 24 页。
⑧ 杨伯峻:《论语译注》,中华书局,1980 年,第 46 页。以下所引皆出自本书,仅标注篇名。

言利与命与仁。"① 从孔子不多的几处言及天、天道与天命以及命的话语中，我们还是能大致窥得孔子对其的态度。孔子的天也隐含有超越性力量——天帝、天老爷的意味，如孔子说："获罪于天，无所祷也。"（《论语·八佾》）"予所否者，天厌之！天厌之！"（《论语·雍也》）"巍巍乎！唯天为大。"（《论语·泰伯》）但是，孔子对天、命更多的是一种现实的、理性的态度。或者说，孔子是把天、命看成是一种主观能动之外的客观限制，或者是一种人无法抗拒的规律性的存在。孔子曰："道之将行也与，命也；道之将废也与，命也。"（《论语·宪问》）即说道之行与废由命决定，又说"道之不行，已知之矣"（《论语·微子》），知晓道之不行即孔子说的"知天命"。徐复观先生说："孔子的所谓天命或天道或天，用最简捷的语言表达出来，实际是道德的超经验的性格而言；因为是超经验的，所以才有其普遍性、永恒性。因为是超经验的，所以在当时只能用传统的天、天命、天道来加以征表。""他之畏天命，实即对自己内在的人格世界中无限的道德要求、责任而来的敬畏。"② 就是说，天或天命在孔子处只是一种超经验的普遍性的存在。劳思光先生则把孔子"知其不可而为之"（《论语·宪问》）的精神理解为"自觉主宰"领域，把天、命等理解为"客观限制"领域，并说："'自觉主宰'之领域是'义'之领域，在此领域中只有是非问题；'客观限制'之领域是'命'之领域，在此领域中只有成败问题。"③ 这种情形，也影响到了孟子，他曾说："求则得之，舍则失之，是求有益于得也，求在我者也。求之有道，得之有命，是求无益于得也，求在外者也。"（《孟子·尽心上》）又说："口之于味也，目之于色也，……性也。有命焉，君子不谓性也。仁之于父子也，义之于君臣也，礼之于宾主也，知之于贤者也，圣人之于天道也，命也。有性焉，君子不谓命也。"（《孟子·尽心下》）求在我者即仁义礼智四端的扩充，求在外者即口目耳鼻四肢之物欲的获得，前者为"自觉主宰"，后者为"客观限制"。

孔孟之间的儒者对天道的理解也对孟子有影响。郭店楚简《穷达以

---

① 对于《论语》中大量出现"仁"字，而此处却说"罕言"，历来有多种看法，可参见杨伯峻先生《论语译注·子罕》篇此句话下的注解。
② 徐复观：《中国人性论史》，华东师范大学出版社，2005年，第54、57页。
③ 劳思光：《新编中国哲学史》卷一，第101页。

时》说:"有天有人,天人有分。察天人之分,而知所行矣。""遇不遇,天也。"①分清自觉主宰领域与限制领域,则可以知道自己该做什么,能做什么。因此能否遇明君而实现自己的抱负,就是人力之外的因素。同样,孟子眼里的天,似乎也有不可抗拒的力量,它不一定遵循行善得善、行恶得恶的规律,但从长期来讲,天又体现出这种趋向,所以孟子说"苟为善,后世子孙必有王者矣。君子创业垂统,为可继也。若夫成功,则天也"(《孟子·梁惠王下》)。"为善"则"必有王者"是总的天命趋势,但并非人一行善就有天命降临,行善能否"有王者"依赖于天。在孟子看来,人又总是不能探知天命何时降临,所以孟子曾苦恼地叹息:"行或使之,止或尼之。行、止,非人所能也。吾之不遇鲁侯,天也。"(《孟子·梁惠王下》)当他离开齐国面有"不豫色然"时,其弟子充虞以"君子不怨天,不尤人"的话劝慰他,他又感叹说:"彼一时,此一时也。五百年必有王者兴,其间必有名世者。由周而来,七百有余岁矣。以其数,则过矣;以其时考之,则可矣。夫天未欲平治天下也,如欲平治天下,当今之世,舍我其谁也?"(《孟子·公孙丑下》)在认可与渴望得到天命的同时,又对天意的难以理解表现出某种无奈。所以,孟子一方面肯定"无敌于天下者,天吏也"(《孟子·公孙丑上》),"天下有道,小德役大德,小贤役大贤;天下无道,小役大,弱役强。斯二者,天也。顺天者存,逆天者亡"(《孟子·离娄上》),对天的决定作用充分认可,但另一方面又相信天命不会永恒地眷顾某人或某朝,因而他又引《诗经·大雅·文王》的话说:"商之孙子,其丽不亿。上帝既命,侯于周服。侯服于周,天命靡常。"(《孟子·离娄上》)对天命的认可使孟子可以明知不可而为之,四处游说,屡遭失败而坚守信念与理想,对"天命靡常"的认识又使他敢于藐视权贵,肯定革命,把武王伐纣看成是"诛一夫纣矣,未闻弑君也"(《孟子·梁惠王下》)。这些看法可视为对前人天道观的融合。

孔孟之间的儒者在孔子基础上进一步把天伦理化,孟子的天道观也体现了这一趋势。《性自命出》篇虽讲"性自命出,命自天降"②,天还有

---

① 李零:《郭店楚简校读记》增订本,中国人民大学出版社,2007 年,第 111、112 页。
② 李零:《郭店楚简校读记》增订本,第 136 页。李零先生把此篇命名为《性》,这里取原题之名。

些至上性,但《五行》篇云:"善,人道也。德,天道也。""闻而知之,圣也;圣人知天道也。知而行之,义也。"① 人道形下的落实是善,天道形下的落实就是"德"。德虽是天道的落实,但《五行》篇的作者又把仁义礼智圣"形于内"皆称作"德之行",这样,德又成为社会伦理的范畴②,天道的神圣性与至上性被消减。在《孟子》里,这一趋势仍很明显。《离娄上》云:"是故诚者,天之道也;思诚者,人之道也。"天道被看作诚,人道则是思诚,这与《五行》篇"善,人道也。德,天道也"完全一致,只是用诚代替了德,而且孟子这句话本也出自《中庸》:"诚者,天之道也;诚之者,人之道也。"③ 从中可见出孟子天道观的一个特点及其渊源。

总的说来,孟子虽然对天的力量抱有敬畏之心,但是他却常常把天置于远端,仅看作一种不时时作为的无形力量。他更看重人事,强调尽心、知性,即扩充四端而懂得人的本性,把"知天"看作尽心、知性后水到渠成的结果,而不是作为一个终极性的目标。

(二)心性论

心性问题可涉及很多内容,这里主要分析孟子心性论中的性善论、人格修养论、义利之辨三个方面。这三者是孟子内圣之道的支柱,是其成人成德的核心要素。

第一,孟子的性善论。孟子的性善论是在先秦人性说基础上的提炼与总结,也是孟子哲学思想的核心。孔子少言及性,《论语》仅有"性相近也,习相远也"(《论语·阳货》)与"夫子之言性与天道,不可得而闻也"(《论语·公冶长》)两处记载,而真正谈及的只是前者,但也语义孤立,不易理解,也许性就如"怪力乱神"一般,孔子是不怎么谈的。从孔子言性的唯一记载中,可以肯定的是,孔子所理解的性是人的一种先天的禀赋,它与后天的习得相对。虽然孔子没有对性作出道德价值的判

---

① 李零:《郭店楚简校读记》增订本,第100、102页。

② 周人对天的怀疑,也使他们在天之外,提出了一个更好把握的伦理学范畴——德,形上之天已经下落为德。如《尚书·召诰》:"天亦哀于四方民,其眷命用懋。王其疾敬德,……知今我初服,宅新邑,肆惟王其疾敬德。王其德之用,祈天永命。"(《十三经注疏·尚书正义》卷十五,第212—213页)《尚书·蔡仲之命》:"皇天无亲,惟德是辅。"(《十三经注疏·尚书正义》卷十七,第227页)

③《四书章句集注·中庸章句》,第31页。

断,但他这一命题里已经包含了后世孟荀性善、性恶说的发展倾向。一般认为,孟子的性善论主要是对"性相近"说的发挥,荀子的性恶说则侧重于"习相远"。孔孟之间的儒者对孔子的心性论略有发挥,但是突破不大。《中庸》云:"天命之谓性,率性之谓道。"① 徐复观先生说:"这是子思继承曾子对此问题所提出的解答;其意思是认为孔子所证知的天道与性的关系,乃是'性由天所命'的关系。"② 后来孟子说"人之有是四端也,犹其有四体也"、"人皆可以为尧舜"一类的话,也可视为由此生发而来。因为既然天所命即为性,则人人皆应有同样的性。后一句"率性之谓道",是说顺应人性的发展则可实现道,这里的道已是儒家的最高价值范畴,所以《中庸》后文又说:"唯天下至诚,为能尽其性;能尽其性,则能尽人之性;能尽人之性,则能尽物之性;能尽物之性,则可以赞天地之化育;可以赞天地之化育,则可以与天地参矣。"③"与天地参"是"率性"发展的必然结果,可见,"率性"之性已经有善的价值预设了。孟子进一步把它发展为:扩充四端,则可使仁义礼智等各种德行实现圆满,终至尧舜一般的理想人格,"知其性则知天矣"(《孟子·尽心上》)。孔子之后,郭店楚简中分析性的文献多起来,但看法与《论语》《中庸》相近。《性自命出》云:"性自命出,命自天降。"④ 也把性看成天所降生,并说"四海之内,其性一也"⑤。《成之闻之》认为"圣人之性与中人之性,其生而未有非志"⑥,只因圣人善修养而至于博长厚大,所以"民皆有性而圣人不可慕也"⑦。后来孟子把这个意思表述为"故凡同类者,举相似也,何独至于人而疑之? 圣人与我同类者"(《孟子·告子上》)。当然,郭店楚简文献对性的价值判断更接近孔子,《性自命出》篇有"喜怒哀乐之气,性也","好恶,性也","善〔不善,性也〕"⑧,《语丛二》有"情生于性"、"欲生于性"、

① 《四书章句集注·中庸章句》,第17页。
② 徐复观:《中国人性论史》,第72页。
③ 《四书章句集注·中庸章句》,第32页。
④ 李零:《郭店楚简校读记》增订本,第136页。
⑤ 李零:《郭店楚简校读记》增订本,第136页。
⑥ 李零:《郭店楚简校读记》增订本,第159页。李零先生把此篇命名为《教》。
⑦ 李零:《郭店楚简校读记》增订本,第159页。
⑧ 李零:《郭店楚简校读记》增订本,第136页。

"强生于性"、"弱生于性"等说①。他们都不直接对性作善恶的价值判断。

孟子之时,社会上展开了对人性问题的大讨论,孟子继承并发展了孔子"性相近也,习相远也"(《论语·阳货》)的说法,通过与告子对人性问题的辩难,提出了自己的人性理论。告子认为人性无善无不善,与仁义没有联系。他举例说人性像杞柳,仁义就像用它编成的杯棬,把人性当作仁义,就像把杞柳看成杯棬一样;又说人性像湍水,哪边决口就向哪边流。他把性看作人或动物的本能或欲望,提出了"生之谓性"和"食、色,性也"的命题。孟子则不同意告子的说法,认为人与动物有着本质的区别,人不但有口腹衣食之欲,更有善良的本性(以上见《孟子·告子上》)。他说:

> 人皆有不忍人之心。……所以谓"人皆有不忍人之心"者,今人乍见孺子将入于井,皆有怵惕恻隐之心,非所以内交于孺子之父母也,非所以要誉于乡党朋友也,非恶其声而然也。由是观之,无恻隐之心,非人也;无羞恶之心,非人也;无辞让之心,非人也;无是非之心,非人也。恻隐之心,仁之端也;羞恶之心,义之端也;辞让之心,礼之端也;是非之心,智之端也。人之有是四端也,犹其有四体也。(《孟子·公孙丑上》)

孟子认为人人天生都有"不忍人之心"。他通过"孺子将入于井"的故事,进一步说明这种"不忍人之心"具体包括"四心":"恻隐之心"、"羞恶之心"、"辞让之心"和"是非之心"。没有这"四心",人便同禽兽无异。在这四种美好的心理感情基础之上,人们产生了仁、义、礼、智等道德意识的萌芽,这就是"四端"。"四端"也是先天就有的,"人之有是四端也,犹其有四体也",所以孟子认为人的善性是与生俱来的,不是后天形成的。而且他对善性的理解是以心作为主要依据的,即从心之所生来规定人性,性善即是心善。就是说,性善的价值意识是主体的自觉心所固有。

但这"四端"仅仅为人们提供了向善的可能性,人们只有不断扩充、培养这些善端,才能使仁、义、礼、智等德行圆满,"凡有四端于我者,知皆扩而充之矣,若火之始然,泉之始达"(《孟子·公孙丑上》)。孟子进

---

① 李零:《郭店楚简校读记》增订本,第220、221页。李零先生把此篇命名为《名数》。

而认为,人们通过不断培养、扩充自己的善心,就可以把握自己的善性,从而能够了解天命了,"尽其心者,知其性也。知其性,则知天矣"(《孟子·尽心上》)。这样,孟子就把心、性、天三者统一了起来,所以他说"万物皆备于我矣"(《孟子·尽心上》),即达到了道德修养的至上境界。在实现德行圆满的修养工夫中,孟子最看重养浩然之气与辨义利之别。

第二,孟子的养气论。孟子确定了人性本善及四端固有之后,特别强调主体对仁义礼智端绪的扩充,而扩充过程是一个自觉努力而非外因诱使的过程,其中最重要的方式之一就是培养浩然之气。

哲学意蕴上的气论,据李存山先生的分析,最早见于《国语·周语上》:"幽王二年,西周三川皆震。伯阳父曰:周将亡矣!夫天地之气,不失其序;若过其序,民乱之也。阳伏而不能出,阴迫而不能烝,于是有地震。今三川实震,是阳失其所而镇〔于〕阴也。"李先生解释说:"自然界属'天',社会属'人',用'气'来解释天、人和天人关系,这是气论哲学的本质所在,气论哲学即发轫于此。"①之后出现"血气"一词,用以解释人的生命现象,如《国语·鲁语上》载展禽之语云:"若血气强固,将寿宠得没。"指血气决定着人寿命的长短。《左传·昭公十年》载晏子之语云:"凡血气,皆有争心。"血气又决定着人的生理物质欲望。"这与后来孟子所谓'人之所以异于禽兽者几希'(《孟子·离娄下》),荀子所谓'禽兽有知而无义,人有气、有生、有知亦且有义'(《荀子·王制》)的意思相近,全都是把道德作为区分人与禽兽的标准。"②血气一词已经含有了道德的成分。至孔子,他说:"君子有三戒:少之时,血气未定,戒之在色;及其壮也,血气方刚,戒之在斗;及其老也,血气既衰,戒之在得。"(《论语·季氏》)他的血气一词既有人的精力之义,又有志气之义。梁涛先生说:"这里的'三戒'便是要对血气进行适当的节制、干预,使其纳入理性的轨道,实际包含着'以志帅气'的思想。以后孟子提出的'夫志,气之帅也'(《孟子·公孙丑上》),……均是对孔子'三戒'思想的进一

---

① 李存山:《中国气论探源与发微》,中国社会科学出版社,1990年,第35页。以下有关气论发展概况的简述,主要借鉴李先生的观点。
② 李存山:《中国气论探源与发微》,第46页。

步发展。"①

气在《孟子》中所言不是很多，但因孟子把它与内心的价值意识、价值自觉——四端以及修养工夫联系起来，故它又成为孟子心性观中一个很重要的概念。其中养浩然之气是重点。

"气"字在《孟子》中出现了 19 次。孟子对"气"有一个基本的界定："夫志，气之帅也；气，体之充也。"（《孟子·公孙丑上》）何为"体之充"呢？王充《论衡·无形篇》云："人禀元气于天……用气为性，性成命定。体气与形骸相抱，生死与期节相须。"②即"体之充"就是人禀受天之元气而形成的"体气"，它近于生物之气，是生命体得以存在的基础，人人皆有。赵岐又把孟子的这种"体气"具体解释为喜怒之类的情感意气，即所谓"气，所以充满形体为喜怒也"③，此喜怒之气就是元气的外在表现。孟子还认为，人的"体气"以"志"为主帅，"志至焉，气次焉"（《孟子·公孙丑上》），即焦循所云："人有志而物无志，故人物皆有是性，皆有是气，而人能以志帅，则能度其可否，而性乃所以善也。"④"志"在人、物之气的不同发展结果中起着决定性作用，而"志"又是"心所念虑"⑤，与心紧密相关。换言之，"体气"实际上受心的制约。

"气"在孟子那里又先后具体表现为"夜气"与"浩然之气"两种。"夜气"是孟子特有的一个哲学概念，《告子上》云：

　　虽存乎人者，岂无仁义之心哉？其所以放其良心者，亦犹斧斤之于木也，旦旦而伐之，可以为美乎？其日夜之所息，平旦之气，其好恶与人相近也者几希，则其旦昼之所为，有梏亡之矣。梏之反复，则其夜气不足以存；夜气不足以存，则其违禽兽不远矣。人见其禽兽也，而以为未尝有才焉者，是岂人之情也哉？故苟得其养，无物不长；苟失其养，无物不消。

---

① 梁涛：《从简帛〈五行〉"经"到帛书〈五行〉"说"》，见杜维明主编《思想·文献·历史：思孟学派新探》，北京大学出版社，2008 年，第 133 页。
② 黄晖《论衡校释》，中华书局，1990 年，第 59 页。
③ 赵岐《孟子章句》卷三，张元济等辑《续古逸丛书》影印宋椠大字本《孟子》，江苏广陵古籍刻印社，1994 年，第 87 页。
④ 焦循撰，沈文倬点校：《孟子正义》卷六，中华书局，1987 年，第 196 页。
⑤ 赵岐：《孟子章句》卷三，第 87 页。

他认为人本有仁义之心,因有人"放其良心"不养,而致使"其夜气不足以存,夜气不足以存,则其违禽兽不远矣"。他用"夜气"指人心中的善念,相当于他所说的恻隐之心、羞恶之心、辞让之心、是非之心四端,认为养"夜气"则可以扩充善念,别于禽兽。简言之,实现仁义等德行的过程,就是养夜气、以心驱使夜气的过程。孟子已经隐约感觉到仁义等德行与气之间有微妙的关系,他虽然没有明确提出仁气、义气说,但他的"夜气"说与仁义之气说只有一步之遥了,所以其后学《五行》说文的作者则据此直接提出了仁义礼气说。

"夜气"经过多层面的"养"之后,达到圆满状态即为"浩然之气"。何为"浩然之气"呢?孟子自己都觉得难言,他只给出了一个大致的描述:

> 至大至刚,以直养而无害,则塞于天地之间,其为气也,配义与道,无是,馁也。是集义所生者,非义袭而取之。(《孟子·公孙丑上》)

"浩然之气"的核心是"直养"与道义,它是"集义所生"。那气与道义有怎样的关系呢?从解释"配"、"集"二字入手,赵岐、焦循认为二者合为一体,朱熹认为二者各不相同。梁涛先生则认为:"气与义当是一不是二,并非是用义来'裁制'、影响气,而是义本身就是一种气,二者不过是一体之不同面相而已。"[1] 这种迥异的解释源于孟子的浩然之气实质上是内修德行而呈现出的一种道德精神或气质,而内修德行的关键却是集义。孟子既感到气与义有不同的作用和表现特征,又认识到二者不可分离。因此,他似是而非的解释给后人留下了不同的言说方向和空间。

正因为孟子把仁义礼智等德行的圆满归结于主体自觉心固有之能力,把性善归为心善,进而把心作为辨别是非、羞恶、义利的最高权威以及养浩然之气的动力源泉,所以他的成人成德途径不是向外索求,而是向内发展。当各种德性的端绪在自觉心的修养下达至圆满时,这在孟子就是代表理想人格的圣人和"富贵不能淫,贫贱不能移,威武不能屈"(《孟子·滕文公下》)的大丈夫精神。

第三,孟子的义利之辨。孟子看来,在实现理想人格的过程中,除

---

[1] 梁涛:《郭店竹简与思孟学派》,中国人民大学出版社,2008年,第416页。

正面的扩充善端、养浩然之气等修养工夫外,还要处理好最易影响心性的义利关系,因为正如朱熹所说:"义利之说乃儒者第一义。"① 不仅如此,对义利关系的不同看法,往往还成为先秦诸子学派分岭的一个重要标志。

孔子的义利观,概而言之,是重义不轻利,但反对片面地追逐利。孔子把义看得比利重,他说:"君子喻于义,小人喻于利。"(《论语·里仁》)"不义而富且贵,于我如浮云。"(《论语·述而》)义利的选择还是成人的关键,"见利思义,见危授命,久要不忘平生之言,亦可以为成人矣。"(《论语·宪问》)但孔子也提倡获利,特别是群体之利,他说:"因民之所利而利之,斯不亦惠而不费乎?"(《论语·尧曰》)只要获利正当,个人之利也可争取,"富与贵,是人之所欲也;不以其道得之,不处也。贫与贱,是人之所恶也;不以其道得之,不去也"(《论语·里仁》)。"富而可求也,虽执鞭之士,吾亦为之"(《论语·述而》)。孔子的观点在当时具有普遍性。《左传·昭公十年》云:"凡有血气,皆有争心,故利不可强,思义为愈。义,利之本也,蕴利生孽。"②《国语·周语上》云:"今王学专利,其可乎?匹夫专利,犹谓之盗,王而行之,其归鲜矣。"只有以义为本,才能人人得利:"民之有君,以治义也。义以生利,利以丰民。"按道德准则义办事,是全民之利,即"义所以生利也"③。

墨家与法家的义利观异于孔子。墨子虽然说"万事莫贵于义","夫义,天下之大器也",但他实际上主张义利并重,他说"义,利也","兼相爱、交相利"④。法家义利观与儒家相去甚远,主张重利轻义。其先驱人物商鞅云:"吾所谓利者,义之本也。世所谓义者,暴之道也。"⑤ 把利视为最高准则,而把义作为暴乱的根本。不仅如此,法家还反对"同利"说,认为"臣主之利与相异者也"⑥。杨朱更是把逐利作为第一要义,所谓"拔

① 朱熹:《与延平李先生书》,见《朱子全书》第二十一册,上海古籍出版社、安徽教育出版社,2002年,第1082页。义利观实际上与儒家的人禽之辨、王霸之辨、君子与小人之辨、经权之别、仁政与礼法之政的区别等紧密相连,所以朱子有此评价。
② 《十三经注疏·春秋左传正义》卷四十五,第2058—2059页。
③ 徐元诰撰,王树民、沈长云点校:《国语集解》,中华书局,2002年,第14、256、46页。
④ 吴毓江撰,孙启治点校:《墨子校注》,中华书局,2006年,第670、461、693、156页。
⑤ 蒋礼鸿:《商君书锥指》,中华书局,1986年,第56页。
⑥ 王先慎撰,钟哲点校:《韩非子集解》,中华书局,1998年,第84页。

一毛而利天下,不为也"(《孟子·尽心上》)。

孟子的义利观虽然承接孔子,但他把义的地位抬得更高。《孟子》首章就高调宣示"何必曰利? 亦有仁义而已矣"(《孟子·梁惠王上》),这一论调也基本贯穿孟子的整个政治主张。孟子不仅将义与仁、礼、智看作人心固有的品质,"仁义礼智,非由外铄我也,我固有之也"(《孟子·告子上》),作为"羞恶之心"扩充的结果,他还将其从个人道德价值层面提升到政治社会层面,作为君民必须遵守的一种社会最高规范,必要时甚至可以舍生取义。在孟子看来,一个国家,如果从君王到老百姓都只盲目地追逐私利而不顾及仁义道德,那么就有消亡的危险。所以他说:"为人臣者怀利以事其君,为人子者怀利以事其父,为人弟者怀利以事其兄。是君臣、父子、兄弟终去仁义,怀利以相接,然而不亡者,未之有也。"(《孟子·告子下》)但是,孟子也并非否定获利,他反对的只是一味求利、"后义而先利"的行为,他主张的王道仁政,其中就包含了制民以恒产。就是说,孟子要求的利,是建立在促进社会整体和谐稳定、德行普遍提高的基础之上的,而仁义是辨别利是否合理的最高准则,即孔子所说的"见利思义"。

孟子的天命观和心性论为其政治主张提供了强大的自信心,所以当孟子在政治领域展开自己的仁政学说时,开口见心,敢于正视任何权威。

(三)仁政说

内圣是孟子理想人格的最高目标,外王则是其理想政治的最高目标。外王的核心是治国平天下,而治国平天下的核心又在于仁政,包括王霸之辨、民本思想、选贤使能等内容。孟子云:"人皆有不忍人之心。先王有不忍人之心,斯有不忍人之政矣。以不忍人之心,行不忍人之政,治天下可运之掌上。"(《孟子·公孙丑上》)不忍人之心即善心,行不忍人之政即为仁政。仁政是孟子政治思想的核心,是对孔子仁学观念的丰富和发展。

第一,王霸之辨。王霸即王道与霸道,是先秦儒法两家乃至其他诸子学派主要持有的治国理论。罗根泽先生说,战国初年以前,王霸都只是一种就形势而言的制度名词,"王霸之分,就形势言,王者兼有天下,霸者仅为诸侯之长;就政治言,则王植基于仁,霸植基于力","春秋以至战国之初,霸字只谓势为诸侯之长。及孟子始用为政治名词,以王表仁,以霸表力。荀子继之,无大差异。唯孟则是王非霸,荀仅大王小霸。韩非吕子以法与势言霸王,而王霸之政无殊。后有作者,无以轶于四家之说矣"①。罗先生精确地概括了王霸的分野,也表明王、霸由制度名词到王道、霸道的治国理论有一个发展过程。为看清孟子王霸思想的渊源与本质,以下对这一发展过程略作梳理。

前文说过,周代的统治者怀疑天命而把王权的合法性落实为君王之德,而君王之德的提出与受重视正是早期王道思想的发端。据笔者粗略翻检先秦古籍,王道一词最早见于《尚书·周书·洪范》篇,其文云:"无偏无陂,遵王之义;无有作好,遵王之道;无有作恶,遵王之路。无偏无党,王道荡荡;无党无偏,王道平平;无反无侧,王道正直。"②《左传·襄公三年》误引作《商书》,杜预注曰:"荡荡,平正无私。"③王道即尧、舜、文、武先王之道——无偏私、无私好、无恶行、不违道,用后来的话说,即能以仁义治天下。这里的王道一词,已经上升为一种理想的治国理论了。《管子·七法》篇云:"王道非废也,而天下莫敢窥者,王者之正也。"④其义也与《洪范》同。之后,儒家学派盛赞尧、舜、汤、武、周公等圣君贤相,也是因其有德行而行王道政治。虽然孔子没有直接言及王道,但他"祖述尧舜,宪章文武"⑤,称赞的也是尧、舜、文、武等人的德行。而且,他对完美王道实有更高的要求。他说:"子谓《韶》,'尽美矣,又尽善也。'谓《武》,'尽美矣,未尽善也。'"(《论语·八佾》)孔安国训解曰:"《韶》,舜乐名,谓以圣德受禅,故尽善。""《武》,武王乐也,以征伐取天下,故未尽善。"⑥武王以武力夺取天下,尽管是正义战,但以孔子之意,其德行却不能算尽善。可见,孔子对完美王道政治近乎苛求。至孟子,他则对王道的内涵作了更为全面的阐述。

因以武力争霸的局面主要出现在春秋时期,所以霸道政治的形成应

---

① 罗根泽:《诸子考索》,人民出版社,1958年,第123页。
②《十三经注疏·尚书正义》卷十二,第190页。
③《十三经注疏·春秋左传正义》卷二十九,第1930页。
④ 黎翔凤撰:梁运华整理:《管子校注》,中华书局,2004年,第116页。
⑤《四书章句集注·中庸章句》,第37页。
⑥《十三经注疏·论语注疏》卷三,第2469页。

晚于王道。根据《左传》和《管子》两书的记载,我们能大致窥见霸道政治的形成过程。霸最初有称霸、霸主、霸王的含义,即诸侯中实力强大者。如《左传·庄公十五年》:"春,复会焉,齐始霸也。"《僖公十五年》:"此一役也,秦可以霸。"《成公八年》:"霸主将德是以,而二三之,其何以长有诸侯乎?"《闵公元年》:"亲有礼,因重固,间携贰,覆昏乱,霸王之器也。"① 在《管子》中,王、霸二字常常相对出现,既含有天子、诸侯二词所代表的制度含义,也含有治国境界的意味。如《管子·乘马》篇:"无为者帝,为而无以为者王,为而不贵者霸。"②《兵法》篇:"明一者皇,察道者帝,通德者王,谋得兵胜者霸。"③《霸言》篇:"夫丰国之谓霸,兼正之国之谓王。""得天下之众者王,得其半者霸。"④ 皇如三皇,帝如五帝,王如周王,霸如五霸,它们分别是历史上对君主的称呼,但又已经对它们作出了治国理论上的区分:王者治理天下是顺应百姓的本性而有所作为,其核心是以德治国,得民心,所以说"为而无以为者王","通德者王";霸者治理国家是有所作为但不以百姓、德行为最贵,其核心是权谋与军事实力,所以说"为而不贵者霸","谋得兵胜者霸","地大国富,人众兵强,此霸王之本也"⑤。《管子》已经看到王、霸的分别主要在德与民上,所以说"王主积于民,霸主积于将战士"⑥。这已经有霸道政治的内涵了。而且《管子·霸言》篇还出现了"霸道"一词:"强国众⑦,合强以攻弱,以图霸。强国少,合小以攻大,以图王。强国众,而言王势者,愚人之智也;强国少,而施霸道者,败事之谋也。"⑧ "王势"即王道,与霸道相对成文。强国多,生存要依靠实力,所以不应言王道;强国少,德行民心最重要,所以不应言霸道。《论语》霸字仅一见,孔子说:"管仲相桓公,霸诸侯,一匡天下,民到于今受其赐。"(《论语·宪问》)其"称霸"含义与《管子》同。

①《十三经注疏·春秋左传正义》卷九、卷十四、卷二十六、卷十一,第1771、1808、1904、1786页。
②《管子校注·乘马》,第84页。
③《管子校注·兵法》,第316—317页。
④《管子校注·霸言》,第463、465页。
⑤《管子校注·重令》,第289页。
⑥《管子校注·枢言》,第243页。
⑦黎翔凤《管子校注》"强国众"原为"弱国众",据房玄龄注以及《四库全书》本看,此句应为"强国众"。
⑧《管子校注·霸言》,第472—473页。

据以上分析,可以说,王道主要是指以仁义统治天下、以德政治理臣民的治世策略;霸道主要是指以武力、刑法、权势等统治天下的策略。孟子也是在这样的认识基础上展开王霸之辨的。《孟子》王道二字连用仅有一次。《梁惠王上》云:"谷与鱼鳖不可胜食,材木不可胜用,是使民养生丧死无憾也。养生丧死无憾,王道之始也。"就是说,王道的起点是让百姓生可养,死可葬。孟子虽然没有直接解释王道,但他却接着描绘了王道的理想图景:

> 五亩之宅,树之以桑,五十者可以衣帛矣。鸡豚狗彘之畜,无失其时,七十者可以食肉矣。百亩之田,勿夺其时,数口之家可以无饥矣。谨庠序之教,申之以孝悌之义,颁白者不负戴于道路矣。七十者衣帛食肉,黎民不饥不寒,然而不王者,未之有也。(《孟子·梁惠王上》)

百姓有地产与田产,并据此种桑畜牧,加之治国者不抢夺其农时,则可以实现衣食无忧;以孝悌为核心展开伦理道德的教化,使老有所养,幼有所教,则可以"驱而之善,故民之从之也轻"(《孟子·梁惠王上》)。再辅以治国者的德行修养、"尊贤使能"以及适当的税法等,就构成了孟子王道的具体内容。这种王道有时又被称为"王政"。当齐宣王问"王政可得闻与"时,孟子说:"昔者文王之治岐也,耕者九一,仕者世禄,关市讥而不征,泽梁无禁,罪人不孥。老而无妻曰鳏,老而无夫曰寡,老而无子曰独,幼而无父曰孤。此四者,天下之穷民而无告者。文王发政施仁,必先斯四者。"(《孟子·梁惠王下》)可以说,孟子王政、王道的核心就是仁政。

孟子推崇王者而完全看轻霸者。孟子说:"五霸者,三王之罪人也;今之诸侯,五霸之罪人也。"(《孟子·告子下》)意思是说,三王以仁义"讨"诸侯,五霸"搂诸侯以伐诸侯",因而五霸是三王之罪人。以齐桓公为首的五霸有葵丘之会,建立了以尊贤、重孝慈、友宾旅等社会道德规范为基础的五条友好盟约,而"今之诸侯,皆犯此五禁,故曰今之诸侯,五霸之罪人也"。五霸虽尊贤重孝,但孟子认为实行仁义,"尧、舜,性之也;汤、武,身之也;五霸,假之也"(《孟子·尽心上》),五霸只是假借仁义之名而行争利之实,因而极力推崇尧、舜、汤、文、武等先王,而看轻五霸以来的君王。故当齐宣王问"齐桓、晋文之事"时,孟子对曰:"仲尼之徒,无道桓、文之事者,是以后世无传焉,臣未之闻也。无以,则王乎?"(《孟子·梁惠王上》)孟子并非未闻,他曾说:"晋之《乘》,楚之《梼杌》,鲁之《春秋》,一也。其事则齐桓、晋文。"(《孟子·离娄下》)只因桓、文的霸道不合其王道,故以王道答齐宣王。当然,孟子也非完全否定霸者,他曾说:"霸者之民,欢虞如也。王者之民,皞皞如也。杀之而不怨,利之而不庸,民日迁善而不知为之者。""尧、舜,性之也;汤、武,身之也;五霸,假之也。久假而不归,恶知其非有也?"(《孟子·尽心上》)假借仁义,也有可能成就仁义。

第二,民本思想。民本思想是先秦时期一大传统,在《尚书》《左传》《国语》《管子》等书中都有大量记载,后人研究也甚多,故此对这一传统的发展过程不再作梳理,仅就孟子的民本思想作一简述。孟子在时代风云的变化中,深刻地感受到了人民群众的力量。他说:"诸侯之宝三:土地、人民、政事。宝珠玉者,殃必及身。"(《孟子·尽心下》)人民是诸侯国的三宝之一,如果不加重视,则势必失国,祸必殃身。在继承前人民本思想的基础上,孟子大胆提出了"民为贵,社稷次之,君为轻。是故得乎丘民而为天子"(《孟子·尽心下》)的主张,把百姓放在第一位,国君放在最后一位。这一思想主要包含以下几方面内容:

首先是制民以恒产。孟子认为,富民是统治者治国的首要任务,如果百姓有衣食之忧,则国家随时都有灭亡的危险,所以他说:"无恒产而有恒心者,惟士为能。若民则无恒产,因无恒心。苟无恒心,放辟邪侈,无不为已。……是故明君制民之产,必使仰足以事父母,俯足以畜妻子,乐岁终身饱,凶年免于死亡。然后驱而之善,故民之从之也轻。"(《孟子·梁惠王上》)孟子从正反两面强调了民有恒产的重要性。正所谓"仓廪实则知礼节,衣食足则知荣辱"[1],衣食足后才是礼教。没有恒心就什么事情都胆敢去做,所以在孟子看来,教化和礼节是保证百姓生存后要做的第二件事。只有老百姓有了自己可以仰赖生存的土地和房子,不会时时受着饥饿和死亡的威胁,才会做事有顾忌有考虑,这时教导他们孝悌、仁义,他们才会乐意遵从。孟子反复申说这一思想,《尽心上》载

---

[1]《管子校注·牧民》,第 2 页。

其言曰："易其田畴,薄其税敛,民可使富也。食之以时,用之以礼,财不可胜用也。民非水火不生活,昏暮叩人之门户求水火,无弗与者,至足矣。圣人治天下,使有菽粟如水火。菽粟如水火,而民焉有不仁者乎?"为此,孟子提出了不少制民恒产、富民的举措,如让百姓有五亩之宅,不夺农时;恢复井田,"耕者助而不税";鼓励商业,"市,廛而不征,法而不廛","关,讥而不征";推行十一而税等。

　　同时,孟子反对国君与民争利,他说:"庖有肥肉,厩有肥马,民有饥色,野有饿莩,此率兽而食人也。兽相食,且人恶之,为民父母,行政不免于率兽而食人,恶在其为民父母也?"(《孟子·梁惠王上》)又说:"凶年饥岁,君之民老弱转乎沟壑,壮者散而之四方者几千人矣;而君之仓廪实、府库充,有司莫以告,是上慢而残下也。"(《孟子·梁惠王下》)国君的富有不能以百姓的贫穷为代价。国君"率兽而食人",则不能作为百姓的父母官;君富而民穷,则是"上慢而残下"。如此,则百姓非但不会"亲其上、死其长"(《孟子·梁惠王下》),反而可能会诛杀其君。

　　其次是认为得民心则得天下。早在孟子之前,古人就看到了民心向背对于战争胜负、国家强弱乃至存亡的决定性作用。《左传·庄公三十二年》载:"史嚚曰:'虢其亡乎! 吾闻之:国将兴,听于民;将亡,听于神。"杜预注"听于民":"政顺民心。"[1] 国家的兴旺取决于政治是否顺应民心而非神灵,上帝与神的主宰性被民心所取代。《逸周书·王佩》云:"胜大患在合民心。"[2]《孙膑兵法》亦云:"兵不能胜大患,不能合民心者也。"[3] 强调民心在大战中的突出地位。孟子也把民心的向背看成战争、王天下、治国能否成功的关键。他认为交战时,"天时不如地利,地利不如人和"(《孟子·公孙丑下》)。在夺取天下时,"保民而王,莫之能御也"(《孟子·梁惠王上》),"得天下有道,得其民,斯得天下矣;得其民有道,得其心,斯得民矣;得其心有道,所欲与之聚之,所恶勿施尔也。民之归仁也,犹水之就下、兽之走圹也"(《孟子·离娄上》),得天下在于得民,而得民在于得民心,得民心在于行仁政。在治理国家时,"仁言不如

① 《十三经注疏·春秋左传正义》卷十,第 1783 页。
② 黄怀信、张懋镕等撰《逸周书汇校集注》,上海古籍出版社,1995 年,第 1107 页。
③ 张震泽:《孙膑兵法校理》,中华书局,1984 年,第 170 页。

仁声之入人深也,善政不如善教之得民也。善政民畏之,善教民爱之。善政得民财,善教得民心"(《孟子·尽心上》),良好的政治不如良好的教育,获得百姓的财富,不如获得百姓的心。得民心俨然成了实施仁政的出发点和首要任务。

　　最后,孟子的君权天授说实际上是君权民授说。孟子虽然一方面承认君权天授,但实际上他是把君权的合法性归结于民心之所向。君权天授说有久远的历史,孟子之前就有类似的说法,《尚书·康诰》说:"天乃大命文王。"《诗经·昊天有成命》说:"昊天有成命,二后受之。"《诗经·大明》说:"有命自天,命此文王。"《论语·尧曰》也引尧的话说:"尔舜,天之历数在尔躬。"天命就是天道,君权源自天道,天道又下降为天子之德,故《诗经·皇矣》又说:"帝谓文王,予怀明德。"基本形成了天道——君权——天子德行的君权转换模式,但其说还甚为简略。孟子在《万章上》把这一思想阐述得更加清楚明白:

　　　　万章曰:"尧以天下与舜,有诸?"孟子曰:"否。天子不能以天下与人。""然则舜有天下也,孰与之?"曰:"天与之。""天与之者,谆谆然命之乎?"曰:"否。天不言,以行与事示之而已矣。"曰:"以行与事示之者如之何?"曰:"天子能荐人于天,不能使天与之天下;诸侯能荐人于天子,不能使天子与之诸侯;大夫能荐人于诸侯,不能使诸侯与之大夫。昔者尧荐舜于天而天受之,暴之于民而民受之,故曰:天不言,以行与事示之而已矣。"

孟子对禅让制表示怀疑,认为即使是天子也不能决定把君权授予谁,只有"天"才有这个资格。而且天授予君权不是通过语言,而是通过行动和工作来表示。孟子所说的行动和工作是指祭祀和治理国家,"使之主祭而百神享之,是天受之;使之主事而事治,百姓安之,是民受之也。天与之,人与之"。天和人是否授予的关键又在于天子之德,而天子之德的核心是"亲亲而仁民,仁民而爱物"(《孟子·尽心上》),因此孟子的"天与之"又归结到民意,实际上又是民与之。到孟子这里,天命——君权——天子德行(民意的取向)这一君权转换模式就更加完善了。因为有这样的思想,所以孟子才盛赞汤武革命,说"桀纣之失天下也,失其民也;失其民者,失其心也"(《孟子·离娄上》),认为桀纣的残暴已使民心倒向汤武,所以上天也就根据民意把君权转移给了汤武,在"天与之"的背后,归根结底是民心的向背问题。

第三,"尊贤使能,俊杰在位"。孟子认为,要实现仁政,从君主到一般治理者,首先要提高自己的德行修养,并以此作为行动的基础,因为孟子相信"枉己者,未有能直人者也"(《孟子·滕文公下》),"仁者无敌"(《孟子·梁惠王上》),不能正己身则不能正他人,唯有仁人治国可以无敌于天下。又说:"君子深造之以道,欲其自得之也。自得之则居之安,居之安则资之深,资之深则取之左右逢其原,故君子欲其自得之也。"(《孟子·离娄下》)君子能在德行修养等方面有所自得,则可以在为人处事上左右逢源,进而能"以善养人,然后能服天下"(《孟子·离娄下》)。因重视治国者之才能,所以当"士师不能治士"、国君"四境之内不治"(《孟子·梁惠王下》)时,孟子毫不犹豫地要求"弃之"。

在强调国君自身修养和才能的同时,孟子要求国君能"尊贤使能",使"俊杰在位":"尊贤使能,俊杰在位,则天下之士皆悦而愿立于其朝矣。""仁则荣,不仁则辱。今恶辱而居不仁,是犹恶湿而居下也。如恶之,莫如贵德而尊士,贤者在位,能者在职。国家闲暇,及是时明其政刑,虽大国必畏之矣。"(《孟子·公孙丑上》)孟子认为,国君能尊贤使能,则贤能之人皆愿为其所用,贤人治国,则百姓拥戴,民心可得,而得民心则得天下,所以大国必畏惧。孟子在赞扬百里奚时就说:"相秦而显其君于天下,可传于后世,不贤而能之乎?"(《孟子·万章上》)那么,怎样判断一个人是否贤能、是否能任用呢?孟子主张国君不能仅依据亲疏等级,而应广泛征求他人、特别是国人的意见。《孟子·梁惠王下》云:

> 国君进贤,如不得已,将使卑逾尊,疏逾戚,可不慎与? 左右皆曰贤,未可也。诸大夫皆曰贤,未可也。国人皆曰贤,然后察之;见贤焉,然后用之。左右皆曰不可,勿听。诸大夫皆曰不可,勿听。国人皆曰不可,然后察之;见不可焉,然后去之。……如此,然后可以为民父母。

当然,孟子选贤首先是在"尊"和"戚"之间进行,这本是儒家以宗法血亲为核心的仁学观、孝悌观的固有之意,但孟子的选贤范围又不止于此。他认为只要能真正选出贤能之人,卑可逾尊,疏可逾戚。他评价商汤选贤之法，"汤执中，立贤无方"（《孟子·离娄下》），汤坚持中正之道，举拔贤人不拘泥于常规。孟子本人则希望从四个角度加以考察，一是左右，二是诸大夫，三是国人，四是国君自己。当四者都认为贤或不贤时，方可任用或者去职。孟子是以很高的进贤标准来选择治国之贤人的，从中可见贤人在其仁政中的突出地位。

因此孟子以为，当国君选定臣子时，要以三礼待之，"谏行言听，膏泽下于民；有故而去，则君使人导之出疆，又先于其所往；去三年不反，然后收其田里。此之谓三有礼焉"（《孟子·离娄下》）。又举晋平公尊贤之事：

> 晋平公之于亥唐也，入云则入，坐云则坐，食云则食，虽蔬食菜羹，未尝不饱，盖不敢不饱也。然终于此而已矣，弗与共天位也，弗与治天职也，弗与食天禄也，士之尊贤者也，非王公之尊贤也。（《孟子·万章下》）

晋平公对亥唐够谦卑和客气，这在国君已属不易，但在孟子看来，晋平公所为也只是士人尊贤的态度，而非王公尊贤之应有态度。王公之尊贤是怎样的呢？孟子说："尧之于舜也，使其子九男事之，二女女焉，百官牛羊仓廪备，以养舜于畎亩之中，后举而加诸上位，故曰，王公之尊贤者也。"（《孟子·万章下》）王公之尊贤，不仅有物质上的俸养，关键是能使之处上位，实现其政治理想。所以当鲁缪公屡次向子思问候、送肉食时，子思非常不高兴，干脆把来人赶出大门，孟子评论说："悦贤不能举，又不能养也，可谓悦贤乎？"（《孟子·万章下》）可见，"能举"、能"共天位"才是孟子看重的尊贤。

孟子最理想的尊贤方式是国君有"不召之臣"。《公孙丑下》记载了孟子不愿接受齐王召见一事，孟子说：

> 故将大有为之君，必有所不召之臣；欲有谋焉，则就之。其尊德乐道，不如是不足与有为也。故汤之于伊尹，学焉而后臣之，故不劳而王。桓公之于管仲，学焉而后臣之，故不劳而霸。今天下地丑德齐，莫能相尚，无他，好臣其所教，而不好臣其所受教。

"不召之臣"就是君王不能召唤的贤人。君王如有事商量，则应亲自前往请教。为何不能召唤呢？一是此人德行、才能超绝，不能召唤，"为其多闻也，则天子不召师，……为其贤也，则吾未闻欲见贤而召之也"（《孟子·万章下》）；二是君王要尊尚道德和乐行仁政，而这是绝好的广告机会；三是可以表现出自己的尊贤诚意，如此"则天下之士皆悦而愿立于其朝"。孟子要求君王"学焉而后臣之"，实际上是要贤臣成为君王的老师。这既是尊贤的最高层次，也是孟子理想的君臣关系。

另外，孟子的仁政学说还要求国君尊重百姓意愿，"所欲与之聚之，所恶勿施尔也"（《孟子·离娄上》），做到"乐民之乐者，民亦乐其乐。忧民之忧者，民亦忧其忧。乐以天下，忧以天下，然而不王者，未之有也"（《孟子·梁惠王下》）。推行"庠序之教"（《孟子·梁惠王上》），普及学校教育，使百姓懂得孝悌忠信的道理。因此，孟子的仁政思想无疑带有强烈的人文主义色彩，具有时代的进步意义。但终因其与乱世不合，而且过于理想化，被司马迁评为"迂远而阔于事情"，故终不为时人所用。

以上以孟子天道观、心性论以及仁政说为切入点，对孟子主要思想的源起以及内容梗概，作了一个大致的梳理，借此希望能正本清源，为后文孟学的研究奠定一个良好的基础。因为只有对孟子学说这个源有了较为全面和中肯的认识和评价，才可能对后世孟学这个流的演变做出合理的分析。本论题力图做到既全景式地展示孟学的发展脉络，又尽量真实地反映出孟学在各个时代与社会思想、文化等互相交流影响的历史。但因笔者学识水平、时间和资料等诸多主客观原因局限，有此良好愿望，未必能有此良好结果，惟望尽心竭力而已。

第一编

战国孟学史

第一章　战国孟学概说

第一节　战国孟学发端的历史背景

先秦特别是战国时期的社会、政治、文化,是孟子学说及其研究得以产生的必要土壤,发端期的孟子学研究也处处显示出时代的烙印。

从蛮荒的远古时代至西周,中华民族步履维艰地从蒙昧走向文明,并为后世的学术文化发展奠定了良好的根基。春秋战国终于迎来了中国学术的大发展时代,同时也成为诸子学术发展的黄金时代。诸子之学一开始便在中国学术史上树起了一座后人难以企及的高峰,成为中国学术的源头活水,泽被后世。

在西周到春秋的历史演变中,有两个发展趋势对诸子之学的兴起至关重要,也是孟学发生的重要背景,一是从"制礼作乐"到"礼崩乐坏",二是从"学在官府"到"学在四夷",前者与政治密切相关,后者与学术紧密相连。

从"制礼作乐"到"礼崩乐坏"。礼乐有相当久远的历史,也许可以远溯至原始部族时期,《尚书》、《礼记》、王逸《楚辞章句》都记载有较为原始的礼乐情形。《尚书·益稷》云:"夔曰:'戛击鸣球、搏拊琴瑟以咏,祖考来格。虞宾在位,群后德让。下管、鼗鼓,合止柷、敔。笙、镛以间,鸟兽跄跄。箫韶九成,凤皇来仪。'夔曰:'於!予击石拊石,百兽率舞,庶尹允谐。'"[①] 所记乐舞场面宏大,"祖考来格"体现了以血缘为基础的宗法礼制。伪孔传云:"言神人洽,始于任贤。立政以礼,治成以乐,所以太平。"[②] 即孔子所说的"立于礼,成于乐"(《论语·泰伯》)。后来《礼记·明堂位》说的周公"制礼作乐",应该是对更古老礼乐的一次整理与

---

① 孔安国传,孔颖达正义,黄怀信整理:《尚书正义》,上海古籍出版社,2007 年,第 179 页。此本以《古逸丛书》三编所收宋刻《尚书正义》为底本。

② 《尚书正义》,第 179 页。

变革,使之更加完善,上升为一种国家意志,从而更适合周王朝的政治需要。之后,礼教与乐教从外在规范与内在德行修养两个侧面入手,成为周王朝治国中两种自觉和普遍的政治制度与传统。后来孔子也大力推崇礼教与乐教传统,子思又由礼教和乐教演化出"见而知之,智也;闻而知之,圣也"①说,孟子受其影响,以"见知"与"闻知"划分历史人物,稍后的孟子后学吸收二者的思想并进一步发挥,成为孟子学术研究的开端(详见后文)。

自春秋到战国,随着诸侯王实力的膨胀与"周时衰微",周王朝处于实际的四分五裂状态,昔日建立在等级制基础上,用以维系社会、政治秩序的礼乐已经呈现出种种矛盾,成为诸侯王发展的阻碍,于是"礼崩乐坏"。实力强大的诸侯要求对礼乐进行新的变革,于是大一统下的专政名存实亡。同时,诸侯间征战与兼并成为一种常态,对贤才的需求急剧上升,于是士阶层应时而生。士活跃在当时政治舞台的各个层面,或著书立说,或四处游说,或出谋划策,或专长一技。著书立说者往往相互辩驳以为能,皆以己说为治世良方。但不同学派在文化和政治上都受到了各诸侯国的普遍宽容与尊重,这就为诸子之学的发展与繁荣创造了宽松的政治环境。

从"学在官府"到"学在四夷"。礼乐自天子出的时代,学术为官府专利,与百姓无关。章学诚云:"三代盛时,天下之学,无不以吏为师。"②与"礼崩乐坏"相伴随的政治、社会秩序的变革,致使许多知识分子进入诸侯之门,甚至流落民间,正如孔子所言:"吾闻之,天子失官,学在四夷。"③"学在四夷"的结果之一便是私人办学的兴起,授徒讲学,宣扬主张。这为知识文化的传播、学术的发展繁荣创造了必要的前提,其中孔子可谓佼佼者。当时各阶层对士的大量需求和尊重进一步促使了私学的发展。可以说,官学的衰落与私学的兴起,为诸子之学的发展提供了人才的储备。

宽松的政治、学术文化环境以及知识阶层的大量出现,共同促成了

---

① 庞朴:《竹帛〈五行〉篇校注及研究》,万卷楼图书有限公司,2000 年,第 60 页。笔者综合庞朴、李存山等人的观点,认为竹简《五行》篇乃子思的作品。
② 章学诚著,叶瑛校注:《文史通义》,中华书局,1985 年,第 232 页。
③《十三经注疏·春秋左传正义》卷四十八,第 2084 页。

春秋战国诸子百家争鸣的盛况。《庄子·天下》篇与《荀子·非十二子》篇列出诸子之学数人,虽未分派别,但皆以学术旨趣相近归类。汉司马谈论六家要指时始分为六家:阴阳、儒、墨、名、法、道德①,东汉刘歆《七略·诸子略》则进而分为十家,据《汉书·艺文志》云:"诸子十家,其可观者九家而也。"② 即儒家、道家、阴阳家、法家、名家、墨家、纵横家、杂家、农家③。各学派对诸如安身立命问题、为人处事问题、国家治理问题、宇宙时空问题乃至逻辑思辨问题等,纷纷发表一家之言,在著书立说之时往往互相阐释、吸收与批判,如荀子、韩非、《吕氏春秋》对孟子学说的扬弃,就是这一期间学术交流的内容之一。钱穆先生简要勾勒了春秋战国时期的学术派别及其分布,并把诸家学术之大趋势作了一个比较,他说:

> 其时各国学术,高下盛衰亦远异。大抵先起者为儒墨,孔丘墨翟皆鲁人,其学风所被,亦以齐鲁东方为盛。继起乃有法家兵家纵横家,如李克吴起商鞅尸佼申不害公孙衍张仪之徒,则三晋之士为多。论起学风,不徒先后有殊,亦复东西有别。东方齐鲁学人,大率尚文化,重历史,其学风对象,以整个社会为主,重一般之人生,不以狭隘的国家富强为出发点。故其议论思想,往往求为整个社会谋彻底之改进。此为儒墨两家所同。其后道家继起,其论学态度亦复同也。至三晋之士,则其目光意气,往往仅限于一国,仅以谋其国家之富强为基准。其用意所在,仅就现状粗加以革新,并不能注意及于整个之社会,全部之人生。其思想大体,仅为因利就便,趋于目前之功利而止。故其议论,往往尚权力而薄文化,重现实而轻历史。则法家兵家纵横家皆然。此则其大较也。至于秦,僻处西垂,其文化程度较东方为远逊。其所赖以兴国措政,以追逐于时代潮流急转之

---

① 司马迁:《史记》卷一百三十,中华书局,1982 年,第 3288 页。

② 班固《艺文志》基本是在刘歆《诸子略》基础上形成,见班固《汉书》卷三十,中华书局,1962 年,第 1746 页。

③ 刘绪义认为"先秦无家派,先秦诸子的学派分类是后人分的","是后人出于治世的需要"(刘绪义:《天人视界——先秦诸子发生学研究》,人民出版社,2009 年,第 31—35 页)。《庄子》与《荀子》的确没有以家、派划分诸子学,汉人实为首创。但是,先秦时期各诸子之间的学术旨趣已呈现出较为明显的不同,庄、荀的评论已经注意到这个问题。所以用汉人家派之说符合诸子学的实际。

下者,则尽东土之士也。①

虽然钱先生对各派的评价略显粗疏,但就各学派主要的特征来看,钱先生的总体把握无疑是合理的。孟子作为战国中后期的儒家学者,其学说也基本是在大力宣扬尧舜以来的所谓文化传统基础上,要求修养心性,进而关注社会或者说天下的太平。孟子学说既是儒家一派发展线条上的重要环节,也是先秦诸子学竞相争鸣局面中的重要组成部分。

总的说来,春秋以来两百多年的战乱与分裂,在战国后期已经使统一成为历史的趋势。在政治上,秦楚的强大足以统一全国;在思想学术上,各学派在经过长期的思想交锋后,已在相互吸收中逐渐走向融合。政治与学术上的这些特点,都在孟学的初期得到了体现。

第二节　战国孟学的发端过程及特点

孟子学说是在春秋战国社会大变革、诸侯争战不休以及诸子之学群起并兴的大环境中出现的,它本身有一个产生、发展、成熟的过程。《孟子》一书的出现,则是孟子学说全面总结和成熟的标志。之后,孟子学说研究进入萌芽或者发端阶段,粗略地说,在战国中后期,孟学的发端大致包括三个方面的内容。

一是在孟子游说过程中以及《孟子》一书的编撰上,孟子弟子对其的看法。严格地说,孟学的萌芽,并非始于《孟子》成书之后的孟子后学。孟子四处游说,常与一帮弟子切磋、问难,在这个过程中,孟子的思想就被当时的弟子们质疑、发挥,此可视为孟学的发端。如当孟子说自己"四十不动心"时,公孙丑评说:"夫子过孟贲远矣。"(《孟子·公孙丑上》)又如景丑氏对孟子借口生病不接受齐王的召见予以了批评,说:"内则父子,外则君臣,人之大伦也。父子主恩,君臣主敬。丑见王之敬

---

① 钱穆:《秦汉史》,三联书店,2004年,第5页。以前学术界一般认为秦人出自西方,但是根据最近整理公布的"清华简"第二册《系年》,李学勤先生认为,秦的先人应该是原在东方的商奄之民,后被周人强迫西迁,性质类似谪戍。见李学勤《1700年后重见先秦编年体史书》,《文汇报》2011年12月20日,第7版。

子也,未见所以敬王也。"(《孟子·公孙丑下》)景子实际上是在批评孟子"将大有为之君,必有所不召之臣,欲有谋焉,则就之"的君臣观,以及不肯"枉尺直寻"的处世原则。对于前者,公孙丑和万章对孟子都曾有过"不见诸侯何义"的疑问[①],疑问的背后,透露出他们对孟子的君臣为师友思想以及士节观的怀疑,与后来司马迁说的"迂远而阔于事情"之论相似。对于后者,孟子的弟子陈代也质疑过这种原则,他说:"不见诸侯,宜若小然;今一见之,大则以王,小则以霸。且《志》曰:'枉尺而直寻。'宜若可为也。"(《孟子·滕文公下》)这与前面的迂阔之论一致,也是后人常批评的对象。又如彭更与孟子讨论"食志"与"食功"的问题,彭更委婉地批评了孟子"士无事而食"的行为,认为"君子为道",其志不应在求食。又如孟子学生公都子认为,孟子的性善论是对传统的"性无善无不善"、"性可以为善,可以为不善"以及"有性善,有性不善"(《孟子·告子上》)论的否定,而这些看法却都有历史与现实的依据,有其合理性。还如孟子宣称"人皆可以为尧舜",但是曹交却表示怀疑,认为"交闻文王十尺,汤九尺,今交九尺四寸以长,食粟而已"(《孟子·告子上》),根据自身经历提出了质疑。

　　《孟子》一书的编撰体例以及篇目的排列顺序,可能也体现了孟子弟子的看法。《孟子》一书的作者还无定论,有孟子自著说、师生合著说以及弟子辑成说三种看法,如果说《孟子》最后的成书是经过了弟子之手的结果,那么它七篇的排列顺序在一定程度上也体现了弟子们对孟子思想的理解。赵岐《孟子篇叙》曾根据自己的理解分析了七篇之间的逻辑,他说:"孟子以为圣王之盛,惟有尧舜,尧舜之道,仁义为上,故以梁惠王问利国,对以仁义,为首篇也。仁义根心,然后可以大行其政,故次之以公孙丑问管、晏之政,答以曾西之所羞也。政莫美于反古之道,滕文公乐反古,故次以文公为世子,始有从善思礼之心也。奉礼之谓明,明莫甚于离娄,故次之以离娄之明也。明者当明其行,行莫大于孝,故次以万章问舜往于田号泣也。孝道之本,在于情性,故次以告子论情性也。情性在内而主于心,故次以尽心也。尽己之心,与天道通,道之极者也。是以

---

① 《孟子·滕文公下》载:"公孙丑问曰:'不见诸侯何义?'"《万章下》也载:"万章曰:'敢问不见诸侯,何义也?'"

终于尽心也。"① 这虽然是赵岐一家之言,但说明七篇的排列顺序绝非随意为之。还有,七篇篇名仿照《论语》,是否也有孟子弟子的理解?认为孟子就是孔子第二,《孟子》一书如同《论语》,为圣人之言?

二是孟子卒后其弟子或后学对其的看法,主要以帛书《五行》篇之说文为主。因孟子曾活跃在齐鲁一带,思孟学派又是儒家重要的一派,加上众多的弟子和一些追随者,故其思想在战国后期应该有一定影响。诸子学派之间的争斗以及儒学内部各派的争论,使孟子后学也极力宣扬孟子的学说,为当时的政治服务。帛书《五行》说文的出现,就是孟子后学用孟子思想解读子思著作的尝试,也许它还是最早的孟学文献。

三是思孟学派之外荀子、韩非、《吕氏春秋》对其的看法。在战国末期,随着诸侯兼并战的白热化,诸子各派之间争论的深入,以及大一统趋势的日益明显,各学派间的融合和学说本身的权术化成为这一时期学术的重要特征。孟子学说因其过于理论化而与当时的时势不合,遭到了诸多批评,其中又以荀子与韩非为最。荀子虽与孟子共宗孔子,但却发展出了与孟子相去甚远的学说。荀子的诸多观点,可以说都是直接针对孟子的,如性恶善伪论之于孟子的性善论,隆礼重法之于孟子的重仁义,重外学之于孟子的重内修等。一般认为,孟子发挥了孔子"性相近"的思想,进而重仁义和个人的内修;而荀子发挥了孔子"习相远"的思想,进而重礼法制度。应该说,荀子学说是他在准确把握时代需求的基础上对儒家思想的一次大改造,是把儒家学说与政治相结合的一次有益尝试。如果说荀子对孟子的批评还是儒学内部学派间的分歧,那么韩非对孟子的否定,则就属于儒、法之争了。韩非虽师从荀子,但他却是法家的集大成者,对孟子治国以德的王道政治大加攻伐,要求严格法度,重罚厚赏,主张霸道政治。韩非的做法,是为了试图纠正孟子学说脱离现实政治这一先天之不足,也是继荀子之后对学术怎样与政治相结合这一重大问题的又一探索。但是,由于把礼法制度看成治国的唯一手段,过分强调君主对法术的掌控,完全剥掉了儒家政治温情的一面,所以,韩非的主张又是学术与政治相结合过程中的另一个极端。在秦统一全国前夕,吕不韦召集门客撰成《吕氏春秋》,企图融合百家之学,为即将出现的大一统帝

---

① 赵岐:《孟子章句·篇叙》,第 188 页。

国构建一个理论的基础。同时,它也是在折中诸子之学基础上建立统一官学的尝试。当然,《吕氏春秋》在这点上做得并不成功,虽然它努力使自己的学说成为一个体系,但还是难掩各家之学拼凑的明显痕迹,而且学说之间前后抵牾的情形也常常出现。《吕氏春秋》没有明确提及孟子,但是在它大杂烩式的融合中,还是不时能看到孟子学说的身影。

战国孟学主要表现为学派内部或者学派之间的争论,其主要特点有两个。第一,战国是孟学的发端期。孟子弟子对其观点的质疑标志着孟学的萌芽,孟子后学以及荀子、韩非、《吕氏春秋》对孟子学说的继承或批评,也不是对孟子学说的自觉研究,而是百家争鸣的产物。第二,从一开始,孟子学说与政治的紧密关系就被学人所重视,并作为其批评和吸收的重中之重。而其心性之学却相对被削弱,甚至把他的心性之学与政治简单比附,这种趋势到汉代则更加明显,如董仲舒、王充等人对孟子心性之学的理解就是其突出者。直到宋代,理学的兴起才使这一趋势有所好转。

第二章　孟子后学对孟子学说的
继承与发挥

第一节　思孟学派说概述

因为《五行》篇的经文、说文关系到子思、孟子以及孟子后学三者的关系，所以在讨论《五行》说文的孟学思想之前，不得不对思孟学派作一简要梳理。因为只有弄清了思孟学派的本质，才可能看清《五行》经文与《孟子》之间、与《五行》说文之间以及《孟子》与《五行》说文之间的关系。

一、有关思孟学派的讨论

子思与孟子的关系在中国学术史上有举足轻重的影响，它在先秦时就受到关注，到唐宋以后，二者又长期作为孔子思想的嫡系传人而被奉为儒家"道统"之正宗，受到众多学者、文人以及一般儒士、政治家的充分肯定和竭力宣扬。与此同时，子思与孟子的思想以及二者的关系又饱受争议：子思师承于谁？哪些文献是他思想的体现？他究竟有些什么样的具体思想？子思与孟子是否有师承关系？孟子是受业于子思还是其门人？孟子的思想是否源自子思？等等。以荀子《非十二子》发其端，经由韩非《显学》篇、司马迁《史记·孟轲荀卿列传》、刘向《列女传》、班固《汉书·艺文志》、赵岐《孟子题辞》、《孔丛子》、韩愈《送王秀才序》、《二程集》、《朱子语类》等的叙说与发挥，到清代全面爆发，诸如黄宗羲《孟子师说》、朱彝尊《经义考》、康有为《孟子微》都站在不同的视角给予评述。之后，郭沫若《十批判书》、侯外庐《中国思想通史》、任继愈《中国哲学发展史》、牟宗三《心体与性体》等继续展开争议。

近些年，随着马王堆汉墓帛书《五行》篇以及郭店竹简《五行》篇的出土，这种争议再次热烈并有了新的视角，学者们几乎一致肯定思孟学派的存在,对思孟学派思想的渊源演变与具体内涵、学派的形成发展过程、思孟学派的称谓、《五行》经与说文的作者等内容进行全面的梳理与探讨[①]。梁涛先生以时间为序,梳理了思孟学派在四个时间段的状况。他认为:先秦时子思、孟子学派已经各自独立存在;两汉是子思、孟子学派相互融合期;到唐宋时,思孟正统地位逐渐确立,清代以下则是处于"信"与"疑"之间。他还根据《论语》、《孟子》、《荀子》、《礼记》等文献上推子思师承:子思幼年丧父,多受孔子弟子影响,其中,曾子和子游可能是较为重要的两位[②]。梁文最后肯定思孟学派是可以成立的,并概括了三条依据:

> 首先,司马迁有孟子"受业于子思之门人"的记载,司马迁是汉代大史学家,其所说应该可信。子思、孟子二人既存在间接的师承关系,思想上也当有一定的联系。其次,荀子称子思、孟子"案往旧造说,谓之五行","子思倡之,孟轲和之",说明子思、孟子在"五行"说上有所倡和。郭店简《五行》篇再次发现后,标明《五行》的"经"、"说"可能并不形成于同一时期,"说"也并不完全尊重"经"的原意,而是在诠释上多少添加或转移了"经"的思想重点。……出现这种情况,是因为《五行》"经"、"说"分别出自子思学派与孟子学派之手,反映了二者对"五行"说的理解,荀子所说确有根据。还有,学派本身就是后人的一种概括,除了具备必要的历史事实和条件——如师承关系、思想联系——外,它还反映了概括者的价值诉求和目标意向,后者同样是十分重要的。[③]

他"着眼于孔子之后儒学的发展演变,认为在这一发展演变过程中,思孟可看作与其他派别虽有联系但又有明显区别的相对独立的一派,认为

[①] 集中探讨的作品如庞朴《帛书〈五行〉篇研究》、杜维明主编的《思想·文献·历史:思孟学派新探》、陈来《竹帛〈五行〉与简帛研究》、郭沂《郭店竹简与先秦学术思想》、魏启鹏《简帛文献〈五行〉笺证》、梁涛《郭店竹简与思孟学派》、陶磊《思孟之间儒学与早期易学史新探》、丁四新《郭店楚墓竹简思想研究》、日本学者池田知久《马王堆汉墓帛书〈五行〉研究》,以及姜广辉主编的《郭店楚简研究》和《郭店简与儒学研究》、武汉大学中国文化研究院编的《郭店楚简国际学术研讨会论文集》、山东师范大学齐鲁文化研究中心与哈佛大学燕京学社合编的《儒家思孟学派论集》等。

[②] 梁涛:《郭店竹简与思孟学派》,第 39 页。

[③] 梁涛:《郭店竹简与思孟学派》,第 58 页。

思孟前后相续,代表儒学发展的一条思想路线,因而具有某种联系性和一致性"。梁涛先生结合先秦传世文献与出土文献的分析,结论公允,让人信服。陈静先生《思孟学派的历史建构》一文"变'历史追踪'为'观念清理',变追踪'思孟学派的历史理解'为考察'思孟学派的历史建构'"①。她通过历史文献的剖析,认为子思与孟子之间不存在师徒关系,孟子也没有自觉地接续子思的思想,思孟学派是后人建构的谱系,其称谓不是一个历史事实的指称,而是一种学术观念的表达。并进一步认为《荀子·非十二子》中有关思孟评价的一段材料是汉代刘向的附益,因而相信思孟之间的学派关系最早是在汉代由刘向们建立起来的,而思孟学派是一个现代名号。正如诸子百家是后人对先秦诸子学的概括一样,思孟学派也是近人对先秦实际存在的一种学术观念的概括,它与无中生有的捏造有本质的区别。

二、思孟学派的应有价值和地位

如果从现代学派所具有的内涵去考察,思孟学派就不算是一个历史中的真实存在,而是近人观念意义上的理解。但是,在中国学术史或文学史上,我们常常视之为学派的如建安七子、前后七子、江湖诗派等,在严格意义上讲也是不准确的,因为古人在这方面的归类标准比较随意和松散,或以地域,或以某个常聚合的人群,或以创作风格、题材等命名。因此合称子思与孟子为思孟学派,也主要是因为他们在思想上有较明显的一致性,或者说是属于同一个思想发展系列的,而且他们很可能还有间接的师承关系。如果再考虑到它在中国学术史和所谓道统观念上有着的深远影响,我们称其为思孟学派是恰当的,也是必要的,只要我们在使用这一称号时,知晓其多层次的内涵就可以了。如蒙培元先生所说:"如果不是将思孟学派限定在子思、孟子二人之间,而是将其看作一个形成、发展的历史过程,那么,思孟学派的流行就有很长时间了,其中涉及的人物也就很多了,其思想内容就更加复杂了。"②这一结论是很中肯的。

---

① 陈静:《思孟学派的历史建构》,见杜维明《思想·文献·历史:思孟学派新探》,第166页。
② 蒙培元:《〈性自命出〉的思想特征及其与思孟学派的关系》,见《儒家思孟学派论集》,齐鲁书社,2008年,第16页。

因为缺少可靠的文献记载,加上儒学内部分化复杂,所以整个儒家早期思想(主要指孟子之前)的传承以及由此形成的学术体系是难于一一梳理清楚的。但是我们必须也可以肯定的是,儒学内部的分化绝不只表现为某一单线的发展,就影响大且流传下来的而言,又以孟子和荀子为最。也就是说,孟学与荀子学都是之前儒学各派互相影响、分化演变的产物,只是它们所取角度不同,所论侧重不一而已,也就不应视孟学为唯一或正宗。

　　因此,笔者认为孔子经由曾子或子游到子思、孟子这样一个学术的序列在一定程度上是存在的,它作为一个道统谱系,只是唐以来的学者出于政治的需要而作出的一种意识形态化表述。在这个学术序列中,子思与孟子又具有特殊的地位,他们上承接着孔子,下连接着汉以后两千多年儒学的洪流,在儒学发展史中扮演着重要角色。虽然荀子思想也源自孔子,而且对后世的深层次影响也时时可见,但因政治、历史、文化诸多因素的影响,荀子在先秦之后的儒学发展中没有得到官方层面的高度重视和宣扬。

第二节　帛书《五行》说文对孟子思想的继承与发展

一、竹帛《五行》的成书时间与作者

　　在 20 世纪 70 年代,马王堆三号汉墓发现了帛书《五行》篇,既有"经",也有"说"①。90 年代,郭店一号战国楚墓又发现了竹简《五行》,只有"经",没有"说"。比对二者的经文可以发现,除少数文字和部分文本排序不同外,其余均相同,可见它们是同一篇文章的不同版本。至于哪篇文字和顺序更近于原貌,很多学者通盘比对了两篇文献,或曰竹简为

---

① 帛书的"经"与"说"自然地分为两个部分,庞朴先生就把《五行》篇按"经"和"说"进行标注分章,并移"说"就"经"。凡本书所引帛书《五行》经、说文字及分章,都以庞朴先生《竹帛〈五行〉篇校注及研究》的校注为主要依据,并参照李零先生的《郭店楚简校读记》。为方便起见,庞校本之异体字、假借字、衍文、校补等不再一一注明,径直改过和补上。庞校本所标注的各种符号也都去掉,凡是帛书无、竹简有的加( )区分,后面不再一一标出。

优,或曰帛书为优 [①]。版本优劣的比较,虽然可以以后人乃至今人的学术观念和体系作为参考标准去评价,但这种评价至少不应脱离它们所处的历史时段、政治与思想文化背景。否则,优劣之分就很可能仅展现今人的学术旨趣而失去文献固有的历史真实。通过一些重要范畴(如圣、智)的演变以及它们在竹帛本中地位的分析(见后文),笔者认为竹简更近于原貌。

至于竹帛《五行》的成书时间与作者,目前还有不少争议。发掘报告把郭店一号楚墓的时间确定在公元前 4 世纪中期至公元前 3 世纪初 [②],李学勤先生进一步确定时间约在公元前 4 世纪末,不晚于公元前 300 年,至于墓中竹简典籍的书写时间,可能还更早一些。他根据《先秦诸子系年》所确定的孔子、曾子、子思、子上、孟子等人的生卒年,认为"郭店一号墓的年代,与孟子活动的后期相当,墓中书籍都为孟子所能见。《孟子》七篇是孟子晚年撰作的,故而郭店竹简典籍均早于《孟子》的成书" [③]。而且,竹简《五行》篇成书的时间又应该比竹简书写的时间还早,能被书写进入楚墓,说明《五行》在之前就有比较大的影响,可推测它写成后流传的时间不会很短,这个时间段与子思就比较吻合,因此说竹简《五行》是子思的作品,应该大致不差。宽泛一点说,它至少应该是子思之儒的作品,体现了思孟学派早期的思想。

帛书《五行》篇出土于马王堆三号汉墓,考古人员根据出土的纪年木牍以及《史记》、《汉书》相关文献,断定该墓下葬的年代是汉文帝前十二年(公元前 168 年),墓主为长沙丞相利苍之子 [④]。从字体、内容及避

---

① 庞朴:"从文理和逻辑来分析,帛书本的次序,较为合理,因而可能是本来面目。"(庞朴:《竹帛〈五行〉篇校注及研究》,第 92 页)梁涛也认为帛书优于竹简(梁涛:《郭店竹简与思孟学派》,第 208 页),邢文《〈孟子·万章〉与楚简〈五行〉》说:"较之楚简《五行》,马王堆帛书《五行》已经失却了楚简《五行》的原貌;楚简《五行》当更近于子思之说。"(《中国哲学》第二十辑《郭店楚简研究》,辽宁教育出版社,1999 年,第 237 页)郭沂:"帛书本的章号以及《说》对经文的断章多有失误,这说明战国末期以后的人已经不了解《五行》的文本结构了。相比之下,简本的章号十分合理,但也有缺失。"(郭沂:《郭店竹简与先秦学术思想》,上海教育出版社,2001 年,第 146 页)
② 湖北省荆门市博物馆:《荆门郭店一号楚墓》,《文物》1997 年第 7 期。
③ 李学勤:《先秦儒家著作的重大发现》,见国际儒联学术委员会编《郭店楚简研究》(《中国哲学》第二十辑),第 13—15 页。
④ 湖南省博物馆、中国科学院考古研究所:《长沙马王堆二、三号汉墓发掘简报》,《文物》1974 年第 7 期。

讳看,抄写年代"最晚在汉高祖时期,约公元前 206 年到公元前 195 年间"①。对于帛书《五行》篇成书的时间与作者,按照时间先后,目前主要有以下几种看法:

一是魏启鹏先生认为它成书于孟子之前,是战国前期子思氏之儒的作品②,郭沂先生也曾主此说③。二是陈来先生认为"经部为子思作,说部为孟子作"④。三是庞朴先生认为经文为子思作品,说文"大概正是由于荀子的批评,思孟学派的弟子们,觉得应该将他们的经典《五行》篇施以解说,以杜讨伐,以广流传,于是遂有了解说本","完成的时间,当在孟子以后乃至《孟子》成书以后,是由弟子们拾掇老师遗说补做出来的"⑤,即在荀子《非十二子》之后。此说得到目前多数人的认可,如梁涛就认为"'经'应为子思学派的作品,而'说'则可能完成于孟子后学之手"⑥。四是李存山先生认为竹简《五行》早于《中庸》,是子思(或"子思之儒")的作品,帛书《五行》则在孟子之后、荀子之前,是"孟氏之儒"的作品。他说:"正是在孟子思想的影响下,帛书《五行》篇出现了对简本的种种改编的情形。这些改编,是牵就于孟子思想的改编;而其解说,一是解释原有的文本,二是加进了孟子思想的因素。因受到原有文本和孟子思想两方面的牵制,所以帛书《五行》篇的思想与孟子的思想有同有异。如果说简本《五行》是子思(或'子思之儒')的作品,那么帛书《五行》似可谓'孟氏之儒'之别派的改编解说本。"⑦李先生是就整个帛书《五行》篇说的,对于说文而言,这种特点更加明显。最早涉及此问题的韩仲民就认为"作者是子思、孟轲学派的门徒"⑧。五是李学勤先生认为郭店竹简《五行》篇是子思的作品,而帛书《五行》篇说文是孔子的再传弟子世

① 晓菡:《长沙马王堆汉墓帛书概述》,《文物》1974 年第 9 期。
② 魏启鹏:《简帛文献〈五行〉笺证》中卷《帛书〈德行〉研究札记》,中华书局,2005 年,第 144—145 页。
③ 郭沂:《郭店竹简与中国哲学》,见武汉大学中国文化研究院编《郭店楚简国际学术研讨会论文集》,湖北人民出版社,2000 年,第 575 页。
④ 陈来:《竹帛〈五行〉与简帛研究》,三联书店,2009 年,第 96 页。
⑤ 庞朴:《竹帛〈五行〉篇校注及研究》,第 94、104 页。
⑥ 梁涛:《郭店竹简与思孟学派》,第 390 页。
⑦ 李存山:《从简本〈五行〉到帛书〈五行〉》,见《郭店楚简国际学术研讨会论文集》,第 245—246 页。
⑧ 晓菡:《长沙马王堆汉墓帛书概述》,《文物》1974 年第 9 期。

硕为经文作的传①。郭沂先生也支持这一观点,他说:"照理说,成书年代要早于抄写年代,而秦代焚书坑儒,有言百家之学者斩,故亦不应成于秦代。依此,《五行说》当成于战国末期","从《五行说》称引'世子'的情况看,这位解说者当为世硕之后学。"②

　　以上几说中,李存山先生与庞朴先生、陈来先生等的看法区别仅在于,前者把帛书《五行》经文、说文看成一个整体,作为孟氏之儒的作品,而后者则把经文、说文分而言之。如果从经说文出土的先后、经说文的实际作者、竹帛版本的优劣等诸多因素考虑,则分说经文与说文作者是正确的。但如果把帛书《五行》经文看成说文作者改编后的结果,是一种文本的再创造,则把经文与说文都归于孟氏后学之手也是合理的。结合竹帛《五行》文字以及庞朴先生、李存山先生、梁涛先生等的看法,笔者认为竹简《五行》篇与帛书《五行》篇经文属于同一篇作品的先后流传版本,竹简《五行》篇近于原貌,反映了思孟学派早期(战国前期)的观点,为子思或子思弟子的作品。帛书《五行》篇经文经过了孟子后学的改编,其思想重心被尽量拉向孟子思想体系。其说文为孟子后学的作品,受到经文与孟子思想的双重影响,成书早于荀子作《非十二子》篇。如果这个看法成立,则帛书《五行》说文就是孟学史上的最早文献。

二、帛书《五行》说文与《孟子》相关文献梳理

　　既然帛书《五行》篇说文是孟子后学所作,是对子思《五行》经文的疏解,那么从学术传承关系出发,说文在两方面受到的影响是必须考虑的:一是受到经文固有思想、范畴乃至语句等的影响和限制,这是不言而喻的;二是说文作者作为孟子后学,其在阐发经文时又不得不受孟子思想的影响,这也是情理之中的事。许多研究者也都提到帛书《五行》与《孟子》有许多相似的地方,因此有必要对帛书《五行》经文、说文与《孟子》三者,在思想、范畴、概念乃至语句上因革的相关文献作一个全面的梳理,以便看清它们的承接关系。为简明起见,相关文献以组划分,并以思想的相近为主要原则,辅以语句上的沿袭关系。所选材料以最为接近

---

① 李学勤:《荆门郭店楚简中的〈子思子〉》,见《中国哲学》第二十辑《郭店楚简研究》,第78页。
② 郭沂:《郭店竹简与先秦学术思想》,第464、465页。

的为主,相关性材料不一一列出。

第一组

《五行》经文:

经一:(五行:)仁形于内,谓之德之行;不形于内,谓之行。智形于内,谓之德之行;不形于内,谓之行。义形于内,谓之德之行;不形于内,谓之行。礼形于内,谓之德之行;不形于内,谓之行。圣形于内,谓之德之行;不形于内,谓之(德之)行。德之行五,和谓之德;四行和,谓之善。善,人道也;德,天道也①。

《孟子》:

《公孙丑上》:恻隐之心,仁之端也;羞恶之心,义之端也;辞让之心,礼之端也;是非之心,智之端也。人之有是四端也,犹其有四体也。

《公孙丑上》:不仁不智,无礼无义,人役也。

《告子上》:仁义礼智,非由外铄我也,我固有之也,弗思耳矣。

《尽心下》:孟子曰:"口之于味也,目之于色也,耳之于声也,鼻之于臭也,四肢之于安佚也,性也。有命焉,君子不谓性也。仁之于父子也,义之于君臣也,礼之于宾主也,智之于贤者也,圣人之于天道也,命也。有性焉,君子不谓命也。"

第二组

《五行》经文:

经二:君子无中心之忧则无中心之智,无中心之智则无中心之悦,无中心之悦则不安,不安则不乐,不乐则无德。君子无中心之忧则无中心之圣,无中心之圣则无中心之悦,无中心之悦则不安,不安则不乐,不乐则无德。

《孟子》:

《滕文公上》:尧以不得舜为己忧,舜以不得禹、皋陶为己忧。夫以百亩之不易为己忧者,农夫也。

《离娄下》:是故君子有终身之忧,无一朝之患也。乃若所忧则有之:

---

① 庞朴《竹帛〈五行〉篇校注及研究》所载"经一"标点为"善、人道也;德、天道也",同文"经九"标点为"善,人道也;德,天道也"。此处据"经九"改标点。下文同此。

舜,人也;我,亦人也。舜为法于天下,可传于后世,我由未免为乡人也,是则可忧也。忧之如何?如舜而已矣。

《万章上》:人悦之、好色、富贵,无足以解忧者,惟顺于父母,可以解忧。……五十而慕者,予于大舜见之矣。

第三组

《五行》经文:

经四:善弗为无近,德弗志不成,智弗思不得。思(不)精不察,思不长不得,思不轻不形。不形则不安,不安则不乐,不乐则无德。

经五:不仁,思不能精;不智,思不能长。不仁不智。未见君子,忧心不能(惙惙,既见君子,心不)能悦。《诗》曰:"未见君子,忧心惙惙。亦既见之,亦既观之,我心则悦。"此之谓也。不仁,思不能精;不圣,思不能轻。不仁不圣。未见君子,忧心(不能忡忡),既见君子,心不(能降)。

经六:仁之思也精,精则察,察则安,安则温,温则(悦,悦则戚,戚则亲,亲则)不忧,不忧则玉色[①],玉色则形,形则仁。智之思也长,长则得,得则不忘,不忘则明,明则(见贤人,见贤人则玉色,玉色)则形,形则智。圣之思也轻,轻则形,形则不忘,不忘则聪,聪则闻君子道,闻君子道则玉音[②],玉音则(形,形则)圣。

《孟子》:

《离娄上》:圣人……既竭心思焉,继之以不忍人之政,而仁覆天下矣。

《告子上》:仁义礼智,非由外铄我也,我固有之也,弗思耳矣。故曰:"求则得之,舍则失之。"

《告子上》:孟子曰:"拱把之桐梓,人苟欲生之,皆知所以养之者。至于身,而不知所以养之者,岂爱身不若桐梓哉?弗思甚也。"

《告子上》:耳目之官不思,而蔽于物,物交物,则引之而已矣。心之官则思,思则得之,不思则不得也。此天之所与我者。先立乎其大者,则其小者弗能夺也。此为大人而已矣。

---

① 帛书本为"王色","玉色"据竹简本改,竹简本文字参照李零《郭店楚简校读记》(李零:《郭店楚简校读记》增订本,第 101 页)。下称竹简李校本。
② 帛书本为"王言","玉音"据竹简李校本改,下同。

《告子上》：孟子曰："欲贵者，人之同心也。人人有贵于己者，弗思耳。人之所贵者，非良贵也。"

《五行》说文：

说六："圣之思也轻。"思也者，思天也；轻者尚矣。"轻则形。"形者，形其所思也。酉下子思轻于翟，路人如斩；酉下子见其如斩也，路人如流。言其思之形也。"形则不忘。"不忘者，不忘其所思也，圣之结于心者也。

第四组

《五行》经文：

经八：君子之为善也，有与始也，有与终也。君子之为德也，有与始也，无与终也。

经九：金声而玉振之，有德者也。金声，善也；玉音玉振，圣也。善，人道也；德，天道也。唯有德者然后能金声而玉振之。

经二十一：君子集大成。能进之，为君子，不能进（也），各止于其里。大而罕者，能有取焉。小而轸者，能有取焉。索纏纏达于君子道，谓之贤。君子知而举之，谓之尊贤。君子从（知）而事之，谓之尊贤（者也）。前，王公之尊贤者也。后，士之尊贤者也。

《孟子》：

《万章下》：孟子曰："伯夷，圣之清者也；伊尹，圣之任者也；柳下惠，圣之和者也；孔子，圣之时者也。孔子之谓集大成。集大成也者，金声而玉振之也。金声也者，始条理也；玉振之也者，终条理也。始条理者，智之事也；终条理者，圣之事也。"

《五行》说文：

说九："金声而玉振之。"……善也者，有事焉者，可以刚柔多铪为。故曰："善，人道也；德，天道也。"天道也者，已有弗为而美者也。"唯有德者然后能金声而玉振之。"金声而玉振之者，动□□□□形善于外，有德者之□。

说二十一："君子集大成。"成也者，犹造之也，犹具之也。大成也者，金声玉振之也[①]。唯金声而玉振之者，然后己仁而以人仁，己义而以人

---

① 庞朴注此条云："既造且具的成也者，如伊尹、伯夷、柳下惠，皆得圣之一体；金声玉振的大成也者，为孔子，得圣之全。"（庞朴：《竹帛〈五行〉篇校注及研究》，第 75 页）

义。大成至矣,神耳矣! 人以为弗可为也,无由至焉耳,而不然。

第五组

《孟子》:

《公孙丑上》:夫志,气之帅也;气,体之充也。夫志至焉,气次焉。故曰:"持其志,无暴其气。"……曰:"志壹则动气,气壹则动志也。今夫蹶者趋者,是气也,而反动其心。"……"敢问何谓浩然之气?"曰:"难言也。其为气也,至大至刚,以直养而无害,则塞于天地之间。其为气也,配义与道,无是,馁也。是集义所生者,非义袭而取之也。行有不慊于心,则馁矣。"

《告子上》:其日夜之所息,平旦之气,其好恶与人相近也者几希。则其旦昼之所为,有梏亡之矣。梏之反复,则其夜气不足以存。夜气不足以存,则其违禽兽不远矣。

《尽心上》:君子所性,仁、义、礼、智根于心。其生色也,睟然见于面,盎于背,施于四体,四体不言而喻。

《五行》说文:

说十:"不变不悦。"变也者,勉也,仁气也。变而后能悦。

说十一:"不直不迣。"直也者,直其中心也,义气也。直而后能迣,迣也者,终之者也;弗受于众人,受之孟贲,未迣也。

说十二:"不远不敬。"远心也者,礼气也。质近者□弗能□□□敬之。远者,动敬心,作敬心者也。左雁而右饭之,未得敬□□□。

说十八:"知而行之,义也。"知君子之所道而愬然行之,义气也。……"智而安之,仁也。"知君子所道而諛然安之者,仁气也。"安而敬之,礼也。"既安之矣,而又愀愀然而敬之者,礼气也。

说十九:"知而安之,仁也。"知君子所道而諛然安之者,仁气也。"安而行之,义也。"既安之矣,而愬然行之,义气也。"行而敬之,礼也。"既行之矣,又愀愀然敬之者,礼气也。所安、所行、所敬,人道也。

第六组

《孟子》:

《尽心下》:孟子曰:"……仁者以其所爱及其所不爱,不仁者以其所不爱及其所爱。"

《五行》说文：

说十三："不智不仁。"不知所爱则何爱？言仁之乘智而行之。

第七组

《五行》经文：

经十七：未尝闻君子道，谓之不聪；未尝见贤人，谓之不明。闻君子道而不知其君子道也，谓之不圣；见贤人而不知其有德也，谓之不智。见而知之，智也；闻而知之，圣也。明明，智也；赫赫，圣（也）。"明明在下，赫赫在上"，此之谓也。

经十八：闻君子道，聪也。闻而知之，圣也；圣人知天道（也）。知而行之，义①也。行（之而时，德也）。（见贤人，明也）。见而知之，智也，知而安之，仁也。安而敬之，礼也。（圣智，礼乐所由生也，五行之所和也）。（和）则乐，乐则有德。有德则邦家兴②。

经十九：见而知之，智也。知而（安）之，仁也。安而行之，义也。行而敬之，（礼）也。仁义，礼智之所由生也。四行之所和（也），和则同，同则善。

经二十七：天生诸其人，天也。其人施诸人，狎③也。其人施诸人，不得其人不为法。

《孟子》：

《公孙丑上》：由汤至于武丁，贤圣之君六七作。天下归殷久矣，久则难变也。武丁朝诸侯，有天下，犹运之掌也。纣之去武丁未久也，其故家遗俗，流风善政，犹有存者；又有微子、微仲、王子比干、箕子、胶鬲，皆贤人也，相与辅相之。故久而后失之也。

《公孙丑上》：（公孙丑）曰："宰我、子贡善为说辞，冉牛、闵子、颜渊

---

① 帛书经文作"圣"，说文作"义"，此据竹简李校本改，第 102 页。
② 《礼记·乐记》"德者，性之端也。乐者，德之华也。""天下大定，然后正六律，和五声，弦歌《诗》《颂》。此之谓德音，德音之谓乐。《诗》云：'莫其德音，其德克明。克明克类，克长克君。王此大邦，克顺克俾，俾于文王，其德靡悔。既受帝祉，施于孙子。'此之谓也。"（《十三经注疏》，第 1536、1540 页）又郭店楚简《唐虞之道》第四章："古者圣人二十而冠，三十而有家，五十而治天下，七十而致政，四肢倦惰，耳目聪明衰，禅天下而授能，退而养其生。"第六章："古者尧生为天子而有天下，圣以遇命，仁以逢时，未遇遇〔贤，虽〕秉于大时，神明将从，天地佑之，纵仁圣可举，时弗可及矣。"（李零：《郭店楚简校读记》增订本，第 124 页）
③ "狎"据竹简李校本改（李零：《郭店楚简校读记》增订本，第 103 页）。

善言德行。孔子兼之,曰:'我于辞命,则不能也。'然则夫子既圣矣乎?"曰:"恶!是何言也!昔者子贡问于孔子,曰:'夫子圣矣乎?'孔子曰:'圣则吾不能,我学不厌而教不倦也。'子贡曰:'学不厌,智也;教不倦,仁也。仁且智,夫子既圣矣。'夫圣,孔子不居,是何言也?"……"非其君不事,非其民不使;治则进,乱则退,伯夷也。何事非君,何使非民;治亦进,乱亦进,伊尹也。可以仕则仕,可以止则止,可以久则久,可以速则速,孔子也。皆古圣人也。"……"宰我、子贡、有若,智足以知圣人;污不至阿其所好。"

《公孙丑》:是非之心,智之端也。

《滕文公下》:尧舜既没,圣人之道衰,……昔者禹抑洪水而天下平,周公兼夷狄、驱猛兽而百姓宁,孔子成《春秋》而乱臣贼子惧。……我亦欲正人心,息邪说,距诐行,放淫辞,以承三圣者。岂好辩哉?予不得已也。

《离娄上》:孟子曰:"规矩,方员之至也;圣人,人伦之至也。欲为君,尽君道;欲为臣,尽臣道。二者皆法尧舜而已矣。"

《离娄上》:孟子曰:"仁之实,事亲是也;义之实,从兄是也;智之实,知斯二者弗去是也。"

《离娄下》:孟子曰:"天下之言性也,则故而已矣,故者以利为本。所恶于智者,为其凿也。如智者若禹之行水也,则无恶于智矣。禹之行水也,行其所无事也。如智者亦行其所无事,则智亦大矣。"

《万章上》:汤三使往聘之(即伊尹),既而幡然改曰:"与我处畎亩之中,由是以乐尧舜之道,吾岂若使是君为尧舜之君哉?……予,天民之先觉者也,予将以斯道觉斯民也。非予觉之,而谁也?"

《万章下》:孟子曰:"伯夷,圣之清者也;伊尹,圣之任者也;柳下惠,圣之和者也;孔子,圣之时者也。孔子之谓集大成。集大成也者,金声而玉振之也。金声也者,始条理也;玉振之也者,终条理也。始条理者,智之事也;终条理者,圣之事也。"

《告子上》:故凡同类者,举相似也,何独至于人而疑之?圣人与我同类者。……心之所同然者何也?谓理也,义也。圣人先得我心之所同然耳。

《尽心下》:仁之于父子也,义之于君臣也,礼之于宾主也,智之于贤者也,圣人之于天道也,命也。有性焉,君子不谓命也。

《尽心下》:可欲之谓善,有诸己之谓信,充实之谓美,充实而有光辉之谓大,大而化之之谓圣,圣而不可知之之谓神。

《尽心下》:孟子曰:"圣人,百世之师也,伯夷、柳下惠是也。故闻伯夷之风者,顽夫廉,懦夫有立志;闻柳下惠之风者,薄夫敦,鄙夫宽。奋乎百世之上,百世之下,闻者莫不兴起也。非圣人而能若是乎? 而况于亲炙之者乎?"

《尽心下》:孟子曰:"由尧、舜至于汤,五百有余岁,若禹、皋陶,则见而知之,若汤,则闻而知之。由汤至于文王,五百有余岁,若伊尹、莱朱,则见而知之,若文王,则闻而知之。由文王至于孔子[①],五百有余岁,若太公望、散宜生,则见而知之,若孔子,则闻而知之。由孔子而来,至于今百有余岁。去圣人之世若此其未远也,近圣人之居若此其甚也,然而无有乎尔,则亦无有乎尔!"

《五行》说文:

说十三:"不聪不明。"聪也者,圣之藏于耳者也;明也者,智之藏于目者也。聪,圣之始也;明,智之始也。故曰:"不聪明则不圣智。"圣智必由聪明。圣始天,智始人。

说十七:"未尝闻君子之道,谓之不聪。"同此闻也,独不色然于君子道,故谓之不聪。"未尝见贤人,谓之不明。"同此见也,独不色贤人,故谓之不明。"闻君子道而不知其君子道也,谓之不圣。"闻君子道而不色然,而不知其天之道也,谓之不圣。"见贤人而不知其有德也,谓之不智。"见贤人而不色然,不知其所以为之,故谓之不智。"闻而知之,圣也。"闻之而遂知其天之道也,圣也。"见而知之,智也。"见之而遂知其所以为之,□□智也。

说十八:"闻君子道,聪也。"同此闻也,独色然辨于君子道,聪也,聪也者,圣之臧(藏)于耳者也。"闻而知之,圣也。"闻之而遂知其天之道

[①] 孔子被看作君王,被列入闻而知之者,因为在孟子等人看来,孔子具有圣王的品德,只是无人举荐而已,见《万章上》孟子语:"莫之为而为者,天也;莫之致而至者,命也。匹夫而有天下者,德必若舜禹,而又有天子荐之者。故仲尼不有天下。"又见《穷达以时》:"有其人,无其世,虽贤弗行矣。苟有其世,何难之有哉? 舜耕于历山,陶埏于河浒,立而为天子,遇尧也。……百里……遇秦穆。"(李零:《郭店楚简校读记》增订本,第 111 页)

也,是圣矣。"圣人知天之道。"道者,所道也。……"见贤人,明也。"同此见也,独色然辨于贤人,明也。明也者,智之藏于目者;明则见贤人。"见而知之,智也。"曰:何居? 孰休烝此而遂得之,是智也。……"仁义,礼乐所由生也"①。言礼乐之生于仁义□□□□□□□。

说十九:"见而知之,智也。"见者,□也;智者,言由所见知所不见也。

说二十七:"天生诸其人,天也。"天生诸其人也者,如文王者也。"其人施诸人"也者,如文王之施诸闳夭、散宜生也。"其人施诸人,不得其人不为法。"言所施之者,不得如散宜生、闳夭者也,则弗为法矣。

说二十八:"闻道而乐,有德者也。"道也者,天道也,言好德者之闻君子道而以夫五也为一也,故能乐。乐也者和。和者德也。

第八组

《孟子》:

《告子上》:一箪食,一豆羹,得之则生,弗得则死。呼尔而与之,行道之人弗受;蹴尔而与之,乞人不屑也。万钟则不辩礼义而受之。万钟于我何加焉?

《尽心下》:孟子曰:"……人能充无受尔汝之实,无所往而不为义也。"

《五行》说文:

说十五:"中心辩焉而正行之,直也。"有天下美饮食于此,吁嗟而予之,中心弗迷也。恶吁嗟而不受吁嗟,正行之,直也。

说二十一:不受吁嗟者,义之理也。……充其不受吁嗟之心,而义襄天下。

第九组

《五行》经文:

经十五:不以小道害大道,简也。

《孟子》:

《梁惠王上》:(孟子)曰:"王无异于百姓之以王为爱也,以小易大,

---

① 与竹简本有很大的差别,这正体现了说文作者受孟子影响而对经作出了改编。

彼恶知之,王若隐其无罪而就死地,则牛羊何择焉?"……曰:"无伤也。是乃仁术也,见牛未见羊也。君子之于禽兽也,见其生,不忍见其死,闻其声,不忍食其肉,是以君子远庖厨也。"

《离娄上》:孟子曰:"天下有道,小德役大德,小贤役大贤;天下无道,小役大,弱役强。斯二者,天也。顺天者存,逆天者亡。"

《告子上》:体有贵贱,有大小。无以小害大,无以贱害贵。养其小者为小人,养其大者为大人。

《五行》说文:

说十五:"不以小道害大道,简也。"简也者,不以小爱害大爱,不以小义害大义也。见其生也,不食其死也。然亲执诛,简也。

第十组

《五行》经文:

经十五:贵贵其等尊贤,义(也)。

经二十一:君子知而举之,谓之尊贤。君子从(知)而事之,谓之尊贤(者也)。前,王公之尊贤也;后,士之尊贤者也。

《孟子》:

《万章下》:晋平公于亥唐也,……弗与共天位也,弗与治天职也,弗与食天禄也,士之尊贤者也,非王公之尊贤也。……用下敬上,谓之贵贵;用上敬下,谓之尊贤。贵贵、尊贤,其义一也。

《万章下》:尧之于舜也,使其子九男事之,二女女焉,百官牛羊仓廪备,以养舜于畎亩之中,后举而加诸上位。故曰王公之尊贤者也。

《五行》说文:

说十五:"贵贵,其等尊贤,义也。"贵贵者,贵众贵也。贤贤,长长,亲亲,爵爵,选贵者无私焉。"其等尊贤,义也。"尊贤者,言等贤者也,言选贤者也,言属诸上位。此非以其贵也,此其义也。贵贵而不尊贤,未可谓义也。

说二十一:"君子知而举之,谓之尊贤。"君子知而举之也者,犹尧之举舜,商汤之举伊尹也。举之也者,诚举之也。知而弗举,未可谓尊贤。"君子从而事之"也者,犹颜子、子路之事孔子也。事之者,诚事之也。知而弗事,未可谓尊贤也。"前,王公之尊贤者也;后,士之尊贤者也。"直之也。

第十一组

《五行》经文：

经十六：以其外心与人交，远也。远而庄之，敬也。敬而不懈，严（也）。严而畏之，尊也。尊而不骄，恭也。恭而博交，礼也。

《孟子》：

《万章下》：万章问曰："敢问交际何心也？"孟子曰："恭也。"

《五行》说文：

说十六："以其外心与人交，远也。"外心者，非有他心也。同此心也，而有谓外心也，而有谓中心。中心者，諛然者。外心者，其𠷎廓然者也，言此心交远者也。……"尊而不骄，恭也。"言尊而不有□□已事君与师长者，弗谓恭矣。故厮役人之道□□恭焉，恭生于尊者。"恭而博交，礼也。"博者，辩也，言其能柏，然后礼也。

第十二组

《五行》经文：

经十八：闻君子道，聪也。闻而知之，圣也；圣人知天道（也）。

《孟子》：

《离娄上》：诚身有道，不明乎善，不诚其身矣。是故诚者，天之道也；思诚者，人之道也。

《五行》说文：

说十七：闻君子道而不色然，而不知其天之道也，谓之不圣。……闻之而遂知其天之道也，圣也。

说十八："闻而知之，圣也。"闻之而遂知其天之道也，是圣矣。

第十三组

《五行》经文：

经二十一：君子集大成。能进之，为君子，不能进（也），各止于其里。大而罕者，能有取焉。小而轸者，能有取焉。

《孟子》：

《公孙丑上》：恻隐之心，仁之端也；羞恶之心，义之端也；辞让之心，礼之端也；是非之心，智之端也。人之有是四端也，犹其有四体也。有是四端而自谓不能者,自贼者也。谓其君不能者,贼其君者也。凡有四端于我者,知皆扩而充之矣,若火之始然,泉之始达。苟能充之,足以保四海;苟不充之,不足以事父母。

《离娄上》:圣人……既竭心思焉,继之以不忍人之政,而仁覆天下矣。

《尽心下》:孟子曰:"人皆有所不忍,达之于其所忍,仁也;人皆有所不为,达之于其所为,义也。人能充无欲害人之心,而仁不可胜用也;人能充无穿逾之心,而义不可胜用也;人能充无受尔汝之实,无所往而不为义也。"

《五行》说文:

说二十一:"能进之,为君子,弗能进,各止于其里。"能进端,能终〈充〉[①]端,则为君子耳矣。弗能进,各各止于其里。不藏欲害人,仁之理也;不受吁嗟者,义之理也。弗能进也,则各止于其里耳矣。充其不藏欲害人之心,而仁覆四海;充其不受吁嗟之心,而义襄天下。仁覆四海、义襄天下,而成(诚)由其中心行之,亦君子已!

第十四组

《五行》经文:

经二十二:耳目鼻口手足六者,心之役也。心曰唯,莫敢不唯;心曰诺,莫敢不诺;心曰进,莫敢不进;心曰退(后),莫敢不退(后);心曰深,莫敢不深;心曰浅,莫敢不浅。和则同,(同则善)。

《孟子》:

《告子上》:口之于味也,有同耆焉;耳之于声也,有同听焉;目之于色也,有同美焉。至于心,独无所同然乎?心之所同然者何也?谓理也,义也。圣人先得我心之所同然耳。故理义之悦我心,犹刍豢之悦我口。

《告子上》:孟子曰:"人之于身也,兼所爱。兼所爱,则兼所养也。无尺寸之肤不爱焉,则无尺寸之肤不养也。所以考其善不善者,岂有他哉?于己取之而已矣。体有贵贱,有小大。无以小害大,无以贱害贵。养其小者为小人,养其大者为大人。今有场师,舍其梧槚,养其樲棘,则

_____

① 庞朴说:"终疑作充,扩充也,参孟子所谓'凡有四端于我者,知皆扩而充之矣'。"(庞朴:《竹帛〈五行〉篇校注及研究》,第75页)

为贱场师焉。养其一指而失其肩背,而不知也,则为狼疾人也。饮食之人,则人贱之矣,为其养小以失大也。饮食之人无有失也,则口腹岂适为尺寸之肤哉?"

《告子上》:孟子曰:"从其大体为大人,从其小体为小人。"……"耳目之官不思,而蔽于物。物交物,则引之而已矣。心之官则思,思则得之,不思则不得也。"

《五行》说文:

说二十二:"耳目鼻口手足六者,心之役也。"耳目也者,悦声色者也;鼻口者,悦臭味者也;手足者,悦佚愉者也。心也者,悦仁义者也。此数体者皆有悦也,而六者为心役,何也?曰:心贵也。有天下之美声色于此,不义,则不听弗视也。有天下之美臭味于此,不义,则弗求弗食也。居而不间尊长者,不义,则弗为之矣。何居?曰:几不胜□,小不胜大,贱不胜贵也哉!故曰心之役也。耳目鼻口手足六者,人□□,人体之小者也。心,人□□,人体之大者也,故曰君也。"心曰唯,莫敢不唯。"心曰唯,耳目鼻口手足音声貌色皆唯,是莫敢不唯也。诺亦然,进亦然,退亦然。"心曰深,莫敢不深;心曰浅,莫敢不浅。"深者甚也,浅者不甚也,深浅有道矣。故父呼,口含食则堵吐之,手执业则投之,唯而不诺,走而不趋,是莫敢不深也,于兄则不如是其甚也,是莫敢不浅也。"和则同。"和也者,小体变变[①]然不患于心也,和于仁义。仁义,心也;同者,与心若一也。□约也,同于仁义。

说二十三:循草木之性,则有生焉,而无好恶。循禽兽之性,则有好恶焉,而无礼义焉。循人之性,则巍然知其好仁义也。……故目万物之性而知人独有仁义也,进耳。"文王在上,於昭于天",此之谓也。文王源耳目之性而知其好声色也,源鼻口之性而知其好臭味也,源手足之性而知其好佚愉也,源心之性则巍然知其好仁义也。故执之而弗失,亲之而弗离,故卓然见于天,箸于天下,无他焉,目也。故目人体而知其莫贵于仁义也,进耳。

[①] "变变",取国家文物局古文献研究室《马王堆汉墓帛书[壹]》的说法(《马王堆汉墓帛书[壹]》,文物出版社,1980年)。庞朴先生《帛书五行篇研究》第二版也作"变变"(庞朴:《帛书五行篇研究》,齐鲁书社,1988年)。

第十五组

《孟子》：

《离娄下》：舜，人也；我，亦人也。舜为法于天下，可传于后世，我由未免为乡人也，是则可忧也。忧之如何？如舜而已矣。

《五行》说文：

说二十四：舜有仁，我亦有仁，而不如舜之仁，不积也。舜有义，而我亦有义，而不如舜之义，不积也。譬比之而知吾所以不如舜，进耳。

第十六组

《孟子》：

《离娄下》：孟子曰："人之所以异于禽兽者几希，庶民去之，君子存之。舜明于庶物，察于人伦，由仁义行，非行仁义也。"

《告子上》：孟子曰："牛山之木尝美矣，以其郊于大国也，斧斤伐之，……人见其濯濯也，以为未尝有材焉，此岂山之性也哉？虽存乎人者，岂无仁义之心哉？其所以放其良心者，亦犹斧斤之于木也，旦旦而伐之，可以为美乎？……夜气不足以存，则其违禽兽不远矣。人见其禽兽也，而以为未尝有才焉者，是岂人之情也哉？故苟得其养，无物不长；苟失其养，无物不消。"

《五行》说文：

说二十三：循草木之性，则有生焉，而无好恶。循禽兽之性，则有好恶焉，而无礼义焉。循人之性，则巍然知其好仁义也。不循其所以受命也，循之则得之矣，是目之已。故目万物之性而知人独有仁义也，进耳。……文王……源心之性则巍然知其好仁义也。……故目人体而知其莫贵于仁义也，进耳。

第十七组

《孟子》：

《告子下》：任人有问屋庐子曰："礼与食孰重？"曰："礼重。""色与礼孰重？"曰："礼重。"曰："以礼食，则饥而死；不以礼食，则得食，必以礼乎？亲迎，则不得妻；不亲迎，则得妻，必亲迎乎？"屋庐子不能对，明日之邹以告孟子。孟子曰："于答是也，何有？不揣其本而齐其末，方寸之木可使高于岑楼。金重于羽者，岂谓一钩金与一舆羽之谓哉？取食之重者与礼之轻者而比之，奚翅食重？取色之重者与礼之轻者而比之，奚翅色重？往应之曰：'紾兄之臂而夺之食，则得食；不紾，则不得食，则将紾之乎？逾东家墙而搂其处子，则得妻；不搂，则不得妻，则将搂之乎？'"

《尽心上》：孟子曰："……君子所性，仁、义、礼、智根于心。其生色也睟然，见于面，盎于背，施于四体，四体不言而喻。"

《五行》说文：

说二十五："喻而知之，谓之进之。"弗喻也，喻则知之矣，知之则进耳。喻之也者，自所小好喻乎所大好。"窈窕淑女，寤寐求之"，思色也。"求之弗得，寤寐思服"，言其急也。"悠哉悠哉，辗转反侧"，言其甚急也。□如此其甚也，交诸父母之侧，为诸？则有死弗为之矣。交诸兄弟之侧，亦弗为也。交诸邦人之侧，亦弗为也。畏父兄，其杀畏人，礼也。由色喻于礼，进耳 ①。

三、帛书《五行》说文对孟子思想的继承与发展

以上列出了从帛书《五行》经文到《孟子》再到《五行》说文中有较明显因革关系的文献，所涉及的内容比较广。虽然这里还谈不上说文作者对孟子思想的自觉研究，但说文在注解经文时对孟子思想的借用与发挥，实际上已经开启了孟子思想研究的先河。总的来讲，说文对孟子思想的继承与发展主要体现在以下几个方面：

（一）说文作者在孟子思想影响下对经文的总体改编

前面已经提及，竹简和帛书《五行》经文章句顺序的差异与部分字句的改动已为研究者所重视，还就孰优孰劣进行了争论，也对改动作出了多种解释，如传本的不同，抄写者的误抄，后人有意的改动等。其实，如果把竹简《五行》与帛书《五行》放在不同的历史背景下来考察，就会发现竹简《五行》反映的是战国中前期子思或其弟子的思想，而帛书《五行》经文和说文反映的是战国末期孟子后学的思想。在这个大前提下，至少可以对两者的差异作出如下判断。

---

① 此段文字竹简《五行》无。《告子下》和《五行》二十五章说文，有三点是相同的。第一，《告子下》也论证了"色"与"礼"的关系。第二，论证的方法相似，也运用了比较的方式。第三，《告子下》的"色"也指的是"情"、"欲"，"礼"也可以视为外在规范。

第一，出现差异是十分正常的，它正好真实地反映了不同时期思孟学派思想变化的历史，说明这一学术传承并非道统论者所认为的那样，仅层层相因而毫无变化。这正是我们必须区分传统观念与学术传承中思孟学派所具有的不同含义的缘由。这一点前一节已经说明，此处不再详论。

第二，帛书《五行》经文无论是源自不同于竹简《五行》经文的另一个版本，还是其本身就是对竹简《五行》经文的再改造，它受孟子思想的影响，并在经文的传抄中作出回应则是可以肯定的。比对竹简本与帛书本可以看出，前九章是一致的，之后数章的顺序不同。帛书本言圣智的第十三章在竹简本中位于第十章前，这样一来，竹简本论说五行的顺序为圣、智、仁、义、礼。竹简本还把帛书本第十七至十九章放在第十四章前，依前基本也是再论圣、智、仁、义、礼，并于第十八章得出"圣智，礼乐所由生也"① 的不同结论。帛书本从第十至十三章，依次论说仁、义、礼、智、圣五行："不臀不悦……不爱不仁"；"不直不迣，……不行不义"；"不远不敬……不恭不礼"；"不聪不明，不聪明则不圣。不圣不智，不智不仁"。与前面一致，帛书本第十四至十七章依前再论仁、义、礼、智、圣五行，并于第十八章、十九章得出"仁义，礼乐所由生也"② 和"仁义，礼智之所由生也"的结论，其说文则据此注解说："言礼乐之生于仁义"，"言礼智之生于仁义。"这样一来，帛书本从根本上改变了竹简本中圣智对于仁义礼的主导地位，反而从属于仁义了。这种差异如果从谁更近于经文原貌角度论，在没有可靠文献发现之前，好像只有仁者见仁了。但如果把两者放在其相应的历史阶段考查，这种差异不但不影响我们的理解，相反，它正体现了思孟学派学术发展的本来面目：帛书说文作者因具有解经人和孟子后学的双重身份，故其在解读经文时，既要受子思经文本身思想的制约，又要受孟子思想的影响，因而在作品中呈现出因袭、改造甚至矛盾的特点。就是说，帛书与竹简经文的不同，是帛书《五行》说文作者有意为之的结果。

不少研究者也意识到了这种有意为之的行为，如庞朴先生说："两书

---

① 李零：《郭店楚简校读记》增订本，第 102 页。
② 庞朴先生认为："帛书此处约烂脱十四个字。据《说》文，可补'仁义礼乐所由生也□□□□□'数字。"（庞朴：《竹帛〈五行〉篇校注及研究》，第 65 页）

在这一处次序差异,不是错简所致,不是手民(写)之误,也不像出自两个来源,而是理解上的不同。……竹书或帛书的主人,乃有意识地对原书次序做了一下调动。"① 郭沂先生也认为:"这种不同,绝非偶然,而是出于帛书传承者有意篡改。……这种篡改,主要是由于孟子大力倡导仁义礼智,并尤其强调仁义的缘故。这一方面说明,帛本的篡改出于孟子之后,而简本更加原始;另一方面也可据此推论,孟子和子思的五行说还是有差别的。"② 据杨伯峻先生统计,《孟子》一书有 157 次提到仁,108 次提到义 ③,可以说二者是孟子思想中极为重要的范畴,贯穿整个《孟子》。孟子后学传抄、注解《五行》经文,自然会改变其重心,使其与孟子重仁义的倾向相适应。

第三,与经文的改编相一致,说文也把思想重心转移在仁义上,对未改编过的经文的解释也往往脱离本义,以孟子思想进行发挥。总的来讲,"帛书《五行》说的核心其实也就是围绕经文提出的'为一'、'慎独'两个一而二的观点来展开的,回答了五行、四行何以能形于内,何以能和,以及心灵何以能够释解中心之忧而化为齐天之乐的深沉原因。它已不再像简书《五行》(帛经)第一大部分那样拘泥于计较形内、形外五行、四行所和之德善分别,而是力图将它们进一步拉入形内,系之于心性学的理论框架中来思考,并以五行之心与五行之气将身心内外统一起来,实现其在人生人伦中的真实作用。"④ 说文重视形内的这一总体趋向与孟子学说的重心相一致。孟子发挥孔子"性相近"说,认为善性是人先天的禀性,根源于人的本心,即恻隐之心、羞恶之心、恭敬之心、是非之心。以此为基础,孟子追求的是一种由内圣而外王的成人之道,而激发本性、内修德行是达到理想人格的核心。因此,说文的以上特点正是孟子学说影响的结果。

(二)说文对孟子天人观的发挥

天人观是先秦诸子共同的话题之一,虽然孟子天人观谈论的重点在人的方面,但对天人之间的关系还是有较明确的定位。孟子天人观

---

① 庞朴:《竹帛〈五行〉篇校注及研究》,第 92 页。
② 郭沂:《郭店竹简与先秦学术思想》,第 186 页。
③ 杨伯峻:《孟子译注》,第 356、448 页。
④ 丁四新:《郭店楚墓竹简思想研究》,东方出版社,2000 年,第 146 页。

基本继承了孔子"下学而上达"(《论语·宪问》)即由人及天的路向,认为"尽其心者,知其性也。知其性,则知天矣。存其心,养其性,所以事天也"(《孟子·尽心上》)。从道德义理的层面讲,孟子口中的天似乎是一种超越于人的存在,是主宰万物的一种无形力量,所以他说"君子创业垂统,为可继也。若夫成功,则天也"(《孟子·梁惠王下》),"行或使之,止或尼之。行止,非人所能也。吾之不遇鲁侯,天也"(《孟子·梁惠王下》),"顺天者存,逆天者亡"(《孟子·离娄上》),因而要"事天"。孟子虽然对天的力量抱有敬畏之心,但他却常常把天置于远端,仅看作一种不时时作为的无形力量。他更看重天人观中人的作用,说得更多的也是"仁义礼智,非由外铄我也,我固有之也"(《孟子·告子上》),强调尽心、知性,即扩充四端而懂得人的本性,把"知天"看作尽心、知性水到渠成的结果,而不是作为一个终极性的目标。就是说,在孟子那里,天与人时而相对独立存在,时而又是相通的,天人融合的趋向已很明显。

　　帛书《五行》说文的作者在孟子天人观的基础上推进一步,把天与人统一起来,实现了天人的合一。说文常用"天"、"天道"、"天之道"、"天德"四词来表示道德义理层面的天。其中具有判断性的表述如:

　　　　道者,天道也。(第六章)
　　　　德犹天也,天乃德已。(第七章)
　　　　"德,天道也。"天道也者,已有弗为而美者也。(第九章)
　　　　仁而能安,天道也。(第十三章)
　　　　"圣人知天之道。"道者,所道也。(第十八章)

说文把天与德等同,认为德就是天,天就是德。说文第二十六章还合称为"天德"。何为德呢?经文第一章把"形于内"的仁义礼智圣五者分别称为"德之行",而"德之行五,和谓之德","善,人道也;德,天道也"。说文第十八章云:"'行之而时,德也。'时者,和也;和也者,德也。"那么德就是五行和,就是天道。庞朴先生认为,五行中的每一行"在此被认为是一种无形的或形而上的天道;经人领悟而成形于人心,是为'德之行'或一种德行"[①]。从经文的表述看,每一种行还不能单独称为德或者天道,只

――――――――――

① 庞朴:《竹帛〈五行〉篇校注及研究》,第29页。

有五行和才能称为德或天道。因此我们又可以认定：说文中的天、天道、德、五行和四者是可以等同的。如此，在孟子那里还具有超越性质的天，在说文这里就被等同于形内的德了。说文还在对天道、君子道等的解释中进一步巩固了这种看法。

德是天道，那天道又是什么呢？经文没有解释，说文有两次明确的界定："天道也者，已有弗为而美者也。"（说文第九章）"仁而能安，天道也。"（说文第十三章）前一判断中"已有"是指生而具有，如同孟子所说的人固有四端，"弗为"是指没有有意识的人为，那么天道就是指内在的先天具有的五行不需要人为就可达到的和美状态。后一判断是说：仁形于内并能安心则是天道。说文不再满足于经文的五行和为天道的说法，而是如庞朴先生所说的那样，任一种行都可以体现天道。这样，天道不再是人心之外的超越存在，而是内蕴于人心了。

说文还把君子道看成天道。说文在第六章解说经文"聪则闻君子道"时说："道者，天道也，闻君子道之志耳而知之也。"再根据经文第三章"五行皆形于内，而时行之，谓之君子，士有志于君子道，谓之志士"，说文第十七章"闻君子道而不色然，而不知其为天之道也，谓之不圣"，可知君子道与天道、天之道等同。君子道就是君子之道，按照上引经文第三章的说法，君子是指五行形于内而能适时践行的人，经文第七章亦云："能为一然后能为君子，君子慎其独也。"说文把"能为一"解释为"能以多为一；以多为一也者，言能以夫五为一也"。那么君子道就是"一切人类的内在中先天地自然地被赋予的'五行'以及作为其'和'的'德'"①。说文还进一步发挥"为一"和"慎其独"，认为"慎其独也者，言舍夫五而慎其心之谓□。独然后一，一也者，夫五夫为□心也，然后得之"，把经文中的"一"和"独"解释为心。这样，天道就是君子道，君子道就是仁义礼智圣五行自然地和同于心。

当然，说文中也有主宰性质的天，如："'文王在上，於昭于天'，此之谓也。言大德备成矣。"（说文第十八章）"'天监在下，有命既集'者也，天之监下也，集命焉耳。"（说文第二十三章）"天生诸其人也者，如文王

---

① 池田知久著，王启发译：《马王堆汉墓帛书五行研究》，线装书局，中国社会科学出版社，2005年，第157页。

者也。"（说文第二十七章）但这三例都是对《诗》的引用，因此可以说这种主宰性的天的出现只是引用的结果，而不是说文作者的真实意图。总之，天、天道、五行和、德、君子道在说文作者看来是可以等同的，它们是五行在内心自然扩充而达到和美的状态。在这些概念等值转换过程中，天被完全内化于心，变为了纯粹的道德状态。这与孟子强调尽心，弱化天的作用的趋势有较直接的关联。

（三）说文对孟子身心观的发挥

先对孟子的身心观作一个简要的回顾与梳理。

身与心是孟子思想中很重要的一对范畴，《孟子》一书多处论及，最为集中的是《告子上》。孟子身心观是伴随着其德行修养论以及有关性的讨论而提出来的，涉及面非常广。但就身心二者本身的关系来看，孟子的基本看法有三个方面：

第一，从官能角度看，身心都属于人体的一部分，具有普遍性。《告子上》云：

> 口之于味也，有同耆焉；耳之于声也，有同听焉；目之于色也，有同美焉。至于心，独无所同然乎？心之所同然者何也？谓理也，义也。圣人先得我心之所同然耳。故理义之悦我心，犹刍豢之悦我口。

在孟子看来，心对于理义，正如口对于味，耳对于声，目对于色，它们各有所重，但都是人体官能之一。作为官能，不同处在于大体与小体，所以孟子云：

> 人之于身也，兼所爱。兼所爱，则兼所养也。无尺寸之肤不爱焉，则无尺寸之肤不养也。所以考其善不善者，岂有他哉？于己取之而已矣。体有贵贱，有大小。无以小害大，无以贱害贵。养其小者为小人，养其大者为大人。……养其一指而失其肩背，而不知也，则为狼疾人也。饮食之人，则人贱之矣，为其养小以失大也。饮食之人无有失也，则口腹岂适为尺寸之肤哉？（《孟子·告子上》）

心之官属于大体，耳目之官属于小体，但贵贱大小都属于体，应"兼所爱，兼所养"，既要养心，也要养身。这里的大小贵贱之分也是相对的概念，如一指相对于肩背为贱、小,心相对于口腹、耳目为贵、大。

第二,从价值角度看,心是实践主体能够实现一切道德价值的源泉和基础,属于大体,而身只是一种物质的存在,是小体。孟子认为"人皆有不忍人之心"(《孟子·公孙丑上》),这种心是恻隐、羞恶、辞让、是非等道德价值的根源,也是仁义礼智得以保存的基础,故孟子说"仁义礼智,非由外铄我也,我固有之也,弗思耳矣"(《孟子·告子上》),"君子所性,仁、义、礼、智根于心"(《孟子·尽心上》)。

第三,心发挥作用是一种自主行为,它能"思",不需要外力的推动,而身则有所依赖。《孟子·告子上》:

> 孟子曰:"从其大体为大人,从其小体为小人。"曰:"钧是人也,或从其大体,或从其小体,何也?"曰:"耳目之官不思,而蔽于物,物交物,则引之而已矣。心之官则思,思则得之,不思则不得也。此天之所与我者。先立乎其大者,则其小者弗能夺也。此为大人而已矣。"

心之官能思,这是其先天具有的能力,所思者乃恻隐、羞恶、辞让、是非等道德价值,这些道德价值也并非心得自外界,而是其自身固有。心的这种完满自足与身有本质的不同,口因味而耆,耳因声而听,目因色而美,口耳目属于物也蔽于物,它们产生作用都有所待而不能自足。但心并非因理义而思,理义乃心先天具有,通过思则自然唤起。所以孟子说"先立乎其大者,则其小者弗能夺也"。

说文在经文的基础上,首先继承了孟子的身心观。第二十二章云:"耳目也者,悦声色者也;鼻口者,悦臭味者也;手足者,悦佚愉者也。心也者,悦仁义者也。"[1]耳目因声色而悦,鼻口因臭味而悦,手足因佚愉而悦,心因仁义而悦,说文这种说法与孟子一脉相承,都认为心与耳目、鼻口、手足属于体。说文还借用了孟子的贵与贱、大体与小体说定位身心的关系,"小不胜大,贱不胜贵也哉!……耳目鼻口手足六者,人□□,人体之小者也。心,人□□,人体之大者也"(说文第二十二章),连用语和句式都极为相似。

---

[1] 庞朴:《竹帛〈五行〉篇校注及研究》,第76—77页。庞文于"心也者"前断为句号,可能是因后文有"六者为心役"说,所以把"心也者"一句独立。其实从行文的节奏和用语看,此句实与前三句并列。

　　其次,说文在继承的基础上,又对孟子身心观中身与心的关系有所发挥。明确指出二者不是主次关系或并列关系,而是主从关系。说文第二十二章云:

　　　　此数体者皆有悦也,而六者为心役,何也? 曰:心贵也。有天下之美声色于此,不义,则不听弗视也。有天下之美臭味于此,不义,则弗求弗食也。居而不间尊长者,不义,则弗为之矣。何居? 曰:几不胜□,小不胜大,贱不胜贵也哉! 故曰心之役也。耳目鼻口手足六者,人□□,人体之小者也。心,人□□,人体之大者也,故曰君也。"心曰唯,莫敢不唯。"心曰唯,耳目鼻口手足音声貌色皆唯,是莫敢不唯也。诺亦然,进亦然,退亦然。"心曰深,莫敢不深;心曰浅,莫敢不浅。"深者甚也,浅者不甚也,深浅有道矣。故父呼,口含食则堵吐之,手执业则投之,唯而不诺,走而不趋,是莫敢不深也,于兄则不如是其甚也,是莫敢不浅也。"和则同。"和也者,小体变变然不患于心也,和于仁义。仁义,心也;同者,与心若一也。□约也,同于仁义。

六者即耳目、鼻口、手足,"役",郭沂先生释为"役使"[1],池田知久对比了《广雅·释诂》和《庄子·庚桑楚》、《荀子·富国》"役"的用法,认为"役"是相对后文中"君"而言的,"'耳目鼻口手足'的'六者'被比喻成服务于君主的'役','心'则被比喻成役使它的'君主'",因此释为"仆人"[2]。两说都可通,都肯定了心对身的支配作用和主从关系。说文还具体分析了这种主从关系的表现:"心曰唯,耳目鼻口手足音声貌色皆唯,是莫敢不唯也。诺亦然,进亦然,退亦然。"段玉裁注曰:"唯、诺有急缓之别,统言之则皆应也。"[3]就是说耳目等的反应以心的反应为至上,"莫敢不唯"是对心无上地位的肯定。

　　心何以能役使身呢? 在说文作者看来,因为心可以做到天下不义之美声色不听不视,不义而与尊长者无间不为,天下不义之美臭味不求不食,正所谓"有天下美饮食于此,吁嗟而予之,中心弗迷也。恶吁嗟而不

---

[1] 郭沂:《郭店竹简与先秦学术思想》,第 202 页。
[2] 池田知久:《马王堆汉墓帛书五行研究》,第 413—415 页。
[3] 许慎撰,段玉裁注:《说文解字》,浙江古籍出版社,2006 年,第 90 页。

受吁嗟,正行之,直也"(说文第十五章),即心对身的这种役使关系源于
"心贵"。而心何以为贵呢?"心也者,悦仁义者也","仁义,心也",心因
为是仁义诸多价值与意义的根源与创发者,不依赖于外物而自足,所以
为贵,所以说文第二十三章云:

> 文王源耳目之性而知其好声色也,源鼻口之性而知其好臭味
> 也,源手足之性而知其好佚愉也,源心之性则巍然知其好仁义也。
> 故执之而弗失,亲之而弗离,故卓然见于天,箸于天下,无他焉,目
> 也。故目人体而知其莫贵于仁义也,进耳。

就是如文王这样的圣人,要发挥其耳目鼻口手足之身的性,也需要依赖
于声色、臭味之类的外物,而发挥心之性只需扩充心固有的仁义。以上
的立论逻辑和用语与《孟子》有密切关联。孟子认为心贵身贱是因为
"理义之悦我心"(《孟子·告子上》),"君子所性,仁、义、礼、智根于心"
(《孟子·尽心上》),这正是说文"仁义,心也"说的根据所在。孟子还
说:"一箪食,一豆羹,得之则生,弗得则死。呼尔而与之,行道之人弗受;
蹴尔而与之,乞人不屑也。"(《孟子·告子上》)身因食、羹而养,但行道
之心绝不会违背礼义而养身,心因礼义而贵。

　　说文不仅指出心对身有役使关系,而且继承了孟子的"舍生取义"
说。孟子曾说:"生,亦我所欲也;义,亦我所欲也,二者不可得兼,舍生
而取义者也。生亦我所欲,所欲有甚于生者,故不为苟得也;死亦我所
恶,所恶有甚于死者,故患有所不辟也。"(《孟子·告子上》)"人能充无
受尔汝之实,无所往而不为义。"(《孟子·尽心下》)说文受此影响,认
为君子在为德过程中应该"舍其体而独其心"(说文第八章)。它首先对
经文"能为一然后能为君子,君子慎其独也"(经文第七章)一句进行发
挥,解释为"能为一者,言能以多为一,以多为一也者,言能以夫五为一
也","慎其独也者,言舍夫五而慎其心之谓□。独然后一,一也者,夫五
夫为□心也,然后得之",把经文中的"一"和"独"解释为心。说文接着
把经文"君子之为德也,有与始也,无与终也"(经文第八章)句进一步拓
展,解释为"有与始者,言与其体始;无与终者,言舍其体而独其心也",
并宣称"终其不受吁嗟之心,而义襄天下"(说文第二十一章)。如此过
渡,说文作者就成功地借孟子之论来注解了经文。说文不仅搬用孟子立

意,还因袭其用语,"舍体独心"就是孟子的"舍生取义","吁嗟"之词即孟子所说的"呼尔"、"尔汝"。

在肯定心对身的绝对支配地位基础上,说文还继承了孟子"心之官则思"的观点,肯定了心的内省工夫。

孟子的观点本源自孔子、曾子、《五行》。孔子云:"见贤思齐焉,见不贤而内自省也。"(《论语·里仁》)"思"即为"内自省",见并且内自省则可以明,闻并且内自省则可以聪。曾子云:"吾日三省吾身。"(《论语·学而》)省即内自省。《五行》篇经文进一步把"思"作为德行发生的内在机制,经文第四章云:"善弗为无近,德弗志不成,智弗思不得。思(不)精不察,思不长不得,思不轻不形。不形则不安,不安则不乐,不乐则无德。"此处的"思乃是一种反思,是一种内在的体验性思维,是思其在己者而不是在外者,是以内在道德禀赋为对象的"①,它有"精"、"长"、"轻"三个特点。"精"是指用心的精一,"长"是指用心的持久,"轻"是指用心高远。以三者为基础进一步展开"思",则可以发明、扩充潜存状态的仁、智、圣三德,从而实现个体成德的追求。所以经文第六章说:"仁之思也精,精则察,……不忧则玉色,玉色则形,形则仁。智之思也长,长则得,……(见贤人则玉色,玉色)则形,形则智。圣之思也轻,轻则形,……闻君子道则玉音,玉音则(形,形则)圣。""思"的三个层面经过心的省察之后,对应着仁、智、圣三种境界,并流露于人的容貌、声音,形成所谓的玉色、玉音。玉色、玉音实质就是个体在通过"思"而闻知、见知大道后所表现出的一种道德气象。

孟子继续发挥了"思"在个体成德中的作用。他说:"圣人……既竭心思焉,继之以不忍人之政,而仁覆天下矣。"(《孟子·离娄上》)"仁义礼智,非由外铄我也,我固有之也,弗思耳矣。"(《孟子·告子上》)"心之官则思,思则得之,不思则不得也。"(《孟子·告子上》)"人人有贵于己者,弗思耳。"(《孟子·告子上》)孟子认为人只要反求诸己,充分扩充自己固有的四端,就可保有"本心"(《孟子·告子上》)。保有"本心",修身则"人皆可以为尧舜";从政则可以行仁政,修德养民。而这一过程能否实现,关键就在于个人能否时时内省而作出正确选择。

---

① 梁涛:《郭店竹简与思孟学派》,第 189 页。

说文直接谈到"思"的只有第六章,其文曰:

> "圣之思也轻。"思也者,思天也;轻者尚矣。"轻则形。"形者,
> 形其所思也。酉下子思轻于翟,路人如斩;酉下子见其如斩也,路人
> 如流。言其思之形也。"形则不忘。"不忘者,不忘其所思也,圣之
> 结于心者也。

这段文字是对经文的解释,但基本是随文注解,敷演文意,没有对"思"
做出进一步的分析,所以庞朴先生说"本段含义不明"①。说文虽然没有
直接用"思"这个传统的概念来分析心的作用,但对孟子内省的成德工
夫论却时有借鉴。说文认为,心因悦仁义而可以做到"有天下之美声色
于此,不义,则不听弗视也。有天下之美臭味于此,不义,则弗求弗食也。
居而不间尊长者,不义,则弗为之矣"(说文第二十二章),不受吁嗟不义
之食,那么心何以悦仁义呢? 说文没有直接解释,但在其说背后已经包
含了这层含义:心因"思"而悦仁义,因"思"而成为仁义的创发者。说
文第二十一章也说:"终其不藏欲害人之心,而仁覆四海;终其不受吁嗟
之心,而义襄天下。""终",庞朴先生疑作充,即孟子的"扩而充之"的
意思②,扩充仁义之心是无须外求的,只要调动心固有的内省功能——
"思"就可以实现。作为内省功能的"思",孟子有时又表述为求与不求:
"行有不得者皆反求诸己,其身正而天下归之"(《孟子·离娄上》),"仁,
人心也;义,人路也。舍其路而弗由,放其心而不知求。"(《孟子·告子
上》)知与不知:"指不若人,则知恶之;心不若人,则不知恶,此之谓不知
类也","至于身,而不知所以养之者,岂爱身不若桐梓哉? 弗思甚也。"
(《孟子·告子上》)忧与不忧:"是故君子有终身之忧,无一朝之患也。
乃若所忧则有之:舜,人也;我,亦人也。舜为法于天下,可传于后世,我
由未免为乡人也,是则可忧也。"(《孟子·离娄下》)说文除常用"知"
作为"思"之外③,还在孟子的基础上提出一个类似的观点——"积"与

---

① 庞朴:《竹帛〈五行〉篇校注及研究》,第 37 页。
② 庞朴:《竹帛〈五行〉篇校注及研究》,第 75 页。
③ 笔者认为经文和说文中许多"知"的用法实际上包含了传统的"思"的意义,如"见而知之"
　与"闻而知之"的"知"。朱熹注《孟子》,认为见知、闻知就是后天"学"的过程,"学"非泛泛
　之学,而是"神会而心得之","神会心得"就是心积极反思的结果(《四书章句集注·孟子集
　注》卷十四,第 376—378 页)。

"不积",第二十四章云:

> 譬丘之与山也,丘之所以不□名山者,不积也。舜有仁,我亦有
> 仁,而不如舜之仁,不积也。舜有义,而我亦有义,而不如舜之义,不
> 积也。譬比之而知吾所以不如舜,进耳。

这段话把舜与我对举,谈仁义的培养问题,应该是受到了上引《离娄下》的影响。"我"与舜在仁义上的不同在于"积"与"不积"。"积"许慎释为"聚也",即积聚、蓄积之意。因说文作者认为"仁义,心也",而舜与"我"皆为人,也皆有心,故皆有仁义,仁义非外加于舜与"我",所以此处的"积"不是外在仁义通过习染在心里的叠加,而是心通过内自省不断排除外界影响,对本身固有仁义的保留与扩充,同于孟子所说的"求其放心"(《孟子·告子上》)、"反身而诚"(《孟子·尽心上》)或者思、求、知、忧。就是说,"积"在这里实际上是心积极内自省的程度与状态,主要不是后天学习和外来影响的结果①。

(四)说文对孟子仁义说的继承与创新

仁义是儒家学说的重要内容,涉及儒家的伦理观、修身观和政治观等。从孔子至《五行》篇经文再到孟子,儒家仁义观在传承中有发展。孔子常分说仁与义:言仁则曰"入则孝,出则悌",把孝悌作为仁的核心并扩展为"泛爱众"(《论语·学而》);言义则曰"信近于义,言可复也"(《论语·学而》),"其使民也义"(《论语·公冶长》),"君子义以为质,礼以行之"(《论语·卫灵公》),含有合理的、有道理等含义,侧重于外在的规范。可以说,这基本上是一种"仁内义外"的观点。《五行》篇经文继承了这种观点,竹简《五行》第十八章云:"知而安之,仁也。安而行

---

① 日本学者池田知久认为,本章"把'舜'与'我'的不同看作后天努力的差别的记述",其虽然"是根据孟子学派的,但是通过加入如以下的新的思想而大幅度改变了孟子学派的性善说的色调。特别重视孟子学派所讲的'扩充'过程,在其中导入了荀子学派所讲的后天努力的思想,而强调作为蓄积的'责'的必要性。不仅在从'五行'之端绪开始的扩充过程,而且在'五行'之调和、统一的'杂泰成'的过程中,导入了荀子学派的后天努力的'责',想要通过这些而在更高的层次上扬弃孟子学派和荀子学派的对立"。池田知久先生根据《荀子》"积土成山"说,认为此处的"积"是吸收了荀子重视后天的"习"的观点,是"达到'圣人'、'贤人'的伦理的修行过程中的类型"(池田知久:《马王堆汉墓帛书五行研究》,第457—458页)。但笔者认为,"积"虽然是后天养的过程,但它不是荀子所说的外在仁义道德价值通过习染的叠加,而是心固有仁义道德的扩充,心与仁义是合二为一的。

之，义也。行而敬之，礼也。仁义，礼所由生也。"第十九章云："爱父，其继爱人，仁也。"第二十章云："贵贵，其等尊贤，义也。"（据李零先生校本）认为仁与"安"、"爱"相关，义与"行"、"尊贤"相关。而前者与内心紧密联系，表明仁主内；后者与外在的行为规范紧密联系，表明义主外。经文还进一步把仁、义、礼、智、圣区分为"形于内"与"不形于内"，从而产生出五行与四行，使"仁内义外"的观点趋于复杂。孟子一改这一传统[①]，力主"仁义内在"说。孟子云："恻隐之心，人皆有之；羞恶之心，人皆有之；恭敬之心，人皆有之；是非之心，人皆有之。恻隐之心，仁也；羞恶之心，义也；恭敬之心，礼也；是非之心，智也。仁义礼智，非由外铄我也，我固有之也。"（《孟子·告子上》）认为仁义连同礼智都是人心所固有，并进一步把仁义作为他伦理道德结构中的核心。他还把"恻隐之心"作为"仁之端"，把"羞恶之心"作为"义之端"，为仁义在心那里找到了根源。

　　上面说过，经文把包括仁义在内的五行分为内外，对应着德与善，在竹简《五行》中以圣智为核心，在帛书《五行》中以仁义为核心[②]。应该说，经文开篇的德善之分对传统的"仁内义外"说已经有了一点点的改动，即认为义与礼也有"形于内"的一面，但是其后面的仁义说却基本沿袭了传统。说文对仁义的解说一方面受到经文原意的限制，如对经文"贵贵，其等尊贤，义也"（经文第十五章）的解释，其说文云："尊贤者，言等贤者也，言选贤者也，言属诸上位。此非以其贵也，此其义也。贵贵而不尊贤，未可谓义也。"此处的义就是建立在礼制基础上的外在规范，即尊贤。甚至也把义、礼并提，如"循禽兽之性，则有好恶焉，而无礼义焉"

[①] 梁涛先生认为，从郭店竹简等文献来看，"仁内义外"说是早期儒家普遍接受的观点，并非告子的专利，孟子虽然提出仁义内在说，但他也受传统观点的影响，并举《孟子·尽心上》"舜为天子"章进行说明（梁涛：《郭店竹简与思孟学派》，第 387 页）。笔者认为梁先生的看法比较公允，因而取其说。清人雷学淇《介庵经说》于《孟子》卷"仁内义外"条下亦云："赵注谓告子兼治儒墨之道，因墨子先有'仁内义外'之说。又《公孟篇》以告子为墨之弟子也。然《管子·戒篇》已云'仁从中出，义由外作'。"（《续修四库全书》第 176 册经部群经总义类，上海古籍出版社，2002 年，第 219 页）可见，仁内义外说可能还是早期不少诸子的普遍看法。

[②] 梁涛先生认为："根据经文的规定，'形于内'的'德之行'，其和谐状态称为'德'；'不形于内'的'行'，其和谐状态称为'善'。德内在于心，是意志的对象；善外在于人伦、社会关系之中，是行为的对象。'善弗为无近，德弗志不成'。（五行·经第四章）经文将'为德'与'为善'并举，实际提出一种二元的道德实践方法。"（梁涛：《郭店竹简与思孟学派》，第 392 页）

（说文第二十三章）。但另一方面，说文却深受孟子"仁义内在"说的影响，继承了孟子扩充四端的思想，并进一步发展了孟子的"气"论，以"仁气"、"义气"、"礼气"解释仁义礼的扩充问题。

说文对孟子"仁义内在"观有准确的理解。

笔者根据庞朴先生校注的帛书《五行》篇统计，经文"仁"字出现了17次，"义"出现了9次，"礼"出现了7次，不见仁义连用的情况①。但说文除重复经文的仁、义、礼字外，其余却分别出现了41次、43次和11次。说文不仅广泛使用仁、义二字来注释经文，而且仁、义二字连用也在短短的说文中出现了16次之多，这是一个特别的现象。仁义连用虽然早在《老子》、《墨子》中出现，但对仁义一词有较全面定位和自觉认识的，特别是在儒家文献里，孟子无疑是最早的。仁义一词在《孟子》中共出现了26次，而且几乎都表示一种内在的道德规范。说文所用仁义一词，也都几乎是这种用法，其中有9次直接与"心"或者"性"相连，这可以看作受孟子仁义观影响的一个显著标志。为了便于分析，下面列出说文9次相关的文献：

第二十章："简，义之方也；匿，仁之方也。"言仁义之用心之所以异也。义之尽简也；仁之尽匿。②大义加大者，大仁加小者，故义取简而仁取匿。

第二十二章：心也者，悦仁义者也。……"和则同。"和也者，小体变变然不患于心也，和于仁义。仁义，心也；同者，与心若一也。约也，同于仁义。仁义，心也，"同则善"耳。

第二十三章：循草木之性，则有生焉，而无好恶。循禽兽之性，则有好恶焉，而无礼义焉。循人之性，则巍然知其好仁义也。……故目万物之性而知人独有仁义也，进耳。……文王源耳目之性而知其好声色也，源鼻口之性而知其好臭味也，源手足之性而知其好佚愉也，源心之性则巍然知其好仁义也。故执之而弗失，亲之而弗离，

---

① 庞朴先生帛书《五行》校本经文第十九章中有一例："仁义，礼之所由生也。"李零先生校本作"仁，义礼所由生也"。取庞说则有一例，取李说则无此用法。

② "义之尽"句的断句取池田知久说（池田知久：《马王堆汉墓帛书五行研究》，第375页）。庞校本断为："义之尽，简也；仁之尽，匿。"

故卓然见于天,箸于天下,无他焉,目也。故目人体而知其莫贵于仁
义也,进耳。

经文第二十章中,仁的实现表现为一种"匿",即宽容与仁爱,属于内;义
的实现表现为一种"简",即权衡,与原则性相关,属于外在的规范[①]。虽
然"匿"与"简"还只是实现仁义的起点与"端绪"[②],但说文已把义与仁
一并纳入心,认为实现仁与义的不同只在于"仁义之用心之所以异"。就
是说,仁与义都是用心,不同处在于"义之尽简也;仁之尽匿。大义加大
者,大仁加小者,故义取简而仁取匿"。即"义是以确定地挑选出(恶事)
为端绪来进行扩充而达到的。仁是以(宽容而)隐瞒为端绪来进行扩充
而达到的"[③]。义虽然还侧重于外在的具体规范,但说文已经在内心给它
安排了一个源头,所以说文反复强调"心也者,悦仁义者也","小体变变
然不患于心也,和于仁义。仁义,心也"。仁义就是心的实质,小体——
耳目、鼻口、手足六者为心所役使,同归于仁义之心。这里,说文把仁义
之心与小体自然地分为了内外。

　　说文第二十三章还把仁义与"性"相连,对经文"目而知之,谓之进
之"一句,说文作者借孟子相关思想大加发挥。孟子认为人之外万物皆
有其性,如"犬之性"、"牛之性"、"水之性"以及"山之性",人之性与禽兽
之性有一点点的不同,即人固有四端:恻隐之心、羞恶之心、辞让之心、是
非之心,分别对应着仁、义、礼、智,且"仁、义、礼、智根于心"(《孟子·尽
心上》),"非由外铄我也,我固有之"(《孟子·告子上》)。人如能"知皆
扩而充之",则"足以保四海"(《孟子·公孙丑上》)。说文发挥了孟子的
观点。它也认为草木、禽兽与人皆有性,但比对万物之性,方知唯有人之
性好仁义;人之性乃心之性,比对耳目、鼻口、手足之性与心之性,方知
心之仁义为最贵。孟子说"人之所以异于禽兽者几希,庶民去之,君子

[①] "简",庞朴先生说:"亦作间,亦作柬;简、间、柬皆有分别义。"(庞朴:《竹帛〈五行〉篇校注及
　　研究》,第47页)池田知久先生认为"简""是将重大事情无错误地加以处理的取舍选择的
　　能力"(池田知久:《马王堆汉墓帛书五行研究》,第235页)。说文有"简为言,犹衡也",因此
　　简实质有权衡之意。
[②] 池田知久先生认为"简"、"匿"是端绪,"义"、"仁"是完成状态,"尽"就是极尽扩充"简"、
　　"匿"这样的端绪,最终使"义"、"仁"完成的意思(池田知久:《马王堆汉墓帛书五行研究》,
　　第383页)。
[③] 池田知久:《马王堆汉墓帛书五行研究》,第376页。

存之"(《孟子·离娄下》),说文则明确指出了人与草木、禽兽的不同在于心之仁义。说文还认为,只要心对仁义"执之而弗失,亲之而弗离",则仁义可"卓然见于天,箸于天下"。说文第二十一章亦云:"仁覆四海、义襄天下,而诚由其中心行之,亦君子已!"说文的"执之"、"亲之"就是孟子的"存之"、"养"之①;说文的"诚由其中心行之"就是孟子的"由仁义行,非行仁义也"(《孟子·离娄下》)。"中心行之"与"由仁义行",皆强调仁义本于心,说明表现于外的道德行为都是根据心之仁义而自觉实践,非外力使之然。

说文继承孟子扩充仁义端绪的思想,发挥了经文"进"、"遂"等概念。

说文还看到了扩充仁义端绪在实现仁义过程中的重要性。说文第二十一章对经文"能进之,为君子,弗能进,各止于其里"句作如此解释:"能进端,能终端,则为君子耳矣。弗能进,各各止于其里。不藏欲害人,仁之理也;不受吁嗟者,义之理也。弗能进也,则各止于其里耳矣。充其不藏欲害人之心,而仁覆四海;充其不受吁嗟之心,而义襄天下。"说文以"终"释"进之"的"进",以"端"释"之"。"终",庞朴先生怀疑就是孟子"凡有四端于我者,知皆扩而充之矣"的"充"②。"端"经文本无,在《论语》《左传》等先秦文献中多指事物的头绪或起点、终点,孟子第一次把它与恻隐之心等四心相连,作为仁义礼智内在道德的端绪,而说文的"端"就是承孟子而来。正如郭沂先生所言:

　　《说》所谓的"端",即"玉音",也就是内在德行,或孟子的"四端"。《说文·释言语》:"进,引也,引而前也。"因此"进之"、"进端",乃引发内在德行之意,即《说》之"充其不藏尤③害人之心,而仁覆四海;充其不受吁嗟之心,而义襄天下",亦即孟子所谓"人能充无欲害人之心,而仁不可胜用也;人能充无穿逾之心,而义不可胜用也;人能充无受尔汝之实,无所往而不为义也"(《孟子·尽心下》)。盖《五行》首先提出"进之"的问题,孟子发展之,而《说》又

----

① 孟子曾以牛山之木为喻,说明人的仁义心丧失在于"失其养"。他说:"人见其禽兽也,而以为未尝有才焉者,是岂人之情也哉?故苟得其养,无物不长;苟失其养,无物不消。"(《孟子·告子上》)
② 庞朴:《竹帛〈五行〉篇校注及研究》,第75页。
③ 庞朴《竹帛〈五行〉篇校注及研究》"充其不藏尤害人之心"之"尤"作"欲",第73页。

以孟子之意解之。①

德行经过扩充方能圆满的意识早已存在于经文之中,除了如"进之"、"遂之"这样的用词外②,还大量体现在论说方式上,如:"仁之思也精,精则察,察则安,安则温,温则(悦,悦则戚,戚则亲,亲则)不忧,不忧则玉色,玉色则形,形则仁。"(经文第六章)"不直不进,不进不果,不果不简,不简不行,不行不义。"(经文第十一章)"知而行之,义也。行(之而时,德也)。(见贤人,明也)。见而知之,智也,知而安之,仁也。安而敬之,礼也。"(经文第十八章)论说中,前一个范畴是后一个范畴的基础,而后者则是实践主体扩充前者的结果。孟子把经文的扩充思想运用于他的四端说和性善说,作为实现仁义礼智的内在动力。说文则除了继承经文与孟子的扩充论外,还用孟子特有的端绪说来注解经文。

在此基础上,说文还对孟子的性善说加以吸收。在孟子之前,善作为一个名词,往往是指善人、善事、善行,"孟子由于提出'仁义内在'说,突出了心的作用,主张'乃若其情,则可以为善矣,乃所谓善也'(《孟子·告子上》),认为由四端之心直接表现出来的具体善行,就是所谓的善。所以在孟子那里,善是指自主自律的道德行为。《五行》说文主张'动□于中而形善于外',显然是继承了孟子的思想而来,其'行善于外'同于孟子的'可以为善',而不同于经文的'为善'"③。说文在解释经文的"四行之所和(也),和则同,同则善"(第十九章)时说:"言和仁义也,……和者,有犹五声之和也。同者,□约也,与心若一也,言舍夫四也,而四者同于善心也。同,善之至也。"把"同则善"直接解释为"四者同于善心","善心"与孟子的"不忍人之心"一致。说文还有"不藏欲害人,仁之理也;不受吁嗟者,义之理也"(第二十一章)说,其"不藏欲害人,仁之理也"正是孟子的"恻隐之心,仁之端也","不受吁嗟者,义之理也"正是孟子"羞恶之心,义之端也",说文吸收了孟子的仁义端绪说,认为仁义之理本于心,只要心能"求"、"积",并"进之"、"遂之"即扩充之,

---

① 郭沂:《郭店竹简与先秦学术思想》,第198—199页。
② 经文有"直而遂之,肆也","遂",《说文》引《广韵》曰:"达也,进也,成也,安也,止也,往也,从志也。"可见遂在此处也是进的意思。
③ 梁涛:《郭店竹简与思孟学派》,第396—397页。

就能"动于中而形善于外"。"形善于外"就是内在仁义之端绪(在说文为"理")扩充的结果,在孟子具体表现为"仁不可胜用"、"义不可胜用",在说文则相应地表现为"仁覆四海"、"义襄天下"。表现出来的仁义之用,就是具体的善行了,而这才是孟子之前善的含义。

就是说,说文受孟子影响,也为外在的具体善行在心里确立了一个根源性的起点——仁义之端绪,并把仁义实现圆满的过程看做从端绪出发,经由主体由内而外扩充而完成的过程。

对于仁义的实现,说文并不满足于孟子简单的扩充论,而是作出了理论的生发,在孟子语焉不详的气论基础上提出"仁气"、"义气"、"礼气"说。

本书《导言》"孟子思想概说"一节已经说过,孟子已经隐约感觉到仁义与气之间有微妙的关系,他虽然没有明确提出仁气、义气说,但他的"夜气"说与仁义之气说也只有一步之遥了。受此影响,帛书《五行》说文作者才创造性地提出了仁气、义气、礼气说,既合理解释了经文仁、义、礼的实现过程,又发展了孟子的气论,解释了仁、义、礼的内在性及其扩充问题,即仁、义、礼之端绪是怎样扩充至圆满境界的。

当然,说文的气论首先是顺着经文论述仁、义、礼的逻辑而提出来的。经文云:

> 不变[①]不悦,不悦不戚,不戚不亲,不亲不爱,不爱不仁。(第十章)不直不迣,不迣不果,不果不简,不简不行,不行不义。(第十一章)不远不敬,不敬不严,不严不尊,不尊不恭,不恭不(礼)。(第十二章)

前文曾提及,经文的这种论说方式实际上也是一种扩充论。从正面讲,经文论述仁、义、礼的扩充序列为:变→悦→戚→亲→爱→仁;直→迣→果→简→行→义;远→敬→严→尊→恭→礼。变、悦、戚、亲、爱五者,是实现仁过程中内心形成的不同道德层面的外在表现,孟子的"仁者爱人"

---

① "变"字取李零先生说。庞朴先生定为"臀",并认为"宜定作恋、娈、挛之省,思慕也,温顺也,眷念也",还认为可以参照经文第六章"仁之思也精,……温则(悦,悦则戚,戚则亲,亲则)不忧,不忧则玉色,玉色则形,形则仁"(庞朴:《竹帛〈五行〉篇校注及研究》,第46页)。他实际上认为"臀"字作"温"更合理,所以在本章的解释中,就直接用"温"字了。

已经是这个发展序列中的最后一环。义、礼的扩充也是如此。正如庞朴
先生注释此条时所说："此处之温—悦—戚—亲—爱—仁,以及此后谈
义、礼条,皆可视为孟子所谓仁义礼智自四端扩而充之之历程。"①是什么
促使"变"、"直"、"远"步步扩展而至于仁、义、礼的呢?经文和孟子都没
有讲清,说文则在孟子四端和夜气说的基础上提出仁气、义气、礼气说来
解决这一问题。说文云:

> "不变不悦。"变也者,勉也,仁气也。变而后能悦。(第十章)
> "不直不肆。"直也者,直其中心也,义气也。直而后能肆,肆也者,
> 终之者也;弗受于众人,受之孟贲,未肆也。(第十一章)"不远不
> 敬。"远心也者,礼气也。……远者,动敬心,作敬心者也。……"恭
> 而后礼"也,有以礼气也。(第十二章)

说文解释经文有两个明显的特点:一是把仁气、义气、礼气分别对应着每
个扩充序列的第一个阶段即"变"、"直"、"远";二是把"变"、"直"、"远"
与心联系起来解释②。这说明说文作者把孟子仁、义、礼的端绪分别看成
一种内心固有的气,就是说,仁气、义气、礼气实际上就是孟子的仁之端、
义之端、礼之端。每种气经过"养"而逐步提升到一个新的阶段,在一系
列的扩充之后达到圆满境界——仁、义、礼。如"变"作为仁气之初的阶
段,经过扩充则表现为"悦","悦"经过扩充则表现为"戚",最后直至仁。
一种气贯穿一个发展阶段,即照说文的解释方法,还可以说,"悦也者,仁
气也","戚也者,仁气也"。只是在每一个发展阶段中,气都呈现出不同
的特征,如义气在扩充过程中表现为直、肆、果、简、行,礼气在扩充过程
中表现为远、敬、严、尊、恭。但各个阶段的气之间并没有质的区别,只有
表现特征的不同,或者说只有道德境界的高低之分。说文仁气、义气、礼
气的提出不仅把义和礼归入形内,还为仁、义、礼端绪的扩充找到了内在
的基础,这是对孟子"仁义内在"说的一大发展。

　　由于受经文论说方式的影响,说文第十至十二章把仁、义、礼的扩充
过程分而言之。但在实际的德行修养过程中,三者是相互联系并共同完

---

① 庞朴:《竹帛〈五行〉篇校注及研究》,第 46 页。
② 说文虽然把"变"解释为"勉也",但据庞朴先生所言,"变""宜定作恋、娈、孪之省,思慕也,
　温顺也,眷念也",因此变也与心有关(庞朴:《竹帛〈五行〉篇校注及研究》,第 46 页)。

成的,主体伦理心境的变化也远比仁、义、礼单个的进阶更为复杂①。因此说文又在智、仁、义、礼四行和的基础上把仁气、义气、礼气相互贯通起来。其文云:

> "知而行之,义也。"知君子之所道而偑然行之,义气也。……
> "智而安之,仁也。"知君子所道而諟然安之者,仁气也。"安而敬之,礼也。"既安之矣,而又愀愀然而敬之者,礼气也。(第十八章)

> "知而安之,仁也。"知君子所道而諟然安之者,仁气也。"安而行之,义也。"既安之矣,而偑然行之,义气也。"行而敬之,礼也。"既行之矣,又愀愀然敬之者,礼气也。所安、所行、所敬,人道也。(第十九章)

第十八章是在经文"五行和"的框架下展开论述的,而第十九章是在经文"四行和"的框架下展开论述的,但两章说法基本相同。与说文第十九章相对应的经文云:"见而知之,智也。知而(安)之,仁也。安而行之,义也。行而敬之,(礼)也。仁义,礼智之所由生也。四行之所和(也),和则同,同则善。"其论述对象的顺序是:智→仁→义→礼,实现四者的途径的顺序是:见→知→安→行→敬。说文首先继承了经文智、仁、义、礼为一整体序列的看法,认为它们的先后关系正好构成"四行和"。而"和则同","同者,□约也,与心若一也",即智、仁、义、礼"与心若一",于是又把义、礼完全归入形内。仁、义、礼不仅内合于心,还外合于具体的道德行为,所以说文云:"所安、所行、所敬,人道也。"说文在解释经文的仁、义、礼时,又在见→知→安→行→敬的序列下提出了仁气、义气、礼气:"知君子所道而諟然安之者,仁气也","既安之矣,而偑然行之,义气也","既行之矣,又愀愀然敬之者,礼气也",这样,仁气、义气、礼气也就因同为气而相互联系、相互转化了。

　　上文说过,仁气、义气、礼气贯穿各自发展的每一个阶段,上引说文

---

① 杨泽波先生在分析孟子性善论时提出了一个新的概念"伦理心境",他认为"伦理心境"至少包含三个方面的内容:它来源于伦理道德范围内社会生活和智性思维在内心的结晶;是心的一种境况,具有公理的性质,可以判断道德是非;它还是心的一种境界,促使人不断向上,直至成就道德而后已。这里的每一个发展阶段应该是伦理心境的不同层次(杨泽波:《孟子性善论研究》修订本,中国人民大学出版社,2010年,第70—71页)。

第十八、十九两章再次证明了这一观点。与说文第十、十一、十二章在序列之首"变"、"直"、"远"处引入气论不同，说文第十八、十九章则是在各个序列的完成阶段引入仁义礼气说。经文已经规定了仁、义、礼的完成状态为"知而安之"、"安而行之"、"行而敬之"，说文对此仅随文注解，却把仁、义、礼换成了仁气、义气、礼气："知君子所道而谉然安之者，仁气也"，"既安之矣，而愢然行之，义气也"，"既行之矣，又愀愀然敬之者，礼气也"。以至于池田知久先生认为，"可以确定这里的'仁气'、'仁'、'安'是相同的"，"如果从作者在第十八章说所描绘的'天下之兴仁义'那样的最后终极性的'德'的完成，以及在第二十一章说所描绘的以'仁覆四海，义襄天下而成'为内容的'杂大成'来看，那大概就是要表示这样的一种评价，即以上的'仁'、'义'、'礼'等还只是未完成的端绪性的水平"[1]。其实这里的仁、义、礼并非还只是一种未完成的端绪，说文要表明的是，气作为仁、义、礼端绪扩充的一种内在基础和动力，它贯穿每种德行修养的全过程。因为每一个扩充序列中的后者涵摄了所有前者，如仁这一序列里，亲融合了变、悦、戚三种形态，而完满形态的仁里，则融合了变、悦、戚、亲、爱整个阶段，所以在圆满形态的仁、义、礼中，同样存在作为端绪的仁气、义气、礼气，正好比参天大树包含了从种子到树苗以来的所有元素一样。

因此，正如梁涛先生所说："说文的'德之气'的提出就不仅仅是出于经典诠释的需要，不仅仅是要将经文的'不形于内'拉向'形于内'，同时还是对古代气论思想的一大发展，为孟子语焉不详的'浩然之气'提供了理论基础和说明。"[2]此外，说文仁气、义气、礼气说还有一个很大的功劳，那就是给孟子的仁义礼端绪从扩充到实现过程找到了一个理论的依据。孟子对于四端或者善性的扩充虽然有"存心养性"、"先立其大"、"反身而诚"以及"思"、"求放心"等方法，但多流于描述而缺乏理论的依据。如《公孙丑上》云："凡有四端于我者，知皆扩而充之矣，若火之始然，泉之始达。苟能充之，足以保四海；苟不充之，不足以事父母。"把

---

① 池田知久：《马王堆汉墓帛书五行研究》，第341、361页。《帛书》说文二十一章："仁覆四海、义襄天下，而成（诚）由其中心行之，亦君子而已！""而成"二字属后句。
② 梁涛：《郭店竹简与思孟学派》，第410页。

扩充四端比作刚刚燃烧的火和刚刚流出的泉水,虽然够形象,但还是让人费解。又如《尽心上》:"舜之居深山之中,与木石居,与鹿豕游,其所以异于深山之野人者几希。及其闻一善言,见一善行,若决江河,沛然莫之能御也。"也只描述了善端扩充起来后不可阻挡的气势。还如《尽心上》云:"君子所性,仁义礼智根于心。其生色也睟然,见于面,盎于背,施于四体,四体不言而喻。其生色也,睟然见于面。"梁涛先生认为"'根于心'的仁义礼智何以会'生色'润泽,表现于面,充溢于背","最好的解释就是仁义礼智本身就是气,该气贯穿于形躯之中,渗透在容貌、四肢之上,使身体精神化、道德化。可见,仁义礼智之所以能够'生色也睟然'实际是需要以气为媒介的"①。孟子这里"根于心"的仁义礼智应该是指未完成形态的端绪,端绪是人近于"体之充"的元气,或者"夜气",而完成形态的仁义礼智虽蕴含了这种气,但因经过后天的养而注入了强烈的伦理道德色彩,有比气更为丰富的内涵,此可谓"浩然之气"。仁义礼智的端绪经过扩充可以"生色",在面、背、四体上表现出来,它们本身就是气,不是"以气为媒介"。孟子时而把气与仁义礼智二分,时而又把仁义礼智在不自觉中看成是气。孟子的描述和解释让人有确如其是的感觉,但似乎都不能很好解释仁义礼智的端绪何以能扩充、转化为完满的仁义礼智,而说文的仁气、义气、礼气说正好弥补了这一不足。同时也是对经文"玉色"、"玉音"何以能形成的理论解释。

　　孟子有仁义礼智四者,经文外加圣而有五者,但为什么说文却没有圣气、智气一说呢? 这是由圣、智在经文中的独特地位所造成的。因为圣、智在《五行》中不仅自身是"行"和境界,还是天人到德善的转折点,是五行与四行的关键。经文云:

　　　　德之行五,和谓之德;四行和,谓之善。善,人道也;德,天道也。(第一章)

　　　　闻而知之,圣也;圣人知天道(也)。知而行之,义也。行(之而时,德也)。……(圣智,礼乐所由生也,五行之所和也)。(和)则乐,乐则有德。有德则邦家兴。(第十八章)

---

① 梁涛:《郭店竹简与思孟学派》,第 417 页。

　　见而知之,智也。知而(安)之,仁也。安而行之,义也。行而
敬之,(礼)也。仁义,礼之所由生也。四行之所和(也),和则同,同
则善。(第十九章)

经文第一章的逻辑为:五行和——德——天道,四行和——善——人道。
第十八、十九章的逻辑分别为:圣——天道——德——五行和,智——
仁义礼——四行和,其中,仁义礼实为人道,帛书《德圣》篇云:"知人道
曰知(智),知天道曰圣。"[①] 因此第十九章的逻辑又可表述为:智——人
道——善——四行和。如果说从五行和到天道、从四行和到人道的过程
是实践主体向内体认、内省的过程,那么从天道到五行和、从人道到四
行和的反向过程就是向外求索、践行的过程,而实现这两个过程的关键
就是圣、智。圣既是五行中的一行,又是五行和所形成的一种境界——
德,具有此圣德的人为圣人,可以上知天道。这种由五行和形成的圣德,
即为天道的体现,是实践主体向内修德所能达到的最高境界,后来孟子
把这一过程概括为尽心知性则知天(《孟子·尽心上》)。同时,圣人又
要"知而行之",把体悟到的内在德行外化为具体的道德行为——义、礼、
乐,最终达到"邦家兴",这也就是《大学》修齐治平的成德之路。智既是
五行之一,又是四行之一,但它的主要价值在于它是四行和所形成一种
境界——善,具有此境界的人为贤人,可以知人道。这种由四行和形成
的善,即为人道的体现,是实践主体向外践行的最高行为规范。贤人践
行所领悟的人道,就表现为仁义礼等具体的道德行为。

　　就是说,圣、智在天到德与人到善两个内、外序列中所具有的统摄作
用与仁、义、礼不同,因而不以圣气、智气称之,以显示其差别。但就其
实质而言,智既然是仁义礼智四行和所形成的道德境界,就不是由某种
单一的气的端绪譬如智气扩充而来,而是仁气、义气、礼气合力扩充的结
果。同样,圣既然是仁义礼智圣五行和所形成的道德境界,就不是由某
种单一的气的端绪譬如圣气扩充而来,而是在和同仁气、义气、礼气乃至
智气的基础上扩充的结果。圣、智虽然没有对应的圣气、智气,但却包含
了气的内蕴。这是从经文和说文的逻辑中推出的一个结论。

①　魏启鹏:《简帛文献〈五行〉笺证》,中华书局,2005年,第125—126页。

第三节　帛书《德圣》篇对孟子学说的因袭

《德圣》①篇是马王堆汉墓帛书《老子甲本》之后四篇古佚书之一,列在最后,前三篇分别是《五行》《九主》《明君》。据帛书整理者所言,此四篇与《老子甲本》字体和笔迹都相同②,应该在同时抄写完成。对于其成书时间,一般认为是在帛书《五行》篇说文之后,与《五行》篇有关。李学勤先生就说,帛书的《德圣》篇幅很短,其文句多受道家影响,如"谓之玄同"本于《老子》,"至素至精"来自《黄帝书》,"该篇可能是道家学者研读《五行》所作,《五行》之所以与《老子》《九主》等合抄,大约便是由于这样的原因"③。陈松长先生认为:"究其内容,则主要是融合儒、道两家的思想,对'五行'观念进行综合性的发挥和阐述,帛书认为,凡具备'仁、义、礼、智、圣'五行的君子,就会'(德)心起'而达到天人感应的'玄同'境界,这样,借助道家学派的天道观,发展了儒家伦理哲学的目的论,这也是西汉初期思孟学派的一个重要倾向。"④儒道融合是《德圣》篇的一个特点,也是汉初学术的一个特点,汉初的许多人物如陆贾、贾谊都体现了这一点。因此《德圣》成书于汉初这段时间可能性最大。

所见《德圣》篇只有四百余字,还残缺不全。根据现存的文字看,除了明显的儒道融合趋势之外,它基本继承了《五行》经、说文的思想并作了一些发挥,还对孟子性善论有所借鉴。它说"四行成,善心起"⑤。四行应该就是指仁义礼智,与经、说文以及孟子所指一致,"成"在这里不是指四行已经完备自足,而是经文的"和"、"同"之意,和同就是说文所说的"与心若一也"(说文第十九章),四行与心合一则善心生起,《德圣》

---

① 魏启鹏先生摘其首句"四行成,善心起"二字,题名为《四行》(魏启鹏:《简帛文献〈五行〉笺证》,第 132 页)。

② 韩仲民认为其字接近于篆体(晓菡:《长沙马王堆汉墓帛书概述》,《文物》1974 年第 9 期)。高亨、池曦朝认为是带有隶书笔法的小篆(高亨、池曦朝:《试谈马王堆汉墓中的帛书〈老子〉》,《文物》1974 年第 11 期)。马王堆汉墓帛书整理小组则认为介于隶书与篆书之间(《马王堆汉墓出土〈老子〉释文》,《文物》1974 年第 11 期)。

③ 李学勤:《马王堆帛书〈五行〉的再认识》,见艾兰、汪涛、范毓周主编《中国古代思维模式与阴阳五行说探源》,江苏古籍出版社,1998 年,第 325 页。

④ 陈松长:《中华文明史话　帛书史话》,中国大百科全书出版社,2003 年,第 44 页。

⑤ 魏启鹏:《简帛文献〈五行〉笺证》,第 123 页。

把四行和同于心看作善心得以产生的基础。而孟子有仁心之说,《离娄上》云:"今有仁心仁闻而民不被其泽,不可法于后世者,不行先王之道也。"他还曾说:"恻隐之心,仁之端也;羞恶之心,义之端也;辞让之心,礼之端也;是非之心,智之端也。人之有是四端也,犹其有四体也。"(《孟子·公孙丑上》)"仁、义、礼、智根于心。"(《孟子·尽心上》)孟子也把四心和同看成善性的基础,他的四心也就是《德圣》的善心。庞朴先生说:"称'仁义礼智'为'四行',这大概是佚书的造说;还没有见谁把'四行'同孟轲联系起来过。佚书的这一发明,应该说,是深得孟轲学说之心的。……所谓'性善',也正是这'四行'的根于一心。"①因此,可以把《德圣》的"四行成,善心起"看作是对孟子性善论中四端说的概括。

孟子对圣人潜移默化的作用曾给予充分的肯定,他说:"夫君子所过者化,所存者神,上下与天地同流,岂曰小补之哉?"(《孟子·尽心上》)朱熹注曰:"君子,圣人之通称也。"②就是说,圣人经过之处,人们可以得到感化,如果停留下来,所起的作用则更加神妙,可以上与天,下与地同时运行。《中庸》虽然也讲"化",如"能尽物之性,则可以赞天地之化育","唯天下至诚为能化"③,但把"化"与圣联系起来讲却是孟子的一个特点,《尽心下》云:"可欲之谓善,有诸己之谓信,充实之谓美,充实而有光辉之谓大,大而化之之谓圣,圣而不可知之之谓神。"赵岐注后两句云:"大行其道,使天下化之,是为圣人。有圣知之明,其道不可得知,是为神人。"朱熹注云:"大而能化,使其大者泯然无复可见之迹,则不思不勉、从容中道,而非人力之所能为矣。……程子曰:'圣不可知,谓圣之至妙,人所不能。非圣人之上,又有一等神人也。'"④只有圣人才可以化育天下而达到"上下与天地同流"、泯然无痕的境界。

《德圣》篇吸收了孟子这一观点,其文曰:

> 圣□踖然者,諊然者,发挥而盈天下者。圣,天知也。知人道曰

① 庞朴:《竹帛〈五行〉篇校注及研究》,第 129 页。
②《四书章句集注·孟子集注》卷十三,第 352 页。
③《四书章句集注·中庸章句》,第 32、33 页。
④《四书章句集注·孟子集注》卷十四,第 370 页。

知,知天道曰圣,圣者声也。圣者知,圣之知知天,其事化翟。其谓之圣者,取诸声也。知天者有声,知其不化,知也。化而弗知,德矣。化而知之,㥩也。①

魏启鹏先生认为缺字可补为"之",那么后面的三个者字部分就是对圣的描述,分别从三个不同的方面规定着圣的本质。"踖然者,詥然者",魏启鹏先生注解为"得圣气之君子,有金声玉振之大乐,又有轻丽之神思也",实际上是对圣的本质内容的说明。"发挥而盈天下"也就是孟子的"上下与天地同流"、"大而化之"之意,是对圣化育之功的描述,所以接下来说"圣者知,圣之知知天,其事化翟",第一、二个"知"通"智","翟"魏启鹏先生认为通"狄",而"狄"又与"易"同,整句就是说:"圣人智慧,其智足以上通天道,表现在具体的事功上则可以化育移易天下。"从形上到形下两个向度,更加具体地解释了孟子"上下与天地同流"的内涵。最后两句从正反两面再次申说了圣人化育天下的特点:"化而弗知,德矣。化而知之,㥩也。"意思是说,化育天下而不自知是德的表现,化育天下而自以为知则是失德的表现,"化而弗知"也就是孟子的"圣而不可知之",正如程子所言:"谓圣之至妙,人所不能。"

　　从连贯的起首文字看,《德圣》篇以"四行成,善心起"首论内在善性的产生,次论五行和生成德而为君子,次论圣之特质及其化育天下于无痕的事功,这种论说顺序正好与孟子提倡的成人过程一致。孟子以善端作为成人过程的起点,经过养、扩充、求放心等一系列修养手段,实现理想人格——内圣之境,最后成就"兼善天下"的外王理想,即《德圣》篇的"发挥而盈天下"。这不知是一种巧合,还是有意为之的结果。

第四节　帛书《五行》说文在孟学史中的意义与地位

　　学术界对马王堆帛书《五行》的整体评价已经很多、很高。韩仲民先生说:"这篇佚文为我们批判思孟'五行'学说,提供了新的反面材料。"②

---

① 魏启鹏:《简帛文献〈五行〉笺证》,第125—126页。
② 晓菡:《长沙马王堆汉墓帛书概述》,《文物》1974年第9期。

庞朴先生说:"帛书的解说是忠于原典的。竹书的无说是正常的。荀子的'非十二子'批判介于两者之间。三物具备,思孟五行之谜,于是大白于天下。"① 陈来先生更是把帛书的出土看成马王堆时代的到来②。仅对帛书说文来说,称赞者有之,批评者有之。如郭沂先生说:"贯读《五行说》全文,虽然它保存了一些久已失传的古训,如'轻者,尚矣'之属,但就其思想性而言,缺乏创意,了无新见,不足观。"③

《五行》说文以及《德圣》篇在孟学史上的意义,我们应该给它一个较为客观的定位,既不能因其为先前原始文献而无限夸大,也不能从纯学术的创新性上贬低它。它们的价值,笔者认为至少可以从以下两个方面去评价:一是它的文献价值,二是它的印证价值。

首先是它的文献史料价值。在帛书《五行》出土之前,我们谈到先秦儒学时,能征引的可靠文献一般只有《论语》《孟子》《荀子》三部书,《大学》《中庸》《礼记》等又因缺乏可靠的证明材料而众说纷纭。但实际的儒学人物却众多,正如司马迁所言:

> 自孔子卒后,七十子之徒散游诸侯,大者为师傅卿相,小者友教士大夫,或隐而不见。故子路居卫,子张居陈,澹台子羽居楚,子夏居西河,子贡终于齐。如田子方、段干木、吴起、禽滑厘之属,皆受业于子夏之伦,为王者师。是时独魏文侯好学。后陵迟以至于始皇,天下并争于战国,儒术既绌焉,然齐鲁之间,学者独不废也。于威、宣之际,孟子、荀卿之列,咸遵夫子之业而润色之,以学显于当世。④

孟、荀固然属于出众者,但孔孟之间以及孟荀之外还应有众多儒者,如曾子、子游、子思等人。他们虽不时被人提及,但皆因无可靠之文献而陷入半信半疑的存在状态。孟子作为孔子学术的积极拥护者和发扬者,他既在战国中后期长时间竭力宣扬自己的学术,又在晚年与弟子撰成《孟子》,因而其学术思想理应在当时有所影响、有所传承,但现实却是只有荀子不遗余力的批评。帛书《五行》经文和说文的出现,分别为上面两

---

① 庞朴:《竹帛〈五行〉篇校注及研究》,第 104 页。
② 陈来:《竹帛〈五行〉与简帛研究》,第 2 页。
③ 郭沂:《郭店竹简与先秦学术思想》,第 465 页。
④《史记》卷一百二十一,第 3116 页。

个疑惑提供了可信的文献资料,使我们能看到孟子后学对孟子思想乃至其字句的因袭与创新,这是孟子之后两千多年都未曾得见的珍贵文献。因此可以说,说文为我们提供了战国末期孟学史上最早的文献史料,而文献史料存在本身就包含了重大的意义。

其次是它的印证价值。经文和说文的出现使学术界许多争论不休的问题得到一定程度的解决。黄俊杰先生说:"帛书《五行篇》的撰写年代虽然可能迟到秦亡之后,但是这批佚书很能表现孟子后学思想的发展,可以视为从《孟子》到《荀子》与《中庸》思想之间的一个过渡桥梁。这批佚书在孟学史研究上,有相当高的史料价值。"解决了由《荀子·非十二子》篇提出的"缠讼近二千年的'思孟五行说'问题。除此之外,《五行篇》的材料对于分析孟子后学思想中的身心关系也有一定的价值"[①]。黄先生的评价是以帛书《五行》经、说文都是孟子后学作品的判断为基础,除这一判断前提值得商榷外,就经、说文本身来讲,他的这个评价是中肯的。说文作为孟荀之间的孟子后学作品,它既印证了孟子学术思想与子思等人有较大差异,显示了孟学的创新性,又印证了荀子《非十二子》篇对子思、孟子的批评乃有所实指,对理清孟子与荀子不同学术旨趣得以形成的学术背景大有帮助,也让今人对战国末期儒学内部交流、分化的大致轮廓有一个切实的把握。

就说文本身的学术价值而言,无论是相对于经文的思想,还是相对于孟子的思想,确实有郭沂先生所言的"缺乏创意"的不足,但也并非"了无新见,不足观"。如说文在身心关系上的持论,就突破了孟子大体、小体的取舍而更趋合理。特别是仁气、义气、礼气的提出,更是为孟子语焉不详的夜气、浩然之气以及四端扩充论,提供了合理的理论基础,而这正好是说文在孟学史上的一大特点。

---

① 黄俊杰:《孟子后学对身心关系的看法——以马王堆汉墓帛书〈五行篇〉为中心》,见陈弱水、王泛森主编《思想与学术》,中国大百科全书出版社,2005 年,第1—3 页。

第三章　荀子对孟子学说的批评与发展

　　战国末世,孟子一派的儒生们传播并发挥着孟子的学说,但囿于孟子理论框架、范畴甚至用语特征,他们也只是沿着孟子开拓的方向作适当发挥,而没能结合时代的需求提出与之相适应的新理论。当世之时,天下一统的趋势和呼声越加明显,而秦、楚的实力也为一统天下提供了可能,所谓"从合则楚王,衡成则秦帝"①,时势需要一套与之相适应的治国理论和治国之术。

　　荀子身处其间,敏锐地体察到了时代的趋势和需求。作为学孔子的儒学者,他当然希望用儒家学说救治时弊,但纵观孔子以来的学术,诸子之学往往各执一端,蜂起争辩攻讦。儒家本身也并非一种学术体系,正如韩非子所说,孔子之后,"儒分为八"②,源于孔子的儒学因弟子理解的不同而呈现出多个学说派别。荀子既不满于诸子别派对儒学的批评,也不满于孔子以来儒学内部的各抒己见,更不满于以子思、孟子为代表的思孟学派的学术主张,因而从弘扬正宗儒家以及救治时弊的理想出发,对思孟学派,特别是孟子学说给予了尖锐的批判,希望通过阐释旧儒学而建立起新儒学。

　　荀子与孟子相去不远,与其后学同时,能切身感受到其学说的直接影响。从对孟子的批判来看,荀子应精熟于孟子思想,对孟子后学的观点也十分熟悉。他纵观时势,在发扬传统儒学、批判孟子之学的基础上,发展出了一套实用性、操作性更强的治国之学术,其核心为"隆礼重法",辅以王霸并重、义利兼顾以及教化习染。作为支撑这套治国之术的理论,便是其"天人之分"说与性恶论。荀子的这一系列主张,虽以孔子及其后继儒学为骨干③,吸收了法家、墨家乃至道家的一些思想,但就其近

①《史记·苏秦列传》卷六十九,第 2261 页。
②《韩非子集解·显学》,第 457 页。
③ 荀子推崇孔子,认为"孔子仁知且不蔽,故学乱术,足以为先王者也"(《解蔽》),又常把孔子与子弓相提并赞,《非十二子》云:"是圣人之不得势者也,仲尼、子弓是也。""上则法舜、禹之制,下则法仲尼、子弓之义,以务息十二子之说,如是则天下之害除,仁人之事毕,(转下页)

源而言,则以孟子学说对其的正反面影响为最深,荀子或直接因袭,或间接借用,或因之而引申,或反面而立论。读《荀子》,不得不让人常思及《孟子》。甚至可以说,荀子的学说是在批判孟子基础之上构建起来的。因此司马迁也使孟荀同为列传。宋人唐仲友为杨倞《荀子注》所作之《序》云:"孟子学孔子,言王可反掌致,卒不见用。卿后孟子,亦尊孔氏。子思作《中庸》,孟子述之,道性善。至卿,以为人性恶,故非子思、孟轲。扬雄以为同门异户。孟子与告子言性,卒绌告子。惜卿不见孟子,不免异说。方说士徼时好,卿独守儒议,兵以仁义,富以儒术,强以道德之威,旨意与孟子同。"[1] 清人郝懿行《荀子补注·与王引之伯申侍郎论孙卿书》认为荀学"醇乎醇,其文如《孟子》",不满于韩愈"大醇小疵"的评价,其言曰:

> 孟遵孔氏之训,不道桓、文之事,荀矫孟氏之论,欲救时世之急。《王霸》一篇,剀切镎于,沁人肌骨,假使六国能用其言,可无暴秦并吞之祸。因时无王,降而思霸。孟、荀之意,其归一耳。至于性恶、性善,非有异趣。性虽善,不能废教;性虽恶,必假人为。……孟、荀之旨,本无不合,惟其持论,各执一偏。准以圣言,"性相近"即兼善恶而言,"习相远"乃从学染而分。……孙卿与孟时势不同,而愿得所藉手,救弊扶衰,其道一也。[2]

总之,无论是旨意相同或殊途同归,甚至是截然相反,事实上是,荀子对孟子学说进行了批判式的吸收,天人相分之于天人合一,性恶善伪之于性善,外王之于内圣,霸道之于王道,义利兼顾之于重义轻利等,这一系列的针锋相对使孟学在先秦就有了一个鲜明的对比参照物,进而突出了孟学的特点。

（接上页）圣王之迹著矣。"《儒效》亦云:"通则一天下,穷则独立贵名,天不能死,地不能埋,桀、跖之世不能污,非大儒莫之能立,仲尼、子弓是也。"对子思与孟子则持批评曰:"世俗之沟犹瞀儒,嚾嚾然不知其所非也,遂受而传之,以为仲尼、子游为兹厚于后世,是则子思、孟轲之罪也。"（王先谦撰,沈啸、王星贤点校:《荀子集解》,新编诸子集成本,中华书局,1988年,第393、97、138、94—95页）因此后人认为荀子乃子弓后学,而反对思孟学派。郭嵩焘认为此处的子游应为子弓。见王先谦《荀子集解·非十二子》篇相关文段引。

[1] 见四部丛刊子部《荀子·后序》,又见《荀子集解·考证上》,第6页。

[2] 《荀子集解·考证上》,第15—16页。

　　如果纯粹比较二者,有很多角度可以展开,但本章主要就荀子思想中与孟子思想有直接或间接关联的部分进行分析,包括明显的因袭内容与针锋相对的自创新说。

第一节　对孟子的直接批评

一、对孟子学说的总体批评

　　荀子与孟子都信崇孔子,皆以其为学习楷模,但两人的学说却相去甚远。荀子一方面吸收了不少孟子的思想,另一方面又对其大加批评,大有针锋相对之势。

　　《荀子》一书,直接评述孟子的有六处,其中三处集中在《性恶》篇,主要批驳孟子的性善说而提出性恶说。《非十二子》中的一处评述可算作对孟子学说的基本定位,其言云:

　　　　略法先王而不知其统,犹然而材剧志大,闻见杂博。案往旧造说,谓之五行,甚僻违而无类,幽隐而无说,闭约而无解。案饰其辞而祗敬之曰:此真先君子之言也。子思唱之,孟轲和之。世俗之沟犹瞀儒,嚾嚾然不知其所非也,遂受而传之,以为仲尼、子游为兹厚于后世,是则子思、孟轲之罪也。[1]

荀子把子思与孟子看作一个前后相承的学派,即后世常说的思孟学派。他认为此学派虽效法先王,但却不知先王之“统”。“统”,杨倞解释为“体统”,并借荀子自身的说法进而注为“纪纲”。荀子《劝学》篇云:“礼者,法之大分,类之纲纪也。”《修身》篇云:“依乎法而又深其类,然后温温然。”《解蔽》篇又云:“故学者,以圣王为师,案以圣王之制为法,法其法,以求其统类,以务象效其人。”黄俊杰先生云:“荀子屡言‘统类’,《非十二子》直斥思、孟‘略法先王而不知其统’,此处所谓‘统’或‘统类’,以今语释之,皆指客观的(所谓‘有可知可能之理’的)礼法制度的建构。

---

[1]《荀子集解·非十二子》,第94—95页。新编诸子集成本《荀子集解》把“孟轲之罪也”的“也”断为下句,今属上。今人的版本多根据王先谦所引郭嵩焘说,把子游改为子弓。

《荀子·解蔽篇》:'圣也者,尽伦者也;王也者,尽制者也。''尽制'一词可统摄荀学根本之所在。"[1] "统"在《荀子》书中即指以礼法为核心的一套社会规则。因为孟子多言仁、义、礼、智,并视其为人心固有,从而看轻具体的礼义法度,而荀子却把礼义法度看成统一天下、稳定社会的关键,所以荀子有此批评。

荀子还特别批驳了思孟学派的"五行"新说,谓其"案往旧造说"。荀子所言"五行"曾一度被误解为"五常",即仁、义、礼、智、信[2],马王堆汉墓帛书《五行》的出土,还原了荀子所说"五行"的真面目,即仁、义、礼、智、圣。荀子认为子思首倡五行,孟子与之前后唱和。荀子所说的"和"不应该理解为简单的因袭,而是一种创造性的发展。因为在孟子那里,子思的五行说已经有了不小的变化。虽然孟子也说:"仁之于父子也,义之于君臣也,礼之于宾主也,智之于贤者也,圣人之于天道也,命也。有性焉,君子不谓命也。"(《孟子·尽心下》)但通观《孟子》全书,说得最多的却是仁、义、礼、智,已不直言五行或四行。更为重要的是,孟子只吸收了五行中"形于内"的"德之行",而抛弃了"不形于内"的"行",把前者发展为四心说、四端说,视仁、义、礼、智为人心所固有,基本舍去了其社会性、制度性的一面。这应该才是荀子所说孟子"和之"的内容。

荀子批评思孟五行之说是"案往旧造说"。子思之前是否有与五行相关的"往旧"之说呢?如果有,又所指何物呢?古往今来的学者都试着对此作出解释。最早注《荀子》的杨倞云:"案前古之事而自造其说,谓之五行。五行,五常,仁义礼智信是也。"[3]但他没有说明前古之事具体所指。最早研究马王堆汉墓帛书《五行》篇的庞朴先生认为,仁、义、礼、智、圣五个范畴"在思孟以前很久,它们已经分别地先后地形成了。这都是毫无疑问","仁、义、礼、智这些范畴,无论其或属道德领域,或属政治领域,或属认识领域,无不为儒家人物的口头禅。因为儒家的宗法政治,

---

[1] 黄俊杰:《中国孟学诠释史论·附录》,第436页。
[2] 杨倞注《荀子》,最早提出"五行"就是"五常"。之后章太炎《子思孟轲五行说》、梁启超《阴阳五行说之来历》又提出"五行"为"五伦"。郭沫若《十批判书》则认为"五行"是指仁、义、礼、智、诚。可参看庞朴《马王堆帛书解开了思孟五行说古谜》(庞朴:《竹帛〈五行〉篇校注及研究》,第121—124页)。
[3] 《荀子集解·非十二子》,第94页。

不过是伦常关系的扩大；而知识的作用，也一直受到强调。可是，把这四个范畴从不同领域集中起来，按一定秩序编排起来，并将它们纳入人心，归于人性，委诸天命，像孟子所作的这样，却绝无仅有。荀子批评之为'造说'，为'案往旧造说'，是有根据的"①。黄俊杰先生把荀子所说的"往旧"追溯得更远，认为是指"中国古代文化遗产中这种'联系性宇宙观'而言"②。应该说庞、黄二先生的说法从不同侧面讲清了荀子"往旧"说的内涵。仁、义、礼、智、圣的确是儒家伦理道德体系中常见且重要的范畴，它们与其他范畴如诚、信、知、神、气等一起，从不同层面发挥着作用。但在《五行》之前，五者之间并没有形成一个完善的体系。如孔子言仁、义、礼、智也是分而言之的，他把孝悌作为仁的核心，如"弟子入则孝，出则悌"（《论语·学而》）；把义与礼看作行为规范，如"君子义以为质，礼以行之"（《论语·卫灵公》）；把智与愚相对，如"唯上知与下愚不移"（《论语·阳货》）。所持观点基本是一种"仁内义外"的传统看法。子思《五行》篇则截取出五个最重要的范畴，根据"联系性宇宙观"而构建了一个新的体系，其开篇的德善之分对发展传统的"仁内义外"说已经迈出了重要的一步，认为义与礼也有"形于内"的一面。孟子在子思基础上又截取仁、义、礼、智四者，内化为心固有的要素，从而构建了又一个新的体系，为自己的性善说服务。思、孟相继的体系构建，已经为传统儒学中原本独个存在的范畴注入了新的内涵，生发出了新的联系，而他们趋向的都是一条内修的路子，与荀子重视礼法与社会规范的外化路子截然不同，所以荀子批其为"造说"。

荀子还批评思、孟五行说"僻违而无类，幽隐而无说，闭约而无解"。许多学者从不同角度诠释了荀子批评思、孟的原因和动机。杨倞注云："僻违无类，谓乖僻违戾而不知善类也。幽隐无说，闭约无解，谓其言幽隐闭结而不能自解说，谓但言尧、舜之道而不知其兴作方略也。荀卿常言法后王，治当世，而孟轲、子思以为必行尧、舜、文、武之道，然后为治，不知随时设教，救当世之弊，故言僻违无类。"③杨氏认为，思、孟遭荀子批

---

① 庞朴：《竹帛〈五行〉篇校注及研究》，第140—141页。
② 黄俊杰：《中国孟学诠释史论》，第107页。
③ 《荀子集解·非十二子》，第94页。

评的原因有三个：一是其五行体系有缺陷，不属同类，也不能自圆其说；二是其仅能空言尧舜之道而不能提出具体的治世方法与策略，正是司马迁批评的"迂远而阔于事情"；三是其固守传统而不知与时推移，顺时设立教化，即脱离现实而无实际作用，这与荀子法后王、以礼法治世大异其趣。杨氏的看法应该是较为全面的，今人的分析几乎都是在杨说基础上的发挥。如庞朴先生说："荀子批评思孟将这些范畴从'往旧'的道德、政治以至认识论的诸范畴中摘取出来，不顾'类'之不同，并列而谓之'五行'，赋予它们以'幽隐'的内容，构筑它们成'闭约'的体系；以致世俗之儒不知其非也，'遂受而传之，以为仲尼、子游为兹厚于后世'。这是荀子所以痛心疾首，申斥思孟为儒家罪人的缘故所在。"① 庞先生是从五行自身的问题来分析。而黄俊杰先生则从孟、荀学术之不同出发，认为荀子的批评源自孟、荀二人心与道的不同，"荀子说思、孟'案往旧'，可谓得其情实。相对而言，荀子对这个悠久的宇宙观的挑战，所提出来的种种学说，才是名副其实的'造说'"②。其他如廖名春、梁涛、李景林诸位先生也都有类似的判断③。就是说，思、孟五行说的各个范畴，起码还有一定渊源可循，仁、义、礼、智、圣毕竟存在于儒家典籍中，而荀子"隆礼重法"，以礼法为纲治理国家而抛开仁义，这是儒家传统中所没有的，因此才是真正的"造说"。

　　综合孟、荀的思想与后人的解释，我们认为荀子的批评主要源自二人学说的巨大差异。荀子把"略法先王"作为思、孟的第一宗罪状，而"法先王"正是孟子政治学说的核心之一，由此可以牵引出仁政、修身、性善等诸多问题。荀子虽主张"法后王"，但也认同"法先王"，他批评孟子"法先王"，在他看来是因为孟子仅得其皮毛而舍其精髓——礼义法规，是"略法""而不知其统"。荀子拣出五行说进行了尖刻的批评，这一方面是他选取的一个具体而典型的例子，就如同批评墨翟、宋钘仅称其"上功用、大俭约而僈差等"一样。但是，这个批评对象的选择又无不与其学

----

① 庞朴：《竹帛〈五行〉篇校注及研究》，第 140 页。
② 黄俊杰：《中国孟学诠释史论》，第 100—110 页。
③ 廖名春：《思孟五行说新解》，《哲学研究》1994 年第 11 期；梁涛：《郭店竹简与思孟学派》，第 223—231 页；李景林：《中西文化研究系列之三——思孟五行说与思孟学派》，《吉林大学社会科学学报》1997 年第 1 期。

说的差异性密切相关。孟子上承子思五行说而有四心说,四心说是孟轲性善论、仁政说乃至成德途径的基础,批驳此说可以做到牵一发而动全身。因此,荀子选择思、孟政治学说中的"法先王"和哲学观中的五行、四心说,可谓独具慧眼,用心良苦。当然,思、孟学说自身的不足也是一个因素。子思五行体系晦涩难解并有矛盾性表述,孟子四心、四端说及随之而起的性善论,把儒家学说中的核心范畴一并看作心的特质,忽视时势发展趋势和需求,因而荀子才有"幽隐"、"闭约"之论。总之,荀子把子思、孟子的学说定性为一种"罪"和"天下之害",认为"上则法舜、禹,下则法仲尼、子弓之义",就可以除去包括思、孟在内的十二子之害。用语之刻薄,批判之猛烈,在后世孟学史上也不多见。

荀子把孟子与子思合一处评论的,还见于《解蔽》篇中的一段描述。其文云:

> 空石之中有人焉,其名曰觙,其为人也,善射以好思。耳目之欲接则败其思,蚊虻之声闻则挫其精,是以辟耳目之欲,而远蚊虻之声,闲居静思则通。思仁若是,可谓微乎? 孟子恶败而出妻,可谓能自强矣,未及思也。有子恶卧而焠掌,可谓能自忍矣,未及好也。辟耳目之欲,而远蚊虻之声,可谓能自危矣,未可谓微也。[①] 夫微者,至人也。至人也,何强,何忍,何危? 故浊明外景,清明内景。圣人纵其欲,兼其情,而制焉者理矣,夫何强,何忍,何危? 故仁者之行道也,无为也;圣人之行道也,无强也。仁者之思也恭,圣人之思也乐。此治心之道也。[②]

杨倞注云:"'觙'字及事并未详所出,或假设喻耳。"认为觙是一个寓言式的人物。郭沫若说:"这人决不会是子虚乌有,而且必然也是相当有名的孔门之徒,然后才合乎文理。因此我发觉,这位先生所隐射的正是子思。子思名伋,与觙同音,'空石之中'即为孔。"[③] 笔者也以为这个觙就

---

① "辟耳目"句原为"辟耳目之欲,可谓能自强矣,未及思也。蚊虻之声闻则挫其精,可谓危矣,未可谓微也",今据郝懿行和郭嵩焘说改,移"未及思也"于"孟子恶败而出妻,可谓能自强矣"句后。
② 《荀子集解·解蔽》,第402—404页。
③ 郭沫若:《儒家八派的批判》,见郭沫若《十批判书》,东方出版社,1996年,第134页。

是指子思。理由有三：一是子思名伋，伋与僶形近，也许是错写，也许是荀子故意为之。二是荀子把僶与孟子相提并论，《荀子》中与孟子一起批评的只有子思。同时也说明实有其人。三是此人"好思"，而出土的竹帛《五行》篇中频繁使用"思"字，且有"仁之思也精"的说法。梁涛先生也认为这个僶就是子思，但他说："荀子虽对僶'思仁'的方法有所不满，但并不一概否定。"他在赞同《解蔽》篇写于荀子在稷下学宫为祭酒时的观点基础上，又认为"此时荀子受到思孟后学及稷下道家的影响，故吸收了其重视内在体验、重视'思'的思想。而到其晚年写《非十二子》时，由于思想已经成熟，势力已经坐大，又见各派互相指责，争论不休，故以学术泰斗的身份，对包括子思、孟子在内的'十二子'进行批驳，展开清算。以前曾暗中接受的内容，现在也成为批评的对象。"[①] 笔者不认为这是荀子对思孟后学思想的吸收，相反，是荀子从子思、孟子的角度批判这一学派的得失。

　　荀子认为子思能思仁，但不够精微；孟子怕败坏自己的名声，而赶走了妻子，这可以说能自强了，但不能够说思考得很够。孟子休妻的故事见于《韩诗外传》卷第九，其文云："孟子妻独居，踞。孟子入户视之，白其母曰：'妇无礼，请去之。'"[②] 荀子肯定了孟子对德行修养的重视，但认为他的这种自强如同子思在石洞中思仁一样，不够精微，因为他们都是借助于外在手段来实现的，是"浊明外景"，即外表光明。而真正的精微只有至人、圣人才能达到，他们无需自强一类的外在行为，就可以实现"清明内景"，即内心如水一般的明亮，所以他说："仁者之行道也，无为也；圣人之行道也，无强也。"在荀子看来，即使子思、孟子一再宣扬要反身内省，但他们并没有实现过圣人所达到的精微的精神境界，而只是借助外在手段，如"辟耳目之欲"、"远蚊虻之声"、"恶败而出妻"来强化自己的德行。荀子一反以往的批评视角，不是用自己坚守的礼法制度、习染教化等观点去衡量思、孟的观点，而是采取欲擒故纵的方法，站在思、孟的立场去分析他们的观点，得出了这样的结论：就是他们奉为圭臬的修身方法，他们自己其实也仅得其皮毛，而舍弃了精华。虽然"仁者之思

---

① 梁涛：《郭店竹简与思孟学派》，第 231 页。
② 韩婴撰，许维遹校释：《韩诗外传集释》，中华书局，1980 年，第 322 页。

也恭,圣人之思也乐。此治心之道也",但孟子休妻守德没有做到恭,子思战战兢兢而思也未做到乐,他们都未能领会治心之道的精髓。

当然,荀子仅举一个具体的例子来说明孟子修德的缺陷,这比较偏颇,不能真实全面地反映出孟子的修养工夫论,这也再次显示了荀子与孟子学说上尖锐对立的一面。另外,《性恶》篇中还有三处直接评论孟子的性善论,详见本章第三节。

二、对孟子言行的批评

荀子不仅直接对孟子的学说进行了总体评价,他还对孟子的某些言行进行了批评。荀子虽然同孟子一样,一度四处游学,宣扬其主张,曾入诸侯之朝为官,但均不得志然后退而著书立说。但从其书的记载来看,荀子宣扬其学说的方式、风格与孟子有不小差异:《孟子》多用对话体,喜以辩驳的方式阐发和推广其主张,论说富有气势;《荀子》多用议论体,喜以演绎推理的方式证明其观点,分析极有逻辑性。另外,游学虽为春秋战国普遍之行为,但荀子却对孟子师徒的此种行为表示出了其极大的蔑视。《儒效》云:

> 逢衣浅带,解果其冠,略法先王而足乱世术,缪学杂举,不知法后王而一制度,不知隆礼义而杀《诗》《书》;其衣冠行伪已同于世俗矣,然而不知恶者;其言议谈说已无以异于墨子矣,然而明不能别;呼先王以欺愚者而求衣食焉,得委积足以掩其口则扬扬如也;随其长子,事其便辟,举其上客,亿[1]然若终身之虏而不敢有他志:是俗儒者也。[2]

"略法先王而足乱世术",就是《非十二子》的"世俗之沟犹瞀儒,嚾嚾然不知其所非也,遂受而传之,以为仲尼、子游为兹厚于后世";"缪学杂举,不知法后王而一制度",就是《非十二子》的"略法先王而不知其统,犹然而材剧志大,闻见杂博"。结合《非十二子》中荀子批评子思、孟轲的话以及孟子的经历来看,这里的俗儒应该是指思孟学派,其中又以孟子及

---

① "亿"字据王念孙说改,见《荀子集解·儒效》,第139页。
② 《荀子集解·儒效》,第138—139页。

其弟子为主。

"其言议谈说已无以异于墨子矣,然而明不能别。"这是对孟子一派言谈议说的批判。从现存文献看,虽然先秦儒士对墨子批判最为努力的是孟子①,他说:"天下之言不归杨则归墨。杨氏为我,是无君也;墨氏兼爱,是无父也,无父无君,是禽兽也。""杨墨之道不息,孔子之道不著,是邪说诬民,充塞仁义也。"(《孟子·滕文公下》)孟子认为墨子"兼爱"泯灭亲情,使人沦丧,无异于禽兽,因而主张以亲情为基础的"仁爱"。他从仁爱出发又反对墨子的"薄葬",而坚持传统的三年之丧。他认为自己在捍卫先圣之道,"距杨墨,放淫辞,邪说者不得作","能言距杨墨者,圣人之徒也"(《孟子·滕文公下》)。但是,这些批驳在荀子看来,非但未击中墨子思想错误的症结所在,而且自身的观点也不能切中时弊,救民于水火。荀子认为墨子观点的缺陷在于"不知壹天下、建国家之权称,上功用、大俭约而慢差等,曾不足以容辨异、县君臣"②,实质就是缺乏礼法制度,在治国上不实用,与孟子一派"不知法后王而一制度,不知隆礼义"一致。从用的角度看,孟子与墨子的观点都不合时宜,故而荀子才会把两人都列入十二子加以抨击。宋人晁公武《郡斋读书志·子类儒家类》评荀子云:"其书以性为恶,以礼为伪,非谏争,傲灾祥,尚强伯之道,论学术则以子思、孟轲为饰邪说,文奸言,与墨翟、惠施同诋焉。"③另外,荀子还说"世俗之沟犹瞀儒"不知思、孟之所非,"遂受而传之",孟荀之间,能"受而传"孟子学说者,大抵不出孟子后学。所以这里批评的"言议谈说",应主要是针对孟子一派。

"呼先王以欺愚者而求衣食焉,得委积足以掩其口则扬扬如也。"这是对孟子一派游学行为的批判。荀子认为孟子师徒以行先王之道为名,实际是求衣食之饱暖,欺世盗名,不以为耻,反以为荣。从《孟子》的记载看,孟子师徒人数众多,他们四处游说"以传食于诸侯"。这种行为在当时社会已遭致不少非议,《孟子》中就有几处或直接或间接地反映了

① 陈柱先生云:"汉武以后,儒学统一,孟子之书盛行,人皆恶无父之名,而遂鲜有敢言墨学者,予墨子以最大之打击,厥惟孟子矣。"(陈柱:《墨学十论》,广西师范大学出版社,2010年,第130—131页)

②《荀子集解·非十二子》,第92页。

③《荀子集解·考证上》,第7页。

这种议论。《尽心上》云：

> 王子垫问曰："士何事？"孟子曰："尚志。"曰："何谓尚志？"
> 曰："仁义而已矣。杀一无罪，非仁也；非其有而取之，非义也。居
> 恶在？仁是也；路恶在？义是也。居仁由义，大人之事备矣。"

齐王的儿子问孟子，士这类人做什么事，孟子说士通过行仁义来使自己
的志向高尚，行仁义，则大人的工作就完备了。士这一阶层应该说由来
已久，为什么王子垫还会如此问呢？余英时先生说："王子垫需要问'士
何事'，这就显示'士'的功能已与前大异，而且新的士风尚在形成之
中。"① 王子垫的疑惑固然与士的角色转变有关，但更多的也许是当时社
会上对孟子一行有不少的质疑声。因为此章的前一章就记载了孟子弟
子公孙丑类似的疑问。《尽心上》云：

> 公孙丑曰："《诗》曰：'不素餐兮。'君子之不耕而食，何也？"孟
> 子曰："君子居是国也，其君用之，则安富尊荣；其子弟从之，则孝悌
> 忠信。'不素餐兮'，孰大于是？"

公孙丑因《魏风·伐檀》中的"不素餐兮"一句而切入，问君子为什么可
以不耕种而吃饱饭。公孙丑的发问应该不仅仅是一种学问上的探讨，而
主要是针对时人对他们的批评，想从侧面探听孟子对此的看法。

　　如果说王子垫和公孙丑的发问还属于旁敲侧击，含蓄委婉的话，那
么弟子彭更的质疑就近于直露的批评。《滕文公下》云：

> 彭更问曰："后车数十乘，从者数百人，以传食于诸侯，不以泰
> 乎？"孟子曰："非其道，则一箪食不可受于人；如其道，则舜受尧之
> 天下不以为泰。子以为泰乎？"曰："否，士无事而食，不可也。"曰：
> "子不通功易事，以羡补不足，则农有余粟，女有余布；子如通之，则
> 梓匠轮舆皆得食于子。于此有人焉，入则孝，出则悌，守先王之道，
> 以待后之学者，而不得食于子，子何尊梓匠轮舆而轻为仁义者哉？"
> 曰："梓匠轮舆，其志将以求食也；君子之为道也，其志亦将以求食
> 与？"曰："子何以其志为哉？其有功于子，可食而食之矣。且子食

---

① 余英时：《士与中国文化》，上海人民出版社，2003 年，第 89 页。

志乎？食功乎？"曰："食志。"曰："有人于此，毁瓦画墁，其志将以求食也，则子食之乎？"曰："否。"曰："然则子非食志也，食功也。"

彭更直接针对孟子的行为而发问，他问孟子，游说时有几十辆跟随的车，有数百的随从人员，从一个国家吃到另一个国家，这是不是有点过分，是否有仅求衣食之嫌。孟子则以求道与求食的关系作解释。彭更进而挑明自己的想法，认为自己一伙人实属"无事而食"。孟子则以为行孝悌、守先王之道如同木匠、车工的工作，只是分工的不同。彭更最后说出了自己和当世人疑惑的关键所在：木匠、车工做事仅为吃饭，那"君子之为道也，其志亦将以求食与"。彭更近于露骨和愤愤然的质疑不应该是空穴来风，也非心血来潮之问，而应该是有感于社会上类似的批评。孟子虽然可以找出许多堂皇的理由，如志于仁义之道，行孝悌忠信之风等，但他反复言说的美好效果在当时并未出现，社会反而是暴政横行，以诈取豪夺为能，以屈节攀升为荣，人心思变，世风日下，最后他也落得了一个"迂远而阔于事情"的评价。焦循云："呜乎，游士兴而先王之法坏矣！彭更之言，王子垫之问，其犹近古之意与？"①"近古之意"，实际就是当时人的普遍看法而已。荀子距离孟子一派最近，对其学说和言行最熟悉，也最能切中其时弊，因此荀子才尖锐地讽刺孟子一派"呼先王以欺愚者而求衣食，得委积足以掩其口则扬扬如也"，这与彭更所批评的"君子之为道也，其志亦将以求食与"完全一致。在《公孙丑下》中，我们可借孟子弟子陈臻之言得知，孟子"于齐，王馈兼金一百而不受；于宋，馈七十镒而受；于薛，馈五十镒而受"。这也许就是荀子所说的"得委积足以掩其口"。

荀子不仅重点批驳了孟子一派的言行，他还在此基础上，对整个士阶层风气的败坏进行了描绘和批判。他在《非十二子》中说："今之所谓士仕者②，污漫者也，贼乱者也，恣睢者也，贪利者也，触抵者也，无礼义而唯权势之嗜者也。……今之所谓处士者，无能而云能者也，无知而云知者也，利心无足而佯无欲者也，行伪险秽而强高言谨悫者也，以不俗为

---

① 《孟子正义》卷二十七，第926页。
② 王念孙认为："'士仕'当为'仕士'，与下'处士'对文。"其说是。见《荀子集解·非十二子》，第100页。

俗,离纵而跂訾者也。"① 因此可以说,荀子对孟子的批判,摆脱了儒学内部不同学派间的狭隘争斗,具有了更广阔的视野和现实意义。

第二节　对孟子天人观的改造

孟子天人观的总纲是"尽其心者,知其性也。知其性,则知天矣。存其心,养其性,所以事天也"(《孟子·尽心上》)。他基本继承了孔子"下学而上达"(《论语·宪问》)即由人及天的路向,把天视为一种超越于人的存在和主宰万物的无形力量。研究者常把孟子的这类天细分为:主宰之天,如"顺天者存,逆天者亡"(《孟子·离娄上》);命运之天,如"莫之为而为者,天也;莫之致而至者,命也"(《孟子·万章上》);义理之天,如"诚者,天之道也;思诚者,人之道也"(《孟子·离娄上》)。它们共同成为孟子天人观的主体。除了这种人格化的天之外,《孟子》中也有自然之天。《梁惠王上》云:"天油然作云,沛然下雨,则苗浡然兴之矣。"兴云下雨的天是人事之外的客观存在,褪去了神秘的面纱。《离娄下》云:"天之高也,星辰之远也,苟求其故,千岁之日至,可坐而致也。"天之高,与星辰之远一样,都属于自然现象,虽高远不可及,但只要了解了它们运行的规律,千年之内的日至,坐着都可以推算出来。孟子对自然之天的这类看法,荀子把它作为自己天人观的核心加以拓展,并对孟子超越性的天道观进行了批评。

荀子第一个从哲学高度阐述自然之天,认为天就是客观存在的自然,就是日月风雨,就是万物的总和。《天论》篇云:

> 列星随旋,日月递炤,四时代御,阴阳大化,风雨博施,万物各得其和以生,各得其养以成,不见其事而见其功,夫是之谓神。皆知其所以成,莫知其无形,夫是之谓天。②

星辰的相随旋转,日月的交替照耀,四时的交相变更,风雨的滋润万物,

① 《荀子集解·非十二子》,第100—101页。
② 《荀子集解·天论》,第308—309页。

等等,都是自然的变化运行,是天的表现,并没有超越性的力量在支配这一切。人们之所以称之为神,也只是人们仅能看到天表现出的具体功效,还不能探知它之所以如此的原因罢了。荀子这里说的自然现象,与孟子所讲的兴云下雨、天高星远完全是相同的,荀子所不知的"无形",实际就是孟子讲的"苟求其故"之"故",即自然规律。荀子虽然不能总结出天运行变化的具体规律,但他通过大量的自然现象证明了天存在巨大而无形的力量。如《天论》篇云:

> 天不为人之恶寒也辍冬,地不为人之恶辽远也辍广,君子不为小人之匈匈也辍行。天有常道矣,地有常数矣,君子有常体矣。①

天不会因人厌恶寒冷而取消冬天,地不会因人厌恶辽阔而不再广大,君子不会因小人的叫嚣而停止自己的德行。荀子体察到了这种规律的力量,但他不是把这种力量作为天地人运行的推手,而是相信天有其常规,地有其法则,君子有其标准。天人各行其道,没有支配与被支配的关系。就是自然界罕见的现象,荀子也把它视为天固有的变化,而不是赋予它某种超越性的力量,进而使之与人事的变迁、家国的兴亡相联系。《天论》篇云:

> 星队、木鸣,国人皆恐。曰:是何也? 曰:无何也,是天地之变,阴阳之化,物之罕至者也,怪之可也,而畏之非也。夫日月之有蚀,风雨之不时,怪星之党见,是无世而不常有之。上明而政平,则是虽并世起,无伤也;上闇而政险,则是虽无一至者,无益也。②

星坠、木鸣、日蚀、月蚀、风雨错时、怪星出现,这些都是天地自然变化的结果,哪一个社会都会有。它与治世、乱世毫无瓜葛,治世不会因有之而受挫,乱世也不会因无之而昌明。

荀子在肯定"天行有常道"的基础上,明确提出了"天人之分"论,对孟子的天人观进行了批判。荀子云:

> 天行有常,不为尧存,不为桀亡。应之以治则吉,应之以乱则

---

① 《荀子集解·天论》,第311页。
② 《荀子集解·天论》,第313页。

凶。强本而节用,则天不能贫,养备而动时,则天不能病;修道而不
贰,则天不能祸。故水旱不能使之饥渴,寒暑不能使之疾,袄怪不能
使之凶。本荒而用侈,则天不能使之富;养略而动罕,则天不能使之
全;倍道而妄行,则天不能使之吉。……故明于天人之分,则可谓至
人矣。①

荀子认为天的运行有固定的次序,不会因圣贤之君而存在,也不会因暴
虐之君而消亡。"不为尧存,不为桀亡"应该是针对孟子"顺天者存,逆
天者亡"提出的。孟子把存亡系于天,而荀子针锋相对,指出存亡与天无
涉。他进一步展开分析,认为吉凶只与治乱相关,如果治国者能强本节
用、养备适时、诚心修道,则天不能使国家陷入混乱,即使有天灾,社会也
会安定。反之,如果不能尽人事,即使是天也不能使之安乐富足,此所谓
"明于天人之分"。荀子又云:

> 治乱天邪? 曰:日月、星辰、《瑞历》,是禹、桀之所同也,禹以
> 治,桀以乱,治乱非天也。时邪? 曰:繁启蕃长于春夏,畜积收藏于
> 秋冬,是又禹、桀之所同也,禹以治,桀以乱,治乱非时也。地邪?
> 曰:得地则生,失地则死,是又禹、桀之所同也,禹以治,桀以乱,治乱
> 非地也。②

吉凶与社会治乱相连,但治乱却与天无关。荀子从历史现象出发,认
为禹和桀时代的日月星辰、历象、季节、土地都是一样的,但是却出现
了一治一乱,这无关乎天、时、地,而是治国者本身是否有所作为的结
果。这种治乱观与孟子的治乱观异中有同。孟子总结过历史的发展规
律,他说:"由尧、舜至于汤,五百有余岁。……由汤至于文王,五百有余
岁。……由文王至于孔子,五百有余岁。"(《孟子·尽心下》)并由此得
出结论:"五百年必有王者兴,其间必有名世者"(《孟子·公孙丑下》),
"天下之生久矣,一治一乱"(《孟子·滕文公下》)。把五百年作为治乱
更替的时间。在孟子看来,这种更替是一种神秘力量支配的结果,非人
力所能为,而这种神秘力量源自天,"舜、禹、益相去久远,其子之贤不

---

① 《荀子集解·天论》,第306—308页。
② 《荀子集解·天论》,第311页。

肖,皆天也,非人之所能为也"(《孟子·万章上》),"顺天者存,逆天者亡"(《孟子·离娄上》)。与孟子不同,荀子把治乱之世的出现归于人事,完全抛弃了传统意义上的主宰天的冥冥神力,只是把天作为与人相当的一种存在,所谓"万物同宇而异体"[1]。但是,荀子以人事为治乱之本的观点,与孟子仍有其内在的贯通性。孟子虽然把历史上的治乱交替看作天命所归,在不得志时也会把天命挂在嘴边,但在看待一个国家具体的治乱时,他更多的是归之于人事,相信"天时不如地利,地利不如人和"(《孟子·公孙丑下》)。他说:"三代之得天下也以仁,其失天下也以不仁。国之所以废兴存亡者亦然。"(《孟子·离娄上》)夏、商、周三代得失天下,皆源于在位者是否行仁,强调的是人事而非天命。他又说:"无礼义,则上下乱。"(《孟子·尽心下》)把礼义的有无作为治乱的关键。荀子隆礼、尊贤、重法,以之为治国之本,可以说与孟子以上的观点是相承的。

　　荀子不仅认为天人相分,还主张积极发挥人的主体能动作用,充分利用天所具有的功用,荀子云:

　　　　大天而思之,孰与物畜而制之? 从天而颂之,孰与制天命而用之? 望时而待之,孰与应时而使之? 因物而多之,孰与骋能而化之? 思物而物之,孰与理物而勿失之也? 愿于物之所以生,孰与有物之所以成? 故错人而思天,则失万物之情。[2]

他认为推崇天、顺从天、祈盼天时,都无多大实际意义,正确的做法是:把天当作物来蓄养而控制它,掌握自然变化的规律而利用它,顺应季节的变化而使用它。因为天没有意志,它不会主动恩赐于人,如果人放弃自身的努力而指望天,那么万物就会因此而失去其固有的作用。所以荀子说:"唯圣人为不求知天","故君子敬其在己者,而不慕其在天者;小人错其在己者,而慕其在天者。君子敬其在己者而不慕其在天者,是以日进也;小人错其在己者而慕其在天者,是以日退也。"[3]在荀子看来,圣人不求知天是因为天有"天职"、"天功"、"天情",这是天固有的职分范围,

---

[1]《荀子集解·富国》,第175页。
[2]《荀子集解·天论》,第317页。
[3]《荀子集解·天论》,第309、312—313页。

人只能主动利用它,而不能消极依赖它。君子与小人的区别就在于,是把人自身能决定的事情放在第一位,还是把取决于上天的事情放在第一位。荀子的这种观点也与孟子有一定的渊源。孟子在《尽心下》中说:

> 口之于味也,目之于色也,耳之于声也,鼻之于臭也,四肢之于安佚也,性也。有命焉,君子不谓性也。仁之于父子也,义之于君臣也,礼之于宾主也,智之于贤者也,圣人之于天道也,命也。有性焉,君子不谓命也。

孟子认为口喜欢美食,眼睛喜欢美色,耳朵喜欢好听的音乐,鼻子喜欢香味,手足四肢喜欢舒适,这些都是天性,属于“在天者”,故君子不去强求;而父子之仁、君臣之义、宾主之礼、贤人之智、圣人之天道,属于“在己者”,人通过努力可以实现,故君子努力去追求。虽然孟子所论侧重于对仁义礼智的重视,但在区分人力所及与人力之外两方面,以及重视主观努力这一点上,荀子与孟子显然是一致的。

荀子的天人观是其政治学说的理论基础之一。他的天人相分说,是为了全面肯定和充分发挥人在学习、受教化过程中的主观能动性,为制定礼义法度找一个合理的形上依据。杨国荣先生说:“在孟子那里,主体作用(力)主要限于人伦之域,荀子则把自由的领域扩展到天人之际,将主体作用广义地理解为化自在之物为为我之物的过程,从而使自由获得了更为深刻的历史内涵。如果说,荀子以外在的历史过程作为解决力命关系的基础,那末,孟子则多少表现出一种内圣的走向。”[1]

第三节　对孟子性善论的批评

孔子讲“性相近也,习相远也”(《论语·阳货》),他并没有对性的本质作出细致的判断。之后孔子后学作的《性自命出》继承其说云:“四海之内,其性一也。其用心各异,教使之然也。”[2] 持论与孔子一致。但孔

---

① 杨国荣:《孟子的哲学思想》,华东师范大学出版社,2009 年,第 42 页。
② 李零:《郭店楚简校读记》增订本,第 136 页。

孟之间的哲人们,在"生之谓性"(《孟子·告子上》)这一传统观念基础上,对何为"性"本身已有了较多的讨论,对性表现出的道德形态形成了几种较为流行的看法。从孟子与告子的辩论中可知这几种观点是:"性无善无不善"、"性可以为善,可以为不善"、"有性善,有性不善"。在此基础上,孟子发展出性善论,而荀子则与此针锋相对,发展出性恶论。虽然二者都以孔子以来的人性论为背景,且荀子性恶论与他所持的政治、伦理等主张相关,但性恶论对孟子性善论的针锋相对却是一眼便知的。以至于后人不断地为两人的矛盾进行调和,如清人郝懿行《荀子补注·与王引之伯申侍郎论孙卿书》云:"至于性恶、性善,非有异趣。性虽善,不能废教;性虽恶,必假人为。……孟、荀之旨,本无不合,惟其持论,各执一偏。准以圣言,'性相近'即兼善恶而言,'习相远'乃从学染而分。……孙卿与孟时势不同,而愿得所藉手,救弊扶衰,其道一也。"[1] 这种调和固然是后人为统一儒学,提升荀子地位所做的努力。虽然荀子在性本身的界定上与孟子有较强的一致性,但是也不能掩盖其性恶善伪论与孟子性善论的尖锐对立。以下从两个方面分析荀子的批评。

一、从心之所生为性到"生之所以然者谓之性"

孟子首先承认万物皆有其性,如同人有其性一样。杞柳有杞柳之性,犬有犬之性,牛有牛之性,山有山之性。至于什么是性?犬、牛之性与人之性有何本质区别?孟子没有给出明确的界定,但是我们可以通过他对告子性论的批评,来推测他的看法。告子对性有两个前后相承的命题,一是"生之谓性",二是"食、色,性也"(《孟子·告子上》),后一个命题是对前一个命题的举例式解释。"生之谓性"属于传统的即生言性论,它至少形成于郭店楚简之前,因为在《性自命出》中已有"牛生而长,雁生而伸,其性使然"[2] 的说法,后来刘向把它说成"性,生而然者也"[3]。

---

① 《荀子集解·考证上》,第 15—16 页
② 李零:《郭店楚简校读记》增订本,第 136 页。
③ 《论衡校释·本性》,第 140 页。

孟子反对告子的说法,认为此说会混同人之性与犬之性、牛之性①。这表明孟子不以生而具有的生理现象、生理欲望以及外在表现作为性,或者说作为性的本质。所以他又批评说"天下之言性也,则故而已矣"(《孟子·离娄下》),"天下所谈论的性,往往不过是指积习、习惯而已"②,积习、习惯还只是表象的层面,不是人之为人的核心。如果再结合孟子以心之官为"大体",以耳目鼻口四肢为"小体"的划分来看,他对人性的理解是以心作为主要依据的,即从心之所生来规定人性③。所以孟子云:"尽其心者,知其性也。知其性,则知天矣。""君子所性,仁、义、礼、智根于心。其生色也睟然,见于面,盎于背,施于四体,四体不言而喻。"(《孟子·尽心上》)只有尽心方可知性,知性则可以知天,性与心密切相关。据此我们可以再进一步推测:孟子的人性主要是指仁、义、礼、智根于心这一形态。孟子还说:"形色,天性也。惟圣人然后可以践形。"(《孟子·尽心上》)焦循疏云:"圣人尽人之性,正所以践人之形。苟拂乎人性之善,则以人之形而入于禽兽矣,不践形矣。"④此处的形色是仁、义、礼、智根于心后所流露出来的外在表现,已不再仅仅是生理现象了,所以孟子说它是天性。可见孟子所理解的人之性,已经超越、发展了即生言性传统,由宽泛、表象的形式判断趋向于本质判断,人之性与犬、牛之性,也因否定了"生之谓性"这一标准而有了本质的不同。而荀子正是这一趋势的完成者。

荀子对性的理解虽然主要受到传统的即生言性论的影响⑤,但他还

---

① 唐君毅先生说:"仁义礼智之心与自然生命之欲,不特为二类,一为人之所钟,一为人与禽兽之所同;而实唯前者乃能统摄后者。""唯曰此'心'之能统摄'自然生命之欲',孟子之'即心言性'之说,乃能统摄告子及以前之'即生言性'之说;而后孟子之以'即心言性'代'即生言性',乃有其决定之理由可说也。"(唐君毅:《中国哲学原论·原性篇》,中国社会科学出版社,2005年,第13页)

② 梁涛:《郭店竹简与思孟学派》,第373页。

③ 唐君毅先生说:"孟子言性,乃即心言性善,及此心即性情心、德行心之义。所谓即心言性善,乃就心之直接感应,以指证此心之性之善。此谓心之直接感应,乃不同彼自然的生物本能、或今所谓生理上之需要冲动之反应者。简言之,即与自然生命之要求不同者。由是孟子之言,乃大与告子之以生言性者异趣。"(唐君毅:《中国哲学原论·原性篇》,第13页)唐先生所讲的"孟子言性,乃即心言性善",实为孟子性善论的第二层含义。因为孟子所言性善,是建立在对性本身有一个认识的基础上的,就是说,以心言性,乃是以心言性善的前提。如果顺从告子的即生言性,而不即心言性,则推不出以心言性善。

④ 《孟子正义》卷二十七,第938页。

⑤ 荀子性的概念,虽然主要是针对人而言,但也涵盖宇宙万物。

是沿着孟子开拓的路向对性作了更为具体明确的界定。《正名》篇云：

> 生之所以然者谓之性。性之和所生，精合感应，不事而自然谓
> 之性。性之好、恶、喜、怒、哀、乐谓之情。情然而心为之择谓之虑。
> 心虑而能为之动谓之伪。虑积焉、能习焉而后成谓之伪。[①]

荀子把性与伪相对而言，性指人的自然天性，伪指人为。荀子首先对性作了两次前后相连的界定。第一个是"生之所以然者谓之性"，第二个是"性之和所生，精合感应，不事而自然谓之性"。这两个命题使人立即想到告子对性的两个命题："生之谓性"与"食、色，性也"。荀子第一个命题显然是对告子"生之谓性"的拓展，它不再局限于生之表现、生之欲望，而是推求其之所以如此的原因——"生之所以然者"。如果说"生而然者"、"食、色"还只是人性之表象的话，那么，荀子的"生之所以然者"则已然是求人性之根本，是"生之所然的那个道理"[②]，"是求生的根据"[③]，"是一生命物之所以生长为该生命物的内在倾向、趋势、活动和规定"[④]。荀子的这一命题是对孟子所理解的性的理论化总结。孟子不满告子对人性的表面化理解，在批驳告子时把性与心相连，努力探求性的本质。虽然他已经意识到了人性有更为深层的所指，但是他仅作了一些轮廓性的分析，没能给出清晰而简洁的界定。荀子同孟子一样，也不满告子对性的理解，他沿着孟子所理解的发展方向，在告子命题的基础上深入一步，提出了"生之所以然者谓之性"说，这一命题是对孟子人性观的理论概括与提升，也是传统人性观的一次质的飞跃。当然，在对性本身的看法上，荀子与孟子有一致性，但是，在人性呈现出的道德形态的判断上，二人的恶善之分却有天壤之别。

荀子对性的第二个命题与告子的"食、色，性也"有内在的一致性，都是对人性呈现出的物质状态的判断，也是对第一个命题的补充。荀子充分吸收了告子的"食、色，性也"说，把生理现象、生理欲望也作为人性的主要内容之一，就如同孟子一方面批评告子的"生之谓性"说，另一方

---

① 《荀子集解·正名》，第 412 页。
② 黄彰健：《孟子性论之研究》，《中研院历史语言研究所集刊》第 26 册，1955 年。
③ 徐复观：《中国人性论史》，第 141 页。
④ 梁涛：《郭店竹简与思孟学派》，第 323 页。

面又说"口之于味也,目之于色也,耳之于声也,鼻之于臭也,四肢之于安
佚也,性也"(《孟子·尽心下》),也把人的生理欲望作为性①。荀子第二
命题所说的性,主要是指心与万物相感应后的自然显现,包括人生而具
有的种种特征,即"天之就也,不可学,不可事"的部分,如"目明而耳聪"
以及"目好色,耳好声,口好味,心好利,骨体肤理好愉佚"之类②。有时荀
子又把性的这类表现称为情性,《性恶》篇云:

> 今人之性,饥而欲饱,寒而欲暖,劳而欲休,此人之情性也。今
> 人饥,见长而不敢先食者,将有所让也;劳而不敢求息者,将有所代
> 也。夫子之让乎父,弟之让乎兄,子之代乎父,弟之代乎兄,此二行
> 者,皆反于性而悖于情也。然而孝子之道,礼义之文理也。故顺情
> 性则不辞让矣,辞让则悖于情性矣。③

荀子把"饥而欲饱,寒而欲暖,劳而欲休"这种生理需求称为"情性",而
把子弟之让父兄这种礼义行止看作悖于人的情性,认为"顺情性则弟兄
争矣,化礼义则让乎国人矣"④,可见情性与礼义相对,与人性所指相同。
所以《性恶》篇云:"古者圣王以人之性恶,以为偏险而不正,悖乱而不
治,是以为之起礼义,制法度,以矫饰人之情性而正之,以扰化人之情性
而导之也。""若夫目好色,耳好声,口好味,心好利,骨体肤理好愉佚,是
皆生于人之情性者也,感而自然,不待事而后生之者也。"⑤情性就是"感
而自然","不待事而后生之者",正如荀子在第二个命题中所说的"不事
而自然谓之性",突出了自然具有的特征。情性有时又被荀子称为性情,
《儒效》篇云:"故人知谨注错,慎习俗,大积靡,则为君子矣;纵性情而不

---

① 唐君毅先生说:"孟子有大体小体之分。此中大可统小而涵摄小,小则不能统大而涵摄大。
故以心言性之说,亦可以统摄以生言性之说。此方为孟子之必以仁义礼智之根于心者,为君
子所性,而不即此自然生命之欲以谓之性。"(唐君毅:《中国哲学原论·原性篇》,第15页)
孟子此处强调的,确如唐先生所说,以仁义礼智为大体,是重道德伦理而轻自然生命之欲,但
孟子似乎并不是一味反对"即生言性"传统,因为后面是说"君子不谓性也",就是说,只有君
子才不把口目耳鼻四肢等自然生命欲视为性,似乎有勉励人争做君子的意味。
② 上引见《荀子集解·性恶》,第435、436、437—438页。
③ 《荀子集解·性恶》,第436—437页。
④ 《荀子集解·性恶》,第439页。
⑤ 《荀子集解·性恶》,第435、437—438页。

足问学,则为小人矣。"①《性恶》篇亦云:"纵性情,安恣睢,而违礼义者为小人。"② 性情与习俗相对而言,强调其先天性。

荀子有时又把情与性分言,并赋予情不同的内涵。《荀子》中情字主要有两种用法:一是指实情。如"危削灭亡之情举积此矣,而求安乐,是狂生者也"③,"内外上下节者,义之情也"④,《论语》《大学》的情字都是这个用法⑤,孟子也有此用法,如《离娄下》:"故声闻过情,君子耻之。"二是指人性之一部分。这个含义与郭店楚简《性自命出》中部分情字的用法,特别是《孟子》中部分情字的用法相通。《性自命出》云:"喜怒哀悲之气,性也。……道始于情,情生于性。始者近情,终者近义。"⑥ 这里的情虽然是从性里生发出的,属于"始者",即天然部分,但与性似乎有了些区别。孟子把情看成人先天的禀性,其语云:

> 乃若其情,则可以为善矣,乃所谓善也。若夫为不善,非才之罪也。(《孟子·告子上》)
>
> 人见其禽兽也,而以为未尝有才焉者,是岂人之情也哉? 故苟得其养,无物不长;苟失其养,无物不消。(《孟子·告子上》)

孟子这里讲的情与才,应是指人性之不同表现,朱熹云:"情者,性之动也。""才,犹材质,人之能也。"⑦ 戴震云:"情,犹素也,实也。""性以本始言,才以体质言也。"⑧ 情侧重于身体官能的本能欲望,才侧重于身体官能的固有作用,二者与性是一而非二,所以赵岐注云:"性与情,相为表里,性善胜情,情则从之。"孟子舍性而言情与才,可能是因为后者更易于理解。荀子对《性自命出》《孟子》情字的这类用法,进行了明确的表述,使之与性的关系更为清楚。如前引《正名》篇云:"性之好、恶、喜、怒、哀、乐谓之情。"就是说,人性具有的"好、恶、喜、怒、哀、乐"等行为

---

① 《荀子集解·儒效》,第 144 页。
② 《荀子集解·性恶》,第 435 页。
③ 《荀子集解·君道》,第 235 页。
④ 《荀子集解·强国》,第 305 页。
⑤ 如《论语》:"如得其情,则哀矜而勿喜!"《大学》:"无情者不得尽其辞。"
⑥ 李零:《郭店楚简校读记》增订本,第 136 页。
⑦ 《四书章句集注·孟子集注》卷十一,第 328 页。
⑧ 戴震:《孟子字义疏证》,中华书局,1982 年,第 41 页。

就是情,"好恶、喜怒、哀乐臧焉,夫是之谓天情"①。情是人之官能的天然部分,"夫人之情,目欲綦色,耳欲綦声,口欲綦味,鼻欲綦臭,心欲綦佚。此五綦者,人情之所必不免也"②。目、耳、口、鼻、心之欲就是情的表现。荀子还对性、情、欲之间的关系作了逻辑性的表述,他说:"性者,天之就也;情者,性之质也;欲者,情之应也。"③杨倞注曰:"性者成于天之自然,情者性之质体,欲又情之所应。"就是说,性、情、欲都是人天生具有的属性,情是性的实际内容,欲望又是情的反应。荀子又进一步判断人之性与情本恶,要化之以礼法,所以他说:

> 今人之性,生而有好利焉,顺是,故争夺生而辞让亡焉;生而有疾恶焉,顺是,故残贼生而忠信亡焉;生而有耳目之欲,有好声色焉,顺是,故淫乱生而礼义文理亡焉。然则从人之性,顺人之情,必出于争夺,合于犯分乱理而归于暴。故必将有师法之化,礼义之道,然后出于辞让,合于文理,而归于治。④

在荀子看来,好利、争夺、嫉恶、耳目之欲、声色之好等,既是人之天性,又是人之天情,如任其发展,则会丧失辞让、忠信、礼义文理,最终导致残暴。因而荀子要求化之以师法,导之以礼义。荀子和孟子都视性、情为一体,但在定性它们呈现出的道德形态上,二人的恶善之分以及由此而来的外化与内省修养方法,却表现出了巨大差距。

荀子还把性与伪相对而言,进一步突出了性天然自存的特征。《性恶》篇云:

> 凡性者,天之就也,不可学,不可事;礼义者,圣人之所生也,人之所学而能,所事而成者也。不可学、不可事而在人者谓之性,可学而能、可事而成之在人者谓之伪,是性、伪之分也。今人之性,目可以见,耳可以听。夫可以见之明不离目,可以听之聪不离耳,目明而耳聪,不可学明矣。⑤

① 《荀子集解·天论》,第 309 页。
② 《荀子集解·王霸》,第 211 页。
③ 《荀子集解·正名》,第 428 页。
④ 《荀子集解·性恶》,第 434—435 页。
⑤ 《荀子集解·性恶》,第 435—436 页。

何为伪呢？荀子曾在《正名》篇与性的两个命题相对应,对伪也作了两次界定:"情然而心为之择谓之虑。心虑而能为之动谓之伪。虑积焉、能习焉而后成谓之伪。"前一个伪是就其本质而言,指人心思虑选择而行动的结果,与"天之就也"的性相对;而后一个伪则是就其状态而言,指心虑聚积、后天学习的人为,即"可学而能、可事而成"的部分,如"子之让乎父、弟之让乎兄"①之类,与"不可学、不可事"的性相对。性与伪截然相反,而又紧密相连,正如《礼论》篇云:

> 性者,本始材朴也;伪者,文理隆盛也。无性则伪之无所加,无伪则性不能自美。性伪合,然后圣人之名一,天下之功于是就也。故曰:天地合而万物生,阴阳接而变化起,性伪合而天下治。②

在荀子看来,无性则伪无从施加,无伪则人性不能由恶变善,只有把人之本性与后天之人为完美结合,圣人的名声才能纯一,天下大治的功业才可成就。荀子还分析了从性到伪的转化过程:"性之好、恶、喜、怒、哀、乐谓之情。情然而心为之择谓之虑。心虑而能为之动谓之伪。"③性之外化即为情,情加上心的选择即为虑,心有所虑而付诸行动即为伪。

在性与心的关系上,荀子对孟子有继承更有发挥。孟子所讲的心主要是实践主体能够实现一切道德价值的源泉和基础,具有自我立法、自我完善的功能。因"心之官"为"大体",能"思"(《孟子·告子上》),"仁、义、礼、智根于心"(《孟子·尽心上》),故心与性往往合二为一。荀子一方面把心看作与耳目口鼻四肢一样的官能,赋予它自有的生理欲望,所谓"目欲綦色,耳欲綦声,口欲綦味,鼻欲綦臭,心欲綦佚"④,"目好色,耳好声,口好味,心好利,骨体肤理好愉佚"⑤;另一方面,他又赋予了心可以接受后天习染的功能,其能"择",能"虑",能"知"。他说:

> 人何以知道?曰:心。心何以知?曰:虚壹而静。心未尝不臧也,然而有所谓虚;心未尝不满也,然而有所谓一;心未尝不动也,

---

①《荀子集解·性恶》,第437页。
②《荀子集解·礼论》,第366页。
③《荀子集解·正名》,第412页。
④《荀子集解·王霸》,第211页。
⑤《荀子集解·性恶》,第437—438页。

然而有所谓静。……心者,形之君也,而神明之主也,出令而无所受令。自禁也,自使也,自夺也,自取也,自行也,自止也。故口可劫而使墨云,形可劫而使诎申,心不可劫而使易意,是之则受,非之则辞。故曰:心容其择也,无禁必自见,其物也杂博,其情之至也不贰。[1]

唐君毅先生称荀子这种心为"统类心",他说:"荀子此处所言之统类心,所以能统摄多类事物,而制割大理,为道之工宰;其关键正在荀子之心,一方为能依类以通达之心,一方又为至虚之心。以其心能虚,故能知一类事物之理,又兼知他类事物之理,而综摄之,心乃成能统诸类之心。"[2]荀子的"统类心"是"形之君",不仅能统摄人之百体,还能统摄万物。"形之君"说乃源自孟子的大体说;心之"择"、"虑"、"知"以及具体表现出来的"自禁"、"自使"等意志行为,类似于孟子所讲的"思";"心未尝不满也",也类似于孟子的"万物皆备于我矣"(《孟子·尽心上》)。与孟子相比,荀子所讲的心与性已经相分离,也不再具有自我立法的地位和自我完善的特点。但它在性——情——伪的转变过程中起着积极的作用,它能通过自身的认知力与理智,上体道而下矫饰人性,使性逐渐脱离恶而趋于善,这就是心"化性起伪"的能力。但是,与孟子把"思"作为心生而具有的天然能力不同,荀子虽然承认心先天有其性,如"好利",如能"虑"、"择"、"动",但他并没有赋予心先天性的可以矫饰人性趋善的能力,而是把这种能力作为后天习染的结果。这就是荀子对孟子心性关系的发挥。唐君毅先生所说:"荀子言性恶,似对孟子而发;然荀子中心之思想,则在言心而不在言性。其所谓心与孟子不同,尊心则与孟子同。孟荀之异,在孟子即心言性,而荀子分心与性为二,乃与庄子之别一般之心知于性有相似处。"[3]唐先生对孟荀心性关系的概括可谓恰如其分,也准确地反映了荀子对孟子心性观的发展。当然,孟荀尊心看似相同,但荀子尊心其实是为了落实学以及教化的根基性问题和可行性问题,与孟子把心作为自足完满的道德体而尊之还是有不小差别。

综上所述,我们认为,荀子在性上的第一个命题虽然完善了孟子对

[1]《荀子集解·解蔽》,第395—398页。
[2] 唐君毅:《中国哲学原论·导论篇》,第76页。
[3] 唐君毅:《中国哲学原论·原性篇》,第31页。

性的理解,也更符合性的本质特征,认识也更加合理,但是他说得最多的却是性的第二个命题的含义,即性体现出来的生而具有的种种表现,包括生理现象、生理欲望,等等。这也许是他认为人性本质的种种外化表现更易于把握的缘故。这一点与孟子有较大区别。

二、从“人之性善”到“人之性恶,其善者伪”

在何为人性上,荀子虽然与孟子有较强的一致性,但是,在人性的道德价值评判上,二人却迥然相异。孟子言性善,而荀子竭力批驳之,并针锋相对地提出了性恶论,以此作为自己学术之一基础。《性恶》篇云:

> 人之性恶,其善者伪也。今人之性,生而有好利焉,顺是,故争夺生而辞让亡焉;生而有疾恶焉,顺是,故残贼生而忠信亡焉;生而有耳目之欲,有好声色焉,顺是,故淫乱生而礼义文理亡焉。然则从人之性,顺人之情,必出于争夺,合于犯分乱理而归于暴。故必将有师法之化,礼义之道,然后出于辞让,合于文理,而归于治。用此观之,然则人之性恶明矣,其善者伪也。故枸木必将待檃栝、烝、矫然后直,钝金必将待砻、厉然后利。……今之人,化师法,积文学,道礼义者为君子;纵性情,安恣睢,而违礼义者为小人。用此观之,然则人之性恶明矣,其善者,伪也。①

荀子在开篇就鲜明地提出了自己的人性观:“人之性恶,其善者伪也。”伪,人为之意,就是说,人的本性为恶,善只是后天人为的结果。相对于之前以性不善否定性善的简单做法,荀子直以性恶否定性善可谓简洁明了。接着,荀子从正反两面展开论证,申说性恶善伪。在他看来,人天生就有好利之心,有嫉妒憎恶之心,有耳目声色之欲,如果顺从人的本性,则生争夺而失辞让,生残杀陷害而失忠信,生淫乱而失礼义,纵性情者最终为小人;反之,如果绳之以师法,导之以礼义,则辞让生,礼义文理起,人趋于善而终为君子。社会也因之而得以安治,就如同自然界的枸木因檃栝、烝、矫而后直,钝金因砻、厉而后利一样。荀子在其书中反复强调

① 《荀子集解·性恶》,第434—435页。

了人性恶的本质："人之生固小人,无师无法则唯利之见耳。"①"人生而有欲,欲而不得,则不能无求;求而无度量分界,则不能不争;争则乱,乱则穷。"②"若夫目好色,耳好声,口好味,心好利,骨体肤理好愉佚,是皆生于人之情性者也,感而自然,不待事而后生之者也。"③荀子认为好利有欲是人性恶的突出特征,因而才要"化师法,积文学,道礼义"。

当然,荀子虽然批驳孟子的性善观,但是在对善、恶本身的理解上,荀子又与孟子站在一起。孟子把人性中包含的仁义礼智端绪以及扩充后的爱亲、敬兄等理解为善,荀子把道德行为看成善,把舍义逐利、暴乱害民以及国失其治看成恶。荀子的善也是指仁义礼智之道德,或符合礼义法度的行为,或社会的正理平治,恶也是指偏险悖乱,求利欲而背礼义法度。二人都把善与道德相连,把恶与利、欲相连,都对耳目口腹等生理欲望持有戒心。孟子言"养心莫善于寡欲"(《孟子·尽心下》),荀子也有类似的表述:"故欲过之而动不及,心止之也。心之所可中理,则欲虽多,奚伤于治。"④

荀子在《性恶》的篇首提出性恶善伪之后,就把批判的矛头直接对准孟子,用不少篇幅集中批评了孟子的性善论,也包括对孟子部分观点的创造性吸收。

第一,批评孟子性善说混淆人之本性与后天人为的区别,错把后天人为得来的善说成先天具有的人性。其言云:

> 孟子曰:"人之学者,其性善。"曰:是不然。是不及知人之性,而不察乎人之性、伪之分者也。凡性者,天之就也,不可学,不可事;礼义者,圣人之所生也,人之所学而能,所事而成者也。不可学、不可事而在人者谓之性,可学而能、可事而成之在人者谓之伪,是性、伪之分也。今人之性,目可以见,耳可以听。夫可以见之明不离目,可以听之聪不离耳,目明而耳聪,不可学明矣。孟子曰:"今人之性善,将皆失丧其性故也。"曰:若是,则过矣。今人之性,生而离其

---

① 《荀子集解·荣辱》,第 64 页。
② 《荀子集解·礼论》,第 346 页。
③ 《荀子集解·性恶》,第 437—438 页。
④ 《荀子集解·正名》,第 428 页。

朴,离其资,必失而丧之。用此观之,然则人之性恶明矣。所谓性善者,不离其朴而美之,不离其资而利之也。使夫资朴之于美,心意之于善,若夫可以见之明不离目,可以听之聪不离耳,故曰目明而耳聪也。今人之性,饥而欲饱,寒而欲暖,劳而欲休,此人之情性也。今人饥,见长而不敢先食者,将有所让也;劳而不敢求息者,将有所代也。夫子之让乎父,弟之让乎兄,子之代乎父,弟之代乎兄,此二行者,皆反于性而悖于情也。然而孝子之道,礼义之文理也。故顺情性则不辞让矣,辞让则悖于情性矣。用此观之,然则人之性恶明矣,其善者伪也。①

荀子认为孟子道性善,是因没有真正理解人性,没有分清先天具有与后天人为的区别。荀子这里所理解的人性,似乎是专指生理现象与生理欲望一类,所谓"天之就也,不可学,不可事"部分,具体如目明、耳聪之类。他又用伪来指后天人为,所谓"可学而能、可事而成"的部分,具体如礼义之类。顺人之性只可为恶,化人之性则可为善,但非必定为善,关键在是否化之以礼义法度。

荀子还批评了孟子把人之不善归因于人性丧失,即后天人为的说法。孟子与告子争论时说,"人之可使为不善,其性亦犹是也","若夫为不善,非才之罪也","富岁子弟多赖,凶岁子弟多暴,非天之降才尔殊也,其所以陷溺其心者然也"(《孟子·告子上》),即不善非人性之罪,而是社会环境改变所致。荀子以为,如果说人性为善,则应是指人性未离开其质朴(原初形态)时就觉得美,未离开其资质时就觉得好,而这种资质与质朴对于美好,心意对于善,也应该如同目对于明,耳对于聪,口腹对于食,四肢对于安逸,心对于利一样。但实际情况是,如顺耳目声色之欲,纵口腹四肢之乐,满足好利之心,则淫乱生而争夺起,因此性之资质不为美好,性也不可能为善。荀子不仅不赞同性善,相反,他认为恶才是人之本性,而善是人逐渐远离本性的结果。他举例说,人饥饿时想吃饱饭,寒冷时想取暖,劳累时想休息,这是人的本性。但是今天的人,在父兄面前时,即使饥饿了也不敢先吃,即使劳累了,也不敢先休息,这种子

①《荀子集解·性恶》,第435—437页。

弟与父兄间的辞让、代劳属于善的表现,而这种善显然是悖于人之本性
的。因此他得出结论:顺人之性则恶,悖于人之性则善。此即荀子反复
言说的性恶善伪。

其实,姑且不论性善与性恶孰是孰非的问题,就荀子对孟子性善本
身的批评而言,有其不严密的地方。因为荀子和孟子用以进行道德价值
评判的性的内涵并不在同一个层面。如前文所言,孟子主要是以心言
性,其性属于形上层面。而荀子主要是以生言性,其性落入形下层面,
以眼见之实,否定心虑之虚,批驳起来倒是不难,但难免有错位之嫌。荀
子以自然之性批驳孟子道德心之性,也主要是为其隆礼重法找一个理论
依据。

第二,批评孟子性善说“去圣王、息礼义”,“张而不可施行”。这也
许才是荀子批评孟子性善说的主要目的。《性恶》篇云:

> 孟子曰:“人之性善。”曰:是不然。凡古今天下之所谓善者,正
> 理平治也;所谓恶者,偏险悖乱也。是善恶之分也已。今诚以人之
> 性固正理平治邪?则有恶用圣王,恶用礼义矣哉!虽有圣王礼义,
> 将曷加于正理平治也哉?今不然,人之性恶。故古者圣人以人之性
> 恶,以为偏险而不正,悖乱而不治,故为之立君上之势以临之,明礼
> 义以化之,起法正以治之,重刑罚以禁之,使天下皆出于治,合于善
> 也。是圣王之治,而礼义之化也。①

荀子从社会政治的角度,根据历史发展的经验来定位善恶。他认为古往
今来天下人所说的善,就是指人的行为合乎礼义法度,遵守社会秩序;所
说的恶就是指人的行为偏邪阴险、悖道作乱。他据此反推,说如果孟子
所言的人性善是对的,那么人的本性就应该一直合乎礼义法度,遵守社
会秩序,因此也就无须用圣王来治世,无须用礼义教化来规范社会。即
使有所谓圣王和礼义,它们也会因无益于社会的正理平治而失去作用。
但我们看到的事实却与之相反:古时圣人认为人性丑恶,偏邪阴险而不
端正,悖道作乱而致使社会混乱不堪,无法安治,所以树立君主的权威来
统治他们,倡导礼义来教化他们,制定法度来治理他们,加重刑罚来禁止

---

① 《荀子集解·性恶》,第439—440页。

他们,于是社会安治,人性趋善。因此荀子认为,圣王、师长、礼义法度是社会安治、人性去恶就善的关键所在,就如同"枸木必将待檃栝、烝、矫然后直,钝金必将待砻、厉然后利。今人之性恶,必将待师法然后正,得礼义然后治"①。

在荀子看来,孟子言"人之性善",其实就是否定历代圣王的权威及其礼义法度,这既异于历史,也与当今时势不合,所以他进而批评说:

> 今当试去君上之势,无礼义之化,去法正之治,无刑罚之禁,倚而观天下民人之相与也,若是,则夫强者害弱而夺之,众者暴寡而哗之,天下之悖乱而相亡不待顷矣。用此观之,然则人之性恶明矣,其善者伪也。故善言古者必有节于今,善言天者必有征于人。凡论者,贵其有辨合,有符验,故坐而言之,起而可设,张而可施行。今孟子曰:"人之性善。"无辨合符验,坐而言之,起而不可设,张而不可施行,岂不过甚矣哉! 故性善则去圣王,息礼义矣;性恶则与圣王,贵礼义矣。故檃栝之生,为枸木也;绳墨之起,为不直也;立君上、明礼义,为性恶也。用此观之,然则人之性恶明矣,其善者伪也。②

荀子批评"去君上之势"、"去法正之治"两种做法,虽然可能也针对了当时墨家、道家、农家等诸子的相关说法,如墨子的"兼爱"、"尚同",如庄子的"齐物",农家的"贤者与民并耕而食,饔飧而治"③,但结合荀子此话前后对孟子的批评以及篇名《性恶》来看,又主要是批评孟子的。孟子养浩然之气,高扬大丈夫精神,"说大人则藐之,勿视其巍巍然"(《孟子·尽心下》),认为"四境之内不治"的君王可被百姓罢免④,残暴之君

---

① 《荀子集解·性恶》,第435页。
② 《荀子集解·性恶》,第440—441页。
③ 墨子讲"兼相爱,交相利",强调"官无常贵,而民无终贱"。墨子之说,表面上是要求平等、民主,但实际上是以维护君王权势为前提的。庄子反对包括君主在内的人为,主张无为而治,也反对一切的礼法制度,他说:"大乱之本,必生于尧、舜之间,其末存乎千世之后。"(《庄子·庚桑楚》)"夫至德之世,同于禽兽居,族与万物并,恶乎知君子小人哉!"(《庄子·马蹄》)"至德之世,不尚贤,不使能,上如标枝,民如野鹿,端正而不知以为义,相爱而不知以为仁,实而不知以为忠,当而不知以为信。"(《庄子·天地》)农家许行,其主张见《孟子·滕文公上》"有为神农之言者许行"章陈相所言。
④ 《梁惠王下》记载:孟子谓齐宣王曰:"王之臣有托其妻子于其友而之楚游者。比其反也,则冻馁其妻子。则如之何?"王曰:"弃之。"曰:"士师不能治士,则如之何?"王曰:"已之。"曰:"四境之内不治,则如之何?"王顾左右而言他。

其至可以被诛杀,所以他说:"贼仁者谓之贼,贼义者谓之残,残贼之人谓
之一夫。闻诛一夫纣矣,未闻弑君也。"(《孟子·梁惠王下》)孟子理想
中的君臣关系是人格上平等,君以贤者为师,恭敬有加,虚心学习,"将大
有为之君,必有所不召之臣;欲有谋焉,则就之"(《孟子·公孙丑下》),
君主应放下权威,而不是高高在上。由此,孟子还明确提出贤王要"忘
势",他说:"古之贤王好善而忘势。古之贤士何独不然?乐其道而忘人
之势。故王公不致敬尽礼,则不得亟见之。见且由不得亟,而况得而臣
之乎?"(《孟子·尽心上》)圣贤之君好闻善言善行,因而忘记自己的权
势。贤士也应忘记别人的权势,如果君王大臣对他不恭敬不尽礼数,则
不得见,更不能得之为臣。孟子以贤士人格的挺立来对抗君王的权势,
此即为荀子批评的"去君上之势"。

　　荀子还批评孟子"去法正之治"。孟子有类似的言论吗?《梁惠王
上》云:"王如施仁政于民,省刑罚,薄税敛, ……可使制梃以挞秦楚之
坚甲利兵矣。""苟无恒心,放辟邪侈,无不为已。及陷于罪,然后从而
刑之,是罔民也。"孟子的确主张"省刑罚",反对滥用刑罚,因为他相信
"徒善不足以为政,徒法不能以自行"(《孟子·离娄上》)。但是,孟子并
非舍弃"法正",他只是要求教化先行,减轻刑罚,认为王者如能尽教化
之职,则"王者之民,皞皞如也,杀之而不怨","以生道杀民,虽死不怨杀
者"(《孟子·尽心上》)。他也主张"国家闲暇,及是时明其政刑"(《孟
子·公孙丑上》),把修明礼法制度看成治国的重要一环,所以他说:

> 圣人既竭目力焉,继之以规矩准绳,以为方员平直,不可胜用
> 也;既竭耳力焉,继之以六律正五音,不可胜用也;既竭心思焉,继
> 之以不忍人之政,而仁覆天下矣。……上无道揆也,下无法守也,朝
> 不信道,工不信度,君子犯义,小人犯刑,国之所存者幸也。……上
> 无礼,下无学,贼民兴,丧无日矣。(《孟子·离娄上》)

圣人治国,除竭力发挥目力、耳力、心思之外,还需辅以"准绳"、"六律"
和"不忍人之政",即礼法制度。如上无道德规范、礼义,下无法律制度,
则国家很快就会灭亡。可见,荀子的批评并非客观。

　　荀子又批评孟子性善说"无辨合符验,坐而言之,起而不可设,张而
不可施行"。"无辨合符验"是指性善说没有根据,无法验证。孟子以心

言性善,说人心先天固有"恻隐"、"羞恶"、"辞让"、"是非"四心,它们分别是仁义礼智的四端,这四心就是人性善的依据。但是,在荀子看来,这四心远不如他所说的"目好色,耳好声,口好味,心好利"(《荀子·性恶》)看起来那么明显实在,孟子所说的先天存在的四心,似乎只是一种理论的假设,难以在现实中进行直接的证明。不仅如此,荀子还认为性善说是"坐而言之,起而不可设,张而不可施行",就是说,当把这种书斋里的理论付诸社会实践时,却难于操作,不能推广施行。就战国后期的形势看,荀子的这个评价可谓击中了孟子性善说甚至其他主张的要害。当时诸侯纷争,兼并不断,人心思稳,天下趋于统一,弱肉强食乃是当时政治社会的主要特征。而孟子不顾形势的变迁与要求,宣扬性善,并在此基础上极力推行仁政,认为"君臣、父子、兄弟去利,怀仁义以相接也,然而不王者,未之有也"(《孟子·告子下》),甚至天真地相信,施行仁政,"可使制梃以挞秦楚之坚甲利兵矣"(《孟子·梁惠王上》),这也就难免让司马迁有"迂远而阔于事情"之叹了。荀子的批评,最后还是落在"性善则去圣王,息礼义"上,他认为性善说就是对圣王、礼义的否定,就是取消礼义教化、刑罚威严,而性恶说就是肯定圣王,推崇礼义,这才符合历史的本来面目和形势的需求。

其实,孟子也从现实经验中找了事例来验证其性善说,他说:"今人乍见孺子将入于井,皆有怵惕恻隐之心,非所以内交于孺子之父母也,非所以要誉于乡党朋友也,非恶其声而然也。"(《孟子·公孙丑上》)"孺子将入于井"的例子固然是一个经验性的假设,还不能涵盖全体人,也不具有最高的普遍性,但是孟子从人之为人的一个重要范畴——心出发,把性纳入心来分析其本质,得出性善的结论,比荀子多举人之本能作为性恶的依据要深刻[1]。正如徐复观先生所说,"性善两字说出后,主观实践的结论,通过概念而可诉之于每一个人的思想,乃可以在客观上为万人万世立教","孟子所说的性善,实际便是心善。经过此一点醒,每一个人

---

[1] 郭沫若对荀子论证性恶的做法进行了批评,他说:"一定要把人性说成恶的,颇有点类似近代某一部分生物学家的见解,主要把人作为纯粹的动物来看。""他也想从心理上来证成性恶说的合理。这项根据更为简单,便是'荀无之中者必求于外,荀有之中者必不及于外';便是人要自己没有才向外面去求,自己已经有了便不向外面去求。"(郭沫若:《十批判书·荀子的批判》,第203页)也说明了荀子论证的经验性和局限性。

皆可在自己的心上当下认取善的根苗,而无须向外凭空悬拟"①。当然,荀子的批评,无非是借此为自己的政治学说寻求依据,并据此维护君王的权威,强化礼法制度,使国家治理更具操作性。相比于孟子学说的迂远,荀子由性恶而重礼法的主张更为切合时代的需求。

第三,批评孟子性善说把礼义看成人的本性,混淆礼义的后起人为特征。孟子讲人有四心:

> 恻隐之心,人皆有之;羞恶之心,人皆有之;恭敬之心,人皆有之;是非之心,人皆有之。恻隐之心,仁也;羞恶之心,义也;恭敬之心,礼也;是非之心,智也。仁义礼智,非由外铄我也,我固有之也,弗思耳矣。(《孟子·告子上》)

孟子说四心分别对应仁义礼智,或者说四心分别是仁义礼智的端绪,所谓"恻隐之心,仁之端也;羞恶之心,义之端也;辞让之心,礼之端也;是非之心,智之端也。人之有是四端也,犹其有四体也"(《孟子·公孙丑上》)。两说表达有一些不同,但其重点在于说明:仁义礼智是人先天所固有,而非后天外界或者习染所赋予。所以他又说:"人之所不学而能者,其良能也;所不虑而知者,其良知也。孩提之童,无不知爱其亲也;及其长也,无不知敬其兄也。亲亲,仁也;敬长,义也。无他,达之天下也。"(《孟子·尽心上》)孟子不仅变传统的"仁内义外"说为"仁义内在"说,而且把礼与智一并作为心固有的内容②,既为他的性善说安排了内在的依据,又为他的成人成德铺设了一条内修的路子。

荀子对孟子的这一说法断然否定,他借问答之辞展开批评,其言云:

> 问者曰:"人之性恶,则礼义恶生?"应之曰:凡礼义者,是生于圣人之伪,非故生于人之性也。故陶人埏埴而为器,然则器生于工人之伪,非故生于人之性也。故工人斫木而成器,然则器生于工人之伪,非故生于人之性也。圣人积思虑,习伪故,以生礼义而起法

---

① 徐复观:《中国人性论史》,第99页。
② 按照竹帛《五行》篇所论来看,智本来就具有"形于外"的"行"与"形于内"的"德之行"两种属性。而且《五行》经文作者把智与圣的地位抬得很高,分别作为"四行和"与"五行和"的最高范畴。所以智一直都有内、外双重特征,孟子改变以前的说法,把仁义礼智四者全纳入内心,作为其性善说的依据。

度,然则礼义法度者,是生于圣人之伪,非故生于人之性也。若夫目好色,耳好声,口好味,心好利,骨体肤理好愉佚,是皆生于人之情性者也,感而自然,不待事而后生之者也。夫感而不能然,必且待事而后然者,谓之生于伪。是性、伪之所生,其不同之征也。①

有人问荀子:既然人性为恶,礼义不生于人之本性,那么礼义从何而来呢? 荀子说,礼义是圣人后天制定的,而不是生于人之本性。"生于人之性"即孟子所讲的"非由外铄我也,我固有之也"之意。荀子把礼义比作陶器、木器,认为圣人深思熟虑,学习掌握人为的事理,设立礼义而制定法度,就如同工人和土而为陶器、削木而为木器一样,都离不开后天的人为。他又列举了伪的对立面——性,如"目好色,耳好声,口好味,心好利,骨体肤理好愉佚",认为这些才是人之情性,不依靠人为而自然如此。虽然郭沫若视其批评为"诡辩"②,但就人为与天生关系来讲,荀子的看法似乎比孟子的更合情理,更近于常人的理解。孟子把礼义看成人性所固有,是因为他把礼义的生成过程分为端绪阶段和实现外化阶段,而端绪阶段与"是非之心"、"辞让之心"相连,于是礼义就被落实到了内心。这种推理实质上是一种经验性的理论假设,逻辑性比较脆弱,可认其为是,也可任找一个反面例子认其为非。如果把它纳入孟子的整个学术体系中去考量,又有其合理性和积极意义。但一般人看来,礼义毕竟是一些具体的外在道德行为规范,是根据社会群体的共同需要而制定的,要求所有人共同遵守。它们与时代需求有较强的一致性,但也并非一成不变,更难说是一种永恒的存在。

　受孟子影响,有人坚持礼义积伪也是人性的表现,认为"礼义积伪者,是人之性,故圣人能生之也"③。就是说,能够积累人为而成礼义,这种行为本身也是人性的表现,所以圣人才能够创造出礼义。荀子还是以制

---

① 《荀子集解·性恶》,第 437—438 页。

② 郭沫若说:"这答辩其实是诡辩。瓦埴虽不是陶人之性,但可以为瓦却是土之性(而且是某种土之特性),而能够以土为瓦则是人之性。器木虽然不是工人之性,但可以为器却是木之性,而能够以木为器则是人之性。土不能自行成瓦,木不能自行成器,人却能自行成礼义积伪。这能自行成礼义积伪的,怎么能够断言人之性便全部是恶呢?"(郭沫若:《十批判书·荀子的批判》,第 205 页)

③ 《荀子集解·性恶》,第 441 页。

作陶器、木器为例进行反驳。他说："夫陶人埏埴而生瓦,然则瓦埴岂陶人之性也哉? 工人斲木而生器,然则器木岂工人之性也哉? 夫圣人之于礼义也,辟则陶埏而生之也,然则礼义积伪者,岂人之本性也哉?"① 他认为,既然工人调和黏土制成的瓦器和削木制成的木器不是工人的本性,那么圣人人为积累而制定出的礼义也不是人的本性。接着,荀子又从圣君与暴君、君子与小人的区别来论证礼义是伪而非性,他说:

> 凡人之性者,尧、舜之与桀、跖,其性一也;君子之与小人,其性一也。今将以礼义积伪为人之性邪? 然则有曷贵尧、禹,曷贵君子矣哉? 凡所贵尧、禹、君子者,能化性,能起伪,伪起而生礼义。然则圣人之于礼义积伪也,亦犹陶埏而为之也。用此观之,然则礼义积伪者,岂人之性也哉? 所贱于桀、跖、小人者,从其性,顺其情,安恣睢,以出乎贪利争夺。故人之性恶明矣,其善者伪也。②

在荀子看来,如果将礼义的人为积累看成人性,那么有相同人性的尧、舜与桀、跖,君子与小人就应该受到同样的评价。但是,今人只尊重尧、舜与君子,而鄙视桀、跖与小人,这是因为前者能改变人性,作出人为的努力,进而制定礼义,而后者却放纵本性,顺从情欲,从而贪图利益互相争夺。因此他说,礼义是后起人为的结果。当然,荀子的推理有些绝对,也不太符合孟子的原意。因为孟子只把"是非之心"、"辞让之心"看成礼义的端绪,是否能实现完满的礼义,还需要人后天的思、养、求等人为的扩充,"苟能充之,足以保四海;苟不充之,不足以事父母"(《孟子·公孙丑上》)。就是说,孟子也强调人为因素在礼义实现过程中的作用,而非任其自然发展。况且,孟子也只说"人皆可以为尧舜"(《孟子·告子下》),而不是"人皆定能为尧舜"。

总之,荀子对孟子的性善论进行了全方位的批评和借鉴,其性恶论不仅掀起了后世人性善恶的大讨论,而且与孟子性善论一起,成了后人追求善、惩治恶的理论基础,成了立在人们面前的两面镜子,人人皆可择镜自照,从而自我省察,自我警醒。

---

① 《荀子集解·性恶》,第 441 页。
② 《荀子集解·性恶》,第 441—442 页。

第四节　对孟子"内圣"工夫的反叛

在心、性合一观和性善说的基础上,孟子的理想人格侧重表现为一种人人可以达到的内圣品格,他说,"人皆可以为尧舜"(《孟子·告子下》),"君子所以异于人者,以其存心也"(《孟子·离娄下》)。前者强调内圣品格的普遍性,后者强调它的内修路径。荀子则在心、性二分和性恶论的基础上,追求人人可以达到的外王品格,提出"涂之人可以为禹"①的论断,强调"圣人也者,人之所积也"②的外修路径。以下分论之。

一、孟荀对内圣、外王的评价

孟子把圣人作为最高理想人格的象征,认为用圣贤之人,则"地方百里而可以王"(《孟子·梁惠王上》)。孟子用"神"来评价圣人的作用和境界,他说:"夫君子所过者化,所存者神,上下与天地同流。"(《孟子·尽心上》)又说:"大而化之之谓圣,圣而不可知之之谓神。"(《孟子·尽心下》)孟子强调圣人能以德化育天下于无痕,能达到与天地同流。这是内圣工夫。由内圣而化为具体的实践活动——治国平天下一类,则为外王品格。孟子的追求以内圣为主,兼及外王。所以他倡导仁政,主张"穷则独善其身,达则兼善天下"(《孟子·尽心上》),"兼善天下",即外王表现。

荀子也充分肯定了君子的德行以及君子在治国中的巨大作用。他说:"君子无爵而贵,无禄而富,不言而信,不怒而威,穷处而荣,独居而乐,岂不至尊、至富、至重、至严之情举积此哉!"③君子有比爵禄更富贵的东西乃是其德行,有德行则虽穷也荣显,虽独处也快乐。又说:"其穷也,俗儒笑之;其通也,英杰化之,嵬琐逃之,邪说畏之,众人愧之。通则一天下,穷则独立贵名,天不能死,地不能埋,桀、跖之世不能污,非大儒莫之能立,仲尼、子弓是也。"④荀子往往把君子置于穷达两极之中,以此

---

① 《荀子集解·性恶》,第442页。
② 《荀子集解·儒效》,第144页。
③ 《荀子集解·儒效》,第127页。
④ 《荀子集解·儒效》,第138页。

显示其德行修养的深厚和对礼义的把握。如他评圣人说：

> 是故穷则必有名，达则必有功，仁厚兼覆天下而不闵，明达用天地、理万变而不疑，血气和平，志意广大，行义塞于天地之间，仁智之极也。夫是之谓圣人。审之礼也。①

荀子的穷、达之论，实化用孟子的说法，穷时的"贵名"、"有名"，即孟子的"穷则独善其身"；达时的"一天下"、"必有功"，即孟子的"达则兼善天下"。前者重内修，趋于内圣；后者重事功，趋于外王。如果不看最后一句"审之礼也"，上面一段话简直就是孟子的口吻。除第一句化用了《尽心上》的穷达论外，"仁厚兼覆天下而不闵"还化用了《离娄上》的"圣人……既竭心思焉，继之以不忍人之政，而仁覆天下矣"，"行义塞于天地之间"化用了《公孙丑上》的"其为气也，至大至刚，以直养而无害，则塞于天地之间"。前几句话都是围绕仁、义、理来说的，观点同于孟子，论的都是内圣工夫。荀子的创新之处就在于最后补上的一句："夫是之谓圣人。审之礼也。"即说圣人之为圣人，是因为其通晓礼义。这样，就把内圣的修养工夫作为知礼义的结果，进而转化为外王的践行工夫了。

荀子不仅善于把孟子的观点纳入自己的哲学、政治体系中去，赋予其全新的意义，而且还主要从事功出发去评价圣贤之人，强调外王工夫。如荀子同样用"神"来评价圣人，《儒效》云："尽善挟治之谓神，万物莫足以倾之之谓固，神固之谓圣人。"②认为"尽善挟治"是圣人最好的治理国家的方法。但与孟子之不同在于，荀子不是用"神"来强调圣人内在的德行及其化育天下的神妙，而是重在圣人完善的治国方法及由此产生的事功，此为外王工夫。他甚至借孟子评内圣的话来评仁人之兵，"仁人之兵，所存者神，所过者化，若时雨之降，莫不说喜"③。这里显然强调的是仁人之兵的实际功用，而非其德行。《儒效》云：

> 修百王之法若辨白黑，应当时之变若数一二，行礼要节而安之若生四枝，要时立功之巧若诏四时，平正和民之善，亿万之众而博若

---

① 《荀子集解·君道》，第234页。
② 《荀子集解·儒效》，第133页。
③ 《荀子集解·议兵》，第279页。

一人,如是,则可谓圣人矣。①

在荀子这里,圣人虽然还是理想中的具有最高智慧和品德的完美人格的代称,如他说:"圣人也者,本仁义,当是非,齐言行。"②"非圣人莫之能王。圣人备道全美者也,是县天下之权称也。"③但是,与孟子眼里的圣人相比,荀子最为推崇的圣人,其道德的光环已褪去不少,道德也不再是至上因素。他认为,圣人应该是能"修百王之法"、"应当时之变"、"行礼要节"、"要时立功"、"平正和民"的人,强调的主要是治世的外王工夫。圣人是这样,大儒也是如此。《儒效》篇云:"法先王④,统礼义,一制度,以浅持博,以古持今,以一持万,苟仁义之类也,虽在鸟兽之中,若别白黑,倚物怪变,所未尝闻也,所未尝见也,卒然起一方,则举统类而应之,无所儗作,张法而度之,则晻然若合符节,是大儒者也。"⑤制定礼义,统一制度,推行法度来衡量万物,这些都是外王工夫。

可见,荀子虽然在一定程度上继承了孟子的内圣之道,但其发挥的主要是孟子言之不多的外王之道。孟子所重的内在德行,在荀子外王论里只是一个从属于礼义法制的因素。因此可以说,荀子所推崇的圣王与孟子所推崇的圣王有本质的差别。

二、从"人皆可以为尧舜"到"涂之人可以为禹"

虽然荀子所理解的圣王与孟子有不同的侧重点,但是在涉及人人皆能达到的理想人格境界上,荀子却吸收了孟子"人皆可以为尧舜"的说法,提出了"涂之人可以为禹"的观点。并且在论证逻辑上,荀子对孟子也多有借鉴。孟子在《告子下》中有这样一段话:

> 曹交问曰:"人皆可以为尧舜,有诸?"孟子曰:"然。""交闻文王十尺,汤九尺,今交九尺四寸以长,食粟而已,如何则可?"曰:"奚有于是? 亦为之而已矣。有人于此,力不能胜一匹雏,则为无力人

---

① 《荀子集解·儒效》,第 130 页。
② 《荀子集解·儒效》,第 142 页。
③ 《荀子集解·正论》,第 325 页。
④ 杨倞认为是法后王,后面"以古持今"应为"以今持古"。
⑤ 《荀子集解·儒效》,第 140—141 页。

矣；今日举百钧，则为有力人矣。然则举乌获之任，是亦为乌获而已矣。夫人岂以不胜为患哉？弗为耳。徐行后长者谓之弟，疾行先长者谓之不弟。夫徐行者，岂人所不能哉？所不为也。尧舜之道，孝弟而已矣。"

《孟子》一书，把尧、舜合而言之者有四十余处，"孟子道性善，言必称尧舜"（《孟子·滕文公上》），可以说，在孟子眼里，尧舜已成为最完美的道德典范，成为内圣之道的最高代表，并已符号化为一种理想人格的象征。他首先肯定了"人皆可以为尧舜"，然后从正反两面加以论证："尧舜之道，孝弟而已"，而孝悌是人人能做到的，所以尧舜可以成就美德，常人也可以如此。孟子还为这一观点寻求了理论依据："尧舜与人同耳"（《孟子·离娄下》），人人固有四心和四端，有相同之本性，人人都有成为尧舜的潜质——善性。

荀子的"涂之人可以为禹"说完全承孟子而来，只是有意把尧舜换为禹①。《性恶》篇云：

"涂之人可以为禹"，曷谓也？曰：凡禹之所以为禹者，以其为仁义法正也。然则仁义法正有可知可能之理，然而涂之人也，皆有可以知仁义法正之质，皆有可以能仁义法正之具，然则其可以为禹明矣。今以仁义法正为固无可知可能之理邪？然则唯禹不知仁义法正，不能仁义法正也。将使涂之人固无可以知仁义法正之质，而固无可以能仁义法正之具邪？然则涂之人也，且内不可以知父子之义，外不可以知君臣之正。不然。今涂之人者，皆内可以知父子之义，外可以知君臣之正，然则其可以知之质，可以能之具，其在涂之人明矣。今使涂之人者以其可以知之质，可以能之具，本夫仁义法正之可知之理，可能之具，然则其可以为禹明矣。今使涂之人伏术为学，专心一志，思索孰察，加日县久，积善而不息，则通于神明，参于天地矣。故圣人者，人之所积而致矣。②

---

① 荀卿的这一改动有两个可能：一是其故意显示与孟子的不同，用禹换下尧舜；二是禹治水、治国更讲究具体的方法，与其重礼法有一致性。禹之事可参《尚书》之《大禹谟》和《禹贡》等篇。孟子也多次提到禹，他曾说"禹之治水，水之道也"（《孟子·告子下》）。
② 《荀子集解·性恶》，第442—443页。

这段话可以说是对上引孟子一段话的扩展。不仅"涂之人可以为禹"的观点源于孟子，而且其论证逻辑也受孟子影响。荀子先从正面论证其观点，认为禹之为禹，乃因其能行仁义法度。既然仁义法度可以懂得，可以做到，那么具有这样才质和条件的普通人也就可以做禹了。他又从反面论证其推理的正确性：如果说仁义法度不能被人知道、做到，那么禹也就不能知道、做到了；如果说普通人本来就没有可以知道、做到的材质和条件，那么普通人就应该连父子间之道义和君臣间之准则都不知道；然而实际情况却与之相反，普通人既知父子之义，也知君臣之正，所以，普通人具有可以知道、做到的材质和条件就很明显了。甚至连段中的两个问句也沿袭了孟子的话，"今以仁义法正为固无可知可能之理邪？"相当于孟子的"夫人岂以不胜为患哉"，"涂之人固无可以知仁义法正之质，而固无可以能仁义法正之具邪？"相当于孟子的"夫徐行者，岂人所不能哉"。另外，与孟子一样，荀子也为其观点寻求了人性上的理论依据，他说："是又人之所生而有也，是无待而然者也，是禹、桀之所同也。"① "圣人之所以同于众，其不异于众者，性也；所以异而过众者，伪也。" "凡人之性者，尧、舜之与桀、跖，其性一也；君子之与小人，其性一也。"② 荀子认为圣人、君子与普通人、小人的人性是相同的，就如同孟子所说的"尧舜与人同耳"（《孟子·离娄下》）。当然，二人所说的人性相同乃名同而实异，孟子所说的同是指人性的善相同，而荀子所说的同是指人性的恶相同。在荀子看来，虽然人性本恶，但是人都有后天学习礼法而趋善的潜质，所以人人都可能成为禹。

孟子言"人皆可以为尧舜"而有曹交之疑：我为何没成为尧舜？孟子认为关键在于为与不为，而不是能与不能，"夫人岂以不胜为患哉？弗为耳"，"夫徐行者，岂人所不能哉？所不为也"。孟子特别注意区分"不为"与"不能"的不同。他告诉梁惠王："今恩足以及禽兽，而功不至于百姓者，独何与？然则一羽之不举，为不用力焉；舆薪之不见，为不用明焉；百姓之不见保，为不用恩焉。故王之不王，不为也，非不能也。" "挟太山以超北海，语人曰：'我不能。'是诚不能也。为长者折枝，语人曰：'我不

---

① 《荀子集解·荣辱》，第 63 页。
② 《荀子集解·性恶》，第 438、441 页。

能.'是不为也,非不能也。"(《孟子·梁惠王上》)又说:"人之有是四端也,犹其有四体也。有是四端而自谓不能者,自贼者也。谓其君不能者,贼其君者也。"(《孟子·公孙丑上》)人为尧舜不是能与不能的问题,而是为与不为的问题。

荀子言"涂之人可以为禹"也有门人相同之问:"圣可积而致,然而皆不可积,何也?"就是说,既然人可以通过积累礼义来成为禹一样的圣人,那为什么不是所有人都可以通过积累礼义来实现呢?荀子也用孟子的方法辨析了"可为"与"能为"的不同,他说:

> 可以而不可使也。故小人可以为君子而不肯为君子,君子可以为小人而不肯为小人。小人、君子者,未尝不可以相为也,然而不相为者,可以而不可使也。故涂之人可以为禹则然,涂之人能为禹,未必然也。虽不能为禹,无害可以为禹。足可以遍行天下,然而未尝有能遍行天下者也。夫工匠、农、贾,未尝不可以相为事也,然而未尝能相为事也。用此观之,然则可以为,未必能也;虽不能,无害可以为。然则能不能之与可不可,其不同远矣,其不可以相为明矣。①

在荀子看来,人人都可以成为禹,但却不能强使他们都成为禹,就如同君子与小人可以转化,工匠、农夫、商人间可以转化,足可以遍行天下,但不能一定使它们如此。荀子在注意人的主观意愿因素之外,还仔细辨析了"可以为"与"能为"的区别。他认为普通人可以成为禹是对的,但一定能成为禹就不对了。因为"可以为"侧重于对潜能的肯定,是一种理论性的推断,而"能为"侧重于对结果的肯定,是一种现实性推断。即使结果没有成为禹,也不妨害成为禹的可能性。从"为禹"的潜能到成为禹,还有一个"学"和"积"的艰苦过程,如果学不能专一恒久,积不能"全尽",则不能"为禹"。所以荀子说"然则可以为,未必能也","能不能之与可不可,其不同远矣,其不可以相为明矣"。

虽然荀子"涂之人可以为禹"的观点受到了孟子的影响,而且二人也都是为了树立一个人人皆可实现的理想人格,但是,荀子对孟子的观点还是进行了创造性改造,赋予了它不同的理论基础和实际内涵。尧舜

---

① 《荀子集解·性恶》,第443—444页。

是孟子内圣之道的理想代表,而禹却是荀子外王之道的理想代表。荀子虽然也把推行仁义、讲孝悌、积善等作为外王的要求之一,但他更是把制定礼义法正、治国安民、"伏术为学"等治世权术看成外王的重心,所以他说,"君子者,法之原也","治之原也","民之原也","审之礼也"(《荀子·君道》),突出的是外王工夫。

三、从"求其放心"到"长迁而不反其初"

孟子为"人皆可以为尧舜"的内圣工夫设置了一条内修路径,即以人性之善端——四心为基础,经过"思"、"养"、"反身"等一系列的扩充过程,最终达到尧舜一般的理想人格境界。此一过程被孟子概括为"求其放心"[①]。与性恶论一致,荀子则为"涂之人可以为禹"的外王工夫设置了一条外修路径,他说:"今使涂之人伏术为学,专心一志,思索孰察,加日县久,积善而不息,则通于神明,参于天地矣。故圣人者,人之所积而致矣。"[②] 荀子认为,普通人只要"伏术为学",即以从事仁义法度为学习的内容,专心致志,认真思考、仔细观察,天长日久,积累善行而不停止,就可以与神明相通,与天地相配合,这就成为禹了。就是说,圣人是普通人通过积累外在的善而达到的。此一过程被荀子概括为"长迁而不反其初"[③]。虽然荀子的成人路径以及修养工夫与孟子有针锋相对的一面,但也有相承的一面。以下略加论述。

(一)与孟子重"思"、"养"的内省方法不同,荀子把"学"作为"为禹"的重要方法

孟子虽然也言"学",如《公孙丑下》云:"故汤之于伊尹,学焉而后臣之,故不劳而王。"但他是把学看成内省方法之外的一种辅助性方法。荀子则把学的地位加以大大提升。在荀子看来,因为人性本恶,所以要"化性起伪",要隆之以礼法,而实现这两者的关键就是后天的"学",即通过后天的学习化掉人性之恶,从而趋于仁义礼法之善。郭沫若说:"他

---

① 《告子上》云:孟子曰:"仁,人心也;义,人路也。舍其路而弗由,放其心而不知求,哀哉!人有鸡犬放,则知求之;有放心,而不知求。学问之道无他,求其放心而已矣。"
② 《荀子集解·性恶》,第 443 页。
③ 《荀子集解·不苟》,第 48 页。

们都注重学习,在孟子是性善故能学习,在荀子是性恶故须学习。"① 所以《荣辱》篇云:"尧、禹者,非生而具者也,夫起于变故,成乎修修之为,待尽而后备者也。"② 就是说,尧、禹的品德也非生而具有,而是后天长期修养的结果,正如孟轲所言:"故天将降大任于是人也,必先苦其心志,劳其筋骨,饿其体肤,空乏其身,行拂乱其所为,所以动心忍性,曾益其所不能。"(《孟子·告子下》)因此《荀子》一书首列《劝学》篇,其宗旨就强调"学不可以已",以"学"作为修身、为臣、为君、富国、强国的基础。《儒效》篇云:

> 我欲贱而贵,愚而智,贫而富,可乎? 曰:其唯学乎。彼学者,行之,曰士也;敦慕焉,君子也;知之,圣人也。上为圣人,下为士君子,孰禁我哉! 乡也,混然涂之人也,俄而并乎尧、禹,岂不贱而贵矣哉! 乡也,效门室之辨,混然曾不能决也,俄而原仁义,分是非,图回天下于掌上而辩黑白,岂不愚而知矣哉! 乡也,胥靡之人,俄而治天下之大器举在此,岂不贫而富矣哉! ……故君子无爵而贵,无禄而富,不言而信,不怒而威,穷处而荣,独居而乐,岂不至尊、至富、至重、至严之情举积此哉! ③

"学"首先是个体由"贱而贵",由"愚而智",由"贫而富"的内在动力,是"士"、"君子"、"圣人"不同德行层次形成的内在根据,它还是"涂之人"成为尧、禹,知仁义、是非、掌握天下大权的唯一途径。"至尊、至富、至重、至严之情举积此哉! ""此",即学也。《大略》篇亦云:"故礼之生,为贤人以下至庶民也,非为成圣也,然而亦所以成圣也。不学不成:尧学于君畴,舜学于务成昭,禹学于西王国。"④ 就是说,礼是学的重要内容,不学则不能成为圣人,尧舜禹都是有所学而成的。但学也并非一定就能"为禹",因为有君子之学与小人之学的不同。《劝学》篇云:"君子之学也,入乎耳,箸乎心,布乎四体,形乎动静,端而言,蝡而动,一可以为法则。小

① 郭沫若:《十批判书·荀子的批判》,第 207 页。
② 《荀子集解·荣辱》,第 63 页。俞樾曰:"'修之'二字衍。'起于变故,成乎修为',二语相对成文。下文曰'非孰修为之君子莫之能知也',正以'修为'二字连文,可证。"俞说是。
③ 《荀子集解·儒效》,第 125—127 页。
④ 《荀子集解·大略》,第 489 页。

人之学也,入乎耳,出乎口。口耳之间则四寸耳,曷足以美七尺之躯哉！古之学者为己,今之学者为人。君子之学也,以美其身；小人之学也,以为禽犊。"① 要"为禹",则必须是君子之学。

与学密切相关的是教化。教化是圣人、君子对百姓的化育,是外王之道的重要内容之一。所以荀子云:"不富无以养民情,不教无以理民性。故家五亩宅,百亩田,务其业而勿夺其时,所以富之也。立大学,设庠序,修六礼,明十教,所以道之也。《诗》曰:'饮之食之,教之诲之。'王事具矣。"② 教民是"化性起伪"得以实现的必要手段,是与富民同等重要的治国之术。荀子的这一思想是对孟子思想的继承。孟子曾多次说:"五亩之宅,树之以桑,五十者可以衣帛矣。鸡豚狗彘之畜,无失其时,七十者可以食肉矣。百亩之田,勿夺其时,数口之家可以无饥矣。谨庠序之教,申之以孝悌之义,颁白者不负戴于道路矣。七十者衣帛食肉,黎民不饥不寒,然而不王者,未之有也。"(《孟子·梁惠王上》)又说:"仁言不如仁声之入人深也,善政不如善教之得民也。善政民畏之,善教民爱之。善政得民财,善教得民心。"(《孟子·尽心上》)孟子就特别重视富民与教民两方面。荀子不仅借鉴了孟子富民与教民的思想,而且连其用语都基本一致。荀子还描绘了教化的最高境界:"故民归之如流水,所存者神,所为者化。而顺③,暴悍勇力之属为之化而愿,旁辟曲私之属为之化而公,矜纠收缭之属为之化而调,夫是之谓大化至一。"④

(二)与"学"随之而起的修养途径是"积",即后天的习染积累,荀子把"积"作为圣之为圣的核心

《儒效》篇云:

> 故积土而为山,积水而为海,旦暮积谓之岁。至高谓之天,至下谓之地,宇中六指谓之极；涂之人百姓,积善而全尽谓之圣人。彼求之而后得,为之而后成,积之而后高,尽之而后圣。故圣人也者,人

---

① 《荀子集解·劝学》,第 12—13 页。
② 《荀子集解·大略》,第 498—499 页。
③ 卢文弨、王念孙认为有脱文,俞樾疑为"顺而",犹从而之意,王先谦则认为是"所为者顺","化而"二字因孟子"所存者神,所过者化"句而衍。见《荀子集解》,第 287—288 页。
④ 《荀子集解·议兵》,第 287—288 页。

之所积也。人积耨耕而为农夫,积斫削而为工匠,积反货而为商贾,积礼义而为君子。工匠之子莫不继事,而都国之民安习其服。居楚而楚,居越而越,居夏而夏,是非天性也,积靡使然也。故人知谨注错,慎习俗,大积靡,则为君子矣;纵性情而不足问学,则为小人矣。①

荀子先从自然界的积累演变现象推广开去,得出了"涂之人百姓,积善而全尽谓之圣人"的结论。然后又根据社会现象展开类推,说人们积累耕种的经验即可为农夫,积累砍削的经验即可为工匠,积累贩卖的经验即可为商人,因此积累礼义即可为君子。楚国人、越国人与中原人各有特点,但皆非天生本性,也都是长期积累磨炼的结果。荀子还强调"积善"必定要"不息"、"全尽",如同"学也者,固学一之也"(《劝学》)一样,只有尽学、尽积方可为圣人。孟子不谈"积",但其后学在《五行》篇说文中却发展出了这一修养工夫。说文第二十四章云:"譬丘之与山也,丘之所以不□名山者,不积也。舜有仁,我亦有仁,而不如舜之仁,不积也。舜有义,而我亦有义,而不如舜之义,不积也。譬比之而知吾所以不如舜,进耳。"② 可见,荀子可能受到过孟子后学的影响。不同之处在于,说文侧重于内在仁义德行的积累,而荀子则侧重于外在礼义法度的积累。这是由荀子外王之道所决定的。

(三)孟子重"思"而辅以"教",荀子则重"教"而辅以"思"

孟子说"人皆可以为尧舜"(《孟子·告子下》)。虽然他的这种内修德行而至理想人格的工夫论是指向所有人的,但是在孟子看来,真正能做到保有善端并自觉扩充之的人并不多,因此要求尊贤崇圣,并由圣贤之人展开教化。他说:"人之有道也,饱食、暖衣、逸居而无教,则近于禽兽。圣人有忧之,使契为司徒,教以人伦:父子有亲,君臣有义,夫妇有别,长幼有叙,朋友有信。放勋曰:'劳之来之,匡之直之,辅之翼之,使自得之,又从而振德之。'"(《孟子·滕文公上》)以人之五伦教化百姓,可使之远禽兽而扩充本性。孟子还总结了君子的教化方式:"君子之所以教者五:有如时雨化之者,有成德者,有达财者,有答问者,有私淑艾者。

①《荀子集解·儒效》,第144页。
②庞朴:《竹帛〈五行〉篇校注及研究》,第81页。

此五者,君子之所以教也。"(《孟子·尽心上》)既可以用潜移默化的言传身教,也可以用明确的礼义规范来约束,而后者正好是荀子所大力发扬的。

荀子看重"为禹"过程中外在的教、学和积,但他也并非完全摒弃"思"这一内省工夫。虽然他说过"吾尝终日而思矣,不如须臾之所学也",也在《解蔽》篇批评过孟子"可谓能自强矣,未及思也",但是,他对孔子以来的内省工夫却时有论及[①]。他说:"君子博学而日参省乎己。""见善,修然必以自存也;见不善,愀然必以自省也。"[②]他在《解蔽》篇批评孟子之后更是说:"仁者之思也恭,圣人之思也乐。此治心之道也。"对思进行了充分肯定。在"思"的内省工夫中,荀子特别发挥了孟子"养"的方法。养在孟子之前主要是指养育百姓、万物或供养父母[③],几乎不用来指个体的德行修养。孟子扩大了养的内涵,除可以养百姓、四肢,养父母、君子之外,还可以"养勇"、"养浩然之气"、"养志"、"养夜气"、"养性"、"养心"。其中最关键的莫过于"养心",孟子曰:

> 养心莫善于寡欲。其为人也寡欲,虽有不存焉者,寡矣;其为人也多欲,虽有存焉者,寡矣。(《孟子·尽心下》)

在孟子看来,后天的欲望与人的善性天然对立,所以养心至上之法就是"寡欲",唯其如此,方可扩充善端,成就尧舜之德。

荀子用以养的内容更为丰富,如养万民、养体、养性、养心、养乐、养

---

① 孔子云:"见贤思齐焉,见不贤而内自省也。"又云:"视思明,听思聪。"(《论语·季氏》)曾子云:"吾日三省吾身。"(《论语·学而》)

② 见《荀子集解》之《劝学》、《修身》篇,第2、20—21页。

③ 《论语》有四个"养"字,其中两个是养育之义,如《公冶长》"其养民也惠"。有两个是供养父母之义,如《为政》"今之孝者,是谓能养"。另外如《尚书·虞书·大禹谟》:"德惟善政,政在养民。"《老子》第三十四章:"衣养万物而不为主。"《春秋左传·文公十三年》:"邾子曰:‘命在养民。’"《文公十八年》:"见有礼于其君者,事之如孝子之养父母也。"《成公十三年》:"敬在养神,笃在守业。"《墨子·七患》:"凡五谷者,民之所仰也,君之所以为养也。"《墨子·兼爱下》:"是以老而无妻子者,有所侍养以终其寿。"《周易·说卦》:"万物皆致养焉。"《上经》:"颐,贞吉,养正则吉也。观颐,观其所养也。自求口实,观其自养也。天地养万物,圣人养贤以及万民,颐之时大矣哉。"以上所言之"养"都是指养育或供养。很少用"养"字来指个体德行的修养。仅《春秋左传·昭公十二年》云:"外内倡和为忠,率事以信为共,供养三德为善,非此三者弗当。""三德",杜预注曰:"谓正直、刚克、柔克也。"孔颖达疏曰:"三者皆人之性也。"可见,此"三德"侧重于人先天的禀性。这里的"养"近于孟荀的"养心"之"养"。

知、养誉、养德等。其中,对孟子的"养心"之法又进行了发挥,把孟子的"养心莫善于寡欲"改为"养心莫善于诚"①,使之与"诚"结合起来,进而提出了"长迁而不反其初"的外修路径。上文提到,荀子也把利欲看成德行培养的天敌,主张以礼法化育耳目之欲,但他为什么要以"诚"替代孟子的"寡欲"呢? 为了能看清荀子对孟子"养心"思想的发展,我们有必要先简要梳理"诚"的思想的演变。如果《中庸》是子思作品的结论可以成立,那么孟荀这类"诚"字的用法就可溯源到《中庸》②。为便于分析,下面列出两书的相关材料:

> 《中庸》:在下位不获乎上,民不可得而治矣;获乎上有道:不信乎朋友,不获乎上矣;信乎朋友有道:不顺乎亲,不信乎朋友矣;顺乎亲有道:反诸身不诚,不顺乎亲矣;诚身有道:不明乎善,不诚乎身矣。诚者,天之道也;诚之者,人之道也。诚者不勉而中,不思而得,从容中道,圣人也。诚之者,择善而固执之者也。(第二十章)自诚明,谓之性;自明诚,谓之教。诚则明矣,明则诚矣。(第二十一章)唯天下至诚,为能尽其性;能尽其性,则能尽人之性;能尽人之性,则能尽物之性;能尽物之性,则可以赞天地之化育;可以赞天地之化育,则可以与天地参矣。(第二十二章)其次致曲,曲能有诚,诚则形,形则著,著则明,明则动,动则变,变则化,唯天下至诚为能化。(第二十三章)诚者自成也,而道自道也。诚者物之终始,不诚无物。是故君子诚之为贵。诚者非自成己而已也,所以成物也。成己,仁也;成物,知也。性之德也,合外内之道也,故时措之宜也。(第二十五章)

> 《孟子·离娄上》:获于上有道,不信于友,弗获于上矣;信于友有道,事亲弗悦,弗信于友矣;悦亲有道,反身不诚,不悦于亲矣;诚身有道,不明乎善,不诚其身矣。是故诚者,天之道也;思诚者,人之道也。至诚而不动者,未之有也;不诚,未有能动者也。

---

① 《荀子集解·不苟》,第46页。
② 徐复观先生说:"《中庸》的下篇,是以诚的观念为中心而展开的。在《论语》《老子》中所用的'诚'字,皆作形容词用。如《论语》之'诚哉是言也'(《子路》),及《老子》之'诚全而归之'(二十二章)者是。"(徐复观:《中国人性论史》,第86—90页)并根据内容和成书时间等因素,认为《中庸》在《孟子》之前。这里采用徐先生的说法。

　　《孟子·尽心上》：孟子曰："万物皆备于我矣。反身而诚，乐莫
大焉。强恕而行，求仁莫近焉。"

《中庸》把"诚"作为下获于上的基础，并区分为"诚者"与"诚之者"。所
谓"诚者"，是指不依赖于后天人为的努力和思考就自然合于"中道"的
情形，此为"天之道"，也就是第二十一章所说的"自诚明，谓之性"；"诚
之者"，是指依赖于后天对善的学习和掌握的情形，此为"人之道"，也就
是第二十一章所说的"自明诚，谓之教"。在《中庸》这里，"诚者"和"诚
之者"既是两种实践能力和方法，也是两种成人境界。就能力上看，"诚
者"相当于《五行》篇"形于内"的"德之行"和孟子的四心，"诚之者"
则相当于《五行》篇"不形于内"的"行"和孟子的"思"、"养"、"扩充"，
所以孟子把"诚之者"改为"思诚者"。就成人境界而言，"诚者"相当于
《五行》篇的"圣"[①] 和孟子的"闻而知之"者；"诚之者"则相当于《五行》
篇的"智"[②] 和孟子的"见而知之"者。上引《中庸》第二十二至二十五章
都是在讲诚的落实过程：天下至诚→尽其性（即尽天之性）→尽人之性
→尽物之性→赞天地之化育→天地参。这基本是孔子"下学上达"的成
人路子，孟子又把这一过程概括为：尽心→知性→知天。因为孟子把天
与心基本看作一体，认为"万物皆备于我矣"，所以孟子的尽心，实际上就
是《中庸》的尽天之性。孟子的成人之路，也主要发挥了《中庸》的"诚
者"和"自诚明"，强调内圣工夫——思、养、扩充和反身。

　　荀子《不苟》篇也有一段文字论及"诚"，且与《中庸》、《孟子》的相
关部分很接近。其文云：

　　君子养心莫善于诚，致诚则无它事矣，唯仁之为守，唯义之为
行。诚心守仁则形，形则神，神则能化矣；诚心行义则理，理则明，明
则能变矣。变化代兴，谓之天德。天不言而人推高焉，地不言而人
推厚焉，四时不言而百姓期焉。夫此有常，以至其诚者也。君子至
德，嘿然而喻，未施而亲，不怒而威。夫此顺命，以慎其独者也。善
之为道者，不诚则不独，不独则不形，不形则虽作于心，见于色，出

---

① "闻而知之，圣也，圣人知天道"，"赫赫，圣也"，"赫赫在上"。
② "见而知之，智也。知而安之，仁也。安而行之，义也。""明明，智也"，"明明在上"。

于言，民犹若未从也，虽从必疑。天地为大矣，不诚则不能化万物；圣人为知矣，不诚则不能化万民；父子为亲矣，不诚则疏；君上为尊矣，不诚则卑。夫诚者，君子之所守也，而政事之本也。唯所居以其类至，操之则得之，舍之则失之。操而得之则轻，轻则独行，独行而不舍则济矣。济而材尽，长迁而不反其初则化矣。①

对于这段文字，学者普遍认为受到了《中庸》影响，如徐复观先生说，这段文字"实系对《中庸》思想上下篇的概略叙述，而断难谓为偶合"②。的确，在成人路径上，可以说荀子主要发挥了《中庸》的"诚之者"和"自明诚"的外王工夫，强调后天的教化、学习。但更准确地讲，荀子这里对"诚"的论述，应该是受到了《中庸》和《孟子》的双重影响，而其中受孟子思想影响反而更大。这可以从以下几方面得到证明。

首先，荀子这段话的主体是谈养心方法，"养心莫善于诚"是针对孟子"养心莫善于寡欲"而来，"诚"只是作为养心的核心内容而已，与《中庸》把"诚"作为主体来谈不同。而且，荀子为养心设置的理想结果是"济而材尽，长迁而不反其初"，这可以说是针对孟子"求其放心"观的反面立论。

其次，荀子把"诚"的工夫与仁义相连，这主要是受孟子影响。孟子说："反身而诚，乐莫大焉。强恕而行，求仁莫近焉。""反身"就是"反求诸己"的意思，就是回到内心去，扩充固有的仁义礼智四端就可以实现诚。他这里虽然只说了"求仁"，但他的这个思想在《离娄下》得到了更完整表述："舜明于庶物，察于人伦，由仁义行，非行仁义也。"就是说，要成为尧舜，无非就是依据人固有的仁义而行，而不是把仁义作为外在的工具来使用。孟子这里强调的，是圣人道德行为的自我圆满性和自主性，而非外在的道德约束。荀子养心之诚，完全是从孟子的对立面立论，他说："致诚则无它事矣，唯仁之为守，唯义之为行。"意思是说，君子实现诚，无非就是坚守仁，奉行义而已。在荀子看来，仁义不是人固有的，而是圣人后天制定的，"礼义者，是生于圣人之伪，非故生于人之性"③，

————————

① 《荀子集解·不苟》，第46—48页。
② 徐复观：《中国人性论史》，第88页。
③ 《荀子集解·性恶》，第437页。

"行义动静，度之以礼"①，所以君子养心之诚，不是孟子的"由仁义行"，反而是"行仁义"。因而荀子说："治气养心之术：血气刚强，则柔之以调和；知虑渐深，则一之以易良；勇胆猛戾，则辅之以道顺；齐给便利，则节之以动止；狭隘褊小，则廓之以广大；卑湿、重迟、贪利，则抗之以高志；庸众驽散，则劫之以师友；怠慢僄弃，则炤之以祸灾；愚款端悫，则合之以礼乐，通之以思索。凡治气养心之术，莫径由礼，莫要得师，莫神一好。夫是之谓治气养心之术也。"②荀子所说的"治气养心之术"，不是发挥内在德行，而是施加一些外在的影响，统而言之，则是"礼"和"师"。这是对孟子"养心"之术的极大转变。他的"唯仁之为守，唯义之为行"，也正好是孟子"由仁义行，非行仁义也"的反向命题。虽然，《中庸》也把诚与仁相连，如徐复观先生说："《中庸》下篇之所谓诚，也正是以仁为内容。下篇虽然只出现两个仁字，……但全篇所言之诚，实际皆说的是仁。"③而且就本体来说，《中庸》的诚及其核心内容仁，是指天然的内在德行；就修养工夫来说，诚也主要是指由内而外的成人路径，二者都与孟子近似。但是，就全段的立意和针对性来看，孟子对荀子的影响显然大过《中庸》。

最后，荀子对待养心之诚的态度是"操之则得之，舍之则失之"，而孟子也是如此："仁义礼智，非由外铄我也，我固有之也，弗思耳矣。故曰：'求则得之，舍则失之。'""故苟得其养，无物不长；苟失其养，无物不消。孔子曰：'操则存，舍则亡；出入无时，莫知其乡。'惟心之谓与？"（《孟子·告子上》）孟子认为养心如同养物，关键在于是否去探求、操持。操、舍之说虽然可能是孔子的话，但用在对待养心的态度上，荀子应该受了孟子启发。

综上所言，在荀子"为禹"的成人过程中，他所采用的方法，无论是学、教、积，还是养、诚甚至思，都与孟子有或多或少、或直接或间接的关联。孟子"为尧舜"，荀子"为禹"，都是把尧舜和禹看作个体成人成德的最高境界，蕴含着一种道德上的平等观念。但二者又有不小差别。孟子

---

① 《荀子集解·君道》，第 241 页。
② 《荀子集解·修身》，第 25—27 页。
③ 徐复观：《中国人性论史》，第 93 页。

因为主张性善,所以"为尧舜"的过程,就是扩充本然的善端,避免后天恶的影响,进而使之完满自足的过程。这个过程被孟子概括为"求其放心"(《孟子·告子上》),其重点在"思",强调内省的作用。荀子虽然借鉴了这一成人成德的模式以及论证逻辑,但因主张性恶,所以"为禹"的过程,却是通过学习,用礼义法度压制本然的恶性,进而使之为后天积累的善所完全压制的过程。这个过程被荀子概括为"长迁而不反其初",即远离心的初始状态,其重点在"学"①,强调教化的作用。在荀子这里,成人成德的先天根据完全让位于后天的具体努力,具有封闭性的成人之路被发展性的成人之路所取代。杨国荣先生说:"从性恶的基本理论预设出发,荀子认为主体缺乏达到理想人格的内在依据,因为本恶之性不可能成为成人过程的出发点,荀子由此强化社会环境及主体实践的作用,无疑体现了一种宽广的历史视野。然而,离开了人格培养的内在根据而突出社会对个体的塑造,往往容易把成人过程理解为外在的灌输,并使这种过程带有强制的性质。……亦即通过法和刑来整治本性之恶(化性)。毋庸讳言,在法和刑等强制作用下形成的人格,很难获得健全的形式。荀子在人格学说上的这种倾向,在某种意义上从反面提示了孟子注重人格培养之内在根据的理论价值。"②荀子对孟子成人成德过程的借鉴与改造,使其在孟子内修的途径外,力主一条全新的外修路子。这两种修养工夫的路径,以及随之而起的"内圣"、"外王"之道,共同成为后世儒学的重要范畴和热门论题③。

---

① 郭沫若《荀子的批判》:"大抵荀子这位大师和孟子一样,颇有些霸气,他急于想成立一家言,故每每标新立异,而很有些地方出于勉强。他这性恶说便是有意地和孟子的性善说对立。事实上两人都只看到一面,要求比较圆通,倒是'性可以为善,可以为不善'的合乎事实一些。但孟、荀两人虽各执一端,而他们的结论却是相同的。他们都注重学习,在孟子是性善故能学习,在荀子是性恶故须学习。"(郭沫若:《十批判书·荀子的批判》,第207页)

② 杨国荣:《孟子的哲学思想》,第125页。

③ 内养与外修,或内修与外养的成人方法,在孔子、老子时就已呈明显趋势,后来的孟子、庄子、荀子则使之泾渭分明。孔子曰:"德之不修,学之不讲,闻义不能徙,不善不能改,是吾忧也。"(《论语·述而》)又曰:"性相近也,习相远也。"(《论语·阳货》)可以说,孔子要求内外兼修。至于老、庄,王叔岷先生说:"老子偏重人事,由天道而应于人事,故亦偏重外王。庄子偏重天道,由人事而返于天道,故亦偏重内圣。"(王叔岷:《先秦道法思想讲稿》,中华书局,2007年,第124—125页)

第五节　对孟子王道论及法先王主张的拓展

孟子的成人之路走的是内圣之道,是通过发明内在德行而"为尧舜",故他在政治上主张推行王道,法先王,施行仁政。荀子则总揽天下大势,对孟子的政治主张极为不满,并进行了创造性的改造:要求通过实践外在的道德规范成就"为禹"的外王之道,政治上则主张王霸并用,兼法后王,施行礼法之政。以下就这三个方面论述荀子对孟子政治主张的批评与发展。

一、从王道到霸道

(一)孟荀王道与霸道之辨

何为王道和霸道?简言之,王道是指以仁义统治天下,以德政治理臣民的治世策略。霸道是指以武力、刑法、权势等统治天下的策略。孟荀对二者的看法既有前后相承的一致性,也有因评判标准的不同而带来的实质差异。

本书《导言》"孟子思想概述"一节曾言及孟子的王道观,简言之,就是"养生丧死"、"制民之产"、"谨庠序之教"以及"尊贤使能"之类,其核心即为仁政。荀子一方面继承了孟子的王道思想,甚至连王道、王政的说法也一样;另一方面,又赋予了王道新的内容,体现了他自己的政治思想,在一定程度上还体现了时代的要求。《王制》篇云:

> 贤能不待次而举,罢不能不待须而废,元恶不待教而诛,中庸民不待政而化。分未定也则有昭缪。虽王公士大夫之子孙,不能属于礼义,则归之庶人。虽庶人之子孙也,积文学,正身行,能属于礼义,则归之卿相士大夫。故奸言、奸说、奸事、奸能、遁逃反侧之民,职而教之,须而待之,勉之以庆赏,惩之以刑罚,安职则畜,不安职则弃。五疾,上收而养之,材而事之,官施而衣食之,兼覆无遗。才行反时者死无赦。夫是之谓天德,王者之政也。[①]

> 彼王者不然,仁眇天下,义眇天下,威眇天下。仁眇天下,故天

---

① 《荀子集解·王制》,第148—149页。

下莫不亲也；义眇天下，故天下莫不贵也；威眇天下，故天下莫敢敌
也。以不敌之威，辅服人之道，故不战而胜，不攻而得，甲兵不劳而
天下服。是知王道者也。①

这两段话集中论述了荀子心目中的王道，也称王政。同孟子一样，荀子
也认为王道之君要有仁义之德，要举贤能，施行教化，明确等级名分，要
收养社会特殊的弱势群体②。他也把王道作为最理想的政治范式，称之为
"天德"，认为行王道可以不战而胜，所以他又说："文王载百里地而天下
一，桀、纣舍之，厚于有天下之势而不得以匹夫老。故善用之，则百里之
国足以独立矣；不善用之，则楚六千里而为仇人役。故人主不务得道而
广有其势，是其所以危也。"③

　　但荀子的王道观，已较孟子有了很大的改变。他既强调王道的仁
义作用，同时又把"威"作为与仁义并行的一个的要素。荀子把"威"分
为"道德之威"、"暴察之威"、"狂妄之威"三种，认为"道德之威成乎安
强，暴察之威成乎危弱，狂妄之威成乎灭亡也"④。其中充分肯定了"道德
之威"。他所说的"道德之威"是指："礼乐则修，分义则明，举错则时，爱
利则形，如是，百姓贵之如帝，高之如天，亲之如父母，畏之如神明。故
赏不用而民劝，罚不用而威行。"⑤虽名为"道德之威"，但其内容却为修
定礼乐、明确等级名分、调配举措、制定爱民利民之法等，这实际上已经
属于制度层面，与孟子所说的"仁政"之德，以及"威天下不以兵革之
利"（《孟子·公孙丑下》）之"威"，已经不再是同一个道德内涵。在荀
子的王道观里，就是他所要求的举贤能、罢不能、诛元恶、教化百姓，以及
在《王制》篇里论述到的"王者之制"、"王者之论"、"王者之法"等，实质
上都已经是一种礼法制度，其核心就是"勉之以庆赏，惩之以刑罚"，恩
威并用。所以他总结说："以不敌之威，辅服人之道，故不战而胜，不攻而

① 《荀子集解·王制》，第158页。
② 这种特殊的弱势群体，孟子指的是鳏、寡、独、孤四者，荀子只说"五疾"，没有明言具体所指，
　 杨倞注云："五疾，瘖、聋、跛躄、断者、侏儒。"《礼记·礼运》篇所描绘的"大同"社会，也要
　 求"矜寡孤独废疾者皆有所养"。（《十三经注疏·礼记正义》，第1414页）可见在不同时期，
　 都要求国家对这一类群体予以特殊关照，只是对象有所不同而已。
③ 《荀子集解·仲尼》，第109页。
④ 《荀子集解·强国》，第293页。
⑤ 《荀子集解·强国》，第292页。

得,甲兵不劳而天下服。是知王道者也。"①孟子虽然也认为"徒善不足以为政,徒法不能以自行"(《孟子·离娄上》),要求善政与法政结合,但他看重的主要是君王内在的仁德,而不是其制定的外在礼法,所以他说:"古之贤王好善而忘势,古之贤士何独不然?乐其道而忘人之势。"(《孟子·尽心上》)可见,荀子的王道观已经与他的礼法制度紧密结合起来了,与孟子以仁德为核心的王道观相去甚远。《王制》篇还有一段描述王道的话,可以作为辅证,其文云:

> 殷之日,案以中立无有所偏而为纵横之事,偊然案兵无动,以观夫暴国之相卒也。案平政教,审节奏,砥砺百姓,为是之日,而兵划天下劲矣;案然修仁义,伉隆高,正法则,选贤良,养百姓,为是之日,而名声划天下之美矣。权者重之,兵者劲之,名声者美之。夫尧、舜者,一天下也,不能加毫末于是矣。权谋倾覆之人退,则贤良知圣之士案自进矣;刑政平,百姓和,国俗节,则兵劲城固,敌国案自诎矣;务本事,积财物,而勿忘栖迟薛越也,是使群臣百姓皆以制度行,则财物积,国家案自富矣。三者体此而天下服,暴国之君案自不能用其兵矣。……安以其国为是者王。②

荀子王道的重点不在王者的德行、贤良的品格,而是在政教、法则、富国、强兵。对比孟子的王道,两者的区别是一眼便知的。

与王道相对的是霸道。孟子也谈及霸道,并多与王道相比较。他说:"以力假仁者霸,霸必有大国。以德行仁者王,王不待大,汤以七十里,文王以百里。以力服人者,非心服也,力不赡也。以德服人者,中心悦而诚服也,如七十子之服孔子也。"(《孟子·公孙丑上》)他认为霸道的特点是"以力假仁",其核心是实力,仁义仅为辅助。而"以力服人"非心服,只有"以德服人"才是心悦诚服,所以王道之高妙远在霸道之上。

同孟子的蔑视态度相反,荀子对霸道给予了充分肯定,认为它是王道之外可以选择和使用的有效政治。《王制》篇云:

> 彼霸者不然,辟田野,实仓廪,便备用,案谨募选阅材伎之士,然

---

① 《荀子集解·王制》,第158页。
② 《荀子集解·王制》,第172—173页。

后渐庆赏以先之,严刑罚以纠之。存亡继绝,卫弱禁暴,而无兼并之心,则诸侯亲之矣;修友敌之道以敬接诸侯,则诸侯说之矣。所以亲之者,以不并也,并之见则诸侯疏矣;所以说之者,以友敌也,臣之见则诸侯离矣。故明其不并之行,信其友敌之道,天下无王霸主,则常胜矣。是知霸道者也。①

荀子霸道的内容包括对内开辟田野,充实粮仓,完备兵革器具,选拔武艺高强之人,实行赏罚制度;对外保存和保护弱小之国,施行友好平等的外交政策。在孟子看来,如果没有仁德作为保证,"实仓廪"一类的措施也不能给百姓带来福音,他说:"凶年饥岁,君之民老弱转乎沟壑,壮者散而之四方者几千人矣;而君之仓廪实、府库充,有司莫以告,是上慢而残下也。"(《孟子·梁惠王下》)而荀子则相信,这些措施本身就能有效地提高国家实力,属于"道德之威"的范围。荀子认为王道的核心是仁义,霸道的核心则是诚信,他说,"故用国者,义立而王,信立而霸",国家"与积礼义之君子为之则王,与端诚信全之士为之则霸"②。在王道与霸道之间,荀子更看重王道的境界,因为王道为"隆礼尊贤",霸道为"重法爱民"③。虽然荀子常常礼、法并称,但在这里,礼和法却成为划分王者与霸者的一个根据。《王制》篇还有一段描述霸道的话,其文云:

> 殷之日,安以静兵息民,慈爱百姓,辟田野,实仓廪,便备用,安谨募选阅材伎之士;然后渐赏庆以先之,严刑罚以防之,择士之知事者使相率贯也,是以厌然畜积修饰而物用之足也。兵革器械者,彼将日日暴露毁折之中原,我今将修饰之,拊循之,掩盖之于府库;货财粟米者,彼将日日栖迟薛越之中野,我今将畜积并聚之于仓廪;材技股肱、健勇爪牙之士,彼将日日挫顿竭之于仇敌,我今将来致之、并阅之、砥砺之于朝廷。……安以其国为是者霸。④

荀子还在王道、霸道政治范式之外提出一个"强道",他说:"知强大者不

① 《荀子集解·王制》,第156—157页。
② 《荀子集解·王霸》,第202、209页。
③ 《荀子集解·大略》,第485页。
④ 《荀子集解·王制》,第173—174页。

务强也 ①,虑以王命全其力,凝其德。力全则诸侯不能弱也,德凝则诸侯不能削也,天下无王霸主则常胜矣。是知强道者也。"②荀子认为,"强道"是不追求纯粹的武力,而是利用王命来保全力量,积累德行,是一种仅能自保的政治范式,其境界和作用又比王道、霸道逊一等,所以他说:"知此三具者,欲王而王,欲霸而霸,欲强而强矣。"③

在理论上,荀子虽然以王道为最高理想之政治,霸道次之,他说:"君人者立隆政本朝而当,所使要百事者诚仁人也,则身佚而国治,功大而名美,上可以王,下可以霸。"④"桓、文之节制不可以敌汤、武之仁义,有遇之者,若以焦熬投石焉。"⑤但是通观全书,荀子王、霸实际多相提并论,并分别撰有《王制》《王霸》篇。他称许王道,也推崇霸道,对孟子极力反对的霸道予以了充分肯定,并从多个方面分析了霸道的合理性。

(二)孟荀对王者、霸者的评价

孔子虽然推崇圣王之道,如说:"周监于二代,郁郁乎文哉! 吾从周。"(《论语·八佾》)但是对霸者也非一概否定,他曾说:"晋文公谲而不正,齐桓公正而不谲。"(《论语·宪问》)孟子推崇王者,而完全看轻霸者。认为"五霸者,三王之罪人也"(《孟子·告子下》),行仁义,"尧、舜,性之也;汤、武,身之也;五霸,假之也"(《孟子·尽心上》),五霸只是假借仁义之名而行争利之实。荀子采用了孟子对五霸的基本看法,但得出了不同的结论。一方面,他肯定五霸"诚可羞称也",并说:

> 彼非本政教也,非致隆高也,非綦文理也,非服人之心也。乡方略,审劳佚,畜积修斗而能颠倒其敌者也。诈心以胜矣。彼以让饰争,依乎仁而蹈利者也,小人之杰也,彼固曷足称乎大君子之门哉! ⑥

五霸没有把政教推原到道的高度,没有把功业提高到王业的程度,也没有极力理顺礼义,因而也没有让天下人心服,只是以虚诈之心取胜,并以

---

① 王引之曰:"'强大'当为'强道'。'强道',谓所以致强之道,即下文所谓'以王命全其力,凝其德'也。……下句云'是知强道者也',正与此句相应。"(《荀子集解·王制》,第155页)
② 《荀子集解·王制》,第155—156页。
③ 《荀子集解·王制》,第158页。
④ 《荀子集解·王霸》,第222页。
⑤ 《荀子集解·议兵》,第274页。
⑥ 《荀子集解·仲尼》,第107—108页。

礼让掩饰争斗,依附仁义而谋取私利,它们仅仅是小人之中的豪杰。荀子的这番评价,可以看作对孟子"五霸,假之也"、"以力服人者,非心服也"的注解。他还在《议兵》篇云:"齐桓、晋文、楚庄、吴阖闾、越勾践,是皆和齐之兵也,可谓入其域矣,然而未有本统也,故可以霸而不可以王。是强弱之效也。"① 在荀子看来,这些霸主的军队虽然齐心协力,进入了礼义教化的境地,但毕竟"未有本统",即杨倞所说的没有"前行素修,若汤、武也"②。

另一方面,荀子又对齐桓公抛弃前嫌,毅然托国于管仲之举大加赞扬,他说:

> 於乎!夫齐桓公有天下之大节焉,夫孰能亡之?倓然见管仲之能足以托国也,是天下之大知也。安忘其怒,出忘其仇,遂立以为仲父,是天下之大决也。立以为仲父,而贵戚莫之敢妒也;与之高、国之位,而本朝之臣莫之敢恶也;与之书社三百,而富人莫之敢距也。贵贱长少,秩秩焉莫不从桓公而贵敬之,是天下之大节也。诸侯有一节如是,则莫之能亡也;桓公兼此数节者而尽有之,夫又何可亡也?其霸也宜哉!非幸也,数也。③

荀子认为齐桓公是"天下之大知"、"天下之大决"、"天下之大节",于是得出"其霸也宜哉"的结论。他还把齐桓公看作成功的"君人者",他说:"齐桓公闺门之内,县乐奢泰游抏之修,于天下不见谓修,然九合诸侯,一匡天下,为五伯长,是亦无它故焉,知一政于管仲也,是君人者之要守也。"④ 荀子认为齐桓公具有君人者最大的操守,即能任贤,而齐桓公这样的"君人者立隆政本朝而当,所使要百事者诚仁人也,则身佚而国治,功大而名美,上可以王,下可以霸"⑤。对齐桓公霸道的肯定,可以看作荀子对孟子王道论的一大拓展。

孟子不仅轻视行霸道之君,还看不起行霸道之臣如管仲。孔子曾说

---

① 《荀子集解·议兵》,第 276 页。
② 《荀子集解·议兵》,第 276 页。
③ 《荀子集解·仲尼》,第 106—107 页。
④ 《荀子集解·王霸》,第 222—223 页。
⑤ 《荀子集解·王霸》,第 222 页。

"管仲之器小哉"(《论语·八佾》),又说"桓公九合诸侯,不以兵车,管仲之力也。如其仁,如其仁"(《论语·宪问》)。孟子一改孔子中肯的评价,对公孙丑拿自己与管仲相比大为不满,愤愤然引曾西语曰:"尔何曾比予于管仲? 管仲得君如彼其专也,行乎国政如彼其久也,功烈如彼其卑也,尔何曾比予于是!"认为:"管仲,曾西之所不为也,而子为我愿之乎?"(《孟子·公孙丑上》)管仲身处高位,未能使齐王行王道于天下,使"天下之民举安"(《孟子·公孙丑下》,)却只是以武力实现了如"反手"之易的称霸,所以孟子不屑与之并提。当然,孟子也非完全否定霸者,他曾说:"霸者之民,欢虞如也。王者之民,皞皞如也。杀之而不怨,利之而不庸,民日迁善而不知为之者。""尧、舜,性之也;汤、武,身之也;五霸,假之也。久假而不归,恶知其非有也?"(《孟子·尽心上》)假借仁义,也有可能成就仁义。

　　荀子对行霸道之臣的评价较孟子有不小提高。同样是评管仲,他说:"管仲,为政者也,未及修礼也。故修礼者王,为政者强,取民者安,聚敛者亡。"[1]管仲为政不修礼,虽未助齐王成就王业,但却助其成就了霸业。所以说"齐之管仲,晋之咎犯,楚之孙叔敖,可谓功臣矣"[2]。在荀子看来,管仲不但是功臣,功勋卓绝,而且其忠诚之心也仅次于周公,"若周公之于成王也,可谓大忠矣;若管仲之于桓公,可谓次忠矣"[3]。他甚至把管仲的"名利福禄"与周公同列:"鲍叔、宁戚、隰朋仁知且不蔽,故能持管仲而名利福禄与管仲齐;召公、吕望仁知且不蔽,故能持周公而名利福禄与周公齐。"[4]相比于孟子的不屑一顾,荀子对管仲历史功绩的充分肯定,正显示着王道观向霸道观的转变。

(三)荀子对孟子王道策略的继承

　　荀子虽然对孟子的王道观进行了改造,把以仁德为核心的王道转变为以礼义法制为核心的王道,但是,他在描述自己的王道观时,却借鉴了不少孟子的说法。

---

① 《荀子集解·王制》,第153页。
② 《荀子集解·臣道》,第249页。
③ 《荀子集解·臣道》,第254页。
④ 《荀子集解·解蔽》,第391页。

　　第一，在仁义思想方面。孟子云："得百里之地而君之，皆能以朝诸侯，有天下。行一不义、杀一不辜而得天下，皆不为也。"（《孟子·公孙丑上》）"王子垫问曰：'士何事？'孟子曰：'尚志。'曰：'何谓尚志？'曰：'仁义而已矣。杀一无罪，非仁也；非其有而取之，非义也。'"（《孟子·尽心上》）孟子认为君王因仁义而得天下，不会为得天下而损毁仁义，即使是"行一不义、杀一不辜"也不为。君王如此，追求高尚志行的士也如此。荀子也反对以损害仁义而得天下，他说"为人上"之儒者，"志意定乎内，礼节修乎朝，法则度量正乎官，忠信爱利形乎下，行一不义、杀一无罪而得天下，不为也。"又说："挈国以呼礼义而无以害之，行一不义、杀一无罪而得天下，仁者不为也，擽然扶持心、国，且若是其固也。"① 治理国家不损害礼义，不为得天下而"行一不义、杀一无罪"。与孟子相比，荀子只是特别提出了"礼"。

　　第二，在民本思想方面。孟子云："保民而王，莫之能御也。"（《孟子·梁惠王上》）又云："民为贵，社稷次之，君为轻。是故得乎丘民而为天子，得乎天子为诸侯，得乎诸侯为大夫。"（《孟子·尽心下》）民本思想是孟子仁政思想的核心，他把百姓作为国家的主体，君王作为附属，把"保民"、"得民"视为得天下的基础。荀子也重视百姓在政治斗争和管理中的作用。荀子云："庶人安政，然后君子安位。《传》曰：'君者，舟也；庶人者，水也。水则载舟，水则覆舟。'此之谓也。故君人者欲安则莫若平政爱民矣。"② 又云："故人主欲强固安乐，则莫若反之民。……故君人者爱民而安，好士而荣，两者无一焉而亡。"③ 这里，荀子是把百姓作为君王存在和安定的基础，他引用的君为舟、民为水的比喻，恰好是孟子民为贵、君为轻说法的生动注释。

　　但是，荀子对君民关系的根本看法却有别于孟子。他在《王制》篇里说：

　　　　天地者，生之始也；礼义者，治之始也；君子者，礼义之始也。为之，贯之，积重之，致好之者，君子之始也。故天地生君子，君子理

①《荀子集解·儒效》，第 120 页。
②《荀子集解·王制》，第 152—153 页。
③《荀子集解·君道》，第 235—236 页。

天地。君子者,天地之参也,万物之揔也,民之父母也。无君子则天
地不理,礼义无统,上无君师,下无父子,夫是之谓至乱。君臣、父
子、兄弟、夫妇,始则终,终则始,与天地同理,与万世同久,夫是之谓
大本。①

荀子认为,礼义之于治国,就像天地之于生命,而君则是礼义的本源,"礼
义法度者,是生于圣人之伪"②。他还把君作为天地的匹配,万物的总领,
百姓的父母。荀子这里又把君民关系中君的地位和作用抬得很高,远在
民之上,这与孟子的君民关系以及上文荀子自己所说的君民关系已经不
一致。而且荀子的这种看法代表了他主要观点,《君道》篇云:"法者,治
之端也;君子者,法之原也。故有君子则法虽省,足以遍矣;无君子则法
虽具,失先后之施,不能应事之变,足以乱矣。""君者,民之原也,原清则
流清,原浊则流浊。"③因此,荀子并非把君王看成国家的附属,相反,他特
别重视君王的权势和作用。他一方面赞同君舟民水的看法,把民作为君
存在的基础,但另一方面又把君作为民之父母、民之本源,这种君民关系
的矛盾说法,正是受孟子影响的结果:既继承了孟子的君民观,但又根据
自己的理论体系提出了新的看法。

孟子除了民贵君轻论外,他还说"劳心者治人,劳力者治于人;治于
人者食人,治人者食于人"(《孟子·滕文公上》),论者常以此作为孟子
轻百姓的根据。荀子"君为民之原"的说法是否与此一致呢?如果结合
孟子说这话的语境——孟子与陈相辩论是否人人都必须耕种,我们会发
现,孟子劳心劳力说只是就社会分工而言的,而不是对民贵君轻说的否
定。因此可以说,孟子的君民关系是一致的,而荀子的君民关系则是矛
盾的。

第三,在经济政治策略方面。孟子认为,考察一国的经济政治,"入
其疆,土地辟,田野治,养老尊贤,俊杰在位,则有庆,庆以地。入其疆,土
地荒芜,遗老失贤,掊克在位,则有让"(《孟子·告子下》)。荀子则说:
"入其境,其田畴秽,都邑露,是贪主已。观其朝廷则其贵者不贤,观其官

---

① 《荀子集解·王制》,第 163 页。
② 《荀子集解·性恶》,第 437 页。
③ 《荀子集解·君道》,第 230、234 页。

职则其治者不能,观其便嬖则其信者不愿,是闇主已。"① 孟子主张十一
而税,要求"仕者世禄,关市讥而不征,泽梁无禁"(《孟子·梁惠王
下》)。他在《公孙丑上》集中阐述了他的经济政治策略:"尊贤使能,俊
杰在位,则天下之士皆悦,而愿立于其朝矣。市,廛而不征,法而不廛,
则天下之商皆悦,而愿藏于其市矣。关,讥而不征,则天下之旅皆悦,而
愿出于其路矣。耕者,助而不税,则天下之农皆悦,而愿耕于其野矣。
廛,无夫里之布,则天下之民皆悦,而愿为之氓矣。信能行此五者,则邻
国之民,仰之若父母矣。率其子弟,攻其父母,自有生民以来未有能济
者也。如此,则无敌于天下。"孟子强调的主要是税收,他认为既要加
强关卡、市场等的管理,又要合理征税。荀子也主张"田野什一,关市
几而不征,山林泽梁以时禁发而不税"②,他在《王霸》篇里也集中阐述
了他的经济政治策略:

> 朝廷必将隆礼义而审贵贱,若是,则士大夫莫不敬节死制者矣。
> 百官则将齐其制度,重其官秩,若是,则百吏莫不畏法而遵绳矣。关
> 市几而不征,质律禁止而不偏,如是,则商贾莫不敦悫而无诈矣。百
> 工将时斩伐,佻其期日而利其巧任,如是,则百工莫不忠信而不楛
> 矣。县鄙则将轻田野之税,省刀布之敛,罕举力役,无夺农时,如是,
> 则农夫莫不朴力而寡能矣。士大夫务节死制,然而兵劲。百吏畏法
> 循绳,然后国常不乱。商贾敦悫无诈则商旅安,货通财,而国求给
> 矣。百工忠信而不楛,则器用巧便而财不匮矣。农夫朴力而寡能,
> 则上不失天时,下不失地利,中得人和,而百事不废。是之谓政令
> 行,风俗美,以守则固,以征则强,居则有名,动则有功。③

这一段话可以看作荀子对上引孟子一段话的扩展,他把孟子提出的几种
措施阐述得更加具体。"隆礼义而审贵贱",相对于孟子的"尊贤使能,俊
杰在位",但荀子突出了礼法制度;"关市几而不征",相对于孟子的"市,
廛而不征,法而不廛""关,讥而不征",都是要求减轻税收,但荀子增加
了"质律",即法律要素;"县鄙则将轻田野之税",相对于孟子的"耕者,

---

① 《荀子集解·富国》,第 192 页。
② 《荀子集解·王制》,第 160 页。
③ 《荀子集解·王霸》,第 228—229 页。

助而不税",荀子把孟子的助耕法改为减轻农村税赋。做到这些,孟子认为可以"无敌于天下",荀子则把它具体解释为:"政令行,风俗美,以守则固,以征则强,居则有名,动则有功。"荀子对孟子策略改变最大的一点,就是特别强调了礼法、制度、政令的重要性。

荀子对孟子在养民问题上的看法特别重视。孟子说:"不违农时,谷不可胜食也。数罟不入洿池,鱼鳖不可胜食也。斧斤以时入山林,材木不可胜用也。谷与鱼鳖不可胜食,材木不可胜用,是使民养生丧死无憾也。养生丧死无憾,王道之始也。"(《孟子·梁惠王上》)荀子几乎照搬此段话,他说:"圣王之制也,草木荣华滋硕之时则斧斤不入山林,不夭其生,不绝其长也;鼋鼍、鱼鳖、鳅鱣孕别之时,罔罟毒药不入泽,不夭其生,不绝其长也;春耕、夏耘、秋收、冬藏,四者不失时,故五谷不绝而百姓有余食也。污池、渊沼、川泽谨其时禁,故鱼鳖优多而百姓有余用也;斩伐养长不失其时,故山林不童而百姓有余材也。"[1]

第四,在军事思想方面。荀子论战争,发挥了孟子"天时地利人和"及"仁者无敌"的观点。孟子曰:"天时不如地利,地利不如人和。三里之城,七里之郭,环而攻之而不胜。夫环而攻之,必有得天时者矣;然而不胜者,是天时不如地利也。城非不高也,池非不深也,兵革非不坚利也,米粟非不多也,委而去之,是地利不如人和也。"(《孟子·公孙丑下》)与此相同,荀子《议兵》篇云:

> 临武君对曰:"上得天时,下得地利,观敌之变动,后之发,先之至,此用兵之要术也。"孙卿子曰:"不然。臣所闻古之道,凡用兵攻战之本在乎壹民。……士民不亲附,则汤、武不能以必胜也。故善附民者,是乃善用兵者也。故兵要在乎附民而已。"[2]

临武君认为"用兵之要术"在"上得天时,下得地利",而荀子则认为"在乎壹民","在乎附民",即民心一致、民心归服。以民心的向背作为"用兵攻战之本",即孟子最看重的"人和"。

荀子不仅继承了孟子以"人和"为战之核心的观点,而且发挥了孟

---

[1] 《荀子集解·王制》,第 165 页。
[2] 《荀子集解·议兵》,第 265—266 页。

子"仁者无敌"(《梁惠王上》)论。孟子认为"如有不嗜杀人者,则天下之民皆引领而望之矣! 诚如是也,民归之,由水之就下,沛然谁能御之"(《孟子·梁惠王上》),"得道者多助,失道者寡助。寡助之至,亲戚畔之,多助之至,天下顺之。以天下之所顺攻亲戚之所畔,故君子有不战,战必胜矣"(《孟子·公孙丑下》)。荀子受此影响,他说:"桓、文之节制不可以敌汤、武之仁义,有遇之者,若以焦熬投石焉。"其弟子陈嚣评价他说:"先生议兵,常以仁义为本。"他自己也在批驳李斯"以便从事"论的基础上说:"彼仁义者,所以修政者也,政修则民亲其上,乐其君,而轻为之死。"① 荀子正是从仁义出发,赞同孟子的"仁者无敌"论,他说:"仁人上下,百将一心,三军同力,臣之于君也,下之于上也,若子之事父,弟之事兄,若手臂之捍头目而覆胸腹也,诈而袭之,与先惊而后击之,一也。"② 仁人之兵上下相爱如同父子、兄弟,将帅一心,三军同力,此乃孟子所言"得道者"与"人和",如此则战必胜。荀子还从敌方角度论说了"仁者无敌",其《议兵》篇云:

> 且夫暴国之君,将谁与至哉? 彼其所与至者,必其民也。而其民之亲我欢若父母,其好我芬若椒兰;彼反顾其上则若灼黥,若仇雠。人之情,虽桀、跖,岂又肯为其所恶贼其所好者哉! 是犹使人之子孙自贼其父母也。③

暴国之民"亲我欢若父母",而视其君则"若仇雠",故战必胜。孟子曾多次说过类似的话,如他说:"信能行此五者,则邻国之民仰之若父母矣。率其子弟,攻其父母,自有生民以来未有能济者也。如此,则无敌于天下。"(《孟子·公孙丑上》)显示的都是仁政与暴政的巨大差距。

当然,荀子"仁者无敌"论的基础与孟子有不小差异。孟子"仁者无敌"论建立在他对仁义观、仁政说绝对自信的基础上,而荀子则把"仁者无敌"论建立在推行具体的礼义、法制、教化基础之上,故其云:"爱民者强,不爱民者弱","民齐者强,民不齐者弱","礼义教化,是齐之也","故

---

① 《荀子集解·议兵》第 274、279、280 页。
② 《荀子集解·议兵》,第 267 页。
③ 《荀子集解·议兵》,第 269 页。

兵大齐则制天下,小齐则治邻敌。"[1]"齐",即孟子所言"人和"。荀子认
为爱民、齐民、齐兵是强国、制天下的关键,而齐民的关键又是"礼义教
化"。如果礼义教化得以成功,则可以王天下,所以他说:"齐桓、晋文、楚
庄、吴阖闾、越勾践,是皆和齐之兵也,可谓入其域矣,然而未有本统[2]也,
故可以霸而不可以王。是强弱之效也。"[3]荀子此论已较孟子"迂远而阔
于事情"的仁政说大有改进,呈现出了从"学"向"术"转变的趋势。

二、从法先王到兼法后王

孟子重王道,因而主张法先王。他对历代圣王如尧、舜、汤、文、武等
人的事迹和言行反复加以引述。在《孟子》一书中,尧出现约五十八次,
舜出现约九十七次,汤出现约三十四次,文王出现约三十六次,武王出现
约十六次,出现频率相对于其他历史人物而言是很高的。孟子法先王首
先表现在他对先王时代的社会政治充满美好的向往:

> 是故明君制民之产,……五亩之宅,树之以桑,五十者可以衣
> 帛矣。鸡豚狗彘之畜,无失其时,七十者可以食肉矣。百亩之田,勿
> 夺其时,八口之家可以无饥矣。谨庠序之教,申之以孝悌之义,颁白
> 者不负戴于道路矣。老者衣帛食肉,黎民不饥不寒,然而不王者,未
> 之有也。(《孟子·梁惠王上》)

他多次描绘了"使民有恒产"、"五十衣帛,七十食肉"的先王理想社会。
而这种理想社会是因为"先王有不忍人之心,斯有不忍人之政"(《孟
子·公孙丑上》),"不忍人之政"是先王之道的体现。因此孟子认为
"以德行仁者王"(《孟子·公孙丑上》),"有仁心仁闻而民不被其泽,
不可法于后世者,不行先王之道也","遵先王之法而过者,未之有也",
"为政不因先王之道,可谓智乎"?"事君无义,进退无礼,言则非先王之
道者,犹沓沓也"(《孟子·离娄上》)。先王之道俨然成了立国、治国、
修身乃至一切行为的准绳。孟子动辄言尧舜或先王的习惯被当时人所

---

[1]《荀子集解·议兵》,第 271、275 页。

[2] "本统",杨倞释为"前行素修,若汤、武也"(《荀子集解·议兵》篇杨倞注,第 276 页)。或释
为礼义。

[3]《荀子集解·议兵》,第 276 页。

熟知,所以《梁惠王下》记载了这样一件趣事:"(孟子)他日见于王,曰:
'王尝语庄子以好乐,有诸?'王变乎色,曰:'寡人非能好先王之乐也,
直好世俗之乐耳。'"梁惠王知道孟子要搬出先王之乐,所以不待其言
而先言。

　　荀子继承了孟子所描绘的先王的社会理想。他在《大略》篇云:
"不富无以养民情,不教无以理民性。故家五亩宅,百亩田,务其业而勿
夺其时,所以富之也。立大学,设庠序,修六礼,明十教,所以道之也。
《诗》曰:'饮之食之,教之诲之。'王事具矣。"① 孟子与荀子都把富民与
教民视为法先王的关键。但是,荀子又对孟子法先王的做法表示不满,
他批评说:"略法先王而不知其统,犹然而材剧志大,闻见杂博。"② 又
说:"略法先王而足乱世术,缪学杂举,不知法后王而一制度,不知隆礼
义而杀《诗》、《书》;其衣冠行伪已同于世俗矣,然而不知恶者;其言议
谈说已无以异于墨子矣,然而明不能别;呼先王以欺愚者而求衣食焉,
得委积足以掩其口则扬扬如也。"③ 因而"今夫仁人也,将何务哉?上则
法舜、禹之制,下则法仲尼、子弓之义,以务息十二子之说,如是则天下
之害除,仁人之事毕,圣王之迹著矣"④。他认为孟子法先王没有抓住其
体统,因而不能恢复先王之事业。那么荀子是怎样理解法先王的呢?
他说:

> 先王明礼义以壹之,致忠信以爱之,尚贤使能以次之,爵服庆赏以
申重之,时其事、轻其任以调齐之,潢然兼覆之,养长之,如保赤子。⑤
> 古者先王审礼以方皇周浃于天下,动无不当也。⑥
> 夫尚贤使能,赏有功,罚有罪,非独一人为之也,彼先王之道也。⑦
> 故尚贤使能,等贵贱,分亲疏,序长幼,此先王之道也。⑧
> 三王既已定法度,制礼乐而传之,有不用而改自作,何以异于变

---

① 《荀子集解·大略》,第498—499页。
② 《荀子集解·非十二子》,第94页。
③ 《荀子集解·儒效》,第138—139页。
④ 《荀子集解·非十二子》,第97页。
⑤ 《荀子集解·富国》,第191页。
⑥ 《荀子集解·君道》,第233页。
⑦ 《荀子集解·强国》,第294—295页。
⑧ 《荀子集解·君子》,第453页。

易牙之和，更师旷之律？无三王之法，天下不待亡，国不待死。①

荀子所描述的先王都是一些能"明礼义以壹之"，"审礼以方皇周浃于天下"，"尚贤使能，赏有功，罚有罪"，"等贵贱，分亲疏，序长幼"的古代君王。这些君王都能够实现天下统一，制定具体有效的政治策略。与孟子的先王之道相比，荀子所理解的先王之法主要是指具体的礼义制度，是操作性很强的权术，而不是仁义道德。可见，同样被称赞的先王在孟荀心目中的形象已经有了不小差异。荀子还说，要"明于先王之所以得之，所以失之"②，要"观往事，以自戒"，进而"治乱是非亦可识"③。这说明荀子法先王，目的是要让当权者吸取历史上国家兴亡的经验教训，加强统治，与孟子纯粹以恢复先王之道来实现王道理想的理论主张不同，而这正是荀子批评孟子"略法先王而不知其统"的关键原因。

荀子不满孟子所理解的先王内涵以及法先王的目的、举措，所以进而要求法后王，把法后王作为其政治主张的一个主要内容，其作用甚至超过法先王。他说："天地始者，今日是也；百王之道，后王是也。君子审后王之道而论于百王之前，若端拜而议。"④荀子认为，百代君王的治国之道，与后代君王是一样的，审察了后代君王的治国之道，议论前代君王的治国之道就轻而易举了。他甚至说：

圣王有百，吾孰法焉？故曰：文久而息，节族久而绝，守法数之有司极礼而褫。故曰：欲观圣王之迹，则于其粲然者矣，后王是也。彼后王者，天下之君也，舍后王而道上古，譬之是犹舍己之君而事人之君也。故曰：欲观千岁则数今日；欲知亿万则审一二；欲知上世则审周道；欲知周道则审其人所贵君子。故曰：以近知远，以一知万，以微知明。此之谓也。⑤

"圣王"，即先王。先王众多，如果要效法，那么效法谁呢？荀子认为，先王的礼义制度和音乐节奏会随着时间的久远而消亡，所以想看圣王的事

---

① 《荀子集解·大略》，第518页。
② 《荀子集解·君道》，第236页。
③ 《荀子集解·成相》，第468页。
④ 《荀子集解·不苟》，第48页。
⑤ 《荀子集解·非相》，第79—81页。

迹,最好的选择莫过于后王——当朝君王①,如果舍弃后王而去言说上古的君王,就如同舍弃自己的君王而去侍奉别人的君王。这里,荀子把法后王看得比法先王重要,把法后王视为治国的主要途径。杨倞注云:"后王,近时之王也。……言近世明王之法,则是圣王之迹也。夫礼法所兴,以救当世之急,故随时设教,不必拘于旧闻,而时人以为君必用尧、舜之道,臣必行禹、稷之术,然后可,斯惑也。孔子曰:'殷因于夏礼,所损益可知也。'故荀卿深陈以后王为法,审其所贵君子焉。司马迁曰:'法后王者,以其近己而俗相类,议卑而易行也。'"②杨倞所言深得荀子用心,反对死守先王之法,随时设教,不拘于旧闻;兴礼义法制,以救当世之急,这正是荀子法后王主张的精髓,所以荀子云:"王者之制:道不过三代,法不二后王;道过三代谓之荡,法二后王谓之不雅。"③既然先王之道不过三代,而后王是先王的继承,所以要审慎对待已经流荡的先王之道,而不背离后王。

三、从仁政到礼法之政

上文曾谈到了荀子对孟子王道策略的继承,从中可以看出荀子的礼法之政不是一概否定孟子的仁政,而是根据时势的一种扬弃。以下对此略作分析。

第一,孟荀对行仁政者和行礼法之政者的不同理解。孟子的仁政与荀子的礼法之政,都把"尚贤使能"作为政策推行的关键。孟子说:"尊

---

① 杨倞注云:"后王,近时之王也。……言近世明王之法,则是圣王之迹也。"刘台拱、汪中、王念孙等认为后王是指文、武。而俞樾则云:"然则荀子生于周末,以文、武为后王可也。……孟子言'法先王'而荀子言'法后王',亦犹孟子言'性善'而荀子言'性恶',各成其是,初不相谋。比而同之,斯惑矣。"(《荀子集解》,第80—81页)后王究竟是指文、武,还是指荀子近时之王?荀子于后文云:"五帝之中无传政,非无善政也,久故也。禹、汤有传政而不若周之察也,非无善政也,久故也。传者久则论略,近则论详,略则举大,详则举小。"这里把禹、汤与周对举,认为前者久远则"论略",而后者近则"论详",可详察。把"上世"与"周道"对举,则是把周朝看成是近世,如此,则文、武相对于尧、舜已为后王。但《非十二子》篇又云:"今夫仁人也,将何务哉?上则法舜、禹之制,下则法仲尼、子弓之义,以务息十二子之说,如是则天下之害除,仁人之事毕,圣王之迹著矣。"上法舜、禹之制为法先王,下法仲尼、子弓则为法后王了,这里又把仲尼等称为后王。可见,荀子的后王是指周以来包括文、武至当世的贤君,甚至贤臣。
② 《荀子集解·非相》,第80页。
③ 《荀子集解·王制》,第158页。

贤使能，俊杰在位，则天下之士皆悦，而愿立于其朝矣。"(《孟子·公孙丑上》)又说国"不用贤则亡"(《孟子·告子下》)。荀子也说："故君人者欲安则莫若平政爱民矣，欲荣则莫若隆礼敬士矣，欲立功名则莫若尚贤使能矣，是君人者之大节也。三节者当，则其余莫不当矣。"①重视贤能之人在政治斗争中的作用，这是春秋战国时期各国君王的普遍做法，这也成就了诸如商鞅、管仲、孙叔敖、百里奚等人的功名。

　　但是，荀子所说的贤能之人与孟子有差别。孟子重贤能之人的内在德行，对于那些"善为战"、"善为阵"的人，他认为"罪不容于死，善战者服上刑"(《孟子·离娄上》)；对"为君辟土地，充府库"，"为君约与国，战必克"(《孟子·告子下》)的臣子，他贬斥为"民贼"；对以用兵为能的慎子，他激烈地谴责为"殃民"(《孟子·告子下》)。他得知鲁国将重用乐正子的消息，竟然兴奋得"喜不能寐"。不是因为乐正子能力超群、善于思考、博学多闻，而仅仅是由于"好善"。孟子要求"君子之事君也，务引其君以当道，志于仁而已"(《孟子·告子下》)。荀子则不然，他重视礼法政治中富有治国之术的贤能之人。他说："王者之论：无德不贵，无能不官，无功不赏，无罪不罚，朝无幸位，民无幸生，尚贤使能而等位不遗。"②德行只是名声的起点，如无才能，无功勋，则无官无赏。在荀子这里，一切都按照礼法制度办事，不会仅因德行而处高位。"朝无幸位，民无幸生"，"等位不遗"，这是荀子礼法政治用人的基本规则。

　　孟荀都重视起用仁人、仁者。孟子用仁人重在其以德安民，以德爱民，他说："仁者无不爱也，急亲贤之为务。""仁者以其所爱及其所不爱。"(《孟子·尽心上》)"惟仁者为能以大事小，是故汤事葛，文王事混夷。"(《孟子·梁惠王下》)德是仁人处世的立足点和全部准则。荀子用仁人则重在其带来的直接功效。他说："故君人者立隆政本朝而当，所使要百事者诚仁人也，则身佚而国治，功大而名美，上可以王，下可以霸。"③荀子认为明君治天下不必事事躬亲，如果能用仁人，则不但可以使身心轻松、国家平治，而且还会带来勋功、美名和称王称霸的好处。而在荀子

---

① 《荀子集解·王制》，第 153 页。
② 《荀子集解·王制》，第 159 页。
③ 《荀子集解·王霸》，第 222 页。

交口称赞的仁人如伊尹、吕尚、召公、周公、管仲等人中,荀子特别提出的却是孟子不屑一顾的管仲。他说:"齐桓公闺门之内,县乐奢泰游抏之修,于天下不见谓修,然九合诸侯,一匡天下,为五伯长,是亦无它故焉,知一政于管仲也,是君人者之要守也。"①在荀子看来,齐桓公之所以能轻松治国,召集诸侯,匡正天下,成为五霸之主,这都是因为重用了仁人管仲。同一个人在孟子为不仁之人,在荀子为仁人,这其中的原因就在于仁政与礼法之政的不同。

第二,荀子对礼法之政的直接阐述。礼法之政是荀子哲学思想、政治思想以及经济思想等的落脚点,也是对孟子仁政的一大拓展,其核心是礼和法。《强国》篇云:"故人之命在天,国之命在礼。人君者隆礼尊贤而王,重法爱民而霸。"②"隆礼"与"重法"也一直成为后人概括荀子政治思想的关键词。

荀子把礼作为统一的封建制国家的社会政治制度。礼在春秋以前应该有丰富的内涵,至少包括礼节仪式、礼制、礼意等,涉及制度层面和价值层面。孟子的礼虽然也有以上含义,但他主要是把礼作为一种内在的价值原则——道德伦常,如他说:"仁之实,事亲是也;义之实,从兄是也;智之实,知斯二者弗去是也;礼之实,节文斯二者是也。"(《孟子·离娄上》)"君子以仁存心,以礼存心。仁者爱人,有礼者敬人。"(《孟子·离娄下》)"恭敬之心,礼也。"(《孟子·告子上》)在孟子看来,礼由内生。《荀子》一书有三百多个礼字,内涵也囊括前人所用,如他也曾把礼作为道德伦理使用,他说:"礼也者,贵者敬焉,老者孝焉,长者弟焉,幼者慈焉,贱者惠焉。"③这可以看作与孟子的相通之处。但是,与孟子相比,荀子的礼由外作,主要是一种外在的现实制度——统治秩序。他谈礼的缘起时说:"人生而有欲,欲而不得,则不能无求;求而无度量分界,则不能不争;争则乱,乱则穷。先王恶其乱也,故制礼义以分之,以养人之欲,给人之求,使欲必不穷乎物,物必不屈于欲,两者相持而长,是礼之所起也。故礼者,养也。"④礼是国家存在、稳定的基础,礼养的既是

① 《荀子集解·王霸》,第 222—223 页。
② 《荀子集解·强国》,第 291 页。
③ 《荀子集解·大略》,第 490 页。
④ 《荀子集解·礼论》,第 346 页。

人,也是国家。

礼是最高的政治标准。荀子说:"隆礼贵义者其国治,简礼贱义者其国乱。"[1] "礼者,治辨之极也,强国之本也,威行之道也,功名之总也。王公由之,所以得天下也;不由,所以陨社稷也。故坚甲利兵不足以为胜,高城深池不足以为固,严令繁刑不足以为威,由其道则行,不由其道则废。"[2] 国家的治乱、强弱,君王的威信、功名,战争的胜负,等等,无不与礼相关。所以说:"礼岂不至矣哉! ……天下从之者治,不从者乱;从之者安,不从者危;从之者存,不从者亡。……故绳者,直之至;衡者,平之至;规矩者,方圆之至;礼者,人道之极也。"[3] 又说:"国无礼则不正。礼之所以正国也,譬之犹衡之于轻重也,犹绳墨之于曲直也,犹规矩之于方圆也,既错之而人莫之能诬也"[4],"礼者,人主之所以为群臣寸尺寻丈检式也"[5]。无规矩不成方圆,无礼则不能正国家、权衡群臣。

礼还是治国的根本,是国家的法定制度。荀子说:"天地者,生之始也;礼义者,治之始也。"[6] 礼义是治国的起点,也是治国的根本。他又说:"君臣上下,贵贱长幼,至于庶人,莫不以是为隆正。然后皆内自省以谨于分,是百王之所以同也,而礼法之枢要也。然后农分田而耕,贾分货而贩,百工分事而劝,士大夫分职而听,建国诸侯之君分土而守,三公总方而议,则天子共己而止矣。出若入若,天下莫不平均,莫不治辨,是百王之所同而礼法之大分也。"[7] 荀子认为,行礼法就能做到上下有别,长幼有序,人人分工明确,各有职分,如此,则可以天下大治。所以"礼者,政之輓也。为政不以礼,政不行矣"。[8]

荀子反对孟子礼生于内、礼为仁政之内在根据的观点,说"凡礼义者,是生于圣人之伪,非故生于人之性也"[9],他把礼作为外在的制度规

---

① 《荀子集解·议兵》,第 270 页。
② 《荀子集解·议兵》,第 281 页。
③ 《荀子集解·礼论》,第 355—356 页。
④ 《荀子集解·王霸》,第 209—210 页。
⑤ 《荀子集解·儒效》,第 145—146 页。
⑥ 《荀子集解·王制》,第 163 页。
⑦ 《荀子集解·王霸》,第 220—221 页。
⑧ 《荀子集解·大略》,第 492 页。
⑨ 《荀子集解·性恶》,第 437 页。

范,并贯穿到整个国家治理中去。他说:"凡用血气、志意、知虑,由礼则治通,不由礼则勃乱提僈;食饮、衣服、居处、动静,由礼则和节,不由礼则触陷生疾;容貌、态度、进退、趋行,由礼则雅,不由礼则夷固僻违,庸众而野。故人无礼则不生,事无礼则不成,国家无礼则不宁。"①个人的衣食住行、言行举止,国家的安宁,无不与礼息息相关。把礼作为制度规范并不等于就排斥孔孟的爱人,荀子也讲爱人,"上莫不致爱其下而制之以礼,上之于下,如保赤子。政令制度,所以接下之人百姓,有不理者如豪末,则虽孤独鳏寡必不加焉"②。但他爱人以礼而不是仁,治理老百姓,是用政令制度而不是用推己及人之仁爱,要求严格遵守"理"而不使政令制度滥用于最弱小的百姓。

　　荀子在礼之外又提出法。他说:"法者,治之端也。"③法同礼一样,也是治理国家的根本,是衡量曲直、判断是非的标准。荀子法的主要内容是讲刑赏。他认为,不赏善者,则贤人就不能得到重用;不罚恶者,则不肖之徒不能废除。要求"德必称位,位必称禄,禄必称用"④,"无德不贵,无能不官,无功不赏,无罪不罚"⑤。他说:

　　　　凡刑人之本,禁暴恶恶,且惩其未也。杀人者不死而伤人者不刑,是谓惠暴而宽贼也,非恶恶也。故象刑殆非生于治古,并起于乱今也。治古不然。凡爵列、官职、赏庆、刑罚,皆报也,以类相从者也。一物失称,乱之端也。夫德不称位,能不称官,赏不当功,罚不当罪,不祥莫大焉。……故治则刑重,乱则刑轻,犯治之罪固重,犯乱之罪固轻也。⑥

在荀子看来,刑罚的根本目的是禁止暴虐,反对作恶,防患于未然,因此对杀人者、伤人者应处以刑罚;爵位、官职、奖赏、刑罚都是对善恶的相应回报,如果善恶的回报错位,则是国家最大的不祥。与孟子"省刑罚"的主张不同,荀子要求严格执行刑罚。

----

①《荀子集解·修身》,第22—23页。
②《荀子集解·王霸》,第220页。
③《荀子集解·君道》,第230页。
④《荀子集解·富国》,第178页。
⑤《荀子集解·王制》,第159页。
⑥《荀子集解·正论》,第328页。

荀子把礼与法进行了区分。他说："礼者,法之大分,群类之纲纪也。"① "伪起而生礼义,礼义生而制法度。"② 礼是法的纲领和准则,而法是依据礼的原则制定的,目的是维护礼。但是,荀子又常常把礼与法合而言之,如"隆礼至法则国有常"③,以及"礼法之枢要"、"礼法之大分"等。礼法这个新的范畴,既是荀子对传统礼的内涵的拓展,又是他对理想社会秩序应有规则的设想,是荀子对传统礼制和现实需要思考衡量的结果。荀子看到,传统的礼制已经不能解决当时政治面临的困境,但暴政又不能很好维护传统礼制中的道德教化以及人的超越性价值理念,所以他一面把礼制度化,又保留了礼作为道德价值的一面,并引进法这一概念,共同组成了他的礼法之政。也就是说,荀子的礼已经具有了法家之法的性质,但与完全失去温情的法家之法又有不同,荀子的法,是解决礼作为制度的不足而提出来的。相比于孟子仁政的迂阔与韩非法政的冷酷,荀子的礼法之政似乎各取所长。孟子曾说:"徒善不足以为政,徒法不能以自行。"(《孟子·离娄上》)这正是荀子礼法之政要解决的两难问题。

第六节　对孟子义利观和禅让说的继承

一、从重义轻利到义利兼顾的转变

朱熹云:"义利之说乃儒者第一义。"④ 其实,义利之辨是先秦诸子学派共同的重要话题之一。孔子重义不轻利,反对片面地追逐利。墨子主张义利并重,说"义,利也","兼相爱、交相利"⑤。法家则主张重利轻义,把利视为最高准则,而把义作为暴乱的根本。杨朱更是把逐利作为第一要义,所谓"拔一毛而利天下,不为也"(《孟子·尽心上》)。孟子的义利观虽然承接孔子,但他把义的地位抬得更高。《孟子》一书首章就高调宣

---

① 《荀子集解·劝学》,第 12 页。
② 《荀子集解·性恶》,第 438 页。
③ 《荀子集解·君道》,第 238 页。
④ 朱熹:《朱子全书·与延平李先生书》,第 1082 页。
⑤ 《墨子校注》,第 693、156 页。

示"何必曰利？亦有仁义而已矣"，这一论调也基本贯穿孟子的整个政治主张。

　　荀子的义利观虽然更接近于孔子，但有不少看法是对孟子义利观的继承与拓展。他首先把好利看成人的天性，把礼义看成圣人后天的人为。这一看法是针对孟子观点的反向立论，前文已论及，此不赘述，仅各举一说。荀子云："饥而欲食，寒而欲暖，劳而欲息，好利而恶害，是人之所生而有也，是无待而然者也，是禹、桀之所同也。"① 又云："凡礼义者，是生于圣人之伪，非故生于人之性也。"② 既然好利是人先天的恶性，那么就要"化性起伪"，即用后天的礼义去改变人先天的好利之性。而孟子是要求用内在的仁义礼智四端去阻止后天的利的诱惑。虽然孟荀对义、利的源起有截然相反的看法，但在通过教化实现节制利欲、发挥义德上，二人又趋于一致。

　　荀子同孟子一样，也把义看得极为重要。他说："先义而后利者荣，先利而后义者辱；荣者常通，辱者常穷；通者常制人，穷者常制于人：是荣辱之大分也。"③ 对义与利孰先孰后的态度决定着个人的荣辱、穷通，而对义利的取舍更是关系着个人德行的有无问题，所谓"保利弃义谓之至贼"④。荀子"先义后利"的主张，即是孟子批评的"苟为后义而先利，不夺不餍"的正面立说。荀子还把义具有的节制与守信功用看成人主治天下的根本，他说：

> 夫义者，内节于人而外节于万物者也，上安于主而下调于民者也。内外上下节者，义之情也。然则凡为天下之要，义为本而信次之。古者禹、汤本义务信而天下治，桀、纣弃义倍信而天下乱，故为人上者必将慎礼义，务忠信然后可。此君人者之大本也。⑤

义既可调和人心，还可调和万物；既可安定君主，还可调节百姓。义的有无是国家治乱的重要因素。在道义与功利发生冲突时，荀子说："义之所

---

① 《荀子集解·非相》，第 78 页。
② 《荀子集解·性恶》，第 437 页。
③ 《荀子集解·荣辱》，第 58 页。
④ 《荀子集解·修身》，第 24 页。
⑤ 《荀子集解·强国》，第 305 页。

在,不倾于权,不顾其利,举国而与之不为改视。"① 又说:"人之所欲,生甚矣,人之所恶,死甚矣,然而人有从生成死者,非不欲生而欲死也,不可以生而可以死也。"② 这实际上是对孟子舍生取义说的借用。

荀子与孟子一样,认为如果处理不好义利关系,则不仅危及个人,还会危及国家社稷。荀子说:"夫义者,所以限禁人之为恶与奸者也。今上不贵义,不敬义,如是,则下之人百姓皆有弃义之志,而有趋奸之心矣,此奸人之所以起也。"③ 上位者不贵义、敬义,则百姓就会效仿。正如《大略》所言:

> 多积财而羞无有,重民任而诛不能,此邪行之所以起,刑罚之所以多也。上好羞,则民暗饰矣;上好富,则民死利矣。二者,乱之衢也。民语曰:"欲富乎? 忍耻矣,倾绝矣,绝故旧矣,与义分背矣。"上好富,则人民之行如此,安得不乱? ④

"上好羞"之"羞"、"忍耻"之"耻",即孟子所说的羞恶之心——义之端。荀子认为,如果上位者好义,百姓就会暗中学习,那么国就治;如果上位者好利,百姓就可能会为利而死,则国就乱。"上好富,则民死利矣",就是孟子所描述的"上下交征利,而国危矣。万乘之国,弑其君者必千乘之家;千乘之国,弑其君者必百乘之家"(《孟子·梁惠王上》)。

与孟子义利二分并以义为重、利为轻的观点不同,荀子是把义与利看成相对的、合一的,因而义利兼顾。孟子把义作为人心固有的禀性,认为它有自足完善的功能,可以脱离利而独立存在。这样,孟子就把义绝对化了,并片面地夸大了义的作用,说可以舍生取义,可以"君臣、父子、兄弟去利,怀仁义以相接也,然而不王者,未之有也"(《孟子·告子下》)。荀子却说:"义与利者,人之所两有也。虽尧、舜不能去民之欲利,然而能使其欲利不克其好义也。虽桀、纣不能去民之好义,然而能使其好义不胜其欲利也。故义胜利者为治世,利克义者为乱世。上重义则义

① 《荀子集解·荣辱》,第 56 页。
② 《荀子集解·正名》,第 428 页。
③ 《荀子集解·强国》,第 305 页。
④ 《荀子集解·大略》,第 503 页。

克利,上重利则利克义。"① 就是说,义与利都是人所有的,义是因人有利欲而生,利欲又因义而趋于合理。与孟子相比,荀子对义利关系的看法更趋合理。

孟荀的义利观还有一点相通之处:在理论上,义利观虽然是针对所有人而言的,但在实际的治国策略中,二人对士以上的阶层都要求"先义后利",而对庶民阶层则是"后义而先利"。孟子要求君子要先修身,懂得道义,才能出仕施政,才能教人、治人,才可以取得名声和应得之利。齐王的儿子垫曾问孟子:士做什么事? 孟子说是"尚志",并把"尚志"解释为"仁义而已矣。杀一无罪,非仁也;非其有而取之,非义也。居恶在? 仁是也;路恶在? 义是也。居仁由义,大人之事备矣"(《孟子·尽心上》)。孟子认为义就是士人行动的方向,不合义之利不取,因此,他"于齐,王馈兼金一百而不受;于宋,馈七十镒而受;于薛,馈五十镒而受"(《孟子·公孙丑下》)。这也就是孔子说的"士不可以不弘毅,任重而道远"(《论语·泰伯》),以及《大学》说的修齐治平。对百姓而言,则要先与之利,然后再教育他们,使之有义。所以孟子反复强调对于百姓,首先要制民以恒产,使他们"养生丧死无憾",然后"谨庠序之教,申之以孝悌之义",如此才能得民心,得天下。荀子吸收了这一思想,他说:

> 故天子不言多少,诸侯不言利害,大夫不言得丧,士不通货财。有国之君不息牛羊,错质之臣不息鸡豚,冢卿不修币,大夫不为场园,从士以上皆羞利而不与民争业,乐分施而耻积藏。然故民不困财,贫窭者有所窜其手。②

从天子、诸侯到大夫、士,他们都以争利为羞,因为争利会损害羞耻之心——义,进而会影响国家的存亡,"上好贪利,则臣下百吏乘是而后丰取刻与,以无度取于民"③。"挈国以呼功利,不务张其义,齐其信,唯利之求,内则不惮诈其民而求小利焉,外则不惮诈其与而求大利焉,内不修正其所以有,然常欲人之有,如是,则臣下百姓莫不以诈心待其上矣。"④ 君

---

① 《荀子集解·大略》,第 502 页。
② 《荀子集解·大略》,第 502—503 页。
③ 《荀子集解·君道》,第 231 页。
④ 《荀子集解·王霸》,第 205—206 页。

子"先义后利"则修身,君主"先义后利"则得天下,所以"汤、武者,循其道,行其义,兴天下同利,除天下同害,天下归之"①。先行道义,予民以利,则可得天下这一大利,实现"使民夏不宛暍,冬不冻寒,急不伤力,缓不后时,事成功立,上下俱富"②。对百姓则要求后义先利。荀子说:"不富无以养民情,不教无以理民性。故家五亩宅,百亩田,务其业而勿夺其时,所以富之也。立大学,设庠序,修六礼,明十教,所以道之也。《诗》曰:'饮之食之,教之诲之。'王事具矣。"③ 富民是养民情的前提,百姓只有无饮食之忧,才会接受道义的教化。这正是孟子的观点。

二、对孟子禅让说的继承

禅让制体现了古人理想的原始民主思想,无论其在历史上是否存在,但它在春秋战国时期兴起广泛讨论却是不争的事实。在孟子之前,涉及禅让制的文献都对尧舜禅让报以肯定态度④,而以孔子后学自居的孟子,却第一个对禅让制加以否定。荀子发挥了孟子的质疑精神,展开了更全面的说明。

孟子否认尧把天下让给舜,他认为天子能向天举荐人选,但"天子不能以天下与人",舜之有天下,是"天与之"的结果。他所说的"天与之"之天意,实质等同于民与之之民意,所以他说"昔者尧荐舜于天而天受之,暴之于民而民受之","使之主祭而百神享之,是天受之;使之主事而事治,百姓安之,是民受之也","《大誓》曰:'天视自我民视,天听自我民听'"(《孟子·万章上》)。即百姓才是谁最终得天下的决定性因素。他还一一梳理了天子之位从尧到舜,舜到禹,禹到启的传承情况,得出"唐虞禅,夏后殷周继,其义一也"(《孟子·万章上》)的结论。孟子所说的"义"即指民意的取舍,是以天下之民是否从之作为得天下的唯一依据。因此,当燕国君王子哙让国于相国子之时,他要求讨伐燕国,认为"子哙

---

① 《荀子集解·王霸》,第 224 页。
② 《荀子集解·富国》,第 189—190 页。
③ 《荀子集解·大略》,第 498—499 页。
④ 真正谈到禅让制的,先前仅有《墨子》和存有争议的《论语·尧曰》、《尚书》之《尧典》、《舜典》,后来又出现郭店楚简《唐虞之道》、上博简的《子羔》、《容成氏》,使人们对禅让说可以有更多的了解和研究。

不得与人燕,子之不得受燕于子哙"(《孟子·公孙丑下》)。

荀子继承了孟子的看法,也不认为古有禅让。荀子认为古代执掌天下者皆为圣王,圣王因"势位至尊,无敌于天下","道德纯备,智惠甚明,南面而听天下,生民之属莫不振动从服以化顺之,天下无隐士,无遗善,同焉者是也,异焉者非也",故其治国能"决^①德而定次,量能而授官,皆使民载其事而各得其宜","礼义之分尽矣"^②。因此尧舜王位的更迭不是自觉的禅让,也不属于"死而擅"、"老衰而擅"的被动禅让,而是圣王德行不断循环替代的结果。所以王先谦引俞樾注云:《荀子》之意,谓传贤与传子同。天下有圣而在后子,则传之子可也;圣不在后子而在三公,则传之贤可也。故两言'天下厌然与乡无以异也,以尧继尧,夫又何变之有矣',正见传贤、传子之不异也。"^③荀子一一批驳了当时的各种说法,认为"'尧、舜擅让',是虚言也,是浅者之传,陋者之说也,不知逆顺之理,小大、至不至之变者也,未可与及天下之大理者也"^④。他这里所说的"大理",即指德才兼备者得天下之理。

荀子否定禅让制的依据既与孟子相通,又异于孟子。相通之处在于,孟荀都重视得天下者的德行。孟子说:"启贤,能敬承继禹之道。"(《孟子·万章上》)荀子把这一观点发挥为:

> 天下有圣而在后子^⑤者,则天下不离,朝不易位,国不更制,天下厌然与乡无以异也,以尧继尧,夫又何变之有矣? 圣不在后子而在三公,则天下如归,犹复而振之矣,天下厌然与乡无以异也,以尧继尧,夫又何变之有矣? ^⑥

"圣在后子"即孟子说的"启贤";"天下厌然与乡无以异也,以尧继尧"即孟子说的"能敬承继禹之道"。二人都认为,天下无论在尧舜禹还是在启,那都是因为他们德可为圣人的缘故,而不是禅让。相异之处在于,孟子持仁政、民本思想,故以民意为起点去考察,把民意的选择作为天子之

---

① "决"字原为"图",据卢文弨、王先谦说改。
② 《荀子集解·正论》,第331—332页。
③ 《荀子集解·正论》,第332页。
④ 《荀子集解·正论》,第336页。
⑤ 原本无"子"字,据俞樾加。
⑥ 《荀子集解·正论》,第332页。

位更替的决定因素；荀子持礼法之政，故从君王的德才出发去考察，把德才兼备作为天子之位更替的决定因素。当然，荀子强调得天下之人要德才兼备，这其实也是君主得民心、体现民意的前提，是孟子民意论的应有之义。从这一点看，二人也是一致的。

荀子否定禅让制的原因也与孟子一致。孟子赞同汤武革命和君位可更易的观点，认为桀纣是贼仁贼义的"一夫"，所以"闻诛一夫纣矣，未闻弑君也"（《孟子·梁惠王下》）。又说："君有过则谏，反复之而不听，则去。"（《孟子·万章下》）他赞同臣子、百姓可革暴君之命，君主无能也可使之易位。而禅让制主张君权从上到下的自然过渡，当然也就与上面这两种自下而上的暴力革命方式相抵触了，所以孟子要否定禅让制。荀子也借用了这一论证逻辑，他说："夺然后义，杀然后仁，上下易位然后贞，功参天地，泽被生民，夫是之谓权险之平，汤、武是也。"① 在荀子看来，汤、武通过夺、杀使桀、纣易位，恢复了仁义之道和社会平治，可谓"功参天地，泽被生民"。因而他反对"桀、纣有天下，汤、武篡而夺之"②的世俗之说，并对孟子所说的桀纣的"一夫"行径作了更为具体的描绘："圣王之子也，有天下之后也，势籍之所在也，天下之宗室也；然而不材不中，内则百姓疾之，外则诸侯叛之，近者境内不一，遥者诸侯不听，令不行于境内，甚者诸侯侵削之，攻伐之。……反禹、汤之德，乱礼义之分，禽兽之行，积其凶，全其恶，而天下去之也。"③ 既然桀纣为"民之怨贼"，那么"诛暴国之君若诛独夫"，"天下归之之谓王，天下去之之谓亡。故桀、纣无天下而汤、武不弑君，由此效之也"④。既然独夫可诛，有德者得天下，那么禅让制也不合理了。可见，孟荀否定禅让制都是为自己的政治主张服务的。虽然孟子主仁政，荀子主礼法之政，但二者都重视贤能之人和百姓的力量，赞同诛独夫和易无能之君，因而也都否定禅让制的合理性。

在孟学史上，荀子是继孟子后学之后的又一个拓荒者，也可以说是第一个创造性发挥了孟子学说的儒者。他在对孟子学说进行全方位深

---

① 《荀子集解·臣道》，第 257 页。
② 《荀子集解·正论》，第 322 页。
③ 《荀子集解·正论》，第 323—324 页。
④ 《荀子集解·正论》，第 324 页。

入考察之后,以独到的思想和犀利的语言,建立了自己的儒学体系。如果说孟子把儒学传统中的人性论、成人论、人格论、仁内义外论、君民关系论等作了第一次的改造,使儒学由内而外的成人之路得到了系统化的阐述,并由此进入了一个新的阶段的话,那么荀子则在孟子的基础上,对儒学的以上范畴进行了第二次的改造,使儒学紧跟时代形势的需求,第一次较大范围地吸收了法家、墨家、道家等其他诸子学的思想,在治国、成人之"学"外,对治国之"术"予以了充分的重视,为汉初儒学的进一步改造,使之成为真正的有效的治国之学术,打下了坚实的基础。

第四章　先秦其他诸子对孟子学说的阐释

第一节　韩非子对孟子学说的阐释

韩非子虽为荀卿弟子,但却被奉为法家之集大成者。他对儒学大肆批判,主张君王行法术,独揽国家权柄,树立权威,严格法度,重罚厚赏。对于他的学术渊源,司马迁评云:"喜刑名法术之学,而其归本于黄老。"[1] 近人陈千钧先生说他对诸子百家"正者顺其说,反者因其说而反之也",他非仁爱、非孝悌,"其说在在皆儒家之反面",并认为韩非思想的直接渊源是老子、商鞅、荀子三家[2]。郭登皞认为《韩非子》不但集法家之大成,而且集先秦诸子之大成,它的思想渊源包含了法家、道家、儒家、墨家[3]。对孟子学说而言,韩非子虽然很少直接批评,但正如陈先生所言,他采取了"因其说而反之"的批判方法。以下就韩非子学说中较为明显地批判孟子的地方加以梳理和评析。

一、对孟子的总体批评

韩非对孟子学说思想主要持批驳态度,而且多隐含在他的论述中,直接提到孟子的地方仅见于《显学》篇,也是与子张等人一同批评。他说:

> 世之显学,儒、墨也。儒之所至,孔丘也。墨之所至,墨翟也。自孔子之死也,有子张之儒,有子思之儒,有颜氏之儒,有孟氏之儒,有漆雕氏之儒,有仲良氏之儒,有孙氏之儒,有乐正氏之儒。自墨子之死也,有相里氏之墨,有相夫氏之墨,有邓陵氏之墨。故孔、墨之

---

① 《史记》卷六十三,第2147页。
② 陈千钧:《韩非的时代背景及其学术渊源》,《学术世界》1935年第1卷第4期,第60—67页。
③ 郭登皞:《韩非子政治思想研究》,《民族杂志》1937年第5卷第3期,第568页。

后,儒分为八,墨离为三,取舍相反不同,而皆自谓真孔、墨;孔、墨不
可复生,将谁使定后世之学乎? 孔子、墨子俱道尧、舜,而取舍不同,
皆自谓真尧、舜;尧、舜不复生,将谁使定儒、墨之诚乎? 殷、周七百
余岁,虞、夏二千余岁,而不能定儒、墨之真,今乃欲审尧、舜之道于
三千岁之前,意者其不可必乎! 无参验而必之者,愚也;弗能必而据
之者,诬也。故明据先王,必定尧、舜者,非愚则诬也。愚诬之学,杂
反之行,明主弗受也。①

韩非把儒学、墨学定为当时的显学,并粗略梳理了两家在孔子、墨子之
后的发展情况。他把孔子后的儒学分为八家,这就是后世常提及的"儒
分为八"说,孟子属于其中的一家,与子思分而并立。这与荀子《非十二
子》篇所说的"子思唱之,孟轲和之"略有不同,荀子是从学术渊源定位,
韩非则是从主要研究者的数量定位。以下结合孟子的思想,就韩非的批
评进行分析。

　　韩非批评孟子等儒学八家对孔子之学取舍不同,但都自以为得孔学
之真。从现有文献看,孟子把自己作为孔学继承人最为用心。孟子说:
"予未得为孔子徒也,予私淑诸人也。"(《孟子·离娄下》)虽然是私下向
人学习孔子,但是他却认为"吾未能有行焉,乃所愿,则学孔子也",并借
有若的话说"自生民以来,未有盛于孔子也"(《孟子·公孙丑上》),孔子
在他眼里已是最伟大的圣人。不仅如此,孟子还把发扬孔学作为自己义
不容辞的历史责任,他说:

　　　　杨墨之道不息,孔子之道不著,是邪说诬民,充塞仁义也。仁义
　　充塞则率兽食人,人将相食。吾为此惧,闲先圣之道,距杨墨,放淫
　　辞,邪说者不得作。……我亦欲正人心,息邪说,距诐行,放淫辞,以
　　承三圣者。岂好辩哉? 予不得已也。能言距杨墨者,圣人之徒也。
　　(《孟子·滕文公下》)

孟子不但以圣人之徒自居,而且俨然把自己作为孔子的继承人。《孟子》
一书在篇名命名上有意模仿《论语》,而且最后一章在列举了尧、舜、汤、
文、孔子之后云:"由孔子而来,至于今,百有余岁。去圣人之世,若此其

----

①《韩非子集解·显学》,第 456—457 页。

未远也；近圣人之居，若此其甚也。然而无有乎尔，则亦无有乎尔！"孟子虽然没有明说自己是孔子的继承人，但他说的"无有乎尔"正和"夫圣，孔子不居"（《孟子·公孙丑上》）一样，暗示的意义已相当明显。韩愈就看出了孟子的寓意，他说："斯吾所谓道也，非向所谓老与佛之道也。尧以是传之舜，舜以是传之禹，禹以是传之汤，汤以是传之文、武、周公，文、武、周公传之孔子，孔子传之孟轲。"[①] 孟子虽然自以为得到了孔学的真谛，但按照韩非的看法，孔子不复再生，后世也就无人可以确定孟子得到了孔学的真传。如据此而言，孟子以孔子的继承人自居，也就不足为信了。

韩非在批评孟子等八家儒学的基础上，还进一步类推：孔子称道尧舜而自以为得尧舜真谛，但尧舜不复再生，后世也就无人可以确定儒家所说是真。既然不能确定孔子得到了尧舜的真传，也就不能确定孟子得到了孔子的真传，而孟子却"言必称尧舜"，一心学孔子，这在韩非看来就显得很不可靠了。况且七百多年前儒家尚不能确定是否得到了真传，而现在孟子却想弄清三千多年前的尧舜之道，这显然是不可能的。所以孟子仅凭口述，就认为自己已得尧、舜、汤、文、孔子之道，且大加阐发、推广，这不是愚蠢，就是欺骗。韩非直斥其为"愚诬之学，杂反之行"。

韩非从儒学的源头尧舜直至孔子，逐一否定其学说的真实性，从而否定了孟子学说的根本立足点。当然，从今人的观点来看，韩非的论证逻辑也不尽合理，因为学说传承的真也只是相对的，如果非要以当时人证当时学说之真，则后世学说皆无真可言。倒是他要求的"参验而必之"、"必而据之"的学说评判原则，直到今天还有借鉴意义。

王应麟曾云："荀卿《非十二子》，《韩诗外传》引之，止云十子，而无子思、孟子。愚谓荀卿非子思、孟子，盖其门人如韩非、李斯之流托起师说，以毁圣贤。当以韩诗为正。"[②] 王氏认为《非十二子》中批评思孟的人是韩非或者李斯。清人卢文弨也主张此说，他说："《韩诗外传》止十子，无子思、孟子，此乃并非之，疑出韩非、李斯所附益。"[③] 如果王氏所说

① 《韩愈文集汇校笺注》第一册，第 4 页。
② 王应麟撰，翁元圻等注，栾保群等校点：《困学纪闻》，上海古籍出版社，2008 年，第 1193 页。
③ 《荀子集解·非十二子》，第 89 页。

属实，那《非十二子》批评子思、孟子最有可能的是韩非。但细读《韩诗》对应文段，发现王氏之说并不可靠。《韩诗》云："夫当世之愚，饰邪说，文奸言，以乱天下，欺惑众愚，使混然不知是非治乱之所存者，则是范雎、魏牟、田文、庄周、慎到、田骈、墨翟、宋钘、邓析、惠施之徒也。此十子者，皆顺非而泽，闻见杂博，然而不师上古，不法先王，按往旧造说，务自为工，道无所遇，二人相从，故曰十子者之工说，说皆不足合大道，美风俗，治纲纪。然其持之各有故，言之皆有理，足以欺惑众愚，交乱朴鄙，则是十子之罪也。"[1] 这段话受《非十二子》篇影响固然无疑，但《韩诗外传》批评的对象不仅只有十子，而且人物也有差异，《非十二子》无"范雎"、"田文"、"庄周"而有"它嚣"、"陈仲"、"史鳅"。因此笔者不赞同王氏、卢氏的说法，而认为批评思孟者就是荀卿。王、卢两人之说也许是为了给因此遭到后世儒者批评的荀卿寻求开脱。

二、对孟子性善论及其他思想的批评

一般认为，韩非在人性论上持的是性恶论，而且源自其师荀子。如果从师承关系、人性定位上看，这个结论大致不差。但是，如果从韩非性恶论的本质上看，我们可以说，韩非的性恶论又主要是针对孟子性善论提出来的。何以如此说呢？以下略作梳理和分析。

前文讲过，孟子的性善论实际上是一种心善论，所谓"尽其心者，知其性也"（《孟子·尽心上》），心与性往往合二为一[2]。孟子讲的心不仅善，而且它还是实践主体能够实现一切道德价值的基础和动力，具有自我立法、自我完善的功能，其途径是心自身的"思"、"扩充"、"求放心"。荀子的性恶论，是从人先天具有的欲望着眼的，他说："目欲綦色，耳欲綦声，口欲綦味，鼻欲綦臭，心欲綦佚"[3]，"今人之性，饥而欲饱，寒而欲暖，劳而欲休，此人之情性也。"[4] 他认为人的好恶、喜怒、哀乐乃是人性的基本内容，即他说的人性又主要是指人情，"性者，天之就也；情者，性之质

---

[1]《韩诗外传集释》，第 322 页。
[2] 唐君毅先生说："孟子言性，乃即心言性善，及此心即性情心、德行心之义。"（唐君毅：《中国哲学原论·原性篇》，第 13 页）
[3]《荀子集解·王霸》，第 211 页。
[4]《荀子集解·性恶》，第 436 页。

也；欲者，情之应也。以所欲为可得而求之，情之所必不免也”①，因此可以说荀子的性恶论也是情恶论。荀子所说的心虽然没有自我立法、完善的功能，但是通过后天的习染却可以使它走向善，此所谓“化性起伪”。就是说，孟子的性善论是心善论，荀子的性恶论是情恶论，两人都把心视为道德的起源，孟子主张发扬心固有的善端，荀子则主张限制心的恶性而接受后天善的习染。

韩非虽然没有专门讨论过人性问题，但他的性恶论却能以政治论为中心自成体系。韩非的性恶论实际是一种心恶论，它不仅是对荀子情恶论与“化性起伪”说的发展与否定，更是对孟子心善论的反向立论。他首先认为人皆“恶劳而乐佚”②，“好利禄而恶刑罚”③。以此为基础，他彻底否定了人心有善的因素，也否定了改变人心恶性的必要性。他说：

> 且万乘之主，千乘之君，后妃、夫人、適子为太子者，或有欲其君之蚤死者。……唯母为后而子为主，则令无不行，禁无不止，男女之乐不减于先君，而擅万乘不疑，此鸩毒扼昧之所以用也。故《桃左春秋》曰：“人主之疾死不能处半。”人主弗知则乱多资，故曰：利君死者众，则人主危。故王良爱马，越王勾践爱人，为战与驰。医善吮人之伤，含人之血，非骨肉之亲也，利所加也。故舆人成舆，则欲人之富贵；匠人成棺，则欲人之夭死也。非舆人仁而匠人贼也，人不贵则舆不售，人不死则棺不买，情非憎人也，利在人之死也。故后妃、夫人、太子之党成而欲君之死也，君不死则势不重，情非憎君也，利在君之死也。④

又说：

> 人为婴儿也，父母养之简，子长而怨。子盛壮成人，其供养薄，父母怒而诮之。子父至亲也，而或谯或怨者，皆挟相为而不周于为己也。夫卖庸而播耕者，主人费家而美食，调布而求易钱者，非爱庸客也，曰：“如是，耕者且深，耨者熟耘也。”庸客致力而疾耘耕者，

---

① 《荀子集解·正名》，第428页。
② 《韩非子集解·心度》，第474页。
③ 《韩非子集解·制分》，第476页。
④ 《韩非子集解·备内》，第115—116页。

尽巧而正畦陌畦畤者①,非爱主人也,曰:"如是,羹且美,钱布且易云也。"此其养功力,有父子之泽矣,而心调于用者②,皆挟自为心也。故人行事施予,以利之为心,则越人易和;以害之为心,则父子离且怨。③

韩非从所见所闻及经验出发,认为人都以求利为最终目的,世人所说的爱人、欲人富贵,其实与欲人早死一样,都是利益的驱使。不但后妃、夫人、太子、大臣会因争利而希望丈夫、父亲、君主早死,就是父子之间也是"皆挟自为心也",有时甚至会因利而互相残杀。他说:"且父母之于子也,产男则相贺,产女则杀之。此俱出父母之怀衽,然男子受贺,女子杀之者,虑其后便,计之其长利也。故父母之于子也,犹用计算之心以相待也,而况无父子之泽乎?"④在韩非看来,不仅雇主与雇工之间,就是父子之间也无亲善可言,唯有以利相算计。作为人间至亲的父子夫妻之间尚且以利相待,更何况其他关系。所以说,韩非把性恶论推向了极端,是彻头彻尾的性恶论,其实质是心恶论,是对人心的道德性的完全否定。

如果说韩非所讲的"夫民之性恶劳而乐佚"⑤,还与孟子的"口之于味也,目之于色也,耳之于声也,鼻之于臭也,四肢之于安佚也,性也"(《孟子·尽心下》)说,以及荀子的"今人之性,饥而欲饱,寒而欲暖,劳而欲休,此人之情性也"⑥说一致,都是把人的生理欲望作为性而以之为恶,那么韩非以上的类似评述就已经把性恶论具体化为心恶论,不但彻底否定了孟子的心善论,也斩断了与儒家人性学说可能相通的渠道,成为法家性恶说的开端。韩非虽然没有直接批评孟子的四端说,但是他列举的父子相残、君臣相奸、兄弟相夺等唯利是图的事例,正是对孟子恻隐之心、羞恶之心、辞让之心、是非之心的否定。在韩非眼里,人心是恶的,没有孟子所说的先天完满自足而趋善的功能,也没有荀子所说的接受后天习染而趋向善的功能。这既否定了孟子心可扩充四端的可能性,也否

---

① 顾广圻认为"畦畤"二字当为衍字,未详。孙诒让认为"二字盖注文传写误混入正文,遂复舛不可通耳"。见《韩非子集解》,第274页。
② 王先慎曰:"调"即"周"之误。此处是周合、专心的意思。见《韩非子集解》,第274页。
③《韩非子集解·外储说左上》,第273—274页。
④《韩非子集解·六反》,第417页。
⑤《韩非子集解·心度》,第474页。
⑥《荀子集解·性恶》,第436页。

定了荀子心可"化性起伪"的可能性。

韩非的心恶论是从个别历史事件和现实事例中推论出来的,并不具有普遍性,因此有其局限。他把人心视为只有求利之欲而无任何道德性的看法,也有失偏颇。但这种看法正为他的法、术、势论以及严刑重赏主张提供了理论依据:既然人心趋利且不可改变,那么就应采取有效措施利用这一点。所以韩非说:"法重者得人情,禁轻者失事实。且夫死力者民之所有者也,情莫不出其死力以致其所欲;而好恶者上之所制也,民者好利禄而恶刑罚。上掌好恶以御民力,事实不宜失矣。"① "夫民之性,喜其乱而不亲其法。故明主之治国也,明赏则民劝功,严刑则民亲法。劝功则公事不犯,亲法则奸无所萌。"② 就是说,人们既然好利,那么君王就应运用法、术和权势,以严刑重赏为标准,使人们从私心出发,努力从事耕战,去获取财富、声誉和爵位。这种建立在性恶论基础上的法治政治,比起孟子"徒善不足以为政,徒法不能以自行"(《孟子·离娄上》)、"国家闲暇,及是时明其政刑"(《孟子·公孙丑上》)的想法,以及荀子"隆礼重法"的观点,又走得远多了。刘家和先生说:"韩非把荀子的性恶说推向了极端,因而也失去了荀子思想中可能有的一切理性因素。荀子讲性恶,其目的在强调人的自律重要。韩非不承认人有自律的可能,而只相信外来因素他律的作用。他的全部法、术、势说都是由此而设的。当然,韩非也不相信君主性善或要求君主性善,他所要求的只是用君主的恶来制住其他一切人的恶,如此而已!"③

韩非除了较为集中地批评孟子的仁义观、义利观、民心论以及性善论之外,他还对孟子的其他思想做过一些或明或暗、或正或反的批判和借鉴。如在判断是非的标准上,孟子主张要经过"左右"之人、"诸大夫"、"国人"以及自己的判断后才能确定,而韩非也说:"听以爵不以众言参验,用一人为门户者,可亡也。"④ 孟子说:"我岂好辩哉?予不得已也。天下之生久矣,一治一乱。"(《孟子·滕文公下》)韩非子《诡使》篇云:"今利非无有也,而民不化上;威非不存也,而下不听从;官非无法

① 《韩非子集解·制分》,第476页。
② 《韩非子集解·心度》,第474页。
③ 刘家和:《关于战国时期的性恶说》,载《中国哲学》第十八辑,岳麓书社,1998年,第82页。
④ 《韩非子集解·亡征》,第109—110页。

也,而治不当名。三者非不存也,而世一治一乱者何也? 夫上之所贵与其所以为治相反也。"① 在历史观上都持"一治一乱"说。

三、对孟子仁义说的批评

(一)对孟子仁义治国论的批评

在韩非之前,把仁义并言的,以孟子及其后学最为突出②。因此韩非对仁义的批评,虽然是笼统针对儒家进行的,但其重点又常常是放在孟子身上。他在《亡征》篇中云:"见大利而不趋,闻祸端而不备,浅薄于争守之事,而务以仁义自饰者,可亡也。"③ 对兵战之事浅薄无知,而一味宣扬仁义可救国者,正是指孟子。因为面对滕文公询问如何处理齐、楚的威胁时,孟子仅能云:"是谋非吾所能及也。无已,则有一焉:凿斯池也,筑斯城也,与民守之,效死而民弗去,则是可为也。"(《孟子·梁惠王下》)而他却常常宣称:"老吾老,以及人之老;幼吾幼,以及人之幼。天下可运于掌。"(《孟子·梁惠王上》)"与百姓同乐,则王矣。"(《孟子·梁惠王下》)甚至相信当世"地方百里而可以王。王如施仁政于民,省刑罚,薄税敛,深耕易耨,壮者以暇日修其孝弟忠信,入以事其父兄,出以事其长上,可使制梃以挞秦楚之坚甲利兵矣。……彼陷溺其民,王往而征之,夫谁与王敌? 故曰:'仁者无敌。'王请勿疑"(《孟子·梁惠王上》)。他坚守着远古传说中的理想仁政,以为"制梃以挞秦楚之坚甲利兵",这恐怕正是韩非所指的"浅薄于争守之事";他坚信的"仁者无敌",也许正是韩非所说的"务以仁义自饰"。韩非《说疑》篇还说:"今世皆曰'尊主安国者,必以仁义智能',而不知卑主危国者之必以仁义智能也。

---

① 《韩非子集解·诡使》,第 410 页。
② 《孟子》一书共有二十六次并言仁义。而孔子只讲仁或者义,不把仁义连用,《大学》《中庸》也未见并言用法。三《礼》中仅两见。在郭店楚简的儒家文献中,仁义连用的,仅《六德》篇两见:"何谓六德? 圣、智也,仁、义也,忠、信也……亲父子,和大臣,寝四邻之抵牾,非仁义莫之能也。"《五行》篇有"仁义礼所由生也"句,李零先生断为:"仁,义礼所由生也。"庞朴先生则据马王堆帛书断为:"仁义,礼〔智〕之所由生也。"反倒是帛书《五行》篇的说文,仁义连用多达十九次,这也进一步证实了多数研究者把说文归为孟子后学所作的说法(以上分别看叶绍钧编《十三经索引》,中华书局,1983 年;李零《郭店楚简校读记》增订本,中国人民大学出版社,2007 年;庞朴《竹帛〈五行〉篇校注及研究》,万卷楼图书有限公司,2000 年)。
③ 《韩非子集解·亡征》,第 112 页。

故有道之主,远仁义,去智能,服之以法。"①韩非提到的"今世皆曰"的主张,也应主要是指孟子的思想。他严厉批评仁义智能非但不能治国安邦,反而是"卑主危国"的祸根,"行义示则主威分,慈仁听则法制毁"②,君上无权威,法制不行,则国不存。

韩非反对以仁义治国,同时也分析了行仁义致使主危国亡的原因。一是时势所致。《五蠹》篇云:"文王行仁义而王天下,偃王行仁义而丧其国,是仁义用于古不用于今也。故曰:'世异则事异。'"韩非认为,仁义在两国中之所以有迥然不同的作用,是因为时代变迁,形势各异,"上古竞于道德,中世逐于智谋,当今争于气力",在争于气力的时代行仁义,国必亡。所以他说:"以是言之,夫仁义辩智非所以持国也。"③二是仁义理论本身的缺陷所致。韩非在《奸劫弑臣》篇中集中分析了仁义惠爱之不足,其文云:

> 世之学术者说人主,不曰"乘威严之势以困奸邪之臣",而皆曰"仁义惠爱而已矣"。世主美仁义之名而不察其实,是以大者国亡身死,小者地削主卑。何以明之?夫施与贫困者,此世之所谓仁义;哀怜百姓,不忍诛罚者,此世之所谓惠爱也。夫有施与贫困,则无功者得赏;不忍诛罚,则暴乱者不止。国有无功得赏者,则民不外务当敌斩首,内不急力田疾作,皆欲行货财,事富贵,为私善,立名誉,以取尊官厚俸。故奸私之臣愈众,而暴乱之徒愈胜,不亡何待!④

仁义惠爱的核心就是重施与而薄刑罚,使无功得赏,有罪无罚,而这势必会导致奸私之臣与暴乱之徒越多,如此,则亡国就是早晚的事了。所以他说:"以仁义教人,是以智与寿说也,有度之主弗受也。"⑤"今世儒者之说人主,不言今之所以为治,而语已治之功;不审官法之事,不察奸邪之情,而皆道上古之传誉,先王之成功。儒者饰辞曰:'听吾言则可以霸王。'此说者之巫祝,有度之主不受也。故明主举实事,去无用,不道仁

---

① 《韩非子集解·说疑》,第400页。
② 《韩非子集解·八经》,第441页。
③ 《韩非子集解·五蠹》,第445页。
④ 《韩非子集解·奸劫弑臣》,第104页。
⑤ 《韩非子集解·显学》,第462页。

义者故,不听学者之言。"①在韩非看来,仁义之法只是一味返古去求缥缈的治国之道,它与法制、赏罚相背,徒有悦耳之功而无实际效用。"今世儒者"所说的"仁义惠爱"可治国,以及"听吾言则可以霸王",就如巫祝祝人"使若千秋万岁"一样荒谬。

韩非所说的"今世儒者",应主要是指孟子一派。因为"孟子道性善,言必称尧舜"(《孟子·滕文公上》),他对历代圣王如尧、舜、汤、文、武、周公等人的事迹和言行反复加以称引,倍加推崇。在《孟子》一书中,尧、舜、汤、文王和武王出现的频率都很高,而且还反复宣扬着"仁者无敌,王请勿疑"一类的话。此正与韩非所说的"皆道上古之传誉,先王之成功"以及"听吾言则可以霸王"一致。

清人王先谦也看到了韩非对仁义惠爱的批评主要针对孟子,因此他为韩非的做法进行了调和式的辨析,其在《韩非子集解·序》中云:

> 迄今览其遗文,推迹当日国势,苟不先以非之言,殆亦无可为治者。仁惠者,临民之要道,然非以待奸暴也。孟子导时王以仁义,而恶言利,今非之言曰:"世之学术者说人主,不曰乘威严以困奸邪,而皆曰仁义惠爱。世主亦美仁义之名,而不察其实。"盖世主所美,非孟子所谓仁义;说士所言,非仁义即利耳。至劝人主用威,唯非宗属乃敢言之。非论说固有偏激,然其云明法严刑,救群生之乱,去天下之祸,使强不陵弱,众不暴寡,耆老得遂,幼孤得长,此则重典之用而张弛之宜,与孟子所称及闲暇明政刑,用意岂异也!

王先谦一方面认为韩非反对"仁义",并非在孟子所主张的"仁惠"为"临民之要道"这一层面上进行,而是对当时一些以仁义为幌子行不仁义之举的批评。另一方面,他又指出韩非的政治主张、目标与孟子有一致之处。王氏此说虽然有为韩、孟调和之嫌,但是他的确看到了二人理论上的相似点。孟子主张"国家闲暇,及是时明其政刑"(《孟子·公孙丑上》),韩非也认为治国应"明吾法度,必吾赏罚"②。孟子要求"老吾老,以及人之老;幼吾幼,以及人之幼","谨庠序之教,申之以孝悌

---

①《韩非子集解·显学》,第463页。
②《韩非子集解·显学》,第462页。

之义,颁白者不负戴于道路矣。老者衣帛食肉,黎民不饥不寒"(《孟子·梁惠王上》),韩非也认为"正明法,陈严刑,将以救群生之乱,去天下之祸,使强不陵弱,众不暴寡,耆老得遂,幼孤得长,边境不侵,君臣相亲,父子相保,而无死亡系虏之患"①。但是,这种相似政治目标的背后,有完全不同的政治理念。孟子是从仁义惠爱出发,通过实行仁政来实现理想中的王道政治;而韩非是从严刑重赏出发,通过实行法治来实现理想中的霸道政治。

　　韩非不仅批评了仁义惠爱治国之不足,而且还在书中反复论述了与此相对的治国主张,即要求实行"严刑"、"重罚"与"明赏设利",《奸劫弑臣》篇云:

　　　　夫严刑者,民之所畏也;重罚者,民之所恶也。故圣人陈其所畏以禁其邪,设其所恶以防其奸,是以国安而暴乱不起。吾以是明仁义爱惠之不足用,而严刑重罚之可以治国也。无捶策之威,衔橛之备,虽造父不能以服马;无规矩之法,绳墨之端,虽王尔不能以成方圆;无威严之势,赏罚之法,虽尧、舜不能以为治。今世主皆轻释重罚严诛,行爱惠,而欲霸王之功,亦不可几也。故善为主者,明赏设利以劝之,使民以功赏而不以仁义赐;严刑重罚以禁之,使民以罪诛而不以爱惠免。是以无功者不望,而有罪者不幸矣。托于犀车良马之上,则可以陆犯阪阻之患;乘舟之安,持楫之利,则可以水绝江河之难;操法术之数,行重罚严诛,则可以致霸王之功。②

韩非认为治国的核心在于懂得法术之道,法术之道的核心又在于严守赏罚。法术之于治国,正如马鞭、马嚼子之于驾马,规矩、绳墨之于画方圆,治国只要行法术、赏罚之道,就可以成就霸王之业。韩非对以孟子为代表的儒家仁政理论的彻底否定,既是孟子学术本身有不完善地方的表现,又是在战国末期大一统趋势下,时代急需一种适时的治国理论、策略来完成这一趋势的需求。韩非也正是在批判继承先前法家、儒家、墨家、道家、纵横家等诸多学派的有关理论基础上,形成了集大成式的法家理

①《韩非子集解·奸劫弑臣》,第102页。
②《韩非子集解·奸劫弑臣》,第104—105页。

论体系。

韩非对法术的作用十分自信,正如孟子对仁政十足自信一样。孟子反复言说着"保民而王,莫之能御也","王欲行之,则盍反其本矣。……然而不王者,未之有也"(《孟子·梁惠王上》)。韩非子反其道而行,说"万乘之主,有能服术行法以为亡征之君风雨者,其兼天下不难矣"[①],他相信,只要运用法术,统一天下就不难了。这与孟子相信以仁义治国可以统一天下的思想截然不同,但是其内在的推理却是一致的。韩非在论证法、术可"兼天下"的过程中,还借用了孟子水能胜火的比喻及其论证逻辑。孟子用杯水车薪的故事,本来是喻证仁胜不仁正如"水胜火"一样明显,但仁要胜过不仁是有条件的,他说:

> 仁之胜不仁也,犹水胜火。今之为仁者,犹以一杯水,救一车薪之火也;不熄,则谓之水不胜火,此又与于不仁之甚者也。亦终必亡而已矣。(《孟子·告子上》)

就是说,如果仁为杯水,不仁为车薪,那么仁也难以胜过不仁。韩非也借用水火之喻来论证法治能禁止奸邪是很明显的,但法治起作用是有条件的。而且他还在孟子论证逻辑的基础上作了发挥。他说:

> 今夫水之胜火亦明矣,然而釜鬵间之,水煎沸竭尽其上,而火得炽盛焚其下,水失其所以胜者矣。今夫治之禁奸又明于此,然法守之臣为釜鬵之行,则法独明于胸中,而已失其所以禁奸者矣。[②]

同样是用水能胜火作比喻,孟子是从水火的多少着手,而韩非则引入第三个因素"釜鬵":水不能胜过火,是因锅的阻碍而使水丧失了胜过火的条件。韩非以此作比,说明法治不能禁止奸邪,也是因为法治有锅的阻碍而失去了应有的条件,这个锅正是执法的臣子。执法的臣子把推行法治的君主与为非作歹的奸臣隔开,那么法治仅在君主心中明白,却已失去了禁止奸邪的作用。韩非的这一巧妙喻证,正是受孟子启发而作出的发挥,正所谓借他人之酒杯,浇心中之块垒。

韩非认为君主行仁义,国则亡,依法赏有功、罚有罪,国则强,所谓

---

① 《韩非子集解·亡征》,第113页。
② 《韩非子集解·备内》,第117页。

"治强生于法,弱乱生于阿,君明于此,则正赏罚而非仁下也;爵禄生于功,诛罚生于罪,臣明于此,则尽死力而非忠君也。君通于不仁,臣通于不忠,则可以王矣"①。他借卜皮之言批评魏惠王喜好"慈惠"之名声,实际上是在走向灭亡,因为"夫慈者不忍,而惠者好与也。不忍则不诛有过,好予则不待有功而赏。有过不罪,无功受赏,虽亡不亦可乎"②。就是说,君主仁慈则不忍罚有罪,君主惠爱则好施与无功之人,如此则国亡。

韩非不仅反对君主行仁义,而且严厉禁止臣子行仁义,《外储说左下》记载了这样一则故事:

> 费仲说纣曰:"西伯昌贤,百姓悦之,诸侯附焉,不可不诛;不诛,必为殷祸。"纣曰:"子言,义主,何可诛?"费仲曰:"冠虽穿弊,必戴于头;履虽五采,必践之于地。今西伯昌,人臣也,修义而人向之,卒为天下患,其必昌乎!人人不以其贤为其主,非可不诛也。且主而诛臣,焉有过!"纣曰:"夫仁义者,上所以劝下也,今昌好仁义,诛之不可。"三说不用,故亡。③

在韩非看来,当初作为臣子的西伯昌行仁义于百姓可不是什么好事,因为这是"群臣废法而行私重,轻公法矣"④。臣下"好仁义"、"行私重"就是收买人心,收买人心就是夺取君主的权威,君主无权威的结果就是亡国。稍后的《吕氏春秋》赞同这种看法,其《顺民》篇云:"文王处岐事纣,冤侮雅逊,朝夕必时,上贡必适,祭祀必敬。纣喜,命文王称西伯,赐之千里之地。文王载拜稽首而辞曰:'愿为民请炮烙之刑。'文王非恶千里之地,以为民请炮烙之刑,必欲得民心也。得民心则贤于千里之地,故曰文王智矣。"⑤韩非子把臣子的这种行为称为"民萌",视为八奸之一,即"为人臣者散公财以说民人,行小惠以取百姓,使朝廷市井皆劝誉己,以塞其主而成其所欲",因为韩非认为"利于民者必出于君,不使人臣私其德"⑥,要求法令、威德、权势仅能自君主出,即主张高度的

---

① 《韩非子集解·外储说右下》,第330页。
② 《韩非子集解·内储说上》,第228页。
③ 《韩非子集解·外储说左下》,第300页。
④ 《韩非子集解·有度》,第33页。
⑤ 《吕氏春秋集释》,第201—202页。
⑥ 《韩非子集解·八奸》,第54—55、56页。

集权统治。

　　韩非在其书中反复论证了这一观点，如他在《外储说右上》中记载齐景公与晏子的对话，晏子认为齐国将属于田成氏，其理由是："夫田成氏甚得齐民，其于民也，上之请爵禄行诸大臣，下之私大斗斛区釜以出贷，小斗斛区釜以收之。……今田成氏之德而民之歌舞，民德归之矣。"① 排除其用心，田成氏的这些做法正是孟子所推崇的仁政，但韩非却视之为臣子八种奸行之一的"民萌"。就是臣子真心行仁义，韩非也加以反对，他讲了这样一则寓言式的故事：季康子任鲁国的相国，子路为郈县的县令，子路受孔子仁义观影响，私人请挖河的工人吃粥，孔子却批评他不该行此仁义，孔子云："女之飱② 之，为爱之也。夫礼，天子爱天下，诸侯爱境内，大夫爱官职，士爱其家，过其所爱曰侵。今鲁君有民，而子擅爱之，是子侵也，不亦诬乎！"③ 韩非借孔子之口认为，为鲁国之民行仁义者，仅有鲁君一人耳，作为臣子的子路行仁义，就是侵犯了君主的权威。对于类似做法的危害，他还打了个形象的比喻：君王如果厚赋敛而重杀戮，"不以恩加民"，则民犹渴马，臣子为仁厚则如圃池④。如此，威德自然下移到臣子，而这在韩非治国之术中是绝不允许的。

　　可见，韩非子对孟子仁义观的认识是矛盾的，他一方面主张君王不该也不必行仁义、仁政，但是另一方面又担心臣子行仁义、仁政而得民心。他一方面说行仁义会亡国，但另一方面又看到了臣子行仁义会加重自己的权势，最终篡夺君位。他在此方面的理想做法主要在赏罚二字，要求严格遵守赏有功、罚有罪，如此，则臣下只有唯法是从，努力建功，而不敢擅作主张，破坏法度而致使君权下移。反之，"缓刑罚，行宽惠，是利奸邪而害善人也，此非所以为治也"⑤。

① 《韩非子集解·外储说右上》，第 312—313 页。
② 钟哲点校的《韩非子集解》（新编诸子集成本）"飱"原作"湌"，据上下文和其他版本，此处应为"飱"。
③ 《韩非子集解·外储说右上》，第 314 页。
④ 《韩非子集解·外储说右下》，第 334 页。
⑤ 《韩非子集解·难二》，第 360 页。

(二)对孟子处理法与仁、孝、忠两难问题做法的批评

韩非批评了孔子、孟子在处理法与仁、孝、忠两难问题上的做法。《论语·子路》记载:叶公语孔子曰:"吾党有直躬者,其父攘羊,而子证之。"孔子曰:"吾党之直者异于是:父为子隐,子为父隐。——直在其中矣。"《孟子·尽心上》也有类似的记载,孟子弟子桃应曾问孟子:"舜为天子,皋陶为士,瞽瞍杀人,则如之何?"孟子认为,舜应该做的就是"视弃天下犹弃敝蹝也。窃负而逃,遵海滨而处,终身䜣然,乐而忘天下"。另一件事是舜的弟弟象"日以杀舜为事",但舜为天子后却封有庳之国,万章当时就很是不解,说"舜流共工于幽州,放驩兜于崇山,杀三苗于三危,殛鲧于羽山,四罪而天下咸服,诛不仁也。象至不仁,封之有庳。有庳之人奚罪焉?仁人固如是乎?在他人则诛之,在弟则封之。"对于万章的质问,孟子解释说:"仁人之于弟也,不藏怒焉,不宿怨焉,亲爱之而已矣。亲之欲其贵也,爱之欲其富也。封之有庳,富贵之也。身为天子,弟为匹夫,可谓亲爱之乎?"(《孟子·万章上》)可见,孔子、孟子在处理法与血缘之亲关系时,总是把爱亲放在第一位,全力维护孝悌之德,认为"父为子隐,子为父隐"本就是"直",而折中性地处理法规与忠君。韩非根据《论语》《孟子》记载的这三件事,也讲了类似的两件事:

> 楚之有直躬,其父窃羊而谒之吏。令尹曰:"杀之!"以为直于君而曲于父,报而罪之。以是观之,夫君之直臣,父之暴子也。鲁人从君战,三战三北。仲尼问其故,对曰:"吾有老父,身死,莫之养也。"仲尼以为孝,举而上之。以是观之,夫父之孝子,君之背臣也。故令尹诛而楚奸不上闻,仲尼赏而鲁民易降北。[①]

这两则故事是直指孔、孟的,因为涉及的都是法与仁、孝或者忠的两难问题。在此两难选择中,韩非充分肯定了直躬的"直",而否定了令尹以"孝"为标准的处罚原则,对鲁人以孝为借口而消极交战的行为,以及孔子因此而推举的做法表示了不满。从中也可以看出,韩非对孔子提出的为父隐瞒、孟子为舜选择的负父而逃的做法,以及赞同舜处理象

---

① 《韩非子集解·五蠹》,第 449 页。

的做法的行为是极为反对的,因为如此一来,逃可免罚,"奸不上闻","民易降北",治国也就无从谈起了。在韩非看来,法令法规总是第一位的,不能因亲情而废弃。此即后世要求的王子犯法,与庶民同罪。韩非与孟子的不同,就在于孟子是从仁义出发,而仁义的核心在孝悌;韩非是从法术出发,而法术的核心在赏罚分明。这也正是韩非旧话重提的寓意所在。

韩非还尖锐批评了孟子极力称赞舜孝顺父亲的做法。孟子赞美舜云:"人悦之、好色、富贵,无足以解忧者,惟顺于父母,可以解忧。……大孝终身慕父母。五十而慕者,予于大舜见之矣。"(《孟子·万章上》)而韩非批评曰:"天下皆以孝悌忠顺之道为是也,而莫知察孝悌忠顺之道而审行之,是以天下乱。皆以尧舜之道为是而法之,是以有弑君,有曲父。尧、舜、汤、武或反君臣之义,乱后世之教者也。尧为人君而君其臣,舜为人臣而臣其君,汤、武为人臣而弑其主、刑其尸,而天下誉之,此天下所以至今不治者也。"[1]韩非把孟子眼里"大孝终身慕父母"的舜以及其反复举为圣人榜样的尧、汤、武视为"弑君"、"曲父"之人,认为他们是扰乱后世道德教化,致使国家不治的祸根[2]。

韩非还批评了孟子在一则关于孔子评价舜的传闻上的看法。孟子的看法见于《孟子·万章上》,韩非的批评见于《忠孝》篇,它应该是韩非见了《孟子》的记载后,有感而发的记录。为便于通过比较看清二人观点的差异,下面对应列出二文:

---

[1]《韩非子集解·忠孝》,第465—466页。

[2] 在《孟子》一书中,孟子是随时称赞尧舜等人的,韩非对尧舜的批评,有较强的针对孟子的意思。孟子对武王杀纣一事有评价,《孟子·梁惠王下》载:齐宣王问曰:"汤放桀,武王伐纣,有诸?"孟子对曰:"于传有之。"曰:"臣弑其君可乎?"曰:"贼仁者谓之贼,贼义者谓之残,残贼之人谓之一夫。闻诛一夫纣矣,未闻弑君也。"孟子不认为武王是弑君,而是在诛杀暴君。韩非的评价有针对孟子此说的意图。其实孟子在忠君上倒是与孔子不同,他讲的更多是"使臣以礼",这个"礼"并不光指表面上的尊重和礼遇,还包括君主自身的德行是否高尚,是否能推行仁政,王道天下。只有这两方面都做到了,臣子才应该对君王尽忠职守;如果这两点君王都未做到,臣子还对他忠心不二,那么不是愚忠,就是大奸,都不会给国家和百姓带来什么好处。所以孟子不但不提到"忠"字,相反认为如果一个君王不行仁义就应当劝谏,劝谏了不听就该抛弃官职,或者投奔其他的有道之君,严重的时候甚至还可以"易其位"或"诛一夫"。而韩非认为"尽力守法,专心于事主者为忠臣"(《韩非子集解·忠孝》,第468页)。

《孟子·万章上》	《韩非子·忠孝》
咸丘蒙问曰："语云：'盛德之士，君不得而臣，父不得而子。'舜南面而立，尧帅诸侯北面而朝之，瞽瞍亦北面而朝之。舜见瞽瞍，其容有蹙。孔子曰：'于斯时也，天下殆哉，岌岌乎！'不识此语诚然乎哉？"孟子曰："否。此非君子之言，齐东野人之语也。尧老而舜摄也。《尧典》曰：'二十有八载，放勋乃徂落，百姓如丧考妣，三年，四海遏密八音。'孔子曰：'天无二日，民无二王。'舜既为天子矣，又帅天下诸侯以为尧三年丧，是二天子矣。"咸丘蒙曰："舜之不臣尧，则吾既得闻命矣。《诗》云：'普天之下，莫非王土；率土之滨，莫非王臣。'而舜既为天子矣，敢问瞽瞍之非臣，如何？"曰："是诗也，非是之谓也；劳于王事而不得养父母也。曰：'此莫非王事，我独贤劳也。'故说诗者，不以文害辞，不以辞害志。以意逆志，是为得之。如以辞而已矣，《云汉》之诗曰：'周余黎民，靡有孑遗。'信斯言也，是周无遗民也。孝子之至，莫大乎尊亲；尊亲之至，莫大乎以天下养。为天子父，尊之至也；以天下养，养之至也。《诗》曰：'永言孝思，孝思维则。'此之谓也。《书》曰：'祗载见瞽瞍，夔夔斋栗，瞽瞍亦允若。'是为父不得而子也。"	记曰："舜见瞽瞍，其容造焉。"孔子曰："当是时也，危哉！天下岌岌，有道者，父固不得而子，君固不得而臣也。"臣曰：孔子本未知孝悌忠顺之道也。然则有道者进不为臣主，退不得为父子耶？父之所以欲有贤子者，家贫则富之，父苦则乐之；君之所以欲有贤臣者，国乱则治之，主卑则尊之。今有贤子而不为父，则父之处家也苦；有贤臣而不为君，则君之处位也危。然则父有贤子，君有贤臣，适足以为害耳，岂得利焉哉？所谓忠臣不危其君，孝子不非其亲，今舜以贤取君之国，而汤、武以义放弑其君，此皆以贤而危主者也，而天下贤之。古之烈士，进不臣君，退不为家，是进则非其君，退则非其亲者也。且夫进不臣君，退不为家，乱世绝嗣之道也。是故贤尧、舜、汤、武而是烈士，天下之乱术也。……《诗》云："普天之下，莫非王土；率土之滨，莫非王臣。"信若《诗》之言也，是舜出则臣其君，入则臣其父，妾其母，妻其主女也。故烈士内不为家，乱世绝嗣；而外矫于君，朽骨烂肉，施于土地，流于川谷，不避蹈水火，使天下从而效之，是天下遍死而愿夭，此皆释世而不治是也。……故人臣毋称尧、舜之贤，毋誉汤、武之伐，毋言烈士之高，尽力守法，专心于事主者为忠臣。

　　孔子评价舜这件事的记载，在《孟子》之前还见于《墨子·非儒下》篇，其文云："孔某与其门弟子闲坐，曰：'夫舜见瞽叟孰然，此时天下圾乎！周公旦非其人也邪？何为舍亓家室而托寓也？'"孙诒让注曰："以上并谓孔子诬舜与周公也。"[①]即墨子用这个故事是为了批评孔子，所以墨子又说："今孔某之行如此，儒士则可以疑矣。"对比三家所载字句以及目的可以看出，韩非的批评是在孟子基础上展开的。

---

① 孙诒让：《墨子闲诂》卷九，清光绪三十三年刻本。"亓"即"其"字。明正统道藏本"孰然"作"就然"，"舍亓"作"亦舍"。

　　孟子为孔子辩护,说此非孔子之言,并否定了"盛德之士,君不得而臣,父不得而子"的说法,目的是为了维护圣人德行和儒家君臣、父子观。韩非虽也反对这种说法,但他却把矛头直接指向孟子最为推崇的圣人,得出了与孟子完全不同的观点。韩非认为孔子的话正显示出他"本未知孝悌忠顺之道",因为父欲子贤、君欲臣贤的目的,是为了富家、治国,以及使父亲高兴、使君主尊贵。如果父亲、君王在舜贤能后反倒不能以之为子、以之为臣,那么父亲就会有失子的痛苦,君主就会有被替代的危险,哪里还有好处可言? 而且舜以贤的名义取国,汤、武以义的名义弑杀其君,这也违背了忠臣孝子之道,而孟子等人却以尧、舜、汤、武为贤,这才是实实在在的"天下乱术"。在论证过程中,孟子与韩非又都涉及《诗经·小雅·北山》中的句子"普天之下,莫非王土;率土之滨,莫非王臣"。对此,孟子解释为诗作者的抱怨负气之词,要求读者不可"以文害辞"、"以辞害意",进而肯定父亲可以以盛德之士为子。韩非则把诗句视为舜等人扰乱孝悌忠顺的依据,因为据此诗句,正可以推出舜为天子,就应以君为臣、以父为臣、以母为妾、以君主之女为妻,而这正是乱国败家的行为。在韩非看来,做君主的固然应该制定和运用法术,掌握国家权柄,树立威信,但做臣子的也应该恪尽职守,严格遵循法度,不越权行事,更不能以仁义为借口而篡夺君位,"尽力守法,专心于事主者为忠臣"①。

　　韩非引入《孟子》这段记载,其目的就在于批评孟子等儒家学者妄以仁义为口实,"皆道上古之传誉,先王之成功"②,而颠倒是非,否定法度,削弱君主权威而谋臣下之私利。韩非论证中所评论的对象、所引用的材料、所使用的论证逻辑,都与孟子一样,但结论却完全相反,这正是韩非反面立论的结果。

　　韩非对孟子圣人观的批评,着眼点在孟子只看到了圣人身上的仁德,而忽视了他们夺取了君主权威、国家的实质。在韩非眼里,无论是通过禅让得位的舜,还是通过武力讨伐得位的汤、武,其实质都是臣子的篡夺。当然,如果照此逻辑,则任何君权的更迭都是不合法理的,唯有后世臣子宣称的"吾皇万岁万万岁",即君主长生不老方可避免,因此韩非的

①《韩非子集解·忠孝》,第 468 页。
②《韩非子集解·显学》,第 463 页。

批评也有其局限。但韩非的最大功绩在于,他敢于把儒家奉为神的圣人拉下云端,破除他们耀眼的光环,还原他们人的本质,这无疑是对儒家学术的当头棒喝,使后世儒生有机会理性地重新审视自己的学术,把纯书斋式的学术研究与时代思潮、社会政治紧密结合,从而让儒学有机会注入新的元素,获得新的活力。因此可以说,汉代儒生对儒学的变革,与韩非的严厉批评不无关联。

四、对孟子义利观的批评

韩非对儒家特别是孟子重仁义而轻利的思想不满,他在《六反》中从正反两面对此进行了批判,其文云:

> 今学者之说人主也,皆去求利之心,出相爱之道,是求人主之过于父母之亲也,此不熟于论恩诈而诬也,故明主不受也。圣人之治也,审于法禁,法禁明著则官法;必于赏罚,赏罚不阿则民用。官官治①则国富,国富则兵强,而霸王之业成矣。霸王者,人主之大利也。人主挟大利以听治,故其任官者当能,其赏罚无私。使士民明焉尽力致死,则功伐可立而爵禄可致,爵禄致而富贵之业成矣。富贵者,人臣之大利也。人臣挟大利以从事,故其行危至死,其力尽而不望。此谓君不仁,臣不忠,则不②可以霸王矣。③

文中的"今学者"应该是指孟子或者其后学,何以如此说呢? 因为当时在政治上主张去利而爱人者必儒家,而算得上称今人的又只有孟子、荀子及其弟子,以及当时其他儒学派别的儒生④。其中,荀子是主张义利兼顾的,荀子弟子除韩非、李斯外,据说还有鲁人大毛公,但仅著有《毛诗》,当时其他儒学派别的观点如何,我们不得而知。就现有文献看,只有孟

---

① 顾广圻曰:当作"民用官治"四字。见《韩非子集解》,第417页。
② 顾广圻曰:"'不'字当衍。《外储说右篇》云:'君通于不仁,臣通于不忠,则可以王矣。'此其证也。"其说可从。
③《韩非子集解·六反》,第417页。
④ 就是考察早期儒家文献诸如《论语》《大学》《中庸》《礼记》以及新出土的郭店楚简、上博简、马王堆汉墓帛书等,凡其中涉及义利观的,也几乎不见韩非所谓"今学者"类似的观点。如《论语》中谈利益、好处的"利"仅有几处,《里仁》:"放于利而行,多怨。""君子喻于义,小人喻于利。"《子罕》:"子罕言利与命与仁。"把利与仁义结合起来说的,仅《宪问》篇的"见利思义"。与韩非说的"去求利之心,出相爱之道"也有不小差距。

子的观点与此完全一致。《孟子》开篇就是孟子的义利之辨,显示出了孟子对此的重视①。梁惠王初见孟子,劈头就问:"叟,不远千里而来,亦将有以利吾国乎?"孟子对曰:"王,何必曰利?亦有仁义而已矣。王曰'何以利吾国?'大夫曰'何以利吾家?'士庶人曰'何以利吾身?'上下交征利,而国危矣。……苟为后义而先利,不夺不餍。未有仁而遗其亲者也,未有义而后其君者也。王亦曰仁义而已矣,何必曰利?"(《孟子·梁惠王上》)正如韩非所言,孟子这里是努力去梁惠王"求利之心",而极力宣扬"相爱之道"——仁义。在整部《孟子》中,孟子更是反复而又具体地向君王灌输着韩非所说的"相爱之道"——"为民父母",不应"率兽而食人"。"老吾老,以及人之老;幼吾幼,以及人之幼。天下可运于掌"。"推恩足以保四海,不推恩无以保妻子"(上引见《孟子·梁惠王上》)。"与百姓同乐,则王矣"。"乐以天下,忧以天下,然而不王者,未之有也"。"王如好色,与百姓同之,于王何有?"(上引见《孟子·梁惠王下》)"爱人不亲,反其仁。"(《孟子·离娄上》)"仁者爱人","爱人者,人恒爱之"(《孟子·离娄下》)。"亲亲而仁民,仁民而爱物"。"仁者无不爱也,急亲贤之为务"(上引见《孟子·尽心上》)。"仁者以其所爱及其所不爱"(《孟子·尽心下》)。因此,笔者认为此段话是批评孟子或其后学的。

韩非批评孟子"去求利之心,出相爱之道"的做法为"不熟于论恩诈而诬",认为圣人治国应"审于法禁","必于赏罚",即他在《八经》中所说的"设法度以齐民,信赏罚以尽民能,明诽誉以劝沮"②。在此基础上,君主只有怀着称王称霸这一"大利"去治国,才可能做到"任官者当能,其

---

① 对本章的作用,历来为学者所重视。赵岐于本章《章指》云:"治国之道明,当以仁义为名,然后上下和亲,君臣集穆。天经地义,不易之道,故以建篇立始也。"(赵岐:《孟子章句·孟子题辞》,第68页)宋人黄仲元《四如讲稿》卷一云:"《孟子》一书,先正人心,七篇之中纯说仁义,而此章托始,所以拔本塞源也。"(纪昀等编撰:《文渊阁四库全书》经部七《五经总义》类)张栻《癸巳孟子说》卷一云:"其所以反复警告者,深切著明,王道之本实在于此,故重言之曰:亦有仁义而已矣,何必曰利。"(纪昀等编撰:《文渊阁四库全书》经部八《四书》类)朱熹云:"此章言仁义根于人心之固有,天理之公也。利心生于物我之相形,人欲之私也。循天理,则不求利而自无不利;殉人欲,则求利未得而害已随之。所谓毫厘之差,千里之缪。此《孟子》之书所以造端托始之深意,学者所宜精察而明辨也。"(《四书章句集注·孟子集注》卷一,第202页)
② 《韩非子集解·八经》,第441页。

赏罚无私",进而士民才可能尽力建功而求富贵之业;臣子只有怀着荣华富贵这一"大利"去做事,才可能做到"行危至死,其力尽而不望"。在韩非看来,在明法禁的前提下,从君、臣到士、民,如果能一心求利,则国家大治。这与孟子所说的"王曰'何以利吾国?'大夫曰'何以利吾家?'士庶人曰'何以利吾身?'上下交征利,而国危矣"的情形完全相反,是韩非有意反面立论的结果。针对孟子"推恩足以保四海,不推恩无以保妻子"、"乐以天下,忧以天下,然而不王者,未之有也"等说法,韩非更是认为:"故法之为道,前苦而长利;仁之为道,偷乐而后穷。"① "君通于不仁,臣通于不忠,则可以王矣。"② "犯其所小苦,致获其所大利也。"③ 这是对"去求利之心,出相爱之道"做法的彻底否定,对法术和利的高扬。

韩非虽然肯定君臣与士民的"求利"行为,但反对孟子主张"明君制民之产"的利民政策。《显学》篇云:

> 今世之学士语治者,多曰:"与贫穷地以实无资。"今夫与人相若也,无丰年旁入之利,而独以完给者,非力则俭也;与人相若也,无饥馑疾疚祸罪之殃,独以贫穷者,非侈则惰也。侈而惰者贫,而力而俭者富。今上征敛于富人以布施于贫家,是夺力俭而与侈惰也,而欲索民之疾作而节用,不可得也。④

韩非这里所说的"今世学士",就主要是指孟子或孟子后学一派,因为极力强调给百姓土地的,数孟子最为努力,他多次提出给百姓"五亩之宅"、"百亩之田"、"制其田里",还希望恢复井田制,让百姓有地可耕。在韩非看来,孟子说的制民以恒产,是要求君王无偿给利、让利,而不是韩非所说的百姓自己努力去求利。让利是出于仁义惠爱,不考虑功劳大小;求利是基于法令制度,实际是一种论功行赏。因此韩非批评孟子的利民主张是"征敛于富人以布施于贫家,是夺力俭而与侈惰也"。

韩非还反对孟子把国之治乱与民之财用足与不足联系起来。他说:

---

① 《韩非子集解·六反》,第419页。
② 《韩非子集解·外储说右下》,第330页。《六反》篇有"此谓君不仁,臣不忠,则不可以霸王矣"句,顾广圻曰:"'不'字当衍。《外储说右篇》云:'君通于不仁,臣通于不忠,则可以王矣。'此其证也。"(《韩非子集解·六反》,第417页)此说是。
③ 《韩非子集解·显学》,第464页。
④ 《韩非子集解·显学》,第458—459页。

"今学者皆道书策之颂语,不察当世之实事,曰:'上不爱民,赋敛常重,则用不足而下恐上,故天下大乱。'此以为足其财用以加爱焉,虽轻刑罚可以治也。此言不然矣。"① 这里的"学者"应主要是指孟子,孟子常要求制民以恒产,要富民、足民②,说"易其田畴,薄其税敛,民可使富也。食之以时,用之以礼,财不可胜用也"(《孟子·尽心上》),又说"五亩之宅,树墙下以桑,匹妇蚕之,则老者足以衣帛矣。五母鸡,二母彘,无失其时,老者足以无失肉矣。百亩之田,匹夫耕之,八口之家足以无饥矣"(《孟子·尽心上》)。孟子相信,百姓财用足则"民焉有不仁者乎"。而韩非认为,虽以仁义惠爱实现了"足其财用",但如果轻刑罚则家国皆不可治。"夫富家之爱子,财货足用,财货足用则轻用,轻用则侈泰;亲爱之则不忍,不忍则骄恣。侈泰则家贫,骄恣则行暴,此虽财用足而爱厚,轻利之患也。"③ 富家子弟因"财用足而爱厚"可以败家,君主也会因爱民而足之可以乱国。"今以为足民而可以治,是以民为皆如老聃也。故桀贵在天子而不足于尊,富有四海之内而不足于宝。君人者虽足民,不能足使为天子,而桀未必以天子为足也,则虽足民何可以为治也!"④ 韩非认为让利于民没有限度,人心难于满足,因而国家也不能得到治理。相反,只有"适其时事以致财物,论其税赋以均贫富,厚其爵禄以尽贤能,重其刑罚以禁奸邪;使民以力得富,以事致贵,以过受罪,以功致赏而不念慈惠之赐,此帝王之政也"⑤。就是说,帝王之政的重心在"论赋税"、"厚爵禄"、"重刑罚",让百姓勤劳致富、因功受赏而不是"慈惠之赐"。

当然,韩非的批评也并非完全中肯。孟子的"治民之产"是给予百姓基本的生活资料,而不是一味地给予;孟子也并非完全舍弃法令、刑

---

① 《韩非子集解·六反》,第 421 页。
② 对于满足百姓生活需求的所谓"足",在孔子也提到过。《论语·先进》篇载冉有的话:"方六七十,如五六十,求也为之,比及三年,可使足民。如其礼乐,以俟君子。"《论语·颜渊》云:"子贡问政。子曰:'足食,足兵,民信之矣'。"同篇又载:"哀公问于有若曰:'年饥,用不足,如之何?'有若对曰:'盍彻乎。'曰:'二,吾犹不足,如之何其彻也?'对曰:'百姓足,君孰与不足?百姓不足,君孰与足?'"但把足民与仁义惠爱联系起来讲的,主要是孟子。所以说韩非此处批评的学者,主要是指孟子。
③ 《韩非子集解·六反》,第 421 页。
④ 《韩非子集解·六反》,第 422 页。
⑤ 《韩非子集解·六反》,第 422 页。

罚,他只是要求省刑罚而重仁义;百姓富足后,也不是一定就会变坏。韩非的这些看法,与他主张的人性本恶论密切相连。从二人义利观的最终目标看,韩非是为实现君主统一天下这一大利,而孟子也是如此,实质相同,表现形式各异:前者为霸道,后者为王道。

五、对孟子民心思想的批评

在圣人治国的理想中,孟子表现出强烈的民本思想,其中,他把民心的向背看成战争、治国、王天下能否成功的关键,他说:"天时不如地利,地利不如人和。"(《孟子·公孙丑下》)"得天下有道,得其民,斯得天下矣;得其民有道,得其心,斯得民矣。"(《孟子·离娄上》)"善政得民财,善教得民心。"(《孟子·尽心上》)又说:"民为贵,社稷次之,君为轻。是故得乎丘民而为天子。"(《孟子·尽心下》)针对孟子"得其心,斯得民矣"的看法,韩非反面立论,提出"适民心者,恣奸之行"、"虽拂于民心,立其治"的观点,对民心在治国中的作用持否定态度。他说:

> 夫不变古者,袭乱之迹;适民心者,恣奸之行。民愚而不知乱,上懦而不能更,是治之失也。人主者,明能知治,严必行之,故虽拂于民心,立其治。[1]

> 今不知治者必曰:"得民之心。"欲得民之心而可以为治,则是伊尹、管仲无所用也,将听民而已矣。……故举士而求贤智,为政而期适民,皆乱之端,未可与为治也。[2]

韩非批评了孟子等人的"得民之心"论,说得民心如能治国,那么也就无须伊尹、管仲之流了,进而他还把顺民心与求贤智并称为祸乱的根源。为什么如此说呢?

首先,他认为顺应民心实际上是放纵邪恶的行为。"夫民之性,喜其乱而不亲其法","恶劳而乐佚"[3],"好利禄而恶刑罚"[4],顺民心就是顺民

---

[1]《韩非子集解·南面》,第 120 页。
[2]《韩非子集解·显学》,第 463—464 页。
[3]《韩非子集解·心度》,第 474 页。
[4]《韩非子集解·制分》,第 476 页。

之性,这样就会破坏赏罚的法度。其次,"民愚而不知乱,上懦而不能更,是治之失也",即民众本愚蠢无知,如果君主再怯弱而顺民心,就不能改变古制、古法,建立新法。最后,顺应民心、收买民心的做法还会给臣子带来可乘之机,威胁到君主权威乃至国家存亡。韩非说,"行惠取众谓之得民","得民者,君上孤也",有了施行恩惠来得民心的行为,那么君主迟早要被孤立,如此,就会造成"匹夫之私誉,人主之大败也"①。因此韩非坚决反对大臣重视、收买民心的做法。本章"对孟子仁义治国论的批评"部分已有分析,此不赘述。

　　另外,从操作性和有效性上看,韩非认为:"且夫以身为苦而后化民者,尧、舜之所难也;处势而骄下者,庸主之所易也。将治天下,释庸主之所易,道尧、舜之所难,未可与为政也。"②因为"以身为苦"去感化民众、获取民心难,而以权势治人易,所以"虽拂于民心,立其治"③,"圣人为法国者,必逆于世,而顺于道德"④。"必逆于世",就是指违背喜"轻刑罚"的民心,"道德"在这里是指法术势等治国的常规。

　　韩非有时也重视民心,但仅为一种权宜之计,或者驾驭臣民的一种方法。他说:"古者先王尽力于亲民,加事于明法。"⑤"刑者,爱之自也。"⑥韩非说的亲民、爱民与儒家德化政治大异其趣,它是以严刑峻法为基础,使臣民不敢为非因而得以全身远害。所以《功名》篇又云:"明君之所以立功成名者四:一曰天时,二曰人心,三曰技能,四曰势位。非天时,虽十尧不能冬生一穗;逆人心,虽贲育不能尽人力。故得天时则不务而自生,得人心则不趣而自劝。"⑦得人心不是靠德行修养和仁政,而是靠严明的法令、权术。如此就能尽人力,能使百姓自觉地为君王卖力,成就君王的功名。

---

① 上引皆见《韩非子集解·八反》,第 423 页。

② 《韩非子集解·难一》,第 351 页。

③ 《韩非子集解·南面》,第 120 页。

④ 《韩非子集解·奸劫弑臣》,第 103 页。

⑤ 《韩非子集解·饰邪》,第 122 页。

⑥ 《韩非子集解·心度》,第 474 页。

⑦ 《韩非子集解·功名》,第 207—208 页。

第二节　《吕氏春秋》对孟子思想的接受

司马迁《吕不韦列传》云："是时诸侯多辩士,如荀卿之徒,著书布天下。吕不韦乃使其客人人著所闻,集论以为八览、六论、十二纪,二十余万言。以为备天地万物古今之事,号曰《吕氏春秋》。"① 吕不韦食客三千,可推知应包含了先秦各学派。这种集体编撰的形式,使该书涵盖了众多学术派别的观点。所以《汉书·艺文志》归之为"杂家",说"杂家者流,盖出于议官。兼儒、墨,合名、法"②。第一个为之作注的高诱在其《序》中说:

> 不韦乃集儒书,使著其所闻,为《十二纪》、《八览》、《六论》,合十余万言,备天地万物古今之事,名为《吕氏春秋》。……然此书所尚,以道德为标的,以无为为纲纪,以忠义为品式,以公方为检格,与孟轲、孙卿、淮南、扬雄相表里也,是以著在《录》、《略》。……故复依先师旧训,辄乃为之解焉,以述古儒之旨,凡十七万三千五十四言。③

高氏明确说吕不韦"集儒书,使著其所闻",又说自己作注是为了"述古儒之旨",言下之意,《吕氏春秋》全书皆是儒家作品。唐人马总《意林》说:"吕不韦,始皇时相国,乃集儒士为《十二纪》、《八览》、《六论》。"④ 又把编撰者说成是儒士。清人陈澧《东塾读书记》也说:"《吕氏春秋》多采古儒家之说,故可取者最多。古之儒家,多伟人名论,其书虽亡,其姓名虽湮没,而其言犹有存者。"⑤ 虽然高氏、马氏所说不一定皆合事实,但高氏说该书"以道德为标的,以无为为纲纪,以忠义为品式,以公方为检格",倒是相当精辟的概括。又说该书"与孟轲、孙卿、淮南、扬雄相表里也",即指《吕氏春秋》与孟子等人的思想相互印证。

卢文弨《书吕氏春秋后》云:"《吕氏春秋》一书,大约宗墨氏之学而缘饰以儒术,其重己、贵生、节丧、安死、尊师、下贤,皆墨道也。然君子

---

① 《史记》卷八十五,第 2510 页。
② 《汉书》卷三十,第 1742 页。
③ 见《吕氏春秋集释》书前的序。
④ 马总:《意林》,见《吕氏春秋集释·附考》,第 705 页。
⑤ 陈澧:《东塾读书记》卷十二,见黄国声主编《陈澧集》,上海古籍出版社,2008 年,第 263 页。

犹有取焉，……孟子尊孔子，斥杨、墨，书中无一言及之。所称引者，庄、
惠、公孙龙、子华子诸人耳。"① 卢氏解释了《吕氏春秋》不言及孟子的原
因。虽然该书究竟以哪家思想为宗历来存有争议 ②，但是文中没有直接
提到过孟子，这倒是实情，不但如此，就是连后人在列数该书思想渊源时
也没有提到过孟子 ③。但是，《吕氏春秋》没有言及孟子不等于说它没有
吸收和发挥孟子的思想，高诱曾注《孟子》与《吕氏春秋》，说两书"相表
里"，他所说必有依据。以下对此略作分析。

一、对孟子人性论的吸收与改造

《吕氏春秋》没有专门论人性的篇章，只有一些零星议论，在不多的
分析中，它对孟子的"夜气"说以及养性、扩充善端等观点有借鉴。与孟

---

① 卢文弨：《抱经堂文集》，见卢文弨著，王文锦点校《抱经堂文集》，中华书局，1990 年，第 148 页。
② 除前文提到的说法外，还如毕沅《吕氏春秋新校正序》云："是以其书沉博绝丽，汇儒墨之旨，
合名法之源。"（《吕氏春秋集释·附考》，第 711 页）《四库全书总目提要·子部》杂家类一：
"不韦固小人，而是书较诸子之言，独为醇正，大抵以儒为主，而参以道家墨家，故多引六籍之
文与孔子曾子之言。其他如论音则引《乐记》，论铸剑则引《考工记》，虽不著篇名，而其文可
案。所引《庄》《列》之言，皆不取其放诞恣肆者，墨翟之言，不取其《非儒》《明鬼》者，而纵
横之术，刑名之说，一无及焉，其持论颇为不苟。"（王云五主编"万有文库"之《四库全书总
目提要》第二十三册子部杂家类一，商务印书馆，1931 年，第 8 页）郭沫若《十批判书·吕不
韦与秦王政的批判》也说："在大体上它是折衷着道家与儒家的宇宙观和人生观，尊重理性，
而对于墨家的宗教思想是摒弃的。他采取着道家的卫生的教条，遵守着儒家的修齐治平的
理论，行夏时，重德政，隆礼乐，敦诗书，而反对着墨家的非乐非攻，法家的严刑峻罚，名家的
诡辩苟察。"（郭沫若：《十批判书》，第 380 页）
③ 如清人汪中代毕沅作的《吕氏春秋序》云："最后《吕氏春秋》出，则诸子之说兼有之，故《劝
学》《尊师》《诬徒》《善学》四篇，皆教学之方，与《学记》表里。《大乐》《侈乐》《适音》
《古乐》《音律》《音初》《制乐》皆论乐，《艺文志》言刘向校书，别得《乐记》二十三篇。今
《乐记》有其一篇，而其他篇名载在《别录》者，唯见于《正义》所引。按本书《适音篇》《乐
记》载之。疑刘向所得，亦有采之诸子同于河间献王者。凡此诸篇，则六艺之遗文也。《十二
纪》发明明堂礼，则明堂阴阳之学也。《贵生》《情欲》《尽数》《审分》《君守》五篇，尚清
净养生之术，则道家流也。《荡兵》《振乱》《禁塞》《怀宠》《论威》《简选》《决胜》《爱
士》七篇，皆论兵，则兵权谋、形势二家也。《上农》《任地》《辨土》三篇，皆农桑树艺之事，
则农家者流也。其有牴牾者，《振乱》《禁塞》《大乐》三篇，以墨子非攻、救守及非乐为过，
而《当染篇》全取墨子，《应言篇》司马喜事则深重墨氏之学。"（汪中《述学补遗》，见《四部
丛刊》）清人徐时栋《吕氏春秋杂记序》云："考其征引神农之教，黄帝之诲，尧之戒，舜之诗，
后稷之书，伊尹之说，夏之鼎，商、周之箴，三代以来礼乐刑政，以至春秋、战国之法令，《易》
《书》《诗》《礼》《孝经》，周公、孔子、曾子、子贡、子思之言，以及夫关、列、老、庄、文子、子
华子、季子、李子、魏公子牟、惠施、慎到、宁越、陈骈、孙膑、墨翟、公孙龙之书，上志故记，歌诵
谣谚，其掊撮也博，故其言也杂，然而其说多醇而少疵。"（《吕氏春秋集释·附考》，第 718—
719 页）

子"夜气"一脉相承的是其"精气"说,见于以下两段话:

> 精气之集也,必有入也。集于羽鸟与为飞扬,集于走兽与为流行,集于珠玉与为精朗,集于树木与为茂长,集于圣人与为敻明。精气之来也,因轻而扬之,因走而行之,因美而良之,因长而养之,因智而明之。①

> 天道圜,地道方。……精气一上一下,圜周复杂,无所稽留,故曰天道圜。何以说地道之方也? 万物殊类殊形,皆有分职,不能相为,故曰地道方。②

从作者的描述中可以看出,精气循环于天地之间,可以汇集在诸如鸟、走兽、珠玉、树木、圣人等万物之上,万物也因之而得以尽其性,鸟因之而能尽飞扬之性,走兽因之而尽奔走之性,树木因之而尽茂长之性,圣人因之而尽明慧之性。这种"精气"与孟子的"浩然之气"、"夜气"一脉相通。孟子说"浩然之气""塞于天地之间","夜气"人人兼有,但是许多人反复把它消灭掉了,因此"夜气不足以存,则其违禽兽不远矣"(《孟子·告子上》)。孟子讲的是失去"夜气"的危险,《吕氏春秋》讲的是得到"精气"的重要性。

对于养性以及由此导致的圣人与一般人的区别,《吕氏春秋》吸收了孟子的观点。孟子说:"君子所以异于人者,以其存心也。君子以仁存心,以礼存心。"(《孟子·离娄下》)"圣人与我同类者。……口之于味也,有同耆焉;耳之于声也,有同听焉;目之于色也,有同美焉。至于心,独无所同然乎? 心之所同然者何也? 谓理也,义也。圣人先得我心之所同然耳。"(《孟子·告子上》)圣人与"我"同类,口、耳、目都有先天欲望,心都喜欢"理义",结果的不同只是圣人能"存心",善养心而不失去"理义"。《吕氏春秋》也把人的物质欲望作为先天的本性,并认为"欲有情,情有节"。其"节"就相当于孟子的"理义"。《情欲》篇云:

> 天生人而使有贪有欲。欲有情,情有节。圣人修节以止欲,故不过行其情也。故耳之欲五声,目之欲五色,口之欲五味,情也。此

---

① 《吕氏春秋集释·尽数》,第66页。
② 《吕氏春秋集释·圜道》,第78—79页。

三者,贵贱愚智贤不肖欲之若一,虽神农、黄帝其与桀、纣同。圣人之所以异者,得其情也。由贵生动则得其情矣,不由贵生动则失其情矣。此二者,死生存亡之本也。①

本篇作者也认为耳、目、口之欲"贵贱愚智贤不肖欲之若一",圣人之所以与其他人不同,在于"得其情",高诱注此句云:"圣人得其不过节之情。""不过节之情"在孟子那里就是"理义"。但与孟子把"理义"看成心先天具有的善端不同,本篇作者所说的"节"包含于"情","情"又包含于"欲",也就是说,情欲中既有趋恶的贪欲,也有趋善的"节",圣人善于修养"节"来制止恶欲。本篇还把是否"得其情"、"修节"与是否珍惜生命联系起来,"修节"成了生死的关键,这与孟子把"理义"作为修身养性的根本已经有了本质区别。

二、对孟子仁义之战的支持

对于战争,孟子反对无义战,他说:"争地以战,杀人盈野;争城以战,杀人盈城,此所谓率土地而食人肉,罪不容于死。故善战者服上刑,连诸侯者次之。"(《孟子·离娄上》)"有人曰:'我善为陈,我善为战。'大罪也。"(《孟子·尽心下》)但孟子肯定仁义之战。当齐宣王问孟子是否攻取燕国时,他说:"取之而燕民悦,则取之。古之人有行之者,武王是也。取之而燕民不悦,则勿取。古之人有行之者,文王是也。以万乘之国伐万乘之国,箪食壶浆,以迎王师,岂有他哉?避水火也。如水益深,如火益热,亦运而已矣。"(《孟子·梁惠王下》)如果百姓处在水深火热之中,则会"箪食壶浆,以迎王师"。孟子还充分肯定了汤对桀的征讨,他说:

> 东面而征,西夷怨。南面而征,北狄怨。曰:"奚为后我?"民望之,若大旱之望云霓也。归市者不止,耕者不变。诛其君而吊其民,若时雨降,民大悦。《书》曰:"徯我后,后来其苏!"今燕虐其民,王往而征之,民以为将拯己于水火之中也,箪食壶浆,以迎王师。若杀其父兄,系累其子弟,毁其宗庙,迁其重器,如之何其可也?天下固

---

① 《吕氏春秋集释·情欲》,第42—43页。

畏齐之强也,今又倍地而不行仁政,是动天下之兵也。(《孟子·梁惠王下》)

在孟子看来,汤的征伐是百姓的意愿,是救民于水火,属于仁义之战。仁义之战体现的是君子的仁义之情、礼智之行,"故君子有不战,战必胜矣"(《孟子·公孙丑下》),"仁人无敌于天下,以至仁伐至不仁,而何其血之流杵也"(《孟子·尽心下》)? 仁义之战不但战无不胜,而且应该兵不血刃,孟子说:"武王之伐殷也,革车三百两,虎贲三千人。王曰:'无畏! 宁尔也,非敌百姓也。'若崩厥角稽首。征之为言正也,各欲正己也,焉用战?"(《孟子·尽心下》)

以兵家思想为基础,《吕氏春秋》吸取了孟子仁义之战的思想①。《荡兵》、《振乱》、《禁塞》、《怀宠》、《精通》诸篇,在批评墨家反对攻战而重守御之法的同时,要求兴"义兵""以征不义"②,把"义兵"看成治理天下的"良药"。《振乱》篇对孟子所说的"不仁"之君和民处水火的情形作了生动描绘:"当今之世,浊甚矣。黔首之苦,不可以加矣。天子既绝,贤者废伏,世主恣行,与民相离,黔首无所告诉。"③因此相信"贤主秀士"如能兴义兵,则"天下之民且死者也而生,且辱者也而荣,且苦者也而逸。世主恣行,则中人将逃其君,去其亲,又况于不肖者乎? 故义兵至则世主不能有其民矣,人亲不能禁其子矣"④。这正是孟子说的"寡助之至,亲戚畔之;多助之至,天下顺之"(《孟子·公孙丑下》)。《怀宠》篇可以说集中体现了孟子的仁义之战思想。其文云:

---

① 兵家虽然也讲到了仁、义的问题,主张义战,但他们言之甚少,也不是把仁义作为作战的重要条件,而重在用兵策略,具体的用兵打仗方法。《孙子兵法·计篇》说:"将者,智、信、仁、勇、严也。"杜牧注云:"先王之道,以仁为首;兵家者流,用智为先。"(张震泽:《十一家注孙子校理·计篇》卷上,中华书局,1999 年,第 7 页)而且他们所说的仁,有时与儒家的仁相去甚远。《孙子兵法·用间篇》云:"相守数年,以争一日之胜,而爱爵禄百金,不知敌之情者,不仁之至也。"(《十一家注孙子校理》卷下,第 289 页)宋人高似孙亦云:"武称雄于言兵,往往舍正而凿奇,背义而依诈。"(高似孙撰,张艳云校点《子略》,辽宁教育出版社,1998 年,第 55 页)《吕氏春秋》谈战争往往把"义"作为前提条件,而把智、勇放在其后,《吕氏春秋·决胜》篇云:"夫兵有本干:必义,必智,必勇。"这与兵家不同,倒与孟子仁义之战的思想相通,而且连一些用语都与孟子的相同。因此可以说,《吕氏春秋》的仁义之战思想,受到了孟子影响。
② 《吕氏春秋集释·孟秋纪》,第 156 页。
③ 《吕氏春秋集释·振乱》,第 162 页。
④ 《吕氏春秋集释·振乱》,第 162—163 页。

　　暴虐奸诈之与义理反也，其势不俱胜，不两立。故兵入于敌之境，则民知所庇矣，黔首知不死矣。至于国邑之郊，不虐五谷，不掘坟墓，不伐树木，不烧积聚，不焚室屋，不取六畜。得民虏奉而题归之，以彰好恶。信与民期，以夺敌资。若此而犹有忧恨冒疾遂过不听者，虽行武焉亦可矣。先发声出号曰："兵之来也，以救民之死。子之在上无道，据傲荒怠，贪戾虐众，恣睢自用也，辟远圣制，骜丑先王，排訾旧典，上不顺天，下不惠民，征敛无期，求索无厌，罪杀不辜，庆赏不当。若此者，天之所诛也，人之所仇也，不当为君。今兵之来也，将以诛不当为君者也，以除民之仇而顺天之道也。"……故克其国不及其民，独诛所诛而已矣。举其秀士而封侯之，选其贤良而尊显之，求其孤寡而振恤之，见其长老而敬礼之。皆益其禄，加其级。论其罪人而救出之。分府库之金，散仓廪之粟，以镇抚其众，不私其财。问其丛社大祠，民之所不欲废者而复兴之，曲加其祀礼。是以贤者荣其名，而长老说其礼，民怀其德。……故义兵至，则邻国之民归之若流水，诛国之民望之若父母，行地滋远，得民滋众，兵不接刃而民服若化。①

兴义兵不是为了烧杀抢掠，而是为了"庇民"、"救民之死"，因此作者提出了"六不"要求，作为仁义之师行动的准则。作者还要求义兵明确自己的行动目的，而他所说的"兵之来也，以救民之死"，"今兵之来也，将以诛不当为君者也，以除民之仇而顺天之道也"，正是对孟子所引武王话"无畏！宁尔也，非敌百姓也"的准确注解。作者不仅对仁义之战的目的、战前的宣传、战中的准则作了要求，而且还对战后的处置有明确规定：在该国选贤使能，振恤孤寡，礼敬长老，开府库、仓廪而救民，甚至恢复他们的宗庙祠堂。孟子虽然也反对"杀其父兄，系累其子弟，毁其宗庙"，提到了战后要"行仁政"、"正己"，但是毕竟没有给出具体的措施。《吕氏春秋》则弥补了这一不足。对仁义之战的效果，《怀宠》篇也借用孟子之言加以概括："故义兵至，则邻国之民归之若流水，诛国之民望之若父母"，"兵不接刃而民服若化。"《顺民》篇也说："圣人南面而立，以

①《吕氏春秋集释·怀宠》，第171—174页。

爱利民为心,号令未出,而天下皆延颈举踵矣,则精通乎民也。"① 这正是孟子说的"诚如是也,民归之,由水之就下,沛然谁能御之"(《孟子·梁惠王上》),"邻国之民仰之若父母矣。率其子弟,攻其父母,自有生民以来未有能济者也"(《孟子·公孙丑上》)。

三、对孟子仁政说的发扬

《吕氏春秋》发扬了孟子的仁政思想。孟子说:"仁者无敌。"(《孟子·梁惠王上》)"行仁政而王,莫之能御也","且王者之不作,未有疏于此时者也;民之憔悴于虐政,未有甚于此时者也。饥者易为食,渴者易为饮。孔子曰:'德之流行,速于置邮而传命。'当今之时,万乘之国行仁政,民之悦之,犹解倒悬也"(《孟子·公孙丑上》)。孟子认为在暴虐之国行仁政,百姓高兴得就像被人倒挂着而给解救了一般。并引孔子的话说明德政流行之快,影响之大。《吕氏春秋·适威》篇云:"古之君民者,仁义以治之,爱利以安之,忠信以导之,务除其灾,思致其福。故民之于上也,……若五种之于地也,必应其类,而蕃息于百倍,此五帝三王之所以无敌也。"② 也是仁者无敌的意思。《吕氏春秋·上德》篇还有一段类似的话:

> 为天下及国,莫如以德,莫如行义。以德以义,不赏而民劝,不罚而邪止。此神农、黄帝之政也。以德以义,则四海之大,江河之水,不能亢矣;太华之高,会稽之险,不能障矣;阖庐之教,孙、吴之兵,不能当矣。故古之王者,德回乎天地,澹乎四海,③ 东西南北极日月之所烛,天覆地载,爱恶不臧,虚素以公,小民皆之。其之敌而不知其所以然,此之谓顺天。教变容改俗而莫得其所受之,此之谓顺情。故古之人身隐而功著,形息而名彰,说通而化奋,利行乎天下而民不识,岂必以严罚厚赏哉? 严罚厚赏,此衰世之政也。三苗不服,禹请攻之,舜曰:"以德可也。"行德三年而三苗服。孔子闻之

---

① 《吕氏春秋集释·顺民》,第 212 页。
② 《吕氏春秋集释·适威》,第 528 页。
③ 高诱注曰:"回,通。""澹,之也。"王念孙注曰:"《注》'之'字疑是'足'字之误。"俞樾曰:"高《注》曰'澹,之也','之'乃'足'字之误。"(《吕氏春秋集释·上德》,第 517—518 页)

曰："通乎德之情,则孟门、太行不为险矣。故曰:德之速,疾乎以邮传命。"①

本篇作者虽不言"仁政"二字,但"为天下及国,莫如以德,莫如行义",所指正是仁政之义。在作者看来,行德义之政,无须赏罚,百姓就可以自己勤勉而不行邪僻之事;行德义之政,就可以战胜江河、四海、高山、强兵带来的阻碍。并且也引用了孔子的话"德之速,疾乎以邮传命",表达了对德政效果的肯定,而把"严罚厚赏"看成是"衰世之政",认为"桀、纣以去之之道致之也,罚虽重,刑虽严,何益"②!作者还高度赞美了怀有德义的"古之王者",认为他们德通天地,充满四海,直达太阳和月亮能够照耀到的东西南北之域,如天覆地载。在他们教化影响下,百姓也随之公正,并顺天性人情而改变了容貌、习俗,但却不知道自己为什么会这样。这种认识正是对孟子相关思想的发挥,孟子说:

> 王者之民,皞皞如也。杀之而不怨,利之而不庸,民日迁善而不知为之者。夫君子所过者化,所存者神,上下与天地同流,岂曰小补之哉?(《孟子·尽心下》)

两者不但思想相同,而且连用语也相近。当然,老子也曾说过:"圣人云:我无为而民自化,我好静而民自正,我无事而民自富,我无欲而民自朴。"(《老子》第57章)但是结合所引孔子的话以及该篇后面所举的例子来看,本篇作者所说君王之"德""义"以及化育百姓之功,应该与孟子意思相同。不过,本篇作者还是受到了道家思想的一些影响,他的"古之王者""虚素以公","身隐而功著,形息而名彰",这已经有了"无为而无不为"思想的影子。这也正是作者受到两家思想影响的结果。

《吕氏春秋》还吸收了孟子重视民心的思想。《顺民》篇云:"先王先顺民心,故功名成。夫以德得民心以立大功名者,上世多有之矣。失民心而立功名者,未之曾有也。得民必有道,万乘之国,百户之邑,民无有不说。取民之所说而民取矣,民之所说岂众哉?此取民之要也。"③作者

---

① 《吕氏春秋集释·上德》,第517—519页。
② 《吕氏春秋集释·功名》,第55页。
③ 《吕氏春秋集释·顺民》,第199—200页。

认为上世能成就功名的先王,都因其善得民心,而未立功名者皆因其失民心,并列汤、文、越王与桀、纣、吴王等为例,得出了"故凡举事,必先审民心然后可举"的结论。还说"得民必有道","取民之所说而民取矣"。这些思想都是对孟子的继承,孟子云:"桀纣之失天下也,失其民也;失其民者,失其心也。得天下有道,得其民,斯得天下矣;得其民有道,得其心,斯得民矣;得其心有道,所欲与之聚之,所恶勿施尔也。民之归仁也,犹水之就下、兽之走圹也。"(《孟子·离娄上》)"得其心有道,所欲与之聚之,所恶勿施尔也",正是《顺民》篇所说的"取民之所说而民取矣"。

　　《吕氏春秋》还继承和改造了孟子"仁民爱物"的思想。孟子说:"君子之于物也,爱之而弗仁;于民也,仁之而弗亲。亲亲而仁民,仁民而爱物。"(《孟子·尽心上》)孔子、孟子的"仁"都是从亲爱亲人推广到仁爱民众,孟子不仅区分了"亲亲"与"仁民"的不同,还区分了"仁民"与"爱物"的不同。《吕氏春秋·爱类》篇也说:"仁于他物,不仁于人,不得为仁。不仁于他物,独仁于人,犹若为仁。仁也者,仁乎其类者也。故仁人之于民也,可以便之,无不行也。"[1]该篇没有区分亲人与一般人在"仁"中的不同地位,而是把所有人归为一类,与物类相区别。这样,"仁"就是针对所有人的平等行为,消除了"亲亲"与"仁民"的等差之爱。

　　另外,《吕氏春秋》还把孟子要求君子在人际交往中反思自己行为的做法推广到治国中。孟子认为有人蛮横无理时,"则君子必自反也:我必不仁也,必无礼也,此物奚宜至哉?其自反而仁矣,自反而有礼矣,其横逆由是也,君子必自反也:我必不忠"(《孟子·离娄下》)。《吕氏春秋·先己》篇把这个原则运用到治国中,说"夏后伯启与有扈战于甘泽而不胜。六卿请复之,夏后伯启曰:'不可。吾地不浅,吾民不寡,战而不胜,是吾德薄而教不善也。'于是乎处不重席,食不贰味,琴瑟不张,钟鼓不修,子女不饬,亲亲长长,尊贤使能,期年而有扈氏服。故欲胜人者必先自胜,欲论人者必先自论,欲知人者必先自知。"[2]夏后伯启反思自己

---

①《吕氏春秋集释·爱类》,第593页。
②《吕氏春秋集释·先己》,第72—73页。

"德薄",因而端正行为,"亲亲长长,尊贤使能"。孟子也曾说"人人亲其亲、长其长,而天下平"(《孟子·离娄上》),"尊贤使能,俊杰在位,则天下之士皆悦,而愿立于其朝矣"(《孟子·公孙丑上》),《先己》篇之意正与此相同。

第二编

秦汉孟学史

第五章　秦汉孟学概说

第一节　秦汉孟学初兴的历史背景

秦的建立,既是对战国后期政治、文化、学术统一要求的回应,又是汉帝国以新兴儒家思想立国的前奏。秦帝国在诸多领域采取了统一措施:政治上废封建而推行郡县制,实施寝兵政策,统一制度、文字、度量衡等,开拓、巩固边疆。这些策略,都有利于建立大一统的政权,与民修养。

在文化策略上,秦先后采取的博士官制度和"焚书坑儒"行为,对后来汉代包括孟学在内的诸子学产生了不小影响。《汉书·百官公卿表》云:"博士,秦官,掌通古今,秩比六百石,员多至数十人。"① 秦博士官制度可能源于齐国稷下先生,而且在战国时期已有博士之名,如《说苑·尊贤》说"十三年,诸侯举兵以伐齐。齐王闻之,惕然而恐,召其群臣大夫,告曰:'有智为寡人用之。'于是博士淳于髡仰天大笑而不应"②,《史记·循吏列传》说"公仪休者,鲁博士也"③,《汉书·贾山传》说"贾山,颍川人也。祖父袪,故魏王时博士弟子也"④。但是战国时的博士与秦国的博士不同,前者不直接参与政治,与君主或师或友,而后者则直接参与政治,是君主的臣子。秦博士多至七十人,"始皇置酒咸阳宫,博士七十人前为寿"⑤。博士类别也多,王蘧常先生云:"有诸子,如黄疵之为名家,羊子之为儒家。……有文学,如叔孙通,以文学征待诏博士。……有数术方技,如卢生之录图书,又有为二世占梦者。"⑥ 建立博士制度,任用儒生,为学术的传承以及学术与政治的结合创造了条件。虽然后因"焚书

---

① 《汉书》卷十九上,第 726 页。
② 刘向撰,向宗鲁校证:《说苑校证》,中华书局,1987 年,第 201 页。
③ 《史记》卷一百一十九,第 3101 页。
④ 《汉书》卷五十一,第 2327 页。
⑤ 《史记》卷六,第 254 页。
⑥ 王蘧常:《秦史》,上海古籍出版社,2000 年,第 261 页。

坑儒”而为此造成了阻碍,但这一趋势毕竟形成,后来汉代的独尊儒术以及博士官制度,就是这一趋势的大发展。

如果说博士官制度对学术起了促进作用,那么“焚书坑儒”则严重阻碍了学术的繁荣与发展。“焚书坑儒”可能是秦王朝不多的轰动性学术事件之一,这场文化浩劫的发生有必然性与偶然性。必然性在于秦在政治上统一全国,因而必然要求在思想、学术上结束先秦诸子百家争鸣的局面,为时局提供一个有利于大一统的思想、学术环境,重建学出一门的官学。但秦初的士人们却从先秦诸子自由的学术争鸣传统出发,横议秦王朝的诸多做法,因而导致焚书。统一思想是必然之事,只不过采用的方式太过极端了而已。加上当时方士的欺骗与流言,又祸及儒士,此乃坑儒之偶然。“焚书坑儒”事件,标志着秦代建立大一统思想和新官学尝试的失败。秦的建立为汉帝国的兴旺打下了基础,但它的短命,又成为汉初士人积极思考治国策略的动力,为儒学正统地位的建立增加了一个完美的佐证,而这也正是汉代孟学得以初兴的前提。

汉代对孟学发展有比较大影响的主要因素有三个:一是汉代政治及治国思想的变迁,二是因治国思想变迁而形成的儒术独尊局面,或者说新儒学的形成;三是与儒术独尊相一致的经学的大兴。以下分别略作分析。

汉代治国思想的最后确定有一个选择和变更的过程。秦推行严刑重罚,社会本已民不聊生,贾谊《过秦下》云:“二世不行此术,而重以无道:坏宗庙与民,更始作阿房之宫;繁刑严诛,吏治刻深;赏罚不当,赋敛无度。天下多事,吏不能纪;百姓困穷,而主不收恤。然后奸伪并起,而上下相遁;蒙罪者众,刑僇相望于道,而天下苦之。”① 又经过楚汉多年的战争,社会更是积贫积弱,如高祖二年,“关中大饥,米斛万钱,人相食。令民就食蜀汉”②。因此汉初之时,采取与民休息的养民政策。《汉书·高帝纪》记载:“帝乃西都洛阳。夏五月,兵皆罢归家。诏曰:‘诸侯子在关中者,复之十二岁,其归者半之。民前或相聚保山泽,不书名数,今天下已定,令各归其县,复故爵田宅,吏以文法教训辨告,勿笞辱。民以饥

---

① 贾谊撰,阎振益、钟夏校注:《新书校注》,中华书局,2000 年,第 15 页。
② 《汉书》卷一上,第 38 页。

饿自卖为人奴婢者,皆免为庶人。'"① 又以黄老无为思想作为治国思想,《史记·曹相国世家》载:"参之相齐,齐七十城。天下初定,悼惠王富于春秋,参尽召长老诸生,问所以安集百姓,如齐故(俗)诸儒以百数,言人人殊,参未知所定。闻胶西有盖公,善治黄老言,使人厚币请之。既见盖公,盖公为言治道贵清静而民自定,推此类具言之。参于是避正堂,舍盖公焉。其治要用黄老术,故相齐九年,齐国安集,大称贤相。"② 黄老思想实质上是道家思想与法家思想的结合,强调的是在制度运作之下不妄为,不过多干预百姓生产生活。后来曹参作了汉王朝的丞相,黄老思想进而成为整个国家的指导思想,文景之时也大致如此。

经过几十年的发展,汉帝国到武帝时已经相当强大。武帝有雄才大略,卓有抱负,不愿再实行无为之政治举措,在与当时以窦太后为首的政治利益集团进行了一系列斗争之后,于元光元年举行大规模的举贤良对策,讨论治国良方。在董仲舒、公孙弘等人的努力下,采取了一个影响汉代乃至中国政治基本精神面貌的举措——罢黜百家,独尊儒术。董仲舒在答武帝的贤良对策中云:

> 《春秋》大一统者,天地之常经,古今之通谊也。今师异道,人异论,百家殊方,指意不同,是以上亡以持一统;法制数变,下不知所守。臣愚以为诸不在六艺之科孔子之术者,皆绝其道,勿使并进。邪辟之说灭息,然后统纪可一而法度可明,民知所从矣。③

自此之后,孔子地位大显,作为孔子继承者的孟子也受到了更多的重视。当然,汉代独尊之儒术与先秦之儒学相比,已经有了很多新成分,它既吸收了法家法术之规范、阴阳家天人感应之神秘,也对道家的清静无为以及修身之道多有借鉴,对墨家、兵家等学派的相关思想也有选择性吸收。可以说,独尊后的儒术充分吸收了与时代需求相吻合的其他学派思想,是政治大一统的必然结果,也是学说大融合的必然结果,它实质上成为一种凌驾于学术之上的新官学。由于它是一个以儒学为主体的学说复合体,所以汉代儒士常常在学术观点乃至治国理念上各执一端。如对孟

---

①《汉书》卷一下,第 54 页。
②《史记》卷五十四,第 2028—2029 页。
③《汉书》卷五十六,第 2523 页。

子与荀子的态度就是其中十分突出的争论,围绕二人的人性论、民本思想、仁政思想以及尊贤使能等观点,争论几乎贯穿整个汉代。又如王道与霸道之争,盐铁会议上儒法之争等,都与如何看待孟子思想有关。

儒术独尊致使儒家典籍的经典化与权威化,进而促成了经学的兴起和大发展。汉初,儒家《五经》外加《论语》就广为儒士所重视,出现了所谓四家诗、《春秋》公羊、穀梁学派。文景两朝,大设博士,赵岐《孟子题辞》:"汉兴,除秦虐禁,开延道德。孝文皇帝欲广游学之路,《论语》、《孝经》、《孟子》、《尔雅》皆置博士,后罢传记博士,独立《五经》而已。"[①]武帝朝儒术独尊后,受政治利益等的驱使,研究儒家经典的人愈来愈多,于是形成了汉代独特的学术模式——经学,与宋学形成鲜明对比,因此也被称为汉学。经学不仅有今古文之别,还有家法之争,经学内部的繁杂到两汉之际就日益明显,以至于先后召开了石渠阁会议与白虎观会议来统一经义。至东汉后期,经学已经烦琐不堪,失去了初期发展的张力和空间,走入了死胡同,最后因脱离了现实政治的需要而走向衰落,被魏晋六朝玄学所替代。经学是汉朝主要的学术形态,也是汉代政治的基石。在这个大学术背景下,作为经学附庸的《孟子》也受到了经学家们的重视,随着广注儒家经书热潮的兴起,《孟子》注本也先后出现。注本的出现,则标志着孟学从先前的自发研究转入了自觉研究,迈出了孟学研究史上重要的一步。

第二节　秦汉孟学的发展过程及特点

秦统一天下,初期也采取了一些有益于学术发展的文化政策,如设置博士官制度,让儒生参与国家治理。秦朝虽然主要以法家思想为其治国思想,但在国家大政方针政策的制定上,也吸收了一些儒家学说观点,如二十八年(公元前219年),始皇"与鲁诸儒生议,刻石颂秦德","其辞曰:皇帝临位,作制明法,臣下修饬。二十有六年,初并天下,罔不宾服。亲巡远方黎民,登兹泰山,周览东极。从臣思迹,本原事业,祗诵功德。

---

① 赵岐:《孟子章句·孟子题辞》,第66页。

治道运行,诸产得宜,皆有法式。大义休明,垂于后世,顺承勿革。皇帝躬圣,既平天下,不懈于治。夙兴夜寐,建设长利,专隆教诲。训经宣达,远近毕理,咸承圣志。贵贱分明,男女礼顺,慎遵职事。"①与儒生所议而刻石的内容,很明显体现出孔孟思想的痕迹。一是赞始皇"亲巡远方黎民",此即《孟子》说的"天子适诸侯曰巡狩"(《孟子·告子下》);二是治国以道,重"大义";三是"训经宣达","专隆教诲",此处之"经"应指包括儒家经典在内的先前治国经书,而教诲即儒家特别重视的教化,两者合起来即是说,训解经书宣扬经义,以此教化百姓;四是明贵贱与男女之礼,这主要是宣扬儒家的宗法伦理道德。对于最后一方面,被多次言及,《史记·秦始皇本纪》云:

> 作琅邪台,立石刻,颂秦德,明得意。曰:维二十八年,皇帝作始。端平法度,万物之纪。以明人事,合同父子。圣智仁义,显白道理。……尊卑贵贱,不逾次行。奸邪不容,皆务贞良。细大尽力,莫敢怠荒。远迩辟隐,专务肃庄。端直敦忠,事业有常。皇帝之德,存定四极。……功盖五帝,泽及牛马。莫不受德,各安其宇。②

在"端平法度"的基础上,对父子关系、尊卑关系以及忠良之德等进行了规定,其中特别提到了仁义圣智。思孟学派常言仁义礼智圣五行,孟子常言仁义礼智四德,这里说"圣智仁义,显白道理",显然有孟子思想的痕迹。而且"尊卑贵贱,不逾次行",也是儒家特别重视的等级制度,孟子就说"国君进贤,如不得已,将使卑逾尊,疏逾戚,可不慎与"(《孟子·梁惠王下》)?又说"为贫者,辞尊居卑,辞富居贫。……位卑而言高,罪也"(《孟子·万章下》)。另外,强调"皇帝之德"对于"存定四极"的决定作用,也与孟子一贯主张的君主以仁德治国、圣君能"王天下"的王道政治相通,而与法家以树立君主权威作为最重要治国之术的做法倒有不小差距。

但是,孔孟之学的作用随着包括儒生在内的士人妄议国事而几乎消失。面对博士淳于越的封建之论,丞相李斯批评说:"今陛下创大业,建万世之功,固非愚儒所知。且越言乃三代之事,何足法也?""今诸生不

---

① 《史记》卷六,第242—243页。
② 《史记》卷六,第244—245页。

师今而学古,以非当世,惑乱黔首。"① 他所说的儒者"不师今而学古",正是孟子之学的突出特点。孟子"言必称尧舜",把尧、舜、汤、武、周公等朝的政治看成是最理想的政治模式而加以宣扬、模仿。李斯则站在法家立场,认为"五帝不相复,三代不相袭,各以治,非其相反,时变异也"②,要求法后王。他进而主张废私学,焚经术,一手促成了中国历史上的第一个文化浩劫"焚书",接着就是"坑儒"。在"焚书坑儒"中,《孟子》一书侥幸保全,但孟子后学却惨遭杀戮,据赵岐所言,"秦焚灭经术,坑戮儒生,孟子徒党尽矣,其书号为诸子,故篇籍得不泯绝"③。《孟子》得以保留是否因其为诸子呢? 李斯曾就焚灭经术谈了自己的看法,他说:

> 古者天下散乱,莫之能一,是以诸侯并作,语皆道古以害今,饰虚言以乱实,人善其所私学,以非上之所建立。今皇帝并有天下,别黑白而定一尊。私学而相与非法教,人闻令下,则各以其学议之,入则心非,出则巷议,夸主以为名,异取以为高,率群下以造谤。如此弗禁,则主势降乎上,党与成乎下。禁之便。臣请史官非秦记皆烧之。非博士官所职,天下敢有藏《诗》、《书》、百家语者,悉诣守、尉杂烧之。有敢偶语《诗》、《书》者弃市。以古非今者族。吏见知不举者与同罪。令下三十日不烧,黥为城旦。所不去者,医药卜筮种树之书。若欲有学法令,以吏为师。④

秦初博士淳于越等人以先秦诸子学传统非议时事,主张建立分封制,要求恢复上古传统。李斯由此看到了统一学术思想对巩固政治的重要性,故有此批评和建议。对于所焚之书,钱穆先生说:"后人因谓秦廷只焚民间书,不焚博士官书。又谓六经掌于博士,故得不焚,无残缺。其实皆非也。""惟自稷下以来,不闻专掌六艺,则秦博士亦必不专掌六艺,""惟其为博士者不专限于治六艺,故至汉文帝时,尚有所谓诸子博士及传记博士。其人于古今诸学,苟有一长,均得为之,如秦有占梦博士是也。至汉武帝始罢诸子传记,专立五经博士,而博士之制遂一变。然则秦

---

① 《史记》卷六,第254—255页。
② 《史记》卷六,第254页。
③ 赵岐:《孟子章句·孟子题辞》,第66页。
④ 《史记》卷六,第255页。

不焚博士官书,不得即谓其不焚六经,此理甚明。"① 如果仅从上引《史记》文看,李斯要求焚灭的是"非秦记"之史书、"非博士官所职"以外的"《诗》、《书》、百家语",言下之意是博士官可以保留百家语等书,而官府之外仅可保留医药卜筮种树之书,因此《孟子》并非仅因其为诸子书而得以保留。孟子徒党被坑杀,也恐非其传播孟子学说,而主要是侯生、卢生、韩众、徐市等方士以仙药欺骗秦始皇,并散布秦始皇刚愎自用的流言,因此触怒皇威而祸及儒生②。总之,《孟子》一书得以保留,而孟子后学被大量坑杀是事实,这致使孟子学说的传播者锐减,也成为汉初传播孟子学说的儒生少的原因之一。

在秦二世之时,李斯为自保,"乃阿二世意,欲求容",说"夫贤主者,必且能全道而行督责之术者也",推崇商鞅、韩非的严刑重罚,说"且夫俭节仁义之人立于朝,则荒肆之乐辍矣;谏说论理之臣间于侧,则流漫之志诎矣;烈士死节之行显于世,则淫康之虞废矣。故明主能外此三者,而独操主术以制听从之臣,而修其明法,故身尊而势重也。……是以明君独断,故权不在臣也。然后能灭仁义之涂,掩驰说之口,困烈士之行,塞聪掩明,内独视听,故外不可倾以仁义烈士之行,而内不可夺以谏说忿争之辩。故能荦然独行恣睢之心而莫之敢逆。若此然后可谓能明申、韩之术,而修商君之法。法修术明而天下乱者,未之闻也"③。从李斯言中可知,秦二世为达到"独操主术以制听从之臣"的目的,希望全面推行法家之术,而极力排除孔孟的仁义之说。可以说,在秦王朝最后几年里,孔孟之学完全失去了在官方存在的价值。

秦亡汉兴,儒家学说重新得到重视,在汉代的政治变迁过程中,黄老思想与儒家思想先后成为国家治国的指导思想。作为诸子之学中重要的儒学派别,孟子学说的地位也随着政治格局的变化而起伏不定。为叙述的方便,把汉代的孟学粗略分为三个阶段。

第一阶段,汉初至武帝之前的孟学概况。

这一期间虽然黄老之学成为当时的思想主流,但是以陆贾、贾谊、

① 钱穆:《秦汉史》,第27—28页。还可参见钱先生《两汉经学今古文平议·两汉博士家法考》,商务印书馆,2005年,第183—189页。
② 《史记》卷六,257—258页。
③ 上引见《史记》卷八十七,第2554—2557页。

韩婴以及刘安等人为代表的学者,在其著述中对孟子思想多有继承和发挥。汉初士大夫们喜欢反思总结秦亡教训,以此作为建立和治理汉王朝的依据。其中,陆贾和贾谊是为此进行理论探讨较多的人。陆、贾二人都把秦的短命归咎于严刑峻法、刻薄寡恩以及君王无德。虽然他们受到了黄老无为思想的影响,但是对儒学也多有吸收。就孟学而言,陆贾接受了孟子总结的人类文明进程中一治一乱的规律,对孟子所推崇的圣人在此进程中的巨大作用表示赞同,而且发挥了孟子的仁义观。贾谊是一个卓有政治才华的政论家,他对汉王朝面临的形势和矛盾富有洞见,而且有长远的政治眼光,著《新书》五十余篇,对孟子的民本思想、人性论以及五行观都有借鉴。贾谊把不忍人之心作为仁的基础,要求君主能爱民,能与民同乐。在人性论上,他一方面吸收了孟子性善论,另一方面把人的材性分为上中下三等,体现了其矛盾性,而后者又成为汉代"性三品"说的发端。

汉初的《诗经》学、《春秋》学等早期经学研究,在当时已经各有家传,如《诗经》有齐、鲁、韩、毛四家。至于孟子与荀子对汉代乃至后代政治学术的影响,一般认为在汉代荀子大于孟子,如阮元云:"汉唐注疏之学,乃荀子之流衍,宋明心性之学,乃孟子之流衍,汉宋之别,亦犹荀孟之别也。"[①] 刘师培《国学发微》云:"孔子定三代之礼,定六经之书,征文考献,多识前言往行,……曾子、子思、孟子皆成一家者也,是为宋学之祖;子夏、荀子皆传六艺者也,是为汉学之祖。"[②] 梁启超也说:"汉世六经家法,强半为荀子所传(见汪容甫《述学》)。而传经诸老师,又多故秦博士。故自汉以后,名虽为昌明孔学,实则所传者,仅荀学一支派而已。"[③] 今人则走得更远,荀子学研究大家刘又铭先生说:"从两汉到隋唐五代将近一千两百年中,儒学不管是不是主流,基本上是荀学的路线。"[④] 因而有"荀骨孟皮"的说法,有的研究者又认为刚好相反,是"荀皮孟骨"[⑤]。非左

---

① 转引自徐平章《荀子与两汉儒学》,文津出版社,1988年,第113页。

② 刘师培:《刘申叔先生遗书》上册,江苏古籍出版社,1997年,第478页。

③ 梁启超:《论中国学术思想变迁之大势》,上海古籍出版社,2001年,第60页。

④ 刘又铭:《当代新荀学的基本概念》,见《儒林》第四辑,山东大学出版社,2008年,第4页。

⑤ 李华:《孟子与汉代〈诗经〉学研究——以四家诗为主要对象》,博士学位论文,山东师范大学,2011年,第422页。

即右似乎都不够严谨,荀子对汉代经学传播的影响比孟子大是有的,但是孟子对汉代经学的影响也是很明显的。一是《孟子》曾在文景两朝立于学官,赵岐《孟子题辞》云:"汉兴,除秦虐禁,开延道德。孝文皇帝欲广游学之路,《论语》《孝经》《孟子》《尔雅》皆置博士,后罢传记博士,独立《五经》而已。"可见文帝时《孟子》始列学官。景帝时也如此,《汉书·河间献王刘德传》云:"献王所得书皆古文先秦旧书,《周官》《尚书》《礼》《礼记》《孟子》《老子》之属,皆经传说记,七十子之徒所论。其学举六艺,立《毛氏诗》《左氏春秋》博士。修礼乐,被服儒术,造次必于儒者。山东诸儒多从而游。"① 钱穆先生评价它说:"特举《孟子》《老子》者,《孟子》文帝时立博士,《老子》尤为时重。《艺文志》有《老子邻氏经传》四篇,《傅氏经说》三十七篇,《徐氏经说》六篇。当时殆亦立博士,故有传、说。……然则班氏河间一传,正见其据当时传闻。"② 至武帝时立五经博士,始废《孟子》博士官。二是在西汉不多的说经之书如《韩诗外传》《春秋繁露》中,孟子学说也有较重的分量,徐复观先生说:"韩婴虽受荀子的影响很大,而在他自己,则是要由融合儒门孟荀两大派以上合于孔子的。"③ 韩婴不仅对孟子的君臣观、圣贤观、性善论、民本思想等都有继承,还常常借孟子思想去印证《诗》。就是其他三家诗,对孟子的思想尤其是诗学观也有相当的吸收④。东汉以后出现不少《孟子》注本,这更是孟子学受重视的显著标志。

从《吕氏春秋》的编撰到博士官制度的设置,秦朝都试图构建一个统一的学术体系,但并未成功。汉初,在黄老之学兴盛的背后,包括儒家在内的其他诸子学也在复兴与传承,同时,融合诸子学以适应大一统政治的官学构建也再次成为时代的必然要求,于是《淮南子》应时而生。《淮南子》与《吕氏春秋》一样,它虽然不是中央政府有意统一学术的举措,但却代表了当时政治文化的普遍需求。该书以儒、道思想为主,兼及法家等思想,在不同的篇章中,作者对儒、道思想的评价以及赋予的地位不同。就孟学而言,《淮南子》虽然也极少直接言及孟子,但在一些篇章

---

① 《汉书》卷五十三,第 2410 页。
② 钱穆:《两汉经学今古文平议·两汉博士家法考》,第 200 页。
③ 徐复观:《两汉思想史》第三卷,华东师范大学出版社,2001 年,第 15 页。
④ 可参考李华《孟子与汉代〈诗经〉学研究——以四家诗为主要对象》。

中,孟子的天命观、人性论、仁义观、修身论等思想得到了体现。当然,由于受多人撰写等因素的影响,《淮南子》在融合包括孟子在内的各家思想时并不很成功,也没有做到融会贯通、体系显然。

第二阶段,汉武帝至东汉中期孟学的概况。

真正克服了《吕氏春秋》与《淮南子》之不足,融会贯通各家思想、成功建立官学的是董仲舒。他以儒家思想为主,广泛吸收了包括道家、法家、阴阳家、兵家等诸子学思想,构建了一个可以囊括各学派积极因素、能为政权提供理论基础、为治国提供有效权术的学术体系。所谓的"罢黜百家,独尊儒术",实质上是一次成功的学术大融合。在董仲舒的学术体系中,孟子地位空前上升,其学说得到了全面的发挥,如发展孟子的《春秋》观,吸收和改造孟子的性善论,继承孟子的仁义学说和仁政思想,充分肯定孟子的君权神授论和汤武革命观。董仲舒让孟子的许多观点真正成为治理国家的指导方针。清人苏舆在注解《春秋繁露义证·循天之道》篇"孟子曰"一句时说:"西汉时未尊孟子,而董引孟子说凡再见,其他义与之相合者亦多。是自汉以后,孔孟之隆,胥由董子矣。"[1] 此说可信。司马迁对孟子也很尊崇,在他眼里,孟子就是孔子之道的真正传人,尊崇孔孟,就是尊崇儒学。他吸收了孟子的义利观、史学观,大量采用《孟子》的记载作为史料。

汉武帝去世不久,他的诸多政策所带来的社会矛盾凸显出来。在汉昭帝始元六年(公元前 81 年),为寻求政治解决方案而召开了盐铁会议。在会议上,贤良文学与御史大夫围绕盐铁专卖以及边防问题进行了激烈的争论,双方常直接引用或间接引用孟子之语作为其观点的理论依据,甚至直接把孟子的观点或者《孟子》所记事件作为讨论的话题,对孟子的义利观、仁政学说、民本思想、性善论以及田赋制度等诸多观点都有所吸收和阐发。经过这次讨论,孟子学说的影响进一步扩大。西汉末期的扬雄对孟子更是大加褒扬,说"孟轲虽连蹇,犹为万乘师"[2],又说孟子非但"知言之要,知德之奥",而且"亦允蹈之"[3],即能忠实地履行孔子的言

---

[1] 苏舆撰,钟哲点校:《春秋繁露义证》,中华书局,1992 年,第 447 页。
[2] 扬雄著,张震泽校注:《扬雄集校注》,上海古籍出版社,1993 年,第 180 页。
[3] 汪荣宝撰,陈仲夫点校:《法言义疏》,中华书局,1987 年,第 498 页。

论和道德。他还说愿学孟子,要像孟子辟杨、墨一样,通过批评当时的歧说以维护儒学地位。在《法言》一书中,他对孟子的人性论、义利观、修身论以及"养勇"思想加以继承和发挥。

经学经过百多年的发展,其章句之学的烦琐以及脱离政治实际的弊端在西汉末期和东汉初期日渐显现,通经往往不能致用。于是官方先后召开了石渠阁会议和白虎观会议,商讨和统一经义,会议对孟子思想也有所涉及。班固是儒学的坚决拥护者,因此,作为儒家代表人物之一的孟子,自然也受到了班固的尊崇。在《汉书·古今人物表》中,班固把孔子列入"上上圣人",作为历史上的最后一个圣人,把孟子列入"上中仁人",与公刘、伊尹、伯夷、召公、颜渊、子思同列。还批评司马迁等人对孟子的"迂阔"之论,合赞孔孟,说"是故仲尼抗浮云之志,孟轲养浩然之气,彼岂乐为迂阔哉?道不可以贰也"①。班氏受谶纬神学的影响,特别推崇孟子的君权"天与之"说。同司马迁一样,他也多采《孟子》所载古史作为史料。在褒扬孟子的同时,批评孟子的声音也开始出现。与班固同时的王充,试图站在儒学传统之外重新审视孔孟之学,撰有《问孔》《刺孟》两文,批评圣贤,指出他们的疏漏和不足。在《刺孟》篇,他批评了孟子的天命观、人性论、义利观、"天故生圣人"说以及言行不一等行为,甚至斥其为"俗儒"。但在《刺孟》篇之外,他对孟子又多持肯定态度。可以说,他的批评并非是要否定孔、孟,而是为了消解人们盲目的崇圣心理,进而希望建立客观的评价标准。

第三阶段,东汉中期至汉末孟学的概况。

因为说经是当时儒生主要的利禄之途,所以两次经学会议以及王充等人的批评,并没有改变经学的基本面貌,章句之学反而越发烦琐,而且还杂以激烈的今古文之争②。汉末古文经学大师郑玄融合今古文经学,遍注群经,博通数经大义,成就了汉末经学最后的辉煌。在这个大的

---

① 《汉书》卷一百上,第 4228 页。

② 钱穆先生认为两汉无所谓"古文经"与"今文经",后人的这种划分源自刘歆在《移让太常博士书》中所请建《诗经》等古文一案,"凡后世遍及诸经,而为之分立今古文界划者,皆张皇过甚之谈也"。又说东汉仅有"今学"与"古学"之辨,"特以专守一家章句,则为今学,博通数经大义,则为古学耳","在郑玄以前,本无如后世所谓今古文之鸿沟,则又乌得谓至玄而今古家法始混耶?"(钱穆:《两汉经学今古文平议·两汉博士家法考》,第 231—247 页)这正如先秦本无儒家、道家等学派之说,后人据其特征概括而称之。

学术背景下,作为经学辅翼的《孟子》也受到了重视。经过两汉之交盐铁会议和白虎观会议的发挥,《孟子》地位有所上升。到东汉中后期,孟子的影响进一步提高,刘陶作《复孟轲》,程曾、郑玄、高诱、赵岐、刘熙等人皆为《孟子》作注。《后汉书·刘陶列传》云:"陶著书数十万言,又作《七曜论》《匡老子》《反韩非》《复孟轲》,及上书言当世便事、条教、赋、奏、书、记、辩疑,凡百余篇。"①从书名推测,刘陶是反韩非之说而要恢复孟子的本来面目,《复孟轲》应该多是对孟子学说的肯定,但该书早已亡佚。《后汉书·儒林列传》云:"程曾字秀升,豫章南昌人也。受业长安,习《严氏春秋》,积十余年,还家讲授。会稽顾奉等数百人常居门下。著书百余篇,皆《五经》通难,又作《孟子章句》。"②程氏由学《春秋》而通《五经》,可见并未受经学家法之限制,其《孟子章句》即仿《五经》之章句而来。钱穆先生说:"直捷言之,则'家法'即'章句'也。汉儒经传有章句,其事亦晚起,盖在昭、宣以下。""故章句必'具文',具文者,备具原文而一一说之。"③可见程曾是用经学的体例来解释《孟子》,并名之为《孟子章句》,这是推崇孟子学说的表现。但该著亡佚较早,且少见后人引述。郑玄、刘熙《孟子》注七卷皆见于《隋书·经籍志》《旧唐书·经籍志》和《新唐书·艺文志》,高诱在《吕氏春秋·序》中提起过"诱正《孟子》章句"④,但三注皆亡佚,今天还能从后人的引用中见出其一斑。赵岐《孟子章句》也是以经学特有的形式——章句为《孟子》作疏解,并给予了高度评价。赵岐《孟子章句》不仅是汉代保存下来的最完整的注本,它还是孟学从自发研究到自觉研究的一个显著标志。

通观汉代孟学,有三个显著的特点。第一,几种《孟子》注本特别是赵岐《孟子章句》的出现,标志着孟学已经从战国时的自发研究转入了自觉研究,迈出了孟学研究史上重要的一步。第二,《孟子》的博文地位促进了孟学的发展,虽然《孟子》在汉代仍然是子学的范畴,但孟子与孔子并称趋势的加剧,实实在在提升了《孟子》的地位,促进了孟学的发展。可以说,汉代孟学一直处于上升状态,是孟学史上的第一个繁荣期。

---

① 《后汉书》卷五十七,第 1851 页。
② 《后汉书》卷七十九下,第 2581 页。
③ 钱穆:《两汉经学今古文平议·两汉博士家法考》,第 223—224、225 页。
④ 《吕氏春秋集释·不二》,第 467 页。

第三,汉代孟学虽然涉及多个方面的内容,如君臣观、修身论、汤武革命说、天命观、礼乐思想等,但其主体还是体现在对孟子人性论、仁义观及仁政论、民本思想和义利观的吸收、发展与批评上。而且这诸多方面常常是在考量现实政治的基础上的论证和发挥,有很强的政治需求或功利目的。就是孟子的心性之学也不例外,如董仲舒对孟子人性论的继承与发挥,主要是为汉天子的政治教化寻求理论的支撑,贤良文学把"不费民之性"作为圣人治国的高明之举。可以说,汉代人但凡涉及孟子人性论的言论,几乎都是直接服务于政治理论的。

第六章　两汉子学中的孟学

第一节　陆贾、贾谊与《淮南子》对孟子学说的借鉴

汉初,鉴于秦迅速灭亡的教训,汉王朝废除秦的严刑重罚,选择了无为而治的黄老思想作为其立国的基础,加之汉初的治国者大多鄙视儒学,因此儒学的地位不高,但其影响却处在上升阶段。在此大背景下,一些士人也从传统儒学视角出发,为当时正处在探索阶段的治国策略、政治学说献言献策。其中,最为突出的当为陆贾和贾谊,二人虽对道家、法家等思想也多有吸收,但就他们的核心思想而言,却仍以儒家为主,对孟子学说也有发挥。同时,在诸子学术融合的大趋势下,《淮南子》应势而生,并成为汉王朝试图建立新官学的最新尝试,而孟学也成为其中的应有之义。

一、陆贾对孟子学说的借鉴

陆贾为刘邦的重要谋士,其事迹和思想主要见于《史记·郦生陆贾列传》、《汉书·陆贾传》和《新语》。王利器评价他的思想及其渊源时说,"陆贾之学,盖出于荀子","其书有不少可以印证《荀子》之处","然于学术不专主孔氏","盖兼儒、道二家,而为汉代学术思想导乎先路者也"[1]。陆贾虽学荀子,但对孟子学说也有借鉴。钱基博先生云:"阅陆贾《新语》十二篇,……盖儒而入道,衍子思、孟轲一派,而非荀卿之纯儒也。……赵岐《孟子题辞》称:'孟子长于《诗》、《书》',而《史记·陆贾传》称:'陆生时时前,称说《诗》、《书》',其著书亦多引《诗》、《书》、《春秋》,……此同于思、孟者一也。又《论衡·本性篇》引陆贾曰:'天地生人也,以礼义之性。人能察己所以受命则顺。顺,谓之道。'此其同于思、孟者二也。然则陆贾者,其思、孟之支与流裔耶?"[2]虽不能肯定陆贾

---

① 王利器:《新语校注·前言》,中华书局,1986 年。
② 钱基博:《古籍举要》,广西师范大学出版社,2009 年,第 131—132 页。

为思孟一派后学,但其对孟子学说的借鉴倒是比较明显的。

　　陆贾接受了孟子总结的人类文明进程中一治一乱的规律,对孟子所推崇的圣人在此进程中的巨大作用表示赞同,而且发挥了孟子的仁义观。《新语·道基》篇云:

　　　　于是先圣乃仰观天文,俯察地理,图画乾坤,以定人道,民始开悟,知有父子之亲,君臣之义,夫妇之别,长幼之序。于是百官立,王道乃生。……民知室居食谷,而未知功力。于是后稷乃列封疆,画畔界,以分土地之所宜;辟土殖谷,以用养民;种桑麻,致丝枲,以蔽形体。当斯之时,四渎未通,洪水为害;禹乃决江疏河,通之四渎,致之于海,大小相引,高下相受,百川顺流,各归其所,然后人民得去高险,处平土。……民知畏法,而无礼义;于是中圣乃设辟雍庠序之教,以正上下之仪,明父子之礼,君臣之义,使强不凌弱,众不暴寡,弃贪鄙之心,兴清洁之行。……礼义不行,纲纪不立,后世衰废,于是后圣乃定《五经》,明《六艺》,承天统地,穷事察微,原情立本,以绪人伦。……故曰,圣人成之。所以能统物通变,治情性,显仁义也。[①]

这段话受孟子影响很明显。“后稷乃列封疆,画畔界,以分土地之所宜;辟土殖谷,以用养民;种桑麻,致丝枲,以蔽形体。”这就是孟子说的“后稷教民稼穑,树艺五谷,五谷熟而民人育”,“饱食、暖衣、逸居”(《孟子·滕文公上》)。“当斯之时,四渎未通,洪水为害;禹乃决江疏河,通之四渎,致之于海,大小相引,高下相受,百川顺流,各归其所,然后人民得去高险,处平土。”这就是孟子说的“当尧之时,天下犹未平,洪水横流,泛滥于天下,……禹疏九河,瀹济漯而注诸海,决汝汉,排淮泗而注之江,然后中国可得而食也”(《孟子·滕文公上》)。“当尧之时,水逆行,泛滥于中国,蛇龙居之,民无所定。下者为巢,上者为营窟。《书》曰:‘洚水警余。’洚水者,洪水也。使禹治之,禹掘地而注之海,驱蛇龙而放之菹,水由地中行,江、淮、河、汉是也。险阻既远,鸟兽之害人者消,然后人得平土而居之。”(《孟子·滕文公下》)在克服自然灾害和温饱问题后,孟子认为圣人又兴教化,“设为庠序学校以教之”,“人之有道也,

---

① 《新语校注·道基》,第12—24页。

饱食、暖衣、逸居而无教,则近于禽兽。圣人有忧之,使契为司徒,教以人伦,父子有亲,君臣有义,夫妇有别,长幼有叙,朋友有信"(《孟子·滕文公上》)。这就是陆贾所说的"民知畏法,而无礼义;于是中圣乃设辟雍庠序之教,以正上下之仪,明父子之礼,君臣之义","定人道,民始开悟,知有父子之亲,君臣之义,夫妇之别,长幼之序。于是百官立,王道乃生"。陆贾虽然没有明确提出孟子的"天下之生久矣,一治一乱"说,但他的描述,正是从上古之乱说到后世之治,对先圣开蛮荒、定人伦礼义、兴王道的丰功伟绩大加颂扬。

　　孟子在叙述到孔子之世时说:"世衰道微,邪说暴行有作,臣弑其君者有之,子弑其父者有之。孔子惧,作《春秋》。"陆贾同样也说"礼义不行,纲纪不立,后世衰废,于是后圣乃定《五经》,明《六艺》"。"后圣"即指孔子,说的是春秋之后礼乐崩坏,孔子整理《五经》以救时弊的情况。只不过孟子仅强调了《五经》之一的《春秋》,而陆贾总说《五经》。在叙述完乱—治—乱—治两个循环后,陆贾说"圣人成之",把社会的"治"都归功于圣人。根据时间先后,他把圣人分为"先圣"、"中圣"、"后圣",还说"行仁义,法先圣"[1],他"法"的"先圣"应该包括以上三种圣王。孟子也曾说:"先圣后圣,其揆一也。"(《孟子·离娄下》)孟子这里的"先圣"是指舜,"后圣"是指周文王,所指不同,但"其揆一也"正好是陆贾所要表达的意思:圣人皆"能统物通变,治情性,显仁义",即所有圣人的行为都落实到"仁义"二字上。《道基》篇的后半部分专论"仁义":"圣人怀仁仗义,分明纤微,忖度天地,危而不倾,佚而不乱者,仁义之所治也","夫谋事不并仁义者后必败","仁者道之纪,义者圣之学","万世不乱,仁义之所治",等等。王利器引戴彦升语云:"《道基》篇原本天地,历叙先圣,终论仁义。"又引唐晏云:"此篇历叙前古帝王,而总之以仁义。"[2] 而"仁义二字,为孟子一切学问总宗旨"[3],所以说,陆贾以仁义为基础的政治观与孟子有不小关联。当然,陆贾所说的"仁义"已经融合了道家思想,如他一面说"治以道德为上,行以仁义为本"[4],但另一面又说"道莫

---

① 《史记》卷九十七,第 2699 页。
② 《新语校注·道基》,第 1 页。
③ 梁启超:《读孟子界说》,见《饮冰室合集》第一册,中华书局,1989 年,第 18 页。
④ 《新语校注·本行》,第 142 页。

大于无为,行莫大于谨敬"①,还说"仁无隐而不著,无幽而不彰者"②,这个特点应该是汉初黄老无为思潮影响的结果。

二、贾谊对孟子学说的借鉴

贾谊一生短暂,后世却有政论家、文学家之名。《史记》《汉书》都有其传。他著《新书》五十余篇,为汉文帝、淮南王提出了许多有价值的治国理论和主张。在汉初黄老无为思想笼罩下,他却大力倡导有为之政,要求改革政治,为汉武帝以及董仲舒的"独尊儒术"打下了基础。他的思想以儒家为主,又兼收并蓄黄老、法家、名家各派。对孟子学说而言,他主要发挥了其民本思想、人性论以及五行观,这与汉初大的学术、政治环境息息相关。

(一)对孟子民本思想的推崇与阐发

汉初,亡秦暴政新废,推行休养生息政策,黄老无为而治主张应时而生。贾谊从儒家立场出发,吸收了孟子的民本思想,并把它作为其政治学说的核心。孟子说:"民为贵,社稷次之,君为轻。是故得乎丘民而为天子。"(《孟子·尽心下》)贾谊《新书·大政上》篇对此阐述得最为详尽。其文曰:

> 闻之于政也,民无不为本也。国以为本,君以为本,吏以为本。故国以民为安危,君以民为威侮,吏以民为贵贱。此之谓民无不为本也。闻之于政也,民无不为命也。国以为命,君以为命,吏以为命。故国以民为存亡,君以民为盲明,吏以民为贤不肖。此之谓民无不为命也。闻之于政也,民无不为功也。故国以为功,君以为功,吏以为功。国以民为兴坏,君以民为强弱,吏以民为能不能,此之谓民无不为功也。闻之于政也,民无不为力也。故国以为力,君以为力,吏以为力。③

贾谊把为政中的民本思想扩展为四个层面:"民无不为本"、"民无不为

---

① 《新语校注·无为》,第 59 页。
② 《新语校注·道基》,第 25 页。
③ 《新书校注·大政上》,第 338 页。

命"、"民无不为功"、"民无不为力",每一个层面又都包含国家、君主、官吏三个要素。因为国家的安危、存亡、兴坏与强弱,直接取决于民众;君主的威侮、盲明、强弱和力量,直接取决于民众;官吏的贵贱、贤不肖、能不能和强弱,也直接取决于民众,所以国家、君主和官吏都把民众作为自己的根本、命运、功业和力量。贾谊排列的民、国、君、吏的顺利,正好与孟子的"民为贵,社稷次之,君为轻"一致。而且,就民众与国家、君主的关系而言,其说与孟子说的"保民而王,莫之能御"(《孟子·梁惠王上》)以及"得乎丘民而为天子"(《孟子·尽心下》)也一脉相承。

那么,怎么解释民为国、君、吏之"本"、"命"、"功"、"力"呢?贾谊又把它们还原到现实的可操作性的国家治理中,他说:"故夫为人臣者,以富乐民为功,以贫苦民为罪。故君以知贤为明,吏以爱民为忠。故臣忠则君明,此之谓圣王。故官有假而德无假,位有卑而义无卑,故位下而义高者,虽卑,贵也;位高而义下者,虽贵,必穷。鸣呼,戒之哉,戒之哉!行道不能,穷困及之。"[1]在贾谊看来,君王是否贤明,臣子是否忠诚,关键在于民是"富乐"还是"贫苦",君主"知贤"的落脚点是"爱民",臣子忠君的落脚点也是"爱民"。

为什么要爱民呢?这是贾谊总结秦王朝短命以及其他历史事件得出的结论。他说:"然秦以区区之地,致万乘之势,序八州而朝同列,百有余年矣。然后以六合为家,崤函为宫。一夫作难而七庙堕,身死人手,为天下笑者,何也?仁义不施,而攻守之势异也。"[2]"仁义不施"是秦亡的关键。他把商纣的失败也归于不能爱民。《新书·连语》云:"纣,天子之后也,有天下而宜然。苟背道弃义,释敬慎而行骄肆,则天下之人,其离之若崩,其背之也不约而若期。夫为人主者,诚奈何而不慎哉?纣将与武王战,纣陈其卒,左臆右臆,鼓之不进;皆还其刃,顾以乡纣也。纣走还于寝庙之上,身斗而死,左右弗肯助也。纣之官卫舆纣之躯,弃之玉门之外。民之观者皆进蹴之,蹈其腹,蹴其肾,践其肺,履其肝。周武王乃使人帷而守之。民之观者褰帷而入,提石之者犹未肯止。可悲也!夫势

---

① 《新书校注·大政上》,第 340 页。
② 《新书校注·过秦上》,第 3 页。

为民主,直与民为仇,殃忿若此。"①纣王本得天命,但是"背道弃义","与民为仇",最后成为孤家寡人,落得悲惨下场。贾谊总结说:"故有国畜民施政教者,臣窃以为厚之而可耳。"②"厚之"即爱民。又说:"夫民者,万世之本也,不可欺。……与民为敌者,民必胜之。君能为善,则吏必能为善矣;吏能为善,则民必能为善矣。故民之不善也,吏之罪也;吏之不善也,君之过也。"③既然君主、官吏都是为民而设,那么就应该与民为善,如果与民为敌,则必败。所以君王要行仁义之道,"仁义者,明君之性也"④。行仁义之道应该是明君的天性。

与民本思想一致,贾谊还吸收了孟子与民同乐的思想。孟子曾告诫梁惠王"与民偕乐,故能乐也",并引《诗经·灵台》篇与《尚书·汤誓》篇从正反加以证明,他还曾给齐宣王说过:"为民上而不与民同乐者,亦非也。乐民之乐者,民亦乐其乐。忧民之忧者,民亦忧其忧。乐以天下,忧以天下,然而不王者,未之有也。"(《孟子·梁惠王下》)贾谊把这一思想作为为君之道的核心,他说:

> 《诗》曰:"君子乐胥,受天之祜。"胥者,相也。祜,大福也。夫忧民之忧者,民必忧其忧;乐民之乐者,民亦乐其乐。与士民若此者,受天之福矣。⑤

他先解释《诗经·桑扈》篇,把"胥"解为相互之义,然后用孟子的话加以发挥,说君子如能与民同乐,与民同忧,则是上天之福。同孟子一样,贾谊也把文王筑灵台看成是与民同乐的典型,他在《新书·君道》篇中云:"文王志之所在,意之所欲,百姓不爱其死,不惮其劳,从之如集。《诗》曰:'经始灵台','庶民攻之,不日成之,经始勿亟,庶民子来。'文王有志为台,令近规之。民闻之者麕裹而至,问业而作之,日日以众,故弗趋而疾,弗期而成,命其台曰灵台,命其囿曰灵囿,谓其沼曰灵沼,爱敬之至也。《诗》曰:'王在灵囿,麀鹿攸伏,麀鹿濯濯,白鸟皜皜,王在灵沼,

---

① 《新书校注·连语》,第 197—198 页。
② 《新书校注·连语》,第 198 页。
③ 《新书校注·大政上》,第 341 页。
④ 《新书校注·大政上》,第 341 页。
⑤ 《新书校注·礼》,第 216 页。

於仞鱼跃。'文王之泽,下被禽兽,洽于鱼鳖,咸若攸乐,而况士民乎!"① 这正是孟子说的"文王以民力为台为沼,而民欢乐之"之意。

孟子的民本思想是其仁政的核心,而仁政的基础是不忍人之心,他说:"君子之于禽兽也,见其生,不忍见其死;闻其声,不忍食其肉。是以君子远庖厨也。"(《孟子·梁惠王上》)"先王有不忍人之心,斯有不忍人之政矣。"(《孟子·公孙丑上》)贾谊也借孟子的话说:"三代之礼:天子春朝朝日,秋暮夕月,所以明有敬也;……其于禽兽也,见其生不忍其死,闻其声不尝其肉,故远庖厨,所以长恩,且明有仁也。"② 又在《新书·礼》篇中说:"礼,圣王之于禽兽也,见其生不忍见其死,闻其声不尝其肉,隐弗忍也。故远庖厨,仁之至也。"③ 把不忍之心作为仁的基础。当然,与孟子不同的是,贾谊没有从不忍之心到仁政再到民本思想这一序列作系统性的阐述,而仅是分散论及,这应该与当时注重现实政治策略而忽视完整政治理论构建的倾向有关。但无论方式如何,孟子民本思想、仁政思想对贾谊的影响是实实在在的。梁涛先生说:"不仅《孟子》一书在文帝时曾一度立于学官,设置传记博士,孟子的仁政说更是影响到包括贾谊、贤良文学等在内的众多人士,成为总结历史、评论现实的理论依据。"④

(二)对孟子人性论的吸收与拓展

孟子主张人性本善,认为"凡同类者,举相似也","圣人与我同类者"(《孟子·告子上》),进而宣扬"人皆可以为尧舜"的成人成德的内圣之路。贾谊的人性论散见于《新语》的一些篇章中。他一方面接受了孟子的以上看法,另一方面又受先秦"性可以为善,可以为不善"论的影响,把人的"材性"分为上中下三个层次,显示出其人性论的矛盾之处。

先说贾谊对孟子人性观的吸收。贾谊对人性虽有过抽象的概括,如他说:"性,神气之所会也。性立,则神气晓晓然发而通行于外矣,与外物之感相应,故曰'润厚而胶谓之性'。"⑤ 把人性看成是神气内聚并与外物感应结合的结果。但他更多是把人性与实际生活结合起来分析,他说:

---

① 《新书校注·君道》,第 288 页。
② 《新书校注·保傅》,第 184—185 页。
③ 《新书校注·礼》,第 216 页。
④ 梁涛:《郭店竹简与思孟学派》,第 41 页。
⑤ 《新书校注·道德》,第 326 页。

"殷为天子三十余世而周受之,周为天子三十余世而秦受之,秦为天子二世而亡。人性非甚相远也,何殷周之君有道而长也,而秦无道之暴也?其故可知也。"① "人性非甚相远",即人性相近之意。他的话里包含着这层意思:汤、武的人性与秦始皇的人性是相近的,但是前者有道而为圣君,后者却无道而成了暴君。为什么会出现这种差异?贾谊所说的"非甚相远"的人性是怎样的呢?他接下来解释说:

> 古之王者,太子初生,固举以礼,使士负之,有司齐肃端冕,见之南郊,见于天也。过阙则下,过庙则趋,孝子之道也。故自为赤子而教固已行矣。昔者周成王幼在襁褓之中,召公为太保,周公为太傅,太公为太师。保,保其身体;傅,傅之德义;师,道之教训,三公之职也。……故咳嚏,三公三少固明孝仁礼义,以道习之,逐去邪人,不使见恶行。于是皆选天下之端士,孝弟博闻有道术者,以卫翼之,使与太子居处出入。故太子初生而见正事,闻正言,行正道,左右前后皆正人也。……孔子曰:"少成若天性,习贯若自然。"是殷周之所以长有道也。及太子少长,知好色,则入于学,学者,所学之官也。……及太子既冠成人,免于保傅之严,则有司直之史,有彻膳之宰。……及秦而不然,其俗固非贵辞让也,所上者告讦。……使赵高傅胡亥而教之狱,所习者非斩劓人,则夷人之三族也。故今日即位,明日射人。忠谏者谓之诽谤,深为之计者谓之妖言,其视杀人如艾草菅然。岂胡亥之性恶哉?其所以集道之者非理故也。②

贾谊的意思很明显:殷周天子与秦天子都曾为"赤子",受后天环境的影响,前者有道而为善,后者无道而为恶。《孟子》中有四次提到"赤子",都是婴儿的意思,一次提到"赤子之心",孟子说:"大人者,不失其赤子之心者也。"(《孟子·离娄下》)"赤子之心"即人的本心,在孟子处即指善性。贾谊此处的"赤子"就源自孟子的"赤子之心",所以他引用孔子的话"少成若天性,习贯若自然",就是要说明:周成王等殷周天子在少年时养成的善性就如同"天性"一般,长久保持就如自然具有。他把后天养

---

① 《新书校注·保傅》,第 183 页。
② 《新书校注·保傅》,第 183—185 页。

成的善性看成是"天性"与"自然",正表明人性本身即为善。而且,贾谊最后还作设问:"岂胡亥之性恶哉? 其所以集道之者非理故也。"就是说,胡亥的本性并非天生为"恶",其"性恶"是在后天的"集道"过程中,受赵高误导丢失了"理义"的结果。而这正是孟子所说的"乃若其情,则可以为善矣,乃所谓善也。若夫为不善,非才之罪也"(《孟子·告子上》)。

　　贾谊这里特别强调了后天环境、教育对人得道为善的决定性作用,与孟子成德成人的内修工夫论似乎有不小差距。因为孟子虽然也重视后天的教化和环境的影响,如他说:"富岁子弟多赖,凶岁子弟多暴,非天之降才尔殊也,其所以陷溺其心者然也。今夫麰麦,播种而耰之,其地同,树之时又同,浡然而生,至于日至之时,皆熟矣。虽有不同,则地有肥硗,雨露之养,人事之不齐也。"(《孟子·告子上》)但他是把主体的思、扩充、反省等作为根本性动力,"心之官则思,思则得之,不思则不得也"(《孟子·告子上》),"凡有四端于我者,知皆扩而充之矣,若火之始然、泉之始达。苟能充之,足以保四海"(《孟子·公孙丑上》)。这种差异性可能是因为贾谊这里主要涉及的是天子的成才问题,有其特殊性。在涉及个体成人成德的途径时,贾谊也吸收了孟子的内省工夫。他在《新书·劝学》篇云:

> 谓门人学者:舜何人也? 我何人也? 夫启耳目,载心意,从立移徙,与我同性。而舜独有贤圣之名,明君子之实,而我曾无邻里之间,宽狥之智者,独何与? 然则舜俋俋而加志,我僵僵而弗省耳。[1]

这是对《孟子·离娄下》中的一段话的借用。孟子原话是说:"君子所以异于人者,以其存心也。……舜,人也;我,亦人也。舜为法于天下,可传于后世,我由未免为乡人也,是则可忧也。忧之如何? 如舜而已矣。若夫君子所患则亡矣。非仁无为也,非礼无行也。如有一朝之患,则君子不患矣。"贾谊虽是在劝学,但他是从舜与"我"同性,舜可成圣人,"我"也可成圣人的可能性出发,相信只要"我""俋俋而加志",时时内省,则可以成功。孟子还说过:"人见其禽兽也,而以为未尝有才焉者,是岂人之情也哉? 故苟得其养,无物不长;苟失其养,无物不消。"(《孟子·告

---

[1]《新书校注·劝学》,第296—297页。

子上》)贾谊说的"省"就是孟子的"养"、"思"之义。

贾谊的人性论又有与孟子人性论不一致的地方,凸显出其人性论的矛盾性。他在《新书·连语》篇中说:

> 抑臣又窃闻之曰,有上主者,有中主者,有下主者。上主者,可引而上,不可引而下;下主者,可以引而下,不可引而上;中主者,可引而上,可引而下。……故材性乃上主也,贤人必合,而不肖人必离,国家必治,无可忧者也。若材性下主也,邪人必合,贤正必远,坐而须亡耳,又不可胜忧矣。故其可忧者,唯中主尔,又似练丝,染之蓝则青,染之缁则黑,得善佐则存,不得善佐则亡。①

贾谊把人主分为上主、中主、下主,与此相对应,又把"材性"分为上中下三等。他说的"材性"主要是指人先天的资质和禀性,近于孟子说的"非天之降才尔殊也"的"才"。但孟子说的"才"是一种先天趋善的良能,而贾谊说的"材性"既有先天为善的,也有先天为不善的,还有先天无善与不善特征的,即"练丝"说。这实际是汉代"性三品"说的发端。"材性"为上、中二等的人主,要通过后天的"引"才能成为明君,而"材性"为下等的人主,无可救药,只能坐等灭亡。"引"即《新书·保傅》篇说到的后天教化,贾谊把成明君的外在条件提到了突出的位置。这里虽是贾谊对人主成明君的看法,但还是可视为他对人性的普遍评价。

总的说来,贾谊的人性论吸收了孟子的性善说,但又与其有差异。它偏向于"性可以为善,可以为不善"的观点,又把后天的学习和环境影响看成是决定性因素。

(三)对思孟五行说的改造

《新书》有《六术》篇,其中提到了"六行":"是以阴阳、天地、人尽以六理为内度,内度成业,故谓之六法。六法藏内,变流而外遂,外遂六术,故谓之六行。是以阴阳各有六月之节,而天地有六合之事,人有仁、义、礼、智、信②之行,行和则乐与,乐与则六,此之谓六行。"③六行即仁、义、

---

① 《新书校注·连语》,第198—199页。
② 《四部丛刊》影印明正德长沙刻本为"圣"字,卢文弨校本改为"信",新编诸子集成本从卢文弨本作"信"。
③ 《新书校注·六术》,第316页。

礼、智、信、乐,乐是前五行"和"的结果,实质只有五行。六行说实际是对思孟学派五行说改造的结果。

代表着子思思想的竹简《五行》第一章说:"仁形于内,谓之德之行;不形于内,谓之行。智形于内,谓之德之行;不形于内,谓之行。义形于内,谓之德之行;不形于内,谓之行。礼形于内,谓之德之行;不形于内,谓之行。圣形于内,谓之德之行;不形于内,谓之行。德之行五,和谓之德;四行和,谓之善。善,人道也;德,天道也。"孟子对此加以发挥,说"仁之于父子也,义之于君臣也,礼之于宾主也,知之于贤者也,圣人之于天道也,命也"(《孟子·尽心下》),朱熹注《孟子》此句时说:"'人'衍字。"① 庞朴先生根据《五行》文,断定"人"字为衍文,并认为"孟轲在这里所谈的,正是'仁义礼智圣'这'五行'"②。在竹简《五行》的基础上,孟子进一步把五行与父子、君臣等具体人际关系联系起来,并内化为它们的根据。孟子还说:"仁之实,事亲是也;义之实,从兄是也;智之实,知斯二者弗去是也;礼之实,节文斯二者是也;乐之实,乐斯二者,乐则生矣,生则恶可已也,恶可已则不知足之蹈之手之舞之。"又提出了仁、义、智、礼、乐五者③,特别是把"乐"看成是乐仁义二者而生,这就是贾谊"行和则乐与"所本。因此可以说,贾谊的"六行"说与思孟以上说法有密切的关联,只不过《六术》篇所记的'行'于人的那'六行',明显地带有凑数的痕迹"④,实质上只有五行。

贾谊还把"六行"与"六理"、"六法"联系起来:"是以阴阳、天地、人尽以六理为内度,内度成业,故谓之六法。六法藏内,变流而外遂,外遂六术,故谓之六行。"⑤ "六理"是阴阳、天地、人"始形之界度","'六理'的界度即明,又成次序"⑥,因而形成"六法","六法"又形之于外,形

---

① 《四书章句集注·孟子集注》卷十四,第 370 页。
② 庞朴:《竹帛〈五行〉篇校注及研究》,第 131 页。
③ 除开核心的仁、义、礼、智四者,"信"在《孟子》中也很突出。如《离娄上》说:"获于上有道,不信于友,弗获于上矣;信于友有道,事亲弗悦,弗信于友矣;悦亲有道,反身不诚,不悦于亲矣;诚身有道,不明乎善,不诚其身矣。是故诚者,天之道也;思诚者,人之道也。至诚而不动者,未之有也;不诚,未有能动者也。"《告子上》:"仁义忠信,乐善不倦,此天爵也。"
④ 庞朴:《竹帛〈五行〉篇校注及研究》,第 127 页。
⑤ 《新书校注·六术》,第 316 页。
⑥ 此为钟夏先生校注后的"案语"。见《新书校注》,第 319 页。

成"六行"。就是说,"六理"、"六法"、"六行"是阴阳、天地、人在不同阶段由内而外形成的六种状态。它们还与"六艺"结合,"是故内法六法,外体六行,以与《书》、《诗》、《易》、《春秋》、《礼》、《乐》六者之术以为大义,谓之六艺。令人缘之以自修,修成则得六行矣。六行不正,反合六法。艺之所以六者,法六法而体六行故也,故曰六则备矣"①。贾谊的"六行",只是他以"六"建构社会秩序乃至宇宙序列的一个要素,其他还有诸如"六律"、"六亲"、"六美"、"六德"之类。贾谊对"六"的重视,可能与秦王朝"数以六为纪"(《史记·秦始皇本纪》),并神化了"六"的属性有关,所以他说"六则备矣","人之戚属,以六为法","数度之道,以六为法"②。魏启鹏先生说:"从帛书《四行》篇到贾谊的《道德论》,可以看出,西汉初年儒家德行观念一步步更深入地与道家宇宙观融合,儒家的道德哲学试图从孟子所谓'上下与天地同流'发展为某种宇宙论的模式。"③贾谊以"六"为基础展开的论述,正是他在"数以六为纪"思想影响下,对思孟学派五行说的改造。

此外,贾谊还继承了孟子"五百年必有王者兴"的历史规律论,他说:"臣闻之:自禹已下五百岁而汤起,自汤已下五百余年而武王起。故圣王之起,大以五百为纪。自武王已下,过五百岁矣,圣王不起,何怪矣。及秦始皇帝,似是而卒非也,终于无状。及今,天下集于陛下,臣观宽大知通,窃曰足以操乱业,握危势,若今之贤也。明通以足,天纪又当,天宜请陛下为之矣。"④这实际上是为汉家天子兴旺寻求理论的支持。

三、《淮南子》对孟子学说的借鉴

《淮南子》原名《鸿烈》,约成书于汉文帝后至汉景帝时期⑤,是继《吕氏春秋》之后又一部体现诸子学融合趋势的著作。它虽署名刘安,实质是集体创作的结果。《史记》、《汉书》和《神仙传》都有刘安的传。该书

---

① 《新书校注·六术》,第316页。
② 《新书校注·六术》,第316—317页。
③ 魏启鹏:《简帛文献〈五行〉笺证》,第166页。
④ 《新书校注·数宁》,第30页。
⑤ 李学勤、徐复观、陈静等人持这种看法。分别参见李学勤《古文献丛论》,上海远东出版社,1996年;徐复观《两汉思想史》,华东师范大学出版社,2001年;陈静《自由与秩序的困惑——〈淮南子〉研究》,云南大学出版社,2004年。

以儒、道思想为主,兼及法家等思想,因此《艺文志》归之为杂家。在不同的篇章中,作者对儒、道思想的评价以及赋予的地位不同。就孟学而言,《淮南子》虽然只有一处提及孟子①,但在一些篇章中,孟子的天命观、人性论、仁义观、修身论等思想被加以借鉴、批评和改造②,成为汉初思想融合并尝试重建官学的重要组成部分。以下逐一略作分析。

(一)对孟子天命观的借鉴

《淮南子》对孟子的天命观也有借鉴。孟子虽然看重人的努力,但时常把天作为一种超越性的力量对待。他说:"君子创业垂统,为可继也。若夫成功,则天也。君如彼何哉?强为善而已矣。"(《孟子·梁惠王下》)又说:"求则得之,舍则失之,是求有益于得也,求在我者也。求之有道,得之有命,是求无益于得也,求在外者也。"(《孟子·尽心上》)修身在我,成功与否在天,即所谓"谋事在人,成事在天"。又讲性、命之别:"口之于味也,目之于色也,耳之于声也,鼻之于臭也,四肢之于安佚也,性也,有命焉,君子不谓性也。仁之于父子也,义之于君臣也,礼之于宾主也,知之于贤者也,圣人之于天道也,命也,有性焉,君子不谓命也。"(《孟子·尽心下》)《淮南子》对孟子的性、命观,特别是"求之有道,得之有命"说进行了发挥。《淮南子·缪称训》篇云:

> 人无能作也,有能为也;有能为也,而无能成也。人之为,天成之。终身为善,非天不行;终身为不善,非天不亡。故善否,我也;祸福,非我也。故君子顺其在己者而已矣。性者,所受于天也;命者,所遭于时也。有其材,不遇其世,天也。太公何力,比干何罪,循性而行指,或害或利。求之有道,得之在命,故君子能为善,而不能必其得福;不忍为非,而未能必免其祸。③

这里的"有能为"者,就是《淮南子·主术训》篇说的"道在易"者和"验

---

① 《淮南子·泛论训》篇:"全性保真,不以物累形,杨子之所立也,而孟子非之。"见刘文典撰,冯逸、乔华点校《淮南鸿烈集解》,中华书局,1989 年,第 436 页。
② 在孙纪文先生《淮南子研究》"儒家三派思想的分流与综合"一节中,他专门考证了《缪称训》章所包含的思孟学派思想,可参看。见其《淮南子研究》,学苑出版社,2005 年,第 172—186 页。
③ 《淮南鸿烈集解·缪称训》,第 333 页。

在近"者,近于孟子所说的仁义礼智之"在我者",所以他们都强调主观之人为。但是,做了事情是否能成功,却只有"天成之"了。在这里,天命是最终的决定者:终身为善,没有天命不能得福;终身为恶,没有天命也不能得祸,祸福由天定。"遇者,能遭于时而得之也,非智能所求而成也"[1]。就是说,逢遇天命而成功的人,也仅因其碰到了时运,而非凭其智能所得,所以君子只有"顺其在己者而已",即孟子说的"强为善而已矣"、"求在我者也"。而且,本篇作者对性、命的界定也同于孟子:人的禀性承受于天,人的命运由遇到的天时决定,有材而无世道,那是天意。所以孟子感叹:"夫天未欲平治天下也,如欲平治天下,当今之世,舍我其谁也?"(《孟子·公孙丑下》)为不遇天时而备感无奈,本篇作者也同样为比干不得天时而惋惜不已。在论述中,二者的出发点和落脚点都在"求之有道,得之有命"论上,不同点在于,《缪称训》篇侧重于天命的不可违,而孟子侧重于人主观能动性的发挥。

(二)对孟子性善论的改造

《淮南子》虽然没有明言性善,但是对孟子的性善论有继承和发挥。孟子说人固有的四心乃是仁义礼智的四端,扩充四端则可达至完满的仁义礼智。这种从先天的端绪经由后天的扩充而实现仁义礼智的修养路径,被《淮南子》吸收并加以改造,成为其治国的理论基础之一。《淮南子·泰族训》篇云:

> 圣人之治天下,非易民性也,拊循其所有而涤荡之,……故先王之制法也,因民之所好,而为之节文者也。因其好色而制婚姻之礼,故男女有别;因其喜音而正《雅》、《颂》之声,故风俗不流;因其宁家室、乐妻子,教之以顺,故父子有亲;因其喜朋友而教之以悌,故长幼有序。然后修朝聘以明贵贱,飨饮习射以明长幼,时搜振旅以习用兵也,入学庠序以修人伦。此皆人之所有于性,而圣人之所匠成也。故无其性,不可教训;有其性,无其养,不能遵道。茧之性为丝,然非得工女煮以热汤而抽其统纪,则不能成丝。卵之化为雏,非慈雌呕暖覆伏,累日积久,则不能为雏。人之性有仁义之资,非圣人

---

[1]《淮南鸿烈集解·诠言训》,第473页。

为之法度而教导之,则不可使乡方。……故因其性,则天下听从;拂其性,则法县而不用。①

作者认为,圣人不以改变百姓的性情来治理天下,而是顺从他们的本性。那么,百姓的本性是善还是恶呢?他接下来说,圣人制定的仁、义、礼、乐"皆人之所有于性,而圣人之所匠成也"。具体而言,仁源于百姓"父子有亲",义源于"其喜朋友",礼源于"其好色",乐源于"其喜音",正是因为百姓本性中有仁、义、礼、乐的端绪,所以圣人才能"匠成",如果"无其性,不可教训"。《淮南子·缪称训》云:"慈父之爱子,非为报也,不可内解于心;圣人之养民,非求用也,性不能已;若火之自热,冰之自寒,夫有何修焉!"②不仅"父之爱子"源于本性,就是"圣人之养民"也是一种本性。因此可以说,作者所说的"民性"实质是一种善性,其推理逻辑和方法与孟子如出一辙,只是在这里把"智"换成了"乐"。而且《淮南子·主术训》篇也谈到过"智":"凡人之性,莫贵于仁,莫急于智。"③即"智"与"仁"皆包含在人性之中。而且,在《淮南子·本经训》篇中还明确说到了性善:"神明定于天下而心反其初,心反其初而民性善,民性善而天地阴阳从而包之,则财足而人澹矣,贪鄙忿争不得生焉。"④既然"心反其初则民性善",因此可以说,心之初的状态就是性善,甚至还可以认为这里的性善就是一种心善,与孟子的"即心言性"一致。这里的"心反其初"说,也正好是对荀子批评孟子性善论时提出的心"长迁而不反其初"说的否定。只不过孟子那里的心之初是仁义礼智的端绪——四心或善端,而作者指的心之初主要是道家的原始质朴状态——真。《淮南子》有时侧重于人性的真,有时又侧重于人性的善,这是《淮南子》融合孟子与道家思想的结果。陈静先生说:"《淮南子》基本上是在道家论人性之真伪的思路上走。但是,人是社会性的存在,人的角色担当是人无可逃于天地之间的现实属性,《淮南子》对此有相当的自觉,因此它在人的真人理想和现实担当之间也陷入了矛盾和困惑,结果是它讨论人性的立场

---

① 《淮南鸿烈集解·泰族训》,第 669—671 页。
② 《淮南鸿烈集解·缪称训》,第 323 页。
③ 《淮南鸿烈集解·主术训》,第 315 页。
④ 《淮南鸿烈集解·本经训》,第 250 页。

发生了游移,从完全的理想主义的求真变成了现实的理想主义的求善,这就把论域从道家论人性之真伪转移到了儒家论人性之善恶,并因此造成了理论上杂芜不纯的结果。"①

另外,与孟子重视后天的教化一样,《泰族训》的作者更加突出了后天"教导"的重要性。他说"有其性,无其养,不能遵道",并举蚕茧经由女工加工而成丝、卵经慈雌孵化而成雏的例子予以喻证,最后概言之云:"人之性有仁义之资,非圣人为之法度而教导之,则不可使乡方。""仁义之资",即孟子所言的仁义之端绪,此端绪还必须借助于圣人的法度教导,方可完满"乡方",所以《泰族训》篇又说:"诚决其善志,防其邪心,启其善道,塞其奸路,与同出一道,则民性可善,风俗可美也。"②与孟子略为不同的是,本篇作者所说的"养"和"教导"主要是一种外部力量的作用,受荀子影响比较明显。又如《修务训》篇,作者在批驳"人性各有所修短,若鱼之跃,若鹊之驳,此自然者,不可损益"③的观点时说:

> 夫马之为草驹之时,跳跃扬蹄,翘尾而走,人不能制,啮咋足以嚼肌碎骨,蹚蹄足以破卢陷匈。及至圉人扰之,良御教之,掩以衡扼,连以辔衔,则虽历险超堑,弗敢辞。故其形之为马,马不可化;其可驾御,教之所为也。马,聋虫也,而可以通气志,犹待教而成,又况人乎!且夫身正性善,发愤而成仁,帽凭而为义,性命可说,不待学问而合于道者,尧、舜、文王也;沉湎耽荒,不可教以道,不可喻以德,严父弗能正,贤师不能化者,丹朱、商均也。曼颊皓齿,形夸骨佳,不待脂粉芳泽而性可说者,西施、阳文也;嗜胅哆喝,籧蒢戚施,虽粉白黛黑弗能为美者,嫫母、仳倠也。夫上不及尧、舜,下不及④商均,美不及西施,恶不若嫫母,此教训之所谕也,而芳泽之所施。⑤

尧、舜、文王固然是性善不待教而合于道,丹朱、商均固然是教而不化者,但对于绝大多数人来讲,可以实现"教训之所谕",就像马"待教而成"一

---

① 陈静:《自由与秩序的困惑——〈淮南子〉研究》,第 251 页。
② 《淮南鸿烈集解·泰族训》,第 680 页。
③ 《淮南鸿烈集解·修务训》,第 638 页。
④ 王念孙说:"'下不及' 当为 '下不若',言不似商均之不肖也。……因上句及字而误。"(见《淮南鸿烈集解·修务训》注引,第 639—640 页)
⑤ 《淮南鸿烈集解·修务训》,第 638—640 页。

样。而孟子虽然也强调后天的教化,如说"饱食、暖衣、逸居而无教,则近于禽兽"(《孟子·滕文公上》),"善教得民心"(《孟子·尽心下》),但他主要还是倾向于"思"、"养"、"扩充"等内在工夫。当然,如果考虑上《主术训》《缪称训》等篇所言及的"反诸己"之主张,如《淮南子·诠言训》篇说:"不惑祸福则动静循理,不妄喜怒则赏罚不阿,不贪无用则不以欲用害性,欲不过节则养性知足。凡此四者,弗求于外,弗假于人,反己而得矣。"① 可以说,《淮南子》对孟子由性善外推至修身养德的工夫有了不少的发挥。

(三)对孟子仁义学说的矛盾性评价与吸收

对孟子仁义观的看法,《淮南子》的一些篇章并不一致,甚至有时互相矛盾。在《淮南子·俶真训》篇,作者对仁义持否定态度,而高度赞同道家的"道"与"德",说"于是在上位者,左右而使之,毋淫其性;镇抚而有之,毋迁其德。是故仁义不布而万物蕃殖,赏罚不施而天下宾服"②。仁义只是"道"、"德"废弛后的产物,"是故道散而为德,德溢而为仁义,仁义立而道德废矣"③。圣人首选修"道术"而不是"仁义","是故圣人内修道术,而不外饰仁义,不知耳目之宣,而游于精神之和"④。不但如此,本篇作者还辛辣讽刺"世俗之学"推行仁义礼乐的行为,"若夫俗世之学也则不然,擢德搴性,内愁五藏,外劳耳目,乃始招蛲振缱物之毫芒,摇消掉捎仁义礼乐,暴行越智于天下,以招号名声于世。此我所羞而不为也"⑤。虽没有具体所指,但孟子宣扬仁义礼乐最为用力,故此处的批评孟子应是首当其冲。

但是,有些篇章虽也把道家"道"、"德"作为理想社会的支撑,但对仁义在末世的作用也进行了充分肯定。《淮南子·缪称训》云:"道者,物之所导也;德者,性之所扶也;仁者,积恩之见证也;义者,比于人心而合于众适者也。故道灭而德用,德衰而仁义生。故上世体道而不德,中

---

① 《淮南鸿烈集解·诠言训》,第 466 页。
② 《淮南鸿烈集解·俶真训》,第 49—50 页。
③ 《淮南鸿烈集解·俶真训》,第 59 页。
④ 《淮南鸿烈集解·俶真训》,第 60 页。
⑤ 《淮南鸿烈集解·俶真训》,第 67 页。

世守德而弗坏也,末世绳绳乎唯恐失仁义。"① "道"与"德"固然是先天质朴的良好本性,仁义也是后起的人为的社会规范,这体现了作者以道德为本,以仁义为用的观点。而《淮南子·主术训》篇,又吸收孟子仁义孝悌等思想,把仁义作为治国、存国的根本。其文云:

> 入孝于亲,出忠于君,无愚智贤不肖皆知其为义也,使陈忠孝行而知所出者鲜矣。……国之所以存者,仁义是也;人之所以生者,行善是也。国无义,虽大必亡;人无善志,虽勇必伤。治国上使不得与焉;孝于父母,弟于兄嫂,信于朋友,不得上令而可得为也。释己之所得为,而责其所不得制,悖矣! 士处卑隐,欲上达,必先反诸己。上达有道:名誉不起,而不能上达矣。取誉有道:不信于友,不能得誉。信于友有道:事亲不说,不信于友。说亲有道:修身不诚,不能事亲矣。诚身有道:心不专一,不能专诚。道在易而求之难,验在近而求之远,故弗得也。②

细细辨析可知,这段话的观点和论述思路源自《孟子·离娄上》第三章至十二章,其中又以第十一、十二章为主。第三至十章主要是讲仁义对个人、国家的巨大作用,第三章说:"三代之得天下也以仁,其失天下也以不仁。国之所以废兴存亡者亦然。天子不仁,不保四海;诸侯不仁,不保社稷;卿大夫不仁,不保宗庙;士庶人不仁,不保四体。"突出仁的作用。第四章说:"爱人不亲,反其仁;治人不治,反其智;礼人不答,反其敬。行有不得者皆反求诸己,其身正而天下归之。"突出"反求诸己"的意义。以下几章还说"国君好仁,天下无敌","不仁而可与言,则何亡国败家之有"? "今天下之君有好仁者,则诸侯皆为之驱矣","仁,人之安宅也;义,人之正路也"。第十一、十二章说:

> 孟子曰:"道在迩而求诸远,事在易而求诸难。人人亲其亲、长其长,而天下平。"(第十一章)
>
> 孟子曰:"居下位而不获于上,民不可得而治也。获于上有道,不信于友,弗获于上矣;信于友有道,事亲弗悦,弗信于友矣;悦亲

---

① 《淮南鸿烈集解·缪称训》,第319页。
② 《淮南鸿烈集解·主术训》,第315—317页。

有道，反身不诚，不悦于亲矣；诚身有道，不明乎善，不诚其身矣。是故诚者，天之道也；思诚者，人之道也。至诚而不动者，未之有也；不诚，未有能动者也。"（第十二章）

这两章正是上引《淮南子·主术训》文所本。孟子的"人人亲其亲、长其长，而天下平"，即《主术训》说的"入孝于亲，出忠于君，无愚智贤不肖皆知其为义也，使陈忠孝行而知所出者鲜矣"；孟子的"道在迩而求诸远，事在易而求诸难"，被《主术训》篇略作改动："道在易而求之难，验在近而求之远，故弗得也。"《主术训》篇把孟子第十一章的论述顺序颠倒了一下，先说孝悌问题，最后批评人们舍弃眼前易行的孝悌之道，而去追求远处的缥缈的道。中间又加入了孟子对取信于上级、朋友以及取悦于父母的做法。除增加了谋取名誉一条外，其他完全一样。虽然《中庸》也有一段与《孟子》完全一样的话①，但是结合其他引文看，《主术训》篇应该是借鉴了孟子的观点。与《俶真训》篇和《缪称训》篇相比，《主术训》篇因受孟子影响，对仁义孝悌的评价更高，它们不仅是"国之所以存者"，而且还是"人之所以生者"，被提到了决定国家、个人存亡的地位。因此，《主术训》篇的作者要求国君行仁义，修孝悌诚信之德，并要时时"反求诸己"。这与孟子思想是一脉相通的。《淮南子》的一些篇章，还屡屡宣扬着孟子汤七十里而王的思想，《泰族训》篇更是说"故仁义者，治之本也"，"为厚基者也"②，充分肯定了仁义治国的地位。

《诠言训》篇还借鉴了孟子的存国、防守保全之策。滕文公曾问孟子，如何让弱小的滕国在齐、楚之间生存。孟子曰："是谋非吾所能及也。无已，则有一焉：凿斯池也，筑斯城也，与民守之，效死而民弗去，则是可为也。"《诠言训》篇也说："虽割国之锱锤以事人，而无自恃之道，不足以为全。若诚外释交之策，而慎修其境内之事，尽其地力以多其积，厉其民死以牢其城，上下一心，君臣同志，与之守社稷，毁死而民弗离，则为名者不伐无罪，而为利者不攻难胜，此必全之道也。"③本篇作者对孟子的

---

① 《中庸》："在下位不获乎上，民不可得而治矣；获乎上有道：不信乎朋友，不获乎上矣；信朋友有道：不顺乎亲，不信乎朋友矣；顺乎亲有道：反诸身不诚，不顺乎亲矣；诚身有道：不明乎善，不诚乎身矣。"（《四书章句集注·中庸章句》，第 31 页）
② 《淮南鸿烈集解·泰族训》，第 692 页。
③ 《淮南鸿烈集解·诠言训》，第 473 页。

守城策略作了补充,包括"尽地力"积累储备、"厉民死"固守城池、"上下一心"、"君臣同志",如此则"斅死而民弗离",即孟子说的"效死而民弗去"。虽然二者的策略是一致的,但是孟子的守城之法是以君王行仁政为支撑,而《诠言训》篇却是以"君道无为"为支撑,它说:"君道者,非所以为也,所以无为也。何谓无为? 智者不以位为事,勇者不以位为暴,仁者不以位为患,可谓无为矣。夫无为,则得于一也。一也者,万物之本也,无敌之道也。""得一"、"无为"都是道家的思想。所以《诠言训》篇是借孟子之酒杯浇自己心中之块垒。

据上可知,《淮南子》一方面把儒家的仁义、礼乐、孝悌作为一种救世的补救手段,说"仁义礼乐者,可以救败,而非通治之至也。夫仁者所以救争也,义者所以救失也,礼者所以救淫也,乐者所以救忧也"[1],而把道家的"无为"思想作为天下大治的根本,认为如果能做到"神明定于天下而心反其初,心反其初而民性善,民性善而天地阴阳从而包之,则财足而人澹矣,贪鄙忿争不得生焉",那么可以"仁义不用矣"[2]。但另一方面又说"仁义者,治之本也"[3]。这是《淮南子》在吸收多家思想时出现的矛盾之一。

(四)对孟子"反求诸己"说的借鉴

《淮南子》吸收孟子"反求诸己"、"反身而诚"的观点,对君子内修德行的品质十分重视。《主术训》篇说:"孝于父母,弟于兄嫂,信于朋友,不得上令而可得为也。释己之所得为,而责于其所不得制,悖矣! 士处卑隐,欲上达,必先反诸己。"[4] 就是说,孝、悌、信是自身就可以做到的,无须外人来命令,一个人如想显达,就必须"先反诸己",即内省养德。这在《淮南子》中得到反复的强调,如"故舜不降席而王天下者,求诸己也"[5],"故怨人不如自怨,求诸人不如求诸己得也"[6],"知此之道,不可求于人,斯得诸己也。释己而求诸人,去之远矣"[7],"不惑祸福则动静循

---

① 《淮南鸿烈集解·本经训》,第 250 页。
② 《淮南鸿烈集解·本经训》,第 250 页。
③ 《淮南鸿烈集解·泰族训》,第 692 页。
④ 《淮南鸿烈集解·主术训》,第 317 页。
⑤ 《淮南鸿烈集解·缪称训》,第 321—322 页。
⑥ 《淮南鸿烈集解·缪称训》,第 327 页。
⑦ 《淮南鸿烈集解·缪称训》,第 332 页。

理,不妄喜怒则赏罚不阿,不贪无用则不以欲用害性,欲不过节则养性知足。凡此四者,弗求于外,弗假于人,反己而得矣"①。在《淮南子》看来,之所以要"反求诸己",是因为"身曲而景直者,未之闻也"②。"矩不正,不可以为方;规不正,不可以为员;身者,事之规矩也。未闻枉己而能正人者也"③。这也正是孟子所说的,"枉己者,未有能直人者也"(《孟子·滕文公下》),"吾未闻枉己而正人者也"(《孟子·万章上》),"不以规矩,不能成方员"(《孟子·离娄上》)。但是,《淮南子·诠言训》篇又把这种自省与道家思想联系起来,说"能成霸王者,必得胜者也;能胜敌者,必强者也;能强者,必用人力者也;能用人力者,必得人心也;能得人心者,必自得者也;能自得者,必柔弱也"④。"自得"说法近于《主术训》篇的"先反诸己",《诠言训》篇认为"要得人心"就要"自得",要"自得"就必"柔弱",老子曾说"柔弱胜刚强"(《老子》第三十六章),因此,这里的"自得"就与《主术训》篇以及孟子说的"先反诸己"有了本质的区别。这是《淮南子》在吸收多家思想时出现的又一矛盾。

在强调"反求诸己"的同时,《淮南子》对君子、圣人的榜样作用也特别重视,认为圣人自身精诚有情,无须说教百姓就会"迁化"。所以《缪称训》篇云:"故舜不降席而天下治。……无诸己,求诸人,古今未之闻也。同言而民信,信在言前也。同令而民化,诚在令外也。圣人在上,民迁而化,情以先之也。""圣人在上,化育如神。"⑤《泰族训》云:"民交让争处卑,委利争受寡,力事争就劳,日化上迁善而不知其所以然,此治之上也。"⑥"迁化"、"化育"和"迁善"的观点,也是对孟子"迁善"说的发挥。孟子说:"王者之民,……民日迁善而不知为之者。夫君子所过者化,所存者神,上下与天地同流,岂曰小补之哉?"(《孟子·尽心上》)"大而化之之谓圣,圣而不可知之之谓神。"(《孟子·尽心下》)在《泰族训》中也有一段与此一致的话:"故圣人怀天气,抱天心,执中含和,不下

---

① 《淮南鸿烈集解·诠言训》,第 466 页。
② 《淮南鸿烈集解·缪称训》,第 322 页。
③ 《淮南鸿烈集解·诠言训》,第 466 页。
④ 《淮南鸿烈集解·诠言训》,第 476 页。
⑤ 《淮南鸿烈集解·缪称训》,第 324、325 页。
⑥ 《淮南鸿烈集解·泰族训》,第 679 页。

庙堂而衍四海，变习易俗，民化而迁善，若性诸己，能以神化也。"①都是把圣人"润物细无声"的化育效果称赞为"神"。

（五）对孟子民本思想的改造

《淮南子》中无论是道家思想还是儒家思想，对民众的力量多给予充分肯定。这既是从秦亡中总结出的结论，也有先秦诸子重民思想的影响，其中，孟子的民本思想就被充分吸收和改造。《主术训》篇云：

> 食者，民之本也。民者，国之本也。国者，君之本也。是故人君者，上因天时，下尽地财，中用人力，是以群生遂长，五谷蕃植。教民养育六畜，以时种树，务修田畴滋植桑麻，肥墝高下，各因其宜。丘陵阪险不生五谷者，以树竹木。春伐枯槁，夏取果蓏，秋畜疏食，冬伐薪蒸，以为民资。是故生无乏用，死无转尸。……故先王之法，畋不掩群，不取麛夭，不涸泽而渔，不焚林而猎。……网罟不得入于水，……草木未落，斤斧不得入山林。②

"民者，国之本也。国者，君之本也。"这是对孟子"民为贵，社稷次之，君为轻"思想的重新表述。在本篇作者看来，民众是一国的根本，国家是君主存在的前提，没有民众，无所谓国家，没有国家也就无所谓君主。所以要求君主不违农时，努力耕种，发挥人力，以养百姓。这里所描述的，正是孟子游说中反复向诸侯王陈述的情景："不违农时，谷不可胜食也；数罟不入洿池，鱼鳖不可胜食也；斧斤以时入山林，材木不可胜用也。谷与鱼鳖不可胜食，材木不可胜用，是使民养生丧死无憾也。"（《孟子·梁惠王上》）这种思想在其他篇也多有反映。《诠言训》篇云："为政之本，务在于安民。安民之本，在于足用。足用之本，在于勿夺时。勿夺时之本，在于省事。省事之本，在于节欲。节欲之本，在于反性。反性之本，在于去载。去载则虚，虚则平。平者，道之素也；虚者，道之舍也。"③《泰族训》亦云："故为治之本，务在宁民；宁民之本，在于足用；足用之本，在于勿夺时；勿夺时之本，在于省事；省事之本，在于节用；节用之本，在于反

---

① 《淮南鸿烈集解·泰族训》，第 665 页。
② 《淮南鸿烈集解·主术训》，第 308 页。
③ 《淮南鸿烈集解·诠言训》，第 467 页。

性。"① 把"安民"、"宁民"作为为政之本,强调使民富足,无夺农时。在富民、养民的思想与手段上,这些篇章虽然吸收了孟子思想,但这背后的支撑理论却被改造,已经不再是孟子的"不忍人之心",而被归结为道家的虚静平淡。这是用道家无为思想改造孟子民本思想的结果。当然,《淮南子》中也有与民本思想相矛盾的地方,如《缪称训》篇云:"主者,国之心。心治则百节皆安,心扰则百节皆乱。"② 把国君视为国家的心脏,这与前面的"民者,国之本也"又相抵触。

通观《淮南子》全书,有的篇章吸收了孟子部分思想,有的吸收了孟子部分思想而又用道家思想加以改造,但有的篇章又提出了与孟子完全相反的观点③。可以说,就《淮南子》某一单篇而言,其孟学的观点相对一致,但各篇对孟子学说的看法并不是一以贯之,而且时有矛盾之说。造成这种局面的原因可能有二:一是《淮南子》为集体创作,因各篇著者不同而各有看法,这是著作体例上的问题;二是著者吸收了不同学派的观点,但没有很好地把它们贯穿统一起来,这是著者学术眼光上的问题。这种矛盾性虽然会影响到这部书的整体性,但它却正好体现了当时黄老无为思潮下儒学的发展,以及当时学人和统治者试图融合各家学术,建立大一统指导思想的时代特征和趋势。这一趋势在《淮南子》最后一篇《泰族训》中就有明显的体现,《要略》篇在交代此篇写作宗旨时说:"《泰族》者,横八极,致高崇,上明三光,下和水土,经古今之道,治伦理之序,总万方之指,而归之一本,以经纬治道,纪纲王事。乃原心术,理性情,以馆清平之灵,澄彻神明之精,以与天和相婴薄。所以览五帝三王,怀天气,抱天心,执中含和,德形于内,以莙凝天地,发起阴阳,序四时,正流方,绥之斯宁,推之斯行,乃以陶冶万物,游化群生,唱而和,动而随,四海之内,一心同归。"④ 此篇虽打着无为的旗号,但却列数了儒家的诸多代表人物如尧、舜、禹、汤、文、武、伊尹、伯夷、太公、孔子,等等,反复引用着儒家经典如《诗》、《书》、《易》、《春秋》,并以儒家的种种伦理规范作为治国

---

① 《淮南鸿烈集解·泰族训》,第 686 页。
② 《淮南鸿烈集解·缪称训》,第 318 页。
③ 儒家与道家在《淮南子》中的矛盾表现,徐复观先生在《两汉思想史》第二卷《〈淮南子〉与刘安时代》一节中的"儒道思想的分野"也有分析。见其《两汉思想史》,第 122—129 页。
④ 《淮南鸿烈集解·要略》,第 706 页。

的手段,甚至宣扬"虽有知能,必以仁义为之本,然后可立也","故仁义者,治之本也","为厚基者也"①。这已经有显著的崇儒趋势,后来的"罢黜百家,独尊儒术",实质也就是这一趋势的高潮和必然结果。而孟子的仁义观、民本思想等,又成为其中的重要内容和推动力量。

第二节　董仲舒对孟子学说的改造

董仲舒对汉代乃至整个中国的政治、思想、学术的转变有着重大影响。在他所处的时代,中国历史上第一个强盛的封建帝国已趋于稳定,诸子竞起的学术黄金时代基本结束,私学衰落,代之而起的是诸子学的融合,新官学重建呼声的高涨②,汉初确立的黄老无为思想逐渐不能适应时代政治的需求,而儒学经过战国末期以来百余年的发展,已经从先秦的纯理论学术蜕变为可与现实政治相结合的有效治国思想,这使它为大一统的政治提供理论支持变为了可能。董仲舒不仅处在这样一个具有诸多转折意义的关节点上,而且他还是诸多转折点得以实现的关键人物之一。就孟学而言,董仲舒也是第一个全面发挥孟子学术思想,使孟子的许多观点真正成为治理国家的指导方针的人。清人苏舆在注解《春秋繁露·循天之道》篇"孟子曰"一句时说:"西汉时未尊孟子,而董引孟子说凡再见,其他义与之相合者亦多。是自汉以后,孔孟之隆,胥由董子矣。"③

一、对孟子《春秋》观的发展

汉赵岐《孟子题辞》说孟子"治儒术之道,通五经,尤长于《诗》、《书》"。《孟子》一书,除《易》不见引外,其他都有引用,《诗》、《书》相对较多。但梁启超《读孟子界说》云:"孟子于六经之中,其所得力在《春

---

① 《淮南鸿烈集解·泰族训》,第 685、692 页。
② 《汉书·董仲舒传》:"故养士之大者,莫大乎太学;太学者,贤士之所关也,教化之本原也。今以一郡一国之众,对亡应书者,是王道往往而绝也。臣愿陛下兴太学,置明师,以养天下之士,数考问以尽其材,则英俊宜可得矣。"(《汉书》卷五十六,第 2512 页)
③ 《春秋繁露义证》,第 447 页。

秋》。……《春秋》为获麟以后所作,昌言制作,为后王法,孟氏一派传之。故孟子每叙道统,于禹抑洪水周公兼夷狄之后,述及孔子,即舍五经而言《春秋》。于舜明于庶物,禹恶旨酒,汤执中,文王视民如伤,武王不泄迩,周公思兼三王之后,述及孔子亦舍五经而言《春秋》。……故必知孟子所言一切仁政皆本于《春秋》,然后孟子学孔子之实乃见。"①《孟子》一书言及《春秋》者三见:

> 《滕文公下》:世衰道微,邪说暴行有作,臣弑其君者有之,子弑其父者有之。孔子惧,作《春秋》。《春秋》,天子之事也。是故孔子曰:"知我者其惟《春秋》乎!罪我者其惟《春秋》乎!"
>
> 《滕文公下》:昔者禹抑洪水而天下平,周公兼夷狄、驱猛兽而百姓宁,孔子成《春秋》而乱臣贼子惧。
>
> 《离娄下》:孟子曰:"王者之迹熄而《诗》亡,《诗》亡然后《春秋》作。晋之《乘》,楚之《梼杌》,鲁之《春秋》,一也。其事则齐桓、晋文,其文则史。孔子曰:'其义则丘窃取之矣。'"

从以上三条材料来看,孟子对孔子作《春秋》一事的看法,略可概括为四点:一是孔子因忧虑仁义之道衰微,君臣父子之道不存而作《春秋》,这是孔子作《春秋》的动机论;二是《春秋》不仅是史,它还犹如《诗经》一般,寄寓了褒善贬恶的微言大义,这是《春秋》的体例论;三是《春秋》让"乱臣贼子"有所害怕,起到了褒善贬恶的作用,这是《春秋》的作用论;四是著史书褒贬善恶乃天子之事,孔子不得已而越权,但存道救世之心后人可鉴,孔子作《春秋》实际上是代圣王立法治国,因此赵岐在注第一、三条材料时说:"孔子惧王道遂灭,故作《春秋》。因鲁史记,设素王之法,谓天子之事也。""孔子自谓窃取之以为素王也。"② 这是孟子对孔子作《春秋》的评价。孟子的这四个观点都属于开山之论,对后世孔子研究、《春秋》研究、史学研究、史学著作撰写等都产生了不小影响。最直接的影响便是汉代《春秋》公羊学派,它在孟子的基础上提出了孔子作《春秋》而拨乱反正、为新王立法等说,而董仲舒可视为代表,他说:

---

① 梁启超:《读孟子界说》,见《饮冰室合集》第一册,第18—19页。
② 赵岐:《孟子章句》卷六、卷八,第116、130页。

"孔子作《春秋》,先正王而系万事,见素王之文焉。"① 把孔子及其《春秋》的地位也抬得很高。董仲舒对孟子《春秋》观的继承与发挥主要体现在以下几个方面。

第一,董仲舒把孟子的"《春秋》,天子之事也"说作为他对《春秋》的基本理解。孟子认为著史书褒善贬恶是天子的事情,因此孔子作《春秋》实际是做了天子之事。孟子云:"匹夫而有天下者,德必若舜禹,而又有天子荐之者。故仲尼不有天下。"(《孟子·万章上》)孔子虽无天子之名,但实有天子之德,所以说"《春秋》,天子之事"。公羊学派据此把孔子描述成一个有王者之德的"素王",董仲舒更是说:"有非力之所能致而自至者,西狩获麟,受命之符是也。然后托乎《春秋》正不正之间,而明改制之义。一统乎天子,而加忧于天下之忧也,务除天下所患。"② 苏舆案语云:"汉初学者以《春秋》当一代之治,故谓获麟为受命作《春秋》之符。"董仲舒也把孔子作《春秋》看成天命所归,是为了给后王提供改制的依据,所以他又说:"《春秋》大一统者,天地之常经,古今之通谊也。"③ 这是他展开评价《春秋》的基本前提。钱基博先生更是把孟子与董仲舒对《春秋》的看法视为二人思想相表里的依据之一,他先列举了孟子谈《春秋》的两则材料及其赵岐注:"设素王之法,谓天子之事也","窃取之以为素王也",然后说:"夫《滕文公下》推孔子作《春秋》之功,可谓天下一治,比之禹抑洪水,周公兼夷狄,驱猛兽,而称之曰天子之事。《离娄下》又从舜明于庶物,说到孔子作《春秋》,以为其事可继舜、禹、汤、文、武、周公。此与《蕃露·三代改制质文二十三》所称'《春秋》应天,作新王之事,绌夏,新周,故宋'同指。孟子曰:'《春秋》天子之事',犹董子言以《春秋》当新王,故赵注用《公羊》素王之说。素王,谓空设一王之法。"④ 可见,从董仲舒到赵岐,在孔子作《春秋》的性质上,都承接了孟子"天子事"之说。另外,王充也多有言及,他说"是故《春秋》为汉制法"⑤,

---

① 《汉书》卷五十六,第 2509 页。
② 《春秋繁露义证·符瑞》,第 157—158 页。
③ 《汉书》卷五十六,第 2523 页。
④ 钱基博:《古籍举要》,第 134 页。
⑤ 《论衡校释·须颂》,第 857 页。

"孔子不王,素王之业,在于《春秋》"①。

在董仲舒看来,《春秋》为天子事,它给后王的首要启示就是"改制",所以董仲舒在《春秋繁露》第一篇《楚庄王》中就言及于此。他说"王者必改制","今所谓新王必改制者,非改其道,非变其理,受命于天,易姓更王,非继前王而王也。若一因前制,修故业,而无有所改,是与继前王而王者无以别。受命之君,天之所大显也。……今天大显已,物袭所代而率与同,则不显不明,非天志。故必徙居处、更称号、改正朔、易服色者,无他焉,不敢不顺天志而明自显也"②。他认为改制并非改变"道"、"理",而只是在居处、称号等形式上作出改变,以此显示与旧王的不同,也是新王顺应天命的需要。从《春秋繁露》全书来看,董仲舒所说的道、理,主要是指综合了儒、道、法等家的一套伦理道德和治国之术。

第二,孟子认为孔子作《春秋》借用了《诗经》褒贬善恶之大义,而董仲舒继承和极大地拓展了这一看法。他说:"庆赏罚刑与春夏秋冬,以类相应也,如合符。……庆赏罚刑有不行于其正处者,《春秋》讥也。"③"《春秋》采善不遗小,掇恶不遗大,讳而不隐,罪而不忽,□□以是非,正理以褒贬。喜怒之发,威德之处,无不皆中其应,可以参寒暑冬夏之不失其时已。故曰圣人配天。"④《春秋》要讥评赏罚不正者,不遗小善,不掇大恶,根据正理进行褒贬,这正是《诗经》时代《诗》所扮演的角色。董仲舒还在回答汉武帝的策问中说:"孔子作《春秋》,上揆之天道,下质诸人情,参之于古,考之于今。故《春秋》之所讥,灾害之所加也;《春秋》之所恶,怪异之所施也。书邦家之过,兼灾异之变,以此见人之所为,其美恶之极,乃与天地流通而往来相应,此亦言天之一端也。"⑤在他看来,《春秋》不仅有"讥"、"恶",而且还可以通过"灾害"、"怪异"加以印证,甚至把《春秋》的"美"、"恶"两种评判标准视为可以与天地相应。他在《楚庄王》篇还说:

　　《春秋》之道,奉天而法古。是故虽有巧手,弗修规矩,不能正方

①《论衡校释·定贤》,第1122页。
②《春秋繁露义证·楚庄王》,第17—18页。
③《春秋繁露义证·四时之副》,第353—354页。
④《春秋繁露义证·威德所生》,第463页。
⑤《汉书》卷五十六,第2515页。

　　员。虽有察耳,不吹六律,不能定五音。虽有知心,不览先王,不能平天下。然则先王之遗道,亦天下之规矩六律已。故圣者法天,贤者法圣,此其大数也。得大数而治,失大数而乱,此治乱之分也。①

就是说,《春秋》是遵从天道、效法先王之道的典范,后世圣贤必须学习和借鉴它,"用则天下平,不用则安其身,《春秋》之道也"②,"春秋,大义之所本耶"③。这就是孟子说的"世衰道微"而"孔子惧,作《春秋》"以及《诗》亡然后《春秋》作"之"大义"。《春秋》承担了存王道救衰世之大任,是"大义"之根本。因此董仲舒又说:"孔子明得失,差贵贱,反王道之本。讥天王以致太平。刺恶讥微,不遗小大,善无细而不举,恶无细而不去,进善诛恶,绝诸本而已矣。"④他认为孔子作《春秋》,就是通过"反王道之本",最后达到"进善诛恶"的目的。《重政》篇再次强调了这个意思:"撮以为一,进义诛恶绝之本,……《春秋》明得失,差贵贱,本之天,王之所失天下者,使诸侯得以大乱之,说而后引而反之。"⑤"进善诛恶",即《诗经》褒贬善恶之义。这是董仲舒对孟子《春秋》说的高度概括。

　　《春秋》不仅是治理国家的良药,也是个人行动的镜子。董仲舒说:"《春秋》之道,视人所惑,为立说以大明之。……《春秋》为人不知恶而怙行不备也,是故重累责之,以矫枉世而直之。矫者不过其正,弗能直。"⑥清人苏舆在注解这句话时说,《后汉书·朱祐等传论》的注曾引过孟子"矫枉者过其正"句,"今《孟子》无此语,盖在七篇之外,董语所本"⑦。其实,今本《孟子》也有"枉己者,未有能直人者也"的话,因此这里的"矫枉"主要是对个人来说的。董仲舒认为《春秋》为人"立说",制定行为准则。

　　第三,董仲舒对孟子"春秋无义战。彼善于此,则有之矣"的说法表

①《春秋繁露义证·楚庄王》,第14页。
②《春秋繁露义证·楚庄王》,第13页。
③《春秋繁露义证·正贯》,第143页。
④《春秋繁露义证·王道》,第109页。
⑤《春秋繁露义证·重政》,第150页。
⑥《春秋繁露义证·玉杯》,第43—45页。
⑦《春秋繁露义证·玉杯》篇苏舆注,第45页。

示赞同。有人问难说："《春秋》之书战伐也,有恶有善也。恶诈击而善偏战,耻伐丧而荣复仇,奈何以《春秋》为无义战而尽恶之也?"董仲舒说:"若《春秋》之于偏战也,善其偏,不善其战,有以效其然也。《春秋》爱人,而战者杀人,君子奚说善杀其所爱哉?……不义之中有义,义之中有不义。辞不能及,皆在于指,非精心达思者,其孰能知之。"① 他认为,虽然战阵比"诈击"善,但是战争毕竟要杀人,而《春秋》爱惜百姓,所以孟子"无义战"之说是对的。正如赵岐注孟子此话云:"《春秋》所载战伐之事,无应王义者也,彼此相觉有善恶耳。"② 义与不义只是相对的,关键在于"指","指"即孟子所提到的"义"。"义"在董仲舒看来就是仁义,他认为《春秋》褒贬人物、事件皆以能否"行仁义而羞可耻"③ 为准则,所以他说司马子反虽"专政"、"擅名",而《春秋》"大之",逢丑父虽"杀其身以生其君",但《春秋》却"不爱",无他,仅仁义与不仁义之别矣。

二、从孟子的"性善"到董仲舒的"善出性中"

董仲舒的人性论,实质是对孟荀人性论的调和与改造。其中,他对孟子的性善论提出了明确的批评。

首先,董仲舒从名号出发考察了"性"的本质。他说:"性之名非生与? 如其生之自然之资谓之性。性者质也,诘性之质于善之名,能中之与? 既不能中矣,而尚谓之质善,何哉? 性之名不得离质。离质如毛,则非性已,不可不察也。"④ 认为生来具有的资质就叫本性,本性就是本质,但人的本质并不等同于善。人性是人先天具有的禀性,而善只是对禀性的一种判断,他又说:"人之诚,有贪有仁。仁贪之气,两在于身。身之名,取诸天。天两有阴阳之施,身亦两有贪仁之性。……必知天性不乘于教,终不能桎。"⑤ 人天生有贪、仁二气,因而有贪、仁之性,就是说,人性本有善与恶,善性要待教才能实现,恶性须待教而方能禁止,所以他

① 《春秋繁露义证·竹林》,第49—50页。
② 赵岐:《孟子章句》卷十四,第178页。
③ 《春秋繁露义证·竹林》,第61页。
④ 《春秋繁露义证·深察名号》,第291—292页。
⑤ 《春秋繁露义证·深察名号》,第294—296页。

说:"人受命于天,有善善恶恶之性,可养而不可改,可豫而不可去。"① 他又用禾与米的关系打比方来说明:

> 故性比于禾,善比于米。米出禾中,而禾未可全为米也。善出性中,而性未可全为善也。善与米,人之所继天而成于外,非在天所为之内也。天之所为,有所至而止。止之内谓之天性,止之外谓人事。②

董仲舒认为,禾苗能产米,但是禾苗不能全部转化为米。同样,人性能产生善,但是人性不能全转化为善,善是人继承天性而又形成于天性之外的。言下之意,善不是人性的全部,人性中有善质,也有恶质,它们都是天在人性之内所作的规定,可称之为"天性"。董仲舒不用恶或者恶质来称述"性未可为善"的部分,似乎有羞于言人性恶的意味。人是否能表现出善,或化恶为善,这是天性之外的规定,可称之为"人事",《实性》篇又称之为"王教"。与孟子不同处在于,孟子认为人性天生就为善,恶是后天的习染,后天的政教只是阻止后天的不良影响。相通之处在于,董仲舒说的人性中之善质,相当于孟子说的人性之善端,善质需假以"人事"来实现,善端需假以"思"来扩充,只是前者主要借助于外力,后者主要依靠主体的内省。杨国荣先生在对比孟子、荀子、董仲舒的人性论时说:"孟子从性善出发,着重突出了先天根据这一环节,尽管孟子并不完全排斥后天工夫,但性本善这一先验预设毕竟弱化了继天成善这一面;与孟子相对,荀子以性恶说为前提,注意外在礼法在塑造个体中的作用,但同时却忽视了成人的内在根据。"而董仲舒的看法"显然又包含着折中孟荀,扬弃二者之蔽的意向"。并认为"董仲舒的努力似乎并不很成功",因为"他固然注意到了成人的内在根据,但同时又不适当地强调了外在教化的作用",于是"主体对外部的教化只能被动的接受和顺从(性不得不遂),这种观点可以看作是权威主义价值观在成人理论上的引申,它同时又使内在的潜能变成了形式的点缀。于是,在肯定内在根据与强化外在王教之间,便形成了一种内在的紧张"③。

---

① 《春秋繁露义证·玉杯》,第34页。
② 《春秋繁露义证·深察名号》,第297页。
③ 杨国荣:《善的历程——儒家价值体系的历史衍化及其现代转换》,上海人民出版社,1994年,第185—186页。

其次，董仲舒从三个方面否定了孟子的性善说。一是从"民"的称号上。他说："民之号，取之瞑也。使性而已善，则何故以瞑为号？以霣者言，弗扶将，则颠陷猖狂，安能善？……今万民之性，有其质而未能觉，譬如瞑者待觉，教之然后善。当其未觉，可谓有善质，而不可谓善。"① 他认为"民"本因百姓冥暗不明而得名，民虽有善质，但需后天的教化方能为善，如果说本性已为善，则何须称"民"？徐复观先生评价这种做法说："这是以声同义同作民的正名；再由民的正名，以否定性善之说，更是出于牵强附会"，"这是最坏的方法。"②

二是从性、情一致上。董仲舒认为，与民之性相伴而生的还有情，他说："是正名号者于天地，天地之所生，谓之性情。性情相与为一瞑。情亦性也。谓性已善，奈其情何？故圣人莫谓性善，累其名也。身之有性情也，若天之有阴阳也，言人之质而无其情，犹言天之阳而无其阴也。"③ 性与情是人的本质的两面，就如阴与阳为天所固有的两面一样。董仲舒虽然没有直接说情为恶，但从他的论述看，他说的情就是人性中的恶质④，他还曾说："故倡而民和之，动而民随之，是知引其天性所好，而压其情之所憎者也。"⑤ 又说："性者生之质也，情者人之欲也"，"质朴之谓性，性非教化不成；人欲之谓情，情非度制不节。"⑥ 所以他以为，孟子笼统地说性善，就是忽视情的存在，只能说性可以发展出善，但不能说性善。董仲舒说的情，实质就是孟子说的耳目口鼻四肢之欲，孟子也把它们称为性，他说："口之于味也，目之于色也，耳之于声也，鼻之于臭也，四肢之于安佚也，性也。"（《孟子·尽心下》）只是孟子并没有说它们为恶而已。而且孟子也言及情，他说："乃若其情，则可以为善矣，乃所谓善也"，"人见其禽兽也，而以为未尝有才焉者，是岂人之情也哉？"（《孟子·告子上》）只是他说的情等同于性。

---

① 《春秋繁露义证·深察名号》，第 297 页。
② 徐复观：《两汉思想史》第二卷，第 247 页。
③ 《春秋繁露义证·深察名号》，第 298—299 页。
④ 苏舆引《白虎通·性情篇》注云："阳气者仁，阴气者贪。故情有利欲，性有仁也。"又引《说文》云："情，人之阴气有欲者。性，人之阳气性善者也。"（《春秋繁露义证·深察名号》，第 299 页）直接把阴与情相连，把阳与性相连。实际上董仲舒只是借阴阳打比方而已。
⑤ 《春秋繁露义证·正贯》，第 143 页。
⑥ 《汉书》卷五十六，第 2501、2515 页。

　　三是从确立天子的缘由上。董仲舒同荀子一样,也批评孟子性善说实际是对天子角色、作用的否定,他说:"天生民性有善质,而未能善,于是为之立王以善之,此天意也。民受未能善之性于天,而退受成性之教于王。王承天意,以成民之性为任者也。今案其真质,而谓民性已善者,是失天意而去王任也。万民之性苟已善,则王者受命尚何任也?"① 人有善质但未能实现善,所以要借助于教化,所谓"性如茧如卵。卵待覆而成雏,茧待缲而为丝,性待教而为善"②,"善当与教,不当于性"③,他认为,就像茧和卵要经过后天的功夫才能变为丝与雏一样,人性也要经过后天的教化才能变为善,而教化正是上天赋予天子的职责,而孟子却说人的本性即为善,这就违背了天意,也否定了天子的政教作用。董仲舒的比喻看起来形象生动,但却有其逻辑的矛盾。正如徐复观先生所说,这个比喻表明"茧与丝,卵与雏,性与善,只是功夫上的成长的问题。卵非雏,只是功夫未到,不可谓卵中含有与雏相对的异质成分。'性未可谓善',也只是功夫未到,不可谓性中含有与善相对的异质成分。所以这与'性未可全为善'的内涵,并非完全相同",并认为董仲舒是侧重于前者④。其实,笔者倒认为董仲舒侧重于后者的"性未可全为善",这从前面的禾米之喻、性情之别可以看出,而且在他每每论及善时,背后都隐约包含着未说出的恶。

　　最后,在以上批评的基础上,董仲舒点名批评了孟子的性善论。他说:

　　　　性有善端,动⑤之爱父母,善于禽兽,则谓之善。此孟子之善。循三纲五纪,通八端之理,忠信而博爱,敦厚而好礼,乃可谓善。此圣人之善也。是故孔子曰:"善人吾不得而见之,得见有常者斯可矣。"由是观之,圣人之所谓善,未易当也,非善于禽兽则谓之善也。使动其端善于禽兽则可谓之善,善奚为弗见也?⑥ 夫善于禽兽

---

① 《春秋繁露义证·深察名号》,第 302 页。
② 《春秋繁露义证·深察名号》,第 301 页。
③ 《春秋繁露义证·深察名号》,第 303 页。
④ 徐复观:《两汉思想史》第二卷,第 249—250 页。
⑤ 苏舆注云:"动,疑作童。""或书作勤,因下文有'动其端'之语,遂误为'动'矣。"(《春秋繁露义证·深察名号》,第 303 页)
⑥ 苏舆注云:"'奚'上疑有人字。"(《春秋繁露义证·深察名号》,第 304 页)其说是。

之未得为善也,犹知于草木而不得名知。……圣人以为无王之世,不教之民,莫能当善。善之难当如此,而谓万民之性皆能当之,过矣。……万民之性善于禽兽者许之,圣人之所谓善者弗许。吾质之命性者异孟子。孟子下质于禽兽之所为,故曰性已善;吾上质于圣人之所为,故谓性未善。善过性,圣人过善。①

孟子曾说:"孩提之童,无不知爱其亲者。"(《孟子·尽心上》)又曾对齐宣王"以羊易牛"来祭钟的行为称赞说:"是乃仁术也,见牛未见羊也。君子之于禽兽也,见其生,不忍见其死;闻其声,不忍食其肉。是以君子远庖厨也。"(《孟子·梁惠王上》)这背后都蕴含着孟子的性善说。董仲舒虽然也肯定人性中有善端或者善质,但他不赞同孟子仅根据爱父母、善对禽兽就称人性本善的说法,仅称之为"孟子之善"。与此相对,他提出了"圣人之善"——"循三纲五纪,通八端之理,忠信而博爱,敦厚而好礼",很明显,这些"善"都是后天教化的结果,它们是善行而不是善性。孟子重的是善性,而董仲舒重的是善行,所以他根据孔子的话批评孟子说:如果人只要启动善端即善对禽兽就是性善的话,那么善人应该很多,但孔子说没有见到善人,可见孟子的说法不对。他对善行的重视,致使他把教化作为实现善的唯一途径:"无王之世,不教之民,莫能当善。"又说:"今谓性已善,不几于无教而如其自然! 又不顺于为政之道矣。"②

董仲舒在批评孟子人皆性善的基础上,又提出了三种不同的人性:圣人之性、中民之性、斗筲之性。这可能受贾谊《新书·连语》把"材性"分为上中下三等做法的影响。董氏认为圣人之性与斗筲之性"不可以名性",只有中民之性才可以"名性"。他没有分析缘由,后人从不同角度帮董仲舒作出解释③,但多是从何为圣人之性、斗筲之性、中民之性角度出发去理解,常有过度发挥之嫌。其实,如果结合董仲舒提出三种人性的前后语境和目的来分析,也许更为合理。他在提出三性之前说:"以麻为布,以茧为丝,以米为饭,以性为善,此皆圣人所继天而进也,非情性质朴

---

① 《春秋繁露义证·深察名号》,第303—305页。
② 《春秋繁露义证·实性》,第311页。
③ 可参见侯外庐《中国思想通史》,人民出版社,1957年。王永祥《董仲舒评传》第七章"待教而善的人性论",南京大学出版社,1995年。周桂钿《董学探微》第三章"人性论",北京师范大学出版社,2008年。

之能至也,故不可谓性。"① 这里的"性"即《深察名号》篇说的本质,就是说,布、丝、饭、善都不能称为本质,只有麻、茧、米、性才能称为本质。而孟子说万民之性天生皆为善,这就是把性和善都看成是本质,所以这是错误的。于是董仲舒接着这个结论进一步举例说明:圣人之性已然属于善,不能用来作为性——本质的名号,斗筲之性已然属于不善,也不能用作性——本质的名号,只有中民之性是"情性质朴之能至"者,所以可以用来作为性——本质的名号。"名性"的"名"不是"称作"之义,而是"用作……名号"之义。就是说,董仲舒列出三种人性是为了表明:"性"的名号是有特定要求的,它不是善,也不是恶,而是一种天然的状态;善是因后天"王教之化"而从性中派生出来的状态。

可以说,"王教之化"是董仲舒论人性的出发点和归结点,他在回答汉武帝策问时就说:"天令之谓命,命非圣人不行;质朴之谓性,性非教化不成;人欲之谓情,情非度制不节。是故王者上谨于承天意,以顺命也;下务明教化民,以成性也;正法度之宜,别上下之序,以防欲也:修此三者,而大本举矣。"② 董氏言人性,主要是为汉天子的政治教化寻求理论的支撑。重教化本是儒家学说的一个传统,汉代独尊儒术后,这种传统得到了进一步的加强,无论是经学、诸子之学、史学还是文学,都有明显的体现。如汉代《诗经》学以"美刺"论诗,汉代赋作长时间以讽喻为指归。因此,董仲舒以教化实现性善的思想,既是儒家走向独尊的表现之一,也是汉代学术重视政治教化而向皇权靠拢,最终沦为统治者政治工具的开端。

其实,孟子的人性论主要是考察人性能否为善的根源性问题,再由此推及其他。而董仲舒的人性论主要是考察怎样实现性善的现实性问题。对两种人性论的异同以及董仲舒对孟子的批评,劳思光先生有如此评价:"儒学中孟子'性善'之论,本就'根源义'讲。故孟子立'四端'之说,精义在于展示'价值基于自觉',孟子言四端,固非谓德性之完成不待努力,仅谓德性之根源不在'客体'而在自觉之'主体'而已。……董氏在《实性》及《深察名号》各篇中,力攻孟子之说,大意不过谓,心性

---

① 《春秋繁露义证·实性》,第 311 页。
② 《汉书》卷五十六,第 2515—2516 页。

中有善端并非善之'完成'。其实,孟子既言'扩充'及'养气',显然亦不认为德性'完成'不待功夫,故董氏之批评,实由不解孟子之说而来,殊无可取。但最严重之问题则在于董氏不解'德性根源问题'本身之重要。董氏立说,实以为德性问题仅是一'完成问题',而不知最根本处尚有一'根源问题'存在,于是全不能接触儒学心性论之本义。而其影响则使儒学中最重要之成绩遂至汉而中断。"甚至说"董氏论'性',为汉儒恶劣思想之代表"①。劳先生的评价可能最能切中董仲舒观点之要害,故录于此权作小结。

三、对孟子仁义说及仁政主张的继承

董仲舒《春秋繁露》既分言仁与义,又合言仁义,在分析他仁义思想的渊源时,学者往往会得出不同的结论。清人苏舆在《仁义法》篇题的题解中说:"《论语》中无仁义兼言者,孟子言仁,始多以义配。《贾子道术篇》:'心兼爱人谓之仁,反仁为戾,行充其宜谓之义,反义为慑。'亦以仁义分晰,为韩愈《原道》所祖。此篇所云本厚躬薄责之旨,且三引《论语》以证,明实孔子法也。"②苏氏因该篇分言仁义而以为董氏思想源于孔子。但钱基博先生却对董氏仁义思想渊源有不同看法,甚至在《仁义法》同一篇文章上,二人的看法也相去甚远。钱先生说《春秋繁露》"然要其归,必止乎仁义,有与孟子相表里者",并析出四条予以证明。又说:"孟子之言仁义也混,如《梁惠王上》'未有仁而遗其亲者也,未有义而后其君者也',《离娄上》'仁之实,事亲是也。义之实,从兄是也',仁义并举,而未析其所以异。而董子之言仁义也析,《仁义法第二十九》:'《春秋》之所治,人与我也。所以治人与我者,仁与义也。以仁安人,以义正我。故仁之为言人也,义之为言我也。是故《春秋》为仁义法。仁之法,在爱人,不在爱我。义之法,在正我,不在正人。我自不正,虽能正人,弗予为义。人不被其爱,虽厚自爱,不予为仁。'仁义对称,而勘明其所以异。要其归,在于说仁义而理之矣,而《繁露》足匡孟子所未逮。"③

---

① 劳思光:《新编中国哲学史》第二卷,第30—31页。
② 《春秋繁露义证·仁义法》题解,第248页。
③ 钱基博:《古籍举要》,第134—135页。

如何看待这两个结论呢？笔者认为,董仲舒仁义思想既受孔子的影响,也受孟子的影响,在其书中很难将二者一一指实,如董氏多次提到的"仁者爱人",孔子和孟子都曾言及。当然,就孟子仁义观的影响而言,也能找到一些较为明显的痕迹。除钱基博先生提及的外,还如董仲舒所说:"义治我,躬自厚而薄责于外,""求诸己,谓之厚,求诸人,谓之薄;自责以备谓之明。"① 其义同于孟子说的"爱人不亲,反其仁。……行有不得者皆反求诸己,其身正而天下归之"(《孟子·离娄上》)。又如《仁义法》篇说:"王者爱及四夷,霸者爱及诸侯,安者爱及封内,危者爱及旁侧,亡者爱及独身。"② 孟子也曾说:"天子不仁,不保四海;诸侯不仁,不保社稷;卿大夫不仁,不保宗庙;士庶人不仁,不保四体。"(《孟子·离娄上》)另外,董仲舒还把仁智对举,且有《必仁且智》篇,他说:"莫近于仁,莫急于智。……仁而不智,则爱而不别也;智而不仁,则知而不为也。"③ 而孟子也多把仁与智对举,如说:"莫之御而不仁,是不智也。不仁不智,无礼无义,人役也。"(《孟子·公孙丑上》)又说:"知而使之,是不仁也;不知而使之,是不智也。仁、智,周公未之尽也,而况于王乎?"(《孟子·公孙丑下》)凡是仁、智对举的地方,仁与智的用法二人基本相同。

虽然董仲舒对孔孟的仁义观都有借鉴,但他的仁义观已与先秦原始士儒家的仁义观有不小差距。特别是作为一个处在政治体制改革风口浪尖上的代表人物,董仲舒把诸子学术的融合趋势、大一统的政治需求、儒学实用性的改造等特点,都贯穿到了他的学术思想中,其中的仁义观也不例外。如董仲舒的仁,就不再完全是孔孟以孝悌为核心的仁。孟子说:"君子之于物也,爱之而弗仁;于民也,仁之而弗亲。亲亲而仁民,仁民而爱物。"(《孟子·尽心上》)孟子的仁是以爱血亲为基础的,而董仲舒借太公诛营荡的故事否定了这种仁④。又如对儒家的差等之爱,《春秋繁露·观德》篇在排列爵位时"皆以德序","惟德是亲,其皆先其亲",

---

① 《春秋繁露义证·仁义法》,第 255—256 页。
② 《春秋繁露义证·仁义法》,第 252 页。
③ 《春秋繁露义证·必仁且智》,第 257 页。
④ 见《春秋繁露义证·五行相胜》篇的记载,第 370—371 页。

"德等也,则先亲亲"①。而孟子说:"仁者无不爱也,急亲贤之为务。"(《孟子·尽心上》)因此周桂钿先生认为:"孟子先强调亲,后讲贤,亲高于贤。董仲舒先讲德,德重于亲。可见,在讲爱的差等时,董仲舒继承并发展了孟子的思想,离亲亲的宗法思想更远了些。"②

董仲舒也吸收了孟子的仁政学说。董仲舒虽然没有集中论述过仁政,也没有明确提及"仁政"二字,但与他的仁义观相一致,他的仁政思想贯穿了全书。在对君王、臣子提出为政要求时,他主张他们施行仁政;当君王、臣子有错误行为乃至于亡国失位时,他也多归之于不行仁政。他在《立元神》篇中说:

> 君人者,国之本也。夫为国,其化莫大于崇本,崇本则君化若神,不崇本则君无以兼人,无以兼人,虽峻刑重诛,而民不从,……郊祀致敬,共事祖祢,举显孝悌,表异孝行,所以奉天本也。秉耒躬耕,采桑亲蚕,垦草殖谷,开辟以足衣食,所以奉地本也。立辟雍庠序,修孝悌敬让,明以教化,感以礼乐,所以奉人本也。③

这里讲的就是治国措施,董仲舒认为治国在于治本。所治之本有"天本"、"地本"、"人本"三本,"天本"属于祭祀,不关百姓,"地本"就是孟子制民以恒产之义,要求让百姓丰衣足食,"人本"就是孟子教化之义。后两者的实质就是民本思想、仁政学说。《孟子·梁惠王上》有言:"王欲行之,则盍反其本矣。五亩之宅,树之以桑,五十者可以衣帛矣。鸡豚狗彘之畜,无失其时,七十者可以食肉矣。百亩之田,勿夺其时,八口之家可以无饥矣。谨庠序之教,申之以孝悌之义,颁白者不负戴于道路矣。老者衣帛食肉,黎民不饥不寒,然而不王者,未之有也。"孟子的"反其本"就是董仲舒说的"崇本"。

仁政的背后是遵从王道,或者说,仁政是王道的核心内容。所以孟子说"尧舜之道,不以仁政,不能平治天下"(《孟子·离娄上》),又说"养生丧死无憾,王道之始也"(《孟子·梁惠王上》),让百姓能"养生丧死",这是王道的基础。所以当齐宣王问他"王政可得闻与"时,他

---

① 《春秋繁露义证·观德》,第271—272页。
② 周桂钿:《董学探微》,第110页。
③ 《春秋繁露义证·立元神》,第168—169页。

说："昔者文王之治岐也,耕者九一,仕者世禄,关市讥而不征,泽梁无禁,罪人不孥。老而无妻曰鳏,老而无夫曰寡,老而无子曰独,幼而无父曰孤。此四者,天下之穷民而无告者。文王发政施仁,必先斯四者。"(《孟子·梁惠王下》)"王政"即王道。董仲舒也常言王道,并有《王道》篇,其中也有一段与此相似的话:

> 道,王道也。王者,人之始也。王正则元气和顺、风雨时、景星见、黄龙下。王不正则上变天,贼气并见。五帝三王之治天下,不敢有君民之心。什一而税。教以爱,使以忠,敬长老,亲亲而尊尊,不夺民时,使民不过岁三日。民家给人足,无怨望忿怒之患,强弱之难,无谗贼妒疾之人。民修德而美好,被发衔哺而游,不慕富贵,耻恶不犯。[1]

这里,董仲舒虽然加入了天人感应的成分和一点道家色彩,但它的主要内容与孟子的王道观完全一致。什一而税、教民以爱忠敬、亲亲尊尊、不夺民时,都是孟子王道仁政的核心。另外,在《春秋繁露·五行顺逆》篇,董仲舒也说到"劝农事,无夺民时"、"行什一之税"、"举贤良,进茂才"、"谨夫妇之别,加亲戚之恩"、"动众兴师,必应义理"以及恩及草木、鳞虫、羽虫、介虫、水土等措施,这些与孟子的王道仁政思想都一脉相通。

四、对孟子君权天授说以及汤武革命说的肯定

董仲舒天道观的核心是"天人感应"说,其中,君权天授又是其重点,且与孟子有不小关联。本书《导言》"孟子思想概述"一节曾提到,在孟子之前,天道—君权—天子德行这一君权转换模式已逐渐形成,但其说还甚为简略。孟子则提出"天与之,人与之"(《孟子·万章上》)说,并把"天与之"落脚在民意,实际上又是民与之。在孟子那里,天命—君权—天子德行(民意的取向)的君权转换模式就更加完善了。

董仲舒的天人感应说虽然有更为宽广的内容,但就天与君权关系来说,他充分肯定和发挥了孟子的天授君权说。他说:

---

[1]《春秋繁露义证·王道》,第101—102页。

尧舜何缘而得擅移天下哉?《孝经》之语曰:"事父孝,故事天明。"事天与父同礼也。今父有以重予子,子不敢擅予他人,人心皆然。则王者亦天之子也,天以天下予尧舜,尧舜受命于天而王天下,犹子安敢擅以所重受于天者予他人也。天有不以予尧舜渐夺之,故明为子道,则尧舜之不私传天下而擅移位也,无所疑也。①

对于尧舜禅让天下的传说,董仲舒同孟子一样,首先加以否定。他认为长子不能把父亲给予的传宗嗣的重任私自让人,尧舜为天之子,所以也不能把天下私自让给他人。为此,他还特别辨别了"天子"之名,说"德侔天地者,皇天右而子之,号称天子"②。"受命之君,天意之所予也。故号为天子者,宜视天为父,事天以孝道也"③。天子的最高标准是德,而且德必须与天地同列,如此,皇天才能庇佑他。既然天子不能把天子位私自让人,那么又怎样解释尧舜以及各个朝代天子位的更迭呢?孟子解释为"天与之",落实为"人与之"。董仲舒完全承袭了这种看法。他说:

且天之生民,非为王也,而天立王以为民也。故其德足以安乐民者,天予之;其恶足以贼害民者,天夺之。《诗》云:"殷士肤敏,裸将于京,侯服于周,天命靡常。"言天之无常予,无常夺也。故封泰山之上,禅梁父之下,易姓而王,德如尧舜者,七十二人。王者,天之所予也,其所伐皆天之所夺也。④

在天民关系中,董仲舒把民摆到了一个很高的位子,而把王放得很低,这实际上又承袭了孟子的民贵君轻论。董仲舒没有把天子之德神秘化,而是定位为能否"安民",能"安民"则天与之天下,如"贼害民"则天夺之。这里的"天予之"就是孟子的"天与之"、"天受之",并都归结到"人与之"、"人受之","天夺之"的实质就是民夺之。给予与夺取的天意,最后都落实到了民意,百姓的取舍成了天命在现实社会中的象征,而百姓取舍的标准又是"德"。正因为如此,董仲舒才又说"天之无常予,无常夺"。这句话是对君王的警告,意在告诫君王,天可以把天子位给你,也

---

① 《春秋繁露义证·尧舜不擅移、汤武不专杀》,第219—220页。
② 《春秋繁露义证·顺命》,第410页。
③ 《春秋繁露义证·深察名号》,第286页。
④ 《春秋繁露义证·尧舜不擅移、汤武不专杀》,第220页。

可以随时把天子位拿走。

当天确定好天子人选后,现实社会的依附关系随之重新确立,天命的重心又转移到了君王身上。因此《春秋繁露·玉杯》篇云:

> 《春秋》之法,以人随君,以君随天。曰:缘民臣之心,不可一日无君。一日不可无君,而犹三年称子者,为君心之未当立也。此非以人随君耶? 孝子之心,三年不当。三年不当而逾年即位者,与天数俱终始也。此非以君随天邪? 故屈民而伸君,屈君而伸天,《春秋》之大义也。①

天永远高高在上,但是君民关系有了变化,"以人随君"、"屈民而伸君",民众与臣子都要顺从君意,君王的意志被摆到了民意之前。这是因为君王已经代表天的意志,"人之得天得众者,莫如受命之天子。下至公、侯、伯、子、男,海内之心悬于天子"②。但是,"天与之"君权并非允许君王可以妄为,所以董仲舒又提出"以君随天"、"屈君而伸天",君意又要顺从天意,对君权进行限制。"屈君"是从天的角度说的,从君王自己的角度来说,就是要"正心":"故为人君者,正心以正朝廷,正朝廷以正百官,正百官以正万民,正万民以正四方。四方正,远近莫敢不壹于正,而亡有邪气奸其间者。"③这样一来,董仲舒就在孟子民贵君轻论以及天与之说的基础上,把民、君、天三者的关系进行了重新确定。孟子那里,民与天在政治层面几乎是一体,民意就是天意,君往往只是二者的代言人,三者的关系可表示为:天→民→君,这是一个单向的决定模式。孟子理想中的圣君,也就是能通过内修德行外行仁政,从而全面体现民意,实现天道的君主④。而董仲舒既重视民对君的决定作用,又强调君代表天的不可违逆。与孟子相比,董仲舒更加突出了君的地位,这可以说是对孟子君民关系的一大改造,为君主专制提供了理论的支持。

董仲舒还认为,当天子违背了天意时,天从爱护天子的角度,不会

---

① 《春秋繁露义证·玉杯》,第31—32页。
② 《春秋繁露义证·奉本》,第278页。
③ 《汉书》卷五十六,第2502—2503页。
④ 孟子云:"尽其心者,知其性也。知其性,则知天矣。存其心,养其性,所以事天也。"(《孟子·尽心上》)这一下学上达的天命观也可视为圣王为政之道。

一下子取消他的君权,而是先通过一些灾异予以暗示和警诫,如果天子仍执迷不悟,就会取消他的天子之命。他说:"天地之物有不常之变者,谓之异,小者谓之灾。灾常先至而异乃随之。灾者,天之谴也;异者,天之威也。谴之而不知,乃畏之以威。……凡灾异之本,尽生于国家之失。国家之失乃始萌芽,而天出灾害以谴告之;谴告之而不知变,乃见怪异以惊骇之;惊骇之尚不知畏恐,其殃咎乃至。"①又说:"夫暴逆不仁者,非一日而亡也,亦以渐至,故桀、纣虽亡道,然犹享国十余年,此其寖微寖灭之道也。"②另外,在《同类相动》、《五行顺逆》、《五行变救》以及《五行五事》等篇中,董仲舒从五行四时、五行之性、五事等角度,对天命与君权的主从关系作了正反两面的描述,说明天子如能顺行五行四时、注重道德修养,则天降祥瑞,反之则示灾异以警诫。这种天人感应观,可以看作对孟子民意决定论的补充。

从天授君权出发,在评价汤武革命合法性问题上,董仲舒继承了孟子的看法。他说:"故夏无道而殷伐之,殷无道而周伐之,周无道而秦伐之,秦无道而汉伐之。有道伐无道,此天理也,所从来久矣,宁能至汤武而然耶?夫非汤武之伐桀纣者,亦将非秦之伐周,汉之伐秦,非徒不知天理,又不明人礼。……今桀纣令天下而不行,禁天下而不止,安在其能臣天下也?果不能臣天下,何谓汤武弑?"③他说的桀纣无道就是孟子说的桀纣"残贼之人"。桀纣已经失去天命,不再是天意的代表者,"天之所弃,天下弗佑,桀纣是也"④,所以汤武是讨伐而不是弑君。董仲舒还由汤武推广开去,把秦伐周、汉伐秦视为天命所归,这正是他说的"天之无常予,无常夺"的现实依据,也与孟子废弃"四境之内不治"的君主以及"天命靡常"说一致⑤。在董仲舒之前,围绕孟子汤武革命说的讨论就兴起了,《汉书·儒林传》就记载了辕固生与黄生之间的争论:"黄生曰:'汤武非受命,乃杀也。'固曰:'不然。夫桀纣荒乱,天下之心皆归汤武,汤武因天下之心而诛桀纣,桀纣之民弗为使而归汤武,汤武不得已

①《春秋繁露义证·必仁且智》,第259页。
②《汉书》卷五十六,第2517页。
③《春秋繁露义证·尧舜不擅移、汤武不专杀》,第220—221页。
④《春秋繁露义证·观德》,第270页。
⑤见《孟子·梁惠王上》"王之臣有托其妻子"章和《孟子·离娄上》"天下有道"章。

而立,非受命为何?' 黄生曰:'"冠虽敝必加于首,履虽新必贯于足。"何者? 上下之分也。今桀纣虽失道,然君上也;汤武虽圣,臣下也。夫主有失行,臣不正言匡过以尊天子,反因过而诛之,代立南面,非杀而何?' 固曰:'必若云,是高皇帝代秦即天子之位,非邪?' 于是上曰:'食肉毋食马肝,未为不知味也;言学者毋言汤武受命,不为愚。' 遂罢。"[①] 这是最早以孟子汤武革命说为话题展开的现实性讨论,辕固生坚持孟子的看法,但黄生从维护汉政权的合法性出发,对孟子的看法予以了否定。

五、从"养其小者为小人,养其大者为大人"到"利以养其体,义以养其心"

孟子对义利观的基本看法是"王亦曰仁义而已矣,何必曰利"(《孟子·梁惠王上》),可概括为:以义为重,但不轻利。他把人们的利欲称为"小体",养"小体"之人为"小人";把仁义称为"大体",养"大体"之人称为"大人"。孟子对义利观的这些看法,被董仲舒继承和发挥,成为他治国思想中的重要组成部分。

第一,在孟子"养其小者为小人,养其大者为大人"的基础上,提出"利以养其体,义以养其心"说。孟子曾说:"人之于身也,兼所爱。兼所爱,则兼所养也。……体有贵贱,有小大。无以小害大,无以贱害贵。养其小者为小人,养其大者为大人。"(《孟子·告子上》)孟子说的"小体"是指耳、目、口、鼻、四肢及其欲求——声、色、味、臭、安逸,所说的"大体"是指心及其欲求——仁义礼智。董仲舒则直接把义、利与心、体相对,提出"利以养其体,义以养其心"说,其语云:

> 天之生人也,使人生义与利,利以养其体,义以养其心。心不得义不能乐,体不得利不能安。义者心之养也,利者体之养也。体莫贵于心,故养莫重于义,义之养生人大于利。……夫人有义者,虽贫能自乐也。而大无义者,虽富莫能自存。吾以此实义之养生人,大于利而厚于财也。[②]

---

① 《汉书》卷八十八,第 3612 页。
② 《春秋繁露义证·身之养重于义》,第 263—264 页

董仲舒认为人天生就有义与利的需求，"利"是用来养护身体的，而"义"是用来养护心的。"利以养其体，义以养其心"就是对孟子"养其小者为小人，养其大者为大人"的另类表达。苏舆在本篇题解中引胡思敬语云："此篇与《孟子》'养其小体为小人，养其大体为大人'相发明。"① 而且董仲舒也认为"心"比"体"贵，"心"犹如大体，"体"犹如小体，所以养义远比求利重要，有义者虽贫而乐，无义者虽富不能自存，这正如颜回处穷巷而不改其志，孟子言"富贵不能淫，贫贱不能移"（《孟子·滕文公下》）。

　　第二，批评弃义逐利的行为。孟子曾说："羞恶之心，义之端也。"（《孟子·公孙丑上》）"人之所以异于禽兽者几希，庶民去之，君子存之。舜明于庶物，察于人伦，由仁义行，非行仁义也。"（《孟子·离娄下》）又说："上下交征利，而国危矣。"（《孟子·梁惠王上》）他把羞恶之心作为人禽的本质区别，反对"求富贵利达"不由其道的无耻行径。董仲舒对孟子的这些看法多有借鉴，他说："天之为人性命，使行仁义而羞可耻，非若鸟兽然，苟为生，苟为利而已。"② 认为鸟兽与人的区别就在于对待义利的不同态度：鸟兽仅为生而求利，人却以义为重，保有羞耻之心。他还分析了人弃义逐利的原因：

　　　　凡人之性，莫不善义，然而不能义者，利败之也。故君子终日言不及利，欲以勿言愧之而已，愧之以塞其源也。夫处位动风化者，徒言利之名尔，犹恶之，况求利乎？③

同孟子一样，董仲舒把好义看成人性天生的禀性，而这种禀性的丧失，是因为"利败之"，这正如孟子所说："鸡鸣而起，孳孳为善者，舜之徒也；鸡鸣而起，孳孳为利者，跖之徒也。欲知舜与跖之分，无他，利与善之间也。"（《孟子·尽心上》）所以君子慎言利，并以言利为羞耻。而且，作为具有教化重任的治国者，有求利之说已属可恶，更何况有求利的实际行

---

① 《春秋繁露义证·身之养重于义》，第 263 页。
② 《春秋繁露义证·竹林》，第 61 页。
③ 《春秋繁露义证·玉英》，第 73 页。

动,因此他说:"仁人者正其道不谋其利,修其理不急其功。"① 仁人有风化之责,故应端正、完善其道理,不急于谋取功利,这也就是孟子所说"王亦曰仁义而已矣,何必曰利"(《孟子·梁惠王上》)之义。宋人黄履翁云:"董子尝有'正谊不谋利'之一言,诚得孔孟之余论。"②

董仲舒还据此批评了现实社会中处高位者的种种求利之举。他在回答汉武帝的策问时说:"身宠而载高位,家温而食厚禄,因乘富贵之资力,以与民争利于下,民安能如之哉! 是故众其奴婢,多其牛羊,广其田宅,博其产业,畜其积委,务此而亡已,以迫蹴民,民日削月朘,寖以大穷。富者奢侈羡溢,贫者穷急愁苦;穷急愁苦而不上救,则民不乐生;民不乐生,尚不避死,安能避罪! 此刑罚之所以蕃而奸邪不可胜者也。故受禄之家,食禄而已,不与民争业,然后利可均布,而民可家足。"③ 处高位仍"与民争利",这是当时社会的一大特征,董仲舒在《度制》篇也说:"故明圣者象天所为,为制度,使诸有大奉禄亦皆不得兼小利,与民争利业,乃天理也。"④ 至董仲舒时,"汉世上下侈言利","至武帝而诛求益甚",因而"董子欲为人君塞言利之源,以化其下,故特假《春秋》以著戒"⑤。司马迁读《孟子》首章时也曾感叹"利诚乱之始"⑥。

第三,因有感于时代义利观的偏差,所以董仲舒特别重视教化。孟子每每讲到制民以恒产时,无不随之而言"谨庠序之教,申之以孝悌之义"(《孟子·梁惠王上》),还说"人之有道也,饱食、暖衣、逸居而无教,则近于禽兽"(《孟子·滕文公上》),"王者之民,皞皞如也。杀之而不怨,利之而不庸,民日迁善而不知为之者。夫君子所过者化,所存者神,上下与天地同流,岂曰小补之哉"(《孟子·尽心下》)? 董仲舒承其绪,也要求君王、圣人对义利观进行改造。他说:"今利之于人小而义之于人

① 见《春秋繁露义证·对胶西王越大夫不得为仁》,第268页。《汉书·董仲舒传》亦云:"夫仁人者,正其谊不谋其利,明其道不计其功,是以仲尼之门,五尺之童羞称五伯,为其先诈力而后仁谊也。"两者文字略有出入。

② 黄履翁:《古今源流至论·别集》卷一,转引自杨燕起等汇辑《史记集评》,华文出版社,2005年,第487页。

③ 《汉书》卷五十六,第2520—2521页。

④ 《春秋繁露义证·度制》,第230页。

⑤ 见《春秋繁露义证·玉英》"故君子终日言不及利"句下苏舆案语,第73页。

⑥ 《史记》卷七十四,第2343页。

大者,无怪民之皆趋利而不趋义也,固其所暗也。圣人事明义,以照耀其
所暗,故民不陷。……先王显德以示民,民乐而歌之以为诗,说而化之以
为俗。故不令而自行,不禁而自止,从上之意,不待使之,若自然矣。"①
民趋利不趋义,是因其被蒙蔽,并非本性如此,所以圣人要宣明义理,除
民之蔽,移风易俗,如此,则百姓可自行化育,"不令而自行,不禁而自止,
从上之意,不待使之,若自然矣",就是孟子"民日迁善而不知为之者"
之义。

　　董仲舒同孟子一样,并非反对求利。孟子说"人之于身也,兼所爱。
兼所爱,则兼所养也"(《孟子·告子上》),要求制民以恒产,行富民政
策。董仲舒也说:"天之常意,在于利人。"②"圣人之为天下兴利也,其犹
春气之生草也,各因其生小大而量其多少。"③"利人",应是指利天下百
姓,即无"受禄"、"食禄"之人,董仲舒归之为天意。利人既然是天意,而
君王既然是天子,代表天意,那么君王就理应"利天下百姓"了,所以董仲
舒又说:"天常以爱利为意,以养长为事,春秋冬夏皆其用也。王者亦
常以爱利天下为意,以安乐一世为事。"④这样,董仲舒的义利观又与其天
授君权论相贯通了。

　　另外,董仲舒还反复提及思孟的五行说,以五行名篇的就多达九篇。
但是,董仲舒所说的五行与思孟五行相去甚远。董仲舒说的五行是指
木、火、土、金、水,"天有五行,木火土金水是也。木生火,火生土,土生
金,金生水"⑤。五行之间不仅相生相克,而且有空间的位置,"木居左,金
居右,火居前,水居后,土居中央"⑥。董仲舒还把五行与人事五官相比附,
"五行者,五官也",用司农、司马、司营、司徒、司寇配木、火、土、金、水,五
官又对于五德:仁、智、信、义、礼⑦。虽然董仲舒的五行说在形式、名称上
与思孟五行说不同,但是就其建立五行的出发点来说,与思孟五行还是
有内在的一致性。魏启鹏先生看到了这一点,他说:"从帛书《四行》篇

---

① 《春秋繁露义证·身之养重于义》,第 265 页。
② 《春秋繁露义证·止雨》,第 438 页。
③ 《春秋繁露义证·考功名》,第 178 页。
④ 《春秋繁露义证·王道通三》,第 330 页。
⑤ 《春秋繁露义证·五行对》,第 315 页。
⑥ 《春秋繁露义证·五行之义》,第 321 页。
⑦ 《春秋繁露义证·五行相生》,第 362—366 页。

到贾谊的《道德论》,可以看出,西汉初年儒家德行观念一步步更深入地与道家宇宙观融合,儒家的道德哲学试图从孟子所谓'上下与天地同流'发展为某种宇宙论的模式。这种努力,为董仲舒形成神学目的论,提出天人宇宙论体系,积累了思想资料。"① 就天人关系的探讨方面,董仲舒与思孟学派可以说是异曲同工。

第三节　《盐铁论》中的孟学观

在汉昭帝始元六年(公元前 81 年)召开的盐铁会议,是官方与非官方就盐铁、酒榷、均输等官营财政经济政策之兴废展开的一场讨论。支持的一方为代表政府的以桑弘羊为首的大夫、御史,反对的一方为代表地方的贤良文学。这次会议实际是汉王朝在武帝诸多政策带来一系列社会矛盾之后,为寻求政治解决方案而召开的,也是为了给当权者提供政策制定的依据。这次会议记录经桓宽整理,名之《盐铁论》。《汉书·公孙刘田王杨蔡陈郑传》"赞"云:"至宣帝时,汝南桓宽次公治《公羊春秋》,举为郎,至庐江太守丞,博通善属文,推衍盐铁之议,增广条目,极其论难,著数万言,亦欲以究治乱,成一家之法焉。"② 可见,此书是桓宽在会议记录基础上"推衍"、"增广"的结果,对贤良文学的倾向性十分明显,这从他自撰的《杂论》篇以及每篇的结构、用语都可以看出。据此书,我们可以了解争论双方的观点以及他们在阐述自己观点时对孟子学术的看法。

大夫的基本观点是:"盐、铁之利,所以佐百姓之急,足军旅之费,务蓄积以备乏绝,所给甚众,有益于国,无害于人。"③ 支持盐铁专卖政策。而贤良文学的基本观点是:"治人之道,防淫佚之原,广道德之端,抑末利而开仁义,毋示以利,然后教化可兴,而风俗可移也。今郡国有盐、铁、酒榷、均输,与民争利。散敦厚之朴,成贪鄙之化。是以百姓就本者寡,趋

---

① 魏启鹏:《简帛文献〈五行〉笺证》,第 166 页。
② 《汉书》卷六十六,第 2903 页。
③ 桑弘羊撰,王利器校注:《盐铁论校注·非鞅》,中华书局,1992 年,第 93 页。

末者众。……愿罢盐、铁、酒榷、均输,所以进本退末,广利农业,便也。"①
坚决反对专卖政策。另外还涉及是否加强边防以及礼治与法治等问题。
在争论中,双方常直接引用或间接引用孟子之语作为其观点的理论依
据,甚至直接把孟子的观点或者《孟子》所记事件作为讨论的话题,对孟
子的义利观、仁政学说、民本思想、性善论以及田赋制度等诸多观点都有
所吸收和阐发,虽然如徐复观先生在剖析此次会议的文化背景时所说:
"此次的争论,完全是以现实问题为对象;他们立论的根据,是他们所掌
握的现实,不是他们由典籍而来的思想文化。"② 但是,他们对《孟子》的
选择性引用,无疑是他们思想倾向的重要体现,而且也在很大程度上扩
大了孟学的影响,提高了《孟子》在经学中的地位。

一、推崇孔、孟的义利观

义利观是儒家思想的核心范畴,孔子强调"见利思义"(《论语·宪
问》),说"不义而富且贵,于我如浮云"(《论语·述而》)。孟子对义、利
二者的关系阐述得更多,他借曾子的话说:"晋、楚之富,不可及也。彼
以其富,我以吾仁;彼以其爵,我以吾义,吾何慊乎哉?"(《孟子·公孙
丑下》)更是在《孟子》首章开宗明义:"苟为后义而先利,不夺不餍。未
有仁而遗其亲者也,未有义而后其君者也。王亦曰仁义而已矣,何必曰
利?"(《孟子·梁惠王上》)盐铁会议中的文学接受了孔孟的义利观,坚
决反对大夫的盐铁专卖政策以及以此增加国家财富的做法。因此可以
说,盐铁会议的核心话题之一就是怎样处理义与利关系的问题。围绕此
话题,御史大夫与贤良文学之间展开了激烈的争论。御史大夫重国家之
利,贤良文学重国家、百姓之义。双方常常引据孔孟之语,以此作为自己
的主张或者理论依据。在《盐铁论·地广》篇,文学就据孔孟义利观,驳
斥大夫讥评儒者贫困而不知国家之政。其语云:

> 临财苟得,见利反义,不义而富,无名而贵,仁者不为也。故曾
> 参、闵子不以其仁易晋、楚之富。伯夷不以其行易诸侯之位,是以
> 齐景公有马千驷,而不能与之争名。……苟先利而后义,取夺不厌。

---

① 《盐铁论校注·本议》,第 1 页。
② 徐复观:《两汉思想史》第三卷,第 115 页。

公卿积亿万,大夫积千金,士积百金,利己并财以聚;百姓寒苦,流离于路,儒独何以完其衣冠也?①

"见利反义"即反用孔子"见利思义"语,"曾参"以下为化用孟子语。这段话的核心就是要求仁者要先义而后利,不为富贵而舍义。如若不然,则公卿、大夫、士人就会据己之位而争夺私利,最终百姓遭殃,无权之儒者自然也不能幸免。所以文学认为:"夫导民以德,则民归厚;示民以利,则民俗薄。俗薄则背义而趋利,趋利则百姓交于道而接于市。……是以王者崇本退末,以礼义防民欲,实菽粟货财。"②治国者对义利的态度直接影响百姓的看法,以德义为重则民俗醇厚,以财利为重则民俗浅薄,甚至认为"开利孔而为民罪梯也"③。因此文学要求君王以农为本,宣扬礼义,而不以逐利为根本。

肯定了孟子的义利观,文学又在《贫富》篇再次申述孟子的贫富观,要求在社会上提倡德行,不以财富论贵贱。其语云:

> 君子遭时则富且贵,不遇,退而乐道。不以利累己,故不违义而妄取。隐居修节,不欲妨行,故不毁名而趋势。虽付之以韩、魏之家,非其志,则不居也。富贵不能荣,谤毁不能伤也。……魏文侯轼段干木之闾,非其有势也;晋文公见韩庆,下车而趋,非以其多财,以其富于仁,充于德也。故贵何必财,亦仁义而已矣!④

这段话可视为对孟子以下一段话的阐述,孟子说:"故士穷不失义,达不离道。穷不失义,故士得己焉;达不离道,故民不失望焉。古之人,得志,泽加于民;不得志,修身见于世。穷则独善其身,达则兼善天下。"(《孟子·尽心上》)孟子对"独善"与"兼善"的看法正是贤良文学的观点。贤良文学认为君子是否富贵在于是否"遭时",即能否得天命,正如孟子所说,"口之于味也,目之于色也,耳之于声也,鼻之于臭也,四肢之于安佚也,性也。有命焉,君子不谓性也"(《孟子·尽心下》)。如果不得其时,则"退而乐道"。贤良文学把"修节"、"富于仁"、"充于德"作为一个

---

① 《盐铁论校注·地广》,第 209—210 页。
② 《盐铁论校注·本议》,第 3 页。
③ 《盐铁论校注·本议》,第 4 页。
④ 《盐铁论校注·贫富》,第 221 页。

人贵重的关键,而非财富。所以这段话以孟子“穷则独善其身,达则兼善天下”的立世原则起,以其“何必曰利?亦有仁义而已矣”结,高扬了孟子的大丈夫精神。

二、发挥孟子的民本思想

贤良文学代表官方之外的声音,与大夫要求官营专卖以兴国家之利不同,他们坚决主张孟子的以民为本、爱惜民力、与民同乐以及不与民争利的民本思想,并视之为治国之根本。《取下》篇贤良云:

> 古者,上取有量,自养有度,乐岁不盗,年饥则肆,用民之力,不过岁三日,籍敛,不过十一。君笃爱,臣尽力,上下交让,天下平。……《孟子》曰:“未有仁而遗其亲,义而后其君也。”君君臣臣,何为其无礼义乎?……故君子仁以恕,义以度,所好恶与天下共之,所不施不仁者。公刘好货,居者有积,行者有囊。大王好色,内无怨女,外无旷夫。文王作刑,国无怨狱。武王行师,士乐为之死,民乐为之用。若斯,则民何苦而怨,何求而讥?①

这段话集中表述了贤良的民本思想,也是对孟子民本思想的发挥。“上取有量,自养有度”即孟子说的“贤君必恭俭礼下,取于民有制”(《孟子·滕文公上》),“公刘”以下即孟子对齐宣王说的话:“昔者公刘好货,……故居者有积仓,行者有裹囊也,然后可以爰方启行。王如好货,与百姓同之,于王何有?……昔者太王好色,爱厥妃。……当是时也,内无怨女,外无旷夫。王如好色,与百姓同之,于王何有?”(《孟子·梁惠王下》)在贤良看来,明君贤臣应该行仁义,与民同乐,与民共富,为民着想,如此,则“士乐为之死,民乐为之用”。行仁义非但不会降低君王地位,相反,是得到民众拥护的有效策略,而且与君君、臣臣之礼义也并不冲突。贤良又说:

> 《孟子》曰:“野有饿殍,不知收也;狗豕食人食,不知检也;为民父母,民饥而死,则曰,非我也,岁也,何异乎以刃杀之,则曰,非我

① 《盐铁论校注·取下》,第462—463页。

也,兵也?"方今之务,在除饥寒之患,罢盐、铁,退权利,分土地,趣本业,养桑麻,尽地力也。寡功节用,则民自富。如是,则水旱不能忧,凶年不能累也。①

所引《孟子》文是孟子对梁惠王宣讲仁政的反面例子,孟子认为使百姓"养生丧死无憾,王道之始也"(《孟子·梁惠王上》),因此有"五亩之宅,树之以桑"之类的话。贤良除要求民众务"本业"外,就是极力要求取消盐铁官方专卖的政策,实现"退权利",并把这作为制民以恒产的重要举措。《盐铁论·本议》篇文学就明确提出"愿罢盐、铁、酒榷、均输,所以进本退末,广利农业,便也"②。与孟子的仁政相比,西汉末期的仁政又有了新的内容。

贤良文学民本思想的内容之一就是国家不与民争利。大夫主张官营农田和畜牧,"以赡诸用",而文学坚决反对,他们认为:"古者,制地足以养民,民足以承其上。……语曰:'厨有腐肉,国有饥民,厩有肥马,路有饿人。'今狗马之养,虫兽之食,岂特腐肉肥马之费哉!……今不减除其本而欲赡其末,设机利,造田畜,与百姓争荐草,与商贾争市利,非所以明主德而相国家也。"③文学通过古今对比,并引据孟子之言,说明不与民争利就是利民养民,而利民养民是彰显君主之德和治理国家的重要方法。

三、吸收孟子仁政思想,反对"强战"

贤良文学吸收孟子仁政主张,要求为政不违农时,勤于耕种渔牧,并实行王道教化,相信"王者行仁政,无敌于天下,恶用费哉"④。孟子曰:"王如施仁政于民,省刑罚,薄税敛,深耕易耨,壮者以暇日修其孝弟忠信,入以事其父兄,出以事其长上,可使制梃以挞秦楚之坚甲利兵矣。"(《孟子·梁惠王上》)在《通有》《授时》等篇,贤良文学都集中表述了这一思想。《通有》篇文学曰:

　　孟子云:"不违农时,谷不可胜食。蚕麻以时,布帛不可胜衣也。

---

① 《盐铁论校注·水旱》,第 429 页。
② 《盐铁论校注·本议》,第 1 页。
③ 《盐铁论校注·园池》,第 171—172 页。
④ 《盐铁论校注·本议》,第 2 页。

斧斤以时,材木不可胜用。田渔以时,鱼肉不可胜食。"若则饰宫室,增台榭,梓匠斫巨为小,以圆为方,上成云气,下成山林,则材木不足用也。男子去本为末,雕文刻镂,以象禽兽,穷物究变,则谷不足食也。妇女饰微治细,以成文章,极伎尽巧,则丝布不足衣也。庖宰烹杀胎卵,煎炙齐和,穷极五味,则鱼肉不足食也。[①]

因这是根据文学发言时的口语加以记录整理,故与《孟子》不尽相同。文学由孟子的话展开分析,极力申说耕种的重要意义。把耕种、蚕麻、田渔视为本,而把"雕文刻镂"、"饰微治细"、"穷极五味"视为末。说"农,天下之大业也","百姓务本而不营于末"[②]。贤良在《授时》篇也引孟子语说:"古者,春省耕以补不足,秋省敛以助不给。民勤于财则贡赋省,民勤于力则功筑罕。为民爱力,不夺须臾。""易其田畴,薄其税敛,则民富矣。上以奉君亲,下无饥寒之忧,则教可成也。"[③]"不夺须臾"即不夺民力而违农时,加上"补不足"、"助不给"、"薄税敛",则可以使民致富,无饥寒之忧,侍奉君亲。无衣食之忧则可施以教化,故贤良又说:"王者设庠序,明教化,以防道其民,及政教之洽,性仁而喻善。"政治与教化密切结合,就可以实现民众仁的天性,把自发之善化为自觉之善。最后引孟子话证明之,说:"昏暮叩人门户,求水火,贪夫不吝,何则? 所饶也。夫为政而使菽粟如水火,民安有不仁者乎!"[④] 丰衣足食则百姓归于仁,此管仲所谓"仓廪实而知礼节,衣食足而知荣辱"是也。

在是否强化边防、征讨边疆民族上,大夫与文学都吸收了孟子的思想来立说,这在《忧边》、《地广》、《备胡》、《执务》、《诛秦》、《击之》、《伐功》、《论勇》等篇都有明显的体现。大夫吸收了孟子兴王师以救民于水火的思想,主张对边疆民族"厉武以讨不义,设机械以备不仁"[⑤],"兴义

---

① 《盐铁论校注·通有》,第 43—44 页。
② 《盐铁论校注·水旱》,第 429、430 页。当然,孟子对社会分工给予了肯定,对农家许行"贤者与民并耕而食"的观点进行了批评。可见,文学对孟子话的阐述并非符合孟子本义。
③ 《盐铁论校注·授时》,第 423 页。也见《孟子·尽心上》篇。
④ 《盐铁论校注·授时》,第 422 页。也见于《孟子·尽心上》:孟子曰:"民非水火不生活,昏暮叩人之门户,求水火,无弗与者,至足矣。圣人治天下,使有菽粟如水火。菽粟如水火,而民焉有不仁者乎?"
⑤ 《盐铁论校注·备胡》,第 444 页。

兵以征厥罪"①,"有文事,必有武备"②。认为武帝征战是"兴义兵以诛强暴",是继承"汤、武之举,蚩尤之兵"。而文学吸收了孟子"惟仁者为能以大事小,是故汤事葛,文王事混夷"(《孟子·梁惠王下》)的"仁者无敌"思想,以及对内推行仁政、对外反对"强战"的主张,认为"汤事夏而卒服之,周事殷而卒灭之。故以大御小者王,以强凌弱者亡"③,"任德,则强楚告服,远国不召而自至;任力,则近者不亲,小国不附。……去武行文,废力尚德,罢关梁,除障塞,以仁义导之,则北垂无寇虏之忧,中国无干戈之事矣",继承孟子"君仁莫不仁,君义莫不义"的思想,以为"正近者不以威,来远者不以武,德义修而任贤良也"④,"以道德为城,以仁义为郭,莫之敢攻,莫之敢入。……以道德为胄,以仁义为剑,莫之敢当,莫之敢御"⑤。又说国家如能像"周累世积德",则"天下莫不愿以为君,故不劳而王,恩施由近而远,而蛮、貊自至"⑥,相信"君子立仁修义,以绥其民,故迩者习善,远者顺之"⑦。

孟子曾说:"今之事君者皆曰:'我能为君辟土地,充府库。'今之所谓良臣,古之所谓民贼也。……君不乡道,不志于仁,而求为之强战,是辅桀也。"(《孟子·告子下》)文学以孟子反"强战"的思想批评了桑弘羊"兵据西域"之策。文学曰:

> 古之用师,非贪壤土之利,救民之患也。民思之,若旱之望雨,箪食壶浆,以逆王师。故忧人之患者,民一心而归之,汤、武是也。不爱民之死,力尽而溃叛者,秦王是也。孟子曰:"君不乡道,不由仁义,而为之强战,虽克必亡。"⑧

文学认为,圣贤之君用兵必以仁义之道为出发点和终极目标,非强力征战而贪财富。如此,则得民心,得民心则得天下,反之,则如秦王失民心

---

① 《盐铁论校注·诛秦》,第488页。
② 《盐铁论校注·世务》,第508页。
③ 《盐铁论校注·结和》,第480页。
④ 《盐铁论校注·世务》,第507—508页。"君仁"句又见《孟子·离娄上》,整句话为"君仁莫不仁;君义莫不义;君正莫不正。一正君而国定矣"。
⑤ 《盐铁论校注·论勇》,第536—537页。
⑥ 《盐铁论校注·诛秦》,第488、489页。
⑦ 《盐铁论校注·备胡》,第446页。
⑧ 《盐铁论校注·伐功》,第494—495页。

而失天下。孟子说"善战者服上刑,连诸侯者次之,辟草莱、任土地者次之"(《孟子·离娄上》),文学同孟子一样,对好战之人进行了批评,也并不反对正义战争。

对于战争,围绕孟子"固国不以山溪之险"的思想,大夫与文学在《盐铁论·险固》篇展开争论。大夫提出"有备则制人,无备则制于人"的战备思想,相信"君子为国,必有不可犯之难",所以要"制地城郭,饬沟垒,以御寇固国",并引孟子"天时不如地利"之说为据。而文学则发挥孟子"地利不如人和"之说,认为"在德不在固。诚以仁义为阻,道德为塞,贤人为兵,圣人为守,则莫能入。如此则中国无狗吠之警,而边境无鹿骇狼顾之忧矣","地利不如人和,武力不如文德。周之致远,不以地利,以人和也。百世不夺,非以险,以德也"①。把仁义之德看成是固国的制胜法宝,这种看法与孟子所说的"王如施仁政于民,……可使制梃以挞秦楚之坚甲利兵矣"(《孟子·梁惠王上》)如出一辙。在现在看来,大夫与文学的观点都有失偏颇,盲目扩充边防,势必劳民伤财;纯粹以德义为守,终有农夫与蛇的恶果。

四、讨论孔孟为代表的儒家的历史作用

《盐铁论·论儒》篇是历史上孔孟并称之后第一次对其进行批判的文献。自汉初以来,孔孟并称的趋势渐趋明显,经韩婴、董仲舒、司马迁等人的推崇,孔孟并称已经成为当时学术潮流中的常见现象,并多以正面的形象出现。在《论儒》篇中,御史对孔孟为代表的儒家持否定态度,而文学则针锋相对,极力肯定。

御史通过历史记载,对孔孟学说的作用予以否定。他认为:"孔子修道鲁、卫之间,教化洙、泗之上,弟子不为变,当世不为治,鲁国之削滋甚。"②孔子之道不能阻止鲁国势的衰落。至于孟子等人,更是不肖。他说:

> 齐宣王褒儒尊学,孟轲、淳于髡之徒,受上大夫之禄,不任职而论国事,盖齐稷下先生千有余人。当此之时,非一公孙弘也。弱燕

---

① 以上所引见《盐铁论校注·险固》,第524—525页。
② 《盐铁论校注·论儒》,第149页。

攻齐,长驱至临淄,湣王遁逃,死于莒而不能救;王建禽于秦,与之俱
虏而不能存。若此,儒者之安国尊君,未始有效也。①

在御史看来,孟子等人受齐宣王重用,其地位不可谓不尊,俸禄不可谓不
厚,但是,他们仅能空论国事,不仅未能给齐国带来实质性的帮助,而且
齐国还急剧削弱,四处受辱,最后亡国,可谓稷下千人远不如公孙弘一
人。公孙弘在学术上本无专长,但他在汉武帝"罢黜百家,独尊儒术"的
转折过程中,制定出了有较强操作性的实施方案,影响巨大,因而御史有
此慨叹,最后得出"儒者之安国尊君,未始有效也"的结论。司马迁评孟
子学说"迂远而阔于事情",也正是从这个意义上说的。文学则认为,齐
削弱至亡,是齐王不能真正用孟子等人而致使他们离开齐国所致。

御史认为,不是齐王不能用孟子等人之学,而是他们死守一道,不能
随时迁移,远不如伊尹等人的变通之法,"伊尹以割烹事汤,百里以饭牛
要穆公,始为苟合,信然与之霸王。如此,何言不从?何道不行?故商君
以王道说孝公,不用,即以强国之道,卒以就功。邹子以儒术干世主,不
用,即以变化始终之论,卒以显名"②。伊尹、百里奚、商君、邹衍或因能委
曲求全,或因能弃学以从人而取得成就。相反,御史以为孔孟死守儒道,
不能变通。他批评说:

> 孟轲守旧术,不知世务,故困于梁宋。孔子能方不能圆,故饥于
> 黎丘。今晚世之儒勤德,时有乏匮,言以为非,困此不行。自周室以
> 来,千有余岁,独有文、武、成、康,如言必参一焉,取所不能及而称
> 之,犹躄者能言远不能行也。圣人异涂同归,或行或止,其趣一也。
> 商君虽革法改教,志存于强国利民。邹子之作,变化之术,亦归于仁
> 义。祭仲自贬损以行权,时也。故小枉大直,君子为之。③

《孟子·滕文公上》云:"孟子道性善,言必称尧舜。"《滕文公下》又云:
"吾为此惧,闲先圣之道,距杨墨,放淫辞,……以承三圣者。""三圣"即
禹、周公、孔子。《史记·孟子荀卿列传》曰:"孟轲乃述唐虞三代之德,

---

① 《盐铁论校注·论儒》,第149页。
② 《盐铁论校注·论儒》,第150页。
③ 《盐铁论校注·论儒》,第150页。

是以所如者不合。”这就是御史说的“孟子守旧术”。“不知世务”即司马迁说的“所如者不合”,包含两层意思,一是孟子称道邈不可及的远古圣君贤相,这好比跛子仅能空谈远行而不能践行;二是明知自己学说行不通却不愿变通,不及商君、邹衍等人,如同孟子弟子陈代抱怨的那样,连“枉尺而直寻”一类的事都不愿做①。在御史看来,孟子看不起的商君、邹衍能弃前学而顺君王所需,建立功勋,不仅为明智之举,而且与圣人有相同的旨趣——“强国利民”、“归于仁义”,他们所作所为实乃殊途同归。御史赞同陈代的看法,否定了孟子“枉己者,未有能直人者也”(《孟子·滕文公下》)的思想,认为“小枉大直,君子为之”。

文学坚持孟子“枉己者,未有能直人者也”的观点,引孔孟之言批评御史的“苟合”之论,说“孔子曰:‘名不正则言不顺,言不顺则事不成。’如何其苟合而以成霸王也? ……孟子曰:‘居今之朝,不易其俗,而成千乘之势,不能一朝居也。’宁穷饥居于陋巷安能变己而从俗化? ……亏义得尊,枉道取容,效死不为也。闻正道不行,释事而退,未闻枉道以求容也”②。所引孟子语见今本《孟子·告子下》,原句为“君不乡道,不志于仁,而求为之强战,是辅桀也。由今之道,无变今之俗,虽与之天下,不能一朝居也”。字句略为不同,但所指不变,都是强调枉己者连一天也不能守住国家。

通观御史与文学的批评和辩护,都止于历史事件的表面,而未深入到孔孟学说本身之要害,这正是孟学还处在不自觉阶段的普遍特征。

另外,在《孟子·滕文公上》“有为神农之言者许行”章与《孟子·告子下》“先名实者”章,涉及对儒者作用的讨论。在《盐铁论·相刺》篇,大夫与文学就此话题进行了争辩。双方都以《孟子》材料为依据,但得出了不同的结论。大夫持许行“贤者与民并耕而食,饔飧而治”之说,认为“今儒者释耒耕而学不验之语,旷日弥久,而无益于治,往来浮游,不耕而食,不蚕而衣,巧伪良民,以夺农妨政,此亦当世之所患也”③。儒者非但无益于世,还为社会的祸患。文学借孟子对大禹治水的评价,对大夫进

---

① 陈代曰:“不见诸侯,宜若小然;今一见之,大则以王,小则以霸。且《志》曰:‘枉尺而直寻。’宜若可为也。”(《孟子·滕文公下》)
②《盐铁论校注·论儒》,第150—151页。
③《盐铁论校注·相刺》,第253页。

行批评。文学曰：

> 禹戚洪水，身亲其劳，泽行路宿，过门不入。当此之时，箄堕不掇，冠挂不顾，而暇耕乎？孔子曰："诗人疾之不能默，丘疾之不能伏。"是以东西南北七十说而不用，然后退而修王道，作《春秋》，垂之万载之后，天下折中焉，岂与匹夫匹妇耕织同哉！……故非君子莫治小人，非小人无以养君子，不当耕织为匹夫匹妇也。君子耕而不学，则乱之道也。①

文学在孟子盛赞大禹治水"三过其门而不入"的基础上，又以孔子为例，称赞他在困厄之中修王道，作《春秋》，为后王立法，做出了远比耕织重要得多的功勋，最后落到孟子的"劳心者"与"劳力者"之说上，说"非君子莫治小人，非小人无以养君子"。大夫又以《孟子·告子下》中淳于髡对孟子的问难以及孟子、孔子自身的不见用于诸侯质难文学，说"昔鲁穆公之时，公仪为相，子思、子柳为之卿，然北削于齐，以泗为境，南畏楚人，西宾秦国。孟轲居梁，兵折于齐，上将军死而太子虏，西败于秦，地夺壤削，亡河内、河外。夫仲尼之门，七十子之徒，去父母，捐室家，负荷而随孔子，不耕而学，乱乃愈滋"②。大夫认为，从孔子及其弟子、子思、孟子，不但未能增强所在之国的实力，反而使该国屡屡受挫，言下之意，就是淳于髡所说的"贤者之无益于国也"（《孟子·告子上》）。文学也据孟子之言反驳大夫，他说：

> 虞不用百里奚之谋而灭，秦穆用之以至霸焉。夫不用贤则亡，而不削何可得乎？孟子适梁，惠王问利，答以仁义。趣舍不合，是以不用而去，怀宝而无语。故有粟不食，无益于饥；睹贤不用，无益于削。纣之时，内有微、箕二子，外有胶鬲、棘子，故其不能存。夫言而不用，谏而不听，虽贤，恶得有益于治也？③

同孟子一样，文学相信不用贤不是削不削的问题，而是亡不亡的问题。他对孟子以仁义答复梁惠王的询问十分赞赏，认为这是二人取舍不同的

① 《盐铁论校注·相刺》，第253—254页。
② 《盐铁论校注·相刺》，第254页。
③ 《盐铁论校注·相刺》，第254页。

表现。孟子所怀之宝即仁义之德、仁政之策,故不为"欲辟土地,朝秦、楚,莅中国而抚四夷"的梁惠王所用。因此,魏国的削弱是因为梁惠王不能识贤,不能用贤。从双方反复引用孟子的话以及《孟子》所载之事看,《孟子》一书在当时已有不小的影响,从士人到权臣,对孟子思想都十分熟悉,可以做到随口称引。

五、肯定孟子的性善说

在盐铁会议最后一次辩论上,大夫提出:"夫治民者,若大匠之斫,斧斤而行之,中绳则止。……故射者因弩,治者因法。虞、夏以文,殷、周以武,异时各有所施。"① 要求依法治国,法制应随时代而变,反对贤良文学"废法以治"的主张。对此,文学以孟子的性善论予以驳斥。他说:

> 文王兴而民好善,幽、厉兴而民好暴,非性之殊,风俗使然也。故商、周之所以昌,桀、纣之所以亡也,汤、武非得伯夷之民以治,桀、纣非得跖、蹻之民以乱也,故治乱不在于民。……夫不治其本而事其末,古之所谓愚,今之所谓智。以棰楚正乱,以刀笔正文,古之所谓贼,今之所谓贤也。②

首句乃公都子与孟子讨论人性问题时说的话,他说:"或曰:'性可以为善,可以为不善。是故文武兴,则民好善;幽厉兴,则民好暴。'"(《孟子·告子下》)公都子所引乃当时人性论看法之一种,即人性之善与不善由后天环境影响,或称之为环境决定论。文学虽然引用了后半句话,但他并非赞同这一观点,他赞同的仍然是孟子的性善说,所以接下去说"非性之殊,风俗使然也",就是说,人性皆为善,现实中表现出的不同,是后天风俗影响的结果,正如孟子所说:"富岁子弟多赖,凶岁子弟多暴,非天之降才尔殊也,其所以陷溺其心者然也。"又说:"虽存乎人者,岂无仁义之心哉?其所以放其良心者,亦犹斧斤之于木也,旦旦而伐之,可以为美乎?"(《孟子·告子上》)人之不善皆因环境使"放其良心",犹如牛山之尝美,而斧头日日砍伐,终为不美。人丧失"良心"又是因为为政者的不

---

① 《盐铁论校注·大论》,第 603 页。
② 《盐铁论校注·大论》,第 604 页。

仁,所以文学又说:

> 残材木以成室屋者,非良匠也。残贼民人而欲治者,非良吏也。故公输子因木之宜,圣人不费民之性。是以斧斤简用,刑罚不任,政立而化成。扁鹊攻于凑理,绝邪气,故痈疽不得成形。圣人从事于未然,故乱原无由生。是以砭石藏而不施,法令设而不用。断已然,凿已发者,凡人也。治未形,睹未萌者,君子也。①

他以损毁木材修建房屋之人不能称作良匠为喻,指出残贼民人之性的人也不能叫作好官。"残贼"二字的用法也出自孟子,他说:"贼仁者谓之贼,贼义者谓之残,残贼之人谓之一夫。"(《孟子·梁惠王下》)残贼即破坏仁义之意,文学说的"残贼民人"即破坏民人仁义之性——善性之意,所以文学说"圣人不费民之性"。"费",王利器注云:"读为'拂',《礼记·中庸》释文:'费本作拂。'即其证。《韩非子·南面》篇:'人主者明能知治,严必行之,故虽拂于民,必立其治。'《淮南子·精神训》篇:'矫拂其情。'高诱注:'拂戾其本情。'又《泰族》篇:'拂其性则法县而不用。'拂即违戾之意。"②"不费民之性",就是不违戾百姓之善性。文学认为这是圣人治国的高明之处,正如公输子治木能因木之性、扁鹊治病能因病之理一样。

怎样才能做到不违戾民性呢? 文学提出"政立而化成",即施行仁政,展开教化。孟子虽然说"人皆可以为尧舜",但是真正能认识到并自觉发挥心性之善,实现德行之圆满的,又多在士人,所以他把"得天下英才而教育之"作为人生三乐之一,又说"民日迁善而不知为之者","行之而不著焉,习矣而不察焉,终身由之而不知其道者,众也"(《孟子·尽心上》)。因此孟子在治理民众上也重视教化,而非强求人人有内省工夫。因此文学的"政立而化成"也可视为是对孟子这种思想的概括。又因人性本善,故文学要求治民者充分发挥人之善性,不使其受后天不良环境影响而丧失本性,并据此把治理者分为"凡人"与"君子":"凡人"在民之善性丧失之后以严刑峻法治民,"君子"在民之善性未失之前以礼义、

---

① 《盐铁论校注·大论》,第604页。
② 《盐铁论校注·大论》"圣人不费民之性"句,王利器注"费"字,第608—609页。

仁政加以巩固、发挥,即所谓的"从事于未然"、"治未形"。所以文学在《申韩》篇引孟子话说:"圣人教化,上与日月俱照,下与天地同流,岂曰小补之哉!"[①] 也充分肯定了君子和圣人的教化作用与榜样效果。

除以上几个主要方面外,盐铁会议双方还涉及孟子学说的其他内容。如田制税收方面,《力耕》篇文学云:"古者,十一而税,泽梁以时入而无禁,黎民咸被南亩而不失其务。故三年耕而余一年之蓄,九年耕有三年之蓄。此禹、汤所以备水旱而安百姓也。""故理民之道,在于节用尚本,分土井田而已。"[②] 还如王道、修养等方面。

总的说来,御史大夫基本是站在拥护法家反对儒家的立场,极力维护法制和官营经济政策,对孔孟之学多有批评。他们虽然也时有称引,但多是断章取义,或者干脆就是作为批评的靶子。因此后人对御史大夫批评者居多。桓宽与班固还对御史大夫褒贬相兼,班固云:"桑大夫据当世,合时变,上权利之略,虽非正法,巨儒宿学不能自解,博物通达之士也。然摄公卿之柄,不师古始,放于末利,处非其位,行非其道,果陨其性,以及厥宗。"[③] 后之学者则常站在孟子义利观立场,对他们逐利轻义的行为予以否定。宋人姚铉《唐文粹》卷四十七张彧《汉史赞桑弘羊评》云:"弘羊善心计,斡盐、铁,析秋毫,令吏坐贩,不顾王者之体,府库盈而王泽竭,一身幸而四海穷。"[④] 宋人蔡襄《蔡忠惠公文集》卷三三《推进论》引孟子语批评桑弘羊云:"孟子曰:'今之所谓良臣,古之所谓民贼'者,其桑羊辈乎!"[⑤] 清人宗稷辰《躬耻斋文钞》卷一《裕本篇》亦云:"历观史籍所载,言利之最著者,为商鞅、晁错、桑宏羊,是皆取利而不顾本者也。鞅与宏务惨急,博小效,甚得人主意,然乱秦自鞅始,剥汉自宏羊始。"[⑥] 清人刘毓崧批评尤为尖锐,他在《通义堂文集》卷七《盐铁论跋》

---

① 《盐铁论校注·申韩》,第 579 页。所引之文也见于《孟子·尽心上》篇,其文云:"夫君子所过者化,所存者神,上下与天地同流,岂曰小补之哉?"文字略有不同。

② 《盐铁论校注·力耕》,第 27—28、29 页。

③ 《汉书》卷六十六,第 2903—2904 页。

④ 张彧:《汉史赞桑弘羊评》,见姚铉编,许增校《唐文粹》卷四十七,光绪十六年杭州许氏榆园校刊刻本,浙江人民出版社,1986 年。

⑤ 蔡襄:《推进论》,见《宋端明殿学士蔡忠惠公文集》卷二十九,清雍正甲寅刻本,四川大学古籍整理研究所编《宋集珍本丛刊》第七册,线装书局,2004 年,第 190 页。

⑥ 宗稷辰:《躬耻斋文钞》卷一《裕本篇》,见《清代诗文集汇编》编纂委员会编《清代诗文集汇编》第 576 册,清咸丰元年刻本,上海古籍出版社,2010 年,第 190 页。

云：“《盐铁论》中述宏羊饰非拒谏之语,往往附会经传以掩其奸邪,甚至与贤良、文学为难,遂敢妄讥孔、孟,盖其始不过膏粱子弟侥幸得官,而又涉猎《诗》《书》以自掩赀郎出身之迹;迨宠利既得,遂乃肆无忌惮,援引其党类,以排挤儒林,甘为名教之罪人,虽获咎于圣贤而不顾,此宏羊之罪所以上通于天,而万死不足赎也。”[1]

　　贤良文学站在传统儒学的立场,对孔子以来的儒学思想、特别是孟子学说多有吸收和发挥,以此来批驳御史大夫。他们的批驳虽然对当时矛盾重重的政治现实有警醒作用,但由于还多停留在孔孟之学的原始状态或者理论层面,没有使之与当时社会实际相结合,所以常有生搬硬套之感,有时甚至显得幼稚和荒唐。徐复观先生说:“贤良文学所抱的政治原则、理想,不论其得当与否,对现实的大一统的皇权专制政治而言,不会发生真实的作用。”[2]即使如此,贤良文学的做法,却也是孟子学说第一次被士人自觉地运用来解决政治问题,也可以说是真正进入了国家政策制定者的视野。虽然盐铁会议后贤良文学的主张并没有多少得以实施,但孟子学说却得到进一步的宣扬,影响也随之扩大。之后无论是扬雄的扬孟还是王充的刺孟,都是其影响扩大的显著标志。至东汉,更是有程曾、郑玄、高诱、刘熙为之作注,而赵岐的《孟子章句》,因最为详尽而且得以完整流传,可算是孟学史上的第一个高峰。而这些研究成果,又多是受惠于盐铁会议的产物。

第四节　刘向对孟子思想的利用

　　刘向,汉高祖异母少弟刘交(楚元王)的四世孙,生活在西汉中后期,历经汉宣帝、汉元帝、汉成帝三朝,见证了汉帝国的日趋衰落。其间特别是元、成两代社会矛盾极其尖锐,外戚(如许嘉、史高、王凤)和宦官(如弘恭、石显)交相用事,对力图加强王室力量、挽救帝国颓势的儒生加

---

[1] 刘毓崧:《通义堂文集》卷七《盐铁论跋》,见《清代诗文集汇编》第 670 册,民国刘氏刻求恕斋丛书本,上海古籍出版社,2010 年,第 381 页。
[2] 徐复观:《两汉思想史》第三卷,第 88—89 页。

以排挤、陷害，刘向即是其中的受害者。所以他也一直站在刘氏皇族的立场加以激烈反对，不停向君王谏言献策，希望君王能感悟，重贤使能，避免"同姓疏远，母党专政，禄去公室，权在外家"①。他编著《列女传》、《新序》、《说苑》以及《五经通义》，其主要目的也在此。《汉书·楚元王传》云：

> 向以为王教由内及外，自近者始。故采取《诗》、《书》所载贤妃贞妇，兴国显家可法则，及孽嬖乱亡者，序次为《列女传》，凡八篇，以戒天子。及采传记行事，著《新序》、《说苑》凡五十篇奏之。数上疏言得失，陈法戒。书数十上，以助观览，补遗阙。上虽不能尽用，然内嘉其言，常嗟叹之。②

刘向编著《列女传》、《新序》、《说苑》，都是为帮助君王"助观览，补遗阙"，"陈法戒"，知得失，这是"以著述当谏书"③，也是儒家典型的讽谏手段。对于三书的类属，大多数史书艺文志都把它们归入子部儒家，"刘向的思想是正统的儒家思想，把他所序的六十七篇编入儒家，是有道理的"，但"在某种程度上，他是把它当作'谏书'用的，陈古讽今，集腋成裘，当然就不限儒门一家之言了"④。孟子思想作为先秦儒学的重要内容，自然在刘向的考查范围之内。

因为刘向著书的方式是以摘编为主，辅以少数议论，所以他对孟子思想的看法，主要是通过他如何摘编《孟子》文献这一方式体现出来。除《列女传》集中讲述孟母对孟子的影响，没有摘编《孟子》外，其他两书都有不少直接标明"孟子曰"或者明显摘编《孟子》的地方：《新序》有六处，《说苑》多达十一处。从这些摘编中我们可以看出，刘向主要借用了孟子的人性论、修身论和仁政思想来进行讽谏。

一、赞同孟子的性善论

虽然刘向在编著中没有专门谈人性问题，但从他摘编的材料和所发

---

① 《汉书》卷三十六，第 1966 页。
② 《汉书》卷三十六，第 1957—1958 页。
③ 谭献：《复堂日记》卷六，第 132 页。
④ 刘向撰，向宗鲁校证：《说苑校证·序言》，第 1 页。

的感叹中,我们能看出他是赞同人性本善的。他在《新序·杂事》中讲完楚共王死前选拔贤能的事情后感叹说:

> 曾子曰:"鸟之将死,其鸣也哀;人之将死,其言也善。"言反其本性,共王之谓也。①

曾子之言见于《论语·泰伯》,是曾子告诉鲁国大夫待人接物原则之前说的话,本不是谈论人性问题,但刘向借此认为,这刚好是"反其本性"的表现,即回归人本来的善性,与孟子说的"反求诸己"相通。刘向还引师旷劝谏晋悼公的话:"夫天生民而立之君,使司牧之,无使失性。……若困民之性,乏神之祀,百姓绝望,社稷无主,将焉用之?"②这里所说的"民之性",也是指善性。在《说苑·谈丛》中,还有一段与孟子性善论密切相关的话:

> 祸生于欲得,福生于自禁。圣人以心导耳目,小人以耳目导心。③

后两句见于《意林》引《子思子》语,又见于《孔子家语·好生》篇:"孔子谓子路曰:'君子以心导耳目,立义以为勇;小人以耳目导心,不愻以为勇。'"④孟子作为孔子思想的继承者,不但把耳目与心的关系作为评价君子的标准之一,还阐明了心作为人之为人的关键所在,他说:"从其大体为大人,从其小体为小人。""耳目之官不思,而蔽于物。物交物,则引之而已矣。心之官则思,思则得之,不思则不得也。此天之所与我者。先立乎其大者,则其小者弗能夺也。此为大人而已矣。"(《孟子·告子上》)孟子把耳目视为小体,把心视为大体,"先立乎其大者,则其小者弗能夺也"就是"圣人以心导耳目"之意。他进一步把能思的心与善性联系起来,说"仁义礼智,非由外铄我也,我固有之也,弗思耳矣"(《孟子·告子上》)。心之所以能"导耳目",是大体,就是因为它固有仁义礼智四端,先天为善。刘向摘录这句话,体现了他对孟子性善说的认同。

刘向既赞同孟子人性本善的观点,也借鉴了孟子重视后天学习的看

---

① 刘向撰,赵仲邑注:《新序详注·杂事》,中华书局,1997年,第9—10页。
② 《新序详注·杂事》,第12页。
③ 《说苑校证·谈丛》,第398页。《意林》引语中"圣人"二字作"君子"。
④ 王盛元译注:《孔子家语译注·好生》,上海三联书店,2018年,第137页。

法。他在《建本》篇中说："孟子曰：'人皆知以食愈饥，莫知以学愈愚。'故善材之幼者，必勤于学问，以修其性。"① 勤学是修养心性的重要手段。又引孟子话说："人知粪其田，莫知粪其心。粪田莫过利苗得粟，粪心易行，而得其所欲。何谓粪心？博学多闻。何谓易行？一性止淫也。"② 此文不见于今本《孟子》，应是《孟子》佚文。"粪心"即养心，孟子养心本侧重于"思"，这里也强调后天的学习——"博学多闻"。刘向似乎很喜欢孟子这一形象化的说法，在《说苑·谈丛》篇再次摘录："人知粪田，莫知粪心。端身正行，全以至今。见亡知存，见霜知冰。"③

二、借鉴孟子的修身观

因为刘向著书主要是给皇帝及其身边的当权者看，希望达到讽谏效果，所以他非常看重他们的德行修养。孟子的修身观是讽谏的武器之一。

孟子面对穷达的态度是"穷则独善其身，达则兼善天下"（《孟子·尽心上》），刘向认为这刚好是舜能成为圣王的重要原因："舜耕之时，不能利其邻人；及为天子，天下戴之。故君子穷则善其身，达则利于天下。"④ 舜做到了"独善"与"兼善"的统一，修身与平天下的统一。与这种穷达观相一致，刘向也接受了孟子的忧患观，他说："君子有终身之忧，而无一朝之患。顺道而行，循理而言，喜不加易，怒不加难。"⑤ "君子有终身之忧，而无一朝之患"是孟子在谈"君子所以异于人者"时的结论，孟子认为君子之所以有忧无患，是因为"君子以仁存心，以礼存心"（《孟子·离娄下》）。刘向进一步从言行举止和喜怒情感上加以说明。

在君臣际遇上，刘向主张君子应审时势、知去就、明进退、能屈伸，他在《说苑·杂言》篇中全文摘录了《孟子·告子下》"先名实者为人也"章⑥，该章记录了孟子与淳于髡的一次辩论：淳于髡含蓄批评孟子离开齐国的行为不是仁人应该做的，孟子列举伯夷等人来说明君子行仁的

---

① 《说苑校证·建本》，第 64 页。孟子语见《孟子·外书·性善辨》。
② 《说苑校证·建本》，第 66—67 页。
③ 《说苑校证·谈丛》，第 399 页。
④ 《说苑校证·杂言》，第 413 页。
⑤ 《说苑校证·谈丛》，第 405 页。
⑥ 《说苑校证·杂言》，第 415 页。

方式多种多样；淳于髡又用子庚、子思在朝而鲁国更加削弱为例来证明"贤者之无益于国也"，孟子则认为"不用贤则亡"，而不仅仅是削弱的问题；淳于髡还认为当今之世没有贤人，孟子则以孔子离开鲁国为例，说明"君子之所为，众人固不得识也"。刘向摘录淳于髡与孟子的这段对话，其良苦用心至少有两个：一是主张臣子在服务君王方面应审时度势；二是主张君王要自律，重用贤臣。这显然是希望当时的君和臣能从中明白各自为人处世的原则。

三、推崇孟子的仁政思想

刘向清楚百姓的力量，也看到了现实社会的动荡以及百姓对刘氏政权的威胁，所以他通过大量的历史故事和逸闻轶事，告诫君臣要知道百姓的重要性，希望他们爱护百姓，推行仁政。孟子的仁政思想是其重要的讽谏武器。

刘向推崇孟子与君王谈论仁政时的观点。他在《新序・杂事》中摘录了三则孟子向齐宣王介绍仁政的内容，涉及《孟子・梁惠王》中的四章。一则是：

> 梁惠王谓孟子曰："寡人有疾，寡人好色。"孟子曰："王诚好色，于王何有？"王曰："若之何好色可以王？"孟子曰："太王好色。《诗》曰：'古公亶父，来朝走马。率西水浒，至于岐下。爰及姜女，聿来相宇。'太王爱厥妃，出入必与之偕。当是时，内无怨女，外无旷夫。王若好色，与百姓同之，民惟恐王之不好色也。"王曰："寡人有疾，寡人好勇。"孟子曰："王若好勇，于王何有？"王曰："若之何好勇可以王？"孟子曰："《诗》云：'王赫斯怒，爰整其旅，必按徂旅，以笃周祜，以对于天下。'此文王之勇也。文王一怒而安天下之民。今王亦一怒而安天下之民，民惟恐王之不好勇也。"[1]

这一则包含《孟子・梁惠王下》"人皆谓我毁明堂"和"交邻国有道"两章的部分内容，文字与今本《孟子》有差异，是刘向摘录和补充的结果，对话的君王也不是梁惠王而是齐宣王。刘向摘录的目的是想告诉君王，

---

[1]《新序详注・杂事》，第 73 页。

"好色"与"好勇"等爱好并不违背仁政,只要能做到"与百姓同之","一怒而安天下之民",那么同样可以用王道统一天下。"与百姓同之"在孟子那里又体现为与民同忧乐,因此刘向又摘录了《孟子·梁惠王下》"齐宣王见孟子于雪宫"章中的相关内容:

> 孟子见齐宣王于雪宫,王左右顾曰:"贤者亦有此乐耶?"孟子对曰:"有人不得,则非其上矣。不得而非其上者,非也。为人之上而不与民同乐者,亦非也。乐民之乐者,人亦乐其乐。忧人之忧者,民亦忧其忧。乐以天下,忧以天下,然而不王者,未之有也。"①

与民同忧乐是孟子仁政思想中的重要内容,刘向摘录的这一章则最简明扼要地体现了孟子这一思想,特别是"乐以天下,忧以天下,然而不王者,未之有也"的思想,用来劝谏生活奢靡、理想全无的元、成二帝,那是最适合不过了。

刘向还把孟子仁政中的推恩思想加以发挥,继续强化"与百姓同之"的观点。他在《说苑·贵德》篇中说:

> 夫仁者,必恕然后行,行一不义,杀一无罪,虽以得高官大位,仁者不为也。夫大仁者爱近以及远,及其有所不谐,则亏小仁以就大仁。大仁者恩及四海,小仁者止于妻子。……故人臣不仁,篡弑之乱生;人臣而仁,国治主荣;明主察焉,宗庙大宁。夫人臣犹贵仁,况于人主乎?故桀、纣以不仁失天下,汤、武以积德有海土,是以圣王贵德而务行之。孟子曰:"推恩足以及四海,不推恩不足以保妻子。古人所以大过人者无他焉,善推其所有而已。"②

刘向首先提出仁和恕两个范畴,这在孔子那里都特别强调"己欲立而立人,己欲达而达人"这层含义③,接下来他围绕这层含义,肯定大仁者"爱近以及远","恩及四海",不仁者"篡弑之乱生"甚至失天下,最后用孟子

---

① 《群书治要》卷四十二引,见《新序详注·新序补遗》,第382—383页。文字与今本《孟子》略有差异。
② 《说苑校证·贵德》,第99—100页。
③ 《论语·里仁》:"曾子曰:'夫子之道,忠恕而已矣。'"《论语·卫灵公》:"子贡问曰:'有一言而可以终身行之者乎?'子曰:'其恕乎!己所不欲,勿施于人。'"《论语·雍也》:"夫仁者,己欲立而立人,己欲达而达人。"

的推恩思想小结。孟子"推其所有"的推恩思想,与孔子的"己欲立而立人,己欲达而达人"一脉相承。可见,刘向对孔子和孟子思想都有深入的了解,清楚它们之间的关联,这段话就是他根据谏言的需要,重新组合孔孟思想以及语言的结果。

刘向还肯定受孟子影响而行仁政的白圭和邹穆公。《新序·杂事》摘录了一段关于白圭的一段话:

> 孟尝君问于白圭曰:"魏文侯名过于桓公,而功不及五伯,何也?"白圭对曰:"魏文侯师子夏,友田子方,敬段干木,此名之所以过于桓公也。卜相则曰:'成与黄孰可?'此功之所以不及五伯也。以私爱妨公举,在职者不堪其事,故功废。然而名号显荣者,三士翊之也。如相三士,则王功成,岂特霸哉?"①

白圭在魏国为官时,曾就税收和治水的问题问政于孟子,从他问政的内容看,白圭认为自己所做就是孟子所说的仁政②,可以看出,白圭接受了孟子的仁政思想,认为只要真正使用贤能之人,就不是称霸的问题,而是"王天下"了。刘向何尝不想让刘家天子真正使用贤能呢? 他还摘录了邹穆公行仁政的记载:

> 邹穆公有令,食凫雁必以秕,无得以粟。于是仓无秕而求易于民,二石粟而得一石秕。吏以为费,请以粟食之。穆公曰:"去! 非汝所知也。夫百姓饱牛而耕,暴背而耘,勤而不惰者,岂为鸟兽哉? 粟米,人之上食,奈何其以养鸟? 且尔知小计,不知大会。周谚曰:'囊漏贮中。'而独不闻欤? 夫君者,民之父母,取仓之粟,移之于民,此非吾之粟乎? 鸟苟食邹之秕,不害邹之粟也,粟之在仓与在民,于我何择?"邹民闻之,皆知私积与公家为一体也,此之谓知富邦。③

孟子是邹人,所以邹穆公曾因百姓见其官吏战死而不救一事请教过孟子,孟子回答说:"凶年饥岁,君之民老弱转乎沟壑,壮者散而之四方者,

---

① 《新序详注·杂事》,第 111 页。
② 见《孟子·告子下》第十和十一章。白圭想推行"二十而取一"的田税政策,还利于民,又曾筑堤治水,发展生产。
③ 《新序详注·刺奢》,第 189 页。

几千人矣；而君之仓廪实，府库充，有司莫以告，是上慢而残下也。曾子曰：'戒之戒之！出乎尔者，反乎尔者也。'夫民今而后得反之也，君无尤焉？君行仁政，斯民亲其上，死其长矣。"（《孟子·梁惠王下》）邹之前是"上慢而残下"，而此处的穆公之所以能如此爱民，说出"夫君者，民之父母"的话，很可能是因孟子的话而改过。刘向肯定知错能改而后爱惜百姓的邹穆公，就是肯定孟子的仁政。

　　除了正面宣扬孟子的仁政，刘向还借《孟子》中不行仁政而导致严重后果的历史人物来警戒君臣，他在《新序》中摘录了这样一段话：

> 汤居亳七十里，地与葛为邻。葛伯放淫不祀，汤使人问之曰："何为不祀？"曰："无以供牺牲也。"汤使遗之牛羊。葛伯食之，又不以祀，汤又使人问曰："何为不祀？"曰："无以供粢盛也。"汤又使众往为耕，老弱馈食。葛伯率其民要其有酒黍肉稻者夺之，不受者杀之。有一童子，以黍肉饷，杀而夺也。《书》曰："葛伯仇饷。"此之谓也。为其杀是童子而征之，四海之内，皆曰："非富天下也，为匹夫匹妇复仇也。"①

这段话摘自《孟子·滕文公下》"今将行仁政"章，是孟子回答万章行仁政的宋国如何面对齐楚讨伐的话，孟子的本意是想说"苟行王政，四海之内皆举首而望之，欲以为君"，刘向摘录其中部分内容，从反面说明不行仁政的危险。

　　希望推行仁政，是刘向编著《新序》、《说苑》的主要目的之一，因此书中关于仁政的条目很多。孟子的不少观点、甚至只言片语自然都成了他借鉴的内容。

四、《列女传·邹孟轲母》对孟子的评价

　　关于刘向编著《列女传》的目的，宋人王回在《古列女传·序》中说："《古列女传》八篇，刘向所序也。向为汉成帝光禄大夫，当赵后姊娣嬖宠时，奏此书以讽宫中。其文美刺《诗》、《书》已来女德善恶系于家国治乱

―――――――――

① 《新序详注·新序补遗》，第372页。

之效者。"① 就是说,教化功能和讽喻作用是《列女传》成书的根本原因,其目的与《新序》和《说苑》相同。关于《列女传》的材料来源,多数学者认为,《列女传》中的文本大多是对前著故事的演绎之作。就《邹孟轲母》中记载的故事而言,"断织劝学"、"劝止出妻"见于《韩诗外传》②,字句有不少出入;"迁居择邻"和"释子之忧"不见于现存的其他典籍,按照一些研究者的看法,这类故事可能来自民间传说,也可能根据先前列女题材图画写成③。无论哪种情况,《邹孟轲母》讲的四个故事涉及孟子一生中有代表性的几个时期,虽然故事主要是赞扬孟母的,但每个故事的背后都体现了孟子思想中的某一面以及刘向对孟子的评价。

　　"迁居择邻"最早见于《列女传》,讲孟子年少时期的事,体现了孟母重视环境对人成长的影响。这种观点在孟子那里也很突出,他曾说:"富岁子弟多赖,凶岁子弟多暴,非天之降才尔殊也,其所以陷溺其心者然也。今夫麰麦,播种而耰之,其地同,树之时又同,浡然而生,至于日至之时,皆熟矣。虽有不同,则地有肥硗,雨露之养,人事之不齐也。"(《孟子·告子上》)丰收之年与灾荒之年往往会形成人的不同性格。又说:"故天将降大任于是人也,必先苦其心志,劳其筋骨,饿其体肤,空乏其身,行拂乱其所为,所以动心忍性,曾益其所不能。"(《孟子·告子下》)环境锻造人的意志和能力。这在孟子评价齐王儿子时更明显。他说:

　　　居移气,养移体,大哉居乎! 夫非尽人之子与? ……王子宫室、车马、衣服多与人同,而王子若彼者,其居使之然也;况居天下之广居者乎? 鲁君之宋,呼于垤泽之门。守者曰:"此非吾君也,何其声之似我君也?"此无他,居相似也。(《孟子·尽心上》)

虽然齐王儿子吃穿住用行多半与别人相同,但其独特的生活环境,养成了他有别于同龄人的独有气度和体质;国君的语言风格和气度相近,也是因为环境相像的缘故。可以说,刘向在编撰这个故事时,对孟子的这

---

① 王回:《古列女传·序》,见《丛书集成初编》,中华书局,1985年。
② 见《韩诗外传》卷九有关记载。
③ 有研究者认为,这些事迹来源于三部分,一是已有文字记载的古籍,如《诗经》《韩诗外传》、《礼记》《史记》《左传》《国语》等,一部分来自民间传说,还有一部分则是刘向受已有列女题材图画启发,将图中内容汇编成故事。见刘丽娜《先秦两汉列女图像与刘向〈列女传〉关系研究》,《淮海工学院学报》2012年第14期。

类观点应该是熟悉的。

　　"断织劝学"讲孟子青年求学时的事。这个故事在汉初的《韩诗外传》中有记载,讲孟子读书时因遗忘而中止,孟母"引刀裂其织,以此诫之"①。刘向讲的内容与之有较大差距:孟母断织不是因为孟子遗忘而是因其中途停学而归;孟母说的话也大大增加。与《韩诗外传》相比,刘向的编撰显然更突出了"孟母知为人母之道"②这一主题,还增加了对孟子的直接评价:"孟子惧,旦夕勤学不息,师事子思,遂成天下之名儒。"对于孟子与子思的关系,刘向之前的荀子、韩非子、司马迁有过看法。荀子说"案往旧造说,谓之五行,……子思唱之,孟轲和之"③,仅指出两人有学术传承关系。韩非子说孔子之后儒分为八,有子张之儒、子思之儒、颜氏之儒、孟氏之儒等④,把两人的关系并列。司马迁第一个为孟子作传,说"孟轲,驺人也。受业子思之门人"⑤,明确说孟子是子思的再传弟子。刘向则是第一个承认孟子是子思弟子的人,其说是否合理暂且不论,从中可以看出刘向对孟子思想渊源及其地位的认同:承认孟子思想源自子思,是儒学体系中的重要人物,赞扬他"成大儒之名","成天下之名儒"⑥。刘向的这一说法,受到了后世很多人的认同,如班固、赵岐、韩愈等,加速了子思学派与孟子学派向思孟学派的转变。第三个故事"劝止出妻"与"断织劝学"一样,最早见于《韩诗外传》,记载内容出入也较大,且都突出了孟子知错能改的品德。

　　"释子之忧"最早见于《列女传》,讲孟母告诫孟子放心追求理想不用担心自己。这个故事很可能是刘向根据民间传闻,结合《孟子》完善的结果。孟子在齐国曾一度受到重视,大有执掌政权实现其仁政的希望,以至于弟子公孙丑都有"夫子当路于齐"、"夫子加齐之卿相"(《孟子·公孙丑上》)的话题,但后来齐王对孟子的王道失去信心,并逐渐疏远了他,最后孟子不得不离开齐国。这就是刘向说"孟子处齐,而有忧

①《韩诗外传集释》,第 306 页。
②刘向著,绿净译注:《古列女传译注》,北京联合出版公司,2015 年,第 42 页。
③《荀子集解·非十二子》,第 94 页。
④《韩非子集解·显学》,第 456—457 页。
⑤《史记》卷七十四,第 2343 页。
⑥《古列女传译注》,第 42 页。

色",闲居时"拥楹而叹"①的背景。接下来,刘向还写了一段孟子解释的话:

> 轲闻之,君子称身而就位,不为苟得而受赏,不贪荣禄。诸侯不听,则不达其上。听而不用,则不践其朝。今道不用于齐,愿行而母老,是以忧也。②

孟子前面所说的三句话,在《孟子》中都有依据。第一句"君子称身而就位,不为苟得而受赏,不贪荣禄",是对《孟子·公孙丑下》"前日于齐"章、"孟子致为臣而归"章、"孟子去齐"章、"孟子去齐居休"章以及《孟子·告子上》"鱼我所欲也"等章的概括。如"前日于齐"章记载陈臻与孟子讨论受不受赏的问题:

> 陈臻问曰:"前日于齐,王馈兼金一百,而不受;于宋,馈七十镒而受;于薛,馈五十镒而受。前日之不受是,则今日之受非也;今日之受是,则前日之不受非也。夫子必居一于此矣。"孟子曰:"皆是也。当在宋也,予将有远行,行者必以赆;辞曰:'馈赆。'予何为不受? 当在薛也,予有戒心;辞曰:'闻戒,故为兵馈之。'予何为不受? 若于齐,则未有处也。无处而馈之,是货之也。焉有君子而可以货取乎?"

孟子讲接受馈赠要有必要的理由,否则就是接受钱财的贿赂,这种事君子是不会干的。又如"孟子致为臣而归"章,孟子准备离开齐国,齐王想给孟子一幢房子,并用万钟之粟来养活他的门徒,孟子拒绝了,认为"夫时子恶知其不可也? 如使予欲富,辞十万而受万,是为欲富乎"? 即接受这个条件就是贪图财富。又如公孙丑问孟子"仕而不受禄"的原因,孟子解释为:"于崇,吾得见王,退而有去志,不欲变,故不受也。"(《孟子·公孙丑下》)意思是,既然要离开齐国,就不能接受俸禄。这就是《列女传》中孟子说的"不为苟得而受赏,不贪荣禄"。第二句"诸侯不听,则不达其上",是说下位者只有获得上位者的认可,其主张才可能实现。《孟子》中孟子说过类似的话:"居下位而不获于上,民不可得而治

---

① 《古列女传译注》,第 43 页。
② 《古列女传译注》,第 43 页。

也。"(《孟子·离娄上》)"是故得乎丘民而为天子,得乎天子为诸侯,得乎诸侯为大夫。"(《孟子·尽心下》)。第三句"听而不用,则不践其朝",既是对上句话的补充,也是对《孟子》中孟子相关言行的概括,如《孟子·公孙丑下》"孟子将朝王"章,齐王因有寒疾而请孟子来见自己,孟子说:"不幸而有疾,不能造朝。"既然没有推行仁政的诚意,就不必相见了。最后孟子是"致为臣而归",离开了齐国,践行了"听而不用,则不践其朝"的为臣之道。

《列女传·邹孟轲母》中有不少细节描写,这些很可能是编撰者根据传闻和《孟子》的有关记载作出的合理想象,有些甚至是刘向替孟子说的话。这种情形在《新序》《说苑》中也很常见,都服务于刘向讽谏当权者的目的,从中可以看出刘向忠于刘氏宗室的拳拳之心。

第五节　扬雄、王充对孟子的褒与贬

扬雄和王充分别处于前汉末与后汉初,可以说分别代表了两个历史时段孟学的大致状况。在董仲舒罢黜百家,独尊儒术后,汉代的学术研究侧重于儒家《五经》,即所谓的经学。但它多是对经典文本作注解,少了汉初以前子学的自由思想与独创性。之后,《五经》及《论语》《孝经》被广为传授,出现了盐铁会议、石渠阁会议等儒学内外的争议,两汉之际的今古文经学之争更是儒学内部的一次大碰撞。到扬雄之时,虽然今文经学、古文经学以及谶纬神学相互错杂纷争成为当时学术的主要特点,但儒学仍然有着决定性影响,因此扬雄推崇孔孟之学也是时代的要求。后汉时期,今古文之争成为学术的主流,经学的弊端日益明显,成为思想创新的阻碍。出身寒门的王充对儒家经学进行了全面而深刻的批评,《刺孟》篇也由此诞生。二人前后相距不过数十年,但对孟子学说之态度却有不小差距,这既是时代的差异,更是学术取向的不同。

一、扬雄对孟子的推崇

扬雄出生于四川,少时曾学老子之学,后又受儒家经学熏陶。虽然兼及儒道两家,但他旗帜鲜明地推尊孔子,首开原道、宗经、征圣思想。

他在《法言·吾子》篇云："舍《五经》而济乎道者,末矣。……委大圣而好乎诸子者,恶睹其识道也。"① "或曰:'人各是其所是,而非其所非,将谁使正之?'曰:'万物纷错则悬诸天,众言淆乱则折诸圣。'或曰:'恶睹乎圣而折诸?'曰:'在则人,亡则书,其统一也。'"② 又说:"好书而不要诸仲尼,书肆也。好说而不要诸仲尼,说铃也。"③ 把《五经》作为大道的本源,圣人作为大道的象征,对孔子倍加推崇。《法言》不仅采用了《论语》的对话体式,而且连句式、语句、语气都极力模仿,班固说他"撰以为十三卷,象《论语》,号曰《法言》"④。书中数次提及孔子,把孔子的地位抬得很高,说"孔氏。孔氏者,户也"⑤。对于孟子,扬雄也高度予以赞扬,说"孟轲虽连蹇,犹为万乘师"⑥。又说孟子非但"知言之要,知德之奥",而且"亦允蹈之"⑦,即能忠实地履行孔子的言论和道德,因而把孟子与诸子身份剥离,说孟子不异于孔子⑧,使之进入了孔子的序列,这为他日后脱离诸子身份,获得儒家圣贤地位打下了基础。在维护孔学之正宗、发扬孔学之精神上,他更是以孟子为学习榜样,"古者杨、墨塞路,孟子辞而辟之,廓如也。后之塞路者有矣,窃自比于孟子"⑨。他认为孟子著书立说,既维护了孔学,廓清了是非,扫除了其发展道路,而且孟子对孔学的阐发还为孔学开辟了一个新境界。他还把自己纠正时人对儒学的不良看法、发扬孔学的行为等同于孟子辟杨、墨。以下就扬雄对孟子学说的继承与发挥略作分析。

(一)对孟荀人性论的折中

扬雄推崇孟子,但是并非一味地接受其思想,在人性论上,他就不赞同孟子的性善论,而提出了"善恶混"的看法。他在《法言·修身》篇中说:

---

① 汪荣宝:《法言义疏·吾子》,中华书局,1987年,第67页。
② 《法言义疏·吾子》,第82页。
③ 《法言义疏·吾子》,第74页。
④ 《汉书》卷八十七下,第3580页。
⑤ 《法言义疏·吾子》,第68页。
⑥ 《扬雄集校注》,第180页。
⑦ 《法言义疏·君子》,第498页。
⑧ 《法言义疏·君子》篇云:"或问:'子小诸子,孟子非诸子乎?'曰:'诸子者,以其知异于孔子也。孟子异乎?不异。'"(第498页)
⑨ 《法言义疏·吾子》,第81页。

　　　　人之性也,善恶混。修其善则为善人,修其恶则为恶人。气也
　　者,所以适善恶之马也与? ①

孟子认为人性善,荀子针锋相对,认为人性恶,扬雄的"善恶混"说,可视
为对两人人性观的调和。司马光云:"孟子以为人性善,其不善者,外物
诱之也。荀子以为人性恶,其善者,圣人教之也。是皆得其一偏,而遗其
本实。夫性者,人之所受于天以生者也,善与恶必兼有之,犹阴之与阳
也。是故虽圣人不能无恶,虽愚人不能无善,其所受多少之间则殊矣。
善至多而恶至少,则为圣人;恶至多而善至少,则为愚人;善恶相半,则
为中人。圣人之恶不能胜其善,愚人之善不能胜其恶,不胜则从而亡
矣。……孟子以为仁、义、礼、智皆出乎性者也,是岂可谓之不然乎? 然
殊不知暴慢、贪惑亦出乎性也。……荀子以为争夺残贼之心,人之所生
而有也,不以师法、礼义正之,则悖乱而不治,是岂可谓之不然乎? 然殊
不知慈爱、羞恶之心亦生而有也。……如孟子之言,所谓长善者也;如
荀子之言,所谓去恶者也。杨子则兼之矣。"② 司马光认为,孟荀人性论
"皆得其一偏",扬雄"善恶混"说正好从二人身上各得其一,可谓已得
其全。

　　扬雄认为人性中的善恶都是潜存着的,都有实现的趋势。是由善性
转化为善人,还是由恶性转化为恶人,这取决于后天的修与习,所以扬
雄很重视学,并撰有《学行》篇与《修身》篇。除外在的实践工夫修习之
外,从善恶之性到善恶之人的转化,还有其内在的机制,这就是扬雄说的
"气"。他所说的"气",是推动善恶之性向善恶之人转变的内在动力。修
善恶与"气"行善恶,是同一过程的内外表现。"气也者,所以适善恶之
马也",这是对孟子志、气说的发展。孟子的志实质就是心,气实质就是
"夜气"或仁义礼智四端,也就是《五行》说文的仁气、义气、礼气。孟子
认为"夫志,气之帅也",就是说心可以驱动善的端绪。扬雄把气比喻成
载人之马,可以把人载至善,也可载至恶。在扬雄这里,气不只是一种善
端,或者说也是善恶混,如同董仲舒说的有"仁、贪之气"③,这是对孟子

①《法言义疏·修身》,第 85 页。
② 见《法言义疏·修身》篇该条下汪荣宝注引,第 85 页。
③《春秋繁露义证·深察名号》,第 294 页。

气论的发挥。驱动这两种气的也应该是心,所以扬雄也特别强调修身,在这点上又同于孟子。

《孟子》书中提到过三种人性论:"性无善无不善"、"有性善,有性不善"、"性可以为善,可以为不善"(《告子上》)。扬雄的"善恶混"说,与第一种关系不大;与第二种有区别,"有性善,有性不善"是指,有的人性善则全为善,有的人性恶则全为恶,善恶截然分明;与第三种有些关系,这种说法把善与不善看成人性中的不稳定因素,但是它没有说明人性中的善与不善是同时存在,还是一种两可的选择。扬雄的"善恶混"说,则明确表明善与恶是同时存在的两种潜质,是对孟荀人性说的综合。"善恶混"说还与董仲舒的人性论有紧密关系。董仲舒说人有"仁、贪之气","身亦两有贪、仁之性"①,贪为恶,仁为善,"两有"即同时具有之意。董仲舒还说"善出性中,而性未可全为善"②,"天生民性有善质"③,他把人性中善的潜质称为"善质",除"善质"之外,还有"未可为善"的部分。虽然董仲舒没有把这部分称为"恶质",但它确是其中应有之义。扬雄则在董仲舒善质与恶质说的基础上,把董仲舒含糊其辞的人性论表述为"善恶混"。章太炎说:"扬子云迂腐,不如孟荀甚远,然论性谓善恶混,则有独到处。""扬子生孟、荀之后,其前尚有董仲舒。仲舒谓人性犹谷,谷中有米,米外有糠。是善恶之说,仲舒已见到,子云始明言之耳。子云之学,不如孟、荀,唯此一点,可称后来居上。"④当然,董仲舒"认为天道是任阳而抑阴,阴的作用,远不如阳的作用大,所以究其极,董氏实际还是主张性善的"⑤,而扬雄的"善恶混"说是把善与恶看成是人性中对等的成分。

孟子说人性善,因此实现善性的途径是以内修为主、外习为辅。荀子说人性恶,因此取得善性的途径是外习为主、内修为辅。扬雄主张"善恶混",把后天的学习作为扬善抑恶的主要方法,说"人而不学,虽无忧,如禽何"⑥,在这点上近于荀子。《法言·学行》篇又云:

---

① 《春秋繁露义证·深察名号》,第294、296页。
② 《春秋繁露义证·深察名号》,第297页。
③ 《春秋繁露义证·深察名号》,第302页。
④ 章太炎:《诸子学略说》,广西师范大学出版社,2010年,第37—38页。
⑤ 徐复观:《两汉思想史》第二卷,第315页。
⑥ 《法言义疏·学行》,第26页。

学者,所以修性也。视、听、言、貌、思,性所有也。学则正,否则邪。①

汪荣宝疏云:"子云论学,推尊孟子,以为知不异于孔子。而其论性,则不取性善之说,乃与孟子所斥'或说性可以为善,可以为不善'者相似,故程子以子云为不识性。……子云但言性善恶混,不言性恶。而此文所云'学则正,否则邪'者,乃谓性必修而后能长善而去恶,非谓性本恶,而不学则不善也。盖子云之意以为人性之中有理有欲,理胜欲则为善,欲胜理则为恶,理欲之消长,则视人之所以修之何如,存理以遏欲,是为修其善,穷欲以灭理,是为修其恶。而性于何见?则见之于心知、百体之运行,是为视、听、言、貌、思。修性之效于何求?则求之于博文约礼之事,是为学。……此云学则正,否则邪,即有法、无法之谓。……与荀子之以人性之本然为恶,而善乃全由于后起之人为者,其立论之根本绝不相同也。"② 汪氏突出了扬雄对学习的重视,看到了"善恶混"说中恶之性与荀子性恶论之间的差异,这些都符合扬雄人性论的本意。戴震《孟子字义疏证》亦云:"扬子见于长善则为善人,长恶则为恶人,故曰'人之性也善恶混',又曰'学则正,否则邪',与荀子论断似参差而匪异。"③ 就是说,扬雄虽然把善恶看成人性中的对等成分,但他论述的重点却在善以及善的实现,这与孟子又是完全一致的。

孟子由性善推出"人皆可以为尧舜",扬雄虽然主张善恶混,但在成人成德上,他又吸收了孟子的观点,认为"群人"也可成圣。《法言·问明》篇云:

> 或问:"鸟有凤,兽有麟,鸟、兽皆可凤、麟乎?"曰:"群鸟之于凤也,群兽之于麟也,形性。岂群人之于圣乎?"④

汪荣宝疏解云:"鸟、兽者,羽虫、毛虫之总称,凤、麟特其中之一种,形性各异,非圣人于民之比,不得以群鸟、兽之不可为凤、麟,证群人之不能为圣也。"又引司马光语云:"圣人与人,皆人也,形性无殊,何为不可跂及?"就是说,鸟、兽与凤、凰在形体与天性上是不一致的,所以鸟、兽不

① 《法言义疏·学行》,第 16 页。
② 见《法言义疏·学行》篇"学者"条下的疏解,第 16—17 页。
③ 戴震:《孟子字义疏证》卷中,第 33 页。
④ 《法言义疏·问明》,第 183 页。

能皆为凤、凰。但是众人与圣人在形体和天性上是一致的,所谓"鸟兽大小,形性各异;人之于圣,腑藏正同",所以群人皆可为圣。不同就在于后天的学,"学则正,否则邪"。孟子以扩充内在善端的内修为主,辅以外化,而扬雄以后天的学为主,辅以内在的思,近于荀子成人路径。这也是由二人不同的人性论所致。

（二）吸收了孟子重视修身的思想及其修身的方法

扬雄重视修身,他除了大力阐发孔子有关思想外,还吸收了孟子的一些看法。首先在用心与不用心的区别上。《法言·修身》篇引孟子语云:

> 有意哉! 孟子曰:"夫有意而不至者有矣,未有无意而至者也。"[1]

此句话不见于今本《孟子》,王应麟、汪荣宝皆怀疑出自《孟子》外篇。"有意"就是用心,孟子的意思是说,用心做事而没有达到目的的情形有,但是不用心做事而能达到目的的情形却没有,他还说:"至诚而不动者,未之有也;不诚,未有能动者也。"(《孟子·离娄上》)诚,也是用心,不用心则没有能感动人的。因此扬雄感叹孟子"有意"的重要性。当然,孟子也曾说过"莫之为而为者,天也;莫之致而至者,命也"(《孟子·万章上》)的话,但这主要是从天命不可违的角度说的。而且天命不可违的背后,实质也是把用心作为前提。在孟子看来,尧舜禹能成为天子,绝非天命随意抉择的结果,而是他们用心于修德,用心于民的结果。用心还表现为"求"与"不求"。孟子曰:"求则得之,舍则失之,是求有益于得也,求在我者也。求之有道,得之有命,是求无益于得也,求在外者也。"(《孟子·尽心上》)孟子说的"求"侧重于"思",是一种内圣功夫。《法言·学行》篇也有一段类似的话,其语云:

> 学者,所以求为君子也。求而不得者有矣,夫未有不求而得之者也。[2]

扬雄这里的"求"虽然侧重于"学",是一种外王工夫,但是学的背后包含了心悟的过程,他把这个过程说成是"操"。他说:"人心其神矣乎? 操

---

①《法言义疏·修身》,第93页。
②《法言义疏·学行》,第27页。

则存,舍则亡。能常操而存者,其惟圣人乎?"① "操"就是用心去求,同于孟子的"思"。所"存"、"亡"者是什么呢? 李轨注云:"人心如神,变化无方。操而持之则义存,舍而废之则道亡,操而不舍则道义光大。"操持是一种工夫,所存者、亡者为道义。孟子也曾说:"仁义礼智,非由外铄我也,我固有之也,弗思耳矣。故曰:'求则得之,舍则失之。'或相倍蓰而无算者,不能尽其才者也。"(《孟子·告子上》)扬雄与孟子说法略微不同的是,孟子把孔子的"求"主要表述为"思",扬雄则用"操"代替了"求"与"思",把仁义礼智概括为道义,但都突出了心在修身中的地位。《法言·问神》篇又云:

> 或问"神"。曰:"心。""请问之。"曰:"潜天而天,潜地而地。天地,神明而不测者也。心之潜也,犹将测之,况于人乎? 况于事伦乎?""敢问潜心于圣。"曰:"昔乎,仲尼潜心于文王矣,达之。颜渊亦潜心于仲尼矣,未达一间耳。神在所潜而已矣。"②

扬雄把心与神等同,认为只要用心专一,积极去追求和把握,则可以测天地。他说的"潜心于圣",即用心于圣人之道,"潜心"则达,不"潜心"则不达,如此而已,所以李轨注最后一句云:"神道不远,潜心则是。"这个思想也就是孟子说的"心之官则思,思则得之,不思则不得也"(《孟子·告子上》)。

扬雄十分赞赏孟子鄙弃修德不纯之人的做法。孟子引孔子语云:"过我门而不入我室,我不憾焉者,其惟乡原乎! 乡原,德之贼也。"这是因为乡原"非之无举也,刺之无刺也,同乎流俗,合乎污世,居之似忠信,行之似廉洁,众皆悦之,自以为是,而不可与入尧、舜之道"(《孟子·尽心下》)。乡原实质就是毫无是非原则的好好先生,所以他要求"君子反经",即返回到经常正道,以此修身养德。扬雄继承了这种看法。他说:"孟子疾过我门而不入我室。或曰:'亦有疾乎?'曰:'撻我华而不食我实。'"③ 孟子虽是引用孔子的话,但扬雄以为这也是他本人的看法,并仿

---

① 《法言义疏·问神》,第 140 页。
② 《法言义疏·问神》,第 137 页。
③ 《法言义疏·问明》,第 181 页。

照这种说法,说自己憎恶那些欣赏我的文辞而不研磨我的义理的人[①],因此,同孟子一样,他也要求学习儒家经典,返回经常之道以修身,他说的"舍《五经》而济乎道者,末矣"[②],也就是孟子"反经"之义。

在评判所谓"大人"的标准上,扬雄采用了孟子的观点。孟子认为,一个人"从其大体为大人,从其小体为小人"(《孟子·告子上》),又说"非礼之礼,非义之义,大人弗为"(《孟子·离娄下》)。"大人"就是能遵从礼义之人,所以赵岐把"大体"解释为"心思礼义"。同样,扬雄也沿用这个思想。《法言·五百》篇云:"或问'大人'。曰:'无事于小为大人。'请问'小'。曰:'事非礼义为小。'"[③]李轨注云:"尚志在乎礼义,大人之事备矣。"也是把遵从礼义作为"大人"的标准。

扬雄还继承了孟子"枉己者未有能直人"(《孟子·滕文公下》)的观点。扬雄曾把不愿接受叔孙通征召的两个齐鲁士人称许为"大臣",即"以道事君,不可则止"[④]之人,又说:"仲尼开迹,将以自用也。如委己而从人,虽有规矩准绳,焉得而用之?"[⑤]意思是说,孔子游历各国干求诸侯,是为了实施自己的主张,如果放弃自己的主张而顺从他人,那么即使有再完美的政治举措,也不能被用来治理国家。孟子反对陈代"枉尺而直寻"(《孟子·滕文公下》)的投机,扬雄也反对"委己而从人"的妥协,所以当有人问扬雄"正国何先"时,他说"躬工人绩"[⑥]。李轨注云:"言先正身以临百官,次乃览察其人,考其勋绩也。"治国要先正身,治人也是如此,有人问扬雄:管夷吾使齐国称霸,但孔子却称之为小器,那么大器是什么? 他说:"大器其犹规矩准绳乎? 先自治而后治人之谓大器。"[⑦]他认为,"大器"之人,必先用礼义来规范、化育自己,然后再规范和化育他人,"自治"不仅是治人、治国的前提,也是一个人能取得多大成就、能达到何种境界的关键性因素。"自治"还包括"自爱"与"自敬",扬雄说:

[①] 李轨注扬雄"摭我华而不食我实"一句云:"华者,美丽之赋;实者,《法言》《太玄》。"见《法言义疏·问明》,第 181 页。

[②]《法言义疏·学行》,第 16 页。

[③]《法言义疏·五百》,第 266 页。

[④]《法言义疏·五百》,第 252 页。

[⑤]《法言义疏·五百》,第 252 页。

[⑥]《法言义疏·先知》,第 298 页。

[⑦]《法言义疏·先知》,第 297 页。

"人必其自爱也,而后人爱诸;人必其自敬也,而后人敬诸。自爱,仁之至也;自敬,礼之至也。未有不自爱敬而人爱敬之者也。"① 他说的"自爱"与"自敬",也就是孟子说的"反求诸己"或"思",是一种内自省似的德行修养,并由此达到自觉的程度。实现了"自爱"与"自敬",别人才会爱敬他,这样才有可能展开教化、治理等措施,进而实现社会大治的理想,所以扬雄把"自爱"与"自敬"称为仁、义的最高境界。扬雄在《法言》中反复申说了这一思想,他在《孝至》篇又说:"天地之得,斯民也;斯民之得,一人也;一人之得,心矣。"② 司马光注云:"天地因人而成功,故天地之所以得其道者,在民也。民之所以得其道者,在君也。君之所以得其道者,在心也。"终点是天地,经由民、君,最后追溯到起点——心,这里的"心",突出的就是指其能"自治"或"自爱"之特点。

（三）吸取了孟子的义利观与民本思想

孟子的义利观及民本思想,经过贾谊、《淮南子》、司马迁、董仲舒等的阐扬,加之历史教训的反复证明,已经成为明君贤臣心中重要的治国理念,也常被正直之士挂在嘴边。这既是对当权派的一种警诫,也是一种期盼。扬雄也是如此,他说:"大人之学也,为道;小人之学也,为利。""是以君子贵迁善。迁善者,圣人之徒与!"③ 道与利是大人之学与小人之学的分界点,大人取道,小人取利。在面对民众时,又要让利、给利,所以扬雄说:"惠以厚下,民忘其死。"④ 对民众施以恩惠使他们富有,则民众就会为君王舍生忘死。这正是孟子的看法,孟子曾告诉梁惠王:"君行仁政,斯民亲其上,死其长矣。"（《孟子·梁惠王下》）又说:"以佚道使民,虽劳不怨。以生道杀民,虽死不怨杀者。"（《孟子·尽心上》）民众能做到"死其长"、"不怨杀",其前提是君王能行仁政,能为民行"佚道"、"生道"。

与孟子制民以恒产以及推恩于民的主张一致,扬雄也重视富民,反对与民争利。《法言·寡见》篇云:"或曰:'弘羊榷利而国用足,盖榷

①《法言义疏·君子》,第515页。
②《法言义疏·孝至》,第540页。
③《法言义疏·学行》,第31页。
④《法言义疏·寡见》,第241页。

诸？'曰：'譬诸父子，为其父而榷其子，纵利，如子何？卜式之云，不亦匡乎？'"① 桑弘羊与卜式的事迹见于《史记·平准书》。桑弘羊为治粟都尉时，采取盐铁朝廷专卖政策，为国家积累了大量财富。但卜式却认为这是与民争利，仁者不为，所以在当年天旱求雨时，卜式云："县官当食租衣税而已，今弘羊令吏坐市列肆，贩物求利。亨弘羊，天乃雨。"② 扬雄也反对桑弘羊的做法，认为国家与民争利，就如同父亲与儿子争利一样，所以要求"从政者审其思斁"③。所谓"思"，即"老人老，孤人孤，病者养，死者葬，男子亩，妇人桑之谓思"。所谓"斁"，即"若污人老，屈人孤，病者独，死者逋，田亩荒，杼轴空之谓斁"④。"思"其实就是孟子盛赞的"老吾老，以及人之老；幼吾幼，以及人之幼"（《孟子·梁惠王上》）等仁政，"斁"就是孟子极力批判的"庖有肥肉，厩有肥马，民有饥色，野有饿莩，此率兽而食人"，"彼夺其民时，使不得耕耨以养其父母，父母冻饿，兄弟妻子离散"（《孟子·梁惠王上》）等暴政。

（四）仁义礼智与仁义礼智信

扬雄第一次明确地把孟子的仁义礼智说与阴阳五行说联系起来。在公羊学派以及董仲舒那里，阴阳五行及其对应的五性——仁、义、礼、智、信就逐渐向孟子的仁、义、礼、智说靠拢，到扬雄时，就直接用孟子的观点来解释仁、义、礼、智、信了。《法言·修身》篇云：

> 或问"仁、义、礼、智、信之用"。曰："仁，宅也。义，路也。礼，服也。智，烛也。信，符也。处宅，由路，正服，明烛，执符，君子不动，动斯得矣。"⑤

在《太玄·玄数》篇，扬雄还提到木、金、火、水、土五行，与之相伴的有五性仁、义、礼、智、信，五情喜、怒、乐、悲、惧，并说"五行用事者王"⑥。这里又把仁、义、礼、智、信作为修身的五个范畴，并用孟子的"仁，人之安宅

---

① 《法言义疏·寡见》，第 241 页。
② 《史记》卷三十，第 1442 页。
③ 《法言义疏·先知》，第 286 页。
④ 《法言义疏·先知》，第 286 页。
⑤ 《法言义疏·修身》，第 92 页。
⑥ 扬雄撰，司马光集注，刘韶军点校：《太玄集注》，中华书局，1998 年，第 200 页。

也；义，人之正路也"（《孟子·离娄上》）的比喻来解释仁、义。这样，先有董仲舒把阴阳五行木、火、土、金、水与仁、智、信、义、礼相配，后有扬雄用孟子释仁、义的宅、路之喻来解释仁、义、礼、智、信中的仁、义，于是，孟子的仁、义、礼、智就与阴阳五行金、木、水、火、土，以及后来被班固称为五常的仁、义、礼、智、信相结合了①。董仲舒没有明确说明仁、义、礼、智、信与孟子的关系，扬雄明确提到的虽然也只有孟子的仁、义二者，但是他想把五常仁、义、礼、智、信纳入孟子思想体系中的意图是十分明显的。而且这个目的也的确达到了，因为后人在解释荀子《非十二子》篇的思孟五行说时，就毫不犹豫地称之五常：仁、义、礼、智、信②。这个错误的解释一直延续到竹帛《五行》篇出土之前，直到《五行》篇面世，人们才知道思孟五行的真面目——仁义礼智圣。可以说，这个误解与扬雄纳孟子仁义之说入阴阳五行及其五性——仁义礼智信有密切关联。

（五）盛赞孟子的"勇"

在《法言》直接提到孟子的几处文段中，有一处是较详尽分析其"勇"的，可视为对孟子"勇"的最新评价。其文云：

> 或问"勇"。曰："轲也。"曰："何轲也？"曰："轲也者，谓孟轲也。若荆轲，君子盗诸。"请问"孟轲之勇"。曰："勇于义而果于德，不以贫富、贵贱、死生动其心，于勇也，其庶乎！"③

扬雄的这段话，包含了这样几层含义。第一，区分了孟子之勇与荆轲之勇的不同。荆轲事迹见于《史记·刺客列传》，传言其"好读书击剑"，四处游走，至燕国，适逢燕国太子丹准备刺杀秦王，荆轲因被委以重任，"于是尊荆卿为上卿，舍上舍。太子日造门下，供太牢具，异物间进，车骑美女恣荆轲所欲，以顺适其意"④。司马贞《索隐》云："《燕丹子》曰'轲与太子游东宫池，轲拾瓦投鼋，太子捧金丸进之。又共乘千里马，轲曰"千里

---

① 《白虎通·性情》篇云："故人生而应八卦之体，得五气以为常，仁义礼智信也。"（陈立：《白虎通疏证》，中华书局，1994年，第382页）

② 如杨倞注解《荀子·非十二子》篇"五行"时云："五行，五常，仁义礼智信是也。"以后的相当长时间里，这个解释几乎成为定论，直至近代，章太炎、梁启超、范文澜、郭沫若等人才开始怀疑，而郭店竹简《五行》篇的出土，才彻底证明这个说法的错误。

③ 《法言义疏·渊骞》，第419页。

④ 《史记》卷八十六，第2531页。

马肝美",即杀马进肝。太子与樊将军置酒于华阳台,出美人能鼓琴,轲曰"好手也",断以玉盘盛之。轲曰"太子遇轲甚厚'"是也。"① 从这些记载可知,荆轲勇而无儒家之德,即扬雄说的"君子绝德,小人绝力"②,荆轲只是匹夫之勇,所以扬雄说君子只会称他为强盗③。孟子也曾举过"北宫黝之养勇"与"孟施舍之所养勇",他也认为这两人的勇都是匹夫之勇。所以扬雄认为孟子之勇与荆轲之勇有本质不同。

第二,孟子的勇以德义为核心。孟子在比较了孟施舍与曾子的养勇后,充分肯定了曾子"自反而不缩,虽褐宽博,吾不惴焉;自反而缩,虽千万人,吾往矣"(《孟子·公孙丑上》)的做法,因为曾子的养勇有"自反",即反思是否正义的含义。孟子养勇就是养浩然之气,其气"至大至刚,以直养而无害","配义与道","是集义所生者,非义袭而取之也"。他的浩然之气实质是一种道德之气,是以德义为核心的,所以公孙丑说孟子"过孟贲远矣"(《孟子·公孙丑上》),赵岐注云:"孟子勇于德。"正是有孟子的这种自我评价,扬雄才说他"勇于义而果于德"。"果"、"勇"如果没有德义为基础,则近不能御辱,远不能成为社稷之臣,所以他说"育、贲也,人畏其力,而侮其德"④,"绛侯勃之果,霍将军之勇,终之以礼乐,则可谓社稷之臣矣"⑤。

第三,孟子的勇表现为大丈夫气概。扬雄说孟子的勇是"不以贫富、贵贱、死生动其心",这正是孟子的大丈夫气概:"居天下之广居,立天下之正位,行天下之大道。得志与民由之,不得志独行其道。富贵不能淫,贫贱不能移,威武不能屈,此之谓大丈夫。"(《孟子·滕文公下》)朱熹注云:"广居,仁也。正位,礼也。大道,义也。"⑥可见,孟子的大丈夫气概又是以仁义礼作为支撑的,即扬雄说的德义。

孟子的勇,实质是对自己德行和学说的绝对自信,他相信"圣人与我

---

① 《史记》卷八十六"以顺适其意"句索隐,第 2532 页。

② 《法言义疏·渊骞》,第 418 页。

③ 司马迁评荆轲等刺客曰:"此其义或成或不成,然其立意较然,不欺其志,名垂后世,岂妄也哉!"(《史记》卷八十六,第 2538 页)扬雄等人是从儒家正统思想出发去评价他这一类人的,故有此贬低,司马迁能站在儒家思想之外去评价,故其评价较高。

④ 《法言义疏·渊骞》,第 491 页。

⑤ 《法言义疏·渊骞》,第 471 页。

⑥ 《四书章句集注·孟子集注》卷六,第 266 页。

同类者"，修德则"人皆可以为尧舜"，所以能"说大人则藐之，勿视其巍巍然"（《孟子·尽心下》）。可以说，扬雄把孟子的勇归结到德义，正是抓住了关键。

（六）其他孟学思想

在怎样评价儒者对治国的作用上，扬雄继承和发展了孟子的观点。淳于髡曾质问孟子说："鲁缪公之时，公仪子为政，子柳、子思为臣，鲁之削也滋甚。若是乎，贤者之无益于国也！"淳于髡根据鲁国的急剧衰落，认为贤人如子柳、子思对于国家也没有什么作用。孟子回答说："虞不用百里奚而亡，秦缪公用之而霸。不用贤则亡，削何可得与？"（《孟子·告子下》）孟子对儒者的作用加以充分肯定。当有人也据此而问扬雄"鲁用儒而削，何也"这同一历史事件时，扬雄云："鲁不用儒也。昔在姬公用于周，而四海皇皇，奠枕于京。孔子用于鲁，齐人章章，归其侵疆。鲁不用真儒故也。如用真儒，无敌于天下，安得削？"[1] 在扬雄看来，孟子称赞的贤人子柳、子思还不是真正的儒者，只有像周公、孔子那样的真儒对国家治理才有作用。扬雄似乎是把儒者分为一般儒者与真儒，一般儒者可能就是《汉书·艺文志》所说的"游文于六经之中，留意于仁义之际，祖述尧舜，宪章文武，宗师仲尼以重其言"[2]。而真儒是能把儒家治国思想与政治实践完美结合起来的圣人，强调的是儒学与儒术的结合。扬雄的真儒已经具有了汉代儒家的鲜明特征，而与孟子时代及之前的儒者有了很大的不同。

对孟子"五百年必有王者兴，其间必有名世者"（《孟子·公孙丑下》）的看法，扬雄加以否定，他说："尧、舜、禹，君臣也而并；文、武、周公，父子也而处。汤、孔子数百岁而生。因往以推来，虽千一不可知也。"[3] 他认为，如果根据以往来推测未来，那么尧、舜、禹以及文、武、周公相继出现，说明圣王出现无须五百年，甚至可以一年就出现一个；如果从禹到汤，从周公到孔子，其间虽有数百年，但是，如从汤到孔子推算，其间却可以说相隔了千年。孟子五百年之说，主要是为自己认为的应该出

---

① 《法言义疏·寡见》，第 235 页。
② 《汉书》卷三十，第 1728 页。
③ 《法言义疏·五百》，第 247 页。

现圣人的说法找一个历史之依据,但因其仅从历史的一个角度去考察,故得出了如此结论。而扬雄的着眼点不同,他是从纯历史现象出发,从多个角度去考察,因而认为孟子总结的历史规律不合理。

另外,扬雄对孟子的赋税思想也有涉及,如他说:"什一,天下之中正也。多则桀,寡则貉。"孟子也说:"夏后氏五十而贡,殷人七十而助,周人百亩而彻,其实皆什一也。"(《孟子·滕文公上》)"欲轻之于尧舜之道者,大貉小貉也;欲重之于尧舜之道者,大桀小桀也。"(《孟子·告子下》)

纵观孟子之后至于西汉末期近三百年历史,可以说,扬雄是第一个用心推崇孟子的学者。韩愈说"因雄书而孟氏益尊"[①],这是实情。"扬雄在汉代褒扬孟子,这在儒学史上意义重大,因为汉代盛行的儒家经学侧重知识论,更多地继承了先秦荀子的风格,而对以孟子为代表的儒家道德性命之学重视不够。"[②]董仲舒等人更是把儒学改造成了一种工具性的治国之术,完全弱化了孔孟成人成德的内圣精神。扬雄对孔孟的推崇及对其思想的阐发,使先秦原始儒学在汉代得到了一定程度的发扬。

二、王充对孟子的褒与贬

王充有强烈的批判精神,随时准备怀疑一切。他眼里没有永恒的经典,也没有全美的圣贤,他对汉代传统儒学、谶纬说等都抱怀疑态度,并进行了全面的批评。虽然他的许多批评并不彻底,也没有多少系统性可言,而且有的还互相矛盾,但他反传统和开风气之先的色彩还是十分明显的。就对孟子学说而言,如果说扬雄还是站在西汉学术传统中看孟子学说的人,那么王充则是试图站在传统之外看孟子学说并发现了一些新问题的人。王充批评圣贤,针对儒家的代表性人物孔子、孟子,撰有《问孔》《刺孟》篇,指出了他们的疏漏和不足。当然,他的批评并非是要否定孔、孟,而是为了消解人们盲目的崇圣心理,进而希望建立客观的评价标准。

(一)批评孟子的天命观

王充的性命说或者命定论与孟子的天命观有不小差距,因而对孟子

①《韩愈文集汇校笺注》第一册,第 111 页。
②张立文主编:《中国学术通史》(秦汉卷),人民出版社,2004 年,第 277 页。

的天命观主要持否定态度。但是，王充的批评是以肯定孟子承认命的存在为前提的，他说："孔子曰：'死生有命，富贵在天。'鲁平公欲见孟子，嬖人臧仓毁孟子而止。孟子曰：'天也！'孔子圣人，孟子贤者，诲人安道，不失是非，称言命者，有命审也。"①把孔孟称命看作命存在的根据。又说："公伯寮诉子路于季孙，孔子称命。鲁人臧仓谗孟子于平公，孟子言天。道未当行，与谗相遇；天未与己，恶人用口。故孔子称命，不怨公伯寮；孟子言天，不尤臧仓，诚知时命当自然也。"②王充认为，孔子言命，孟子言天，他们都把每个时段的命看成理所当然的存在。

　　但是，在涉及天命发生作用的机制和内容时，王充又对孟子的天命观进行了激烈的批评。他首先批评孟子"五百年必有王者兴"的说法是"不知天"。在他看来，既然孟子说五百年期限到了，但"天未欲平治天下"而未降生圣王，那么"五百年必有王者兴"之说就是错误的，而"孟子犹信之"，故"孟子不知天也"③。接着，王充又批评了孟子谈命与正命的话。孟子曰："莫非天命也，顺受其正。是故知命者，不立乎岩墙之下。尽其道而死者，为正命也；桎梏而死者，非天命也。"④针对这段话，王充批评说：

　　　　夫孟子之言，是谓人无触值之命也。顺操行者得正命，妄行苟为得非正〔命〕，是天命于操行也。夫子不王，颜渊早夭，子夏失明，伯牛为疠。四者行不顺与？何以不受正命？比干剖，子胥烹，子路菹，天下极戮，非徒桎梏也。必以桎梏效非正命，则比干、子胥行不顺也。人禀性命，或当压溺兵烧，虽或慎操修行，其何益哉？窦广国与百人俱卧积炭之下，炭崩，百人皆死，广国独济，命当封侯也。积炭与岩墙何以异？命不〔当〕压，虽岩崩，有广国之命者，犹将脱免。行，或使之，止，或尼之。命当压，犹或使之立于墙下。孔甲所入主人〔之〕子，天命当贱，虽载入宫，犹为守者。不立岩墙之下，与孔甲

---

① 《论衡校释·命禄》，第 23—24 页。
② 《论衡校释·偶会》，第 106 页。
③ 《论衡校释·刺孟》，第 459 页。
④ 王充所引与《孟子》略有出入，"莫非天命也"，《孟子》无"天"字。"非天命也"，《孟子》为"非正命也"。

载子入宫,同一实也。①

孟子把人是否得天命之正与其操行联系起来,操行好就得正命,并列举"尽其道而死"与"桎梏而死者"作为两者的代表。而王充批评孟子这是不知天命,他认为人有"触值之命",即《命义》篇说的"遭命",所以孔子、颜渊、子夏、伯牛虽有好的操行,但遭遇不测,未得正命,比干等人也有好的操行,却遭受酷刑,也未得正命。王充认为"人禀性命,或当压溺兵烧,虽或慎操修行,其何益哉"? 就是说,人的生命和决定人的生死寿夭及富贵贫贱的命都是人偶然承受气时形成的,人命中注定要面对诸如物压、水溺、兵杀、火烧等灾难,至于能否得正命,与是否谨慎、修行无关。所以他说:"凡人遇偶及遭累害,皆由命也。有死生寿夭之命,亦有贵贱贫富之命。自王公逮庶人,圣贤及下愚,凡有首目之类,含血之属,莫不有命。命当贫贱,虽富贵之,犹涉祸患矣;命当富贵,虽贫贱之,犹逢福善矣。"②"禄命有贫富,知不能丰杀;性命有贵贱,才不能进退。"③又说:"命当夭折,虽禀异行,终不得长;禄当贫贱,虽有善性,终不得遂。"④ 王充所说的决定"命当贫贱"、"命当富贵"、"命当夭折"的"当"背后的力量,不是孟子所说的神秘的天命,而是一个人所秉持的宇宙间的气的厚薄,所谓"禀寿夭之命,以气多少为主性"⑤,"非天有长短之命,而人各有禀气也"⑥。这种气又称为元气,"人之善恶,共一元气,气有少多,故性有贤愚"⑦。在王充看来,人的命是由人胚胎形成之时所禀受元气之多少决定的,但是禀受气之多少,人又无法控制,这才是天命。所以颜渊早夭与比干剖心的命,在禀受气之时就已经注定,并非后天的操行或者处岩墙下的结果。

当然,王充对孟子的批评也不够客观,因为他所说的命和正命与孟子说的命与正命不完全一致。王充说的命主要是一种好与不好的具体

---

① 《论衡校释·刺孟》,第 467—468 页。
② 《论衡校释·命禄》,第 20 页。
③ 《论衡校释·命禄》,第 22 页。
④ 《论衡校释·命义》,第 46 页。
⑤ 《论衡校释·气寿》,第 29 页。
⑥ 《论衡校释·气寿》,第 30 页。
⑦ 《论衡校释·率性》,第 81 页。

的命运,或者寿命,所以他说命时多言贫富寿夭。他说的正命即指长的寿命,所以说"正命者,至百而死。随命者,五十而死。遭命者,初禀气时遭凶恶也,谓妊娠之时遭得恶〔物〕也,或遭雷雨之变,长大夭死"①。而孟子所说的命主要是指在冥冥之中存在的超越性力量,或者叫做天命,所以他说:"君子行法,以俟命而已矣。"(《孟子·尽心下》)孟子所说的正命则是一种道德意义上的命,所以他说"莫非命也,顺受其正。……尽其道而死者,为正命也"。孟子讲的是一种修身的工夫或者心态,而不是对贫富寿夭的表述和担忧。在孟子看来,颜渊早死、比干剖心也算正命,因为他们坚守了道义,所以他说"夭寿不贰,修身以俟之,所以立命也"(《孟子·尽心上》),这近于司马迁说的"人固有一死,死有重于泰山,或轻于鸿毛,用之所趋异也"②。

经过王充的批评和分析,在孟子那里决定人能否得正命的天,到王充这里变为了气,前者为超越性的力量,后者为有形的气。这样,王充就把孟子所讲的高高在上的虚幻的超越性的天命,转化为了人略可把握的自然之气,这个气是宇宙间的存在,也有人不可抗拒的力量。如果说孟子的天命还有一种形上的超越性神秘力量,那么王充的天命已经是一种形下的不再神秘但仍无法控制的力量了。

(二)批评孟子的人性论

王充提到的人性,主要有物质性生命的含义和道德属性的含义两种,前者如"死生者,无象在天,以性为主"③,后者如"论人之性,定有善有恶"④。这里分析的人性,主要是指后者。在《本性》篇中,王充集中阐述了他对人性的看法,他梳理了人性论的发展史,并逐一批评了世硕、孟子、告子、荀子、陆贾、董仲舒、刘向等人的人性论,最后提出了自己的观点。

王充批评了孟子"人性皆善,及其不善,物乱之也"⑤说。首先,他论证了"人性皆善"不合实情,其论据有二:一是"纣为孩子之时,微子睹

---

① 《论衡校释·命义》,第52—53页。
② 司马迁:《报任安书》,见《汉书》卷六十二,第2732页。
③ 《论衡校释·命义》,第46页。
④ 《论衡校释·率性》,第68页。
⑤ 《论衡校释·本性》,第133页。本段所引皆出此篇。

其不善之性,性恶不出众庶,长大为乱不变",纣在孩子之时,微子就看到了他的不善。二是"羊舌食我初生之时,叔姬视之,及堂,闻其啼声而还,曰:'其声,豺狼之声也,野心无亲。非是莫灭羊舌氏。'"羊舌食我刚生下来,叔姬就知道他不善,羊舌族会因他而灭,最后得以印证。因此王充说:"纣之恶,在孩子之时,食我之乱,见始生之声。孩子始生,未与物接,谁令悖者?"可见,人初生时就有不善的。其次,王充也不同意"及其不善,物乱之"的观点。他以尧之子丹朱和舜之子商均为例,说当时民德淳厚,百姓"必多善矣",二帝身边之人,"必多贤也","然而丹朱傲,商均虐,并失帝统,历世为戒",如果人性先天都是善的,那么一直处于良好环境中的丹朱和商均也就应该变善,但事实却并非如此。可见,人性原本就有不善的。最后,王充还反对孟子"相人眸子焉,心清而眸子瞭,心浊而眸子眊"的说法。他认为眼珠的明亮与浑浊是"禀之于天,不同气"的结果,并非是在小孩时明亮,而长大后受外界影响才变得浑浊的。据以上三个方面,王充总结说:"性本自然,善恶有质。孟子之言情性,未为实也。"王充的批评是建立在历史事件基础之上的,虽看似有理有据,但这却是从经验出发,没有完全理解孟子言性善的根本性目的。

　　孟子有时又把人性说成是"情"或者"才",他说:"乃若其情,则可以为善矣,乃所谓善也。若夫为不善,非才之罪也。"(《孟子·告子上》)后来荀子、董仲舒论人性也言及"情",虽然与性也为一体,但已非孟子原意。荀子云:"性者,天之就也;情者,性之质也;欲者,情之应也。"① "情"为性之本质,已然为恶。董仲舒云:"故倡而民和之,动而民随之,是知引其天性所好,而压其情之所憎者也。"② "质朴之谓性,性非教化不成;人欲之谓情,情非度制不节。"③虽未直言情恶,但情与欲同,需要节制,故情为性中的恶质。王充人性论近于董仲舒、扬雄,也是对孟子、荀子人性论的折中。但在对"情"的看法上,近于孟子,又吸收了荀子、董仲舒的说法。他说:

---

① 《荀子集解·正名》,第 428 页。
② 《春秋繁露义证·正贯》,第 143 页。
③ 《汉书》卷五十六,第 2515 页。荀子与董仲舒说,具体可参见本书第一编第三章第三节,第二编第六章第二节的有关内容。

人情有不教而自善者，有教而终不善者矣，天性，犹命也。①

同孟子一样，王充认为人情与人性是同一的，"人情"就是"天性"。但与孟子人情为善的看法不同，他认为"人情"有善有恶，善者不教自善，不善者虽教而不可为善。虽教而不可为善者，就是王充在《本性》篇说的"中人以下者"。因为情、性等同，所以王充常常把二者合而言之，"情性者，人治之本，礼乐所由生也。故原情性之极，礼为之防，乐为之节"，"自孟子以下，至刘子政，鸿儒博生，闻见多矣，然而论情性竟无定是"②。在他看来，孟子言人性，就是言情性。为此，他还批评了董仲舒把性与情分而言之的做法，他说："（董仲舒说）'天之大经，一阴一阳；人之大经，一情一性。性生于阳，情生于阴。阴气鄙，阳气仁。曰性善者，是见其阳也；谓恶者，是见其阴者也。'若仲舒之言，谓孟子见其阳，孙卿见其阴也。处二家各有见，可也；不处人情性有善有恶，未也。夫人情性，同生于阴阳，其生于阴阳，有渥有泊。玉生于石，有纯有驳；性情〔生〕于阴阳，安能纯善？仲舒之言，未能得实。"③王充虽然不赞同董仲舒性生于阳、情生于阴的说法，但在这里又承认性与情为二，不是一，而且还说"故夫学者所以反情治性，尽材成德也"④，这又倾向于把情视为恶，近于孟子、荀子说的先天之欲。所以王充又常把情与欲合称："草木之生何情欲？而春生秋死乎？夫草木无欲，寿不逾岁；人多情欲，寿至于百。此无情欲者反夭，有情欲者寿也。"⑤情欲的重点是欲，侧重于恶的方面。

另外，王充也把"才"与性合言，他说："故夫临事知愚，操行清浊，性与才也；仕宦贵贱，治产贫富，命与时也。"⑥智愚和品行属于性，贵贱与贫富属于命。性又称为"才"，所以他又说："操行有常贤，仕宦无常遇。贤不贤，才也；遇不遇，时也。"⑦把"才"与"时"对，可见这里的"才"就是性。从才、性一致的角度说，王充借鉴了孟子的观点，但是他却赋予了

① 《论衡校释·命禄》，第 26 页。
② 《论衡校释·本性》，第 132、141 页。
③ 《论衡校释·本性》，第 139—140 页。
④ 《论衡校释·量知》，第 546 页。
⑤ 《论衡校释·道虚》，第 334—335 页。
⑥ 《论衡校释·命禄》，第 20 页。
⑦ 《论衡校释·逢遇》，第 1 页。

才、性不同的内涵，他所说的"才"或者性，主要是指才能与操行。所以"可知王充论及'性'时，所取之词义是'才性'，非'心性'。换言之，并非指'自由意志'或'德性我'而言，乃指禀赋才能而言。"① 而且，王充的才、性一致论在《论衡》中并未一以贯之，他在《本性》篇中又说："实者，人性有善有恶，犹人才有高有下也。高不可下，下不可高。谓性无善恶，是谓人才无高下也。"人性与善恶相对，人才与高下相对。这种才、性二分说与孟子的才性合一观又相去甚远了。

王充还发挥了孟子对性、命关系的看法。孟子曰："求则得之，舍则失之，是求有益于得也，求在我者也。求之有道，得之有命，是求无益于得也，求在外者也。"（《孟子·尽心上》）孟子认为人天生有善端，通过扩充、反思等途径就可以实现善性，而富贵乃身外之物，得失定于天命，故主体只需尽人事（尽心或者尽性）而待天命，即所谓尽心知性则知天。孟子的本意在于劝勉人要扩充内心善端，重视德行修养，不因看重富贵得失而影响了心性。王充对此评价说：

> 夫性与命异，或性善而命凶，或性恶而命吉。操行善恶者，性也；祸福吉凶者，命也。或行善而得祸，是性善而命凶；或行恶而得福，是性恶而命吉也。性自有善恶，命自有吉凶。使命吉之人，虽不行善，未必无福；凶命之人，虽勉操行，未必无祸。孟子曰："求之有道，得之有命。"性善乃能求之，命善乃能得之。性善命凶，求之不能得也。②

王充认为性是就德行的善恶而言，命是就祸福的吉凶而言，性与命没有对等的因果逻辑关系，这种性、命二分论与孟子是一致的。但是，与孟子侧重于人事的内自省即主观的努力不同，王充更加看重命之吉凶对性之善恶的决定作用。他说人的祸福不是由人性之善恶决定，而是决定于命之吉凶。不但如此，儒家看重的心性对人的调节作用，如不怨天尤人，在祸福吉凶面前似乎也没有作用，性善时人固然可以求得善性，但是后天的祸福吉凶却与此完全没有关系。王充这里既是对孟子话的解释，也是

---

① 劳思光：《新编中国哲学史》第二卷，第114页。
② 《论衡校释·命义》，第50—51页。

对性与命关系的补充。另外,孟子把命看成是天的意志,称之为天命。王充对此大加批判,认为天自然无为,没有什么天命可言,性与命都是人禀受元气的结果。此可见后文。

王充在批判前人人性论的基础上,提出了"三性"说。《论衡·命义》篇云:

> 此谓三命。亦有三性:有正,有随,有遭。正者,禀五常之性也;随者,随父母之性;遭者,遭得恶物象之故也。①

三性说,与贾谊的材性三分说有点类似,与董仲舒的性有三品说更为接近。"正性"就是指人性天生秉持仁义礼智信五常,天生为善者;"随性"是指人性善恶由父母之性决定,父母之性善则善,父母之性恶则恶;"遭性"是指天生为恶者。实际上,"正性"就是孟子说的善性,"遭性"就是荀子说的恶性,"随性"就是扬雄说的善恶混之性,或者董仲舒说的"中民之性"。可见,王充折中了孟子、荀子、扬雄的人性论,所以他又说:

> 实者,人性有善有恶,犹人才有高有下也,高不可下,下不可高……命有贵贱,性有善恶。谓性无善恶,是谓人命无贵贱也。九州田土之性,善恶不均。故有黄赤黑之别,上中下之差。……人禀天地之性,怀五常之气,或仁或义,性术乖也。……余固以孟轲言人性善者,中人以上者也;孙卿言人性恶者,中人以下者也;扬雄言人性善恶混者,中人也。若反经合道,则可以为教;尽性之理,则未也。②

王充以扬雄的善恶混之性作为中人之性,以此为界,以上者被归入孟子的人性善者,下者被归入荀子的人性恶者。"反经合道"即孟子的"反经"、"经正"(《孟子·尽心下》)之义。他认为,如果从"反经合道"的角度看,这三种人性论都可以成为教化的依据,但是就阐明人性的道理来看,这三种说法又还不够彻底,因为它们都只涉及人性的一方面,只有合而言之,方能得人性之实。王充的这种糅合,是以孔子的"中人以上可以语上也,中人以下不可以语上也",以及"性相近也,习相远也"、"惟上智与下愚不移"说为依据的,具有勉强调和的意味。

---

① 《论衡校释·命义》,第53页。
② 《论衡校释·本性》,第142—143页。

这种人性分三等的观点虽然从表面上消解了孟荀等人人性论的紧张，但它又与王充另外提出的"其恶者，故可教告率勉，使之为善，……恶则辅保禁防，令渐于善。善渐于恶，恶化于善，成为性行"①的善恶转化说相抵牾。他在《率性》中说：

> 人之性，善可变为恶，恶可变为善，犹此类也。蓬生麻间，不扶自直；白纱入缁，不练自黑。彼蓬之性不直，纱之质不黑，麻扶缁染，使之直黑。夫人之性犹蓬纱也，在所渐染而善恶变矣。②

"善可变为恶，恶可变为善"，这与他《本性》篇说的"高不可下，下不可高"相冲突，而纵观《论衡》全书，前者反而是他的主要观点。至于善恶转变的条件，王充特别突出了后天的环境与习染，"蓬生麻间，不扶自直；白纱入缁，不染自黑。此言所习善恶，变易质性也"③。并借鉴了孟子的一些看法。孟子说："富岁子弟多赖，凶岁子弟多暴，非天之降才尔殊也，其所以陷溺其心者然也。今夫麰麦，播种而耰之，其地同，树之时又同，浡然而生，至于日至之时，皆熟矣。虽有不同，则地有肥硗，雨露之养，人事之不齐也。"（《孟子·告子上》）孟子用土地"肥硗"对收成的影响，来喻证环境对善性的促进与阻碍作用，王充则用相同之喻，来说明环境、教化对人性实现善的影响，他说："夫肥沃墝埆，土地之本性也。肥而沃者性美，树稼丰茂；墝而埆者性恶，深耕细锄，厚加粪壤，勉致人功，以助地力，其树稼与彼肥沃者相似类也。"④ 如同墝埆之地只要勤于人功，也可有肥沃之地的产出一样，本恶之性也可通过后天的习染而变善。所以王充充分肯定了孟母三迁，说"迫近君子，而仁义之道数加于身，孟母之徙宅，盖得其验"⑤。他还说，之所以"圣主"与"恶主"的民众有差异，就因为"在化不在性也"⑥，本性如何并不是最重要的，教化才是关键，所谓"性非皆恶，所习为者，违圣教也"⑦，"圣 ⑧ 教威德，变易性也。不患性恶，患其不

---

① 《论衡校释·率性》，第 68 页。
② 《论衡校释·率性》，第 70—71 页。
③ 《论衡校释·程材》，第 545 页。
④ 《论衡校释·率性》，第 73 页。
⑤ 《论衡校释·率性》，第 82 页。
⑥ 《论衡校释·率性》，第 72 页。
⑦ 《论衡校释·程材》，第 545 页。
⑧ 原无"圣"字，据黄晖《论衡校释》加。

服圣教"①,"由此言之,亦在于教,不独在性也"②。因此王充引用孟子评价伯夷、柳下惠的话说:"闻伯夷之风者,贪夫廉而懦夫有立志;闻柳下惠之风者,薄夫敦而鄙夫宽。徒闻风名,犹或变节,况亲接形面相敦告乎?"③这话在《率性》《非韩》《知实》等篇被反复称引,可见他对孟子观点的充分肯定。对于圣贤教化的神奇效果,王充也用孟子的话加以描述:"贤君之立,偶在当治之世,德自明于上,民自善于下,世平民安,瑞佑并至,世则谓之贤君所致。"④这是化用了孟子的话:"王者之民,皥皥如也。杀之而不怨,利之而不庸,民日迁善而不知为之者。夫君子所过者化,所存者神,上下与天地同流。"(《孟子·告子上》)

因此可以说,王充对教化作用的充分肯定,又与他赞同的"上智与下愚不移"说以及人性有上中下三等分说相矛盾。

王充还认为人的"性"是人胚胎于母体时承受了不同的气而形成的,人性的善恶源于气的厚薄,"禀气有厚泊,故性有善恶也"⑤,气厚则性善,气薄则性恶。这种气又被称为"元气"或者"精气",它只有厚薄之分,其本身没有善恶或清浊之别,所以他说"人之善恶,共一元气,气有少多,故性有贤愚"⑥,这种"元气"不会随世变化,"上世之天,下世之天也。天不变易,气不改更。上世之民,下世之民也,俱禀元气。元气纯和,古今不异"⑦。在王充看来,人的寿夭富贵之命、善恶之性,乃至天地万物,都是由气生成,"天地合气,万物自生"⑧。王充说的气与孟子说的"夜气"、"平旦之气"有关联。孟子说的两种气实际上就是人心底的善端,是人与禽兽的那么一点点区别,这种气,"苟得其养,无物不长;苟失其养,无物不消"(《孟子·告子下》),得其养则可为"浩然之气",成就仁义礼智之

---

① 《论衡校释·率性》,第80页。
② 《论衡校释·率性》,第82页。
③ 《论衡校释·率性》,第72页。这话孟子说过两次,《万章下》是分开来说,《尽心下》孟子曰:"圣人,百世之师也,伯夷、柳下惠是也。故闻伯夷之风者,顽夫廉,懦夫有立志;闻柳下惠之风者,薄夫敦,鄙夫宽。奋乎百世之上,百世之下,闻者莫不兴起也。非圣人而能若是乎?而况于亲炙之者乎?"
④ 《论衡校释·治期》,第774页。
⑤ 《论衡校释·率性》,第80页。
⑥ 《论衡校释·率性》,第81页。
⑦ 《论衡校释·齐世》,第803页。
⑧ 《论衡校释·自然》,第775页

德,失其养则为禽兽。牟宗三先生曾批评王充对孟子性善说的评价,他说,王充"以'孟轲言人性善者,中人以上者也'。不知孟子言性并不自'气'言,故其所言之性亦非气性。……其言善即是此'道德心性当身'之善,并非气性之倾向也",而王充"将孟子所言之'道德心性当身'之性拉于'自然之质'之气性中以排列之,谬之甚矣"[1]。虽然孟子的人性论不是气性论,但是他的夜气、平旦之气说还是为后来的气性论提供了契机,《五行》说文的仁气、义气、礼气说,董仲舒的"仁、贪之气"[2]说,扬雄的"气也者,所以适善恶之马也"[3]说,再就是王充的"元气"、"精气"说,这些都应与孟子一脉相通。

（三）批评孟子的义利观

王充《刺孟》篇集中批评了孟子处理义利关系的思想。他主要是通过孟子的几件事来展开批评的。第一,批评孟子回答梁惠王的义利说。他说:

> 夫利有二:有货财之利,有安吉之利。惠王曰:"何以利吾国?"何以知不欲安吉之利,而孟子径难以货财之利也?《易》曰:"利见大人。""利涉大川。"《乾》,元亨利贞。《尚书》曰:"黎民亦尚有利哉?"皆安吉之利也。行仁义,得安吉之利。孟子不且语[4]问惠王:"何谓'利吾国'?"惠王言货财之利,乃可答若设。令[5]惠王之问未知何趣,孟子径答以货财之利。如惠王实问货财,孟子无以验效也;如问安吉之利,而孟子答以货财之利,失对上之指,违道理之实也。[6]

王充把利分为货财之利与安吉之利,前者为不义之财,后者是合仁义之财,只有行仁义方可得之,所以他充分肯定了安吉之利,并引《易》与《尚书》加以证明。王充认为,既然利有此两种,那么孟子就不应该断然否定梁惠王的求利之问,只有弄清了梁惠王所问何利,才能针对性地作答,如

---

① 牟宗三:《才性与玄理》,台北学生书局,1993年,第26页。
② 《春秋繁露义证·深察名号》,第294页。
③ 《法言义疏·修身》,第85页。
④ 孙诒让曰:"不"疑当作"必"。"语",余允文《尊孟辩》引作"诘"。见《刺孟》篇黄晖注引。
⑤ 黄晖云:"令"当作"今",形讹。
⑥ 《论衡校释·刺孟》,第450—451页。

若不然,则是失却"验效"与"对上之指"。

第二,批评孟子拒绝领取应得赏赐的做法。齐宣王曾"欲中国而授孟子室,养弟子以万钟,使诸大夫、国人皆有所矜式",但是孟子说"如使予欲富,辞十万而受万,是为欲富乎"(《孟子·公孙丑下》)? 因而拒绝。王充对此评价说:

> 夫孟子辞十万,失谦让之理也。夫富贵者,人之所欲也,不以其道得之,不居也。故君子之于爵禄也,有所辞,有所不辞,岂以己不贪富贵之故,而以距逆宜当受之赐乎? ①

他批评孟子因谦让而辞掉十万俸禄的行为是失理。因为他认为"行仁义,得安吉之利",以道求富贵是应该的,只有不以道而得富贵,才应辞掉,孟子仅以不贪富而不受应得之赏赐,所以说是失理。王充还批评了孟子在接受齐、宋、薛三国馈金时的不同态度②。他说:"夫金归,或受或不受,皆有故,非受之时己贪,当不受之时己不贪也。金有受不受之义,而室亦宜有受不受之理。今不曰'己无功',若'已致仕,受室非理',而曰'己不贪富贵',引前辞十万以况后万。前当受十万之多,安得辞之?"③王充认为,是否接受馈金或者房屋,只与是否合理义有关,与贪与不贪无涉。孟子不说自己无功而不受或者无官爵而不受,却说自己是不贪富,这就有自我标榜之嫌,并非真正理解义利关系。

(四)批评孟子的其他言行

第一,批评孟子知言之失而不劝的行为。王充批评了孟子自以为"知言",却不能对沈同的失言加以指正。《孟子·公孙丑下》记载,齐国大夫沈同曾问孟子,燕国是否可以讨伐,孟子只是说燕王私自禅让国家,所以可以讨伐。当齐伐燕后,有人说孟子劝齐王伐燕,孟子否认,说自己只是说可以讨伐,如果沈同再问谁可以讨伐燕国,他就会说只有天子才可以,现在是无道之齐国讨伐无道之燕国,所以他不会鼓动伐燕④。对此,王充批评说:

---

① 《论衡校释·刺孟》,第 451 页。
② 事见《孟子·公孙丑下》第三章,也见于《论衡校释·刺孟》,第 451—452 页。
③ 《论衡校释·刺孟》,第 452—453 页。
④ 见《孟子·公孙丑下》第八章,也见于《论衡校释·刺孟》,第 453—454 页。

夫或问孟子劝王伐燕,不诚是乎? 沈同问燕可伐与? 此挟私
意,欲自伐之也。知其意慊于是,宜曰:"燕虽可伐,须为天吏,乃可
以伐之。"沈同意绝,则无伐燕之计矣。不知有此私意而径应之,不
省其语,是不知言也。公孙丑问曰:"敢问夫子恶乎长?"孟子曰:"我
知言。"……孟子知言者也,又知言之所起之祸,其极所致之害①,见
彼之问,则知其措辞所欲之矣,知其所之,则知其极所当害矣。②

王充认为,沈同的询问显然是"挟私意"之问,本已有讨伐之心,如果孟
子真"知言",则应看出他的真实想法,并应以天子才可讨伐加以劝阻,断
绝沈同之意。然而孟子却没有看出这一点而直接应承说可以,这显然又
是"不知言"。孟子又说自己擅长"知言",能知道言辞可能产生的灾祸,
以及它最终会导致的危害。在王充看来,如果孟子知言而不阻止危害,
这是不对的,如果不知言而强说知言,这也是不对的。

第二,批评孟子言行"终始不一"。据《孟子》载,在齐宣王时,孟子
因不能被任用而要离开齐国,但他却恋恋不舍,在昼住了三天,希望能等
到齐宣王回心转意,最后才失望地离开。王充认为,孟子先前对齐宣王
是避而不见,"轻之疾"也,后宣王不能用其言,他又如此留念宣王,希望
宣王能接见他,又"重之甚也"。故王充刺之曰:"何孟子之操前后不同?
所以为王,终始不一也?"③ 在王充看来,孟子非但在见君王与不见君王
上"终始不一",而且他在解释能否见到君王的原因上,也是如此。之前
鲁平公欲见孟子却被臧仓阻止,他归之于天,说"行,或使之;止,或尼
之。行、止非人所能也。予之不遇鲁侯,天也"④。现在不被齐宣王接见,
又归之于齐宣王的态度,所以王充批评他说:"前不遇于鲁,后不遇于齐,
无以异也。前归之天,今则归之于王,孟子论称,竟何定哉?"⑤ 另外,王
充还认为,孟子离开鲁国与离开齐国的态度不同,他自己的解释也前后
不一,"在鲁则归之于天,绝意无冀;在齐则归之于王,庶几有望。夫如

---

① "害"原作"福",据黄晖《论衡校释》改。
②《论衡校释·刺孟》,第 454—455 页。
③《论衡校释·刺孟》,第 455—456 页。
④《论衡校释·刺孟》,第 456 页。
⑤《论衡校释·刺孟》,第 456 页。

是,不遇之议,一在人也"①。孟子以为不遇鲁侯是天意,所以断然离开,不遇齐王乃因齐王之故,所以还存有一线希望。王充则批评孟子说,不见鲁侯是天命,不见齐王也应该是天命,天命不会在三日之内为孟子而易。而且,如果鲁侯在三日之内改变主意接见孟子,那么"孟子奈前言何乎"②?即该怎样解释自己的天命说呢?经过王充的层层解释,最后归结为:孟子"不遇之议,一在人也"③。就是说,孟子的解释全在于他个人,自己爱怎么说就怎么说了,毫无标准可言。

第三,批评孟子"论不实事考验",称其为"俗儒"。齐宣王不能用孟子,孟子住三日后不得已离开齐国,面有不高兴之色,其弟子问及原因,他说了"五百年有王者兴"、"夫天未欲平治天下乎? 如欲平治天下,当今之世,舍我而谁也"④的话。对此,王充批评道:

> 夫孟子言"五百年有王者兴",何以见乎? 帝喾王者,而尧又王天下;尧传于舜,舜又王天下;舜传于禹,禹又王天下。四圣之王天下也,继踵而兴。禹至汤且千岁,汤至周亦然。……由周至孟子之时,又七百岁而无王者。五百岁必有王者之验,在何世乎? 云"五百岁必有王者",谁所言乎? 论不实事考验,信浮淫之语,不遇去齐,有不豫之色,非孟子之贤效,与俗儒无殊之验也。⑤

王充从帝喾下推,认为与尧舜禹相继为圣王,无须五百年,而禹至汤、汤至周文王又上千年,周至孟子也是七百年没有圣王,可见五百年之说没有依据。之前的扬雄对孟子也有类似的批评:"尧、舜、禹,君臣也而并;文、武、周公,父子也而处。汤、孔子数百岁而生。因往以推来,虽千一不可知也。"⑥因无验证,故王充把孟子五百年出圣人之论说成是"浮淫之语",而孟子在齐国不遇就面露"不豫之色",这非但不是孟子贤明的表现,反而是他与"俗儒"无区别的证明。

王充还批评了孟子"天故生圣人"说,斥其为"不知天"。他认为,

①《论衡校释·刺孟》,第457页。
②《论衡校释·刺孟》,第457页。
③《论衡校释·刺孟》,第457页。
④《论衡校释·刺孟》,第457—458页,也见于《孟子·公孙丑下》第十三章。
⑤《论衡校释·刺孟》,第458页。
⑥《法言义疏·五百》,第247页。

孟子说五百年是圣人产生的期限,但又说可能是天不想平治天下吧,如若不然,怎么到时间了还没有圣人产生呢? 没有圣人产生,正说明"圣王非其期故不生",不是以五百年为期限,所以说孟子"不知天"①。如果孟子"知天",那么孟子就该知道"己命不当平治天下"而泰然处之,但是孟子却"不浩然安之于齐,怀恨有不豫之色,失之矣"②。王充还批评了孟子其他一些说法的逻辑。如孟子说:"自周已来,七百余岁矣。以其数则过矣,以其时考之,则可矣。"③ 王充认为年数就是时间数,孟子既说七百年已经超过了出现圣王的年数,却又说七百年正是可以出现圣王的时间数,这不是矛盾吗? 他又指出,孟子"五百年必有王者兴"说与"其间必有名世者"说相冲突。如果"王者"与"名世者"是同一回事,那么孟子"为再言之",即重复了一遍;如果不是同一回事,那么"名世者"是指哪些人? 如果是指圣臣,那么圣臣应该与圣王同时出现,只需说五百年即可,又怎么会说"其间"呢? 而如果说圣臣出现只是在五百年间,那么他与圣王又不能碰到一起,这样,"名世者"就无所指。

另外,王充还认为孟子对彭更、陈仲子的批评没有抓住要害④。他说"孟子之诘彭更也,未为尽之也。如彭更以孟子之言,可谓'御人以口给'矣"⑤。又说"孟子之非仲子也,不得仲子之短矣","仲子有大非,孟子非之,不能得也",因为"仲子之吐鹅也,耻食不合己志之物也,非负亲亲之恩,而欲勿母食也",陈仲子的大错误在于,他明知兄长俸禄不义,母亲做饭是用兄长之禄,而他去看望母亲时却不自带食物,而且还吃了兄长的俸禄。所以说没有抓住要害。王充还批评"孟子非之,是为太备矣",因为要达到孟子的要求,只有"鱼然后乃可。夫鱼处江海之中,食江海之土,海非盗所凿,土非盗所聚也"⑥。讽刺孟子过分的要求。

(五)对孟子的肯定

王充专作《刺孟》篇,对孟子进行了直接批评。但是在其他篇章中,

---

① 《论衡校释·刺孟》,第 459 页。
② 《论衡校释·刺孟》,第 460 页。
③ 《论衡校释·刺孟》,第 459 页,也见于《孟子·公孙丑下》第十三章。二者字句有些出入。
④ 孟子对彭更的批评可见《论衡校释·刺孟》,第 460—461 页,《孟子·滕文公下》第四章;孟子对陈仲子的批评可见《论衡校释·刺孟》,第 463—465 页,《孟子·滕文公下》第十章。
⑤ 《论衡校释·刺孟》,第 462—463 页。
⑥ 上引见《论衡校释·刺孟》,第 465—467 页。

他对孟子主要是持肯定态度。

第一,把孟子与孔子并称,赞扬孟子具有大才,是贤圣之臣。他说:"乡原之人,行全无阙,非之无举,刺之无刺也。此又孔子之所罪,孟轲之所愬也。""盖孔子所以忧心,孟轲所以惆怅也。"①"孔子称命,孟子言天,吉凶安危,不在于人。"②又说:"或以贤圣之臣,遭欲为治之君,而终有不遇,孔子、孟轲是也。孔子绝粮陈、蔡,孟轲困于齐、梁,非时君主不用善也,才下知浅,不能用大才也。"③"孔子圣人,孟子贤者,诲人安道,不失是非。"④又说:"孔子曰:'纣之不善,不若是之甚也,是以君子恶居下流,天下之恶皆归焉。'孟子曰:'吾于《武成》,取二、三策耳。以至仁伐不仁,如何其血之浮杵也?'若孔子言,殆沮浮杵;若孟子之言,近不血刃。浮杵过其实,不血刃亦失其正。一圣一贤,共论一纣,轻重殊称,多少异实。"⑤把孟子与孔子放在一起议论,称孔子是圣人,称孟子是贤者。视孟子为孔子之后第一人的看法已经很明显。

第二,赞扬孟子有鲜明的是非观。王充两次引用孟子批评乡原的话,赞同他的观点。一次是在《累害》篇,以此表明自己的"贤洁"。他说:"偶俗全身,则乡原也。乡原之人,行全无阙,非之无举,刺之无刺也。此又孔子之所罪,孟轲之所愬也。"⑥一次是在《定贤》篇,以此批驳当时辨别贤人的看法,肯定孟子为贤者。他说:"无一非者,可以为贤乎?是则乡原之人也。孟子曰:'非之,无举也;刺之,无刺也。同于流俗,合于污世,居之似忠信,行之似廉洁,众皆说之,自以为是,而不可与入尧、舜之道。故孔子曰:乡原,德之贼也。'"⑦孟子批评乡原违背了德行,所以王充在《知实》篇又说孟子是"实事之人"⑧。

第三,肯定孟子著书批驳杨、墨有维护儒家道义之功。他说:"民不

①《论衡校释·累害》,第13、14页。
②《论衡校释·自纪》,第1190页。
③《论衡校释·逢遇》,第2页。
④《论衡校释·命禄》,第24页。
⑤《论衡校释·语增》,第345页。
⑥《论衡校释·累害》,第13页。
⑦《论衡校释·定贤》,第1118—1119页。
⑧《论衡校释·知实》,第1095页。

文薄,《春秋》不作。杨、墨之学不乱传义 ①,则孟子之传不造。" ② 又说:
"是故《论衡》之造也,起众书并失实,虚妄之言胜真美也。故虚妄之语
不黜,则华文不见息;华文放流,则实事不见用。故《论衡》者,所以铨轻
重之言,立真伪之平,非苟调文饰辞,为奇伟之观也。……孟子伤杨、墨
之议大夺儒家之论,引平直之说,襃是抑非,世人以为好辩。孟子曰:'予
岂好辩哉? 予不得已!' 今吾不得已也! 虚妄显于真,实诚乱于伪,世人
不悟,是非不定,紫朱杂厕,瓦玉集糅,以情言之,岂吾心所能忍哉!" ③ 王
充肯定了孟子批驳杨、墨以维护儒家之说的行为,认为孟子的说法是"平
直之说",同孔子作《春秋》一样,有褒贬是非的作用。同时,王充也把自
己撰《论衡》等同于孟子好辩而著书,说自己也是"不得已",是为了指出
众书之失,阻止"虚妄之语"。

　　总之,王充虽然对汉代的传统儒学进行了全面的批评,对孔子、孟子
也逐一分析其疏漏,但是,对孔孟主要还是持肯定态度。

第六节　王符对孟子思想的吸收

　　王符处东汉中后期,《后汉书》本传曰:"王符字节信,安定临泾人
也。少好学,有志操,与马融、窦章、张衡、崔瑗等友善。安定俗鄙庶孽,
而符无外家,为乡人所贱。……而符独耿介不同于俗,以此遂不得升
进。志意蕴愤,乃隐居著书三十余篇,以讥当时失得,不欲章显其名,故
号曰《潜夫论》。" ④ 从所著三十六篇看,内容丰富,论及国家选人用人、行
政治国、富民边防等内外统治策略和时政弊端,同时还批评了当时不良
的社会风气。关于王符《潜夫论》的学术渊源,刘勰《文心雕龙》把它笼
统地归于诸子 ⑤;《隋书·经籍志》则把它明确归于诸子类的"儒家",说

----

① 刘盼遂案:"传"当为"儒"之误。
② 《论衡校释·对作》,第 1177 页。
③ 《论衡校释·对作》,第 1179 页。
④ 《后汉书》卷四十九,第 1630 页。
⑤ 《文心雕龙·诸子》:"若夫陆贾《新语》,贾谊《新书》,扬雄《法言》,刘向《说苑》,王符《潜
　夫》,崔寔《政论》,仲长《昌言》,杜夷《幽求》,咸叙经典,或明政术,或标论名,归乎诸子。"
　(《文心雕龙注释》,第 189—190 页)

这类书"大抵本于仁义及五常之道,黄帝、尧、舜、禹、汤、文、武,咸由此则"①,后来的史志也几乎都认定为儒家;宋代陈振孙《直斋书录解题》则归之于杂家;清人汪继培说:"其学折中孔子,而复涉猎于申、商刑名,韩子杂说,未为醇儒。"② 视其为儒家兼名、法家。总的说来,王符虽然吸收了多家思想,但儒家思想仍是其主流,所以他大量吸收《诗经》、《春秋》、《易》、《尚书》、《论语》等的观点。徐平章说:"王符《潜夫论》,史录皆云儒家,而异者或云杂家,或云法家,或云儒兼法家,或云儒兼道家,此数说者,要亦有可通之处也。盖此所谓儒,乃荀卿氏之儒,非孟轲之儒也。"③虽然孟子不是王符儒学思想的主要渊源,《潜夫论》也只有一处直接提到孟子,完整引用《孟子》文段的地方也不多,但是,他常通过引用《孟子》关键词,或者重组改写《孟子》语句的方式,对孟子的人性论、民本思想以及经典讨论话题进行了选择性的吸收和发挥。

一、对孟子性善论的选择性吸收

在人性论上,王符的观点更接近孔子的"性相近、习相远",只是他明确把相近之性确定为善与恶。他说:"否泰消息,阴阳不并,观其所聚,而兴衰之端可见也。稷、卨、皋陶聚而致雍熙,皇父、蹶、踽聚而致灾异。夫善恶之象,千里合符,百世累迹,性相近而习相远。是故贤愚在心,不在贵贱;信欺在性,不在亲疏。"④ 王符先对比历史上圣君贤相与昏君庸臣截然不同的治国效果,然后说善政与恶政从来都相似,最后用孔子的人性观来解释相似的原因,并进一步说明贤明、忠信之善性与愚昏、欺瞒之恶性,都存在于心性之中,与后天的贵贱、亲疏无关。类似的话在《潜夫论》中多次出现,如《论荣》篇:"由余生于五狄,越蒙产于八蛮,而功施齐、秦,德立诸夏,令名美誉,载于图书,至今不灭。张仪,中国之人也;卫鞅,康叔之孙也,而皆谗佞反覆,交乱四海。由斯观之,人之善恶,不必

---

① 魏征等撰:《隋书》卷三十四,中华书局,1973 年,第 999 页。
② 汪继培:《潜夫论笺·自序》,见王符著,汪继培笺,彭铎校正《潜夫论笺校正·附录》,中华书局,1985 年,第 487 页。
③ 徐平章:《王符〈潜夫论〉思想探微》,文津出版社,1932 年,第 39 页。
④ 《潜夫论笺校正·本政》,第 91 页。

世族;性之贤鄙,不必世俗。"①人性有善有恶,但与家族或者籍贯无关。
王符之所以反复强调这些观点,实与他自己的生平遭遇有关,也是在为
自己抱不平。他还明确表示有性恶之人,说:"今夫性恶之人,居家不孝
悌,出入不恭敬,轻薄慢傲,凶悍无辨,……此乃民之贼,下愚极恶之人
也。……由此观之,大恶之资,终不可化,虽岁赦之,适劝奸耳。"②性恶之
人多是极恶、大恶,教化无法改变。这近于韩非子的性恶论。

　　但当谈到性善时,王符又常以孟子的观点为基础。他明确宣扬孟子
"恻隐人皆有之"的观点。《潜夫论·明忠》篇云:

　　　　《诗》云:"我虽异事,及尔同僚。我即尔谋,听我嚣嚣。"夫恻隐
　　人皆有之,是故耳闻啼号之音,无不为之惨凄悲怀而伤心者;目见危
　　殆之事,无不为之灼怛惊而赴救之者。君臣义重,行路礼轻,过耳悟
　　目之交,未恩未德,非贤非贵,而犹若此,则又况于北面称臣被宠者
　　乎? 是故进忠扶危者,贤不肖之所共愿也。③

《明忠》篇主要讲君主的英明与臣下的忠诚之间的相互关系,本段话则
重在指出臣子在本性上是愿意尽忠的,为了说明这一观点,王符借鉴了
孟子有关性善的分析。"夫恻隐人皆有之",是孟子回答弟子公都子有关
"性善"质疑的话,原话是"恻隐之心,人皆有之;羞恶之心,人皆有之;恭
敬之心,人皆有之;是非之心,人皆有之"(《孟子·告子上》)。孟子认
为恻隐、羞恶、恭敬、是非之心人皆有之。但从后文来看,王符论证的内
容又主要借鉴了《孟子·公孙丑上》"人皆有不忍人之心"章:"孟子曰:
'所以谓人皆有不忍人之心者,今人乍见孺子将入于井,皆有怵惕恻隐之
心,非所以内交于孺子之父母也,非所以要誉于乡党朋友也,非恶其声
而然也。由是观之,无恻隐之心,非人也;无羞恶之心,非人也;无辞让
之心,非人也;无是非之心,非人也。'"(《孟子·公孙丑上》)王符引用
了孟子结论性的话,并补充描绘了孟子举的例子,"闻啼号之音,无不为
之惨凄悲怀而伤心者;目见危殆之事,无不为之灼怛惊而赴救之者",就
是对"今人乍见孺子将入于井,皆有怵惕恻隐之心"的补充描绘。孟子

---

① 《潜夫论笺校正·论荣》,第 36 页。
② 《潜夫论笺校正·述赦》,第 182—183 页。
③ 《潜夫论笺校正·明忠》,第 360—361 页。

举的"见孺子将入于井"的例子,王符把它概括为两种现象——"闻啼号之音"和"见危殆之事";孟子说的"怵惕恻隐之心",王符把它描述为"惨凄悲怀而伤心者"和"灼怛惊而赴救之者"。王符既吸收了孟子的观点,还借用了孟子的论证逻辑,就连后面接着说的"未恩未德,非贤非贵,而犹若此",也是孟子说的三个"非所以"句的逻辑。不同在于,王符重点不是讨论性善,而是证明臣子有尽忠的愿望。

受孟子四端说影响,王符提出四本说。孟子认为,人的"恻隐之心"、"羞恶之心"、"辞让之心"、"是非之心"四心,分别对应"仁之端"、"义之端"、"礼之端"、"智之端"四端,"人之有是四端也,犹其有四体也。有是四端而自谓不能者,自贼者也;谓其君不能者,贼其君者也。凡有四端于我者,知皆扩而充之矣,若火之始然,泉之始达。苟能充之,足以保四海;苟不充之,不足以事父母。"(《孟子·公孙丑上》)王符仿此提出四本说,论述逻辑也近孟子。《交际》篇说:

> 世有大难^①者四,而人莫之能行也,一曰恕,二曰平,三曰恭,四曰守。夫恕者仁之本也,平者义之本也,恭者礼之本也,守者信之本也。四者并立,四行乃具,四行具存,是谓真贤。四本不立,四行不成,四行无一,是谓小人。^②

王符认为,人应该遵行的根本性道德规范有四个,即所谓的"四本":恕(恕道)、平(公平)、恭(恭敬)、守(操守),它们分别是仁、义、礼、信的根本,后者谓之"四行",即四种品行。他进一步指出,人只有确立了四本,才能具备四行,四行都具备,才能叫做真贤人;反之,四本不确立,四行也不能养成,四行中一行都不具备,就叫小人。这与孟子的说法和论证逻辑基本一致:孟子从四心说到四端,再正反说明扩充与不扩充四端的结果,王符从四本说到四行,再正反说明具备与不具备四行的结果。而且王符对"恕"与"仁"、"恭"与"礼"两组关系的分析,也有孟子思想的痕迹,孟子说:"强恕而行,求仁莫近焉。"(《孟子·尽心上》)又说:"恭敬

---

① "难"字,四部丛刊本作"男",四库全书本作"勇",王谟本作"难"。张觉说:"此文之'男',也当指男子任道而言。'大男者'即指男子汉大丈夫有责任去实行的重大道德规范。"(张觉:《潜夫论校注》,岳麓书社,2008年,第539页)
② 《潜夫论笺校正·交际》,第345—346页。

之心,礼也。"(《孟子·告子上》)都认为恕道是求仁的根本,恭敬之心是礼的根本。虽然王符的四本、四行论不是针对人性来说的,但他提出和论述观点的方式显然受到了孟子的影响。

此外,与孟子性善论相关,王符的气论与孟子的"夜气"说有相通之处。孟子认为人本有善心,但因有人"放其良心",导致"其夜气不足以存,夜气不足以存,则其违禽兽不远矣"(《孟子·告子上》)。他说的"夜气"就是人心的善念,认为存、养"夜气"可以扩充善念。王符虽然没有谈到"夜气",其气论体现的也主要是他的天道观,但他在分析气的运行与作用时,有些观点与孟子"夜气"说相通,甚至在客观上补充解释了孟子的观点。

王符在《本训》篇中认为:宇宙之初的"元气""翻然自化"为清气和浊气,继而分别化为阳气和阴气,后又各化为形体天和地,天地阴阳交感中还产生了"和气"——中和之气,人因此而产生。所以,天地、日月、四时、鬼神等宇宙万物的正常运行,是气正常运转的结果;反之,宇宙万物不能正常运行,是气错乱反常的结果。然后他总结说:

> 以此观之,气运感动,亦诚大矣。变化之为,何物不能?所变也神,气之所动也。当此之时,正气所加,非唯于人,百谷草木,禽兽鱼鳖,皆口养其气[1]。声入于耳,以感于心,男女听,以施精神。资和以兆虾,民之胎,含嘉以成体[2]。及其生也,和以养性,美在其中,而畅于四肢[3],实于血脉,是以心性志意,耳目精欲,无不贞廉絜怀履行者。[4]

王符集中阐述了万物特别是人在诞生过程中气的运行过程和结果。他认为,人在胚胎阶段受"正气"调养,如果凭借了"和气"形成胚胎,又含着嘉气长成身体,那么,他出生时便会用"和气"养成本性,美好的精神气质蕴于内心,而且"和气"畅达于四肢,充实于血脉,最后致使心性、

---

[1] "口"字,汪继培说当作"和",张觉认为,根据下文"资和以兆虾,民之胎",当作"胎"字(张觉:《潜夫论校注》,第431页)。

[2] 汪继培说:"文有脱误。以下篇参之,当云'民之胎也,资和以兆虾,含嘉以成体。'《说文》云:'肧,妇孕一月也。胎,妇孕三月也。''虾'与'肧'同。"(《潜夫论笺校正·本训》,第370页)

[3] "肢"同"肢"。

[4] 《潜夫论笺校正·本训》,第369页。

意志和耳目、情欲无不坚贞清廉而纯洁。王符这里说的"正气"、"和气"、嘉气的作用和运行原理,与孟子说的"夜气"完全一致:孟子说存、养"夜气"可以扩充善念,王符说涵养"正气"、"和气"和嘉气可以让心性坚贞,也即向善。特别是王符描述"正气"、"和气"在人出生后的运行过程以及作用于人的话,即"及其生也"至"无不贞廉絜怀履行者",很有可能是受到了孟子界定君子本性一段话的影响。孟子说:"君子所性,仁、义、礼、智根于心。其生色也睟然,见于面,盎于背,施于四体,四体不言而喻。"(《孟子·尽心上》)孟子这里也是描述"根于心"的仁、义、礼、智四端(此处的仁、义、礼、智应是端绪,近于"体之充"的元气,或者"夜气",见本书第一编第二章第二节的相关论述)作用于人的过程。在《德化》篇,王符还有一段与气论有关的生动描述善性形成过程的话:

> 圣深知之,皆务正己以为表,明礼义以为教,和德气于未生之前,正表仪于咳笑之后。民之胎也,合中和以成;其生也,立方正以长。是以为仁义之心,廉耻之志,骨著脉通,与体俱生,而无粗秽之气,无邪淫之欲。虽放之大荒之外,措之幽冥之内,终无违礼之行;投之危亡之地,纳之锋锷之间,终无苟全之心。[1]

王符这里着重强调了在人出生前后圣人施行道德教化的重要性。出生前用中和之气养成胚胎,出生后用好榜样来引导。这样,仁义之心和廉耻之志就可以深入骨髓,充满血液,"与体俱生"。这与孟子"仁义礼智,非由外铄我也,我固有之也"的说法基本一致,相信美好的德行与气有关。

当然,王符的人性论也有前后矛盾之处,他一方面肯定"元气"、"和气"以及圣人的教化让人有善性,但同时他又说"性恶之人"是"下愚极恶之人","大恶之资,终不可化"。这也许是为了突出强调某一观点而导致前后体系不够严密的结果。总的说来,王符的气论在一定程度上为孟子解释"夜气"或者四端何以能扩充为善性提供了理论支撑,这与孟子后学《五行》说文的作者用仁气、义气、礼气说帮助孟子解释四端的扩充问题有异曲同工之妙。

---

[1]《潜夫论笺校正·德化》,第 375 页。

二、对孟子民本思想的选择性吸收

王符主张威利并用,赏罚并重,这是荀子以及法家所重之法,但他同时也重视百姓的作用,并选择性吸收了孟子的民本思想。

王符把百姓视为"天心",从天命的角度看待百姓的愿望。这个认识与孟子说君权天授即民授一致,孟子说:"昔者尧荐舜于天而天受之,暴之于民而民受之,故曰:天不言,以行与事示之而已矣。"(《孟子·万章上》)在《遏利》篇,王符认为:"帝以天为制,天以民为心,民之所欲,天必从之。是故无功庸于民而求盈者,未尝不力颠也;有勋德于民而谦损者,未尝不光荣也。"①上天以百姓为心,百姓的愿望上天都会顺从。所以一个人是倾覆还是光荣,与是否有功德于百姓密切相关。他在《本政》又说:

> 凡人君之治,莫大于和阴阳。阴阳者,以天为本。天心顺则阴阳和,天心逆则阴阳乖。天以民为心,民安乐则天心顺,民愁苦则天心逆。民以君为统,君政善则民和治,君政恶则民冤乱。君以恤民为本,臣忠良则君政善,臣奸枉则君政恶。……故君臣法令善则民安乐,民安乐则天心慰,天心慰则阴阳和,阴阳和则五谷丰,五谷丰而民眉寿,民眉寿则兴于义,兴于义而无奸行,无奸行则世平,而国家宁、社稷安,而君尊荣矣。②

按王符的说法,元气生阴阳二气,阳气生成天,天以百姓为心,百姓顺利则阴阳和谐,世界太平,所谓"民安乐则天心慰,天心慰则阴阳和"。在天心、阴阳、君臣、民氓等关系中,民是最重要的一个环节。就如孟子所说:"得天下有道:得其民,斯得天下矣;得其民有道:得其心,斯得民矣;得其心有道:所欲与之聚之,所恶勿施尔也。"(《孟子·离娄上》)得民、得民心就是王符说的得"天心",是得天下的基础。所以王符反复强调得天心的重要性:"是故将致太平者,必先调阴阳;调阴阳者,必先顺天心;顺天心者,必先安其人;安其人者,必先审择其人。"③孟子明确指出:"民为

①《潜夫论笺校正·遏利》,第26页。
②《潜夫论笺校正·本政》,第88—89页。
③《潜夫论笺校正·本政》,第90页。

贵,社稷次之,君为轻。"(《孟子·尽心下》)王符也反复强调:"国以民为基,贵以贱为本。"① 都把民视为国家的根本。

与孟子要求治国者不"夺其民时"(《孟子·梁惠王上》)一样,王符也希望统治者爱惜民力,不"夺民时",著《爱日》篇,说"圣人深知,力者乃民之本也,而国之基,故务省役而为民爱日"②。"上明圣主为民爱日如此,而有司轻夺民时如彼,盖所谓有君无臣,有主无佐,元首聪明,股肱怠惰者也"③。圣主为民爱日,臣子不夺民时,是顺天心的重要表现。

孟子民本思想的重要内容之一是要求统治者与民同乐,推己及人,即实行推恩。王符在《救边》、《边议》、《释难》、《德化》、《卜列》等篇对此都有论及。《救边》篇云:"圣王之政,普覆兼爱,不私近密,不忽疏远,吉凶祸福,与民共之,哀乐之情,恕以及人,视民如赤子,救祸如引手烂。是以四海欢悦,俱相得用。"④ 虽然"兼爱"是墨子的主张,但他说的"吉凶祸福,与民共之,哀乐之情,恕以及人"的思想,就源于孟子反复劝齐王的话:"与民同乐","乐民之乐者,民亦乐其乐。忧民之忧者,民亦忧其忧","王如好色,与百姓同之。"(《孟子·梁惠王下》)王符还吸收了孟子的推恩思想,他认为圣王应做到"哀乐之情,恕以及人","贤人君子,推其仁义之心,爱之君犹父母也,爱居世之民犹子弟也"⑤。在讨论道德教化时以公刘为例说明推恩的情形:

> 公刘厚德,恩及草木,羊牛六畜,且犹感德,仁不忍践履生草,则又况于民萌而有不化者乎?君子修其乐易之德,上及飞鸟,下及渊鱼,无不欢忻悦豫,则又况于士庶而有不仁者乎? ⑥

王符认为公刘有醇厚的道德,可以恩及草木、禽兽以及士庶,所以君王修德至关重要。王符的这些说法,实际上是对孟子推恩思想的正面描

---

① 《救边》篇:"且夫国以民为基,贵以贱为本。是以圣王养民,爱之如子,忧之如家,危者安之,亡者存之,救其灾患,除其祸乱。"(《潜夫论笺校正·救边》,第266页)《边议》篇:"国以民为基,贵以贱为本。愿察开辟以来,民危而国安者谁也? 下贫而上富者谁也?"(《潜夫论笺校正·边议》,第274页)
② 《潜夫论笺校正·爱日》,第213页。
③ 《潜夫论笺校正·爱日》,第221页。
④ 《潜夫论笺校正·救边》,第256页。
⑤ 《潜夫论笺校正·释难》,第329页。
⑥ 《潜夫论笺校正·德化》,第373页。

述,孟子说:"今恩足以及禽兽,而功不至于百姓者,独何与?""老吾老,以及人之老;幼吾幼,以及人之幼。天下可运于掌。""故推恩足以保四海,不推恩无以保妻子。古之人所以大过人者,无他焉,善推其所为而已矣。"(《孟子·梁惠王上》)核心就是"推其所为"。孟子还认为,如果君王做到了推恩,百姓不但会与之同乐,还会积极促成君王的爱好①。王符把它概括为"劝乐":"夫君子闻善则劝乐而进,闻恶则循省而改尤,故安静而多福。"② 彭铎在校正中说:"《孟子·梁惠王上篇》:'而民欢乐之',宋孙奭《音义》云:'"欢乐"本一作"劝乐"。'昭九年《左传》叔孙昭子引《诗》:'经始勿亟,庶民子来',杜注:'言文王始经营灵台,非急疾之,众民自以为子义来劝乐为之。'此'劝乐'二字盖本孟子。"③

　　要与民同乐,就应避免陷百姓于饥饿寒冷之中,王符特别重视孟子这一思想。孟子在与梁惠王、邹穆公、平陆邑宰距心、公都子等的谈话中,反复批评了"率兽而食人"的做法:"狗彘食人食而不知检,涂有饿莩而不知发。""庖有肥肉,厩有肥马,民有饥色,野有饿莩,此率兽而食人也。""彼陷溺其民,王往而征之,夫谁与王敌?"(《孟子·梁惠王上》)"凶年饥岁,君之民老弱转乎沟壑,壮者散而之四方者,几千人矣;而君之仓廪实,府库充,有司莫以告。"(《孟子·梁惠王下》)"抑亦立而视其死与?"(《孟子·公孙丑下》)王符在《边议》等篇通过引用关键词,或者重组改写语句的方式,吸收了孟子的思想。他说天子为民父母,"父母之于子也,岂可坐观其为寇贼之所屠剥,立视其为狗豕之所啖食乎"④?"父母将临颠陨之患,子弟将有陷溺之祸者,岂能墨乎哉"⑤!"立视"、"陷溺"之说,皆本于孟子。他在《忠贵》篇还说:

　　　　且夫窃位之人,天夺其鉴,神惑其心。是故贫贱之时,虽有鉴明之资,仁义之志,一旦富贵,则背亲捐旧,丧其本心。皆疏骨肉而亲便辟,薄知友而厚狗马。财货满于仆妾,禄赐尽于猾奴。宁见朽贯

---

① 见《孟子·梁惠王上》"王立于沼上"章和《孟子·梁惠王下》"庄暴见孟子"章、"交邻国有道"章、"人皆谓我毁明堂"章的记载。
②《潜夫论笺校正·卜列》,第293页。
③《潜夫论笺校正·卜列》,第293页。
④《潜夫论笺校正·边议》,第272页。
⑤《潜夫论笺校正·释难》,第329页。

千万,而不忍赐人一钱;宁积粟腐仓,而不忍贷人一斗。①

这里,王符把孟子的"本心"说与"率兽而食人"论结合起来,生动描述了"窃位之人"的丑恶行径。"是故贫贱之时,虽有鉴明之资,仁义之志,一旦富贵,则背亲捐旧,丧其本心"一句,本于《孟子·告子上》:"乡为身死而不受,今为宫室之美为之;乡为身死而不受,今为妻妾之奉为之;乡为身死而不受,今为所识穷乏者得我而为之,是亦不可以已乎? 此之谓失其本心。"王符还批评了居官位的小人在贫贱时尚能守仁义之志,富贵后则背弃亲旧之人,丧失仁义之"本心",具体表现为"亲便辟","厚狗马","宁见朽贯千万,而不忍赐人一钱;宁积粟腐仓,而不忍贷人一斗"。这就是孟子说的"率兽而食人","君之仓廪实,府库充",但百姓之"老弱转乎沟壑,壮者散而之四方"。恩可以及禽兽,但对百姓却极为刻薄寡恩。

可见,王符对孟子民本思想的体系很熟悉,从"民为贵"的总论到不"夺民时"、与民同乐以及不"率兽而食人"的具体做法,王符都加以吸收,用以论述他的忠臣、边防、重民以及教化等观点。

三、对孟子解释的问题的再解释

在王符生活的时代,古人一些有失偏颇的说法在当时引起了思想的混乱和讨论,于是王符作《释难》篇,以问答的形式进行重新解释,目的是阐明问题的实质,宣扬自己的政治主张。其中,对孟子解释过的两个问题进行了再解释,一是孟子回答齐国大夫陈贾对周公是否仁智的质疑,二是孟子回答齐宣王"汤放桀,武王伐纣"是否为弑君的质疑。陈贾的质疑见《孟子·公孙丑下》:

> 燕人畔。王曰:"吾甚惭于孟子。"陈贾曰:"王无患焉。王自以为与周公孰仁且智?"王曰:"恶! 是何言也!"曰:"周公使管叔监殷,管叔以殷畔;知而使之,是不仁也;不知而使之,是不智也。仁智,周公未之尽也,而况于王乎? 贾请见而解之。"
>
> 见孟子,问曰:"周公何人也?"曰:"古圣人也。"曰:"使管叔监殷,管叔以殷畔也,有诸?"曰:"然。"曰:"周公知其将畔而使之

---

①《潜夫论笺校正·忠贵》,第112—113页。

与?"曰:"不知也。""然则圣人且有过与?"曰:"周公,弟也。管叔,兄也。周公之过,不亦宜乎? 且古之君子,过则改之;今之君子,过则顺之。古之君子,其过也,如日月之食,民皆见之;及其更也,民皆仰之。今之君子,岂徒顺之,又从为之辞。"

陈贾认为周公的做法要么不仁,要么不智,二者必居其一。孟子的解释是从孝悌角度出发,然后拿古代国君知过能改与今之国君掩过饰非作对比,说明周公的仁智。在《潜夫论·释难》篇,陈贾的质疑通过庚子之口再次呈现,并结合了《孟子》中齐宣王"汤放桀,武王伐纣"是否是弑君行为的质疑。

> 庚子曰:"周公知管、蔡之恶,以相武庚,使肆厥毒,从而诛之,何不仁也? 若其不知,何不圣也? 二者之过,必处一焉。"
> 潜夫曰:"书二子挟庚子父以叛,然未知其类之与? 抑抑相反? 且天知桀恶而帝之夏,又知纣恶而王之殷,使虐二国,残贼下民,多纵厥毒,灭其身,亦可谓不仁不知乎?"[1]

庚子其人,王宗炎说:"'庚'疑'唐'字之误。唐,空也。'唐子',设词,即亡是公、子虚之类。"彭铎按语说:"小邾子后有庚氏,见《路史》。且下文问者又有秦子,当何说?"[2]张觉先生认为:"'庚'是姓,'子'是对人的尊称。庚子之生平事迹不详,可能是王符故乡之人。……本篇载庚子等对潜夫的问难,可能就是贱视王符的乡人对王符的问难。"[3]无论庚子与潜夫的问答是不是历史的记录,都可看出王符不太满意孟子对陈贾质疑的回答。与孟子回答的角度不同,王符首先认为,书上的记载不能让人准确判断管蔡二人与武庚是同类人还是不同类的人,即是不是二人的错还很难断定,然后以夏桀、商纣的例子来论证:如果周公不仁、不智"二者之过,必处一",那么上天在夏桀和商纣的安排上也犯了一样的错,但谁能说上天会犯错呢? 王符用类推法反证庚子之说的错误。桀、纣"残贼下民"之说也本于孟子:"贼仁者谓之贼,贼义者谓之残,残贼之人谓之

---

[1]《潜夫论笺校正·释难》,第326—327页。
[2] 见《潜夫论笺校正·释难》注释二,第324页。
[3] 张觉:《潜夫论校注》,第378页。

一夫。闻诛一夫纣矣,未闻弑君也。"(《孟子·梁惠王下》)

庚子进一步提出质疑说:"夫桀、纣者,无亲于天,故天任之而勿忧,诛之而勿哀。今管、蔡之与周公也,有兄弟之亲,有骨肉之恩,不量能而使之,不堪命而任之,故曰异于桀、纣之与天也。"①他认为上天与桀、纣无血脉之亲,故可随心任用和诛杀,而周公与管蔡有血脉之亲,却依然随心任用并最后诛杀他们,所以两者有本质不同。王符的回答与孟子的回答相比,体现了鲜明的时代特征。他说:

> 皇天无亲,帝王继体之君,父事天。王者为子,故父事天也。率土之民,莫非王臣也。将而必诛,王法公也。无偏无颇,亲疏同也。大义灭亲,尊王之义也。立弊之天为周公之德因斯也。过此而往者,未之或知。②

王符引用《诗经》、《春秋》和《尚书》中的话,说明上天对君王和君王对臣民一样,都秉持公正之道,无偏颇和亲疏之别。在解释周公不仁、不智"二者之过,必处一"的质疑上,王符不但比孟子更富有逻辑推理,而且论证角度也不同,孟子强调孝悌之义和君王知过能改的品德,王符则强调君王要秉公执政并能大义灭亲;孟子的解释侧重于周公的伦理和品行道德,王符的解释则侧重于周公的政治品质。很显然,王符的解释对当时的不良风气有很强的针对性,也体现了他的政治主张。

此外,《潜夫论》还有一些引用孟子只言片语的地方,如《德化》篇:"故善者之养天民也,犹良工之为麴蘖也。起居以其时,寒温得其适,则一荫之麴蘖尽美而多量。其遇拙工,则一荫之麴蘖皆臭败而弃捐。"③"良工"与"拙工"之说本《孟子》:"嬖奚反命曰:'天下之良工也。'"(《孟子·滕文公下》)"孟子曰:'大匠不为拙工改废绳墨,羿不为拙射变其彀率。'"(《孟子·尽心上》)又如《交际》篇:"孔子恂恂,似不能言者,又称'闇闇言,惟谨也'。士贵有辞,亦憎多口。故曰:'文质彬彬,然后君子。'与其不忠,刚毅木纳,尚近于仁。"④"亦憎多口"语出《孟子·尽心

---

① 《潜夫论笺校正·释难》,第327页。
② 《潜夫论笺校正·释难》,第328页。
③ 《潜夫论笺校正·德化》,第377页。
④ 《潜夫论笺校正·交际》,第354页。

下》:"孟子曰:'无伤也。士憎兹多口。《诗》云:"忧心悄悄,愠于群小。"孔子也。"肆不殄厥愠,亦不殒厥问。"文王也。'"还如《叙录》篇:"为仁不富,为富不仁。"① 本于孟子引鲁国正卿季氏总管阳虎的话:"为富不仁矣,为仁不富矣。"(《孟子·滕文公上》)

　　总的看来,王符熟读过《孟子》,但对其思想的吸收没有系统性,多寻章摘句。王符对孟子的一些观点进行吸收,但往往只就观点本身加以借鉴,不是系统的。而且就王符本人来讲,其不少理论也是不成系统的,前后往往不是一以贯之,特别在人性论、修身论上,一切观点都为其政治主张服务。因此他在引用他书材料时,往往仅引只言片语,为己所有。与刘向相比,刘向多讲君臣大原则,而王符重在分析君臣的具体做法,前者宏观,后者具体而微,前者多呈事实,后者多讲道理。

---

① 《潜夫论笺校正·叙录》,第 467 页。

第七章　两汉史书中的孟学

　　史书的性质,决定着其孟学观独特的视角,它既要努力做到真实地反映出历史人物的本来面目,又要体现出历史学家自己的历史观。所以在涉及孟子学说时,它就既要保持史书中历史人物的观点,又要作出一定的取舍与评价。就是说,史书中的孟学观既包括历史人物的,也包括史学家本人的。

第一节　司马迁《史记》的孟学观

　　《史记·太史公自序》云:"猎儒墨之遗文,明礼义之统纪,绝惠王利端,列往世兴衰。作《孟子荀卿列传》第十四。"[1] 其中专述孟子的传文,加上司马迁的赞语,仅两百余字,其文曰:

　　　　太史公曰:余读孟子书,至梁惠王问"何以利吾国",未尝不废书而叹也。曰:嗟乎,利诚乱之始也! 夫子罕言利者,常防其原也。故曰"放于利而行,多怨"。自天子至于庶人,好利之弊何以异哉!

　　　　孟轲,驺人也。受业子思之门人。道既通,游事齐宣王,宣王不能用。适梁,梁惠王不果所言,则见以为迂远而阔于事情。当是之时,秦用商君,富国强兵;楚、魏用吴起,战胜弱敌;齐威王、宣王用孙子、田忌之徒,而诸侯东面朝齐。天下方务于合从连衡,以攻伐为贤,而孟轲乃述唐、虞、三代之德,是以所如者不合。退而与万章之徒序《诗》、《书》,述仲尼之意,作《孟子》七篇。其后有驺子之属。[2]

在简短的传记中,司马迁介绍了孟子的籍贯、师承、游历、所处时代背景、

---

①《史记》卷一百三十,第 3314 页。
②《史记》卷七十四,第 2343 页。

学说特点、遭遇、著述等信息。用语不多，但其旨意却很明确。司马迁第一个谈到孟子的师承问题，他认为孟子是子思门人的弟子，并非直接受业于子思，但这个说法也包含了对思、孟之间传承关系的肯定。司马迁的说法可能是根据了孟子"私淑诸人"的话，并在考察了思孟两人思想的紧密关系后得出的结论。无论是从两人所处的时间段，还是从思想的内在联系上，司马迁的这个说法都是较为合理的。《史记》全书提到孟子或孟轲的有十三处，其中，用"孟子曰"或"孟子称"明确标明是引用孟子话的有五处，分别在《六国年表》《燕召公世家》《魏世家》《孟子荀卿列传》《淮南衡山列传》中。没有明确标明但与《孟子》相似的文句有近四十处 ①，囊括了《孟子》七篇，主要集中在《梁惠王》上下篇和《万章》上篇。结合《孟子列传》和司马迁生平，统观相关引文以及《史记》全书，我们可以较为清晰地把握司马迁对孟子及孟子学说的基本观点。

一、尊崇孟子

司马迁是第一个为孟子立传的学者。司马迁之前，孟子地位不高，而且先后受到荀子、韩非等人的严厉批判。汉初，《孟子》一书虽有过短暂的立为"传记博士"的待遇 ②，但是影响毕竟不大，它更多是被作为诸子著作看待。战国时期虽说诸子百家争鸣，儒家更为显学，但是司马迁却只为孟子、荀子立传，足见他对孟子的尊崇。因此近人魏元旷云："孔子既没，明孔子之道者独有孟子，周秦迄汉，孟子之书未尊显于世，太史公即信用其说，屏杨朱与墨子皆不列传，周末诸子著书论说者无虑百家，皆屏之不列传，独传孟子，且首发其不言利之旨，终言其述唐虞三代之德，……其尊孟子崇儒术至矣。" ③ 就是说，在司马迁眼里，孟子就是孔子之道的真正传人，尊崇孔、孟，就是尊崇儒学。

在《史记》中，司马迁的确是把孔子与孟子视为儒学发展过程中的

---

① 笔者的统计是在陈雄根、何志华编著的《先秦两汉典籍引〈孟子〉资料汇编》基础上的整理和梳理（陈雄根、何志华编著：《先秦两汉典籍引〈孟子〉资料汇编》，香港中文大学出版社，2007 年）。

② 赵岐《孟子题辞》云："汉兴，除秦虐禁，开延道德，孝文皇帝欲广游学之路，《论语》《孝经》《孟子》《尔雅》皆置博士。后罢传记博士，独立《五经》而已。"（赵岐：《孟子章句·孟子题辞》，第 66 页）

③ 魏元旷：《史记达旨》，转引自《史记集评》，第 76 页。

先后代表人物。这一点后人多有论及。汤谐云："多人合传而孟荀为主，孟荀并传而孟子为尊，以其私淑孔子也。开手叙孟子语即追本孔子，而后文咏叹孟子处，每将孔子连叙。"[①] 清人赵翼云："孔子无公侯之位，而《史记》独列于世家，尊孔子也。……其传孟子虽与荀卿、驺忌等同列，然叙忌等尊宠处，即云：'岂与仲尼菜色陈蔡、孟轲困于齐梁同乎哉！'又云：'卫灵公问陈，孔子不答；梁惠王谋攻赵，孟子称太王去邠。岂有意阿世苟合而已哉！'皆以孔子、孟子并称。是尊孟子亦自史迁始也。"[②] 从现存的文献看，除了孟子把自己作为孔子第二人之外，司马迁之前还没有类似的记载。就是体现了孟子后学思想的帛书《五行》说文，也见不到一点信息，倒是荀子在《非十二子》中骂孟子是孔子之道的罪人。因此也可以说，司马迁是第一个赞同孟子说自己是孔子传人的学者。清人汪之昌认为赵翼说还不够全面，他认为："赵氏所谓尊孔孟，第据世家之文及孟子本传言之，吾谓史迁推尊之意，且错见于百三十篇中。……继云孟子、荀卿之列，咸尊夫子之业而润色之，以学显于当世，不特可见孟子之学一本孔子之学，即牵连而及之荀卿。或以时俗所号，或直斥其名，而称孔子、孟子无异词。《十二诸侯年表》孔子所至之邦必书'孔子来'。而《六国年表》梁惠王三十五年亦书'孟子来'。书法一例，盖以为春秋时之孔子，一战国时之孟子，时不必尽同，所以尊之者则未尝异也。"[③] 汪氏认为，春秋战国司马迁仅推崇孔子和孟子两人而已。汪说虽然过于夸大，但是从司马迁的谋篇布局和用语来看，尊孟子之心是很明确的。

既然是尊孟子，又何以把尖刻批评孟子的荀子放在同一篇传记里呢？在先秦，真正对孔子思想作出系统阐发和改造的，实际上只有孟子和荀子，所以司马迁把二人放在一起，也应有这层含义。加上荀非以及汉初的黄老刑名思想有关联，所以不可搁置。但是在对二人的定位上，明显体现出了司马迁的取舍。清人罗以智云："《孟子传》后，独无《述赞》，首论孟子之不言利者，本于夫子，余子皆功利之徒耳。驺衍以下十一人，错出《孟子荀卿传》，而兼夫议论，盖以十一人形荀卿，以荀卿形

① 汤谐：《史记半解·孟子荀卿列传》，转引自《史记集评》，第 491 页。
② 赵翼：《陔余丛考》卷五《史记三》，转引自《史记集评》，第 65 页。
③ 汪之昌：《青学斋集》卷一六《班氏议史迁先黄老而后六经，退处士而进奸雄，崇势利而羞贫贱说》，转引自《史记集评》，第 72—73 页。

孟子，荀卿亦受业于孔氏门人，而弗之若，则于孔子之后，推崇孟子一人而已。……孔子、孟子并称，所以尊孟子者，至矣。"[1]近人李澄宇在评价《孟子荀卿列传》时也说："此数语真足传孟子。……借驺衍论孟子，与《伯夷传》借颜渊论伯夷略同。驺衍有牛鼎之意志在一时，而孔孟持方柄欲内圜凿则志在万世。……此数语亦真足传荀卿，然于孟子则曰'述仲尼之意'，以孔道正统予孟也；于荀卿则曰'儒墨道德之行事兴坏'，不以孔道予荀也。"[2]这也许道出了司马迁的心声。

怎样看待司马迁对孟子的尊崇呢？经过秦的"焚书坑儒"后，汉初统治者多鄙视儒学，而崇尚黄老之学。但是，汉初至司马迁之前，儒家学说还是一直处于上升阶段，在经过几十年的改造、发展后，它越来越受统治者的重视，直至武帝时期"罢黜百家，独尊儒术"，这一上升势头达到一个顶峰。司马迁对孟子地位的评价，正处于儒学势力上升这一阶段。因此，司马迁为孟子立传，正是儒学地位上升的表现。

司马迁尊崇孟子，并不妨碍他对孟子学说的客观评价。司马迁说孟子"道既通"，但其学说"迂远而阔于事情"。司马迁说的"道"，当时指孟子以性善论为基础，向内修德以"成尧舜"，向外行仁政以"王天下"的儒家思想，它要求内外皆修，以内圣为主。可以说，孟子的儒家思想是一套较为完整且有所创新的学说体系，所以司马迁说"道既通"。但是，在司马迁看来，孟子的既通之道却并不符合时代的需求，因为"当是之时，秦用商君，富国强兵；楚、魏用吴起，战胜弱敌；齐威王、宣王用孙子、田忌之徒，而诸侯东面朝齐。天下方务于合从连衡，以攻伐为贤"（《孟子荀卿列传》），大诸侯追求的是征战辟地而称霸天下，小诸侯追求的是不被兼并而苟且生存，弱肉强食才是时代最大的特征。而孟子却"述唐、虞、三代之德"，向往着上古的盛世之治，主张实行仁政，并相信"仁者无敌"，仁者"可使制梃以挞秦楚之坚甲利兵矣"。所以孟子所到之国都不能真正接受他的主张，因而最终失败。司马迁虽然尊崇孟子，把他与孔子并称，对他的主张也有好感，但他却能结合时代形势需求，冷静看待孟子主张的不足，"迂远而阔于事情"，准确地概括了孟子的主张与时代的巨大

---

① 罗以智：《恬养斋文钞》卷一《史记合传论》，转引自《史记集评》，第142页。
② 李澄宇：《读二十五史蠡述》，北京图书馆出版社，2005年，第14—15页。

冲突。而这正体现出了司马迁敢于"实录"的史学精神。

二、接受与发扬孟子的义利观

司马迁说作《孟子荀卿列传》是为了"明礼义之统纪,绝惠王利端,列往世兴衰"(《太史公自序》)。"明礼义之统纪",就是显明儒家仁义礼法的纲纪,"绝惠王利端",主要从梁惠王向孟子问利一事而来,要求通过显明礼义,断绝君王征战辟地、满足一己之私利的念头。"列往世兴衰",则是通过历史验证:守礼法则兴,重私利则衰。因此可以说,司马迁撰孟荀列传的目的之一,就是要求治国者树立正确的义利观,而孟子的义利观正好是他极力赞扬和推崇的。所以方苞说:"驺衍以下十一人,错出《孟子荀卿列传》,若无伦次;及推其意义,然后知其不苟然也。盖战国时,守孔子之道而不志乎利者,孟子一人耳。"[①]

《孟子荀卿列传》开篇就是司马迁读《孟子》书的感受:"余读《孟子》书,至梁惠王问'何以利吾国',未尝不废书而叹也。曰:嗟乎,利诚乱之始也!夫子罕言利者,常防其原也。故曰'放于利而行,多怨'。自天子至于庶人,好利之弊何以异哉!"[②]司马迁所言《孟子》文为其全书首章,其文曰:

> 孟子见梁惠王。王曰:"叟,不远千里而来,亦将有以利吾国乎?"孟子对曰:"王,何必曰利?亦有仁义而已矣。王曰'何以利吾国?'大夫曰'何以利吾家?'士庶人曰'何以利吾身?'上下交征利,而国危矣。万乘之国,弑其君者必千乘之家;千乘之国,弑其君者必百乘之家。万取千焉,千取百焉,不为不多矣。苟为后义而先利,不夺不餍。未有仁而遗其亲者也,未有义而后其君者也。王亦曰仁义而已矣,何必曰利?"(《孟子·梁惠王上》)

孟子把这段对话放在首章,也许正是看到了义利关系在修齐治平中的决定性作用。因此具有经世治国理想而又饱受磨难的司马迁读到此处,不免感同身受,心有戚戚焉。司马迁的"未尝不"三字,也恰好表明他常读

---

① 方苞:《望溪先生文集》卷二《书孟子荀卿传后》,转引自《史记集评》,第490页。
② 《史记》卷七十四,第2343页。

《孟子》,而其感受最深的正是孟子对梁惠王的义利之辨,故每每读到此处,都会停下来感叹不已,深感孟子之言乃至理名言,并上溯到孔子,认为孔子罕言利,也是为了时常防范祸乱的根源——利,于此方知孔孟反对利乃大有深意。宋人黄履翁云:"昔太史公读孟子书,至利国之对,而为之废卷太息,流涕而言之。彼盖有感当时功利之徒,而深信孟子塞原之论也。虽然,迁之学盖有自来也。董子尝有'正谊不谋利'之一言,诚得孔孟之余论,而迁从仲舒游,而得是言欤!"① 清人陈澧亦云:"《史记·孟子列传》先述梁惠王问'何以利吾国'云云,然后云孟子'邹人也',此于列传为变体。盖以'梁惠王'第一章为七篇之大义,故揭而出之。且又于《魏世家》载之,又于《自序》云'绝惠王利端',作《孟子列传》。太史公之于此章,可谓三致意者。"② "三致意者"说可谓得司马迁之本旨。

除直抒情怀外,司马迁还时常在其他文字中重复着这一思想。《史记》直接引用孟子言论的有五处,其中就有两处是孟子谈利的。现录之如下:

> 《六国年表》:孟子来,王问利国,对曰:"君不可言利。"③
>
> 《魏世家》:惠王数被于军旅,卑礼厚币以招贤者。邹衍、淳于髡、孟轲皆至梁。梁惠王曰:"寡人不佞,兵三折于外,太子虏,上将死,国以空虚,以羞先君宗庙社稷,寡人甚丑之,叟不远千里,辱幸至弊邑之廷,将何以利吾国?"孟轲曰:"君不可以言利若是。夫君欲利则大夫欲利,大夫欲利则庶人欲利,上下争利,国则危矣。为人君,仁义而已矣,何以利为!"④

因古人引文比较随意,故所引孟子文与今本有些出入,但含义一致。《六国年表》中所选择的事件,一般都是对该国有重大意义或影响的大事记,如公元前467年《表》记曰:"庶长将兵拔魏城。彗星见。""鲁哀公卒。"公元前339年《表》记曰:"与晋战岸门。""公子赫为太子。""楚威王熊商元年。"孟子与梁惠王关于义利的对话被司马迁作为魏国的大事记而载入表中,且在《魏世家》里,司马迁又一次把这件事作为重大事件,加

---

① 黄履翁:《古今源流至论·别集》卷一,转引自《史记集评》,第487页。
② 黄国声主编:《陈澧集》,第60页。
③《史记》卷十五,第727页。
④《史记》卷四十四,第1847页。

以完整记录,从中可见他对孟子义利观的重视和肯定。

司马迁还通过具体的历史事件诠释着他从孟子处得来的教训——"利诚乱之始"。《汲郑列传》在叙述完汉臣汲黯与郑庄的遭遇后说:"夫以汲、郑之贤,有势则宾客十倍,无势则否,况众人乎!下邽翟公有言,始翟公为廷尉,宾客阗门;及废,门外可设雀罗。翟公复为廷尉,宾客欲往,翟公乃大署其门曰:'一死一生,乃知交情。一贫一富,乃知交态。一贵一贱,交情乃见。'汲、郑亦云,悲夫!"[1] 常人之间以利结交是如此,就是亲如兄弟的人,如果不能抵住利的诱惑,也可能翻脸为仇人。《张耳陈余列传》就讲了一段有刎颈之交的两个朋友因利而残杀的历史,司马迁最后总结说:"张耳、陈余,世传所称贤者;其宾客厮役,莫非天下俊桀,所居国无不取卿相者。然张耳、陈余始居约时,相然信以死,岂顾问哉。及据国争权,卒相灭亡,何乡者相慕用之诚,后相倍之戾也!岂非以势利交哉?名誉虽高,宾客虽盛,所由殆与太伯、延陵季子异矣。"[2] 司马迁所讲述的这些历史事件,正是对孟子"苟为后义而先利,不夺不餍。未有仁而遗其亲者也,未有义而后其君者也"的生动注解。

三、继承与践行孟子的史学观

如前一章《董仲舒对孟子学说的改造》一节所述,孟子对史学的看法主要集中在他对孔子作《春秋》的评价上,略可析为四点:一是孔子因忧虑仁义之道衰微,君臣父子之道不存而作《春秋》,这是孔子作《春秋》的动机论;二是《春秋》不仅是史,它还犹如《诗经》一般,寄寓了褒善贬恶的微言大义,这是《春秋》的体例论;三是《春秋》让"乱臣贼子"有所害怕,起到了褒善贬恶的作用,这是《春秋》的作用论;四是著史书褒贬善恶乃天子之事,孔子不得已而越权,但存道救世之心后人可鉴,孔子作《春秋》实际上是代圣王立法治国。孟子的《春秋》观最直接的影响便是汉代《春秋》公羊学派,它在孟子的基础上提出了孔子作《春秋》而拨乱反正、为新王立法等说。而司马迁又学于公羊学派领军人物董仲舒,也受到此影响。因此,无论是从源还是流来说,司马迁对孟子的《春秋》观

---

① 《史记》卷一百二十,第 3113—3114 页。
② 《史记》卷八十九,第 2586 页。

都有不同程度的继承和践行。

首先，司马迁继承了孟子关于孔子作《春秋》的动机论。司马迁借司马谈的话说："夫天下称诵周公，言其能论歌文武之德，宣周邵之风，达太王王季之思虑，爰及公刘，以尊后稷也。幽厉之后，王道缺，礼乐衰，孔子修旧起废，论《诗》《书》，作《春秋》，则学者至今则之。"当上大夫壶遂问司马迁"孔子何为而作《春秋》"时，司马迁云："余闻董生曰：'周道衰废，孔子为鲁司寇，诸侯害之，大夫壅之。孔子知言之不用，道之不行也，是非二百四十二年之中，以为天下仪表，贬天子，退诸侯，讨大夫，以达王事而已矣。'子曰：'我欲载之空言，不如见之于行事之深切著明也。'"①他在《太史公自序》中介绍作《孔子世家》的原因时又表达了这个意思："周室既衰，诸侯恣行。仲尼悼礼废乐崩，追修经术，以达王道，匡乱世反之于正，见其文辞，为天下制仪法，垂《六艺》之统纪于后世。"②司马迁反复强调了孔子作《春秋》的动机：因"王道缺"，"礼废乐崩"，所以要"修旧起废"，"以达王道，匡乱世反之于正"。这也就是孟子所说的"世衰道微，邪说暴行有作"。

其次，司马迁极力推崇《春秋》褒贬善恶的作用。他说："余闻之先人曰：'伏羲至纯厚，作《易》《八卦》。尧舜之盛，《尚书》载之，礼乐作焉。汤武之隆，诗人歌之。《春秋》采善贬恶，推三代之德，褒周室，非独刺讥而已也。'"③《春秋》除了要"贬恶"，也包含了"褒善"。他又说：

> 夫《春秋》，上明三王之道，下辨人事之纪，别嫌疑，明是非，定犹豫，善善恶恶，贤贤贱不肖，存亡国，继绝世，补敝起废，王道之大者也。……《春秋》辩是非，故长于治人。……《春秋》以道义。拨乱世反之正，莫近于《春秋》。《春秋》文成数万，其指数千。万物之散聚皆在《春秋》。《春秋》之中，弑君三十六，亡国五十二，诸侯奔走不得保其社稷者不可胜数。察其所以，皆失其本已。……故有国者不可以不知《春秋》，前有谗而弗见，后有贼而不知。为人臣者不可以不知《春秋》，守经事而不知其宜，遭变事而不知其权。为人君父而不通于《春秋》之义者，必蒙首恶之名。为人臣子而不通于《春秋》之义

---

① 《史记》卷一百三十，第 3295、3297 页。
② 《史记》卷一百三十，第 3310 页。
③ 《史记》卷一百三十，第 3299 页。

者,必陷篡弒之诛,死罪之名。……故《春秋》者,礼义之大宗也。①

孟子说孔子《春秋》借用了《诗》褒贬善恶的大义,而司马迁对这个大义作了条分缕析,认为它包括"上明三王之道,下辨人事之纪,别嫌疑,明是非,定犹豫,善善恶恶,贤贤贱不肖,存亡国,继绝世,补敝起废",而这些都属于王道的核心。另外,因"《春秋》文成数万,其指数千",所以其旨意不可一一言说,归根结底,可以概括为"拨乱世反之正"。《春秋》既对为君、为臣有指导意义,也对为父、为子有警醒作用,不通《春秋》则必遭祸殃,所以说《春秋》为"礼义之大宗"。孟子说"孔子成《春秋》而乱臣贼子惧",司马迁也说"《春秋》之义行,则天下乱臣贼子惧焉"②。都对《春秋》的作用深信不疑。

再次,司马迁认为孔子作《春秋》实际上是代圣王立法垂训。当孟子说"《春秋》,天子之事也。是故孔子曰:'知我者其惟《春秋》乎! 罪我者其惟《春秋》乎!'"(《孟子·滕文公下》)时,已暗含孔子做了"天子之事"。照孟子看来,著史书是天子用来惩恶扬善的手段,但是春秋战国时周室衰微,诸侯四起,王道不存,所以孔子只得替天子完成这一任务,而且要把王道、礼法寄寓在史书之中。司马迁继承了这一思想,他说:"弟子受《春秋》,孔子曰:'后世知丘者以《春秋》,而罪丘者亦以《春秋》。'"③ 并认为《春秋》"是非二百四十二年之中,以为天下仪表",是"达王事","明三王之道"。他在《十二诸侯年表》中说得更清楚:"是以孔子明王道,干七十余君,莫能用,故西观周室,论史记旧闻,兴于鲁而次《春秋》,上记隐,下至哀之获麟,约其辞文,去其烦重,以制义法,王道备,人事浃。"④ 孔子作《春秋》就是为后王"制义法","备王道"。

最后,司马迁撰写《史记》努力践行着孔子作《春秋》的许多原则。他在《太史公自序》中饱含深情地表达了秉承父亲遗志的决心:

先人有言⑤:"自周公卒五百岁而有孔子。孔子卒后至于今五百

---

① 《史记》卷一百三十,第3297—3298页。

② 《史记》卷四十七,第1943页。

③ 《史记》卷四十七,第1944页。

④ 《史记》卷十四,第509页。

⑤ 司马贞《索隐》云:"先人谓先代贤人也。"张守节《正义》云:"太史公,司马迁也。先人,司马谈也。"(《史记》卷一百三十,第3296页)结合前后文看,张说更为合理。

岁①,有能绍明世,正《易传》,继《春秋》,本《诗》《书》《礼》《乐》之际?"意在斯乎!意在斯乎!小子何敢让焉。②

以五百年作为圣贤出现的时间周期,这种看法也源自孟子。孟子曾说"五百年必有王者兴,其间必有名世者"(《孟子·公孙丑下》),并以尧、汤、文王、孔子为例证,隐然把自己作为这一序列的继承者。司马迁承接孟子之说,认为孔子距离自己五百年,也应该出现能发挥六经经义的人,继续《春秋》的传统,而这个人就应该是自己。"小子何敢让焉",用意含蓄,正同于孟子的"我亦欲正人心,息邪说,距诐行,放淫辞,以承三圣者。岂好辩哉?予不得已也"(《孟子·滕文公下》)。前人也多明于此,明代人黄淳耀云:"世多谓太史公序《六家要指》,讲道德而绌儒术。余按此非迁意,乃述其父谈之言也。……若其与上大夫壶遂相答问语,发明六经大旨,隐然欲继《春秋》五百载之后,岂绌儒术者之言哉?"③清人周济说《史记》"论《春秋》之未作也,有事然后有文,有文然后有义;而论孔子之作《春秋》也,则欲申其义,始寓之文,欲成其文,始寓之事,自黄帝至于麟止,皆太史所寓焉耳"④。梁启超说得更清楚:"司马迁实当时《春秋》家大师董仲舒之受业弟子,其作《史记》盖窃比《春秋》。故其《自序》首引仲舒所述孔子之言曰:'我欲载之空言,不如见之于行事之深切著明也。'……《春秋》旨趣既如此,则窃比《春秋》之《史记》可知。故迁《报任安书》云:'予以究天人之际,通古今之变,成一家之言。'"⑤

司马迁不仅接受了孟子的史学观,把孟子所理解的孔子作《春秋》

---

① 司马贞《索隐》:"按:《孟子》称尧舜至汤五百余岁,汤至文王五百余岁,文王至孔子五百余岁。按:太史公略取于《孟子》,而扬雄、孙盛深所不然,所谓多见不知量也。以为淳气育才,岂有常数,五百之期,何异瞬息。是以上皇相次,或有万龄为间,而唐尧、舜、禹比肩并列。降及周室,圣贤盈朝;孔子之没,千载莫嗣,安在于千年五百乎?具述作者,盖记注之志耳,岂圣人之伦哉。"(《史记》卷一百三十,第3297页)扬雄之言见于《法言·五百》篇,其文云:"尧、舜、禹,君臣也而并;文、武、周公,父子也而处。汤、孔子数百岁而生。因往以推来,虽千一不可知也。"(汪荣宝:《法言义疏》,第247页)梁玉绳《史记志疑》云:"周公至孔子其年岁不能得知,恐不止五百岁。若孔子卒至汉太初之元,三百七十五年,何概言五百哉!盖此语略取于《孟子》,非事实也。"(梁玉绳撰,贺次君点校《史记志疑》卷三十六,中华书局,1981年,第1466—1467页)司马贞和梁玉绳说为合理。
②《史记》卷一百三十,第3296页。
③ 黄淳耀:《黄陶庵先生全集》卷四《史记评论》,转引自《史记集评》,第487页。
④ 周济:《求志堂存稿汇编》之《味隽斋史义·自序》,转引自《史记集评》,第69页。
⑤ 梁启超:《要籍解题及其读法·史记》,转引自《史记集评》,第75页。

的多层寓意作了阐发,而且在《史记》的实际写作中,无论是全书的布局、史料的选择,还是人物的评价,也都是这样做的。所以,虽然班固对司马迁《史记》的内容颇有微词,但又借刘向、扬雄的话对他高度赞扬:"有良史之材,服其善序事理,辨而不华,质而不俚,其文直,其事核,不虚美,不隐恶,故谓之实录。"① "实录"精神正与孔子《春秋》褒善贬恶的精神一脉相承。虽然汉初孟子及其著作地位不高,但司马迁敏锐地看到了孟子在儒学发展序列中的重要性,批判性地吸收了孟子思想,开尊孟之先声。同时,他又能结合时代特点,客观地评价孟子思想。与《孟子》入经后文人士大夫的顶礼膜拜相比,司马迁的这种态度更为严谨。

四、充分采用《孟子》的史料

　　孟子对上古三代以及夏商周时期的历史十分熟悉,《孟子》一书记载了不少远古时期圣人的言行事迹。这些记载本来是孟子为推行仁政、追述先王盛德而列举的一些证据,但是到司马迁这里,这些证据成为不可多得的历史材料,适当增删就被司马迁写进了《史记》。这既体现了司马迁对孟子所记历史的信任,也体现了他对孟子所加工过的史料所包含的思想的接受。为便于看清两者的关系,比对两者的异同,以下就两书中有关联的主要史料用简表一一对应列出。

序号	《孟子》所记史料	《史记》所用史料
1	《梁惠王下》:昔者大王居邠,狄人侵之。事之以皮币,不得免焉。事之以犬马,不得免焉。事之以珠玉,不得免焉。乃属其耆老而告之曰:"狄人之所欲者,吾土地也。吾闻之也:君子不以其所以养人者害人。二三子何患乎无君,我将去之。"去邠,逾梁山,邑于岐山之下居焉。邠人曰:"仁人也,不可失也。"从之者如归市。或曰:"世守也,非身之所能为也,效死勿去。"君请择于斯二者。	《周本纪》:古公亶父复修后稷、公刘之业,积德行义,国人皆戴之。薰育戎狄攻之,欲得财物,予之。已复攻,欲得地与民。民皆怒,欲战。古公曰:"有民立君,将以利之。今戎狄所为攻战,以吾地与民。民之在我,与其在彼,何异?民欲以我故战,杀人父子而君之,予不忍为。"乃与私属遂去豳,度漆、沮,逾梁山,止于岐下。豳人举国扶老携弱,尽复归古公于岐下。及他旁国闻古公仁,亦多归之。

----

① 《汉书》卷六十二,第 2738 页。

续表

序号	《孟子》所记史料	《史记》所用史料
2	《公孙丑上》：以德行仁者王，王不待大，汤以七十里，文王以百里。以力服人者，非心服也，力不赡也。以德服人者，中心悦而诚服也，如七十子之服孔子也。	《平原君虞卿列传》：且遂（毛遂）闻汤以七十里之地王天下，文王以百里之壤而臣诸侯，岂其士卒众多哉，诚能据其势而奋其威。
3	《滕文公上》：昔者孔子没，三年之外，门人治任将归，入揖于子贡，相向而哭，皆失声，然后归。子贡反，筑室于场，独居三年，然后归。他日，子夏、子张、子游以有若似圣人，欲以所事孔子事之。	《孔子世家》：孔子葬鲁城北泗上，弟子皆服三年。三年心丧毕，相诀而去，则哭，各复尽哀；或复留。唯子赣庐于冢上，凡六年，然后去。 《仲尼弟子列传》：孔子既没，弟子思慕，有若状似孔子，弟子相与共立为师，师之如夫子时也。
4	《滕文公下》：汤居亳，与葛为邻，葛伯放而不祀。……汤始征，自葛载，十一征而无敌于天下。东面而征，西夷怨；南面而征，北狄怨，曰："奚为后我？"民之望之，若大旱之望雨也。	《殷本纪》：汤始居亳，从先王居，作《帝诰》。汤征诸侯。葛伯不祀，汤始伐之。 《淮南衡山列传》：百姓愿之，若旱之望雨。
5	《离娄上》：伯夷辟纣，居北海之滨，闻文王作，兴曰："盍归乎来！吾闻西伯善养老者。"太公辟纣，居东海之滨，闻文王作，兴曰："盍归乎来！吾闻西伯善养老者。"二老者，天下之大老也，而归之，是天下之父归之也。天下之父归之，其子焉往？诸侯有行文王之政者，七年之内，必为政于天下矣。	《周本纪》：西伯曰文王，遵后稷、公刘之业，则古公、公季之法，笃仁，敬老，慈少。礼下贤者，日中不暇食以待士，士以此多归之。伯夷、叔齐在孤竹，闻西伯善养老，盍往归之。太颠、闳夭、散宜生、鬻子、辛甲大夫之徒皆往归之。 《齐太公世家》：吕尚盖尝穷困，年老矣，以渔钓奸周西伯。西伯将出猎，……载与俱归，立为师。或曰，太公博闻，尝事纣。纣无道，去之。游说诸侯，无所遇，而卒西归周西伯。或曰，吕尚处士，隐海滨。周西伯拘羑里，散宜生、闳夭素知而招吕尚。吕尚亦曰"吾闻西伯贤，又善养老，盍往焉"①。

---

① 焦循注《孟子》"伯夷辟纣"章云："《史记》列三说，是当以《孟子》为断。"（《孟子正义》卷十五，第513页）

序号	《孟子》所记史料	《史记》所用史料
6	《万章上》：父母使舜完廩，捐阶，瞽瞍焚廩。使浚井，出，从而掩之。象曰："谟盖都君咸我绩。牛羊父母，仓廩父母，干戈朕，琴朕，弤朕，二嫂使治朕栖。"象往入舜宫，舜在床琴。象曰："郁陶思君尔。"忸怩。舜曰："惟兹臣庶，汝其于予治。" 《万章上》："象至不仁，封之有庳。"	《五帝本纪》：瞽瞍尚复欲杀之，使舜上涂廩，瞽瞍从下纵火焚廩。舜乃以两笠自扞而下，去，得不死。后瞽瞍又使舜穿井，舜穿井为匿空旁出。舜既入深，瞽瞍与象共下土实井，舜从匿空出，去。瞽瞍、象喜，以舜为已死。象曰："本谋者象。"象与其父母分，于是曰："舜妻尧二女，与琴，象取之。牛羊仓廩予父母。"象乃止舜宫居，鼓其琴。舜往见之。象鄂不怿，曰："我思舜正郁陶！"舜曰："然，尔其庶矣！"又云：封弟象为诸侯。
7	《万章上》：尧崩，三年之丧毕，舜避尧之子于南河之南。天下诸侯朝觐者，不之尧之子而之舜；讼狱者，不之尧之子而之舜；讴歌者，不讴歌尧之子而讴歌舜，故曰天也。夫然后之中国，践天子位焉。	《五帝本纪》：尧崩，三年之丧毕，舜让辟丹朱于南河之南。诸侯朝觐者不之丹朱而之舜，狱讼者不之丹朱而之舜，讴歌者不讴歌丹朱而讴歌舜。舜曰"天也"，夫而后之中国践天子位焉。
8	《万章上》：昔者舜荐禹于天，十有七年，舜崩。三年之丧毕，禹避舜之子于阳城。天下之民从之，若尧崩之后，不从尧之子而从舜也。禹荐益于天，七年，禹崩。三年之丧毕，益避禹之子于箕山之阴。朝觐讼狱者不之益而之启，曰："吾君之子也。"讴歌者不讴歌益而讴歌启，曰："吾君之子也。"	《夏本纪》：帝舜荐禹于天，为嗣。十七年而帝舜崩。三年丧毕，禹辞辟舜之子商均于阳城。天下诸侯皆去商均而朝禹。……十年，帝禹东巡狩，至于会稽而崩。以天下授益。三年之丧毕，益让帝禹之子启，而辟居箕山之阳。禹子启贤，天下属意焉。及禹崩，虽授益，益之佐禹日浅，天下未洽。故诸侯皆去益而朝启，曰"吾君帝禹之子也"①。
9	《万章上》：伊尹相汤以王于天下。汤崩，大丁未立，外丙二年，仲壬四年。大甲颠覆汤之典刑，伊尹放之于桐。三年，大甲悔过，自怨自艾，于桐处仁迁义；三年，以听伊尹之训己也，复归于亳。	《殷本纪》：汤崩，太子太丁未立而卒，于是乃立太丁之弟外丙，是为帝外丙。帝外丙即位三年，崩，立外丙之弟中壬，是为帝中壬。帝中壬即位四年，崩，伊尹乃立太丁之子太甲。太甲，成汤适长孙也，是为帝太甲。帝太甲元年，伊尹作《伊训》，作《肆命》，作《徂后》。帝太甲既立三年，不明，暴虐，不遵汤法，乱德，于是伊尹放之于桐宫。三年，伊尹摄行政当国，以朝诸侯。帝太甲居桐宫三年，悔过自责，反善，于是伊尹乃迎帝太甲而授之政。

---

① 基本全引孟子文。

序号	《孟子》所记史料	《史记》所用史料
10	《万章上》：孔子不悦于鲁卫，遭宋桓司马将要而杀之，微服而过宋。	《宋微子世家》：二十五年，孔子过宋，宋司马桓魋恶之，欲杀孔子，孔子微服去。

以上所选有关史料，或是《孟子》之前的文献未曾记载过的，或是有记载但十分简略的，如第 6 条，《尚书·尧典》仅说："瞽子。父顽，母嚣，象傲。"[①]与《孟子》、《史记》相比，极为简略。因此可以说，《史记》的这些相关史料主要是从《孟子》这里获取的，有的几乎是照搬，如表中第1、3、6、7、8 条。另外，孟子讲这些史实主要是为宣扬仁义、孝道，而司马迁运用这些史实也有着类似的意义指向。上载司马迁文已很明显，此不赘述。

第二节　《汉书》的孟学观

在《汉书》中，提到孟子或孟轲的有八处，提到《孟子》书名的有五次，直接标明引用孟子原话的有五处，没有明确标明但与《孟子》相似的文句有五十余处[②]。《汉书》的孟学观，除了反映在引文上外，还较为集中地体现在《汉书》的《艺文志》、《楚元王传》、《儒林传》、《叙传》等篇中，主要涉及以下几方面。

一、重新确认孟子的师承关系及著作篇数

《史记·孟子荀卿列传》把孟子定位子思门人弟子，《汉书》则直接把孟子说成是子思的弟子。《汉书·艺文志》云："《孟子》，十一篇。名轲，邹人，子思弟子，有《列传》。"《艺文志》虽是班固在刘向、刘歆《七略》基础上删取的结果，但在取舍之间也正体现了班固的观点。这种看

---

① 《十三经注疏·尚书正义》卷二，第 123 页。
② 本统计是在陈雄根、何志华编著的《先秦两汉典籍引〈孟子〉资料汇编》基础上的整理和梳理。

法可能与汉代儒家独尊地位有关。司马迁时,儒家地位已经有了相当影响,因而《史记》也呈现出明显的崇孔尊孟倾向,但同时仍具有较强的思想包容性。到武帝、董仲舒等人"罢黜百家,独尊儒术",新兴儒学遂成为国家专制工具。班固时期,儒学的影响已是如日中天,时人评论作家作品都喜欢依经立论,如班固对屈原、司马迁的批评,都是指责他们违背儒家经典,不合儒家要义①。因此,作为儒家代表人物之一的孟子,自然也受到了班固的尊崇。在《汉书·古今人物表》中,班固把孔子列入"上上圣人",作为历史上的最后一个圣人,把孟子列入"上中仁人",与公刘、伊尹、伯夷、召公、颜渊、子思同列,加上略晚于孟子的荀子也把孟子与子思并立而论,所以班固把孟子说成是子思弟子也就在情理之中了。而且,班固的观点还代表着除司马迁之外汉代学者的普遍看法,如刘向《列女传》说孟子"师事子思,遂成天下之名儒家",赵岐《孟子题辞》说他"长师孔子之孙子思,治儒术之道",以及稍后的应劭《风俗通义·穷通篇》说"孟子受业于子思"。可见,在儒术独尊思潮下,对于孟子的师承关系,孟子自己的"私淑"之说已经不能适应儒家学者们崇敬心理的需要,因而被"荣幸"地确定为"名门之后",如此方能与其地位和影响相符。当然,这种看法受到了后世学者的诸多批评,认为并不符合事实,如毛奇龄《四书賸言》、焦循《孟子正义》等,论者甚多,此不赘述。

司马迁说《孟子》有七篇,《汉书·艺文志》以及应劭《风俗通义》说有十一篇,汉末赵岐把今本七篇称为内篇,其余四篇《性善》、《辩文》、《说孝经》、《为政》称为外篇,说"其文不能宏深,不与内篇相似,似非孟子本真",因而不予作注,后世遂亡佚。《艺文志》著录十一篇,但没有标明篇名,不知是否就包括了赵岐说的四篇。班固对《史记》很熟,但对《史记》的《孟子》七篇之说没有解释,径直标为十一篇。这有两个可能:

---

① 《汉书·司马迁传》云:"司马迁据《左氏》、《国语》,采《世本》、《战国策》,述《楚汉春秋》,接其后事,讫于天汉。其言秦汉,详矣。至于采经摭传,分散数家之事,甚多疏略,或有抵梧。亦其涉猎者广博,贯穿经传,驰骋古今,上下数千载间,斯以勤矣。又其是非颇缪于圣人,论大道而先黄老而后六经,序游侠则退处士而进奸雄,述货殖则崇势利而羞贱贫,此其所蔽也。"(《汉书》卷六十二,第2737—2738页)班固《离骚序》云:"今若屈原,露才扬己,竞乎危国群小之间,以离谗贼。然责数怀王,怨恶椒兰,愁神苦思,强非其人,忿怼不容,沉江而死,亦贬絜狂狷景行之士。"并批评《离骚》中的神话传说、想象等"皆非法度之政,经义所载"。

一是班固只是照录刘氏父子之说，原文就是如此；二是司马迁时只有七篇，后人整理了四篇，所以班固看到的有十一篇①。这些仅是猜测，没有证据可言。另外，《艺文志》还在阴阳家列有"《孟子》一篇"，内容是什么，已不可考。

二、批驳司马迁对孟子的"迂阔"之论

司马迁在孟子本传中评价他"迂远而阔于事情"，这一看法成为汉人批评孟子常提及的口实，似乎成了一种通论。班固对此予以了驳斥，《汉书·叙传》云：

> 且功不可以虚成，名不可以伪立，韩设辩以徼君，吕行诈以贾国。《说难》既酋，其身乃囚；秦货既贵，厥宗亦隧。是故仲尼抗浮云之志，孟轲养浩然之气，彼岂乐为迂阔哉？道不可以贰也。②

班固明确反对司马迁对孟子"迂远而阔于事情"的评价。司马迁的结论是从孟子主张的实际功效以及时代的需求出发而得出的，他的迂阔之论并非贬斥孟子，而应该是一种客观的评述。但是，班固批评了司马迁的看法，在他看来，孟子本人也应该知道自己的性善论、仁义之道和仁政等主张与当世君主的要求不合，但是孟子却始终坚持自己的学说，明知不可为而为之，这并非孟子本人"迂阔"，也不是孟子"乐为迂阔"，而正是孟子坚持儒家道义的可贵处。班固以为，孔子、孟子坚持以儒家之道游说君主，不愿曲道以随君，是因为他们明白"道不可以贰"，即儒家道义必有自己的传统，不能与时更改。正是从这种思想出发，班固高度赞扬了孟子"养浩然之气"的行为，充分肯定了孟子的人品和学说。

与孔子、孟子形成对比，班固还列举了韩非、吕不韦为例：韩非仅通过善辩而取信于国君，吕不韦机谋巧诈，以商贾方式得势于秦国。但是韩非《说难》写成，即身陷囚牢，子楚显贵于秦国，吕氏宗族也就走向衰落。因此他总结说："功不可以虚成，名不可以伪立。"言下之意是，韩非、吕氏虽可通过虚伪获得功名，但也只是昙花一现，终不长久。而孔孟

---

① 也有人认为司马迁之前就存十一篇，但司马迁只相信这七篇是孟子的。所以蒋伯潜《十三经概说》说，司马迁可能已经看出外书四篇并非孟子所作，所以只说孟子作七篇。
② 《汉书》卷一百上，第4227—4228页。

以耿直之志气坚守儒家道义,虽暂时贫困而实有长久之功名,两相比较,境界固然相去万里。所以在《汉书·古今人物表》中,班固把孔子列入"上上圣人",孟子入"上中仁人",而把韩非列入"中上",吕不韦仅入"中中"。在班固看来,"迂阔"非但不是孟子学说的缺陷,反倒是孟子较时人眼光长远的表现。

班固还对孟子的学术和才能予以甚高评价,《汉书·艺文志》云:

> 儒家者流,盖出于司徒之官,助人君顺阳阳明教化者也。游文于六经之中,留意于仁义之际,祖述尧舜,宪章文武,宗师仲尼,以重其言,于道最为高。[①]

这虽是总评儒家学派诸子,但对孟子的针对性最强。因为"仁义二字,为孟子一切学问总宗旨"[②],"孟子道性善,言必称尧舜"(《孟子·滕文公上》),而且屡屡称道汤、文、武等先圣,对孔子的推崇更是无以复加,说"乃所愿,则学孔子","自生民以来,未有盛于孔子也"(《孟子·公孙丑上》)。《艺文志》所列举的"儒家者流"著作,甚至包括后世的儒学著作,在以上几个方面都超过孟子的,还几乎没有。因此可以说,《艺文志》的这段评价主要是以《孟子》为标的。在《汉书·楚元王传》中,班固于传末赞曰:

> 仲尼称"材难不其然与"! 自孔子后,缀文之士众矣,唯孟轲、孙况、董仲舒、司马迁、刘向、扬雄。此数公者,皆博物洽闻,通达古今,其言有补于世。传曰"圣人不出,其间必有命世者焉",岂近是乎?[③]

班固把孟子等人作为孔子之后的贤才,认为他们"博物洽闻,通达古今",所以"其言有补于世"。对于孟子言论的补世之功,司马迁也曾认为孟子的义利之辨有利于"绝惠王利端",防止乱国之始。班固还从孟子的补世之功,自然联想到了孟子"五百年必有王者兴,其间必有名世者"的话,孟子虽然相信自己就是"名世者",但是一直羞于说出口,班固这里正式认可了他的这一角色。

---

① 《汉书》卷三十,第 1728 页。
② 梁启超:《读孟子界说》,见《饮冰室合集》第一册,第 18 页。
③ 《汉书》卷三十六,第 1972 页。

三、发挥孟子的君权"天与之"说

班固治国重仁义,但又推崇阴阳五行、天人感应的谶纬神学,把君权的合法性基础上推到天命。而这两者都与孟子有或多或少的联系。《汉书》对仁义的重视虽然源自整个儒家传统,但在把仁义作为得失天下的根本这一点上,孟子的影响却是最为突出的。在《汉书·陈胜项籍传》中,班固十分赞同贾谊对秦亡的总结:"仁谊不施,而攻守之势异也。"①并用司马迁的话解释说:"及羽背关怀楚,放逐义帝,而怨王侯畔己,难矣。自矜功伐,奋其私智而师古,始霸王之国,欲以力征经营天下,五年卒亡其国,身死东城,尚不觉寤,不自责过失,乃引'天亡我,非用兵之罪',岂不谬哉!"②又在《汉书·刑法志》中说:"《洪范》曰:'天子作民父母,为天下王。'圣人取类以正名,而谓君为父母,明仁爱德让,王道之本也。"③把"仁爱德让"作为"王道之本",让我们更多联想到孟子的"王亦曰仁义而已矣,何必曰利"、"仁者无敌"等思想。

班固的君权神授思想,可能与孟子也有一些渊源。前文在《导言》一节,已经粗略梳理过孟子之前以及孟子本人对君权合法性的分析,要之,孟子以为君权乃"天与之",天重民意,实际又归结为"民与之"。"天与之"、"民与之"的决定性因素皆为天子之德性。孟子的这个思想,在《汉书》中表现得较为明显。班固在《叙传》中述其父《王命论》云:

> 盖在高祖,其兴也有五:一曰帝尧之苗裔,二曰体貌多奇异,三曰神武有征应,四曰宽明而仁恕,五曰知人善任使。加之以信诚好谋,达于听受,见善如不及,用人如由己,从谏如顺流,趣时如响赴;当食吐哺,纳子房之策;拔足挥洗,揖郦生之说;寤戍卒之言,断怀土之情;高四皓之名,割肌肤之爱;举韩信于行陈,收陈平于亡命,英雄陈力,群策毕举:此高祖之大略,所以成帝业也。若乃灵瑞符应,又可略闻矣。初刘媪任高祖而梦与神遇,震电晦冥,有龙蛇之怪。……故淮阴、留侯谓之天授,非人力也。④

---

① 《汉书》卷三十一,第 1825 页。
② 《汉书》卷三十一,第 1826 页。
③ 《汉书》卷二十三,第 1079 页。
④ 《汉书》卷一百上,第 4211—4212 页。

在班固分析高祖得天下的五个原因中,前三者属于天命授权,可以理解为孟子所说的"荐于天而天受之";后两者属于君主之德,可以理解为孟子所说的"暴之于民而民受之"。孟子重君主之德,班固也详尽叙述了高祖"宽明而仁恕"、"知人善任使"的品德,他还在《汉书·鲍宣传》中借鲍宣的话说:"天人同心,人心说则天意解矣。"① 在《汉书·刑法志》中说:"《诗》云'宜民宜人,受禄于天'。《书》曰'立功立事,可以永年'。言为政而宜于民者,功成事立,则受天禄而永年命。"② 不同之处在于,班固不仅叙述了天命在人事上的体现,还格外强调了天命在自然现象中的表现,所谓"震电晦冥,有龙蛇之怪"一类,此即为"灵瑞符应"。如果说,孟子把"天与之"最后落实到"民与之"是消减了天的神秘性,那么《汉书》两者并重就是对天超越性力量的肯定,而这又主要是受公羊学派特别是董仲舒天人感应说的影响。当然,如果从广义的角度理解,无论是人事的暗示还是自然界的表现,都可以纳入孟子说的"天不言,以行与事示之而已矣"的范围。许殿才教授说,《汉书》中所言天对人的影响主要有两条:一是认可人间的君主,如果天承认一个帝王的合法,就会降下一些符瑞显示他的意志,对于失德而不称职的君主,天也会降下灾异预示他的灭亡。二是执政者如果昏庸暴虐,不合天意民心,天就会降下种种灾异警告,如果还不幡然改过,那么天就会取消对他的佑助,这就是谴告说③。无论天显示符瑞还是灾异,它所根据的标准都是君主的德行,这一点又与孟子"天与之"、"民与之"说相通。

班固在君位的传承上,还吸收了孟子"创业垂统"的观点。孟子曾说:"苟为善,后世子孙必有王者矣。君子创业垂统,为可继也。若夫成功,则天也。"(《孟子·梁惠王下》)孟子认为君主"创业垂统"就是为了可以代代相传,但是否成功却还得依靠天命。班固写《汉书》的目的,也正是要以儒家经学为指导,以史学著述的形式来歌颂汉家天子的功德,使其"扬名于后世,冠德于百王"④。所以他在叙述写作《高帝纪》目的时说:"皇矣汉祖,纂尧之绪,实天生德,聪明神武。……神母告符,朱旗乃

---

① 《汉书》卷七十二,第3092页。
② 《汉书》卷二十三,第1112页。
③ 许殿才:《〈汉书〉中的天人关系》,《历史研究》1992年第4期。
④ 《汉书》卷一百下,第4235页。

举,粤蹈秦郊,婴来稽首。革命创制,三章是纪,应天顺民,五星同晷。"①
又在《眭弘传》中借眭弘引董仲舒话说:"汉家尧后,有传国之运。……
以承顺天命。"②把刘汉王朝看成是尧的绪统,是天命所属,民意所向。这
实际就是孟子所说的"创业垂统"和天命论。而且,《汉书》还多次引用
了孟子"创业垂统"的说法,如《司马相如传上》中天子在反省自己的奢
侈行为时说:"此大奢侈!……非所以为继嗣创业垂统也。"③该篇下又借
司马相如的话说:"且夫贤君之践位也,……必将崇论闳议,创业垂统,
为万世规。"④借匡衡话说:"受命之王务在创业垂统传之无穷,继体之君
心存于承宣先王之德而褒大其功。"⑤这种"创业垂统"说又影响着后来
的正统论,使之成为后世学人长期关注的话题。

四、对《孟子》史料与文句的处理

班固《汉书》在记载西汉初年到汉武帝时期的历史时,基本采用了
《史记》的内容,以至于后人说他"自高祖至武帝,凡六世之前,尽窃迁
书"(《通志·总序》)。因此,在对《孟子》一书所涉及上古史料的采用
上,《汉书》主要继承了《史记》的做法,但是又有一些区别。细细划分,
《汉书》对这类史料的处理方式有三种:

一是完全照搬《史记》。如孟子评百里奚说:"虞不用百里奚而亡,
秦缪公用之而霸。"(《孟子·告子下》)《史记·淮阴侯列传》略加补充:
"仆闻之,百里奚居虞而虞亡,在秦而秦霸,非愚于虞而智于秦也,用与不
用,听与不听也。"⑥《汉书·韩信传》也说:"仆闻之,百里奚居虞而虞亡,
之秦而秦伯,非愚于虞而智于秦也,用与不用,听与不听耳。"⑦

二是对《孟子》和《史记》略作概括和改动,用其大意。如《孟
子·万章上》记载尧舜更替:"尧崩,三年之丧毕,舜避尧之子于南河之
南。天下诸侯朝觐者,不之尧之子而之舜;讼狱者,不之尧之子而之舜;

---

① 《汉书》卷一百下,第 4236 页。
② 《汉书》卷七十五,第 3154 页。
③ 《汉书》卷五十七上,第 2572 页。
④ 《汉书》卷五十七下,第 2585 页。
⑤ 《汉书》卷八十一,第 3338 页。
⑥ 《史记》卷九十二,第 2618 页。
⑦ 《汉书》卷三十四,第 1870 页。

讴歌者,不讴歌尧之子而讴歌舜,故曰天也。夫然后之中国,践天子位焉。"《史记·五帝本纪》基本照搬:"尧崩,三年之丧毕,舜让辟丹朱于南河之南。诸侯朝觐者不之丹朱而之舜,狱讼者不之丹朱而之舜,讴歌者不讴歌丹朱而讴歌舜。舜曰'天也',夫而后之中国践天子位焉。"而《汉书·董仲舒传》概括为:"尧崩,天下不归尧子丹朱而归舜。舜知不可辟,乃即天子之位,以禹为相,因尧之辅佐,继其统业,是以垂拱无为而天下治。"事件基本相同,但加入了时代的特征:无为而治的黄老思想。又如,孟子在《万章下》讲周朝的爵禄,他说:"天子一位,公一位,侯一位,伯一位,子、男同一位,凡五等也。……天子之制,地方千里,公侯皆方百里,伯七十里,子、男五十里,凡四等。不能五十里,不达于天子,附于诸侯,曰附庸。"《汉书·地理志上》也有对应的一段话:"周爵五等,而土三等:公、侯百里,伯七十里,子、男五十里。不满为附庸,盖千八百国。"① 但班固对爵位、土地的划分与《孟子》略有不同 ②,《孟子》爵有五等:天子、公、侯、伯和子男,土地有四等:天子千里、公侯百里、伯七十里、子男五十里,但《汉书·地理志》中不但爵中无天子,就是土地等级中也没有天子。天子爵禄的缺失,正是对当时汉家天子无上尊崇的表现,与老子的"大音希声,大象无形"(《老子》第四十一章)有异曲同工之妙。

三是直接用《孟子》的材料作史料。如《孟子·滕文公上》载孟子介绍井田的情况:"请野九一而助,国中什一使自赋。卿以下必有圭田,圭田五十亩,余夫二十五亩。死徙无出乡,乡田同井,出入相友,守望相助,疾病相扶持,则百姓亲睦。方里而井,井九百亩,其中为公田,八家皆私百亩,同养公田。"《汉书·食货志》引之为:"井方一里,是为九夫。八家共之,各受私田百亩,公田十亩,是为八百八十亩,余二十亩以为庐舍。出入相友,守望相助,疾病相救,民是以和睦。" ③

与《史记》相比,《汉书》采用《孟子》一书的史料更为谨慎,更注重

---

① 《汉书》卷二十八上,第1542页。
② 《汉书·地理志》的记载与《书》、《礼记》也有出入。《尚书·武成》说"列爵惟五,分土惟三"。《礼记·王制》说"王者之制禄爵,公、侯、伯、子、男,凡五等。……天子之田方千里,公侯田方百里,伯七十里,子男五十里"。爵中没有天子,土地分的等级与孟子一样。
③ 《汉书》卷二十四上,第1119页。

史料中的义理因素。对《孟子》其他文句的称引也体现了这个特点。在《孟子》原文的基础上,《汉书》有时是扩大原意而用,有时是缩小原意而用。如在《万章下》中孟子曾说:"抱关击柝者,皆有常职以食于上。无常职而赐于上者,以为不恭也。"孟子认为,有职务哪怕是守门打更也可以接受上面的给养,但是没有职务却接受赐予,这是不恭敬的行为。孟子这里强调的是士的礼。《汉书·货殖传》也有一段类似的话:"昔先王之制,自天子公侯卿大夫士至于皂隶抱关击柝者,其爵禄奉养宫室车服棺椁祭祀死生之制各有差品,小不得僭大,贱不得逾贵。夫然,故上下序而民志定。"① 这段话是对上引《孟子》语意的扩展,最后还把孟子说的士礼上升到"序上下"、"定民志"的普遍的礼制。又如《梁惠王下》有这样一段对话:"齐宣王问曰:'文王之囿方七十里,有诸?'孟子对曰:'于传有之。'曰:'若是其大乎?'曰:'民犹以为小也。'曰:'寡人之囿方四十里,民犹以为大,何也?'曰:'文王之囿方七十里,刍荛者往焉,雉兔者往焉,与民同之。民以为小,不亦宜乎?臣始至于境,问国之大禁,然后敢入。臣闻郊关之内,有囿方四十里,杀其麋鹿者如杀人之罪,则是方四十里为阱于国中,民以为大,不亦宜乎?'"在《汉书·扬雄传上》里,这段话被概括为:"文王囿百里,民以为尚小;齐宣王囿四十里,民以为大:裕民之与夺民也。"② 狩猎场的大小,实质就是"裕民"与"夺民"的区别。这是语意缩小的用法。

　　总之,作为史书,《汉书》比《史记》更为推崇孟子,对其学术思想也是全盘肯定,充分吸收。这是儒学发展的结果,也是汉王朝大一统思想和专制统治的必然趋势。

---

① 《汉书》卷九十一,第 3679 页。
② 《汉书》卷八十七上,第 3540—3541 页。

第八章　两汉经学中的孟学

经学是汉代学术的主要形式,它不但影响了汉代的政治格局、思想特点、学术旨趣,还影响了汉代文艺创作、文艺评论的风格等诸多方面。可以说,经学的影响渗透到了汉代的政治、思想、文化乃至士人的生活方式等多个领域。经学的主体除了儒家《五经》之外,还有与经相对应的传。赵岐《孟子题辞》云:"汉兴,除秦虐禁,开延道德。孝文皇帝欲广游学之路,《论语》、《孝经》、《孟子》、《尔雅》皆置博士,后罢传记博士,独立《五经》而已。"① 汉代与《五经》相配的传主要有《论语》等四部,而且都曾设为博士,作为《五经》的辅翼。孟子的总体影响在西汉一度不高,在经学内部影响也有限,但其说《诗》的方法、思想,对汉初形成的四家诗倒有不小影响②。其思想先后经过盐铁会议和白虎观会议的发挥,地位有所上升。到东汉,孟子的地位进一步提高,陆续有人为《孟子》作注,出现了程曾、郑玄、高诱、赵岐、刘熙等人的注。其中,赵岐《孟子章句》可谓佼佼者,也是今人能看到的最早的最完整的汉代注本。与从子学、史学视角去考察孟学相比,从经学视角去审视孟学,这使它具有了不同的特点。可以说,汉代经学领域内自觉与不自觉的孟子学说研究,可算作是《孟子》入经的第一步。

第一节　韩婴《韩诗外传》对孟子学说的吸收

在经学正式展开之前,四家诗是儒学中的突出代表,其中《韩诗》对孟子学说的发挥最为突出。本节对其进行梳理和分析,以此可以见出早

---

① 赵岐:《孟子章句・孟子题辞》,第66页。
② 孟子与四家诗的关系,研究者不少。可参见李华《孟子与汉代〈诗经〉学研究——以四家诗为主要对象》。

期经学领域中孟学的特点。

孟子是战国《诗》学传播中的重要人物。赵岐《孟子题辞》说孟子"通《五经》,尤长于《诗》《书》"。这还可从今本《孟子》引《诗》近四十处见出一斑。孟子后传《诗》最突出者为荀子,《荀子》不但引诗最多,而且据说四家诗与之都有渊源,甚至认为"《韩诗》,荀卿子之别子也"①。至汉初,《诗》学出现了一个高潮,形成了齐、鲁、韩、毛四家诗。儒学独尊后,《诗》学演变为经学。韩婴的《韩诗外传》就是这个转变期间的著作。司马迁云:"韩生者,燕人也。孝文帝时为博士,景帝时为常山王太傅。韩生推《诗》之意而为内外传数万言,其语颇与齐鲁间殊,然其归一也。淮南贲生受之。自是之后,而燕赵间言《诗》者由韩生。"②就《韩诗》学术渊源而言,刘毓庆先生说,"在'四家诗'中,《韩诗》性格是最复杂的一家",它"对于前代《诗》专家,唯许子夏","对李克的崇敬……似乎也披露出了《韩诗》与魏国李克的关系",但"从内容看,《韩诗》似乎受《鲁诗》近祖荀子的影响更大",甚至还"沾有阴阳家之气"③。除刘先生所言及的思想之外,孟子对《韩诗外传》的影响也较为明显,徐复观先生说"韩婴虽受荀子的影响很大,而在他自己,则是要由融合儒门孟荀两大派以上合于孔子的"④。韩婴的这种做法和趋势,甚至代表了汉代儒士的普遍做法。韩婴吸收孟子思想来印证诗义⑤,涉及孟子理想的君臣观、圣贤观、性善论、民本思想等。

---

① 王先谦:《荀子集解·考证下》录汪中《荀子通论》,第21页。

②《史记》卷一百二十一,第3124页。也见于班固《汉书》卷八十八,第3613—3614页,所载比《史记》略详。

③ 刘毓庆、郭万金:《从文学到经学——先秦两汉诗经学史论》,华东师范大学出版社,2009年,第235—237页。

④ 徐复观:《两汉思想史》第三卷,第15页。

⑤ 关于《韩诗》所述之事与所引之诗的关系,学界一直有争议,主要是以事证诗,还是引诗以证事的问题。《四库全书总目提要》"《韩诗外传》十卷通行本"条引王世贞语云:"《外传》引诗以证事,非引事以明诗。"(万有文库《四库全书总目提要》第四册经部《诗》类二,第44页)徐复观先生说:"《外传》表达的形式,除继承《春秋》以事明义的传统外,更将所述之事与《诗》结合起来,而成为事与诗的结合,实即史与诗互相证成的特殊形式,亦由《荀子》发展而来。"(徐复观《两汉思想史》第三卷,第5页)观《韩诗》体式,基本是先叙事或说理,最后引诗加以印证,这应该是韩婴有意为之的结果,所以看成是以事、理证诗比较妥当。

一、吸收了孟子"不召之臣"的思想

在人格上君臣平等,在德行修养上臣为君师,这是孟子理想的君臣观。所以他引曾子的话评述君臣关系:"彼以其富,我以吾仁;彼以其爵,我以吾义,吾何慊乎哉?"又说:

> 故将大有为之君,必有所不召之臣;欲有谋焉,则就之。其尊德乐道,不如是不足与有为也。故汤之于伊尹,学焉而后臣之,故不劳而王。桓公之于管仲,学焉而后臣之,故不劳而霸。……管仲且犹不可召,而况不为管仲者乎?(《孟子·公孙丑下》)

孟子认为有盛德之人,君主应该亲自前往请教、学习,先以之为师,再以之为臣,而不是假以权势召见。他多次表达了这一思想,当万章问交友原则时,他说:"费惠公曰:'吾于子思,则师之矣;吾于颜般,则友之矣;王顺、长息则事我者也。'非惟小国之君为然也,虽大国之君亦有之。晋平公之于亥唐也,入云则入,坐云则坐,食云则食,虽蔬食菜羹,未尝不饱,盖不敢不饱也。"(《孟子·万章下》)君主对于德高如子思者,只能以之为师。小国之君与大国之君有不召之臣,天子也是如此,所以孟子又说:"为其多闻也,则天子不召师,而况诸侯乎?为其贤也,则吾未闻欲见贤而召之也。缪公亟见于子思,曰:'古千乘之国以友士,何如?'子思不悦,曰:'古之人有言:曰事之云乎,岂曰友之云乎?'子思之不悦也,岂不曰:'以位,则子,君也;我,臣也。何敢与君友也?以德,则子事我者也。奚可以与我友?'千乘之君求与之友,而不可得也,而况可召与?"(《孟子·万章下》)天子不能召见贤德之人,诸侯甚至不能以之为友,所以说"以德,则子事我者也。奚可以与我友"?作为文帝的博士,韩婴继承了孟子天子有不召之臣和诸侯不能友贤德之人的君臣思想。他在《韩诗外传》卷一先引述原宪与子贡的故事:

> 原宪居鲁,环堵之室,茨以蒿莱,蓬户瓮牖,揉桑而无枢,上漏下湿,匡坐而弦歌。子贡乘肥马,衣轻裘,中绀而表素,轩不容巷,而往见之。……子贡曰:"嘻!先生何病也?"原宪仰而应之曰:"宪闻之:无财之谓贫,学而不能行之谓病。宪贫也,非病也。若夫希世而行,比周而友,学以为人,教以为己,仁义之匿,车马之饰,衣裘之丽,

宪不忍为之也。"子贡逡巡,面有惭色,不辞而去。①

韩婴对此评价说:"天子不得而臣也,诸侯不得而友也。故养身者忘家,养志者忘身,身且不爱,孰能忝之。《诗》曰:'我心匪石,不可转也;我心匪席,不可卷也。'"②韩婴用这则故事,生动阐释了孟子的君臣思想,意在表明,原宪虽贫于物质财富,但富有仁义之德,后者远比前者重要。所以韩婴概括孟子的话说"天子不得而臣也,诸侯不得而友也",认为一个人只要养身养志,就可以忘掉身家,如此,则包括天子、诸侯在内的人都不能侮辱他。

二、吸收和发展了孟子对前代圣贤的评价

孟子在《公孙丑上》《万章下》《尽心上》等章中,对前代圣贤伯夷、柳下惠、孔子以及伊尹等人进行了褒扬,韩婴基本吸收了孟子的评价。《孟子·万章下》云:"伯夷,目不视恶色,耳不听恶声,非其君不事,非其民不使,治则进,乱则退。横政之所出,横民之所止,不忍居也。思与乡人处,如以朝衣朝冠坐于涂炭也。……故闻伯夷之风者,顽夫廉,懦夫有立志。……柳下惠,不羞污君,不辞小官;进不隐贤,必以其道;遗佚而不怨,厄穷而不悯。与乡人处,由由然不忍去也。'尔为尔,我为我,虽袒裼裸裎于我侧,尔焉能浼我哉?'故闻柳下惠之风者,鄙夫宽,薄夫敦。……孔子之去齐,接淅而行;去鲁,曰:'迟迟吾行也。'去父母国之道也。可以速而速,可以久而久,可以处而处,可以仕而仕,孔子也。……伯夷,圣之清者也;伊尹,圣之任者也;柳下惠,圣之和者也;孔子,圣之时者也。孔子之谓集大成。"《韩诗》基本照录以上一段话,只是评价孔子的用词略有不同。其文曰:

> 伯夷、叔齐目不视恶色,耳不听恶声。非其君不事,非其民不使。横政之所出,横民之所止,弗忍居也。思与乡人居,若朝衣朝冠,坐于涂炭也。故闻伯夷之风者,贪夫廉,懦夫有立志。至柳下惠则不然。不羞污君,不辞小官。进不隐贤,必由其道。厄穷而不悯,

①《韩诗外传集释》卷一,第11页。
②《韩诗外传集释》卷一,第12页。

遗佚而不怨。与乡人居,愉愉然不去也。虽袒裼裸裎于我侧,彼安能浼我哉?故闻柳下惠之风,鄙夫宽,薄夫厚。至乎孔子去鲁,迟迟乎其行也,可以去而去,可以止而止,去父母国之道也。伯夷,圣人之清者也,柳下惠,圣人之和者也,孔子,圣人之中者也。《诗》曰:"不竞不絿,不刚不柔。"中庸和通之谓也。①

对伯夷、叔齐的评价与孟子一致。对孔子,孟子称之为"圣之时者",韩婴称之为"圣之中者"。赵岐《孟子章句》注云:"孔子时行则行,时止则止。"②朱熹《孟子集注》注云:"谓孔子仕、止、久、速,各当其可,盖兼三子之所以圣者而时出之,非如三子之可以一德名也。"③《中庸》云:"中也者,天下之大本也","君子之中庸也,君子而时中。"朱熹注云:"中者,不偏不倚、无过不及之名。""君子之所以为中庸者,以其有君子之德,而又能随时以处中也。"④可见,韩婴说的"中"就是孟子说的"时"之义。另外,韩婴也引用了孟子赞扬伊尹的话,他说:"高子问于孟子曰:'夫嫁娶者非己所自亲也,卫女何以编于《诗》也?'孟子曰:'有卫女之志则可,无卫女之志则怠。若伊尹于太甲,有伊尹之志则可,无伊尹之志则篡。夫道二,常之谓经,变之谓权。怀其常道而挟其变权,乃得为贤。夫卫女行中孝,虑中圣,权如之何?'"⑤孟子原话是"有伊尹之志,则可;无伊尹之志,则篡也"(《孟子·尽心上》)。虽然他所引孟子的话只有两句见于今本《孟子》,即可能有他自己的增益,而且孟子重在诚信之德,韩婴重在经权的把握,但在称许伊尹为贤人上,二人是完全一致的。孟子认为孔子集伯夷、伊尹、柳下惠等人德行之大成,所以伯夷等人较之略微逊色。韩婴除引孟子评述他们的原文外,还对这一层含义有所阐发和发挥。他说:

> 仁道有四,磏为下。有圣仁者,有智仁者,有德仁者,有磏仁者。上知天能用其时,下知地能用其财,中知人能安乐之,是圣仁者也。

①《韩诗外传集释》卷三,第 122 页。
② 赵岐:《孟子章句》卷十,第 144 页。
③《四书章句集注·孟子集注》卷十,第 315 页。
④《四书章句集注·中庸章句》,第 17—19 页。
⑤《韩诗外传集释》卷二,第 34 页。

上亦知天能用其时，下知地能用其财，中知人能使人肆之，是智仁
也。宽而容众，百姓信之，道所以至，弗辱以时，是德仁者也。廉洁
直方，疾乱不治，恶邪不匡，虽居乡里，若坐涂炭，命入朝廷，如赴汤
火，非其民不使，非其食弗尝，疾乱世而轻死，弗顾弟兄，以法度之，
比于不祥，是碨仁者也。……是伯夷、叔齐、卞随、介子推、原宪、鲍
焦、袁旌目、申徒狄之行也，其所受天命之度，适至是而亡，弗能改
也，虽枯槁弗舍也。……碨仁虽下，然圣人不废者，匡民隐括，有在
是中者也。[①]

韩婴把仁分为四等，对应的仁者也有四等。他把伯夷、叔齐归为"碨仁
者"，认为他们正直廉洁，厌恶乱世和邪恶，但是"弗顾弟兄，以法度之，比
于不祥"，所以又为仁者之最下等。"虽居乡里，若坐涂炭，命入朝廷，如
赴汤火，非其民不使，非其食弗尝"，是化用孟子的话。韩婴虽然没有给
出前三者对应的人物，但显然，孔子应属于圣仁者，也许，孟子可以算是
智仁者。可见，与孟子相比，韩婴对伯夷等人的评价又要全面一些。

三、吸收孟子性善论，援以荀子教化说

《韩诗》虽主荀学，但在人性论上，韩婴却以孟子的性善论为主。韩
婴明确表示人心固有仁义礼智。他说："如岁之旱，草不溃茂。然天勃
然兴云，沛然下雨，则万物无不兴起之者。民非无仁义根于心者也，王政
怵迫而不得见。忧郁而不得出，圣王在被躧舄，视不出阁，动而天下随，
倡而天下和。何如在此有以应哉？《诗》曰：'如彼岁旱，草不溃茂。'"[②]
他先引孟子"兴云下雨"[③]之说来印证《大雅·召旻》"如彼岁旱，草不溃
茂"句，然后又借鉴孟子"君子所性，仁、义、礼、智根于心"（《孟子·尽
心上》）之说，认为民众有仁义之本心，就如草木本会茂盛一样，草木溃败
是因为天之旱，人未见民众仁义之行是因为王政之压迫。如果圣王能顺
从民之本性，引导得当，则其仁义之性的实现就会如七八月雨下草长一

---

① 《韩诗外传集释》卷一，第25—26页。
② 《韩诗外传集释》卷五，第197页。
③ 《孟子·梁惠王上》："七八月之间旱，则苗槁矣。天油然作云，沛然下雨，则苗浡然兴之矣。
　 其如是，孰能御之？"孟子用此比喻为了说明仁者无敌。

样不可阻挡。他又在卷六说：

> 　　子曰："不知命，无以为君子。"言天之所生，皆有仁义礼智顺善
> 之心。不知天之所以命生，则无仁义礼智顺善之心。无仁义礼智顺
> 善之心，谓之小人。故曰："不知命，无以为君子。"《小雅》曰："天
> 保定尔，亦孔之固。"言天之所以仁义礼智，保定人之甚固也。《大
> 雅》曰："天生蒸民，有物有则。民之秉彝，好是懿德。"言民之秉德
> 以则天也。不知所以则天，又焉得为君子乎？ ①

赖炎元先生说："命字当解释为《中庸》所说'天命之谓性'的天命，也就
是天所赋予人的善性。" ② 韩婴首先肯定人天生有"仁义礼智顺善之心"。
"顺善之心"就是向善之心，也就是孟子所谓的恻隐之心等四心或者四
端。这四心是"天之所以命生"，"天之所以仁义礼智，保定人之甚固"，
君子与小人皆有。但人之所以有君子、小人之区别，在于君子"知命"，小
人"不知命"，这里的"知"应该是一种内省式的体悟或者说心知，不能体
悟到内心固有之仁义礼智，就相当于没有顺善之心，如此就为小人。如
果人能体悟仁义礼智之德并上合于天，则成为君子。韩氏这里说的君子
与小人，不是指个人具体德行之好坏，而主要是指他能否体悟到仁义礼
智顺善之心，进而达到心性之完满，实现儒家的理想人格。小人即孟子
所说的"行之而不著焉，习矣而不察焉，终身由之而不知其道者，众也"
（《孟子·尽心上》）。

　　韩婴还吸收了孟子"反求诸己"的主张。《韩诗》卷二云：

> 　　原天命，治心术，理好恶，适情性，而治道毕矣。原天命则不惑
> 祸福，不惑祸福则动静循理矣。治心术则不妄喜怒，不妄喜怒则赏
> 罚不阿矣。理好恶则不贪无用。不贪无用则不以物害性矣。适情
> 性则欲不过节，欲不过节则养性知足。四者不求于外，不假于人，反
> 诸己而存矣。夫人者说人者也，形而为仁义，动而为法则。 ③

他认为人修养德行有四个方面，即"原天命，治心术，理好恶，适情性"。

---

① 《韩诗外传集释》卷六，第 219 页。
② 赖炎元：《韩诗外传今注今译》，台北商务印书馆，1979 年，第 255 页。
③ 《韩诗外传集释》卷二，第 77—78 页。

"原天命"实际就是遵循天所赋予人的善性，"治心术"就是培养实现善性的修养方法，"理好恶"就是顺从善性并避免后天恶的影响，"适情性"就是处理好对身、心各自的诉求，使物欲与心性有主次。秉持天命则不会惑于祸福，治理好心术则不会随意喜怒，处理好好恶则不会贪无用之物，调节好情性则不会有过节的欲望。这四种修身养性的方法实际上就是孟子的内圣工夫，所以韩婴说它们无须外求，也不要别人的帮助，只需反省自己，本身就具备了。"反求诸己"后就可使行为合于仁义，受到别人的喜欢，这就是孟子说的"行有不得者皆反求诸己，其身正而天下归之"（《孟子·离娄上》），它是一个由修身到践行的由内而外的过程。

　　与孟子"反求诸己"处在同一层面的修养方法还有他的"求其放心"。孟子曰："仁，人心也；义，人路也。舍其路而弗由，放其心而不知求，哀哉！人有鸡犬放，则知求之；有放心，而不知求。学问之道无他，求其放心而已矣。"（《孟子·告子上》）韩婴吸收了孟子"反求诸己"的思想，对其"求其放心"的工夫，也有借鉴。他在卷四中几乎照搬孟子这段话，他说：

　　　　孟子曰：仁，人心也。义，人路也。舍其路弗由，放其心而弗求。人有鸡犬放，则知求之。有放心而不知求，其于心为不若鸡犬哉？不知类之甚矣。悲矣！终亦必亡而已矣。故学问之道无他焉，求其放心而已。[1]

与《告子上》中那段话相比，除多出"其于心为不若鸡犬哉？不知类之甚矣。悲矣！终亦必亡而已矣"几句外，其余基本一致。但是细查多出的几句，发现也是出自《孟子》，而且相关的段落都与这段话表达的旨趣——不舍本逐末有紧密关联。为便于说明这一点，这里不厌其烦引出原文。"不知类"说在《孟子·告子上》第十二章："孟子曰：'今有无名之指屈而不信，非疾痛害事也，如有能信之者，则不远秦楚之路，为指之不若人也。指不若人，则知恶之；心不若人，则不知恶，此之谓不知类也。'"人心为本，手指为末，强调不舍人心而护手指。"终亦必亡而已矣"说在《孟子·告子上》第十六章："孟子曰：'有天爵者，有人爵者。仁义

---

[1]《韩诗外传集释》卷四，第158页。

忠信,乐善不倦,此天爵也;公卿大夫,此人爵也。古之人修其天爵,而人爵从之。今之人修其天爵,以要人爵;既得人爵,而弃其天爵,则惑之甚者也,终亦必亡而已矣。'"天爵为本,人爵为末,如果个人舍天爵而求人爵,终必亡身。可见,韩婴对《孟子》一书相当熟悉,他这里是把《孟子》相关主题的章糅合在了一起,并以"求其放心"总揽各章。"反求诸己"是个人启动本有之仁义礼智善端,"求其放心"也并非是真从身外寻求。人因后天环境影响而丧失了本心或者良心,要重新拾回,就需要学习。学习的过程,实际上也是启发心智、重启善端的过程。可见,从"仁义礼智根于心"到"反求诸己",再到"求其放心",韩婴是较为全面地借鉴了孟子的性善说以及相应的成德工夫。

韩婴虽然肯定了人固有仁义礼智顺善之心,也看到了心之体悟在成德过程中的重要性,但是,他还是把实现人之善性的根本工夫归结为明王圣主后天的教化,而不是孟子的"扩而充之"或者"思"。《韩诗》卷五云:

> 茧之性为丝,弗得女工燔以沸汤,抽其统理,不成为丝。卵之性为雏,不得良鸡覆伏孚育,积日累久,则不成为雏。夫人性善,非得明王圣主扶携,内之以道,则不成为君子。《诗》曰:"天生烝民,其命匪谌。靡不有初,鲜克有终。"言惟明王圣主然后使之然也。[1]

他认为,茧之本性是丝,但只有经过女工之水煮抽拔,茧才能转化为丝;卵之本性是雏,但只有经过良鸡之孵化,卵才能转化为雏。同理,人之本性为善,但只有明王圣主用道来扶持提携,人性才能转化为善。韩婴把善性的实现说成是"成为君子",这近似于孟子说的"人皆可以为尧舜","君子"与"尧舜"都是一种理想人格境界的描述。这种成人的途径又主要吸收了荀子"化性起伪"的思想。

四、改荀子所"非十二子"为十子

荀子撰《非十二子》篇,对包括子思、孟子在内的先秦十二子进行了尖刻的批判,其中,孟子又是他批判的主要对象,其多数观点都是孟子思

---

[1]《韩诗外传集释》卷五,第185页。

想的反向立论。可以说,荀子是深刻批判孟子学说的第一人。他批判先秦十二子的一段话,被《韩诗》略加改造,用以印证《小雅·角弓》"雨雪麃麃,曣晛聿消"句。其文云:

> 夫当世之愚,饰邪说,文奸言,以乱天下,欺惑众愚,使混然不知是非治乱之所存者,则是范雎、魏牟、田文、庄周、慎到、田骈、墨翟、宋钘、邓析、惠施之徒也。此十子者,皆顺非泽,闻见杂博,然而不师上古,不法先王,按往旧造说,务自为工,道无所遇,二人相从,故曰十子者之工说,说皆不足合大道,美风俗,治纲纪。然其持之各有故,言之皆有理,足以欺惑众愚,交乱朴鄙,则是十子之罪也。若夫总方略,一统类,齐言行,……如是者,仁人之事毕矣,天下之害除矣,圣人之迹著矣。《诗》曰:"雨雪麃麃,曣晛聿消。"①

对比《非十二子》篇与《韩诗》对应的两段话可知,《韩诗外传》这段话源自《非十二子》无疑。但它批评的对象不仅只有十子,而且人物也有差异,《非十二子》无"范雎"、"田文"、"庄周"而有"它嚣"、"陈仲"、"史鰌"。王应麟与卢文弨都认为《荀子·非十二子》篇是韩非、李斯之流附益,应以《韩诗》为正②。笔者认为批评思孟者非韩非、李斯,倒正是荀卿本人,十子说是韩婴对《非十二子》篇的改造。徐复观先生说:"韩氏去子思、孟子,将荀子的'此十二子者',改为'此十子者',并将荀子的仲尼子弓并称,去子弓而仅称仲尼;这都足以表现他在思想上的自主性。"③通观《韩诗外传》引文风格,其最大特点之一便是根据自己的需要随意增删引文,如前文提到的所引《孟子》文。而且所引之事与所证之诗之本义也往往不合,这已为后人反复证明,如其卷一、卷九引《诗经·邶风·柏舟》"我心匪石,不可转也;我心匪席,不可卷也"四句,王先谦就批评说,《韩诗》"屡引此四语,皆断章推演之词,非诗本义"④。《四库全书总目提要》亦云:"其书杂引古事古语,证以诗词,与经义不相比附,故曰《外传》。所采多与周秦诸子相出入。班固论三家之诗,称其或取《春

---

① 《韩诗外传集释》卷四,第150—151页。
② 见本书第一编第四章第一节"韩非子对孟子学的阐释"。
③ 徐复观:《两汉思想史》第三卷,第15页。
④ 王先谦撰,吴格点校:《诗三家义集疏》,中华书局,1987年,第130页。

秋》，采杂说，咸非其本义，殆即指此类钦。……然其中引《荀卿·非十二子》一篇，删去子思、孟子二条，惟存十子，其去取特为有识。"①所以韩婴是故意去掉子思与孟子的。这种看似不经意的改造，既是对荀子批评思孟的不满，也是对思孟的间接肯定。在《韩诗外传》中，虽未言及子思，但凡涉及孟子言论之处，皆持肯定态度。

五、借孟子思想以证诗义

可以说，以上几个方面都是韩婴借孟子思想印证诗的做法。在选择之间，体现了韩婴的学术取向。除此之外，还有一些方面。

第一，以孟子坚持原则的精神证诗。孟子曰："昔齐景公田，招虞人以旌，不至，将杀之。志士不忘在沟壑，勇士不忘丧其元。孔子奚取焉？取非其招不往也。"（《孟子·滕文公下》）此话还见于《孟子·万章下》"不见诸侯"章。孟子的本意是指君子不"枉尺直寻"，不会畏于君主的权势而放弃自己的原则。韩婴也引用了"志士不忘在沟壑，勇士不忘丧其元"两句，其文云：

> 子路与巫马期薪于韫丘之下。陈之富人有虞师氏者，脂车百乘，觞于韫丘之上。子路与巫马期曰："使子无忘子之所知，亦无进子之所能，得此富，终身无复见夫子，子为之乎？"巫马期喟然仰天而叹，阘然投镰于地，曰："吾尝闻之夫子：'勇士不忘丧其元，志士仁人不忘在沟壑。'子不知予与？试予与？意者其志与？"子路心惭，负薪先归。……《诗》曰："肃肃鸨羽，集于苞栩。王事靡盬，不能蓺稷黍。父母何怙？悠悠苍天，曷其有所！"②

韩婴所引孟子的两句话顺序颠倒，且认为是孔子所言。孟子仅说孔子赞扬虞人的精神，但看不出是孔子的话，而且此话也不见于今本《论语》。另外，孟子这话是针对权势而言，而韩婴这话是针对富贵而言。最后以此事印证《唐风·鸨羽》。

第二，以孟子"先圣后圣，其揆一也"说证诗。孟子曰："舜生于诸

---

① 《四库全书总目提要》卷一六经部《诗》类二附录"《韩诗外传》十卷通行本"条。见万有文库《四库全书总目提要》第四册经部《诗》类二，第44页。

② 《韩诗外传集释》卷二，第68—70页。

冯,迁于负夏,卒于鸣条,东夷之人也。文王生于岐周,卒于毕郢,西夷之人也。地之相去也,千有余里;世之相后也,千有余岁。得志行乎中国,若合符节,先圣后圣,其揆一也。"(《孟子·离娄下》)韩婴略作改动,其文曰:

> 舜生于诸冯,迁于负夏,卒于鸣条,东夷之人也。文王生于岐周,卒于毕郢,西夷之人也。地之相去也,千有余里,世之相后也,千有余岁,然得志行乎中国,若合符节。孔子曰:"先圣后圣,其揆一也。"《诗》曰:"帝命不违,至于汤齐。"①

韩婴把"先圣后圣"句归为孔子,与《孟子》略微不同。以此印证《商颂·长发》。

第三,吸收孟子民本思想以证诗。卷四云:"齐桓公问于管仲曰:'王者何贵?'曰:'贵天。'桓公仰而视天。管仲曰:'所谓天,非苍莽之天也。王者以百姓为天。百姓与之则安,辅之则强,非之则危,倍之则亡。'《诗》曰:'民之无良,相怨一方。'民皆居一方,而怨其上,不亡者未之有也。"② 管仲说的贵天就是贵民,以"百姓为天",通孟子的"民为贵"说。卷三云:"太平之时,民行役者不逾时,男女不失时以偶,孝子不失时以养。外无旷夫,内无怨女。上无不慈之父,下无不孝之子。父子相成,夫妇相保。天下和平,国家安宁。……故丰膏不独乐,硗确不独苦,虽遭凶年饥岁,禹汤之水旱,而民无冻饿之色。故生不乏用,死不转尸,夫是之谓乐。《诗》曰:'於铄王师,遵养时晦。'"③ 这是孟子的仁政说及与民同乐说。《孟子·梁惠王上》孟子云:"不违农时,谷不可胜食也,……是使民养生丧死无憾也。养生丧死无憾,王道之始也。"《梁惠王下》孟子又云:"当是时也,内无怨女,外无旷夫。王如好色,与百姓同之,于王何有?""凶年饥岁,君之民老弱转乎沟壑。"卷三又引孟子的关税论:"王者之法,等赋正事,田野什一,关市讥而不征,山林泽梁,以时入而不禁。……《诗》曰:'敷政优优,百禄是遒。'"④ 卷四又引孟子井田说:"古

---

① 《韩诗外传集释》卷三,第 114 页。
② 《韩诗外传集释》卷四,第 148—149 页。
③ 《韩诗外传集释》卷三,第 102—103 页。
④ 《韩诗外传集释》卷三,第 123—124 页。

者八家而井田。方里为一井。广三百步,长三百步为一里,其田九百亩。广一步,长百步为一亩。广百步,长百步为百亩。八家为邻,家得百亩。……《诗》曰:'其何能淑,载胥及溺。'"①韩婴对孟子民本思想的阐述,也反映了汉初批判暴秦、总结秦亡教训、为汉家天子提供治国策略的时代要求。

总之,虽然《韩诗》对荀子的礼、法尤为重视,说"人无礼则不生,事无礼则不成,国无礼则不宁,王无礼则死亡无日矣"②。"《韶》用干戚,非至乐也。舜兼二女,非达礼也。封黄帝之子十九人,非法义也。往田号泣,未尽命也。以人观之,则是也。以法量之,则未也。《礼》曰:'礼仪三百,威仪三千。'《诗》曰:'静恭尔位,正直是与。神之听之,式谷以女。'"③把"达礼"以及由此而生成的"法义"作为其根本性的政治思想,以至于"礼"字在书中出现了一百五十余次。但在反复强调礼法之同时,韩婴也比较重视仁、义,书中"仁"字出现也近百次,"义"字出现一百一十余次,"仁义"连用出现二十余次,还引用孟子"仁,人心也;义,人路也。舍其路而弗由,放其心而不知求"(《孟子·告子上》),以此来强调仁义对于人的重要意义。金春峰先生说,《韩诗外传》"既宣扬荀子的性恶论,又宣扬孟子的性善论;既宣扬荀子式的民本思想,又宣扬孟子式的王道仁政和民贵君轻思想;既重视功利,又要求有超功利的道德"④。因此,正如徐复观先生所概括的那样,韩婴是"要由融合儒门孟荀两大派以上合于孔子"⑤。这正是《韩诗外传》孟学的特点。

第二节 《白虎通》中的孟子思想

汉章帝建初四年(公元 79 年),在校书郎杨终的建议下,仿照西汉石渠阁会议的办法,章帝召集贾逵、杨终、淳于恭等人在洛阳白虎观讨论

① 《韩诗外传集释》卷四,第 143—144 页。
② 《韩诗外传集释》卷一,第 8 页。
③ 《韩诗外传集释》卷四,第 136—137 页。
④ 金春峰:《汉代思想史》,中国社会科学出版社,1987 年,第 109 页。
⑤ 徐复观:《两汉思想史》第三卷,第 15 页。

《五经》异同,希望排除经学章句的支离和繁杂,统一经义,寻求《五经》的"大体",使之"永为后世则"①。《后汉书·章帝纪》记载:"于是下太常,将、大夫、博士、议郎、郎官及诸生、诸儒会白虎观,讲议《五经》同异,使五官中郎将魏应承制问,侍中淳于恭奏,帝亲称制临决,如孝宣甘露石渠故事,作《白虎议奏》。"②关于白虎观会议的最终成果,有《白虎议奏》、《白虎通德论》、《白虎通义》等名称。一般认为,《白虎议奏》是包括当时的奏章以及皇帝的批答在内的原始材料,《白虎通义》是根据这些原始材料总结提炼而成的一部书,其结论是统一而可通行天下的,《白虎通》是《白虎通义》的简称。至于其编撰者,历来多认为是班固。《白虎通》作为官方的经义定本,大量征引《诗》、《书》、《礼》、《易》、《春秋》的经传和《论语》、《孝经》以及当时流行的谶纬图书,43条条目内容丰富,涉及政治制度、社会生活、经济文化、伦理道德等多个方面。虽然书中没有一处直接提到《孟子》,但还是有一些思想与《孟子》有关,而且主要集中在政治制度方面。

一、吸收孟子有关分封的观点

《白虎通》卷四有"封公侯"条目,在论及"封诸侯亲贤之义"时,其中分封的依据以及原则受到《孟子》影响。其文云:

> 王者即位,先封贤者,忧民之急也。……天下太平乃封亲属者,示不私也。即不私封之何?普天之下,莫非王土,率土之宾,莫非王臣。海内之众已尽得使之,不忍使亲属无短足之居,一人使封之,亲亲之义也。……受命不封子者,父子手足无分离异财之义。至昆弟支体有分别,故封之也。以舜封弟象有比之野也。③

对亲贤的分封问题,《白虎通》认为王者即位要先封贤者,天下太平可以分封亲属,并引《诗经·小雅·北山》篇的"溥天之下,莫非王土;率土之滨,莫非王臣"作为分封依据。"溥"引为"普",三家《诗》都作"普",《孟子·万章上》中孟子的弟子咸丘蒙引用过这句诗,也作"普"。《白虎

---

①《后汉书》卷四十八,第1599页。
②《后汉书》卷三,第138页。
③陈立撰,吴则虞点校:《白虎通疏证·封公侯》,中华书局,1994年,第141—144页。

通》是不是引《孟子》中的这句诗呢？从后文举舜封其弟象的例子看，这种可能性极大。后面讲到父子、兄弟之间的分封情况，认为兄弟肢体有别，可以分封，并以"舜封弟象有比之野"为证。"舜封弟象有比"最早见于《孟子·万章上》的记载：

> 万章问曰："象日以杀舜为事，立为天子则放之，何也？"孟子曰："封之也；或曰放焉。"万章曰："舜流共工于幽州，放驩兜于崇山，杀三苗于三危，殛鲧于羽山，四罪而天下咸服，诛不仁也。象至不仁，封之有庳。有庳之人奚罪焉？仁人固如是乎——在他人则诛之，在弟则封之？"曰："仁人之于弟也，不藏怒焉，不宿怨焉，亲爱之而已矣。亲之，欲其贵也；爱之，欲其富也。封之有庳，富贵之也。身为天子，弟为匹夫，可谓亲爱之乎？"

孟子根据儒家孝悌之义向万章解释了舜为什么要分封象。孔子讲"孝弟也者，其为仁之本与"（《论语·学而》）。孟子对孝悌思想说得更具体，他说："仁之实，事亲是也；义之实，从兄是也。"（《孟子·离娄上》）"亲亲，仁也；敬长，义也。"（《孟子·尽心上》）孟子特别强调了"悌"中的"亲爱"之义，所以他认为舜把象"封之有庳"是合理的。《白虎通》在讲分封亲属时，也特别提到了"亲亲之义"，并以舜分封象于有庳为证。可见，《白虎通》在论"封诸侯亲贤之义"时，很可能吸收了孟子有关说法。

二、吸收孟子有关礼乐的观点

对礼仪的分析是《白虎通》的重点，所以刘师培说它"以礼名为纲，不以经义为区"[①]。有《礼乐》十一章，其中有两章涉及孟子思想。一是"论太平乃制礼乐"章："太平乃制礼作乐何？夫礼乐所以防奢淫。天下人民饥寒，何乐之乎？"[②]认为太平时期制礼乐可以防止奢侈和淫荡，如果人民吃不饱穿不暖，哪里还谈得上制礼乐。这就是孟子说的"今也制民之产，仰不足以事父母，俯不足以畜妻子；乐岁终身苦，凶年不免于死亡。此惟救死而恐不赡，奚暇治礼义哉"（《孟子·梁惠王上》）？二是

---

① 刘师培：《白虎通义源流考》，见《白虎通疏证》附录七，第784页。
② 《白虎通疏证·礼乐》，第98页。

"论帝王礼乐"章：

> 王者始起，何用正民。以为且用先王之礼乐，天下太平，乃更制作焉。……《礼记》曰："……周乐曰《大武象》，周公之乐曰《酌》，合曰《大武》。"……周公曰《酌》者，言周公辅成王，能斟酌文武之道而成之也。武王曰《象》者，象太平而作乐，示己太平也。合曰《大武》者，天下始乐周之征伐行武，故诗人歌之曰："王赫斯怒，爰整其旅。"当此之时，乐文王之怒以定天下，故乐其武也。周室中制《象》乐何？殷纣为恶日久，其恶最甚，斫涉刳胎，残贼天下。武王起兵，前歌后舞。克殷之后，民人大喜，故中作所以节喜盛。①

这段话论述了帝王礼乐的意义，在评价周代礼乐《大武》时，认为它意味着天下百姓乐见周文王征伐商纣，并引《诗经·大雅·皇矣》"王赫斯怒，爰整其旅"句说明当时的情况。接下来说"当此之时，乐文王之怒以定天下，故乐其武也"，是为了说明赞美周文王的《大武》礼乐为何能得到百姓的喜爱，这一句话及其观点就源于孟子。在《孟子·梁惠王下》"交邻国有道乎"章，孟子告诉齐宣王和邻国相交的原则和方式："以大事小者，乐天者也；以小事大者，畏天者也。乐天者保天下，畏天者保其国。"齐王推诿说，这好是好，但"寡人有疾，寡人好勇"，于是孟子顺着齐王的话劝谏说：

> 王请无好小勇。夫抚剑疾视曰："彼恶敢当我哉！"此匹夫之勇，敌一人者也。王请大之！《诗》云："王赫斯怒，爰整其旅，以遏徂莒，以笃周祜，以对于天下。"此文王之勇也。文王一怒而安天下之民。……一人衡行于天下，武王耻之。此武王之勇也。而武王亦一怒而安天下之民。今王亦一怒而安天下之民，民惟恐王之不好勇也。

针对齐王"好勇"说，孟子顺势以文王、武王为例，说明仁者"好勇"恰好能得到百姓的拥护，而仁者"好勇"的特点就是"一怒而安天下之民"，这就是《白虎通》说的"乐文王之怒以定天下"。"武王望羊，是谓摄扬，盱

---

① 《白虎通疏证·礼乐》，第99—104页。

目陈兵,天下富昌。"① 另外,《白虎通》这一思想源于孟子的依据还有:前一句与孟子一样,也引用了《诗经·大雅·皇矣》"王赫斯怒,爱整其旅"句;都是先赞文王后赞武王;《白虎通》所说的殷纣"残贼天下",正是孟子开创的"残贼"说。不同之处在于,孟子拿仁爱天下百姓来赞扬文王、武王的"好勇",《白虎通》则拿仁爱天下百姓作为制定礼乐的内涵,这正是《白虎通》的创新处。

此外,关于丧葬制度的建立,《白虎通》也吸收了孟子的观点。孟子曾经与农家的夷子辨别薄葬与厚葬及由此而来的爱有无差等的问题。夷子认为,儒家说的"古之人若保赤子",就是"爱无差等,施由亲始"之义。孟子否定了夷子这一说法,认为他是把万物本有的一个根源说成是两个根源。至于丧葬的开始,孟子说:"盖上世尝有不葬其亲者,其亲死,则举而委之于壑。他日过之,狐狸食之,蝇蚋姑嘬之。其颡有泚,睨而不视。夫泚也,非为人泚,中心达于面目,盖归反蔂梩而掩之。掩之诚是也,则孝子仁人之掩其亲,亦必有道矣。"(《孟子·滕文公上》)孟子认为上古之人经历了不埋葬到埋葬的过程,看到被抛弃在山沟的父母被狐狸、苍蝇、蚊子咀吮,因而悔恨流汗,于是有了埋葬的行为。这就是《白虎通·崩薨》"论棺椁厚薄之制"章借鉴的内容:

> 所以有棺椁何? 所以掩藏形恶也。不欲令孝子见其毁坏也。棺之为言完,所以载尸令完全也。椁之为言廓,所以开廓辟土无令迫棺也。②

结合孟子的话,《白虎通》认为上古之世未有棺椁,孝子仁人看见其父母为禽兽虫子吸食,不忍见其毁坏,所以才制作棺椁以"掩藏形恶"。孟子推想了一个由不埋葬到埋葬的场景,《白虎通》总结为"掩藏形恶",可以说这是丧葬的最根本目的。

三、吸收孟子有关君臣的观点

孟子以为,对于德行高的臣子,君王不能召见,不能以之为臣,而要

---

① 《白虎通疏证·圣人》,第 340 页。
② 《白虎通疏证·崩薨》,第 553 页。

以之为师,"将大有为之君,必有所不召之臣;欲有谋焉,则就之"(《孟子·公孙丑下》)。"盛德之士,君不得而臣,父不得而子"(《孟子·万章上》)。因为他认为"彼以其富,我以吾仁;彼以其爵,我以吾义,吾何慊乎哉"(《孟子·公孙丑下》)? 汉初韩婴在《韩诗外传》中吸收了孟子这一思想,《白虎通》也吸收了孟子这一说法。《白虎通》卷七有"王者不臣"一条目,列数了王者不臣的多种情况,"论五暂不臣"章说:

> 王者有暂不臣者五,谓祭尸,授受之师,将帅用兵,三老,五更。……不臣授受之师者,尊师重道,欲使极陈天人之意也,故《礼·学记》曰:"当其为师,则弗臣也。"①

"论五不名"章说:

> 王者臣有不名者五。先王老臣不名,亲与先王戮力共治国,同功于天下,故尊而不名也。……不名者,贵贤者而已。……盛德之士不名,尊贤也。《春秋》曰:"公弟叔肸。"不名盛德之士者,不可屈以爵禄也。……故《韩诗内传》曰:"师臣者帝,友臣者王,臣臣者伯,鲁臣者亡。"②

《白虎通》说,君王不能称"授受之师"为臣,不能称呼"盛德之士"的名字,这就是孟子说的"盛德之士,君不得而臣",不能称之为臣,就是不能称呼他的名字;《白虎通》说君王"不可屈以爵禄",就是孟子说的"彼以其爵,我以吾义,吾何慊乎哉"? 所引《韩诗外传》的话,也近于孟子所说:"故汤之于伊尹,学焉而后臣之,故不劳而王;桓公之于管仲,学焉而后臣之,故不劳而霸。"(《孟子·公孙丑下》)所以赵岐注云:"王者师臣,霸者友臣也。"③

《白虎通·谏诤》篇有"论三谏待放之义"章,对君王和"谏诤"之臣的做法作了规定,其中也吸收了孟子的观点。其文曰:

---

① 《白虎通疏证·王者不臣》,第 319 页。
② 《白虎通疏证·王者不臣》,第 325—326 页。
③ 赵岐:《孟子章句》卷四,第 95 页。

　　　　诸侯之臣诤不从得去何？以屈尊申卑，孤恶君也。去曰："某质
　　　性顽钝，言愚不任用，请退避贤。"如是君待之以礼，臣待放；如不以
　　　礼待，遂去。君待之以礼奈何？曰："予熟思夫子言，未得其道，今
　　　子不且留。圣人之制，无塞贤之路，夫子欲何之？"则遣大夫送至于
　　　郊。必三谏者何？以为得君臣之义。必待放于郊者，忠厚之至也。
　　　冀君觉悟能用之。……凡待放者，冀君用其言耳。……臣待放于
　　　郊，君不绝其禄者，示不合耳。①

"诸侯之臣诤不从得去"，就是孟子说的"异姓之卿"应该做到"君有过
则谏，反复之而不听，则去"（《孟子·万章下》）。"某质性顽钝，言愚不
任用，请退避贤"，就是孟子说的"今也为臣，谏则不行，言则不听；膏泽
不下于民"（《孟子·离娄下》）。"如是君待之以礼，臣待放"，"则遣大夫
送至于郊"，"臣待放于郊，君不绝其禄"，这是讲君王礼遇谏诤之臣的做
法以及谏诤之臣的应有回应，相当于孟子所说："谏行言听，膏泽下于民；
有故而去，则君使人导之出疆，又先于其所往；去三年不反，然后收其田
里。"都要求君王派人护送，并不要断绝臣子的俸禄。此外，虽然孟子没
有说过"冀君觉悟能用之。……凡待放者，冀君用其言耳"之类的话，但
他自己的亲身行为恰好是《白虎通》概括的内容。孟子离开齐国时，在
离临淄不远的昼县住了三夜才离开，因此有人对此很不满，孟子说："予
三宿而出昼，于予心犹以为速，王庶几改之！王如改诸，则必反予。……
王如用予，则岂徒齐民安，天下之民举安。王庶几改之！予日望之！"
（《孟子·公孙丑下》）这就是《白虎通》说的"冀君觉悟能用之"之义。
可以看出，孟子对君王与谏臣关系的要求，成了汉章帝、贾逵等君臣考订
相关内容的重要参考。
　　总之，《白虎通》全书大量引用《五经》经传、《论语》、《孝经》以及
谶纬图书，《孟子》却没有一处直接提及，可见汉时五经博士为正宗，
《孟子》作为子书，虽然有了些影响，还不能登堂入室。

---

① 《白虎通疏证·谏诤》，第228—230页。

第三节　郑玄、高诱、刘熙的孟学观

为《孟子》作注者,记载最早的是西汉刘向、扬雄,但均被后人证明其说不可信。至东汉,有程曾、郑玄、高诱、刘熙等人的注①,其中程曾注亡佚较早,也不见他书征引。后三者的注虽然也先后亡佚,但他们在注解他书时常常言及《孟子》,引之作为支撑材料,或者对其作直接阐述,清代学者花了很多功夫做辑佚工作,如马国翰《玉函山房辑佚书》、王仁俊《玉函山房辑佚书续编》和《十三经汉注》、黄奭《汉学堂经解》、王谟《汉魏遗书钞》以及周广业、宋翔凤、叶德辉辑佚的《孟子》注。所辑佚的《孟子》注往往被称为"孟子某某注",但笔者认为,虽然这些辑佚可能有出自郑玄《孟子》注中的内容,但它们主要是《孟子》引文,因此宜视为郑玄、高诱、刘熙注他书时的引文,而不应笼统地看成他们的《孟子》注的佚文。而且他们作注时往往也不是针对《孟子》引文,而主要是针对所注之书。当然,我们通过这些《孟子》引文或注释,可以窥见汉代经学家们对《孟子》的看法,这对我们了解汉代经学中的孟学大有助益。

一、郑玄的孟学观

郑玄遍注群经,《隋书·经籍志》、《旧唐书·经籍志》和《新唐书·艺文志》皆载郑玄注《孟子》七卷②,但都已亡佚。今虽不能看到他的《孟子》注文,但是通过他注解其他文献时的引文,我们还是可以大略窥得他对孟子学说的看法。

第一,引《孟子》释制度。孟子对前代的典章制度十分熟悉,相比于同时代或之前的典籍,《孟子》一书对官制、田制、税收介绍得更为详尽。郑玄常常引用孟子的这类记载来解释典籍中相关的内容,其中对土地制度的引用最为突出。《周礼·地官·载师》"以宅田、士田、贾田任近郊之地"句,郑玄注云:"士读为仕。仕者亦受田,所谓圭田也。《孟子》

---

① 张绪峰《两汉孟子学简史》对此有过梳理,硕士学位论文,山东大学,2007 年。
② 分别参见魏征等撰《隋书》卷三十四,中华书局,1973 年,第 997 页;刘昫等撰《旧唐书》卷四十七,中华书局,1975 年,第 2024 页;欧阳修等撰《新唐书》卷五十九,中华书局,1975年,第 1510 页。

曰:'自卿以下必有圭田,圭田五十亩。'"① 这是爵位受田的情况。《周礼·地官·司关》"国凶札,则国无关门之征,犹几"句,郑玄引郑司农语云:"凶,谓凶年饥荒也。札,谓疾疫死亡也。越人谓死为札。《春秋传》曰:'札瘥夭昏。'无关门之征者,出入关门无租税。犹几,谓无租税犹苛察,不得令奸人出入。《孟子》曰:'关几而不征,则天下之行旅皆说而愿出于其涂。'"② 这是关税的情况。《周礼·地官·载师》"凡宅不毛者,有里布;凡田不耕者,出屋粟;凡民无职事者,出夫家之征"句,郑玄引郑司农语云:"宅不毛者,谓不树桑麻也。里布者,布参印书,广二寸,长二尺,以为币,贸易物。……《孟子》曰:'廛无夫里之布,则天下之民皆说而愿为其民矣。'故曰宅不毛者有里布,民无职事出夫家之征,欲令宅树桑麻,民就四业,则无税赋以劝之也。故《孟子》曰:'五亩之宅,树之以桑,则五十者可以衣帛。'不知言布参印书者何? 见旧时说也。"③ 这是税收的奖惩情况。

郑玄对孟子的井田制及税率情况特别关注。《周礼·冬官·匠人》"九夫为井,井间广四尺,深四尺,谓之沟。方十里为成,成间广八尺,深八尺,谓之洫。方百里为同,同间广二寻,深二仞,谓之浍"句,郑玄注云:

> 此畿内采地之制。九夫为井,井者,方一里,九夫所治之田也。采地制井田,异于乡遂及公邑……《载师职》曰:"园廛二十而一,近郊什一,远郊二十而三,甸稍县都皆无过十二。"谓田税也,皆就夫税之轻近重远耳。滕文公问为国于孟子,孟子曰:"夏后氏五十而贡,殷人七十而助,周人百亩而彻,其实皆什一。彻者,彻也。助者,藉也。龙子曰:'治地莫善于助,莫不善于贡。'贡者,校数岁之中以为常。"文公又问井田,孟子曰:"请野九一而助,国中什一使自赋。卿以下必有圭田,圭田五十亩。余夫二十五亩。死徙无出乡,乡田同井,出入相友,守望相助,疾病相扶持,则百姓亲睦。方里而井,井九百亩,其中为公田。八家皆私百亩,同养公田。公事毕,然后治私

---

①《十三经注疏·周礼注疏》卷十三,第 725 页。
②《十三经注疏·周礼注疏》卷十五,第 739 页。
③《十三经注疏·周礼注疏》卷十三,第 726 页。

事,所以别野人也。"又曰:"《诗》云:'雨我公田,遂及我私。'惟莇为有公田。由此观之,虽周亦莇也。"……《春秋》宣十五年秋,初税亩。传曰:"非礼也。谷出不过藉,以丰财也。"此数者,世人谓之错而疑焉。以《载师职》及《司马法》论之,周制,畿内用夏之贡法,税夫无公田。以《诗》、《春秋》、《论语》、《孟子》论之,周制,邦国用殷之莇法,制公田,不税夫。……诸侯谓之彻者,通其率以什一为正。孟子云:"野九夫而税一,国中什一。"是邦国亦异外内之法耳。①

对孟子所引《诗·小雅·大田》"雨我公田,遂及我私"句,郑玄在《毛诗正义》笺注此诗云:"古者阴阳和,风雨时,其来祈祈然而不暴疾。其民之心,先公后私,令天主雨于公田,因及私田尔。此言民怙君德,蒙其余惠。"②孟子对井田十分向往,认为是前代理想社会的体现。而郑玄也把井田制看成是君民合德的象征,对其进行了美化。这种思想在他注引《孟子》时比较突出,如他在注"乃经土地而井牧其田野,九夫为井,四井为邑,四邑为丘,四丘为甸,四甸为县,四县为都,以任地事而令贡赋,凡税敛之事"句时云:"此谓造都鄙也。采地制井田,异于乡遂,重立国。小司徒为经之,立其五沟五涂之界,其制似井之字,因取名焉。《孟子》曰:'夫仁政必自经界始。经界不正,井地不均,贡禄不平,是故暴君奸吏必慢其经界。经界既正,分田制禄可坐而定也。'"③《匠人》中引孟子语侧重于解释井田制度,这里引孟子语又侧重于这种制度与仁政的紧密关系,认为井田制是仁政成功的关键。

　　第二,引《孟子》释名物。对名物的训诂是汉代经学的重要内容,所以郑玄这方面的《孟子》引文也比较多。《周礼·冬官·考工记》"粤无镈,燕无函,秦无庐,胡无弓、车"句,郑玄引郑司农语云:"函读如国君含垢之含。函,铠也。《孟子》曰:'矢人岂不仁于函人哉? 矢人唯恐不伤人,函人唯恐伤人。'"④又如《仪礼·士婚礼》:"御衽于奥,媵衽良席在

①《十三经注疏·周礼注疏》卷四十二,第931—932页。
②《十三经注疏·毛诗正义》卷十四,第477页。
③《十三经注疏·周礼注疏》卷十一,第711页。
④《十三经注疏·周礼注疏》卷三十九,第905页。

东,皆有枕,北止"句,郑玄注云:"衽,卧席也。妇人称夫曰良。《孟子》曰:'将见良人之所之。'"贾公彦疏解郑玄注曰:"云'《孟子》'者,案《孟子·离娄篇》云:'齐人有一妻一妾而处室者,其良人出,……吾将瞷良人之所之。'注云:'瞷,视也。'彼瞷为视,亦得为见,故郑此注为见也。引之者,证妇人称夫为良人之义也。"①

　　第三,引文涉及孟子道德修养。除引《孟子》文解释名物制度外,郑玄对孟子在德行修养方面的思想也有所引述。《周礼·天官·大宰》"以八统诏王驭万民:一曰亲亲,二曰敬故,三曰进贤,四曰使能,五曰保庸,六曰尊贵,七曰达吏,八曰礼宾"句,郑玄注云:"贤,有德行也。能,多才艺者。保庸,安有功者。尊贵,尊天下之贵者。《孟子》曰:'天下之达尊者三:曰爵也,德也,齿也。'"② 这是对孟子"贵贵"(《孟子·万章下》)思想的赞同。郑玄在《发墨守》中云:"圣人制法,必因其事,非虚加之。《孟子》曰:'夫人必自侮,而后人侮之。家必自毁,而后人毁之。国必自伐,而后人伐之。'今襄王实不能孝道,称惠后之心,今其宠专于子,失教而乱作,出居于郑,自绝于周,故孔子因其自绝而书之,《公羊》以母得废之,则《左氏》已死矣。"③ 这是对孟子修德以教人、修德以治国以及"枉己者未有能直人者"思想的吸收。《礼记·仲尼燕居》"子产犹众人之母也,能食之,不能教也"句,郑玄注云:"子产尝以其乘车济冬涉者,而车梁不成,是慈仁亦违礼。"④ 这是郑玄"隐括孟子义者"⑤,原文见《孟子·离娄下》:

　　　　子产听郑国之政,以其乘舆济人于溱洧。孟子曰:"惠而不知为政。岁十一月,徒杠成;十二月,舆梁成,民未病涉也。君子平其政,行辟人可也,焉得人人而济之? 故为政者,每人而悦之,日亦不足矣。"

孔颖达疏解郑玄注曰:"云'子产尝以其乘车济冬涉者,而车梁不成'者,

① 《十三经注疏·仪礼注疏》卷五,第967页。
② 《十三经注疏·周礼注疏》卷二,第646页。
③ 《十三经注疏·春秋公羊传注疏》卷十二,第2259页。也见王复辑,武亿校《发墨守一卷》,《问经堂丛书》清嘉庆孙星衍、孙冯冀同校刊本。
④ 《十三经注疏·礼记正义》卷五十,第1613页。
⑤ 见马国翰《玉函山房辑佚书·孟子郑氏注》前之题注,扬州广陵书局,2004年影印楚南湘远堂刊本,第1880页。

《孟子》云'子产听郑国之政,以其乘车济人于溱洧。孟子曰:惠而不知为政。岁十一月,徒杠成。十二月,舆梁成,民未病涉也。'是郑约《孟子》为注。"[1]郑玄隐括孟子语,批评子产虽仁慈,但是违背礼教,即孟子说的"惠而不知为政"——仅知行小恩惠于民,而不知仁政之关键,所以孟子说:"以善服人者,未有能服人者也;以善养人,然后能服天下。天下不心服而王者,未之有也。"(《孟子·离娄下》)又如《礼记·曲礼上》"毋雷同"句,郑玄云:"雷之发声,物无不同时应者。人之言,当各由己,不当然也。《孟子》曰:'人无是非之心,非人也。'"[2]这是对孟子"是非之心"说的肯定。

　　还有引《孟子》文纯作注解之辅助材料用的,如《周礼·天官·小宰》"听政役以比居"句,郑玄释"政"云:"凡其字或作政,或作正,或作征,以多言之宜从征,如《孟子》'交征利'云。"[3]这个例子可能被人作为郑玄注《孟子》的典型。但郑玄是注《周礼》而引证《孟子》,我们很难把这作为他《孟子注》的一部分。

　　从以上几个方面可知,郑玄《孟子》引文所涉及的主要是名物制度等方面,这既与我们所用资料主要来自引文有关,但也从一个侧面反映出汉代经学注重字词训诂的特点。

二、高诱的孟学观

　　高诱,《后汉书》无传,据他在《淮南子·叙目》中自言可知,他主要生活于灵、献之时,涿郡人,曾学于卢植,"建安十年,辟司空掾,除东郡濮阳令","至十七年,迁监河东"[4]。为《淮南子》、《孝经》、《吕氏春秋》、《战国策》以及《孟子》做过注。他在《吕氏春秋·序》中说"诱正《孟子章句》"[5],一般认为所正者乃赵岐之《孟子章句》[6],但此书不见于《隋

---

①《十三经注疏·礼记正义》卷五十,第 1613 页。

②《十三经注疏·礼记正义》卷二,第 1240 页。

③《十三经注疏·周礼注疏》卷三,第 654 页。

④《淮南鸿烈集解·叙目》,第 1—3 页。

⑤《吕氏春秋集释·序》,第 3 页。

⑥俞樾《孟子高氏学》云:"诱于建安十年辟司空掾,而赵邠卿卒于建安六年,则诱于邠卿固及见之,于赵氏《孟子注》后复为正其章句,度必有异于赵氏者,而其书不传。"见《春在堂全书·俞楼杂纂》,凤凰出版社,2010 年据光绪末增订重刊本影印,第 493 页。

书·经籍志》、《旧唐书·经籍志》和《新唐书·艺文志》,可见亡佚较早。清人马国翰、俞樾有辑本,其中,俞樾的辑本最为详尽,据此可以略为考察高诱对孟子学说的看法。

（一）引《孟子》注解或评论历史人物或历史事件

《吕氏春秋》与《淮南子》载有不少与《孟子》相同的历史人物与历史事件,高诱常引《孟子》文来印证历史和评价历史人物,就俞樾《孟子高氏学》粗略统计,高氏注涉及与《孟子》相关的历史人物就有三十余人。如注解齐宣王,《吕氏春秋·骄恣》篇"齐宣王为大室,大益百亩,堂上三百户"句,高诱注云:"宣王,齐威王之子,孟子所见易衅钟之牛者也。"① 注解梁惠王与梁襄王,《吕氏春秋·乐成》"魏襄王与群臣饮"句,高诱注云:"魏襄王,孟子所见梁惠王之子也。"②《开春论》"魏惠王死,葬有日矣"句,高诱注云:"孟子所见梁惠王也。秦伐魏,魏徙都大梁。梁在陈留浚仪西大梁城是也。"③《吕氏春秋·自知》"钻荼、庞涓、太子申不自知而死"句,高诱注云:"钻荼、庞涓,魏惠王之将。申,魏惠王之太子也,与庞涓东伐齐,战于马陵,齐人尽杀之,固惠王谓孟子曰:'晋国,天下莫强焉,叟之所知也。及寡人身,东败于齐,长子死。'此之谓也。"④ 赵岐注此句极简略,仅谓"王念有此三耻,求策谋于孟子",而高注更详。又如注解北宫子,《淮南子·主术训》"故握剑锋,以离北宫子、司马蒯蒉不使应敌"句,高诱注:"北宫子,齐人,孟子所谓北宫黝也。"⑤ 注解匡章,《吕氏春秋·谕大》"及匡章之难惠子以王齐王也"句,高诱注:"匡章,乃孟轲所谓通国称不孝者,能王齐王亦大也。"⑥

引《孟子》文注解历史事件。如《淮南子·人间训》有"燕子哙行仁而亡"一句,此事见载于《公孙丑下》第八章,高诱注此句云:"子哙,燕王也。苏代说子哙让国,遂专政。齐伐燕,大败之,哙死也。"⑦《战国策·齐

---

① 《吕氏春秋集释·骄恣》,第 575 页。
② 《吕氏春秋集释·乐成》,第 416 页。
③ 《吕氏春秋集释·开春论》,第 582 页。
④ 《吕氏春秋集释·自知》,第 647—648 页。
⑤ 《淮南鸿烈集解·主术训》,第 304 页。
⑥ 《吕氏春秋集释·谕大》,第 305 页。
⑦ 《淮南鸿烈集解·人间训》,第 620 页。

策》也载有此事："齐因起兵攻燕,三十日而举燕国。"同样,高诱也引孟子语证之曰："孟子曰:'子哙无王命而与子之国,子之无王命擅受子哙国,故齐宣王伐而取之也。'"①

引《孟子》文评价杨朱。高诱注《吕氏春秋·不二》篇"阳生贵己"句云:"轻天下而贵己。《孟子》曰:'阳子拔体一毛以利天下弗为也。'"②又注《淮南子·俶真训》"若夫墨、杨、申、商之于治道"句时说:"杨,杨朱,其术全性保真,虽拔骭一毛而利天下,弗为也。"③他还评论了孟子非杨朱的行为:"全性保真,谓不拔骭毛,以利天下弗为,不以物累己身形也。孟子受业于子思之门,成唐、虞、三代之德,叙《诗》《书》、孔子之意,塞杨、墨淫词,故非之也。"④高诱引文与今本《孟子》有些出入,可能是所据版本不同,或者是高诱随意改动的结果。他认为"孟子受业于子思之门",这是继荀子、司马迁、班固之后对思孟学派的再次确认,只是他并未明确说明二人的传承关系。又因孟子言必称尧舜,常常列数先代圣君贤相,把尧舜至周公之间的时代看成是理想政治的代表,所以高氏说孟子"成唐、虞、三代之德",准确概括了孟子的社会、政治理想。"叙《诗》《书》、孔子之意",这是采用了赵岐的孟子"通《五经》,尤长于《诗》《书》"之说,并再次巩固了孔孟并称之说,也充分肯定了孟子"闲先圣之道,距杨墨,放淫辞"(《孟子·滕文公下》)的功绩。

引孟子说以纠正《吕氏春秋》说。《慎人》篇云:"百里奚之未遇时也,亡虢而虏晋。"高诱注:"'虢'当为'虞'。百里奚,虞臣也。《传》曰:'伐虞,获其大夫井伯以媵秦缪姬。'《孟子》曰:'百里奚,虞人也。晋人以垂棘之璧假道于虞以伐虢,宫之奇谏之。百里奚知虞公之不可谏也而去之秦。'此云亡虢,误矣。"⑤高氏认为《吕氏春秋》及《传》所言皆误,百里奚并非因亡国而被掠为媵臣,而是如孟子所言,他预知虞国将亡而主动去了秦国。当然,高诱的纠错并不彻底,故梁玉绳批评说:"奚是虞

① 高诱撰,姚宏补:《战国策高氏注》,世界书局,1975年影印读未见书斋重雕本,第185页。
②《吕氏春秋集释·不二》,第467页。
③《淮南鸿烈集解·俶真训》,第55页。
④《淮南子·泛论训》"全性保真,不以物累形,杨子之所立也,而孟子非之"句下注。见《淮南鸿烈集解·泛论训》,第436页。
⑤《吕氏春秋集释·慎人》,第337—338页。

之公族，井伯乃姜姓，子牙之后，判然两人，故《人表》分列上中、下下二等。《史·秦本纪》《晋世家》错合为一人，高氏仍其误耳。"①又如《吕氏春秋·乐成》篇"魏襄王可谓能决善矣。诚能决善，众虽喧哗而弗为变。功之难立也，其必由訽訽邪！国之残亡，亦犹此也。故訽訽之中，不可不味也。中主以之訽訽也止善，贤主以之訽訽也立功"几句，高诱注云："按《魏世家》，文侯生武侯，武侯生惠王，惠王生襄王。西门豹，文侯用为邺令，史起亚之，不得为四世之君臣也。又孟子见梁襄王，出，语人曰：'望之而不似人君，就之而不见所畏焉。'何能决善哉！此言复谬也。"②高诱以为《乐成》篇对梁襄王的评价不客观，有过誉之嫌，而取孟子之说，认为梁襄王没有君王之威仪，不可能有如此决善之气魄。

还引《孟子》文纠正传统的说法。《淮南子·泛论训》篇"古之制，婚礼不称主人，舜不告而娶，非礼也"句，高诱注："尧知舜贤，以二女妻舜。不告父，父顽，常欲杀舜，舜知告则不得娶也。不孝莫大于无后，故孟子曰：'舜不告，犹告尔。'"③《泛论训》以此例说明"常故不可循，器械不可因也，则先王之法度，有移易者矣"，高诱也认为古制不是一成不变的，要因时而动，因此引孟子的话为舜娶妻不告父辩护。

（二）强调孟子为政以德的重要性

《淮南子·泛论训》云："尧无百户之郭，舜无置锥之地，以有天下。禹无十人之众，汤无七里之分，以王诸侯。文王处岐周之间也，地方不过百里，而立为天子者，有王道也。夏桀、殷纣之盛也，人迹所至，舟车所通，莫不为郡县，然而身死人手，而为天下笑者，有亡形也。……故国之亡也，虽大不足恃；道之行也，虽小不可轻。"④高诱注云："尧、舜、禹、汤、文王皆王有天下，孟子曰：'以德行仁者王，王不待大'是也。"又云："孟子曰'恶死亡，乐不仁'，不仁必死，故曰'有亡形'也。""汤以七十里，文王以百里，皆有天下，故虽小不可轻。"高诱这里所引《孟子》文，既有直引也有意引，但都突出了孟子以仁德为核心的仁

①《吕氏春秋集释·慎人》，第338页。
②《吕氏春秋集释·乐成》，第417页。
③《淮南鸿烈集解·泛论训》，第424页。
④《淮南鸿烈集解·泛论训》，第439—440页。

政观。"恶死亡"句出自《孟子·离娄上》,孟子曰:"三代之得天下也以仁,其失天下也以不仁。国之所以废兴存亡者亦然。天子不仁,不保四海;诸侯不仁,不保社稷;卿大夫不仁,不保宗庙;士庶人不仁,不保四体。今恶死亡而乐不仁,是犹恶醉而强酒。"孟子这段话更是集中突出了仁在国、家、个人存亡上的巨大作用,所以高诱引此以说明国之存亡的关键。

又如注《吕氏春秋·至忠》"人主无不恶暴劫者,而日致之,恶之何益"句,高诱云:"日致为暴劫之政也。孟子曰'恶湿而居下',故曰'恶之何益'也。"[1]孟子原文是"仁则荣,不仁则辱。今恶辱而居不仁,是犹恶湿而居下也"(《孟子·公孙丑上》)。高诱同孟子一样,强调的也是行仁道的重要性。人主需要仁德,作为辅佐之臣,同样如此,所以高诱在注《吕氏春秋·乐成》篇"贤者得志则可,不肖者得志则不可"句时引《孟子》语云:"公孙丑曰:'伊尹放太甲于桐宫,太甲贤,又反之。贤者之为人臣,其君不贤则可放欤?'孟子曰:'有伊尹之志则可,无伊尹之志则篡也。'"[2]高诱借孟子的话,突出了在君臣关系中辅佐之臣德行的重要性,它往往是忠与篡的分界点。

他还赞同孟子行仁政得民心的思想,他注《吕氏春秋·怀宠》篇"故义兵至,则邻国之民归之若流水,诛国之民望之若父母,行地滋远,得民滋众"句时说:"所诛国之民睎望义兵之至,若望其父母。滋,益。众,多也。《孟子》曰:'百姓箪食壶浆以迎王师,奚为后予。'此之谓也。"[3]引孟子语,说明王师得民心,故仁者无敌。

(三)点明了孟子欲为帝师的理想

《吕氏春秋·当染》篇云:"舜染于许由、伯阳,禹染于皋陶、伯益,汤染于伊尹、仲虺,武王染于太公望、周公旦。"高诱注:"汤,契后十二世孙主癸之子也,名天乙。伊尹,汤相,……仲虺,居薛,为汤之左相,皆贤德也。《孟子》曰:'王者师臣也。'"[4]《当染》篇之"染"为影响、学习之义,

---

① 《吕氏春秋集释·至忠》,第243页。
② 《吕氏春秋集释·乐成》,第416页。
③ 《吕氏春秋集释·怀宠》,第174页。
④ 《吕氏春秋集释·当染》,第48页。

包括正面或负面的影响,所以后文又有"夏桀染于干辛、歧踵戎"之类的话。高诱把君受臣的正面影响看成是孟子的"王者师臣",但"王者师臣"不是孟子的原话,毕沅以为"当出《外书》,或约与景丑语",俞樾认为"约此篇文,非孟子别有此文,亦非出《外书》"①。他们说的"景丑语"或"此篇文"即《孟子·公孙丑下》"孟子将朝王"章,其中有语云:"故将大有为之君,必有所不召之臣;欲有谋焉,则就之。其尊德乐道,不如是不足与有为也。故汤之于伊尹,学焉而后臣之,故不劳而王。桓公之于管仲,学焉而后臣之,故不劳而霸。"另外孟子还说过"为其多闻也,则天子不召师"(《孟子·万章下》)一类的话。所以高诱"王者师臣"说正是孟子的言外之意或者理想中的君臣观,高诱的概括可谓得其本义。所以他在注《淮南子·览冥训》"昔者,黄帝治天下,而力牧、太山稽辅之"句时亦云:"力牧、太山稽,黄帝师,孟子曰'王者师臣也'。"②再次强调了孟子欲为帝师的理想。

(四)吸收和发展了孟子的人性论

在《吕氏春秋·尽数》篇"故凡养生,莫若知本,知本则疾无由至矣"句,高诱注云:"《传》曰:'人受天地之中以生,所谓命也。'《孟子》曰:'人性无不善,本其善性,闭塞利欲,疾无由至矣。'"③这句话是概述孟子之意,而非原话,是对孟子性善说的发挥。孟子说扩充人的善性即可成就德行,而高诱借孟子性善说和去利欲论来说明人的养身之道:养身要先养心。这也与孔子"仁者寿"的思想相通。

高诱既吸收了孟子人性善论,又把孟子含混其词的情欲观作了明确的表述。孟子一方面坚持人性本善论,把人的情、才定性为善④;另一方面又说"口之于味也,目之于色也,耳之于声也,鼻之于臭也,四肢之于安佚也,性也"(《孟子·尽心下》),把耳目口鼻四肢的生理需求也看成

---

① 《春在堂全书·俞楼杂纂·孟子高氏学》,第 496 页。
② 《淮南鸿烈集解·览冥训》,第 205 页。本书点校者把此句断为:"孟子曰'王者师'臣也。"似不合理,今依《吕氏春秋》把五字合为一句。
③ 《吕氏春秋集释·尽数》,第 66 页。
④ 《孟子·告子上》载:孟子曰:"乃若其情,则可以为善矣,乃所谓善也。若夫为不善,非才之罪也。"又曰:"人见其禽兽也,而以为未尝有才焉者,是岂人之情也哉?故苟得其养,无物不长;苟失其养,无物不消。"

性,但却把它们说成是人之"小体"——"耳目之官不思,而蔽于物,物交物,则引之而已矣",与"大体"——"心之官则思,思则得之"(《孟子·告子上》)相对。实际上孟子所说的"口之于味"一类就是后人说的欲,孟子隐约体察到它与本善之性有区别,但是为了不和性善论相冲突,只能避轻就重。高诱对孟子言论的用意及其症结所在十分清楚,所以他在注《淮南子·俶真训》"是故圣人之学也,欲以返性于初,而游心于虚也"一句时说:"人受天地之中以生。孟子曰:性无不善,而情欲害之。故圣人能返其性于初也。游心于虚,言无欲也。"[①]高氏所引非孟子原话,而是概括其意,他把孟子所说的耳目口鼻之性、利欲,以及"富岁子弟多赖,凶岁子弟多暴,非天之降才尔殊也,其所以陷溺其心者然也"一类影响本善之性的因素,总括为"情欲"二字,认为只要能避免"情欲"之害,返回心性之初,即孟子说的"反身"、"求其放心",则可成为圣人。这里,高诱实际上概括了孟子成德过程中同时进行的两个侧面,一是不停地返回心性之初去启动、扩充和体悟本善之性,二是不断地阻止外来因素对生理情欲的诱惑。当前者趋于成熟、完满时,后者则逐渐削弱。最后达到他说的"全其天性"[②]的境界。于此,高诱又引入道家之虚静说来概括这一成德的境界。但他说的"游心于虚",又并非老庄说的齐同万物、"外天下"、"外物"、"外生"[③]的"吾丧我"[④]之境界,庄子的这种境界是通过"心斋"、"坐忘"进而达到的"物化"境界,实际上是抛弃心之理性控制而达到所谓的逍遥游——心的绝对自由。这与孟子说的成人成德之

---

① 《淮南鸿烈集解·俶真训》,第 67 页。

② 高诱注《淮南子·说山训》"此全其天器者"云:"器,犹性也。孟子曰人性善,故曰全其天性。"(《淮南鸿烈集解·说山训》,第 527 页)

③ 《庄子·大宗师》云:南伯子葵问乎女偊曰:"子之年长矣,而色若孺子,何也?"曰:"吾闻道矣。"南伯子葵曰:"道可得学邪?"曰:"恶!恶可!子非其人也。夫卜梁倚有圣人之才而无圣人之道,我有圣人之道而无圣人之才。吾欲以教之,庶几其果为圣人乎!不然,以圣人之道告圣人之才,亦易矣。吾犹守而告之,参日而后能外天下;已外天下矣,吾又守之,七日而后能外物;已外物矣,吾又守之,九日而后能外生;已外生矣,而后能朝彻;朝彻,而后能见独;见独,而后能无古今;无古今,而后能入于不死不生。"(郭庆藩撰,王孝鱼点校:《庄子集释》,中华书局,1961 年,第 251—252 页)

④ 《庄子·齐物论》云:南郭子綦隐机而坐,仰天而嘘,荅焉似丧其耦。颜成子游立侍乎前,曰:"何居乎?形固可使如槁木,而心固可使如死灰乎?今之隐机者,非昔之隐机者也?"子綦曰:"偃,不亦善乎而问之也!今者吾丧我,汝知之乎?女闻人籁而未闻地籁,女闻地籁而未闻天籁夫!"(《庄子集释》,第 43—45 页)

境界有本质的区别。高诱虽也说虚其心,但他主要是从去利欲之心角度说的,所以他接着说"言无欲也",这也与上引其语"本其善性,闭塞利欲"一致。高诱引庄子说补充孟子人性论,这既是《淮南子》杂家身份的体现,也可视为高诱对孟子思想的发挥。

　　与主张人性善一致,高诱还吸收了孟子"反求诸己"和"反身而诚"的修身思想。《淮南子·主术训》云:"士处卑隐,欲上达,必先反诸己。上达有道:名誉不起,而不能上达矣。取誉有道:不信于友,不能得誉。信于友有道:事亲不说,不信于友。说亲有道:修身不诚,不能事亲矣。诚身有道:心不专一,不能专诚。道在易而求之难,验在近而求之远,故弗得也。"这段话本取自《孟子·离娄上》"道在迩而求诸远"章和"居下位而不获于上"章,高诱也用孟子思想加以诠释:"不能说亲,朋友不信之也。""易,谓反己,先修其本也。不修其本,而欲得说亲诚身之名,皆难也,故曰道在易而求之难。""近谓本,远谓末。故不能得之也。"[①]高诱也认为人性善,道就是人心固有之仁义礼智,说求道易,是因为"反己"——返回个人内心去扩充善端即可得道,这叫"修其本","本"即孟子之谓"本心"(《孟子·告子上》)。高诱把"反己"作为"说亲"和"诚身"的前提,这正是孟子"反身而诚"的思想。

(五)对《孟子》名物制度的考察

　　这是汉代经学的主要特点之一。《淮南子·本经训》"是故古者明堂之制,下之润湿弗能及,上之雾露弗能入,四方之风弗能袭"句,高诱注云:"明堂,王者布政之堂。上圆下方,堂四出,各有左右房,谓之个,凡十二所。王者月居其房,告朔朝历,颁宣其令,谓之明堂。其中可以序昭穆,谓之太庙。其上可以望氛祥,书云物,谓之灵台。"[②]李秀华《淮南子许高二注研究》统计《淮南子》高注重复使用情况时说,"高注十三篇使用重复释文总数达 626 条","还大量出现相似释文","高诱注书形成了一套常用和稳定的训义体系"[③]。加上高注中还涉及孟子提到的"灵台",因此可以推测,其对"明堂"的解释也可能用之于《孟子·梁惠王下》

---

① 《淮南鸿烈集解·主术训》,第 317 页。
② 《淮南鸿烈集解·本经训》,第 264 页。
③ 李秀华:《〈淮南子〉许高二注研究》,博士学位论文,华东师范大学,2010 年,第 30—31 页。

"夫明堂者,王者之堂也"句。这类注解在《淮南子》注和《吕氏春秋》注中不少,但相比于郑玄与《孟子》,又要少很多,这可能与所注解的对象有些关系,《周礼》《礼记》本大量涉及名物制度,而《吕氏春秋》及《淮南子》却较少。

（六）修改、补充赵岐《孟子章句》的注

《吕氏春秋·开春论》"群臣皆莫敢谏,而以告犀首"句,高诱注云:"犀首,魏人公孙衍也。佩五国相印,能合从连横,号为犀首。"[1]赵岐注《孟子·滕文公下》"公孙衍、张仪岂不诚大丈夫"章之"公孙衍"曰:"公孙衍,魏人也,号为犀首。常佩五国相印为从长,秦王之孙。"俞樾说赵注"以为秦王孙,殊不可解,高注佩五国相印之说与赵同,而无秦王孙之说,殆不以为然也"[2]。《史记·孟子荀卿列传》也载公孙衍,但司马迁也未言为秦王之孙,可见赵说不可信,高诱舍此说以正之。

又如《孟子·万章上》"帝使其子九男二女"句,赵岐注云:"帝,尧也。尧使九子事舜以为师,以二女妻舜,……《尧典》曰'釐降二女',不见九男。孟子时,《尚书》凡百二十篇,逸《书》有《舜典》之《叙》,亡失其文。孟子诸所言舜事,皆《尧典》及逸《书》所载。独丹朱以胤嗣之子臣下以距尧求禅,其余八庶无事,故不见于《尧典》。"[3]认为尧九子包括丹朱。但高诱注《吕氏春秋·去私》篇"尧有子十人,不与其子而授舜"句云:"《孟子》曰:'尧使九男二女事舜。'此曰十子,殆丹朱为胤子,不在数中。"[4]认为孟子说的尧九子不包括丹朱。而他注《淮南子·泰族训》"既入大麓,烈风雷雨而不迷,乃属以九子,赠以昭华之玉,而传天下焉"句时又云"尧有九男"[5]。这九男也应该是除丹朱之外的九子,《史记·五帝本纪》"尧知子丹朱之不肖"句《索隐》引皇甫谧语云:"尧娶散宜氏之女,曰女皇,生丹朱。又有庶子九人,皆不肖也。"[6]"庶子九人"即《泰族训》言及之"九男"。

---

① 《吕氏春秋集释·开春论》,第 582 页。
② 《春在堂全书·俞楼杂纂·孟子高氏学》,第 497—498 页。
③ 赵岐:《孟子章句》卷九,第 135—136 页。
④ 《吕氏春秋集释·去私》,第 29 页。
⑤ 《淮南鸿烈集解·泰族训》,第 672 页。
⑥ 《史记》卷一,第 30—31 页。

从以上几个方面可略知,高诱对《孟子》一书相对熟悉,虽然他的孟学观受到了经学以及所注文本的影响,比如重训诂和随文释义,但从他引《孟子》文的倾向以及不多的阐述中,还是能看出他对孟子诸多观点的肯定,其中,孟子的人性论与仁政思想尤为突出。

三、刘熙《孟子刘氏注》

刘熙,《后汉书》无传,其事迹仅在《三国志·吴书·程秉传》《薛综传》《韦曜传》以及《蜀书·许慈传》中略有涉及。叶德辉在其辑佚的刘熙注《孟子章句》前撰有《刘熙事迹考》,他根据《三国志》《直斋书录解题》《隋书·经籍志》以及《续博物志》《文献通考》《世说新语》等书,考定"刘熙字成国,青州北海人,中平中征为博士,寻除安南太守。后避寇交州,故程秉、薛综、许慈俱从之游。……著《孟子》七卷。"① 刘熙注《孟子》七卷,也见于《隋书·经籍志》以及《旧唐书·经籍志》和《新唐书·艺文志》,之后亡佚不见记载,唯见《文选》李善注、《史记》裴骃《集解》、《汉书》颜师古注有称引。清代出现了不少辑本,如周广业的《汉刘熙孟子注》、黄奭的《孟子刘熙注》、马国翰的《孟子刘氏注》、宋翔凤的《孟子刘注》以及叶德辉的刘熙注《孟子章句》等。其中,叶德辉的辑本最为丰富。借助于这些辑本以及相应的文献,可以略为窥得刘熙对《孟子》的研究。

第一,同汉代多数经传注本一样,刘熙注《孟子》也多解释名物制度。对称谓的注解。《史记·魏世家》引《孟子》语云:"邹衍、淳于髡、孟轲皆至梁。梁惠王曰:'寡人不佞,兵三折于外,太子虏,上将死,国以空虚,以羞先君宗庙社稷,寡人甚丑之,叟不远千里,辱幸至弊邑之廷,将何以利吾国?"《集解》引刘熙注曰:"叟,长老之称,依皓首之言。"② 刘注与赵注近似,赵岐云:"叟,长老之称,犹父也。"

对建筑物的注解。《文选》卷十三谢惠连《雪赋》"臣闻雪宫建于东国,雪山峙于西域"句,李善注云:"《孟子》曰:'齐宣王见孟子于雪宫。'

---

① 叶德辉:《刘熙事迹考》,见《丛书集成续编》第十五册经部叶德辉辑《孟子章句》一卷附《刘熙事迹考》一卷,上海书店,1994 年影印《郋园先生全书》,第 98—99 页。
② 《史记》卷四十四,第 1847 页。

刘熙曰：'雪宫,离宫之名也。'"① 赵岐注同。

对语词比喻义的注解。《文选》卷五十三李萧远《运命论》"及其孙子思,希圣备体而未之至"句,李善注云："《孟子》曰：'子夏、子游、子张,皆有圣人之一体。冉伯牛、闵子、颜回,则具体而微。'刘熙曰：'体者,四支股脚也。具体者,皆微者也。皆具圣人之体。微,小耳。体,以喻德也。'"② 赵岐注云："体者,四肢股肱也。……一体者,得一肢也。具体者,四肢皆具。微,小也。比圣人之体微小耳。体,以喻德也。"可见刘注与赵注基本一致。

对田制税收的注解。《孝经·庶人章》"用天之道,分地之利,谨身节用以养父母,此庶人之孝也"句,疏曰："孟子称周人百亩而彻,其实皆什一也。刘熙注云：'家耕百亩,彻取十亩以为赋也。'"③ 赵岐注云："家耕百亩者,彻取十亩以为赋。虽异名而多少同,故曰皆什一也。"刘注与赵注同。又如《文选》卷二十六潘岳《在怀县作》"瓜瓞蔓长苞,姜芋纷广畦"句,李善注云："刘熙《孟子注》曰：'今俗以五十亩为大畦也。'"④ 李善又注颜延年《和谢监灵运》"采茨葺昔宇,翦棘开旧畦"句云："《孟子》曰：'病于夏畦。'刘熙曰：'今俗以二十五亩为小畦。'"⑤ 以上两处是刘熙对《孟子》"畦"字的完整注解。赵岐于此无注。

对生僻字词的注解。《文选》卷一班固《东都赋》"弦不睼禽,辔不诡遇"句,李善注云："《孟子》曰：'赵简子使王良与嬖奚乘,终日不获一禽。……王良曰：不可,吾为范我驱驰,终日不获一焉。为之诡遇,一朝而获十。'刘熙曰：'横而射之曰诡遇。'"⑥ 赵岐注"诡遇"云："横而射之曰诡遇。"刘注与赵注同。又如《孟子·滕文公下》"胁肩谄笑"句之"胁肩",刘熙注云："胁肩,悚体也。"⑦ 赵岐注也同此,只是"悚"为"竦"字。又如《后汉书·张王种陈列传》"其利甚博,而人莫之先,岂同折枝于长者,以不为为难乎"句,李贤等引《孟子》"齐桓、晋文之事"章"为

① 萧统编,李善注：《文选》卷十三,中华书局,1977 年影印嘉庆胡刻本,第 194 页。
②《文选》卷五十三,第 732 页。
③《十三经注疏·孝经注疏》卷三,第 2549 页。
④《文选》卷二十六,第 374 页。
⑤《文选》卷二十六,第 369 页。
⑥《文选》卷一,第 32—33 页。
⑦《文选》卷四十五,第 632 页。

长者折枝"一节加以注解，又云："刘熙注《孟子》曰：'折枝，若今之案摩也。'"① 赵岐注云："折枝，按摩，折手节解疲枝也。"赵注略详。

对历史人物的注解。《文选》卷三十四枚乘《七发》"景春佐酒，杜连理音"句，李善注云："《孟子》：'景春曰：公孙衍、张仪岂不诚大丈夫哉？孟子曰：是焉得为大丈夫。'刘熙曰：'景春，孟子时人，为从横之术者。'"② 赵岐注云："景春，孟子时人，为从横之术者。"二注完全相同。又如《孟子·滕文公下》云："陈仲子岂不诚廉士哉？居于陵，三日不食，耳无闻，目无见也。井上有李，螬食实者过半矣，匍匐往，将食之；三咽，然后耳有闻，目有见。"刘熙注云："陈仲子，齐一介士也。螬，虫也。李实有虫食之过半，言仲子目无见也。"③ 赵岐注多出"穷不苟求者，是以绝粮而馁也"句。

对地名的注解。《孟子·万章上》"尧以天下与舜"章，记载了舜谦让天下而终得天下的事迹，其中有"尧崩，三年之丧毕，舜避尧之子于南河之南"句。《史记·五帝本纪》用之为"尧崩，三年之丧毕，舜让辟丹朱于南河之南"，《集解》引刘熙《孟子注》曰："南河，九河之最在南者。"④ 《文选》李善注陆士衡《答贾谧诗》时也加以引用。叶德辉云："《孟子正义》载裴骃引刘熙作'南河之南，九河之最南者'，义较长，当是宋本《史记集解》如此，此今本有脱文，而词义遂不完足矣。"⑤ 与刘注相比，赵注流于随文注解："南河之南，远地南夷也，故言然后之中国。"

第二，对孟子的思想也有简要的阐发。阐发孟子的《春秋》说。《史记·孔子世家》引《孟子》云："孔子曰：'后世知丘者以《春秋》，而罪丘者亦以《春秋》。'"裴骃《集解》云："刘熙曰：'知者，行尧、舜之道者也。罪者，在王公之位，见贬绝者。'"⑥ 孟子对孔子作《春秋》一事给予了很高的评价，这开启了汉代董仲舒、司马迁以及《春秋》公羊学派对孔子以及《春秋》的研究，他们提出的孔子为"素王"、孔子作《春秋》而拨乱反正、

① 《后汉书》卷五十六，第1821—1822页。
② 《文选》卷三十四，第481页。
③ 《文选》卷二十九张景阳《杂诗》"取志于陵子，比足黔娄生"句李善注，第423页。
④ 《史记》卷一，第30—31页。
⑤ 叶德辉辑刘熙《孟子章句》，第102页。
⑥ 《史记》卷四十七，第1944页。

为新王立法等说,都与孟子的评价有些渊源。所以赵岐带有总结性质地注此句云:"孔子惧王道遂灭,故作《春秋》。因鲁史记,设素王之法,谓天子之事也。知我者谓我正王纲也,罪我者谓时人见弹贬者,言孔子以《春秋》拨乱也。"刘熙作为汉末重要的学者,对这种观点也应该很熟悉,所以他注《孟子》此话时,把"知者"解释为"行尧、舜之道者",把"罪者"解释为"在王公之位,见贬绝者",这既是对孟子"言必称尧舜"、"闲先圣之道,距杨墨,放淫辞,邪说者不得作"精神的准确诠释,也是对后世常言及的《春秋》褒善惩恶作用的继承。刘熙注的用语与赵岐注虽然不同,但旨趣一致。可见二者之间有影响关系,但是谁影响了谁,不好下定论。

对《孟子》所载圣人事迹作神秘化注解。如《孟子·万章上》载有瞽瞍和象想杀死舜的事,其中有"父母使舜完廪,捐阶,瞽瞍焚廪。使浚井,出,从而掩之"句。赵注云:"使舜浚井,舜入而即出,瞽瞍不知其已出,从而盖其井,以为死矣。"这是一个符合常理的解释。《史记·五帝本纪》吸收了《孟子》的记载,有"舜从匿空出,去"句,裴骃《集解》引刘熙注云:"舜以权谋自免,亦大圣有神人之助也。"[①]在这件事上,刘注与赵注不同。舜是孟子推崇备至的圣人,视其为理想君王和完美人格的象征,刘熙借用汉代的谶纬神学,对《孟子》所载圣人事迹加以神化,突出了舜作为未来天子的与众不同。

对孟子物性之说的注解。《文选》卷十三谢惠连《雪赋》"乱曰:白羽虽白,质以轻兮;白玉虽白,空守贞兮"句,李善注云:"《孟子》曰:'白羽之白也,犹白雪之白也欤? 白雪之白也,犹白玉之白也欤?'刘熙曰:'孟子以为白羽之白性轻,白雪之性消,白玉之性坚,虽俱白,其性不同。问告子,告子以为三白之性同。'"刘熙认为,物各有类,人有其性,物也有其性,不同物类其性不同。故羽、雪、玉为不同类之物,其性也相异:羽之性轻,雪之性消,玉之性坚,白色只是它们的表面现象,而非其本性。刘熙的解释,一方面符合孟子万物有其性的观点。孟子提到过"人性"、"水之性"、"杞柳之性"、"犬之性"、"牛之性"、"山之性"等,故羽、雪、玉也有其性。另一方面也切中了孟子"故凡同类者,举相似也"(《孟子·告子上》)之说。孟子认为"圣人与我同类",又引有若话说:"岂惟

[①]《史记》卷一,第34—35页。

民哉！麒麟之于走兽,凤凰之于飞鸟,泰山之于丘垤,河海之于行潦,类
也。圣人之于民,亦类也。"(《孟子·公孙丑上》)即同一类事物有相同本
性,只是表现出来的形态不同而已。所以刘熙注《孟子·尽心上》"舜之
居深山之中,……其所以异于深山之野人者几希"句曰:"当此之时,舜
与野人相去岂远哉!"① 舜与野人相去不远,即因"圣人之于民,亦类也"。

　　就今日散见的刘熙《孟子注》来看,其注多侧重于疏解字句,属于
章句之学,对孟子的学术思想阐述不多。比对刘熙注与赵岐注,可以见
出二者有不少注是相同或者相似的,其中一人应该借鉴了另一人的注
解,而且二者各有详略和长短。清人对他们有些评价。宋翔凤《孟子刘
注·序》云:"赵岐逃难四方,……故其著书往往疏陋,就所存刘君'南
河'、'牛山'诸注考其地形,并胜于赵。……读刘君所纂《释名》,其与训
诂、天文、舆地之学靡不综涉,则《孟子》之注当亦博学精思而成之。"② 马
国翰《孟子刘氏注》题解云:"《史记》、《汉书》、《文选》等注尚有征引,而
注上所引经文往往与今本不同,盖所据之本刘与赵异。"③ 这些评价也多
是推测之词,不可全信。

第四节　赵岐《孟子章句》及其对孟子学说的自觉研究

　　汉代有不少人注《孟子》,但因种种缘故,能够完整保留下来的却只
有赵岐《孟子章句》。不但汉代的子学、史学领域对孟子学说有不少继承
与发展,有的甚至以孟子思想为其主要的理论依据,如《盐铁论》,就是
在经学领域,《孟子》不但曾被设为传记博士,立于学官,而且很多经师
乃至经学家都喜欢引用《孟子》以解释经典。但是,这些做法多是把《孟
子》作为一种佐证材料,常常截取其中一部分,或褒或贬,用以阐发自己
的观点,因此很难反映出孟学的整体面貌,也算不上对孟子学说的自觉

---

① 《文选》卷六十任彦昇《齐竟陵文宣王行状》"置之虚室,人野何辨"句李善注,第 830 页。
② 宋翔凤:《孟子刘注·序》,见《丛书集成续编》第十五册经部宋翔凤辑《孟子刘注》一卷,上海
　书店,1994 年影印《广雅书局丛书》,第 93 页。
③ 马国翰《玉函山房辑佚书·孟子刘氏注》前之题注,扬州广陵书局,2004 年影印楚南湘远堂
　刊本,第 1874 页。

研究。随着《孟子》注本的先后出现,孟学出现了新的局面,由自发研究转为了自觉研究,这可以算是孟学史上的一大转折。但是,汉代除赵岐《孟子章句》外的其他注本都先后散佚,能够完整体现汉代自觉研究孟子学说的文献也就仅赵注,而且它还是保留《孟子》原文的唯一传本,所以它的价值就不言而喻了。由于前人对《孟子章句》多有研究,所以本节不全面展开分析,仅就赵岐为人与孟子精神的一致性、赵注的独到处以及赵注的明显特点等几个方面略作剖析,以见其一斑。

一、赵岐与《孟子章句》

（一）赵岐为人原则与孟子大丈夫精神相通

赵岐(约公元108—201年),字邠卿,京兆长陵人,《后汉书》有传。赵岐卓有才华,自视甚高,但生性耿直,一生坎坷,其为人与孟子大丈夫精神相通。《后汉书·赵岐传》载,赵岐少时有才艺,娶马融兄之女,但因其鄙视马融为外戚而不愿与之见。曾有重病而为遗令敕兄子曰:"大丈夫生世,遁无箕山之操,仕无伊、吕之勋,天不我与,复何言哉!可立一员石于吾墓前,刻之曰:'汉有逸人,姓赵名嘉。有志无时,命也奈何!'"与孟子叹息"天未欲平治天下也,如欲平治天下,当今之世,舍我其谁也"如出一辙。在州郡做官"以廉直疾恶见惮",因耻疾宦官,"即日西归,京兆尹延笃复以为功曹"。后与时人唐玹结仇,家属宗亲尽被杀,与从子戬四处逃难,被北海孙嵩收留,藏于复壁数年[①],《孟子章句》便成于此间。

赵岐著《孟子章句》的缘由,在《题辞》中略有言及。他说:

> 余生西京,世寻丕祚,有自来矣。少蒙义方,训涉典文。知命之际,婴戚于天,遘屯离蹇,诡姓遁身,经营八纮之内,十有余年,心剿形瘵,何勤如焉!尝息肩弛担于济岱之间,或有温故知新,雅德君子,矜我劬瘁,眷我皓首,访论稽古,慰以大道。余困吝之中,精神遐漂,靡所济集,聊欲系志于翰墨,得以乱思遗老也。惟六籍之学,先觉之士释而辩之者既已详矣。儒家惟有《孟子》,闳远微妙,缊奥难见,宜在条理之科。于是乃述己所闻,证以经传,为之章句,具载本

① 上引《赵岐传》见《后汉书》卷五十四,第2121—2124页。

文,章别其指,分为上、下,凡十四卷。①

"知命之际"句以下,皆赵岐自述四处亡命,藏于孙嵩复壁,与其论学,并著《孟子章句》的情形,可以说,《孟子章句》著于他人生最困顿之际。虽然他说选择为《孟子》作注是因其"闳远微妙,缊奥难见,宜在条理之科",但是,结合赵岐一生为人的准则看,孟子"说大人则藐之"、不为富贵、贫贱、威武移其志的大丈夫品格,"穷则独善其身,达则兼善天下"的英雄气概,以及明知不可为而为之、困顿中绝不放弃原则的坚守精神,无疑与他当时的心境息息相通,致使其心有戚戚焉,因而产生精神的共鸣。这也许才是他注《孟子》更深层次的原因。他晚年的一件事也可以作为佐证。他生年九十余,卒前曾"先自为寿藏,图季札、子产、晏婴、叔向四像居宾位,又自画其像居主位,皆为赞颂"。由此可见他的自信。这可以说正体现孟子舍我其谁的气概。

(二)赵岐对孟子的总体评价

赵岐对孟子所处时代的特征有清晰的认识。他说:"周衰之末,战国纵横,用兵争强以相侵夺,当世取士,务先权谋,以为上贤,先王大道,陵迟堕废。异端并起,若杨朱、墨翟放荡之言,以干时惑众者非一。"(《孟子题辞》)赵岐对当时形势的把握是准确的,当时尚武好利,孔孟宣扬的王道政治并没有真正的市场。这就是孟子主张不能实现的客观原因,也是孟子努力维护并发扬儒家学术的可贵之处。

对孟子四处游说诸侯以推行王道的做法,赵岐给予了高度的评价。他说:"孟子闵悼尧、舜、汤、文、周、孔之业将遂湮微,正涂壅底,仁义荒怠,佞伪驰骋,红紫乱朱。于是则慕仲尼周流忧世,遂以儒道游于诸侯,思济斯民。然由不肯枉尺直寻,时君咸谓之迂阔于事,终莫能听纳其说。"(《孟子题辞》)他首先把尧舜至孔子这一以贯之的传统看成是正道,以仁义为其核心内容,而其他学派则非。其次肯定了孟子宣扬儒道正是对这一传统的继承,是为了周济天下百姓。最后,赵岐认为孟子

---

① 本节所引赵岐注,皆参照中华书局 1998 年影印的《四部丛刊》本,笔者仔细比对了此本与《续古逸丛书》本,它们无论是版式还是藏书印章,都完全一致,而且书前都有类似"上海涵芬楼借清内府藏宋刊本影印"等字样,可见,二者实源于一个版本。其余所用赵岐《孟子章句》的文字,皆为《续古逸丛书》本。

因不愿改变自己学说以屈从于他人,致使当时诸侯不愿采纳其主张。这是自司马迁以来汉代普遍的看法,褒之者以此,贬之者亦以此。

赵岐充分肯定了孟子著书的意义。《春秋》公羊学派称孔子作《春秋》有"拨乱反正"之功,是为后王立法。赵岐把孟子著书七篇比作孔子之作《春秋》以及七十子之成《论语》,他说"孟子退自齐、梁,述尧、舜之道而著作焉,此大贤拟圣而作者也","《孟子》之书,则而象之"。又说孟子"自撰其法度之言,……包罗天地,揆叙万类,仁义道德,性命祸福,粲然靡所不载。帝王公侯遵之,则可以致隆平,颂清庙;卿大夫士蹈之,则可以尊君父,立忠信;守志厉操者仪之,则可以崇高节,抗浮云。有风人之托物,《二雅》之正言,可谓直而不倨,曲而不屈,命世亚圣之大才者也"(《孟子题辞》)。认为孟子继承圣人之道,为后世立定了修身治国的原则,其书之"旨意"与孔子"合同若此者众",并誉之为"亚圣"。孟子"亚圣"之名自此而起,这也是自汉初以来孔孟并称趋势中之最突出者。

对于《孟子》一书,赵岐作《篇叙》以述孟子排序七篇之用意所在。虽"未必尽符作述微旨"[①],但至少体现了赵岐本人的理解。他说:

> 孟子以为圣王之盛,惟有尧舜,尧舜之道,仁义为上,故以梁惠王问利国,对以仁义,为首篇也。仁义根心,然后可以大行其政,故次之以公孙丑问管、晏之政,答以曾西之所羞也。政莫美于反古之道,滕文公乐反古,故次以文公为世子,始有从善思礼之心也。奉礼之谓明,明莫甚于离娄,故次之以离娄之明也。明者当明其行,行莫大于孝,故次以万章问舜往于田号泣也。孝道之本,在于情性,故次以告子论情性也。情性在内而主于心,故次以尽心也。尽己之心,与天道通,道之极者也。是以终于尽心也。[②]

赵岐认为《孟子》七篇是一个连贯的整体,有其内在的逻辑。今天看来,赵氏说有其合理的地方,但并非尽合事实。赵岐认为孟子以尧舜之道为其学说的核心,而尧舜之道的关键是仁义,故第一篇《梁惠王》突出仁义的地位,总领全书。这个看法也许受了司马迁的影响(见前文司马迁部

---

① 周广业:《孟子章指考证》,见《孟子正义》卷三十《孟子篇叙》正义引,第1041页。
②《孟子章句》卷十四,第124页。

分），但算是深得孟子心意，后世许多学者都持这种观点。又以"情性"二字概括告子与孟子争论过的人性，虽然与孟子以"情"为善的观点并不完全一致，但是与汉代通行的情性说相符合。周广业《孟子出处时地考》云："孟子一生行藏，首篇尽之也。……《梁惠王》以王道始，《尽心》以圣学终，……此则七篇大致，可得而略言者。赵氏以为包罗天地，揆叙万类，仁义道德，性命祸福，粲然靡所不载，信矣。"① 当然，赵岐这里是想用一个核心范畴去概括每一篇，然后找出之间的联系，这样做似乎并不成功，也没有必要。因为每一篇中虽然有一些相对集中的主题，但却不是一以贯之。

总之，赵岐曲折的人生经历让他对孟子的大丈夫人格极为推崇，并视其为自己精神力量的源泉，这使他在注解《孟子》时投上了鲜明的感情色彩，用力也更勤，体会也更深。焦循弟焦征在《孟子正义》刻成后于书前云："先兄……又以古书之精通《易》理、深得伏羲、文王、周公、孔子之旨者莫如孟子，生孟子后而能深知其学者莫如赵氏。"焦循对赵岐的孟学观予以了高度赞誉。

二、赵岐对孟子思想的独到理解

（一）对孟子天命观的理解

在孟子那里，"天"主要是一种存在于人之外的超越性的人格化的主宰力量，它是针对宇宙万物的；"命"也是一种存在于人之外的主宰力量，但它主要是针对人而言的。人们常常把"天"对"人"所施加的影响称为天命。除孟子在引用《诗经》时把天与命二字合称过一次外，其余皆分开言说。另外，孟子虽然视天命为超越性的主宰力量，但是他更看重人的主观努力。赵岐对孟子的天命观，除吸收之外，还有自己的看法。

其一，把孟子赋予"天"的主宰性力量称为"天命"或者"天意"。孟子言及"天"时，常把它作为超越于人之外的主宰性角色，但对其作用，他并不用天命一类的词，而是多用描述性语言。赵注有时也直接用"天"来表述，如孟子曰："君子创业垂统，为可继也。若夫成功，则天也。君

① 周广业：《孟子出处时地考》，见《孟子正义》卷三十《孟子篇叙》正义引，第1043页。

如彼何哉？强为善而已矣。"（《孟子·梁惠王下》）赵岐注云："君子创业垂统，贵令后世可继续而行耳，又何能必有成功，成功乃天助之也。君岂如彼齐何乎，但当自强为善法，以遗后世而已矣。章指言：君子之道，正己任天，强暴之来，非己所招，谓穷则独善其身者也。"[1]赵岐认为，在"天"面前，君子能做的只能是"自强为善法"，即孟子说的"穷则独善其身"，至于成功与否，那要看是否有"天助之"。

赵岐有时又把天的作用称为"天命"或者"天意"。孟子说"天子不能以天下与人"，而是"天与之"，且"天不言，以行与事示之而已矣"（《孟子·万章上》）。对此，赵岐理解为："当与天意合之，非天命者，天子不能违天命也。'尧曰咨尔舜，天之历数在尔躬'，是也。"[2]赵岐提出了"天意"与"天命"二说，两者内涵基本相同，皆指天之意志的不可违逆性，但各有侧重。"天意"即天的意旨，侧重于从人的角度表示人对天的意志的客观描述；"天命"也是指天的意志，它侧重于从天的角度强调天对人事的规定。赵岐认为，天子行事（包括选择天子位的继承者）必须尽量主动迎合天之旨意，如果所行之事与天命不合，天子也不能违背天的意志。有时赵岐还把天作用的不同表现称为"天时"。孟子曰："天下有道，小德役大德，小贤役大贤；天下无道，小役大，弱役强。斯二者，天也。顺天者存，逆天者亡。"（《孟子·离娄上》）赵岐注云："有道之世，小德小贤乐为大德大贤役，服于贤德也。无道之时，小国弱国畏惧而役于大国强国也。此二者天时所遭也，当顺从之，不当逆也。"[3]有道之世与无道之世皆属"天时"，非人力所能改变。何为"天时"？他注《公孙丑下》"天时不如地利"句时说："天时，谓时日、支干、五行、王相、孤虚之属也。"[4]这种说法与汉代流行的天人感应说有密切关联，可参见焦循《孟子正义》相关的疏解。

为政迎合了天的旨意，在孟子看来就是"天吏"，赵岐称之为"天使"。孟子曰："无敌于天下者，天吏也。然而不王者，未之有也。"（《孟子·公孙丑上》）赵岐注云："言诸侯所行能如此者，何敌之有，是为天

---

① 《孟子章句》卷二，第20页。
② 《孟子章句》卷九，第76页。
③ 《孟子章句》卷七，第57页。
④ 《孟子章句》卷四，第30页。

吏。天吏者,天使也。为政当为天所使,诛伐无道,故谓之天吏也。"① 他把孟子说的"天吏"解释为"天使","天使"即"为天所使",即指治理国家要替天行使王道,诛伐破坏王道之人。如此,则可谓得"天意"。所以当孟子与齐国大夫沈同讨论谁可以讨伐燕国,并说"为天吏,则可以伐之"(《孟子·公孙丑下》)时,赵岐注云:"天吏,天所使,谓王者得天意者也。"② 他认为孟子所说的"天吏"即"天使",指得天意者。

其二,赵岐把天命归之于仁德,并据此提出"天命不常"之说。他在注解《孟子·万章上》"尧以天下与舜"章时说:"孟子曰,天不言语,但以其人之所行善恶,又以其事从而示天下也。"天不说话,仅根据人的善恶行为来确定天命的归属。又说:"孟子言下能荐人于上,不能令上必用之。舜,天人所受,故得天下也。""百神享之,祭祀得福也。百姓安之,民皆讴歌其德也。""天人所受"中的人,是指百姓,即后面的"百姓安之"。百姓是否认可一个天子,在于他能否以德祭祀,以德治国。所以赵岐在本章的章指中说:"德合于天,则天爵归之;行归于仁,则天下与之。天命不常,此之谓也。"③ 意思是,天命并不遥远,就在于为政者是否有仁德,有仁德则合天意,合天意则得天命,得天命则可算是"事天"了,所以赵岐注《孟子·尽心上》"存其心,养其性,所以事天也"句云:"能存其心,养育其正性,可谓仁人。天道好生,仁人亦好生。天道无亲,惟仁是与。行与天合,故曰所以事天。"④ 天道是天意、天命的实质性内容,而能否得天道仅有一个条件:是否有仁德。又因为天命以仁德为归依,有仁德则得之,无仁德则失之,所以说"天命不常"⑤。可以说,赵岐准确地把握住了孟子天命观的用意所在。

其三,对孟子"命"的概念的理解。《孟子》中与"天"相应的另一个重要概念是"命"。赵岐把孟子的"天"常理解为天命,作为主宰之天的意志,而把"命"常理解为"命禄",作为天命主宰之下的人的命运。他注《孟子·万章上》"莫之为而为者,天也;莫之致而至者,命也"句云:"人

① 《孟子章句》卷三,第 28 页。
② 《孟子章句》卷四,第 35 页。
③ 上引皆见《孟子章句》卷九,第 76 页。
④ 《孟子章句》卷十三,第 105 页。
⑤ 《诗经·大雅·文王》有"天命靡常"之说,《孟子·离娄上》也引用了此句。

无所欲为而横为之者,天使为也。人无欲致此事而此事自至者,是其命禄也。"① 人不想这样做而竟这样做了,是天命;人不想做成此事却又做成了,这是命禄。又《孟子·尽心下》孟子曰:"仁之于父子也,义之于君臣也,礼之于宾主也,知之于贤者也,圣人之于天道也,命也。有性焉,君子不谓命也。"赵岐注云:

> 仁者得以恩爱施于父子,义者得以义理施于君臣,好礼敬施于宾主②,知者得以明知知贤达善,圣人得以天道王于天下,此皆命禄,遭遇乃得居而行之,不遇者不得施行。然亦才性有之,故可用也。凡人则归之命禄,任天而已,不复治性。以君子之道,则修仁行义,修礼学知,庶几圣人亹亹不倦,不但坐而听命,故曰君子不谓命也。③

人皆有四端,扩充四端则可实现仁义礼智四德。仁义礼智又分别对应现实社会中的父子、君臣、宾主、贤善。赵岐认为它们都属于命禄——天命在人身上得以实现的结果,能否实现要看是否遭遇天命或者天时。另外,四者也属于天性之固有,人可以去扩充、利用它们。凡人与君子之区别就在于,凡人消极地等待天命的裁决,而君子则主动去扩充仁义礼智四端,求其实现,所以赵岐又说:"君子顺性蹈德,行其法度,夭寿在天,待命而已矣。"④ 赵岐既看到了命禄的不可强求,又指出了君子努力修身养性以待天命的进取精神。这正是孟子提倡而且身体力行的天命观。

赵岐对孟子的"正命"说也有自己的理解。孟子曰:"莫非命也,顺受其正。是故知命者不立乎岩墙之下。尽其道而死者,正命也;桎梏死者,非正命也。"(《孟子·尽心上》)赵岐注云:

> 莫,无也。人之终无非命也。命有三名:行善得善曰受命,行善得恶曰遭命,行恶得恶曰随命。惟顺受命为受其正也。知命者欲趋于正,故不立于岩墙之下,恐压覆也。尽修身之道以寿终者,为得正

---

① 《孟子章句》卷九,第 77 页。
② 此句焦循《孟子正义》作"好礼者得以礼敬施于宾主"。
③ 《孟子章句》卷十四,第 119 页。
④ 见《孟子章句》卷十四"君子行法以俟命而已矣"句注,第 121 页。

> 命也。畏、压、溺①，礼所不吊，故曰非正命也。②

赵岐这段注解包含了两个观点。一是对"莫非命也"的解释。赵岐把"莫非"二字连用，相当于今天的"都是"，"人之终无非命也"即"人什么样的死都是命运"，把人最终的死亡归结到命上，所以他在本章章指又说"人必趋命，贵受其正"，其义一致。但赵说恐非孟子本意。连看整段，孟子的意思是人不应该在"非命"的状态下死，如死于危墙之下；而应该顺受正命，如尽道而死。"非命"二字应连用。焦循对此分析得很透彻。他说："非命二字相连，即下非正命。《韩诗外传》云：'孔子曰：人有三死而非命也者，自取之也。'非命二字与此同。莫非命，禁戒之辞，谓不可非命而死也。顺受其正，乃为知命。不知命，或死于岩墙，或桎梏而死，是即死于非命。死于非命，即不能顺受其正，即是不知命。如是则通章一气贯注。赵氏谓人之终无非命，盖以命有三名，人之终不出乎受命、遭命、随命。三命中惟'行善得善'乃为顺受正。揆诸孟子之旨，固不如是。"③孟子强调人要尽量获得正命，而获得正命的方法就是"尽其道"，即前一章说的"尽心"、"知性"直至"知天"。如此而死，则为正命。赵岐之说是受汉代三命说的影响。

二是赵岐用汉代的"三命"说解释孟子的"正命"说。三命说通行于汉代，如《春秋繁露·重政》篇云："人始生有大命，是其体也。有变命存其间者，其政也。政不齐则人有忿怒之志，若将施危难之中，而时有随、遭者，神明之所接，绝属之符也。"④《白虎通·寿命》篇云："命有三科，以记验。有寿命以保度，有遭命以遇暴，有随命以应行。寿命者，上命也。……随命者，随行为命。……遭命者，逢世残贼。"⑤《论衡·命义》篇亦云："传曰：'说命有三：一曰正命，二曰随命，三曰遭命。'正命，谓本禀之自得吉也。性然骨善，故不假操行以求福而吉自至，故曰正命。随命者，戮力操行而吉福至，纵情施欲而凶祸到，故曰随命。遭命者，行善得恶，非所冀望，逢遭于外而得凶祸，故曰遭命。凡人受命，在父母施气

---

① 《孟子正义》"溺"后有"死"字。
② 《孟子章句》卷十三，第105页。
③ 《孟子正义》卷二十六，第879页。
④ 《春秋繁露义证·重政》，第149页。
⑤ 《白虎通疏证·寿命》，第391—392页。

之时,已得吉凶矣。"① 其他如《孝经》、《潜夫论》等都提及。这几种说法背后的成因略有不同,或归之于神明,或归之于气,不一而足,但三种命的性质基本一致。唯正命有大命、寿命、受命三种称谓。赵岐三命说近《白虎通》,因为他说的受命是"行善得善","顺受命为受其正",又说"尽修身之道以寿终者,为得正命",即受命就是寿命。另外,赵岐只说随命是"行恶得恶",而无"戮力操行而吉福至"的一面,黄晖《论衡校释·命义》篇按:"赵岐于义无别,省举一端耳。"② 也可能是赵岐前已言"行善得善",故随命只讲"行恶得恶"。赵岐把孟子的正命说纳入汉代的三命说,认为正命就是寿命,就是"尽修身之道以寿终者",把"修身"与"寿终"作为正命的两个必备条件,这是汉代人的看法,并不完全符合孟子的本意。孟子正命说侧重于修其身、"尽其道",并非寿命之短长。而且在孟子看来,为道而死,即使是短命,也可谓得正命,所以他说:"生亦我所欲也,义亦我所欲也,二者不可得兼,舍生而取义者也。生亦我所欲,所欲有甚于生者,故不为苟得也;死亦我所恶,所恶有甚于死者,故患有所不辟也。"(《孟子·告子上》)可以置生死于不顾而求之者,莫过于道义,为道义而早死,也该是得正命。

　　总的来讲,赵岐对孟子天命观以及天人关系的理解多得孟子本意。这里举一个例子来说明。孟子说:"求则得之,舍则失之,是求有益于得也,求在我者也。求之有道,得之有命,是求无益于得也,求在外者也。"(《孟子·尽心上》)赵岐解释说:

> 谓修仁行义,事在于我。我求则得,我舍则失,故求有益于得也。谓贤者修其天爵,而人爵从之,故曰求之有道也。修天爵者,或得或否,故曰得之有命也。爵禄须知己,知己者在外,非身所专,是以云求无益于得也,求在外也。③

在求与得、舍与失、人事与天命等关系上,赵岐对孟子思想都有准确的理解:努力修养仁义之德,尽人事以待天命。他还借孟子"天爵"与"人爵"之说来解释天人关系,说"贤者修其天爵,而人爵从之"。孟子说的"天

①《论衡校释·命义》,第49—50页。
②《论衡校释·命义》,第50页。
③《孟子章句》卷十三,第106页。

爵"即"仁义忠信,乐善不倦"(《孟子·告子上》),其实就是把行仁义忠信之德变为一种自觉行为的能力。这样,就把原本遥不可及甚至与人事对立的天命落实到了现实生活中,人人皆可能实现,进而消减了天、人之间的紧张关系,也使人们重视"修仁行义",而远权位、利禄之求。

(二)对孟子四心说、性善论的理解

孟子说"人皆有不忍人之心",因此"无恻隐之心,非人也;无羞恶之心,非人也;无辞让之心,非人也;无是非之心,非人也"(《孟子·公孙丑上》),进而把四心作为仁、义、礼、智的四端。这是孟子性善论的核心。赵岐把"不忍人之心"解释为"不忍加恶于人之心",又说:

> 言无此四者,当若禽兽,非人心耳。为人则有之矣。凡人但不能演用为行耳。[①]

焦循对赵氏此说十分推崇,他说:"孟子道性善,谓人之性皆善,禽兽之性则不善也。禽兽之性不善,故无此四者。禽兽无此四者,以其非人之心也。若为人之心,无论贤愚,则皆有之矣。孟子四言'非人',乃极言人心必有此四者。赵氏注此,深得孟子之旨,不愧通儒。"[②]通观赵岐对孟子相关内容的注解,他对孟子四心说及其性善论的看法大略包含三个层面:

第一,赵岐把四心作为人之为人的根本,是人区别于禽兽的本质要素。赵岐注《孟子·告子上》"牛山之木"章"人见其禽兽也,而以为未尝有才焉者,是岂人之情也哉"句云:"人见恶人禽兽之行,以为未尝有善才性,此非人之情也。"[③]人有四心乃人之本性,孟子有时又把这种本性叫作"才",赵岐则释之为"才性",或者"天才",他注解"若夫为不善,非才之罪也"(《孟子·告子上》)云:"若为不善者,非所受天才之罪,物动之故也。"[④]在赵岐看来,孟子说的四心就是人区别于禽兽的"才性"或者"天才",人有时作恶如禽兽,那是因为外物遮蔽了四心的缘故。

第二,赵岐认为四心并非圣贤之人独有,而是人人皆有。又因孟子说四心分别是仁、义、礼、智的端绪,所以四心又可以称作四端,赵岐认

---

①《孟子章句》卷三,第28页。
②《孟子正义》卷七,第234页。
③《孟子章句》卷十一,第92页。
④《孟子章句》卷十一,第91页。

为人人皆有四端。他说:"端者,首也。人皆有仁、义、礼、智之首,可引用之。"① "仁、义、礼、智,人皆有其端,怀之于内,非从外销铄我也。求存之,则可得而用之;舍纵之,则亡失之矣。"② 又在注"故凡同类者,举相似也,何独至于人而疑之,圣人与我同类者"(《孟子·告子上》)句时说:"圣人亦人也,其相觉者,以心知耳。盖体类与人同,故举相似也。"③ 圣人与一般人在形体、种类上都是相同的,也都是依靠心来感知。

最能看出赵岐对孟子四心说有心得的,是他对《孟子·告子上》"牛山之木尝美"章的注解。孟子说牛山之木曾经很茂盛,因砍伐、放牧而变得光秃秃了,但这不是它的本性。以此为喻,他说:"虽存乎人者,岂无仁义之心哉? 其所以放其良心者,亦犹斧斤之于木也,旦旦而伐之,可以为美乎? 其日夜之所息,平旦之气,其好恶与人相近也者几希,则其旦昼之所为,有梏亡之矣。梏之反覆,则其夜气不足以存;夜气不足以存,则其违禽兽不远矣。人见其禽兽也,而以为未尝有才焉者,是岂人之情也哉?"赵岐注云:

> 存,在也。言虽在人之性,亦犹此山之有草木也,人岂无仁义之心邪。其日夜之思欲息长仁义,平旦之志气,其好恶,凡人皆有与贤人相近之心。几,岂也。岂希,言不远也。④

赵岐把"息"解为"息长","几"解为"岂","几希"解释为"不远"⑤。笔者以为,赵岐对整章字句的解释,体现出了赵岐对孟子整个四心说甚至性善论的贯通性理解。赵岐把"其好恶与人相近也者几希"句中的"其"视为一般人,"人"视为"贤人"。意思是说,一般人在日夜间由四心生发出的仁义之善心,以及他在天亮之时所具有的清明之气,这些在他心里所产生的好恶,与贤人的好恶之心相差不远。这样,赵岐突出了一般人与圣贤的相近之处,强调了善心"求则得之"以及"心之官则思,思则得之"的一面。这个解释与孟子"人皆可以为尧舜"以及"圣人与我

---

① 《孟子章句》卷三,第 28 页。
② 《孟子章句》卷十一,第 91 页。
③ 《孟子章句》卷十一,第 91 页。
④ 《孟子章句》卷十一,第 92 页。
⑤ 这个解释,杨伯峻先生说"古书未见此用法"。见杨伯峻《孟子译注》,第 264 页。

同类者"等说完全吻合。而且,赵岐的解释也与孟子本章前后的逻辑一贯。孟子之前说了一般人与圣贤好恶之心相近,后面又说如果"反覆"消灭这种好恶之心,则一般人又与禽兽相差不远了。这又是强调善心"舍则失之"以及心之官"不思则不得"的一面。前后一正一反,既说明了修养德行的不难,也说明了成为禽兽的容易。所以孟子最后引用孔子"操则存,舍则亡"的话来加以概括。不仅一般人不保养四心会近于禽兽,就是圣人,其最初扩充四心之前也与禽兽相去不远。孟子曰:"舜之居深山之中,与木石居,与鹿豕游,其所以异于深山之野人者几希。"(《孟子·尽心上》)赵注云:"舜耕历山之时,居木石之间,鹿豕近人,若与人游也。希,远也。当此之时,舜与野人相去岂远哉。"[1] 这里的"几希"也是不远之意。

　　焦循在赵注基础上说得更清楚,他说:"'其日夜之所息',赵氏解为其日夜之思欲息长仁义,息之义为生长,所息指生长此心之仁义。仁义不能无端生长,故赵氏以思欲明之。……赵氏以人为贤人,谓能存仁义之心,未放失其良者也。其实'与人相近',正谓与禽兽相远。谓之为人性原相近,但日放一日,则日远于人一日,日远于人一日,即日近禽兽一日,而其日夜所息,则仍与人近而不远,此孟子以放失仁义之人,明其性之善也。旦旦伐之而所习仍相近,则良心不易亡如此,此极言良心不遽亡,非谓良心易去也。故赵氏以几希为不远也。或以息为歇息,非是。以几希为甚微,亦失之。"[2] 但后人却常常把"几希"解释为"不多"、"少也"或者"一点点"[3],朱熹《孟子集注》云:"几希,不多也。……言人之良心虽已放失,然其日夜之间,亦必有所生长。故平旦未与物接,其气清明之际,良心犹必有发见者。但其发见至微,而旦昼所为之不善,又已随而梏亡之,如山木既伐,犹有萌蘖,而牛羊又牧之也。……至于夜气之生,日以寖薄,而不足以存其仁义之良心,则平旦之气亦不能清,而所好恶遂与人远矣。"[4] 分析虽然合情理,但脱离了孟子想要表达的重点。其

---

[1]《孟子章句》卷十三,第 108 页。

[2]《孟子正义》卷二十三,第 777 页。

[3] 杨伯峻先生《孟子译注》解释为:"他在日夜里发出来的善心,他在天刚亮时所接触到的清明之气,这些在他心里所激发出来的好恶跟一般人相近的也有一点点。"(杨伯峻:《孟子译注》,第 263 页)

[4]《四书章句集注·孟子集注》卷十一,第 331 页。

他如宋代蔡模《孟子集疏》、元代胡炳文《孟子通》,等等,都用朱熹说。明代章世纯《四书留书》则解释为"微者也"[1]。都不准确。

第三,他认为虽然人人有四心,但又并非人人都能够推衍四心而加以践行。如果说前面两个方面还是照搬孟子思想的话,那么这个层面的解释就属于赵岐在孟子思想基础上的拓展了。孟子的性善论是从心性能否为善这一根源义上讲的,"故孟子立'四端'之说,精义在于展示'价值基于自觉',孟子言四端,固非谓德性之完成不待努力,仅谓德性之根源不在'客体'而在自觉之'主体'而已"[2]。虽然孟子坚信人性为善,也再三强调人要扩充四端方能实现仁义礼智,"求则得之,舍则失之",也含蓄地说过君子与众庶之不同:"行之而不著焉,习矣而不察焉,终身由之而不知其道者,众也。"(《孟子·尽心上》)但是,他未能明确表明现实中不可能人人皆成为君子,反倒是突出了"人皆可以为尧舜"的一面。赵岐点明了这一层含义,明确说"凡人但不能演用为行耳","人皆有仁、义、礼、智之首,可引用之"。"演用为行"即推衍践行,人人可以扩充四端达至至善,但并非人人能够推衍践行,"可引用之"不等于"能引用之"。他还在注解"孟子道性善,言必称尧舜"(《孟子·滕文公上》)句时说:"孟子与世子言人生皆有善性,但当充而用之耳。"[3]"充而用之"也就是"演用为行"之义。

而且,赵岐还指出,君子与众庶不仅在能否推衍践行四端上有区别,而且在能否自觉认识自身善端上也不同。他注《孟子·离娄下》"舜明于庶物,察于人伦,由仁义行,非行仁义也"句云:"舜明庶物之情,识人事之序,仁义生于内,由其中而行,非强力行仁义也。故道性善,言必称尧舜。章指言:人与禽兽俱含天气,就利辟害,其间不希,众人皆然,君子则否,圣人超绝,识仁义之生于己也。"[4]突出了君子对仁义自觉认识以及自觉践行的特点。赵岐的这个观点,也可作为对曹交向孟子提出的疑问的正面回答。曹交问孟子:既然人人可为尧舜,且我的外表与文王、汤也相当,但为什么我只会吃饭,要怎样才成呢?孟子的解释突出

---

[1]《四书留书》卷四,《文渊阁四库全书》经部八《四书》类。
[2] 劳思光:《新编中国哲学史》第二卷,第30页。
[3]《孟子章句》卷五,第38页。
[4]《孟子章句》卷八,第66页。

了"易"的一面,"尧舜之道,孝弟而已矣。子服尧之服,诵尧之言,行尧之行,是尧而已矣"(《孟子·告子下》)。成人成德在孟子看来就这么简单。赵岐则突出了"难"的一面:"天下大道,人并由之,病于不为,不患不能。"① "病于不为"者乃多数,故君子少而泯然众者多。

(三)对孟子义利观的理解

《孟子·梁惠王》首章孟子与梁惠王谈义利关系,梁惠王问利,孟子答之曰"王何必曰利,亦有仁义而已矣"。多数研究者常根据这一章的语境,以为这是孟子重义轻利思想的表现,但赵岐却有不同的看法,他注解说:

> 孟子知王欲以富国强兵为利,故曰王何必以利为名乎,亦惟有仁义之道者可以为名。以利为名,则有不利之患矣。②

在赵岐看来,梁惠王所言之利并非私利,而是指"富国强兵",所以他用"王何必以利为名"来解释"王何必曰利",在原话的基础上增加了一个"名"字。就是说,孟子并不是从根本上一味反对利,如对追求"富国强兵"之利是赞同的,他反对的只是以利为名号,即把利字整天挂在嘴边,所以他接着又注解说:"从王至庶人,故言上下交争,各欲利其身,必至于篡弑,则国危亡矣。《论语》曰:'放于利而行,多怨。'故不欲使王以利为名也。"③ 君王整天以利为名,则举国上下都会一味逐利,如此则怨气生,怨气生则国危亡。赵岐还在本章章指总结说:"治国之道明,当以仁义为名,然后上下和亲,君臣集穆。天经地义,不易之道,故以建篇立始也。"赵岐认为治国以仁义为名号,利自在其中,这是治国的"不易之道",所以孟子把它让在首位。

赵岐这个注解是他考察了《孟子》其他相关内容后得出的结论,并非随意生发。《告子下》记载宋牼将去楚、秦劝诫两国停止交战,孟子问他怎样劝说,宋牼说:"我将言其不利也。"孟子则指出:"先生之志则大矣,先生之号则不可。""号"就是赵岐说的"名","先生之号则不可"即

---

① 《孟子章句》卷十二,第 98 页。
② 《孟子章句》卷一,第 4 页。
③ 《孟子章句》卷一,第 4 页。

先生以利为名号去劝说是行不通的。接下去孟子又说了一通与第一章一样的话："为人臣者怀仁义以事其君,为人子者怀仁义以事其父,为人弟者怀仁义以事其兄,是君臣、父子、兄弟去利,怀仁义以相接也,然而不王者,未之有也。何必曰利?"因此,赵岐"王何必以利为名"的解释是有充分文本依据的,而且这个解释也符合孟子对义利关系的真实看法:孟子重仁义,但也要求制民以恒产,反对白圭"二十而取一"的更低的税收政策。

(四)把孟子仁义之本归于孝悌

孔子常讲仁,孟子常讲仁义,并把仁义作为仁义礼智的核心。孟子曰:"仁之实,事亲是也;义之实,从兄是也;智之实,知斯二者弗去是也;礼之实,节文斯二者是也;乐之实,乐斯二者,乐则生矣。"(《孟子·离娄上》)在孟子看来,仁义的主要内容是事亲与从兄,而礼智仅是对仁义的认识与实现。孔子曾说:"孝弟也者,其为仁之本与。"(《论语·学而》)把血亲之爱的孝悌作为仁的根本,赵岐在孔孟之说的基础上,明确提出"仁义之本,在于孝弟"。赵岐云:

> 事皆有实。事亲从兄,仁义之实也。知仁义所用而不去之,则智之实也。礼乐之实,节文事亲从兄,使不失其节,而文其礼敬之容,而中心乐之也。乐此事亲从兄,出于中心,则乐生其中矣。乐生之至,安可已也。岂从自觉足蹈节、手舞曲哉。章指言:仁义之本,在于孝弟;孝弟之至,通于神明;况于歌舞,不能自知,盖有诸中形于外也。[1]

赵岐先从字面上疏解文义,指出"事亲从兄"乃"仁义之实",之后又解释了礼智的作用,但没有具体解释"实"字的含义。在章指中,赵岐把"实"解释为"本",于是孝悌就成了仁义的根本。这个看法是深得孟子心意的。很多人常把仁义看得很遥远,于是孟子就一再强调仁义与生活的相关性,他说:"道在迩而求诸远,事在易而求诸难。人人亲其亲、长其长,而天下平。"(《孟子·离娄上》)仁义之道不在远处,就在事亲与从兄上,人人做到了孝悌,则天下可太平。焦循正义对孟子这段话的内在逻辑归

---

[1]《孟子章句》卷七,第62—63页。

纳得很精辟,他说:"自首章言平治天下必因先王之道,行先王之法,反复申明,归之于居仁由义。何为仁,亲亲是也。何为义,敬长是也。道,即平天下之道也。事,即平天下之事也。指之以在迩在易,要之以其亲其长。亲其亲,则不致于无父;长其长,则不致于无君。尧舜之道,孝弟而已。其为人也孝弟,犯上作乱未之有也。舍此而高谈心性,辨别理欲,所谓求诸远,求诸难也。"[1] 焦循也认为孟子治国之道的核心就是孝悌。而且孟子自己也明确说"尧舜之道,孝弟而已矣"(《孟子·告子下》)。赵注云:"人皆有仁义之心,尧、舜行仁义而已。""孝弟而已,人所能也。"[2] 尧舜之道就在于行仁义,而仁义就在于孝悌。

孟子还说:"人之所不学而能者,其良能也;所不虑而知者,其良知也。孩提之童,无不知爱其亲者;及其长也,无不知敬其兄也。亲亲,仁也;敬长,义也。无他,达之天下也。"(《孟子·尽心上》)赵岐注云:"少知爱亲,长知敬兄,此所谓良能良知也。""人,仁义之心少而皆有之。欲为善者无他,达,通也。但通此亲亲敬长之心,施之天下人而已。章指言:本性良能,仁义是也,达之天下,恕乎己也。"[3] 赵岐认为,孟子说的良知良能就是爱亲敬长,爱亲为孝,敬长为悌,所以人人可知可行的孝悌也就是仁义之心。

（五）对孟子民本思想的理解

民本思想是孟子仁政理论中的核心内容。孟子常从现实生活出发,向游说的诸侯、大夫宣扬这一思想,赵岐则常把孟子生活化的表述转化为理论性的结论。如《梁惠王上》孟子告诉梁惠王,真正的尽心不是做表面的功夫,而应该是通过有效措施,如"不违农时"、"数罟不入洿池"、"斧斤以时入山林"、"五亩之宅,树之以桑"等,让百姓"养生丧死无憾",这才是"王道之始也"。赵岐对此注解说:

> 王道先得民心,民心无恨,故言王道之始。[4]

---

① 《孟子正义》卷十五,第 508 页。
② 《孟子章句》卷十二,第 97—98 页。
③ 《孟子章句》卷十三,第 108 页。焦循《孟子正义》本中,"施之天下"作"推知天下";"恕乎己"作"恕乎已"。
④ 《孟子章句》卷一,第 6 页。

赵岐把孟子所列举的诸多治国措施概括为"得民心",并视其为王道之基础,这是十分准确的。那么怎样才能得民心呢?赵岐又在本章章指中言:"王化之本,在于使民。养生送死之用备足,然后导之以礼义,责己矜穷,则斯民集矣。"① 就是说,王道教化的根本在于"使民",而王道教化的最终目的也是为了得民心,孟子就曾说"善政得民财,善教得民心"(《孟子·尽心上》),因此能否恰当"使民"关系到是否能得民心。

得民心还在于能否"生民"。孟子批评梁惠王"庖有肥肉,厩有肥马,民有饥色,野有饿莩,此率兽而食人也"(《孟子·梁惠王上》)。对孟子这种描述,赵岐总结道:"王者为政之道,生民为首。以政杀人,人君之咎犹以白刃,疾之甚也。"② 这里的王道以"生民"为首,与前面说的得民心王道之始是一致的,只是侧重于百姓的存亡方面。在"生民"方面,孟子反复强调的一个核心观点是制民以"恒产"。赵岐注"恒产"云:"恒,常也。产,生也。恒产,则民常可以生之业也。"又说:"孟子所以重言此者,此乃王政之本,常生之道。"③ 这个解释与孟子一贯要求的"五亩之宅,树之以桑"等主张完全一致,得其本意。

得民心还要求君王能与民同乐。《孟子·梁惠王下》"庄暴见孟子"章,孟子比较了"独乐"与"同乐"的不同,赵岐章指云:"人君田猎以时,钟鼓有节,发政行仁,民乐其事,则王道之阶,在于此矣。故曰'天时不如地利,地利不如人和'矣。"④ 他把"民心无恨"看成是"王道之始",而把"民乐其事"看成是"王道之阶",这是王道实现过程中的两个阶段。

赵岐用"得民心"、"使民"、"生民"等词,从不同侧面准确地概括了孟子民本思想的精髓。

(六)对孟子"五百年必有王者兴"说的解读

《孟子·公孙丑下》集中描述了孟子离开齐国时的情形。当他的学生充虞问:"夫子若有不豫色然。前日虞闻诸夫子曰:'君子不怨天,不尤人。'"孟子回答说:"彼一时,此一时也。五百年必有王者兴,其间必有

---

① 《孟子章句》卷一,第 6 页。
② 《孟子章句》卷一,第 7 页。
③ 《孟子章句》卷一,第 11 页。
④ 《孟子章句》卷二,第 13 页。

名世者。由周而来，七百有余岁矣。以其数，则过矣；以其时考之，则可矣。夫天未欲平治天下也，如欲平治天下，当今之世，舍我其谁也？吾何为不豫哉？"（《孟子·公孙丑下》）对孟子这段话的理解，后世有分歧。焦循说："近通解以彼一时为充虞所闻'君子不怨天不尤人'之时，时为暇豫之时，则论为经常之论也。此一时为今孟子去齐之时，为行藏治乱关系之时也。则忧天悯人之意，不得不形诸颜色也。"[①] 按清人通解，有三处不合常理。一是孟子言行前后不一，前日才说过自己不是"小丈夫"、不怨天尤人的话，今日就抛诸脑后，满脸怨天尤人之色，即使赋予了孟子"忧天悯人之意"，却也与孟子"大丈夫"气概和一贯行事风格不合。二是孟子离开齐国前后仅两三天时间，他的处境不会有太大变化，不能说前日看得通透，今日就心境大变。另外，孟子也早应心知齐王不能真正行仁政，并非去齐之时才恍然大悟，致使有巨大落差。三是如果孟子的确承认自己有不豫之色，那么最后又怎么会有"吾何为不豫哉"之类的否定？一段话前后竟如此矛盾，殊不合常理。

赵岐注与焦循所称当时之通解相异，赵注云：

> 彼前圣贤之出是有时也，今此时，亦是其一时也。五百年有王者兴，有兴王道者也。名世，次圣之才。物来能名，正一世者，生于圣人之间也。七百有余岁，谓周家王迹始兴，大王、文王以来，考验其时，则可有也。孟子自谓能当名世之士，时又值之，而不得施，此乃天自未欲平治天下耳，非我之愆。我固不怨天，何为不悦豫乎？[②]

比较赵注与清人的解说，笔者认为赵注更合孟子之意，从中也体现出赵氏对孟子的敬重。赵岐把"彼一时"看成以前圣贤兴王道之时，"此一时"看成孟子所处之时，按照五百年出圣贤之运，此时应该有次圣之才出现，而且孟子含蓄地以"名世者"自居，赵岐也看出了这一点。当此之时，适逢年运，又有孟子这样的名世者，因此正应大兴王道，出现文、武、汤一样的盛世。但现实却是孟子不能在有条件的齐国推行王道，还不得不离开。所以赵岐认为，孟子只是把王道之不行归于天命，没有怨天不悦豫之色。可以说，赵注得孟子本意。《尽心下》末章孟子云："由孔子

---

① 《孟子正义》卷九，第309页。
② 《孟子章句》卷五，第38页。

而来,至于今百有余岁,去圣人之世,若此其未远也,近圣人之居,若此其甚也,然而无有乎尔,则亦无有乎尔!"赵岐注云:

> 至今者,至今之世,当孟子时也。圣人之间,必有大贤名世者,百有余年,适可以出,未为远而无有也。邹、鲁相近,《传》曰"鲁击柝闻于邾",近之甚也。言己足以识孔子之道,能奉而行之。既不遭值圣人,若伊尹、吕望之为辅佐,犹可应备名世,如傅说之中出于殷高宗也。然而世谓之无有,此乃天不欲使我行道也,故重言之,知天意之审也。言"则亦"者,非实无有也。则亦当使为无有也乎。"尔"者,叹而不怨之辞也。①

这段话既印证了赵岐前面的观点,也更清楚准确地分析了孟子的言外之意。在赵岐看来,孟子以去孔子之世不远、离孔子所居之地甚近为依据,加上对自己学说的绝对自信,所以孟子自视甚高,相信可以堪比伊尹、吕望。但是天命难违,孟子终未能辅佐圣王兴王道。赵岐透过"则亦"二字,深切地体会到了孟子王道之不行的悲情,"非实无有"四字,正是孟子四处游走、力谏诸侯行王道而不可得之后的无奈,也是孟子心灵深处最真实的想法和坚守的信念,从中也可以看出孟子对自己学术的执着。"叹而不怨",就是孟子之前说的"吾何为不豫哉",慨叹不得天命,但没有怨恨之气。"非实无有"与"叹而不怨",是赵岐对孟子"五百年必有王者兴"一系列说法的最准确总结。

(七)援道家思想以注《孟子》

用道家思想来发挥孟子的学术,早在马王堆汉墓帛书《五行》篇说文就已出现。后来的荀子、韩非、陆贾、贾谊、《淮南子》、班固、高诱等,也曾援引道家某些范畴去解读孟子的观点(可参见前面各相关部分)。赵岐的《孟子章句》,也有这种特点。《孟子·公孙丑上》"夫子加齐之卿相"章,孟子与公孙丑由"不动心"言及"养勇",再引出孟子描述自己养"浩然之气"。他说:"其为气也,配义与道;无是,馁也。"赵岐注云:

> 重说是气。言此气与道义相配偶俱行。义谓仁义,可以立德之

①《孟子章句》卷十四,第124页。

本也。道谓阴阳大道，无形而生有形，舒之弥六合，卷之不盈握，包落① 天地，禀授群生者也。言能养道气而行义理，常以充满五脏。若其无此，则腹肠饥虚，若人之馁饿也。②

赵岐对"道义"做出解释，认为"义"即是仁义，这是儒家的立德之本。"道"则借《易》"一阴一阳之谓道"说，解释为阴阳大道。焦循一一分析了赵岐解说之所本。他说："《列子》云：'昔者，圣人因阴阳以统天地。夫有形者，生于无形。'有形生于无形，故云无形生有形也。……《淮南子·原道训》云：'包裹天地，禀受无形。'又云：'舒之幎于六合，卷之不盈于一握。'赵氏本此，以上言无形，故改云群生。……道既为阴阳，阴阳是气，故云道气。"又说："《淮南子·精神训》云：'血气者，人之华也。而五藏者，人之精也。夫血气能专于五藏而不外越，则胸腹充而嗜欲省矣。胸腹充而嗜欲省，则耳目清、听视达矣。……'又云：'使耳目精明，元达而无诱慕；气志虚静，恬愉而省嗜欲；五藏定安，充盈而不泄。'此赵氏所本也。"③从赵岐所本来看，列子为老庄之外道家的又一代表人物，其学本于黄帝、老子，主张清静无为。《淮南子》一书，高诱《叙目》认为"其旨近《老子》"，《原道训》篇更是进一步发挥老庄的思想，全面深刻地阐述了"道"的本质以及"道"生成万物和万物发展所遵循的总规律。赵岐这里的无生有、"道"以及"群生"等概念，皆源自道家思想。孟子的"浩然之气"本重"义"，而赵岐的解释却偏重于道家的"道"。他不是用仁义礼气来解释"浩然之气"的生成机制或者本质，而是用"道气"，而他说的"道气"又主要是为了培养一种虚静无欲的境界。这样，在赵岐的解释下，孟子的"浩然之气"，就由儒家的伦理道德境界，偏向于道家的清静无为的道的境界了。

三、赵岐注的基本特点

（一）赵注简洁易晓而畅达

简洁易晓而畅达，这是赵注最大最普遍的特点，也是《孟子章句》能

---

① "落"字，焦循《孟子正义》作"络"。
②《孟子章句》卷三，第 24 页。
③《孟子正义》卷六，第 201 页。

够得以流传,受到后人重视的主要原因之一。在后人看来,《孟子章句》虽然有随文注解、对原文深意挖掘不够、甚至错误的解释等不足(详见后文的分析),但它的大多数注解却代表了距孟子最近的汉代人的真实看法,这对于后人探讨孟子的本意以及汉代人的看法有着不可替代的作用。赵岐的这类注解很多,以下略举两例试作分析。

《孟子·公孙丑上》"夫子加齐之卿相"章,孟子为了说明养"浩然之气"不能急于求成,要长期坚持道义,讲了一个"揠苗助长"的寓言,然后感叹曰:"天下之不助苗长者寡矣。以为无益而舍之者,不耘苗者也。助之长者,揠苗者也,非徒无益,而又害之。"赵岐注云:

> 天下人行善,皆欲速得其福,恬然者少也。以为福禄在天,求之无益,舍置仁义,不求为善,是由农夫任天,不复耘治其苗也。其邀福欲急得之者,由此揠苗之人也,非徒无益于苗,乃[1]反害之。言告子外义,常恐其行义,欲急得其福。故为丑言,人之行当内治善,不当急欲求其福。[2]

他的解释是根据孟子的思路来展开的,五句话之间逻辑严密。第一句总说天下行善之人多急于想实现自己的福禄,恬淡的人不多,这是对"揠苗助长"者目的的解释。第二、三句分说两种极端,第二句申述现实中放其心的一种极端行为,即把福禄归之于天,因而完全放弃扩充心固有之仁义,就如同农夫不耕耘禾苗,任其自生自灭。第三句分析另一个极端行为,即一行善就急于获得福禄,把福禄作为行仁义的唯一目的。第四、五句总结孟子讲此寓言之目的:说明把义看成心外之物,就会流于或消极待天、或急于求成的极端,告诫弟子要发挥内心固有之善性,不急于求成。整个解释都围绕寓言"揠苗助长"展开,又结合了前后语境以及孟子言说的目的,用语不多但解释明白晓畅,没有经学家训诂常有的那种生涩。焦循说:"《孟子》经文,辞句明达,不似《诗》《书》艰奥,而赵氏注顺通其意,亦极详了,不似毛、郑简严,待于申发。故但疏明训诂典籍,则赵氏解经之意明,而经自明。"[3]

---

[1] "乃"字,焦循《孟子正义》作"而"。
[2] 《孟子章句》卷三,第25页。
[3] 《孟子正义》卷六,第206页。

又如孟子曰："好善优于天下,而况鲁国乎? 夫苟好善,则四海之内,皆将轻千里而来告之以善。夫苟不好善,则人将曰:'訑訑,予既已知之矣。'訑訑之声音颜色,距人于千里之外。"(《孟子·告子下》)赵注说:"孟子曰,好善,乐闻善言,是采用之也。以此治天下,可以优之虞舜是也,何况于鲁不能治乎。人诚好善,四海之士皆轻行千里以善来告之。诚不好善,则其人将曰訑訑贱他人之言。訑訑者,自足其智、不嗜善言之貌。訑訑之人发声音见颜色,人皆知其不欲受善言也。道术之士闻之,止于千里之外而不来也。"① 这类注解,就是今人读来,也几乎是一看即明。

(二)对《孟子》行文逻辑的准确把握

赵岐不但对《孟子》一段话内部的逻辑以及侧重有较好的把握,而且对一章乃至全书的行文逻辑都有比较清醒的认识。他善于前后勾连,整体把握文章的脉络,这对于他准确理解文义大有助益,也应该是他精熟《孟子》文本的结果。

《公孙丑上》"夫子加齐之卿相"章,公孙丑问孟子:"伯夷、伊尹于孔子,若是班乎?"曰:"否! 自有生民以来,未有孔子也。""然则有同与?"② 曰:"有。得百里之地而君之,皆能以朝诸侯,有天下。行一不义、杀一不辜,而得天下,皆不为也。是则同。"赵岐注云:

> 孟子曰,此二人君国,皆能使邻国诸侯尊敬其德而朝之,不以其义得之,皆不为也。是则孔子同之矣。③

《十三经注疏》本、焦循本"此二人君国"句皆为"此三人君国",《续古逸丛书》本、《四部丛刊》本为"二人"。孙奭疏与焦循正义皆未作出说明。笔者认为,这里为"二"字更合理,它恰好表现了赵岐对《孟子》行文逻辑的准确把握。因为公孙丑把孔子学生分为两类:子夏、子游、子张,皆有圣人之一体;冉牛、闵子、颜渊,则具体而微。他问孟子自居于哪一种人。孟子不愿谈,因此公孙丑又问他"伯夷、伊尹何如",孟子于是分别评价了伯夷、伊尹外加孔子,并说他们"皆古圣人也。吾未能有行焉,乃

① 《孟子章句》卷十二,第104页。
② 《十三经注疏》本、焦循本"然则"前皆有"曰"字,《续古逸丛书》本、《四部丛刊》本则无。
③ 《孟子章句》卷三,第26页。

所愿,则学孔子也"。孟子对孔子的态度与对伯夷、伊尹二人的态度显然不同,因此公孙丑才又有上面的询问:伯夷、伊尹二人与孔子不是一样的吗?孟子盛赞孔子,说有人类以来没有人能比得上孔子的。公孙丑又问二人与孔子有相同之处吗,孟子才解释说:伯夷、伊尹二人得百里之地可以有天下,而且都不会为得天下而做一件不仁不义之事。公孙丑和孟子的谈话一直是把伯夷、伊尹二人与孔子作比较,所以孟子最后说的"是则同",应该是指在得天下遵仁义上,伯夷、伊尹二人与孔子是相同的。赵岐的注解正是在这一行文逻辑下展开的,他把"得百里之地"至"皆不为也"几句话看成是评价伯夷、伊尹二人的,所以最后他说"是则孔子同之矣","是"是指"二人君国"之事,"之"是指伯夷、伊尹二人。如果"二"改为"三",这既与前后语境不相符,也与赵岐后面复言孔子不一致。由此可见赵岐对《孟子》熟悉的程度。

(三)在名物训诂上保存了不少古义

因汉代紧承战国,所以赵岐对孟子时期的成语和习惯用语还有一定了解,他在《孟子章句》中还原了这些语词的本来用法,保留了古义。如《孟子·梁惠王上》有"为长者折枝"一句,其中"折枝"一词赵岐注解为"按摩,折手节解疲枝也"[①]。"按摩"应该是赵岐之时以及之前通行的说法,毛奇龄《四书賸言》云:"赵岐注折枝'案摩折手节解疲枝也',此卑贱奉事尊长之节。《内则》:'子妇事舅姑,问疾痛苛痒而抑搔之。'郑注:'抑搔即按摩。'屈抑枝体,与折义正同。以此皆卑役,非凡人屑为,故曰是不为,非不能。观《后汉·张皓王龚论》云:'岂同折枝于长者,以不为为难乎?'刘熙注:'按摩不为为难为。'可验。"[②]但是,"折枝"一词易让人望文生义,后世遂有不少误解。焦循说:"《音义》引陆善经云:'折枝,折草树枝。'赵氏佑《温故录》云:'《文献通考》载陆筠解为罄折腰枝,盖犹今拜揖也。'元人《四书辨疑》以枝与肢通,谓敛折肢体,为长者作礼,与徐行后长意类,正窃其意而衍之。"[③]后人的这些解说看起来也文从字

① 《孟子章句》卷一,第9页。
② 毛奇龄《四书賸言》,见阮元编《清经解》卷一百八十五,上海书店,1988年影印学海堂本,第758页。
③ 《孟子正义》卷三,第86页。

顺,但和本义却相去甚远。

又如《孟子·公孙丑上》"以力服人者,非心服也,力不赡也"句之"赡"字,赵岐注云:"赡,足也。"《孟子·滕文公上》"今滕,绝长补短将五十里也"句中"绝长补短"一词,赵岐注解为"其境界长短相补",结合《墨子·非命》篇"古者汤封于亳,绝长继短,地方百里"说可知,"绝长补短"为当时计算土地面积时的常用语。

(四)赵岐注之不足

第一,"随文解之,事实无所征"。赵岐注《孟子》,虽然对其思想往往有精辟的论述,但是在注解一些历史人物、历史事件上,有时也流于随意。他注《孟子·告子下》"孙叔敖举于海"一句时说"孙叔敖隐处,耕于海滨,楚庄王举之以为令尹"[1],对赵岐的这个解释,阎若璩《四书释地》批评说:"此亦是随文解之,事实无所征。庄王时,楚南境东境去海尚远。而《史记》称孙叔敖楚之处士,《荀子》、《吕氏春秋》并以为'期思之鄙人',期思故城在今固始县西北七十里。固始本寝丘,即庄王感优孟之言以封其子者,传十世不绝。其得为令尹也,或曰进自《虞丘子》(《史记》、《说苑》、《列女传》),或曰沈尹茎力(《吕氏春秋》),或曰楚有善相人者招聘之(《新序》),皆无起家海滨说。"[2]此其一。

又如《尽心下》:"孟子曰:'养心莫善于寡欲。其为人也寡欲,虽有不存焉者,寡矣;其为人也多欲,虽有存焉者,寡矣。'"赵岐注云:"养,治也。寡,少也。欲,利欲也。虽有少欲而亡者,谓遭横暴,若单豹卧深山而遇饥虎之类也,然亦寡矣。""谓贪而不亡,蒙先人德业,若晋国栾黡之类也,然亦少矣,不存者众也。"孟子本章重点谈"养心"问题。"养心"之"养",就是孟子"养浩然之气"、"养志"以及"故苟得其养,无物不长;苟失其养,无物不消"之"养",即扩充之义。"心"即孟子说的四心或者善端。因为仁义礼智之德与利欲天然对立,所以扩充善端就要寡欲。就是说,利欲的多寡直接与善性的存与不存相关。而赵岐把"存"与"不存"解释为人的生死,说少利欲的人则生,即使有遭受非命而死的也很少。反之,多贪欲则死,即使有蒙受祖恩而不死的也不多。这就完全误

---

[1]《孟子章句》卷十二,第105页。
[2] 阎若璩:《四书释地》"孙叔敖海滨"条,见阮元编《清经解》卷二十,第81页。

解了孟子的旨趣。所以朱熹解释为"如口鼻耳目四支之欲,虽人之所不能无,然多而不节,未有不失其本心者"[①]。把"不存"解为失其本心。杨伯峻先生认为存与不存是"指孟子所谓'善性'、'夜气'而言,《离娄下》云:'人之所以异于禽兽者几希,庶民去之,君子存之。'《告子上》亦云:'虽存乎人者,岂无仁义之心哉?'诸'存'字即此'存'字。赵岐注以人的生死释之,大误。"[②]

第二,对孟子的哲学思想知之甚浅。在《孟子》许多涉及哲学思想的地方,赵岐往往不加注解,如对孟子的内修工夫论"反求诸己"、"求放心"、"诚"、"思"等范畴,皆不作解释。有的解释则倾向于政治观点。如他注《孟子·离娄下》"大人者,不失其赤子之心者也"句云:"大人谓君。国君视民,当如赤子,不失其民心之谓也。"[③]又注《尽心下》"贤者以其昭昭,使人昭昭;今以其昏昏,使人昭昭"句云:"贤者治国,法度昭昭。明于道德,是躬行之道可也。今之治国,法度昏昏,乱溃之政也。身不能治,而欲使他人昭明,不可得也。"[④]把大人、贤者、赤子之心等均与政治观点联系起来,虽然也有道理,但却完全摒弃了这些词语背后所蕴含的修身养性的哲学意蕴,"赵岐的解释透露其以政治观点解释孟子之一般思想倾向"[⑤]。

又如解释《尽心上》"形色,天性也。惟圣人然后可以践形"句,赵岐说:"形,谓君子体貌尊严也。……色,谓妇人妖丽之容。……此皆天假施于人也。""圣人内外文明,然后能以正道履居此美形。不言居色,主名尊阳抑阴之义也。"[⑥]他用男女、尊卑、美丑来解释"形色",又用"尊阳抑阴"来解释"践形",这与孟子的本意相去甚远。孟子用"形"、"色"分别泛指人的形体与容貌,旨在说明人的形体容貌属于天性,只有能扩充善性的圣人才能把人的天性体现在形体上,即孟子曾说过的"君子所性,仁义礼智根于心。其生色也睟然,见于面,盎于背,施于四体,四体不言而喻"(《孟

---

① 《四书章句集注·孟子集注》卷十二,第 347 页。

② 杨伯峻:《孟子译注》,第 340 页。

③ 《孟子章句》卷八,第 65 页。

④ 《孟子章句》卷十四,第 118 页。

⑤ 黄俊杰:《中国孟学诠释史论》,第 60—61 页。

⑥ 《孟子章句》卷十三,第 113 页。

子·尽心上》)。赵岐的误解实源于他对孟子哲学思想的不熟悉。

第三,混淆《孟子》原文与引文。《孟子·滕文公下》孟子引《尚书》以证王政无敌,他说:"《书》曰:'徯我后,后来其无罚!''有攸不惟臣,东征绥厥士女,匪厥玄黄,绍我周王见休,惟臣附于大邑周。'其君子实玄黄于匪以迎其君子,其小人箪食壶浆以迎其小人。救民于水火之中,取其残而已矣。"赵岐注云:"从'有攸'以下,道周武王伐纣时也,皆《尚书》逸篇之文。攸,所也。言武王东征,安天下士女,小人各有所执往,无不惟念执臣子之节。匪厥玄黄,谓诸侯执玄三纁二之帛,愿见周王,望见休善,使我得附就大邑周家也。其君子小人,各有所执以迎其类也。言武王之师,救殷民于水火之中,讨其残贼也。"[1]后世学者多认为,仅"有攸"至"大邑周"为《尚书》逸文,后被梅赜略作改动,采入伪《武成》篇,其文为"肆予东征,绥厥士女。惟其士女,筐厥玄黄,昭我周王"[2]。"其君子"以下几句,则是申说《尚书》文义的,因周王能救民于水火,施行仁政,所以才有君子迎君子,小人迎小人的场面。"取其残而已矣"说明战争的正义性,所以孟子后面又引用《太誓》"我武惟扬,侵于之疆,则取于残,杀伐用张,于汤有光",继续申说"取其残"的含义。

四、《孟子章句》的历史地位和影响

《孟子章句》在孟学史上的地位和影响,大体可以在以下两个方面体现出来。

首先,从保存文献角度来说,《孟子章句》不仅保存了《孟子》文本,而且它还是汉代流传下来的唯一的完整注本。秦王朝焚书坑儒,烧掉了众多先秦典籍,《孟子》侥幸得以保全。汉代时期,《孟子》始终作为诸子著作,与经学若即若离。它相对少的被关注程度使其版本相对单一,不像《论语》那样有多家传本。虽然东汉出现了郑玄、高诱、刘熙、赵岐等几家注本,但从现存散佚的一些注文所引《孟子》文本看,也只有少数字句上的差异,意旨完全一致[3]。如果考虑到当时引用文献比较随意,常常

---

[1]《孟子章句》卷六,第50页。
[2] 见孔安国传,孔颖达正义,黄怀信整理《尚书正义·武成》,第435页。
[3] 可以参见本章有关郑玄、高诱、刘熙等《孟子》注的相关内容。

以意为主的特点,我们大致可以推测这几个注本所采用的《孟子》文本是一致的。因此说,赵岐《孟子章句》的保存与流传,使我们今天还能看到先秦时期《孟子》的基本面目,而不像《尚书》、《诗经》等五经甚至《论语》等经传一样传本众多,内容取舍难定。虽然《孟子》也有内外篇之争,但后世学者基本认同赵岐的看法:"其文不能弘深,不与内篇相似,似非孟子本真。后世依放而托之者也。"(《孟子题辞》)可以说,《孟子》七篇,基本无争议。

汉代《孟子》注本有好几家,但是因为种种原因,仅有赵岐《孟子章句》得以流传至今。汉代是孟学的起步阶段,是《孟子》从子学转向经学过程中重要的一环。汉代的经学家们用传统的经学训诂之法,对《孟子》加以训解,应该体现了经学家们独特的视角和看法。但是它们大多亡佚,今天仅能从后人的辑本中窥得一鳞半爪。虽然赵岐《孟子章句》算不上严格意义上的经学著作,如《四库全书总目提要·孟子正义十四卷》所说:"汉儒注经,多明训诂名物,惟此注笺释文句,乃似后世之口义,与古学稍殊。……《论语》、《孟子》词旨显明,惟阐其义理而止,所谓言各有当也。"[1]但正因如此,它使今人还能够看到汉代士人对《孟子》的真实理解,而非程式化的训诂。

其次,《孟子章句》成为后世注疏、理解《孟子》的基础。汉代之后,直至唐代才又有人为《孟子》作注,宋代及以后为之训解的人日益增多,但他们的解释多以《孟子章句》为基础。宋伪孙奭《孟子正义·序》云:"其书由炎汉之后盛传于世,为之注者则有赵岐、陆善经,为之音则有张镒、丁公著。自陆善经已降,其所训说,虽小有异同,而共宗赵氏。……今辄罄浅闻,随赵氏所说,仰效先儒释经,为之正义。"[2]比对赵注与陆氏等人之训解,可证《序》说不假。朱熹以及清代学者则从理学或传统训诂学的角度,对伪孙奭疏予以批评:"其疏皆敷衍语气,如乡塾讲章,故《朱子语录》谓其全不似疏体,不曾解出名物制度,只绕缠赵岐之说。至岐注好用古事为比,疏多不得其根据。"[3]虽对伪孙奭疏评价不高,但却肯

---

① 万有文库《四库全书总目提要》第七册经部《四书》类一,第93页。
②《十三经注疏·孟子正义》,第2660页。
③ 万有文库《四库全书总目提要》第七册经部《四书》类一,第94页。

定了赵岐注的影响。

朱熹对《孟子章句》的评价虽然也不高,说"赵岐《孟子》,拙而不明"①,但他在注解《孟子》时,却对其多有借鉴。《四库全书总目提要·孟子正义十四卷》云:"然朱子作《孟子集注》《或问》,于岐说不甚抨击。至于书中人名,惟盆成括、告子不从其学于孟子之说,季孙子叔不从其二弟子之说,余皆从之。书中字义,惟'折枝'训'按摩'之类不取其说,余皆从之。"因此《总目》对赵岐《孟子章句》给予了相当中肯的评价:"盖其说虽不及后来之精密,而开辟荒芜,俾后来得循途而深造,其功要不可泯也。"② 首开之功,是赵注重要的贡献,也是后世疏解者不能绕开的主要文献。《四库全书总目提要·十一经问答》引王义山论赵岐注《孟子》亦云:"《六经》《论语》《孟子》前后凡经几手训解,宋儒不过集众说,以求一是之归。如说《易》便骂王弼,讲《周礼》便责郑康成、贾公彦,解《尚书》便驳孔安国,伤乎已甚。毕竟汉儒亦有多少好处。赵岐在夹柱中三年,注一部《孟子》,也合谅他勤苦。"③

就是被誉为孟学史上集大成的研究者焦循,其《孟子正义》也多是在赵注基础上的发挥。它虽然收集整理了孟学史上诸多重要的研究文献,补充了不少赵岐语焉不详的内容,而且还纠正了赵注存在的一些不足,但他的疏解也多是在赵注基础上展开的,对赵注也基本持肯定态度。如对孟子出游诸国的先后问题,他说:"今撰《正义》,惟主赵氏,而众说异同,亦略存录,以备参考而已,实未易折衷也。"④ 他又自述撰《孟子正义》的原则:"赵氏《章句》既详为分析,则为之疏者,不必徒事敷衍文义,顺述口吻,效《毛诗正义》之例,以成学究讲章之习。赵氏训诂,每叠于句中,故语似蔓衍而辞多倍聱;推发赵氏之意,指明其句中训诂,自尔文从字顺,条鬯明显矣。于赵氏之说或有所疑,不惜驳破以相规正。至诸家或申赵义,或与赵殊,或专翼孟,或杂他经,兼存备录,以待参考。"⑤ 就是说,焦循疏解《孟子》是以《孟子章句》为基础的。

① 《朱子语类》卷五十一《孟子》一《题辞》,第1218页。
② 万有文库《四库全书总目提要》第七册经部《四书》类一,第93页。。
③ 万有文库《四库全书总目提要》第七册经部《五经》总义类,第55页。
④ 《孟子正义》卷三十,第1048页。
⑤ 《孟子正义》卷三十,第1051页。

第九章 战国秦汉孟子地位的演变与影响

第一节 孟子地位的演变

从战国到秦汉,孟子一直是以诸子的身份存在,虽然其地位总体上不高,但还是有一个明显的上升趋势。

在世时期地位的起与落。在战国时期,孟子作为那个百家争鸣与风云激荡时代中诸子的一员,一直在努力"闲先圣之道,距杨墨","正人心,息邪说,距诐行,放淫辞"(《孟子·滕文公下》),做着自己心目中的伟大事业。他作为孔子思想的继承者和发展者,与其他诸子一样,也为宣扬自己的主张而绞尽脑汁,费尽心血。从《孟子》一书看,孟子有过受礼遇乃至作上宾的待遇,但更多的是落魄的遭遇。

孟子游宋国时,时为太子的滕文公在去楚国和返回滕国时两次会见孟子,并在其父滕定公去世时向孟子请教丧礼,最后执行了孟子三年丧礼的建议,大获成功。从中可以看出,经过在齐、宋一些年的游历,孟子的影响和地位逐渐提高,已经引起了像滕国这样的国家的国君的关注和认可,甚至连鲁平公也准备亲自外出去会见孟子。孟子地位的再一次提升是他游历滕国之初。因为滕太子对孟子比较信任,加上新继位为滕文公,所以准备推行仁政,想干出一番事业,在这个背景下,初到滕国的孟子"馆于上宫"(《孟子·尽心下》),被尊为"夫子",其间滕文公多次与孟子相见,问治国之道,而且态度也极恭敬。孟子在世期间地位达到最高点的当是在第二次游历齐国即做齐宣王卿相时[1]。主要表现在三个方面:一是所居官位或所受礼遇高。《孟子·公孙丑下》记载"孟子为卿于齐",公孙丑评价说:"齐卿之位,不为小矣","夫子加齐之卿相,得行道

---

[1] 对于孟子游历齐国的历史,我们采用钱穆先生的观点,即孟子在齐威王时第一次到齐国,在齐宣王时第二次到齐国。参见《先秦诸子系年》有关孟子的考证(钱穆:《先秦诸子系年》,商务印书馆,2001年)。

焉,虽由此霸王,不异矣。"明言孟子是官位不小的齐卿。关于卿之位,孟子说过:"君一位,卿一位,大夫一位,上士一位,中士一位,下士一位,凡六等","天子之卿受地视侯,……大国地方百里,君十卿禄,卿禄四大夫,……次国地方七十里,君十卿禄,卿禄三大夫,大夫倍上士,上士倍中士,中士倍下士,下士与庶人在官者同禄,禄足以代其耕也。"(《孟子·万章下》)可见,卿是仅次于君的爵位。卿的地位还因国的大小而不同,阎步克先生说:"比之大国,次国和小国的卿、大夫的地位还要依次降一等。"① 此外,按照孟子的说法,卿"有贵戚之卿,有异姓之卿"(《孟子·万章下》),孟子当为异姓之卿,相当于秦国的客卿②。虽然齐宣王时的齐国地位已经比不上齐桓公和齐威王时的齐国地位,但还算是一个大国,所以孟子为齐卿,地位已经很高了。还有人认为孟子还在齐国稷下之列,如《盐铁论·论儒》篇说:"齐宣王褒儒尊学,孟轲、淳于髡之徒,受上大夫之禄,不任职而论国事,盖齐稷下先生千有余人。"③ 虽然钱穆先生根据《史记·孟荀列传》《史记·田齐世家》以及《孟子》中孟子与淳于髡的对话认为孟子不列稷下,说"孟子在齐为卿,有官爵,明不与稷下为类。致为臣而归,则非不仕。宣王欲中国而授孟子室,养弟子以万钟,此《史记》所谓开第康庄之衢,欲以稷下之礼敬孟子"④。即认为齐宣王在孟子辞去齐卿后才想把他列入稷下。无论何种情形,孟子在这个阶段的地位都算是达到了最高,所以《孟子》一书记录孟子与齐宣王有关的文字也最多,多达四十余章。二是孟子在当时名声大,被视为异人。《孟子·离娄下》:"储子曰:'王使人瞷夫子,果有以异于人乎?'孟子曰:'何以异于人哉?尧舜与人同耳。'"三是弟子和追随者众多。《孟子·滕文公下》:"彭更问曰:'后车数十乘,从者数百人,以传食于诸侯,不以泰乎?'孟子曰:'非其道,则一箪食不可受于人;如其道,则舜受尧之天下不以为泰——子以为泰乎?'"车辆数十乘,跟随者数百人,场面之壮大可想而知。

---

① 阎步克:《品位与职位:秦汉魏晋南北朝官阶制度研究》,中华书局,2009 年,第 80 页。
② 《战国策·秦策三》:"秦昭王召见与语,大说之,拜为客卿。"此指燕国人蔡泽。《资治通鉴·周显王三十六年》:"仪得见秦王。秦王说之,以为客卿。"胡三省注:"秦有客卿之官,以待自诸侯来者,其位为卿而以客礼待之也。"(司马光编著,胡三省音注:《资治通鉴》,中华书局,1956 年,第 68 页)
③ 《盐铁论校注·论儒》,第 149 页。
④ 钱穆:《先秦诸子系年·孟子不列稷下考》,第 273—274 页。

孟子更多时候是郁郁不得志的遭遇。孟子从初出仕父母之邦邹国开始,先后游历了齐、宋、薛、邹、鲁、滕、梁国,最后再次返回齐国做齐卿。从《孟子》一书看,孟子在多国待遇和地位都不高。孟子初游齐时,没有受到齐威王的重视,因此说"我无官守,我无言责也"(《孟子·公孙丑下》),最后离开齐国时还因此拒绝了齐王馈赠的一百兼金。宋国是个小国,宋王周围善人又太少,《孟子》中没有孟子与宋王的对话,可见孟子在宋国也不得志。在薛、邹、鲁,孟子都只作了短时间停留,其间鲁平公本来对孟子有了点兴趣,但其嬖人臧仓阻止了他,并批评孟子为"匹夫"。滕文公和梁惠王对孟子的认可度曾经较高,但当滕文公求解于一些关乎现实的难题:"滕,小国也,间于齐、楚。事齐乎? 事楚乎?""齐人将筑薛,吾甚恐,如之何则可?""滕,小国也;竭力以事大国,则不得免焉,如之何则可?"(《孟子·梁惠王下》)孟子只能说"是谋非吾所能及也",或者讲述周太王去邠迁岐山而为善的故事。当梁惠王问孟子:"晋国,天下莫强焉,叟之所知也。及寡人之身,东败于齐,长子死焉;西丧地于秦七百里;南辱于楚。寡人耻之,愿比死者壹洒之。如之何则可?"孟子也只能说"仁者无敌"和"可使制梃以挞秦楚之坚甲利兵矣"之类迂远的话,而这在当时几乎是不可能实现的,最后两人都对孟子失去了耐心。做齐卿是孟子最辉煌的时候,但最终还是"致为臣而归",彻底离开了风云变幻的政治场所。孟子政治生活结束的同时却开启了著书立说的学术生活,同时也是孟子学术地位确立的开端。

战国后期孟子多被批评。战国后期,虽然有孟子后学在《五行》篇中继承和发扬了孟子部分思想,但没有一次明确言及孟子。随后的荀子多次指名道姓,对孟子学说进行了全面的批判,认为孟子误传孔子之学,"略法先王而不知其统","案往旧造说"[①],对孟子的天人观、性善说、成人说、王道论和义利观、禅让说等进行逐一批评和否定,并评价孟子是"俗儒"。可以说,荀子是全面否定孟子的第一人,这既实际影响了孟子当时的地位,但也为后人批荀护孟努力提高孟子地位埋下了伏笔。战国末期的韩非把孟子视为孔子之后"儒分为八"中的一家,与子张、子思、颜回、荀子等人并列,虽然对孟子仍然是全盘否定,认为包括孟子在内的八家

---

① 《荀子集解·非十二子》,第 94 页。

是"愚诬之学,杂反之行"①,但间接地认同了孟子在儒学传承中的地位。在短命的秦王朝,"焚书坑儒"中《孟子》一书虽然得以保留,但孟子后学被大量坑杀,不但孟子的学术地位被否定,其政治地位也降到了低谷。

　　汉代是孟子地位整体提高的阶段,主要表现在四个方面。一是汉代的大多数文人士大夫根据自己理论的需要,在著书立说时选择性地吸收了孟子的思想,如陆贾、贾谊、刘安、司马迁、董仲舒、刘向、扬雄、班固以及王充、王符等人。其中,对孟子地位提高有重大影响的是司马迁、董仲舒和扬雄。司马迁第一个为孟子作传,肯定了孟子在儒学传承中的重要地位;董仲舒第一个全面发挥孟子的学术思想,使他的许多观点真正成为治国理政的指导方针;扬雄是第一个用心推崇孟子的人,也是第一个说愿学孟子的人,他把孟子从诸子中分离,说孟子不异于孔子,所以韩愈说"因雄书而孟氏益尊"②。二是《孟子》在文、景两朝时与《论语》、《孝经》、《尔雅》曾立为传记博士。虽然在汉武帝时因"独立《五经》"博士而被废除,但在经学研究领域,《孟子》的博士身份直到汉末仍然一直被认同③。这种待遇提高了孟子的地位,扩大了影响。三是出现了好几种《孟子》注本。西汉说经之书不多,但《韩诗外传》、《春秋繁露》中孟子学说也有较重的分量。东汉时孟子地位进一步提高,一般认为,程曾、郑玄、高诱、赵岐、刘熙都为《孟子》作注,显示了儒士对孟子作为"博文"的认可。四是不少人开始把孟子与孔子放在一起讨论和评价。如司马迁在《孟子荀卿列传》中说:"岂与仲尼菜色陈蔡,孟轲困于齐梁同乎哉!……卫灵公问陈,而孔子不答;梁惠王谋欲攻赵,孟子称大王去邠。此岂有意阿世俗苟合而已哉!"④把孟子与孔子并提。之后,在盐铁会议上的贤良文学和御史大夫、西汉末的扬雄、东汉初的王充、东汉班固、马融⑤,都把孔孟放在一起加以评论,这在王充《论衡》一书中特别突出。

---

① 《韩非子集解·显学》,第457页。
② 《韩愈文集汇校笺注》第一册,第111页。
③ 赵岐《孟子题辞》云:"汉兴,除秦虐禁,开延道德。孝文皇帝欲广游学之路,《论语》、《孝经》、《孟子》、《尔雅》皆置博士,后罢传记博士,独立《五经》而已。迄今诸经通义得引《孟子》以明事,谓之博文。"
④ 《史记》卷七十四,第2345页。
⑤ 班固之前诸人的观点,可参见本书有关章节。马融《长笛赋》:"温直扰毅,孔孟之方也。"（《文选》卷十八,第253页）

到了赵岐,干脆在孔孟并称中把孟子视为"亚圣",开后世尊孟子为"亚圣"的先河。

可见,从战国末期到汉末,孟子地位有一个逐渐提高的整体趋势,其中东汉时期地位上升最快。

第二节　孟子对社会观念的影响

与本书多数章节分析历代文人士大夫个体对孟子思想的接受不同,本节侧重于分析孟子思想对社会观念的整体影响。这里说的社会观念,从范围上讲,既包含某一时期整个社会的普遍性共识,也包含某一时期小众群体的局部性共识;从层次上讲,既包含某一时期社会精英及思想家的认识,也包含某一时期社会一般成员的认识①。

从《孟子》一书看,孟子在世时期,他的部分观点对个人甚至社会产生了一些影响。首先,他的三年之丧的思想曾产生过影响。滕文公还是太子的时候,就对孟子比较信任,在父亲滕定公去世时,他接受了孟子守丧三年的建议,结果是"百官族人可,谓曰知。及至葬,四方来观之,颜色之戚,哭泣之哀,吊者大悦"(《孟子·滕文公上》)。孟子关于守丧三年的思想,得到了百官的认可,有四方之人来观礼,吊丧的人也非常满意。这虽然是孟子丧礼思想的唯一一次成功推行,但可以看出,他的丧礼思想在社会上形成了局部性的共识。其次,孟子对社会影响最大的当数他四处游历时极力宣扬的仁政思想,特别是对宋国、滕国、魏国、齐国的影响。万章曾经担心:

> 宋,小国也;今将行王政,齐楚恶而伐之,则如之何?(《孟子·滕文公下》)

为什么宋国只是想行仁政,齐楚就要讨厌并攻击它呢?透过这一担心,

---

① 本处社会观念的划分,参考了晁福林先生有关社会思想范围的划分层次(晁福林:《先秦社会思想研究》,商务印书馆,2007年,第9页)。之所以不用"社会思想"这一概念而用"社会观念",是因为思想一词比较正式,而观念一词更强调对某一特定事物的看法,甚至是短期内的看法,这更符合孟子影响的存在状况。

我们不难看到：孟子的仁政虽然之前还没有真正推行过，但孟子"仁者无敌"、行仁政可以称王天下的宣传，已经在社会上产生了不小的影响，齐楚的"恶而伐之"，实际上是对仁政的一种恐慌，因为孟子说过，"苟行王政，四海之内皆举首而望之，欲以为君"（《孟子·滕文公下》）。诸侯王恐慌仁政，但不少士人却乐此不疲。《孟子·滕文公上》记载：

> 有为神农之言者许行，自楚之滕，踵门而告文公曰："远方之人闻君行仁政，愿受一廛而为氓。"文公与之处。其徒数十人，皆衣褐，捆屦，织席以为食。

这段话透露出有关孟子仁政的两个信息：一是滕文公认可了孟子的仁政思想，准备甚至已经试着推行；二是滕文公推行孟子仁政的消息在社会上流传开了，不少人冲着仁政移居到了滕国，其中包括农家的代表人物许行，他带着学徒数十人投奔滕国。在孟子时代，人口的多少是一个国家是否强大的根本性指标，所以很多诸侯想方设法增加人口，如勾践说："寡人闻，古之贤君，四方之民归之，若水之归下也。"（《国语·勾践灭吴》）梁惠王感叹："察邻国之政，无如寡人之用心者。邻国之民不加少，寡人之民不加多。"（《孟子·梁惠王上》）孟子增加人口的手段就是推行仁政，他说："今王发政施仁，使天下仕者皆欲立于王之朝，耕者皆欲耕于王之野，商贾皆欲藏于王之市，行旅皆欲出于王之涂，天下之欲疾其君者皆欲赴诉于王。"（《孟子·梁惠王上》）"尊贤使能，俊杰在位，则天下之士皆悦，而愿立于其朝矣；市，廛而不征，法而不廛，则天下之商皆悦，而愿藏于其市矣；关，讥而不征，则天下之旅皆悦，而愿出于其路矣；耕者，助而不税，则天下之农皆悦，而愿耕于其野矣；廛，无夫里之布，则天下之民皆悦，而愿为之氓矣。"（《孟子·公孙丑上》）"诚如是也，民归之，由水之就下。"（《孟子·梁惠王上》）就是说，只要行仁政，各行各业的人都愿意成为其子民。可以推测，孟子这样的主张经过多次宣扬后，已经在社会上产生了不小影响，被部分人认可，甚至成为局部性小众共识，滕文公就是其中一个。许行等人"自楚之滕"，正是滕文公乐于看到的情形，也正是孟子仁政理论所希望产生的效果，还是"齐楚恶而伐"宋国的缘由所在。

　　孟子关于仁政的看法在梁惠王和齐宣王时有了更大的影响。梁惠王即位初期在战国诸雄中最为强大，因此第一个自封为王。他多次与孟子交谈，很显然是想利用孟子的仁政使魏国再次强大起来。可以看出，当时的孟子及其仁政主张早已名声在外，从诸侯王到士人，都有不少人在一定程度上被打动，以至于梁惠王说出了"寡人愿安承教"（《孟子·梁惠王上》）的话。如果说滕文公、梁惠王在仁政还没有完全推行前就失去了兴趣，那么齐宣王则被孟子真心打动并准备大干一番，所以他说："愿夫子辅吾志，明以教我。我虽不敏，请尝试之。"（《孟子·梁惠王上》）他让孟子作齐卿，多次与孟子交谈，甚至在孟子准备离开齐国时还想让他入稷下。应该说，滕文公、梁惠王、齐宣王等人虽然并不是真正推崇仁政，只是想在那个弱肉强食的年代通过变革自保自强，但孟子仁政在当时的的确确影响和打动了一批人，并一度被认为是富国强兵的策略和手段。

战国末期到汉初，《孟子》一书多被寻章摘句，单个士人或多或少受到了孟子思想的影响，但在社会上没有形成普遍性甚至局部性的共识，这种情形直到汉文帝时《孟子》被立为传记博士才得改变。虽然只有文、景两朝，但是在经学领域，《孟子》的"博文"身份直到汉末仍然被认同，即赵岐所说："迄今诸经通义得引《孟子》以明事，谓之博文。"按照赵岐的说法，从《孟子》立为传记博士开始，《孟子》在经学中的地位虽然不能与《五经》相比，但儒生们在疏解《五经》通义时，都会引用《孟子》的文字来阐明事理，因此称之为"博文"——博通之文，也称为"传"或者"记"，即后人说的《五经》的辅翼。就是说，《孟子》是"博文"，是《五经》的重要补充，这种看法是从汉文帝直到汉末相当长时期内经学圈里的普遍共识。这也是《孟子》第一次作为一个整体而不是个别章句或者观点影响社会。

把孔孟放在一起加以评价，视孟子是孔子思想最关键的传承者，也是汉代不少文人士大夫逐渐形成的另一个社会共识。汉代"独尊儒术"致使儒学成为官学，儒生们以《五经》为中心，以《论语》、《孝经》、《孟子》、《尔雅》等为辅翼，展开了层累叠加的经学研究。《孟子》与《论语》并列入选传记博士不是偶然，而是文人士大夫对《孟子》在儒学体系中的地位的认可。这种认可突出表现在两个方面：一是不少人把孟子与孔子放在一起讨论或者评价，直接或间接地认可了孟子对孔子的继承关系,突出者如司马迁、贤良文学、御史大夫、扬雄、王充、赵岐等人。二是不少人把孟子视为子思的弟子或者子思的再传弟子,进一步拉近了孟子与孔门的关系,突出者如司马迁、刘向、班固、赵岐、《孔丛子》的作者等人。因此,说孟子的思想在一定范围内影响了汉代人对儒学体系的建构,这是大体不差的。

第三编

魏晋南北朝孟学史

第十章　魏晋南北朝孟学概说

第一节　魏晋南北朝孟学发展的历史背景

魏晋南北朝约四百年时间[①]，其政治和思想文化都有鲜明的特点。政治上最大的特点，是朝代更替频繁与南北长期对峙；思想文化上最突出的特点，是儒学独尊局面的结束，以及玄学、道教与佛教的兴起。它们都从根本上影响着世人对孟子思想的吸收、发展与批判。

魏晋南北朝朝代更替频繁，南北长期对峙。除西晋有过三十多年的短暂统一外，其余则多处于分裂状态，南北朝时期更是南北对峙，而且南北方的政权更替也很频繁。这从本阶段的历史著述中就能见出这一特点。魏晋南北朝的所谓正史就有十一部之多，而《三国志》《宋书》《南齐书》《梁书》《陈书》《魏书》《北齐书》《周书》《南史》《北史》等十部，却都是关于割据政权的史书，仅有《晋书》记述了一代历史。长期的分裂和频繁的朝代更替，带来的是长期的战乱，而如何在乱世中保存和强大自己，是大小国家都不得不考虑的事情。另外，很多政权的取得都并不体面，所以，从帝王到臣子，还常常思考一个问题，即政权的合理性问题。这些都为世人吸收孟子的仁政思想、民本思想、禅让与革命说等观点提供了现实基础。

儒学独尊局面结束，玄学、道教兴起，佛教传入与发展，是魏晋南北朝思想文化中的重要内容。儒学走向衰落有多方面的原因，如自身的烦

[①] 关于魏晋南北朝的上限和下限，说法较多，这里把上限定在曹操挟汉献帝迁都许昌的建安元年（公元 196 年），下限定在隋灭陈的一年（公元 589 年），共 394 年（何兹全、张国安：《魏晋南北朝史》，人民出版社，2013 年，第 1 页）。何先生还把魏晋南北朝时期分为四个历史阶段：第一个阶段为魏、蜀、吴三国的鼎立，约在公元 196—266 年之间。第二个阶段为西晋的短暂统一和东晋十六国的混战，约在公元 266—420 年之间。第三个阶段和第四个阶段是南北朝的对峙和南北朝的并趋衰弱和周隋的转强，约在公元 420—589 年之间（何兹全、张国安：《魏晋南北朝史》，第 2 页）。

琐与教条，政治的动荡，儒生的信仰危机，人才观的转变等。因为人才选拔的标准是儒生获取利禄的指挥棒，可以说，汉末人才观从过去的重儒尊经、以德选士，转变为唯才是举和后来的九品中正制，则直接促使儒生放弃儒学，转而学习当时社会需要的知识体系。曹魏幽州刺史杜恕在上疏中说："今之学者，师商、韩而上法术，竞以儒家为迂阔，不周世用，此最风俗之流弊，创业者之所致慎也。"[①] "迂阔不周世用"是当时对儒家的普遍看法。曹操《修学令》说："今丧乱以来，十有五年。后生者不见仁义礼让之风，吾甚伤之。"[②] 董昭在魏明帝时也上疏说："窃见当今年少，不复以学问为本，专更以交游为业；国士不以孝悌清修为首，乃以趋势游利为先。"[③]正因对儒学不看好，所以当时少年学子不重儒学而结党交游，趋炎附势以逐名利。社会整体风尚的改变致使儒学独尊局面结束。

在儒学衰落的同时，曹魏时期兴起了名、法思潮，即以讨论君臣在治理天下时的关系、选拔人才的名实问题、才能与德行问题等为内容。这些讨论内容毕竟与现实社会有密切关系，所以孟子的相关思想也时有被论及，如孟子关于修身、仁义、仁政、人性等话题。魏晋之际以及西晋，这种对具体人事的讨论有巨大风险，因而往往转向抽象性的哲理性的论辩[④]，"当那些抽象深微的哲理讨论成了思想的潮流时，这种思想的潮流就被称为'玄学'，当它的话题由具体的天象和世间的道德转向玄虚的'道'和'无'时，它的依托门径就从儒转向了道。"[⑤]玄学是以道家思想为主，调和并融合儒道释三家思想的新的哲学形式，它的巨大影响贯穿魏晋六朝，成为当时主要的思想形式之一。在玄风的笼罩下，儒学虽然也常常被世人论及，甚至时常被当权者拿来装点门面，但多停留于《五经》和孔子，而且还存在所谓"自然"与"名教"的冲突。为了解决这一冲突，郭象等人提出"名教即自然"的观点，用以调和儒道两家。

东汉后期，佛教传入中国。初时的佛教多以佛经翻译为主，而且许

---

① 《三国志·魏书》卷十六，第 502 页。
② 《三国志·魏书》卷一，第 24 页。
③ 《三国志·魏书》卷十四，第 442 页。
④ 哲理性的论辩的产生，当然不仅仅是因为谈论现实政治的风险，它更多的是个体追求独立与
　自由思想的结果。
⑤ 葛兆光：《中国思想史》第一卷，复旦大学出版社，2001 年，第 323 页。

多人把"浮屠"与当时流行的黄老神仙之术等同,如牟子《牟子理惑论》对佛的认识:"佛者,谥号也。犹名三皇神、五帝圣也。佛乃道德之元祖,神明之宗绪。佛之言觉也。恍惚变化,分身散体,或存或亡,能小能大,能圆能方,能老能少,能隐能彰,蹈火不烧,履刃不伤,在污不染,在祸无殃,欲行则飞,坐则扬光,故号为佛也。"[1] 他所描绘的佛与《庄子·逍遥游》中所描绘的藐姑射之山的神人何其相似。随着世人对佛教认识的深入和佛教影响的扩大,它与儒学、道家的矛盾也在加剧,因此佛教信奉者在深入研究佛教教义、阐明佛法的同时,也在努力使佛教与儒学、道家相融合[2]。在这一过程中,援儒入佛是佛教信奉者一直努力的方向,儒家思想体系中的许多范畴被佛教所借用、发挥,成为中国式佛教的思想来源。南朝梁武帝时期僧祐编撰的《弘明集》,就有不少材料记载了佛教与儒学的冲突与融合,孟子思想自然也成为其中的内容之一。

　　总之,魏晋南北朝大分裂、大动荡的政治背景,儒学、道家、玄学、佛教并行的思想潮流,以及随之而来的人们对个体价值的肯定和追求,影响了世人对孟子思想的选择性继承、评判与发展,使这一阶段的孟学呈现出了时代的特点。

第二节　魏晋南北朝孟学的发展过程及特点

　　魏晋南北朝社会整体风尚的改变,致使儒学独尊局面结束,此时还作为子学之一的《孟子》自然不会受到太大的重视。在这一阶段中,虽然注解《孟子》的热情已经褪去,但是《孟子》仍然是文人士大夫可以依凭的儒家典籍之一,而且它也实实在在成为他们阅读和援引的对象。

　　汉末至曹魏时期,之前的重儒尊经、以德取士的传统衰落,兴起了一种追名逐利的实用之风,诸如孟子"仁者无敌"一类的思想就被当时一些人看成"迂阔不周世用"[3],即司马迁说的"迂远而阔于事情"。虽然如

---

[1]《弘明集·牟子理惑论》,见刘立夫、魏建中等译注《弘明集》,中华书局,2013年,第15页。

[2] 葛兆光教授说:"在中国,所有宗教行为都会被纳入中国思想世界所已经确立的、社会优先于个人的道德伦理规范中。"(葛兆光:《中国思想史》第一卷,第388页)

[3]《三国志·魏书》卷十六,第502页。

此,还是有不少人选择孟子的某些观点作为治国、修身和辩论事理的依据。如曹操、曹植宣扬孟子的先王之道;曹植、和洽、陆逊宣扬孟子的民本思想;曹冏、陆凯、栈潜、高堂隆发挥孟子的"与民同乐"思想;王肃、杜恕、钟会、桓范、刘备以及诸葛亮不同程度地吸收孟子的"仁者无敌"和王者之师的思想。其中,对孟子思想有较多吸收的是曹植、杜恕、荀悦、徐干。曹植对孟子的"舍生取义"、"独善其身"、"五百年必有王者兴"、君臣观等思想都有借鉴。杜恕的《体论》、荀悦的《申鉴》、徐干的《中论》,都较为集中地涉及孟子的思想。

两晋时期玄风大盛,佛教也在深入发展。在玄风的笼罩下,儒学虽然也常常被世人论及,但多停留于《五经》和孔子,研究《孟子》的仅有綦毋邃的《孟子注》,而且很快就散佚了。专门的《孟子》研究虽然很少,但它仍然是世人一直关注的古代典籍之一。傅玄《傅子》、郭象《庄子注》、葛洪《抱朴子外篇》、段灼的疏论等,都对孟子的部分思想有明显的吸收,比较集中的则是孟子的仁义观、仁政论、人性论等。另外,庾亮、袁准、陶渊明、仲长敖、张邈、嵇康等人对孟子的性、命思想有借鉴,袁瓌、王导、袁准、刘颂、袁豹、陆机、干宝等人发挥孔孟的仁义、仁政学说,提倡仁与法并行。孟子的《春秋》观、尧舜禅让说、汤武革命说以及他对伯夷的评价,甚至他的个人遭遇,都成为世人讨论的话题。

南北朝时佛学兴盛,道教也随之发展。虽然南北朝玄学并未衰落,但因其停留在魏晋时的层面,所以对当时社会产生更大影响的是儒佛道三家。佛教传播从初时的以佛经翻译为主,逐渐发展到深入研究佛教教义,阐明佛法,并努力与儒家、道家相融合。在这一过程中,援儒入佛是佛教信奉者一直努力的方向。孟子的心性论、权变论、仁义观、圣贤观等也就顺理成章地成为他们拿来为己服务的内容。这是孟学史上的新特点。萧绎著《金楼子》,从书中可以看出,他不仅对孟子的王道思想、立德修身思想很推崇,而且他还从孟子的成长历程中受到启发,身体力行地践行着他认同的孟子思想。

总的说来,魏晋南北朝孟学是整个大学术背景下的一个分支,它受时代诸多因素,特别是政治、思想潮流的影响。其主要特点有三个。第一,各个朝代除了对孟子有关思想作按部就班的吸收、阐述和批评外,玄学与佛教则根据自身思想的需要,对孟子相关思想作了创新性的阐述,显示了孟学的时代特点。第二,魏晋南北朝孟学的文献多只言片语,直接引用或间接引用或概括引用《孟子》语句的情况比较多,系统吸收和阐发孟子思想的文献几乎没有[①]。因此,这些散乱的孟学文献之间没有必然的逻辑,即使是同一个朝代下的同一个孟学话题之间,也很难看出相互之间的影响。这也许就是这一阶段孟学存在的真实状态。第三,虽然整个时期孟子被关注的显性程度不及汉代,《孟子》还是被列入诸子的范畴,也没有了博文的地位,但从不少人概括引用或者综合评述《孟子》语句的特点看,魏晋南北朝多个阶层的人对《孟子》也很熟悉。如果再从孔孟并称的几个特点来看[②],这个时期的孟子和孟学是表面沉寂,但实质上是为唐代孟子地位的提升和孟学的繁荣蓄势。

[①] 綦毋邃的《孟子注》算是系统的孟子研究,但其已经亡佚,清人马国翰《玉函山房辑佚书》辑有五条,见马国翰《玉函山房辑佚书》,广陵书局,2004年影印楚南湘远堂刊本。

[②] 这个时期孔孟并称的特点,见本书第三编第十五章第一节"孟子地位的演变"。

第十一章　汉末至曹魏时期的孟学

汉末至曹魏七八十年间,天下大乱,战争频繁,经历了群雄逐鹿、三国鼎立、曹氏与司马氏政治较量等大事件。虽然儒学独尊、以经治国的局面结束,唯才是举的用人标准对士人有很大影响,但是,儒学仍然受到文人士大夫以及侯王的推崇,选注和阐释《五经》以及《论语》①,对这些儒家经典的称引更是成为一种普遍现象。如权倾一世的曹操,"是以创造大业,文武并施,御军三十余年,手不舍书,昼则讲武策,夜则思经传"②,对儒家经传用功不少。他还在其发布的多种"令"中直接或间接引用孔子语,如《收田租令》:"有国有家者,不患寡而患不均,不患贫而患不安。"③其后的曹丕、曹植、曹叡、曹芳、曹髦皆尊经重儒。曹叡即位后,尊经重儒,太和二年(公元228年)六月,他下诏说:"尊儒贵学,王教之本也。自顷儒官或非其人,将何以宣明圣道? 其高选博士,才任侍中常侍者。申敕郡国,贡士以经学为先。"④特别是曹芳与曹髦,年少即位,然皆对经传大力推崇。曹髦更有太学问对之举,以致陈澧在《东塾读书记》中说:"其被弑时,年甫二十耳。使其享国长久,经学必大兴矣。"

虽然,这一阶段的文人士大夫对汉代以来的经学仍有研究,但囿于用人标准的改变,这些内容多只是证明他们观点的辅助材料,而很难成为他们行动的纲领。其间,孟子的地位远逊于孔子,受重视的程度也远不及汉代,对孟子思想的接受,除了在少数学术性较强的论著中有较集中的体现外,其他实用性较强的著述也只涉及只言片语。从这些不多的接受和称引中,我们还是能大致看出孟子思想在这一阶段被继承的特点。

---

① 如刘表有《易注》,颍容有《春秋左氏条例》,荀爽有《易传》《诗传》等,孔融有《春秋杂议难》,刘桢有《毛诗义问》,王朗有《易传》《论语说》,王肃有《周易注》《尚书注》,向秀有《易义》,何晏有《论语集解》,王弼有《周易略例》《论语释疑》等,虞翻有《易注》《论语注》等,虞喜有《论语注赞》。
② 《三国志·魏书》卷一,裴松之注引《魏书》,第54页。
③ 《三国志·魏书》卷一,第26页。
④ 《三国志·魏书》卷三,第94页。

第一节　《申鉴》对孟子思想的批判性吸收

荀悦生于汉末,是当时名士"八龙"之一荀俭之子,十二岁能说《春秋》。初为曹操幕僚,后为汉献帝看重,与孔融、堂兄荀彧"侍讲禁中,且夕谈论"[①]。曹操专权,三人对其做法都有意见,孔融和荀彧更是因得罪曹操而先后被害,荀悦虽"独悠游以寿终"[②],但也始终不被曹操重用。因此所著《申鉴》多坐而论道的空言,即多谈理想,而少谈实际。另撰有《汉纪》。

《四库全书总目提要》评《申鉴》说:"此书剖析事理亦深切著明,盖由其原本儒术,故所言皆不诡于正也。"[③]通观《申鉴》和《汉纪》,荀悦对先秦儒家类典籍如《易》、《诗》、《书》、《春秋》以及《周礼》、《论语》等多有称引,表明他对儒家思想很熟悉,也多加以借鉴。虽然他直接引用孟子的话不多,在《申鉴》中称孟轲、孟子各一次,在《汉纪》中称孟轲一次,但从荀悦保存下来的文字看,他对孟子人性论、仁义观、民本思想以及君臣关系等还是选择性地加以了吸收和改造。

一、批评孟子的性善论,主张性有善恶

孟子认为万物皆有其性,如杞柳有杞柳之性,犬有犬之性,牛有牛之性,山有山之性。荀悦也说"万物各有性也","昆虫草木皆有性焉,不尽善也"[④]。至于何为性,先秦时告子、孟子、荀子等人对性都有界定,告子的"生之谓性"是先秦时期一个影响较大的观点,孟子发展了这一观点,他"不以生而具有的生理现象、生理欲望以及外在表现作为性,或者说作为性的本质","他对人性的理解是以心作为主要依据的,即从心之所生来规定人性"[⑤],可以概括为心之所生为性。荀悦不赞同孟子的观点,而更

---

① 《后汉书》卷六十二,第 2058 页。

② 王鉴:《申鉴注序》,见荀悦撰,黄省曾注,孙启治校补《申鉴注校补·附录一》,中华书局,2012年,第 222 页。

③ 《申鉴注校补·附录一》,第 226 页。

④ 《申鉴注校补·杂言下》,第 208 页。

⑤ 高正伟:《从心之所生为性到"生之所以然者谓之性"——论荀子对孟子人性论的因革》,《中南大学学报》2012 年第 5 期。

倾向于告子的说法。他在《申鉴·杂言下》篇中说：

> 或问性命。曰："生之谓性也,形、神是也。所以立生、终生者之
> 谓命也,吉凶是也。夫生我之制,性命存焉尔。君子循其性以辅其
> 命,休斯承,否斯守,无务焉,无怨焉。好宠者乘天命以骄,好恶者违
> 天命以滥,故骄则奉之不成,滥则守之不终。"①

荀悦赞同"生之谓性"的观点,并认为性包括形体和神智;人终其一世,
寿命的长短、运气的通塞有吉有凶,此谓之命。他认为人生来就有性与
命,君子善于顺天赋之性以辅其天命之始终。荀悦这是把性与命相对而
言,性是指人的天性、禀赋,命是指寿命、天年,与孟子对言性的命——
天命略不同。所以他在《俗嫌》篇中说:"或问:'凡寿者必有道,非习之
功。'曰:'夫惟寿,则惟能用道。惟能用道,则性寿矣。苟非其性也,修
不至也。学必至圣,可以尽性;寿必用道,所以尽命。'"② 意思是说,如果
长寿不是一个人的天性,那么后天的修习是不能实现长寿的。他还说
"男化为女者有矣,死人复生者有矣。夫岂人之性哉,气数不存焉"③,即
"男化为女"、"死人复生"是自然的天运、命数,非人先天秉性所固有。孟
子讲"尽心",而归之于立命④;荀悦讲"尽性",而把性与命相对。荀悦认
为学必须达到圣人之境,才能尽其秉性之用,如长寿。可见,秉性之用并
非人人可以达到。这就如同孟子说人人有善性,但如果不存心、尽心,非
但不能成为尧舜,反而是"行之而不著焉,习矣而不察焉,终身由之而不
知其道者,众也"(《孟子·尽心上》)。

荀悦之前的孟子、荀子、扬雄等人,根据特定的社会伦理,把人性的
后天表现判断为善或者恶,荀悦对这些说法都加以批驳。《杂言下》云:

> 或问天命、人事。曰:"……孟子称性善,荀卿称性恶,公孙子曰
> 性无善恶,扬雄曰人之性善恶浑,刘向曰性情相应,性不独善,情不
> 独恶。"曰:"问其理。"曰:"性善则无四凶,性恶则无三仁。人无善

---

① 《申鉴注校补·杂言下》,第195—196页。
② 《申鉴注校补·俗嫌》,第124页。
③ 《申鉴注校补·俗嫌》,第125页。
④ 孟子曰:"尽其心者,知其性也。知其性,则知天矣。存其心,养其性,所以事天也。夭寿不
　贰,修身以俟之,所以立命也。"(《孟子·尽心上》)

恶,文王之教一也,则无周公、管、蔡。性善情恶,是桀纣无性而尧舜无情也。性善恶皆浑,是上智怀恶[①],而下愚挟善也。理也未究矣。惟向言为然。"[②]

荀悦列举了孟子、荀子、公孙子、扬雄、刘向等五人的人性论,否定了前四人的看法。他批评孟子性善论的理由是"性善则无四凶"。"四凶"有两说,一是指《尚书·舜典》记载的四罪:共工、驩兜、三苗、鲧[③]。二是指《左传》所说的四凶:浑敦、穷奇、梼杌、饕餮[④]。荀悦认为,如果人性本善,那么就不应该出现这四个大恶人。他否定孟子性善说是通过具体的社会现象,从逻辑推理的角度说是不够严密的。而他的这种推理方法,却正是包括孟子在内的人论证人性善恶的常用手段。

荀悦不但否定孟子的性善论,也不赞同性恶论、性无善恶论、性善情恶论和性善恶皆浑论,他赞同刘向的"性情相应,性不独善,情不独恶"说。他在《杂言下》中批评性善情恶论时说:

> 或曰:"仁义,性也。好恶,情也。仁义常善,而好恶或有恶。故有情,恶也。"曰:"不然。好恶者,性之取舍也。实见于外,故谓之情尔,必本乎性矣。仁义者,善之诚者也,何嫌其常善?好恶者,善恶未有所分也,何怪其有恶? ……情恶非情之罪也。"[⑤]

孟子相信人先天有四心,其中"恻隐之心"是"仁之端","羞恶之心"是"义之端",就是说人性自有仁义。告子曾批评过这种说法,说"以人性为仁义,犹以杞柳为杯棬"(《孟子·告子上》)。荀悦也反对这种说法,他认为情的好与恶取决于性,性表现在外面的实际活动就叫情,如好、恶、喜、怒等,情以性为根本。仁义的确是人性中善的内容,因此不必怀疑,同样,好恶发生时还没有分出善恶,因此有恶也不必奇怪。就是说,性与

---

① 原作"惠",据黄省曾注改。
②《申鉴注校补·杂言下》,第198—199页。
③《尚书·舜典》:"流共工于幽州,放驩兜于崇山,窜三苗于三危,殛鲧于羽山,四罪而天下咸服。"
④《春秋左传·文公十八年》传云:"昔帝鸿氏有不才子,……天下之民谓之浑敦。少暭氏有不才子,……天下之民谓之穷奇。颛顼氏有不才子,……天下之民谓之梼杌。缙云氏有不才子,……天下之民以比三凶,谓之饕餮。舜臣尧,宾于四门,流四凶族,浑敦、穷奇、梼杌、饕餮,投诸四裔,以御螭魅。"
⑤《申鉴注校补·杂言下》,第203页。

情是里外的关系,性善则情善,性恶则情恶,所以他说:"有人于此,好利好义,义胜则义取焉,利胜则利取焉。此二者相与争,胜者行矣,非情欲得利、性欲得义也。"① 他认为人性中的善与恶孰多孰少,人情就表现出来。人性好义胜过好利,人情就表现为取义,反之亦然,这并非情要得利,或性要行义。这与孟子说的"乃若其情,则可以为善矣,乃所谓善也"完全不同。

荀悦在性情相应说的基础上,又主张性有三品②。《杂言下》云:"或问天命、人事。曰:'有三品焉。上下不移,其中则人事存焉尔。命相近也,事相远也,则吉凶殊矣。'"③ 这里说的天命就是指人的天性,他认为人性有上品、中品和下品,上品有善无恶④,下品有恶无善,中品则根据人事决定善恶的走向。他又说:

　　或曰:"善恶皆性也,则法、教何施?"曰:"性虽善,待教而成;性虽恶,待法而消。唯上智下愚不移,其次善恶交争,于是教扶其善,法抑其恶。"⑤

荀悦认为上智性虽善,要通过教化才能实现,下愚性虽恶,可以通过法来消除。处于二者之间的人,其性则有善有恶,教化可助其善长,法令可让其恶消。他在这里说"上智下愚不移",但又在《汉纪》中说"夫上智下愚虽不移,而教之所以移者多矣"⑥,特别看重教化的作用,所以《政体》篇云:"君子以情用,小人以刑用。荣辱者,赏罚之精华也。故礼教荣辱以加君子,化其情也。桎梏鞭扑以加小人,化其形也。……若夫中人之伦,则刑礼兼焉。教化之废,推中人而坠于小人之域;教化之行,引中人而纳于君子之途。是谓章化。"⑦ 三品人性——君子、中人、小人中的中人

① 《申鉴注校补·杂言下》,第206页。
② 董仲舒在《春秋繁露·实性》篇曾提出三种不同的人性:圣人之性、中民之性、斗筲之性。他说:"圣人之性不可以名性,斗筲之性又不可以名性,名性者,中民之性。"(《春秋繁露义证·实性》,第311—312页)荀悦可能受到董仲舒说的影响。
③ 《申鉴注校补·杂言下》,第198页。
④ 荀悦所说的上品、上智,如他在《汉纪》卷十六中所评的王主:"体正性仁,心明志固,动以为人,不以为己:是谓王主。"见张烈点校《两汉纪》上册,中华书局,2002年,第287—288页。
⑤ 《申鉴注校补·杂言下》,第210页。
⑥ 《汉纪》卷六中荀悦的批注。见张烈点校《两汉纪》上册,第86页。
⑦ 《申鉴注校补·政体》,第17—18页。

的走向完全依靠教化来决定。用荀悦在《政体》篇中的话来总结，就是"故凡政之大经，法、教而已"①。

对于君子的评价，荀悦受到了孟子的影响。孟子说："是故君子有终身之忧，无一朝之患也。乃若所忧则有之：舜，人也；我，亦人也。舜为法于天下，可传于后世，我由未免为乡人也，是则可忧也。忧之如何？如舜而已矣。若夫君子所患则亡矣。"（《孟子·离娄下》）荀悦在《杂言下》篇中也有一段类似的话："君子乐天知命，故不忧。审物明辨，故不惑。定心致公，故不惧。若乃所忧惧则有之，忧己不能成天性也，惧己惑之。忧不能免，天命无惑焉。"②孟子说君子只忧惧自己不能成为像舜那样的人，荀悦说君子只忧惧自己不能完成天性——善性。孟子和荀悦讲的都是善性发展的理想结果。

二、提升了仁义的地位

荀悦在《申鉴》开篇就解释了书名的含义，他说："夫道之本，仁义而已矣。五典以经之，群籍以纬之，咏之歌之，弦之舞之，前鉴既明，后复申之。故古之圣王，其于仁义也，申重而已。"③他认为，道的根本就是仁义，《五经》是仁义的纲要，群书是对仁义的阐发，人们用咏歌弦舞来赞颂仁义。所以他著此书的目的，就是要效仿古代圣人，特别是孟子申述仁义。荀悦接着说："立天之道，曰阴与阳；立地之道，曰柔与刚；立人之道，曰仁与义。"④他根据前人的一些说法，认为阴阳为立天之道，柔刚为立地之道，仁义为立人之道，这样，就把人的仁义与天的阴阳、地的刚柔并列为三，极大地提高了仁义的地位和作用。

此外，他还为仁义寻求了一个形而上的理论根源，他说："阴阳以统其精气，刚柔以品其群形，仁义以经其事业，是为道也。"⑤就是说，人们以仁义经营事业，是因为地上万物都有刚柔，而地上万物有刚柔，是因为天上有阴阳之精气。简言之，即仁义是地上万物的刚柔和天上精气的阴

---

① 《申鉴注校补·政体》，第 5 页。
② 《申鉴注校补·杂言下》，第 194 页。
③ 《申鉴注校补·政体》，第 1 页。
④ 《申鉴注校补·政体》，第 5 页。
⑤ 《申鉴注校补·政体》，第 5 页。

阳的体现。因此，人们依据仁义行事就是天经地义的事。这一点与孟子把仁、义看成是人先天内在的本性有异曲同工之妙。但与孟子把仁义礼智乃至于诚看成是并列的观点不同，荀悦认为礼、智、信是围绕仁义来说的，而且一切政治的纲领——法与教也以仁义为其根本。他说："故凡政之大经，法、教而已。教者，阳之化也；法者，阴之符也。仁也者，慈此者也；义也者，宜此者也；礼也者，履此者也；信也者，守此者也；智也者，知此者也。"① 从这一点来讲，荀悦把仁义看得比孟子还重。

孔子曾把"恕"，即"己所不欲，勿施于人"（《论语·卫灵公》）作为可以终身行之的一句话。孟子在此基础上把推己及人的"恕"道作为达到仁德的手段，他说："反身而诚，乐莫大焉。强恕而行，求仁莫近焉。"（《孟子·尽心上》）荀悦吸收了两人的观点，在《政体》篇云：

> 问："通于道者其守约。""有一言而可常行者，恕也。有一行而可常履者，正也。恕者，仁之术也；正者，义之要也。"②

荀悦根据孔子和孟子的话，也把"恕"作为达到仁德的手段，还把"正"作为实现义的要领，突出了仁义的价值和地位。"通于道者其守约"一句，也是借孟子的话："守约而施博者，善道也。"（《孟子·尽心下》）意思是说，通晓大道的人所持的原则却十分简约。

三、继承孟子的民本思想

民贵君轻以及与民同乐是孟子民本思想的重要内容。荀悦在《政体》与《杂言上》两篇文章中，选择性继承并发挥了孟子的这两种思想。

孟子说"民为贵，社稷次之，君为轻"（《孟子·尽心下》）。荀悦虽然不讲君为轻，但他确实把民看成是国家的根本。他说："天作道，皇作极，臣作辅，民作基。"③ 皇帝是天下的中心，民是国家的根基。这就如孟子所说，尧的天下虽说是"天与之"（《孟子·万章上》），但天意最终却落脚于民意。民与君的关系，《杂言上》有这么一段话：

---

①《申鉴注校补·政体》，第5页。
②《申鉴注校补·政体》，第36页。
③《申鉴注校补·政体》，第8页。

　　　　或曰:"爱民如子,仁之至乎?"曰:"未也。"曰:"爱民如身,仁
　　之至乎?"曰:"未也。汤祷桑林,邾迁于绎,景祠于旱,可谓爱民
　　矣。"曰:"何重民而轻身也?"曰:"人主承天命以养民者也。民存
　　则社稷存,民亡则社稷亡。故重民者,所以重社稷而承天命也。"①

君爱民如子、如身都不够。真正的爱民之君,应该像商汤为民求雨一样,
以己身为牺牲,祈祷于桑林②;像邾文公迁都为民求利一样,不顾卜辞利
民不利君之说,毅然迁都于绎③;像齐景公为民求雨一样,亲自在野外暴
晒三日④。这三个事例都体现了孟子民贵君轻的观点。因此荀悦接下来
就回答了君王为什么要"重民轻身":君王得天命就是为养民,民的存亡
关系到社稷的存亡,重民就是重社稷而顺应天命。

　　既然民是国家的根基,那么君王就应该先关心百姓的生活,所以荀
悦说:"天下国家一体也,君为元首,臣为股肱,民为手足。下有忧民,则
上不尽乐;下有饥民,则上不备膳;下有寒民,则上不具服。……故足寒
伤心,民寒伤国。"⑤民是手足,无手足则国家寸步难行,因此民有忧愁、
饥饿、寒冷,则君就不应该先尽乐、备膳、具服。荀悦还把天下君主分为
六类:王主、治主、存主、衰主、危主、亡主。他认为最理想的王主应该是
"体正性仁,心明志固,动以为人,不以为己","为人而后己利焉"⑥。王主
的一切行动都应为他人,而不是自己,要先利人后利己。这与孟子宣扬
的先利民再利己的先王之道一脉相通。在怎样利民问题上,孟子要求制
民恒产,荀悦也要求"在上者先丰民财",他说:

　　　　故在上者先丰民财以定其志,帝耕籍田,后桑蚕宫,国无游民,
　　野无荒业,财不虚用,力不妄加,以周民事,是谓养生。⑦

百姓只有拥有了一定的财产,他才可能有恒定的志行,所以说"先丰民
财以定其志",这就是孟子所说:"无恒产而有恒心者,惟士为能。若民则

---

① 《申鉴注校补·杂言上》,第148页。
② 事见《吕氏春秋·顺民》篇记载。
③ 事见《春秋左传·文公十三年》传。
④ 事见《晏子春秋·内篇谏上第一》。
⑤ 《申鉴注校补·政体》,第37页。
⑥ 《汉纪》卷十六,见张烈点校《两汉纪》上册,第287—288页。
⑦ 《申鉴注校补·政体》,第12页。

无恒产,因无恒心。苟无恒心,放辟邪侈,无不为已。"(《孟子·梁惠王上》)怎样制民恒产、丰民财呢? 孟子主张:"不违农时,谷不可胜食也;数罟不入洿池,鱼鳖不可胜食也;斧斤以时入山林,材木不可胜用也。谷与鱼鳖不可胜食,材木不可胜用,是使民养生丧死无憾也。养生丧死无憾,王道之始也。五亩之宅,树之以桑,五十者可以衣帛矣。鸡豚狗彘之畜,无失其时,七十者可以食肉矣。百亩之田,勿夺其时,数口之家可以无饥矣。"(《孟子·梁惠王上》)荀悦也仿此提出自己的主张,具体解释了孟子所说的"养生":皇帝亲自耕籍田,皇后亲自采桑养蚕,人人有事做,四野无荒田,不滥用财物、民力。从论证逻辑和用语,荀悦都加以了借鉴。当君民关系处理得当时,孟子说"明君制民之产,必使仰足以事父母,俯足以畜妻子,乐岁终身饱,凶年免于死亡。然后驱而之善,故民之从之也轻"(《孟子·梁惠王上》)。荀悦把这种君为民、民拥君的良好关系总结为"相报之义",他说:"君降其惠,民升其功,此无往不复,相报之义也。"[1] 君施惠于百姓,则百姓以功绩报答君王,即孟子所的"民之从之也轻"。

　　孟子与齐宣王见面的几次谈话中,反复强调了"与民同乐"的重要性,他告诉齐宣王:"今王与百姓同乐,则王矣。""为民上而不与民同乐者,亦非也。乐民之乐者,民亦乐其乐。忧民之忧者,民亦忧其忧。乐以天下,忧以天下,然而不王者,未之有也。""王如好货,与百姓同之,于王何有?""王如好色,与百姓同之,于王何有?"(《孟子·梁惠王下》)荀悦继承了孟子"与民同乐"思想,他在《政体》篇说:

　　　　或曰:"圣王以天下为乐。"曰:"否。圣王以天下为忧,天下以圣王为乐。凡主以天下为乐,天下以凡主为忧。圣王屈己以申天下之乐,凡主伸己以屈天下之忧。申天下之乐,故乐亦报之。屈天下之忧,故忧亦及之。天下之道也。"[2]

荀悦认为,真正的圣明帝王要做到:带给天下民众快乐而自己忧虑,委屈自己而让天下民众增加快乐。当圣明帝王能让天下民众增加快乐时,他

---

[1]《申鉴注校补·政体》,第38页。
[2]《申鉴注校补·政体》,第46—47页。

自己也会得到快乐的回报。"申天下之乐,故乐亦报之",就是孟子"与民同乐"之义。相反,平庸的君主总想拿天下来增加自己的快乐、私欲,而压制天下民众使其忧愁,这就是孟子说的"独乐"(《孟子·梁惠王下》)。孟子和荀悦都宣扬独乐不如与民同乐。

四、以己意解释孟子的君臣之道

荀悦高度赞扬孟子有忠臣之心。他在《汉纪·孝文皇帝纪》下卷第八中说:

> 夫知贤之难,用人不易,忠臣自古之难也。……夫忠臣之于其主,犹孝子之于其亲,尽心焉,尽力焉。进而喜,非贪位;退而忧,非怀宠。结志于心,慕恋不已,进得及时,乐行其道。故仲尼去鲁曰"迟迟而行",孟轲去齐,三宿而后出境,彼诚仁圣之心。①

孟子离开齐国时,在昼县住了三夜才离开,荀悦把孟子这一行为称为"仁圣之心",是忠臣的表现。其实,孟子提倡的君臣关系和荀悦乃至后世所提倡的君臣关系有本质上的区别:前者以"道义"为核心,而后者却以"忠"为核心。以"道义"为核心,要求"君臣以义合",这就决定了孟子的君臣观一定是从相对关系上着眼的。孟子有一段很经典的言论:"君之视臣如手足,则臣视君如腹心;君之视臣如犬马,则臣视君如国人;君之视臣如土芥,则臣视君如寇仇。"(《孟子·离娄下》)君臣之间地位上的高低并不影响人格上的平等。孟子认为要达到君臣之间关系的和谐,更重要的责任在于君主而不是臣子,只有君使臣以礼,臣才应当事君以忠。这种"君臣有义"的关系在后世几乎成了所有臣子的共同理想。而荀悦首先强调臣子要尽忠,《杂言上》云:"人臣之义,不曰'吾君能矣,不我须也,言无补也',而不尽忠。不曰'吾君不能矣,不我识也,言无益也',而不尽忠。"②在政移曹操的当时,荀悦这种说法也算是一种大胆的想法了。但荀悦说孟子是忠臣,这既非孟子住宿昼县这一事情的本质,也不是孟子理想的君臣关系。

---

① 《汉纪》卷八,见张烈点校《两汉纪》上册,第119页。
② 《申鉴注校补·杂言上》,第155页。

　　当然，荀悦要求臣子"进而喜，非贪位；退而忧，非怀宠。结志于心，慕恋不已，进得及时，乐行其道"。说"违上顺道谓之忠臣，违道顺上谓之谀臣"①。又说"必竭其诚，明其道，尽其义，斯已而已矣，不已则奉身以退，臣道也"②。这倒符合孟子的口味。孟子说"我非尧、舜之道不敢以陈于王前"（《孟子·公孙丑下》），又说"吾闻之也：有官守者，不得其职则去。有言责者，不得其言则去"（《孟子·公孙丑下》），两人都要求臣子以行道义为先，不盲目地顺从君主，如不能行道义，则离开。

　　荀悦赞同孟子"人皆可以为尧舜"的观点。孟子与其弟子曹交曾有这样一段对话："曹交问曰：'人皆可以为尧舜，有诸？'孟子曰：'然。''交闻文王十尺，汤九尺，今交九尺四寸以长，食粟而已，如何则可？'曰：'奚有于是？亦为之而已矣。……尧舜之道，孝弟而已矣。子服尧之服，诵尧之言，行尧之行，是尧而已矣。子服桀之服，诵桀之言，行桀之行，是桀而已矣。'"（《孟子·告子下》）荀悦借用了这段话，并作了一定发挥。他说：

　　　　或问曰："孟轲称人皆可以为尧舜，其信矣乎？"曰："人非下愚，则皆可以为尧舜矣。写尧舜之貌，同尧舜之姓，则否；服尧之制，行尧之道，则可矣。行之于前，则古之尧舜也；行之于后，则今之尧舜也。"或曰："人皆可以为桀纣乎？"曰："行桀纣之事，是桀纣也。尧舜桀纣之事常并存于世，唯人所用而已。"③

荀悦说除了下愚之人，其他人皆可以为尧舜。他认为孟子所说的成为尧舜，不是外貌、姓名上的模仿，而是遵从尧舜的制度，施行尧舜之道。尧舜作为一种理想人格，在不同的时代都可以追求并且得以实现。相反，如果遵从桀纣之道，就会成为桀纣那样的人。除下愚之说外，荀悦的理解倒很合孟子的本意。

---

① 《申鉴注校补·杂言上》，第 171 页。
② 《申鉴注校补·杂言上》，第 155 页。
③ 《申鉴注校补·杂言上》，第 150 页。

第二节　《中论》对孟子思想的继承与发挥

徐干，"建安七子"之一，著有《中论》传于世，《隋书·经籍志》和《新唐书·艺文志》均列入儒家。据与徐干同时之人所作《中论序》所言，《中论》写作宗旨是："常欲损世之有余，益俗之不足，见辞人美丽之文，并时而作，曾无阐宏大义，敷散道教，上求圣人之中，下救流俗之昏者。"① 曾巩对所谓"大义"、"圣人之中"说得更具体："干独能考六艺，推仲尼孟轲之旨，述而论之。求其辞，时若有小失者；要其归，不合于道者少矣。"② 《中论》确实对孔子、孟子、荀子的思想有不少借鉴和发挥。就孟子思想而言，它涉及其修身、权变以及中道思想。

一、吸收孟子的修身论

徐干看重个人的修身，在《治学》、《法象》、《修本》等篇都有相关论述，其中，对孟子的修身论也有借鉴。他在《法象》篇中引用孟子的话来证明"正己"的重要性。他说：

> 昔者成王将崩，体被冕服，然后发顾命之辞；季路遭乱，结缨而后死白刃之难。夫以崩亡之困，白刃之难，犹不忘敬，况于游宴乎？……君子口无戏谑之言，言必有防；身无戏谑之行，行必有检。虽妻妾不可得而黩也，虽朋友不可得而狎也。是以不愠怒而德行行于闺门，不谏谕而风声化乎乡党。传称大人正己，而物自正者，盖此之谓也。徒以匹夫之居犹然，况得意而行于天下者乎！③

徐干先列举周成王和子路在困顿之际不忘恭敬有礼的事，然后分析君子因言行举止得体而能赢得妻妾、朋友、乡党的认同，最后引孟子的话"有大人者，正己而物正者也"（《孟子·尽心下》）来总结。论述逻辑清晰有力，突出了大人"正己"的重要性。《孟子》共有十二处提到"大人"，其

---

① 《中论序》，见徐湘霖校注《中论校注》，巴蜀书社，2000年。本节所引文字皆据此书，但标点根据笔者的理解略有出入，以下不再逐一说明。
② 曾巩：《中论序》，见徐湘霖校注《中论校注》。
③ 《中论校注·法象》，第23页。

中十处都与徐干所说的修身有关。如孟子说："非礼之礼,非义之义,大人弗为。"(《孟子·离娄下》)又说:"居仁由义,大人之事备矣。"(《孟子·尽心下》)上引文最后一句话,也是概括孟子的一段话:"故士穷不失义,达不离道。穷不失义,故士得己焉;达不离道,故民不失望焉。古之人,得志,泽加于民;不得志,修身见于世。穷则独善其身,达则兼善天下。"(《孟子·尽心上》)"穷不失义"、"穷则独善其身",就是徐干说的"匹夫之居"犹要"正己";"达不离道"、"达则兼善天下",就是徐干说的"得意而行于天下者"也要"正己"。

孟子认为"天下有达尊三:爵一,齿一,德一"(《孟子·公孙丑下》),把修身而拥有的"德",等位于爵禄和年龄。因此他引曾子的话说:"晋、楚之富,不可及也。彼以其富,我以吾仁;彼以其爵,我以吾义,吾何慊乎哉?"(《孟子·公孙丑下》)有仁有义的君子不会羡慕爵禄。当有人据此问徐干,说"诸子之书,称爵禄非贵也,资财非富也,何谓乎"①?他为孟子的说法作出了解释:"彼遭世之乱,见小人富贵而有是言,非古也。古之制爵禄也,爵以居有德,禄以养有功。功大者其禄厚,德远者其爵尊;功小者其禄薄,德近者其爵卑。是故观其爵,则别其人之德也;见其禄,则知其人之功也。"②他认为,孟子并非看轻爵禄和财富,只因乱世中小人有爵禄和财富而骄横,故有此感慨,正确的情形应该是爵禄与功德相匹配。徐干的理解得孟子本意。

面对生死的选择,孟子主张"舍生而取义",坚信"所欲有甚于生者,所恶有甚于死者"(《孟子·告子上》)。徐干在《夭寿》篇吸收了孟子这一思想,他说:

> 人岂有万寿千岁者,皆令德之谓也。由此观之,仁者寿岂不信哉?《传》曰:"所好有甚于生者,所恶有甚于死者。"比干、子胥,皆重义轻死者也。以其所轻,获其所重,求仁得仁,可谓庆矣。③

徐干认为人不可能有万寿千岁,但仁义德行却可以长久。所以像比干、伍子胥一样的人,宁愿为追求仁义而看轻死亡,这种求仁得仁的做法是

---

① 《中论校注·爵禄》,第137页。
② 《中论校注·爵禄》,第137页。
③ 《中论校注·夭寿》,第205页。

值得肯定的。正是有徐干这样的儒者宣扬孟子的"舍生取义"精神,才致使其成为中华民族传统文化中的精华,激励着后来的仁人志士。

二、从中道到权变

孟子的中道思想源于孔子的中庸或者说中行思想。孔子曾说:"中庸之为德也,其至矣乎! 民鲜久矣。"(《论语・雍也》)又说:"不得中行而与之,必也狂狷乎! 狂者进取,狷者有所不为也。"(《论语・子路》)中行即中庸,指不左不右,不偏不倚,一切都恰合于仁义道德的中正之道。孟子对孔子的话略作改动,说:"孔子'不得中道而与之,必也狂狷乎! 狂者进取,狷者有所不为也'。孔子岂不欲中道哉? 不可必得,故思其次也。"(《孟子・尽心下》)孔子说"中行",孟子改为"中道",或者说"执中",如他说"汤执中,立贤无方"(《孟子・离娄下》)。徐干吸收了孔孟的中道思想,所著《中论》一书,其题中之义就一目了然。他在《核辩》篇中也说:"君子之辩也,欲以明大道之中也。"[①]又说:"故君子之于道也,在彼犹在己也,苟得其中,则我心悦焉。"[②]所言之"中",即孔孟中行、中道之"中"。

因为推崇中庸之道,所以孔孟都反对似是而非的情形。孔子说:"恶紫之夺朱也。恶郑声之乱雅乐也。恶利口之覆邦家者。"(《论语・阳货》)又说:"乡愿,德之贼也。"(《论语・阳货》)紫与朱,郑声与雅乐,乡愿与有德之人,貌是而实非。孟子吸收了孔子的思想,他说:"非之无举也,刺之无刺也,同乎流俗,合乎污世,居之似忠信,行之似廉洁,众皆悦之,自以为是,而不可与入尧、舜之道,故曰'德之贼'也。孔子曰:恶似而非者:恶莠,恐其乱苗也;恶佞,恐其乱义也;恶利口,恐其乱信也;恶郑声,恐其乱乐也;恶紫,恐其乱朱也;恶乡原,恐其乱德也。君子反经而已矣。"(《孟子・尽心下》)孟子详尽解释了何为乡愿,指出其实质是"乱德",并把孔子所"恶"的内容概括为"似而非者",最后提出君子处事的应有原则——"反经",即回到中正之道。徐干用孔孟这一思想来考核当时种种欺世盗名的伪术弊行。如他说:"乡愿亦无杀人之罪

---

①《中论校注・核辩》,第 108—109 页。

②《中论校注・核辩》,第 112 页。

也,而仲尼恶之,何也? 以其乱德也。今伪名者之乱德也,岂徒乡愿之谓
乎? 万事杂错,变数滋生,乱德之道,固非一端而已。……故君子之于道
也,审其所以守之,慎其所以行之。"① 在徐干看来,当时乱德的情形远不
止孔孟所说的乡愿。最后一句"君子之于道也",实质就是孟子说的"反
经"之义。他还用孔孟这一思想批评小人利口之苟辩混淆了君子明道之
辩。他认为利口之苟辩貌似"心足以见小数,言足以尽巧辞,给足以应切
问,难足以断俗疑",但实际上"无用"而"至贱"。又因"类族辩物之士
者寡,而愚暗不达之人者多",故其"无用而不见废也,至贱而不见遗也",
致使"其疑众惑民,而溃乱至道也"。最后他引孔孟之言作结:"孔子曰,
'巧言乱德','恶似而非者'也。"② 虽然引语并不规范和准确,但却切中
论题要害,可见徐干对孔孟思想之熟悉。

　　孟子坚持中道,但又主张处事要懂得变通,即"权"。所以他说:"杨
子取为我,拔一毛而利天下,不为也。墨子兼爱,摩顶放踵利天下,为之。
子莫执中,执中为近之。执中无权,犹执一也。所恶执一者,为其贼道
也,举一而废百也。"(《孟子·尽心上》)执中固然不错,但如果"执中无
权",即不会变通,等于执着一点,如此也是对仁义之道的损害。徐干对
孟子的这一主张极为看重,他说:

　　　仲尼曰:"可与立,未可与权。"孟轲曰:"子莫执中,执中无权,
　　犹执一也。"仲尼孟轲,可谓达于权智之实者也。③

徐干认为,孔子赞同变通,孟子更是强调在"中道"中的变通,二人都是
真正懂得并能运用权变智慧的人。《孟子》一书中有几章论及权变思想,
其中最著名的是《离娄下》的"男女授受不亲"章:"淳于髡曰:'男女授
受不亲,礼与?'孟子曰:'礼也。'曰:'嫂溺,则援之以手乎?'曰:'嫂溺
不援,是豺狼也。男女授受不亲,礼也;嫂溺,援之以手者,权也。'"面对
嫂子溺水,是遵循男女授受不亲的礼,还是援手施救? 孟子认为刻板守
礼是豺狼,援手施救是"权"。徐干也列举了类似的事件予以批评,他在
《贵言》篇说:

---

① 《中论校注·考伪》,第 163—164 页。
② 以上引文皆见《中论校注·核辩》,第 115 页。
③ 《中论校注·智行》,第 130 页。

昔仓梧丙娶妻美,而以与其兄,欲以为让也,则不如无让焉。尾生与妇人期于水边,水暴至不去而死,欲以为信也,则不如无信焉。叶公之党,其父攘羊而子证之,欲以为直也,则不如无直焉。陈仲子不食母兄之食,出居于陵,欲以为洁也,则不如无洁焉。①

仓梧丙、尾生、叶公、陈仲子等人的做法,就是孟子和徐干所反对的“执一”。在徐干看来,这样的“让”、“信”、“直”、“洁”,不如不要。陈仲子事也见于《孟子·滕文公下》。徐干又在《智行》篇反复重申“权”的重要性和“执一”的危害,他说:“徐偃王知修仁义,而不知用武,终以亡国;鲁隐公怀让心,而不知佞伪,终以致杀;宋襄公守节,而不知权,终以见执;晋伯宗好直,而不知时变,终以殒身;叔孙豹好善,而不知择人,终以凶饿。此皆蹈善而少智之谓也。”② 用善固然可取,但不知权变地一味用善,那就是“执一”,好事也会变成坏事。

三、发挥孟子用贤说和“劳心”、“劳力”说

孟子认为,用不用贤能之人,关乎国家存亡。他说:“虞不用百里奚而亡,秦缪公用之而霸。不用贤则亡,削何可得与?”(《孟子·告子下》)徐干认可这一观点,他在《亡国》篇中说:“凡亡国之君,其朝未尝无致治之臣也,其府未尝无先王之书也,然而不免乎亡者,何也? 其贤不用,其法不行也。”③ 不用贤能之人,不推行先王之法,则国亡。

孟子对古代的贤能之人以及善用贤之君极力称赞,他盛赞伊尹:“伊尹耕于有莘之野,而乐尧舜之道焉。非其义也,非其道也,禄之以天下,弗顾也。”(《孟子·万章上》)又赞扬文王:“伯夷辟纣,居北海之滨,闻文王作,兴曰:‘盍归乎来,吾闻西伯善养老者。’太公辟纣,居东海之滨,闻文王作,兴曰:‘盍归乎来,吾闻西伯善养老者。’”(《孟子·尽心上》)徐干借孟子的话也表达了君主用贤以及贤人应有的态度:

昔伊尹在田亩之中,以乐尧舜之道,闻成汤作兴,而自夏如商;太公避纣之恶,居于东海之滨,闻文王作兴,亦自商如周。……君子者,

---

① 《中论校注·贵言》,第 91—92 页。
② 《中论校注·智行》,第 131—132 页。
③ 《中论校注·亡国》,第 267 页。

行不偷合,立不易方,不以天下枉道,不以乐生害仁,安可以禄诱哉？ ①

国家要兴旺,除了要有诸如商汤、文公这样的明君,还要用伊尹、太公这样的贤人。贤人应有自己的立场,孟子说贤人应该是"非其义也,非其道也,禄之以天下,弗顾也",徐干略作改动,说"君子者,行不偷合,立不易方,不以天下枉道,不以乐生害仁,安可以禄诱哉"。都要求不损道而谋私利。徐干还直接以孟子的遭遇为例,说明不用贤对国家的危害。他说:"乃有远求而不用之者。昔齐桓公立稷下之官,设大夫之号,招致贤人而尊宠之,自孟轲之徒,皆游于齐。……然齐不益强,黄歇遇难,不用故也。" ② 无贤人可用,国危亡;有贤人不用,国危亡。

徐干还继承和发挥了孟子的"劳心"、"劳力"说。孟子曰:"有大人之事,有小人之事。且一人之身,而百工之所为备,如必自为而后用之,是率天下而路也。故曰,或劳心,或劳力;劳心者治人,劳力者治于人;治于人者食人,治人者食于人,天下之通义也。"(《孟子·滕文公上》)《中论》逸文《制役》篇也有一段类似的话:

> 夫国有四民,不相干黩。士者劳心,工农商者劳力。劳心之谓君子,劳力之谓小人。君子者治人,小人者治于人。治人者食人,治于人者食于人。百王之达义也。③

徐干赞同孟子大人劳心、小人劳力的分工说,也赞同孟子"劳心者治人,劳力者治于人"之说,认为"君子者治人,小人者治于人"。但他不同意孟子"治于人者食人,治人者食于人"的观点,认为应该是"治人者食人,治于人者食于人",即统治者应养活被统治的人,被统治的人应被统治者养活。孟子强调的是分工,徐干强调的是统治者的责任,用现在的话讲,就是当权者要为民谋福利。两相比较,徐干的观点又有了些现代政治的气息。

四、对孟子其他思想的接受

徐干作《考伪》篇,自比于孟子之距杨墨。孟子说:"昔者禹抑洪

---

① 《中论校注·亡国》,第 280 页。
② 《中论校注·亡国》,第 272 页。
③ 《中论校注·制役》,第 311 页。

水而天下平,周公兼夷狄、驱猛兽而百姓宁,孔子成《春秋》而乱臣贼子惧。……我亦欲正人心,息邪说,距诐行,放淫辞,以承三圣者;岂好辩哉? 予不得已也。能言距杨墨者,圣人之徒也。"(《孟子·滕文公下》)又说:"由孔子而来至于今,百有余岁,去圣人之世若此其未远也,近圣人之居若此其甚也,然而无有乎尔,则亦无有乎尔。"(《孟子·尽心下》)孟子先列数历代之治乱,然后含蓄地表达了自己作为圣人之徒"距杨墨"的责任感。徐干《考伪》篇也用此逻辑,其文云:"仲尼之没,于今数百年矣。其间圣人不作,唐虞之法微,三代之教息,大道陵迟,人伦之中不定。于是惑世盗名之徒,因夫民之离圣教日久也,生邪端,造异术,假先王之遗训以缘饰之,文同而实违,貌合而情远,自谓得圣人之真也。各兼说特论,诬谣一世之人,诱以伪成之名,惧以虚至之谤,使人憧憧乎得亡,惙惙而不定,丧其故性而不自知其迷也,咸相与祖述其业而宠狎之。"[1] 在徐干看来,孔子后无圣人出现,而"大道陵迟",又因"离圣教日久",所以各种异端邪说混淆世人耳目,那考订真伪的工作就不得已由自己担起。接下来,这层意思他就说得更清楚了。他说:"昔杨朱、墨翟、申不害、韩非、田骈、公孙龙,汩乱乎先王之道,诪张乎战国之世,然非人伦之大患也,何者? 术异乎圣人者易辨,而从之者不多也。今为名者之异乎圣人也微,视之难见,世莫之非也;听之难闻,世莫之举也。……考其所由来,则非尧舜之律也;核其所自出,又非仲尼之门也。"[2]

前后对比,想要表明:古有孟子距杨墨,今有徐干考核伪术弊行。

孟子在劝说齐宣王推行王道时,希望他治理国家时"反其本"。孟子说:"王欲行之,则盍反其本矣。五亩之宅,树之以桑,五十者可以衣帛矣。鸡豚狗彘之畜,无失其时,七十者可以食肉矣。百亩之田,勿夺其时,八口之家可以无饥矣。谨庠序之教,申之以孝悌之义,颁白者不负戴于道路矣。老者衣帛食肉,黎民不饥不寒,然而不王者,未之有也。"(《孟子·梁惠王上》)徐干有《务本》篇,"务本"二字虽出自孔子,其曰:"君子务本,本立而道生。孝弟也者,其为仁之本与!"(《论语·学而》)但孔子所讲的"本",主要是指基础性工作,如孝弟是仁的基础。徐干所

---

[1]《中论校注·考伪》,第 152 页。
[2]《中论校注·考伪》,第 156—157 页。

讲的"本",用他自己的话说,就是"大道远数",从实质上讲,就是孟子所说的"反其本"之"本"。徐干曰:

> 人君之大患也,莫大于详于小事而略于大道;察于近物而暗于远图。……夫详于小事而察于近物者,谓耳听乎丝竹歌谣之和,目视乎琱琢采色之章,口给乎辩慧切对之辞,心通乎短言小说之文,手习乎射御书数之巧,体骜乎俯仰折旋之容。……故人君之所务者,其在大道远数乎?大道远数者,为仁足以覆帱群生,惠足以抚养百姓,明足以照见四方,智足以统理万物,权足以应变无端,义足以阜生财用,威足以禁遏奸非,武足以平定祸乱。详于听受,而审于官人,达于兴废之原,通于安危之分,如此则君道毕矣。①

徐干讲的"小事"、"近物":"耳听乎丝竹歌谣之和,目视乎琱琢采色之章,口给乎辩慧切对之辞,心通乎短言小说之文,手习乎射御书数之巧,体骜乎俯仰折旋之容",即孟子委婉批评齐宣王的:"为肥甘不足于口与?轻暖不足于体与?抑为采色不足视于目与?声音不足听于耳与?便嬖不足使令于前与?"(《孟子·梁惠王上》)徐干讲的"大道":"仁足以覆帱群生,惠足以抚养百姓,明足以照见四方,智足以统理万物,权足以应变无端,义足以阜生财用,威足以禁遏奸非,武足以平定祸乱",即孟子反复宣扬的"五亩之宅"等内容。可以说,徐干《务本》之"本"的内涵,受到了孟子"反其本"思想的影响。

孟子曾说:"求之有道,得之有命,是求无益于得也,求在外者也。"(《孟子·尽心上》)徐干对"求之有道,得之有命"说进行了阐述。《爵禄》篇云:

> 求之有道,得之有命。舜、禹、孔子,可谓求之有道矣;舜、禹得之,孔子不得之,可谓有命矣。非惟圣人,贤者亦然。稷、契、伯益、伊尹、傅说,得之者也;颜渊、闵子骞、冉耕、仲弓,不得者也。故良农不患疆场之不修,而患风雨之不节;君子不患道德之不建,而患时世之不遇。《诗》曰:"驾彼四牡,四牡项领。我瞻四方,蹙蹙靡所骋。"伤道之不遇也。岂一世哉,岂一世哉!②

---

① 《中论校注·务本》,第222—226页。
② 《中论校注·爵禄》,第150页。

徐干以历史人物的命运为例子,生动具体地解释了孟子的人生感悟"求之有道,得之有命",可谓深得孟子本心。孟子在齐国一度受到重视,大有实现其政治理想的势头,但最后又不得已离开齐国,沮丧的孟子感叹:"王如用予,则岂徒齐民安,天下之民举安。""五百年必有王者兴,其间必有名世者。由周而来,七百有余岁矣。以其数,则过矣;以其时考之,则可矣。夫天未欲平治天下也;如欲平治天下,当今之世,舍我其谁也?"(《孟子·公孙丑下》)孟子与孔子、颜渊、闵子骞、冉耕、仲弓等人一样,皆为求之有道而不得。孟子释之为"天未欲",徐干释之为"时世之不遇"。徐干最后的激愤之言"伤道之不遇也。岂一世哉,岂一世哉",既是对孔孟等人无命得之的同情,也是一种自悼。

此外,徐干还赞同孟子的"三年之丧"。《中论》逸文《复三年丧》云:"滕文公,小国之君耳,加之生周之末世,礼教不行,犹能改前之失,咨问于孟轲,而服丧三年,岂况大汉配天之主,而废三年之丧,岂不惜哉!"[①]认为汉朝天子废三年之丧,实不如滕文公。

前人有把徐干与孟子相比拟的,如无名氏所著《中论序》:"君以为纵横之世,乃先圣之所厄困也,岂况吾徒哉? 有讥孟轲不度其量,拟圣行道,传食诸侯,深美颜渊荀卿之行,故绝迹山谷,幽居研几,用思深妙。"[②]今人徐仁甫更是把徐干的救流俗、批评时政弊端等同于孟子距杨墨,给予极高的评价。他在《读〈中论〉札迻》中说:"伟长同时人序《中论》云:'有讥孟轲不度其量,拟圣行道,传食诸侯,深美颜渊荀卿之行,故绝迹山谷,幽居研几。'是则伟长于孟荀二子,有所择别,故不同世习之见,独以荀卿与颜渊并称,而效其行谊,斯善师古人者矣。不宁唯是,昔杨墨之言盈天下,孟氏辞而辟之。昌黎韩氏,以为孟子之功不在禹下。予窃谓战国纵横,每况愈下,诸子之言,纷然淆乱,荀氏作《非十二子》以攻之,荀子之功亦不在孟子之下。伟长生于汉末,世道交衰,风俗日浮,朋党交游,好名之弊,甚于洪水猛兽。伟长上求圣人之中,下救流俗之颓,著《考伪》、《谴交》以箴之,其功又不在荀子下矣。至其遭流俗之谤议,生不得志于当时,千载后昧事者犹或苛评之。此则孟轲所不免,荀卿于斯,盖尤

① 《中论校注·复三年丧》,第 307 页。
② 见无名氏《中论校注·中论序》。

甚焉。"①在赞美徐干的同时,对他的不得志表达了同情,也把其遭遇等同于孟子、荀子。

第三节 《孔子家语》与孟子思想的关联

《孔子家语》的真伪问题一直存在争议。从唐代颜师古开端,到清代《四库全书总目提要》,《孔子家语》是伪书就成了定论,之后也基本被视为伪书而不被人重视。二十一世纪以来,有些学者根据新出土文献,认为该书不伪,它确是孔子弟子记录有关孔子的材料汇集,也确是孔安国整理的结果,后经王肃作注流传至今②。

如果是伪书,那么书中与孟子思想有关的材料就是作伪者结合孔孟思想而做出的有意抄袭,其中包含了作伪者对孟子思想及其与孔子思想关系的理解,正如宋代王柏所说:"今之《家语》十卷,凡四十有四篇,意王肃杂取《左传》、《国语》、《荀》、《孟》、二《戴》之绪余,混乱精粗,割裂前后,织而成之。"③清代《四库全书总目提要》以及近代学者张绵周都持这个观点。如果该书不是伪书,而真是孔子及弟子有关材料的汇集,那么书中与孟子思想有关的材料就是孟子借鉴、发展的对象。当然,还涉及书中哪些是原《孔子家语》的内容,是否有王肃或者孔安国增加的内容,哪些是增加的内容等问题。鉴于该书的真伪问题比较复杂,这里仅罗列出书中与孟子思想有明显关联的材料,并作简要说明。

一、有关王道仁政的材料

王道仁政历来是儒家典籍关注的重点,《孔子家语》也不例外。在《王言解》篇,通过孔子与曾子的对话,记述了孔子"内修七教,外行三

①《中论校注·附录》,第327—328 页。
② 有关论述可以参见:庞朴:《话说"五至三无"》,《文史哲》2004 年第 1 期;廖名春:《从上博简〈民之父母〉"五至"说论〈孔子家语·论礼〉的真伪》,《湖南大学学报》2005 年第 5 期;杨朝明、宋立林:《孔子家语通解》,齐鲁书社,2013 年;杨朝明:《〈孔子家语〉综合研究》,齐鲁书社,2017 年。
③ 王柏:《家语考》,见《四库全书》本《鲁斋集》卷九,上海古籍出版社,1989 年。

至"的理想的明王政治,其中就有一些内容与《孟子》有关。其文云:

> 曾子曰:"不劳不费之谓明王,可得闻乎?"孔子曰:"昔者帝舜,左禹而右皋陶,不下席而天下治。夫如此,何上之劳乎?政之不平,君之患也;令之不行,臣之罪也。若乃十一而税,用民之力,岁不过三日。入山泽以其时而无征,关讥市廛皆不收赋,此则生财之路,而明王节之,何财之费乎?"……"昔者明王之治民也,法必裂地以封之,分属以理之,然后贤民无所隐,暴民无所伏。使有司日省而时考之,进用贤良,退贬不肖,然则贤者悦而不肖者惧。哀鳏寡,养孤独,恤贫穷,诱孝悌,选才能。此七者修,则四海之内无刑民矣。上之亲下也,如手足之于腹心;下之亲上也,如幼子之于慈母矣。上下相亲如此,故令则从,施则行,民怀其德,近者悦服,远者来附,政之致也。"①

上引材料涉及《孟子》中《梁惠王上》、《梁惠王下》、《公孙丑上》、《滕文公上》、《滕文公下》、《离娄上》等卷的多章内容,为便于我们看清两者在文字和观点上的联系,现把上引材料所涉及的《孟子》相关章节根据先后顺序摘录如下。

第一,关于"十一而税"、"关讥市廛皆不收赋"的税收政策以及"哀鳏寡,养孤独"、"如手足之于腹心"之说:

> 《孟子·滕文公上》:使毕战问井地。孟子曰:"子之君将行仁政,选择而使子,子必勉之! ……夫滕,壤地褊小,将为君子焉,将为野人焉。无君子,莫治野人;无野人,莫养君子。请野九一而助,国中什一使自赋。"

> 《孟子·梁惠王下》:(齐宣)王曰:"王政可得闻与?"(孟子)对曰:"昔者文王之治岐也,耕者九一,仕者世禄,关市讥而不征,泽梁无禁,罪人不孥。老而无妻曰鳏,老而无夫曰寡,老而无子曰独,幼而无父曰孤。此四者,天下之穷民而无告者。文王发政施仁,必先斯四者。"

> 《孟子·公孙丑上》:孟子曰:"尊贤使能,俊杰在位,则天下之

① 《孔子家语通解·王言解》,第19—23页。

士皆悦,而愿立于其朝矣;市,廛而不征,法而不廛,则天下之商皆
悦,而愿藏于其市矣;关,讥而不征,则天下之旅皆悦,而愿出于其
路矣;耕者,助而不税,则天下之农皆悦,而愿耕于其野矣;廛,无夫
里之布,则天下之民皆悦,而愿为之氓矣。信能行此五者,则邻国之
民,仰之若父母矣。”

《孟子·离娄下》:孟子告齐宣王曰:“君之视臣如手足,则臣视
君如腹心;君之视臣如犬马,则臣视君如国人;君之视臣如土芥,则
臣视君如寇仇。”

《孟子》和《孔子家语》都主张实行低税收,要求关卡稽查但不收税,市
场储存货物也不收税;都希望政府负责照顾鳏寡孤独等穷苦无依靠的
群体;“手足”与“腹心”说,《孔子家语》用来形容上位者与百姓的关系,
《孟子》则用来形容君与臣的相互关系,这样独特的比喻,两者间很可能
有借鉴关系。

第二,关于“用民之力,岁不过三日”,“入山泽以其时”之说,以及
“上下相亲如此,故令则从,施则行,民怀其德,近者悦服,远者来附,政之
致也”之说:

《孟子·梁惠王上》:(孟子)曰:“……不违农时,谷不可胜食
也;数罟不入洿池,鱼鳖不可胜食也;斧斤以时入山林,材木不可胜
用也。谷与鱼鳖不可胜食,材木不可胜用,是使民养生丧死无憾也。
养生丧死无憾,王道之始也。……王无罪岁,斯天下之民至焉。”

《孟子·梁惠王上》:孟子对曰:“……彼夺其民时,使不得耕耨
以养其父母。父母冻饿,兄弟妻子离散。彼陷溺其民,王往而征之,
夫谁与王敌?”

《孟子·梁惠王上》:(孟子)对曰:“……今夫天下之人牧,未有
不嗜杀人者也。如有不嗜杀人者,则天下之民皆引领而望之矣。诚
如是也,民归之,由水之就下,沛然谁能御之?”

《孟子·梁惠王上》:(孟子曰:)“今王发政施仁,使天下仕者
皆欲立于王之朝,耕者皆欲耕于王之野,商贾皆欲藏于王之市,行旅
皆欲出于王之涂,天下之欲疾其君者皆欲赴诉于王。其若是,孰能御
之?”“曰:……是故明君制民之产,必使仰足以事父母,俯足以畜妻

子，乐岁终身饱，凶年免于死亡；然后驱而之善，故民之从之也轻。"

　　《孟子·梁惠王下》：孟子对曰："……君无尤焉！君行仁政，斯民亲其上、死其长矣。"

　　《孟子·滕文公下》：苟行王政，四海之内皆举首而望之。

《孟子》和《孔子家语》都主张爱惜民力，不夺民时，摄取财物不过度，孟子说的"数罟不入洿池"、"斧斤以时入山林"就是《孔子家语》说的"入山泽以其时"。特别是说到百姓归附行仁政之君王的情形，两者都给予了高度肯定，《孟子》说"天下之民皆引领而望之矣"，"民归之，由水之就下"，"民之从之也轻"，"四海之内皆举首而望之"，说法形象生动，《孔子家语》的说法更概括："近者悦服，远者来附。"显示了两者对仁政的高度自信。

　　另外，在《孔子家语·好生》篇中，也有一段记载孔子讲君行仁政而百姓归附的情形，这段话与《孟子·梁惠王下》中孟子所说的一段话高度相似。现分别列出如下：

　　《孔子家语·好生》：孔子曰："……初，大王都豳，翟[1]人侵之。事之以皮币，不得免焉；事之以珠玉，不得免焉。于是属耆老而告之：'所欲吾土地。吾闻之，君子不以所养而害人。二三子何患乎无君？'遂独与大姜去之，逾梁山，邑于岐山之下。豳人曰：'仁人之君，不可失也。'从之如归市焉。天之与周，民之去殷，久矣。若此而不能王天下，未之有也。"[2]

　　《孟子·梁惠王下》：滕文公问曰："滕，小国也；竭力以事大国，则不得免焉，如之何则可？"孟子对曰："昔者大王居邠，狄人侵之。事之以皮币，不得免焉；事之以犬马，不得免焉；事之以珠玉，不得免焉。乃属其耆老而告之曰：'狄人之所欲者，吾土地也。吾闻之也：君子不以其所以养人者害人。二三子何患乎无君？我将去之。'去邠，逾梁山，邑于岐山之下居焉。邠人曰：'仁人也，不可失也。'从之者如归市……"

---

① "翟"，四库本作"狄"，《孟子·梁惠王下》有关记载也作"狄"。
② 《孔子家语通解·好生》，第 121 页。

两者都讲了周太王迁居避敌以保百姓,百姓积极归附的故事。虽然这个故事可能广为流传,孔子和孟子也都可能听说过,并且都视为仁君爱民的经典案例加以讲述,但文字这样高度相似的可能性还是不大。因此,较合理的解释是它们之间有明显的借鉴关系。

　　虽然上引《孔子家语·好生》篇最后两句"天之与周"不见于《孟子·梁惠王下》的相关章节,但在《孟子》其他章中能找到有密切关联的说法。"天之与周,民之去殷"句,即上天把天下授与周,百姓抛弃了殷商,这个说法见于《孟子·万章上》,孟子弟子万章问孟子:舜拥有天下是谁授与的? 是通过什么方式授与的? 孟子回答说:"天子不能以天下与人",天下是"天与之","天子能荐人于天,不能使天与之天下;诸侯能荐人于天子,不能使天子与之诸侯;大夫能荐人于诸侯,不能使诸侯与之大夫。昔者尧荐舜于天而天受之,暴之于民而民受之,故曰:天不言,以行与事示之而已矣。""天与之,人与之,故曰:天子不能以天下与人。"都强调"天与之,人与之",把天意与民意结合。"若此而不能王天下,未之有也"句,在《孟子》中反复出现:"七十者衣帛食肉,黎民不饥不寒,然而不王者,未之有也。"(《孟子·梁惠王上》)"老者衣帛食肉,黎民不饥不寒,然而不王者,未之有也。"(《孟子·梁惠王上》)"乐民之乐者,民亦乐其乐;忧民之忧者,民亦忧其忧。乐以天下,忧以天下,然而不王者,未之有也。"(《孟子·梁惠王下》)"无敌于天下者,天吏也。然而不王者,未之有也。"(《孟子·公孙丑上》)"以善服人者,未有能服人者也;以善养人,然后能服天下。天下不心服而王者,未之有也。"(《孟子·离娄下》)"为人臣者怀仁义以事其君,为人子者怀仁义以事其父,为人弟者怀仁义以事其兄,是君臣、父子、兄弟去利,怀仁义以相接也,然而不王者,未之有也。"(《孟子·告子下》)都认为君王行仁政而不能使天下归服,那是从来没有的事,对仁政充满了足够的自信。

二、有关心性论的材料

　　《孔子家语》中有关心性的文字也部分见于《礼记》、《中庸》、《孟子》等书。与《孟子》密切相关的有三处,以下分别列出并简要说明。

　　第一处是《孔子家语·好生》篇中有关心与耳目关系的看法:

孔子谓子路曰："君子以心导耳目,立义以为勇;小人以耳目导心,不愻以为勇。故曰退之而不怨,先之斯可从已。"①

对应《孟子·告子上》中的文字有三处:

孟子曰:"……口之于味也,有同耆焉;耳之于声也,有同听焉;目之于色也,有同美焉。至于心,独无所同然乎? 心之所同然者何也? 谓理也,义也。圣人先得我心之所同然耳。"

孟子曰:"……体有贵贱,有小大。无以小害大,无以贱害贵。养其小者为小人,养其大者为大人。"

公都子问曰:"钧是人也,或为大人,或为小人,何也?"孟子曰:"从其大体为大人,从其小体为小人。"曰:"钧是人也,或从其大体,或从其小体,何也?"曰:"耳目之官不思,而蔽于物。物交物,则引之而已矣。心之官则思,思则得之,不思则不得也。此天之所与我者。先立乎其大者,则其小者弗能夺也。此为大人而已矣。"

孟子对包括耳目在内的身与心的关系,主要有三个基本观点②:第一,从官能角度看,身心都属于人体的一部分,具有普遍性。第二,从价值角度看,心是实践主体能够实现一切道德价值的源泉和基础,属于大体,而身只是一种物质的存在,是小体,心决定着身。第三,心发挥作用是一种自主行为,它能"思",不需要外力的推动,而身则有所依赖。与孟子相比,《孔子家语》对身与心关系的看法更单一,只涉及上述孟子的第二个观点。"君子以心导耳目"即孟子说的"从其大体为大人","先立乎其大者,则其小者弗能夺也";"小人以耳目导心"即孟子说的"从其小体为小人"。突出强调了耳目与心不同主从关系生成的不同结果,在《孔子家语》那里是君子与小人的不同,在孟子那里是大人与小人的不同。此外,《孔子家语》所说的君子"立义"之勇与小人"不愻"之勇,也与孟子告诉齐宣王的"文王之勇"与"匹夫之勇"有关联。因为"文王之勇"是"一怒而安天下之民",也是"立义"之勇;"匹夫之勇"是"一人衡行于天

---

① 《孔子家语通解·好生》,第 118 页。
② 具体分析见本书第一编第二章第二节"帛书《五行》说文对孟子思想的继承与发展"中的相关内容。

下",也是小人"不愻"之勇。可见,两者从用词到内涵,都有密切联系。

第二处是《孔子家语·哀公问政》篇中关于"明于善"、"诚身"、"顺于亲"、"信于友"、"获于上"几者的逻辑关系以及落脚点。其文云:

> 在下位不获于上,民弗可得而治矣。获于上有道,不信于友,不获于上矣;信友有道,不顺于亲,不信于友矣;顺于亲有道,反诸身不诚,不顺于亲矣;诚身有道,不明于善,不诚于身矣。诚者,天之至道也。诚之者,人之道也。夫诚,弗勉而中,不思而得,从容中道,圣人之所以体定也;诚之者,择善而固执之者也。①

对应《孟子·离娄上》中的文字:

> 孟子曰:"居下位而不获于上,民不可得而治也。获于上有道,不信于友,弗获于上矣。信于友有道,事亲弗悦,弗信于友矣。悦亲有道,反身不诚,不悦于亲矣。诚身有道,不明乎善,不诚其身矣。是故诚者,天之道也;思诚者,人之道也。至诚而不动者,未之有也;不诚,未有能动者也。"

这段文字还见于《中庸》:

> 在下位不获乎上,民不可得而治矣;获乎上有道:不信乎朋友,不获乎上矣;信乎朋友有道:不顺乎亲,不信乎朋友矣;顺乎亲有道:反诸身不诚,不顺乎亲矣;诚身有道:不明乎善,不诚乎身矣。诚者,天之道也;诚之者,人之道也。诚者不勉而中,不思而得,从容中道,圣人也。诚之者,择善而固执之者也。(第二十章)

比较上面三段文字,相似度很高。其中,《孔子家语》与《中庸》的相似度在整体上更高,《孔子家语》与《孟子》在部分字句上更相似。另外。三者都从"下位获于上"的为政说起,最终都落脚在"明于善"和"诚心"上,涉及心性问题。虽然三者的先后继承关系现在还难于断定,但说三者存在继承关系是可以确定的。

第三处是《孔子家语·曲礼子贡问》篇"不忍杀人之心"的说法:

---

① 《孔子家语通解·哀公问政》,第212—213页。

楚伐吴，工尹商阳与陈弃疾追吴师。及之，弃疾曰："王事也，子手弓而可。"商阳手弓。弃疾曰："子射诸！"射之，毙一人，韔其弓。又及，弃疾谓之。又及，弃疾复谓之。毙二人。每毙一人，辄掩其目。止其御，曰："吾朝不坐，燕不与，杀三人亦足以反命矣。"孔子闻之，曰："杀人之中，又有礼焉。"子路怫然进曰："人臣之节，当君大事，唯力所及，死而后已。夫子何善此？"子曰："然，如汝言也。吾取其有不忍杀人之心而已。"①

对应《孟子》中的"不忍"、"不忍人"文字共有三处：

《公孙丑上》：孟子曰："人皆有不忍人之心。先王有不忍人之心，斯有不忍人之政矣。以不忍人之心，行不忍人之政，治天下可运之掌上。"

《离娄上》：孟子曰："……圣人既竭目力焉，继之以规矩准绳，以为方员平直，不可胜用也；既竭耳力焉，继之以六律正五音，不可胜用也；既竭心思焉，继之以不忍人之政，而仁覆天下矣。故曰，为高必因丘陵，为下必因川泽；为政不因先王之道，可谓智乎？是以惟仁者宜在高位。"

《尽心下》：孟子曰："人皆有所不忍，达之于其所忍，仁也；人皆有所不为，达之于其所为，义也。人能充无欲害人之心，而仁不可胜用也。"

《孔子家语·曲礼子贡问》记载的"工尹商阳与陈弃疾追吴师"之事又见于《礼记·檀弓下》，为看清两者的异同以及《曲礼子贡问》与《孟子》的关系，下面列出《檀弓下》的记载：

工尹商阳与陈弃疾追吴师，及之。陈弃疾谓工尹商阳曰："王事也，子手弓而可。"手弓。"子射诸。"射之，毙一人，韔弓。又及，谓之，又毙二人。每毙一人，掩其目。止其御曰："朝不坐，燕不与，杀三人亦足以反命矣。"孔子曰："杀人之中，又有礼焉。"②

比较《曲礼子贡问》和《檀弓下》的文字，可以看出，"杀人之中，又有礼焉"之前的文字基本相同,只是前者较详,往往写出了动词的主语,如"商阳手弓",而后者承前省略了,只说"手弓"。两者最大的不同在于,《曲礼子贡问》末尾有子路与孔子的对话,而《檀弓下》没有。对话中孔子有一句话"吾取其有不忍杀人之心而已","不忍人之心"又刚好是孟子"不忍人之政"的哲学基础。如果说《孔子家语》是孔子言论的真实记录,那么孟子的"不忍人之心"及以此为基础的"不忍人之政"、仁政,就是对孔子"不忍杀人之心"思想的继承与发展;如果说《孔子家语》是后人的伪作,那么"不忍杀人之心"的说法,就是作伪者借孔子之口,宣扬孟子"不忍人之心"的思想,是对孟子这一思想的认可。

总的来看,《孔子家语》与《孟子》之间有明显有关联的文字和思想,但不多。至于说是《孟子》吸收了《孔子家语》的文字和思想,还是《孔子家语》抄袭了《孟子》的字句,到目前为止,还不能下一个有说服力的结论。我们只能说,两者之间肯定存在有意为之的联系。

第四节　其他人对孟子思想的接受

汉末至曹魏期间,荀悦的《申鉴》和徐干的《中论》是以儒家思想为主的学术性著作,他们对孟子思想的接受虽然不成体系,但还较为集中。相对二人而言,这一阶段的其他人对孟子思想的接受则呈现出碎片化,文字称引也更随意。概言之,主要体现在以下几个方面。

一、宣扬孟子先王之道

汉末以来,宣扬霸道、尊崇武力是大趋势,但崇尚战伐的武力集团在涉及集团、国家治理方面,也常以孟子的先王之道作为口实,或者以此来装点门面。

宣扬孟子先王之道,首先是借用孟子的话来赞扬先圣。曹操的《授崔琰东曹教》一文中说:"君有伯夷之风,史鱼之直,贪夫慕名而清,壮士尚称而厉,斯可以率时者已。"[1] 这是化用孟子的话:"伯夷,目不视恶色,

---

① 《三国志·魏书》卷十二,第 368 页。

耳不听恶声,非其君不事,非其民不使,治则进,乱则退。横政之所出,横民之所止,不忍居也。思与乡人处,如以朝衣朝冠坐于涂炭也。当纣之时,居北海之滨,以待天下之清也。故闻伯夷之风者,顽夫廉,懦夫有立志。""伯夷,圣之清者也。"(《孟子·万章上》)曹操化用孟子评价伯夷的话来赞扬崔琰的为人,可见曹操用人虽然"唯才是举",但也并非后人常说的不重品行。先圣在政治上最突出的特点之一就是"能以大事小",所以曹操在《让县自明本志令》中说:"齐桓、晋文所以垂称至今日者,以其兵势广大,犹能奉事周室也。《论语》云:'三分天下有其二,以服事殷,周之德可谓至德矣。'夫能以大事小也。"① 其子曹植于《请招降江东表》亦云:

> 昔汤事葛,文王事犬夷,固仁者能以大事小。若陛下遣明哲之使,能继陆、贾之踪者,使之江南,发恺悌之诏,张日月之信,开以降路,权必奉圣化,斯不疑也。②

曹氏父子所言的"以大事小"的仁德,正是孟子极为看重的邻国交往之道。《孟子·梁惠王下》载:"齐宣王问曰:'交邻国有道乎?'孟子对曰:'有。惟仁者为能以大事小,是故汤事葛,文王事混夷。惟智者为能以小事大,故大王事獯鬻,勾践事吴。以大事小者,乐天者也。以小事大者,畏天者也。乐天者保天下,畏天者保其国。'"曹操当时最强,所以曹氏父子无疑自豪地把自己看成是"能以大事小"的仁者了。孟子的话倒是很合曹操心意。

一个君王既然"能以大事小",那当然也能行先王之道了,所以曹操《修学令》云:"今丧乱以来,十有五年。后生者不见仁义礼让之风,吾甚伤之。其令郡国各修文学,县满五百户,置校官,选其乡之俊造而教学之。庶几先王之道不废,而有益于天下。"③ 先王之道虽非孟子首创,但他的描述和倡导最为强烈。《论语》中"先王之道"一见,《学而》篇:"有子曰:'礼之用,和为贵。先王之道,斯为美;小大由之。'"把先王之道与礼联系起来。《孟子》中共有五次言及先王之道,对其内涵的描述更丰富,

---

① 《三国志·魏书》卷一,第33页。
② 《全三国文》卷十五,严可均辑《全上古三代秦汉三国六朝文》,中华书局,1958年,第1134页。
③ 《三国志·魏书》卷一,第24页。

如《滕文公下》:"于此有人焉,入则孝,出则悌,守先王之道,以待后之学者。"《离娄上》:"孟子曰:'离娄之明、公输子之巧,不以规矩,不能成方员;师旷之聪,不以六律,不能正五音;尧舜之道,不以仁政,不能平治天下。今有仁心仁闻而民不被其泽,不可法于后世者,不行先王之道也。故曰:徒善不足以为政,徒法不能以自行。……故曰,为高必因邱陵,为下必因川泽;为政不因先王之道,可谓智乎?……事君无义,进退无礼,言则非先王之道者,犹沓沓也。'"曹操与孟子一样,也是把先王之道与仁义礼让联系起来说,他相信先王之道有益于天下良好民风的重塑。可以说,曹操所言先王之道上承孔孟,他在重视实用政策的同时,对儒家传统思想也进行了倡导。

二、选择性继承孟子仁政思想的部分内容

仁政是孟子政治思想的核心内容。汉末至曹魏阶段的文人士大夫以及侯王们,根据自身政治集团的需要,选择性继承了孟子的仁政思想,包括对君、民、兵等方面的要求。

首先是对以孟子为首的先秦民本思想的继承。如魏明帝时期的太常和洽上奏说:"民稀耕少,浮食者多。国以民为本,民以谷为命。故费一时之农,则失育命之本。"[1]吴国丞相陆逊也说:"国以民为本,强由民力,财由民出。夫民殷国弱,民瘠国强者,未之有也。故为国者,得民则治,失之则乱。"[2]都强调了"国以民为本"。民既然是国之根本,那么能为百姓而甘愿弃国的君王无疑是真正的仁君。曹植就宣扬了孟子的这一思想。他在《转封东阿王谢表》中说:"臣闻古之仁君,必有弃国以为百姓,况乃转居沃土,人从蒙福。"[3]曹植所听闻的仁君的事迹,乃来源于孟子。孟子曾讲述周始祖太王去邠迁岐山的事迹:"昔者大王居邠,狄人侵之。事之以皮币,不得免焉;事之以犬马,不得免焉;事之以珠玉,不得免焉。乃属其耆老而告之曰:'狄人之所欲者,吾土地也。吾闻之也:君子不以其所以养人者害人。二三子何患乎无君?我将去之。'去邠,

---

① 和洽:《时风不至奏宜节俭》,载《全三国文》卷四十,第1280页。
②《三国志·吴书》卷五十八,第1352页。
③《全三国文》卷十五,第1136页。

逾梁山,邑于岐山之下居焉。邠人曰:'仁人也,不可失也。'从之者如归市。"(《孟子·梁惠王下》)曹植把孟子讲的内容概括为"弃国以为百姓",以此来安慰自己不停转居封地的无可奈何。

其次,"与民同乐"是孟子仁政思想中的重要内容,也是这一阶段士大夫们发挥孟子思想最突出的方面。曹魏时的弘农太守曹囧《六代论(并上书)》云:

> 论曰:昔夏、殷、周历世数十,而秦二世而亡。何则?三代之君,与天下共其民,故天下同其忧。秦王独制其民,故倾危而莫救。夫与民共其乐者,人必忧其忧;与民同其安者,人必拯其危。先王知独治之不能久也,故与人共治之;知独守之不能固也,故与人共守之。①

曹囧比较了夏商周与秦的不同命运,认为夏商周的君王更能"与天下共其民",即君民能共享天下,所以"天下同其忧",最后强调:"夫与民共其乐者,人必忧其忧;与民同其安者,人必拯其危。"这正是孟子告诉梁惠王的"乐民之乐者,民亦乐其乐。忧民之忧者,民亦忧其忧","君行仁政,斯民亲其上,死其长矣"(《孟子·梁惠王下》)。南方的吴国阵营也有人主张君王"与民同乐",反对独乐。吴国丞相陆逊族子陆凯作《上言政事多谬疏》云:"臣闻有道之君,以乐乐民;无道之君,以乐乐身。乐民者,其乐弥长;乐身者,不久而亡。夫民者,国之根也。诚宜重其食,爱其命。民安则君安,民乐则君乐。"②陆凯所闻的"以乐乐民"、"以乐乐身",也即孟子说的"与民同乐"以及"独乐乐"、"与少乐乐"(《孟子·梁惠王下》)。

孟子曾举周文王和夏桀的例子来告诉梁惠王"与民同乐"的重要性。当梁惠王站在水池旁,顾盼着珍禽异兽时问孟子:"贤者亦乐此乎?"孟子回答说:"贤者而后乐此。不贤者虽有此,不乐也。《诗》云:'经始灵台,经之营之,庶民攻之,不日成之。经始勿亟,庶民子来。王在灵囿,麀鹿攸伏。麀鹿濯濯,白鸟鹤鹤。王在灵沼,於牣鱼跃。'……古之人与民偕乐,故能乐也。《汤誓》曰:'时日害丧?予及汝偕亡!'民欲

---

① 《全三国文》卷二十,第 1161 页。
② 杨世文:《魏晋学案》卷二十四,人民出版社,2013 年,第 664 页。严可均《全三国文》名为《上疏谏吴主皓》。凡所引文字,两书都有的,以前书为准,以下同,不再一一标出。

与之偕亡，虽有台池鸟兽，岂能独乐哉？"（《孟子·梁惠王上》）曹魏的栈潜概括了孟子的思想，以此谏言魏明帝曹叡不能不顾百姓死活而独享奢华的生活。他在《谏明帝兴众役疏戚属疏》中说："臣闻文王作丰，经始勿亟；百姓子来，不日而成。灵沼、灵囿，与民共之。今宫观崇侈，雕镂极妙，忘有虞之总期，思殷辛之琼室，禁地千里，举足投网，丽拟阿房，役百干溪。臣恐民力凋尽，下不堪命也。"①栈潜所说的"灵沼、灵囿，与民共之"，正是孟子讲的"与民偕乐"。孟子与栈潜虽相隔五百多年，但劝谏君王与民同乐的心情，以及对百姓不堪重负的顾虑，可谓一脉相承。

　　与"与民同乐"相背的行为受到孟子的坚决反对，他质问齐宣王："古之人所以大过人者，无他焉，善推其所为而已矣。今恩足以及禽兽，而功不至于百姓者，独何与？"（《孟子·梁惠王上》）"臣闻郊关之内有囿方四十里，杀其麋鹿者如杀人之罪，则是方四十里为阱于国中，民以为大，不亦宜乎？"（《孟子·梁惠王下》）关内侯高堂隆以此为据，要求停止当时杀鹿获罪的法令。他在《谏杀鹿抵罪》文中说："近日有司宣令，有杀禁地鹿者，身死，财产殁官。有能先觉白者，厚赏赐之。此为重禽兽而贱人，同于齐宣王矣。"②"重禽兽而贱人，同于齐宣王"，就是孟子质问齐宣王的"恩足以及禽兽，而功不至于百姓"，"杀其麋鹿者如杀人之罪"。这些行为与孟子所讲的"与民同乐"、"善推其所为"背道而驰。

　　虽然当时杀伐频繁的政治集团不可能真正主张和推行"与民同乐"思想，但是在战争不断、民不聊生的当时，有识之士能站出来振臂高呼这一思想，多少能起到警醒的作用。

　　第三，宣扬孟子"仁者无敌"和王者之师的思想。孟子告诉梁惠王，"如施仁政于民"，而"彼夺其民时，使不得耕耨以养其父母，父母冻饿，兄弟妻子离散。彼陷溺其民，王往而征之，夫谁与王敌？故曰：'仁者无敌。'"（《孟子·梁惠王上》）当齐宣王在怎样处理燕国问题上询问孟子意见时，孟子说："臣闻七十里为政于天下者，汤是也。……东面而征，西夷怨。南面而征，北狄怨。曰：'奚为后我？'民望之，若大旱之望云霓也。归市者不止，耕者不变。诛其君而吊其民，若时雨降。民大

---

①《全三国文》卷二十九，第1216页。
②《全三国文》卷三十一，第1228页。

悦。……今燕虐其民，王往而征之，民以为将拯己于水火之中也，箪食壶浆以迎王师。……王速出令，反其旄倪，止其重器，谋于燕众，置君而后去之。"（《孟子·梁惠王下》）所以王肃感叹："且人命至重，难生易杀，气绝而不续者也，是以圣贤重之。孟轲称：杀一无辜以取天下，仁者不为也。"[1] 曹魏幽州刺史杜恕在其《体论·用兵》篇中，更是全盘吸收了孟子用兵的原则，并也以汤武为例来说明。他说：

> 兵之来也，以除不义而援德。克其国而不伤其民，废其君而不易其政；尊其俊秀，显其贤良；赈其孤寡，恤其穷困。百姓闻之欣然，箪食壶浆，以迎其君：奚之迟也。汤武之师，用兵之上也。谁与交锋而接刃哉？[2]

这段话几乎是对上引孟子两段话的概述，他把孟子所说的"彼夺其民时，使不得耕耨以养其父母，父母冻饿，兄弟妻子离散"，概括为"不义"；把孟子所说的"归市者不止，耕者不变。诛其君而吊其民，若时雨降"，概括为"克其国而不伤其民"；把孟子告诫齐宣王的"王速出令，反其旄倪，止其重器，谋于燕众，置君而后去之"，概括为"废其君而不易其政"；把孟子反复强调的"王往而征之，民以为将拯己于水火之中也，箪食壶浆以迎王师"，描绘为"赈其孤寡，恤其穷困。百姓闻之欣然，箪食壶浆，以迎其君"；把孟子引用百姓的话"奚为后我"，转述为"奚之迟也"。孟子说"仁者无敌"，杜恕则说"谁与交锋而接刃哉"。杜恕认为孟子所描述的汤武用兵，乃是最高标准。

　　曹魏镇西将军钟会也概括孟子思想作为自己行军打仗的最高标准，他说："古之行军，以仁为本，以义治之。王者之师，有征无战。"[3] "王者之师，有征无战"就是对孟子"仁者无敌"、民"箪食壶浆以迎王师"说的准确概括。同样做过将军的桓范也深知"王者之兵"的重要，他在《世要论·兵要》篇中说："民乐为之死，将乐为之亡；师不越境，旅不涉场，而敌人稽颡：此王者之兵也。"[4] 不战而屈人之兵是用兵的最高境界，这可

① 王肃：《上疏请恤役平刑》，载《全三国文》卷二十三，第 1177 页。
②《全三国文》卷四十二，第 1292 页。
③ 钟会：《移蜀将吏士民檄》，载《全三国文》卷二十五，第 1189 页。
④《全三国文》卷三十七，第 1261 页。

以说是对孟子"仁者无敌"思想的发挥。

蜀国刘备及其丞相诸葛亮也都生动地描述过孟子理想中的百姓"箪食壶浆以迎王师"的场景。刘备在其诏书中说:"夫王者之兵,有征无战,尊而且义,莫敢抗也,故鸣条之役,军不血刃,牧野之师,商人倒戈。今旌麾首路,其所经至,亦不欲穷兵极武。有能弃邪从正,箪食壶浆以迎王师者,国有常典,封宠大小,各有品限。"① 诸葛亮对刘备也说:"将军既帝室之胄,信义著于四海……将军身率益州之众出于秦川,百姓孰敢不箪食壶浆以迎将军者乎?"② 如要百姓"箪食壶浆以迎王师",那么军队必须是仁义之师、王者之师。如此,方可实现孟子说的"仁者无敌"。从后人对诸葛亮的评价来看,他们也往往推崇其有孟子风范。张栻《南轩集》卷一〇《衡州石鼓山诸葛忠武侯祠记》云:"自五伯功利之说兴,谋国者不知先王仁义之为贵,而竞于末途,……(诸葛亮)虽不幸功业未究,中道而殒,然其扶皇极,正人心,挽回先王仁义之风,垂之万世,与日月同其光明可也。"③ "正人心,挽回先王仁义之风",正是孟子"好辩"的用意所在。朱熹说得更明确:"今日之事,若向上寻求,须用孟子方法;其次则孔明之治蜀,曹操之屯田许下也。"④ "孟子方法"、"孔明之治蜀"、"曹操之屯田",从以民为本角度看,一以贯之。

三、对孟子其他思想的吸收与发扬

孟子认为在王者之风的化育下,"民日迁善而不知为之者。夫君子所过者化,所存者神,上下与天地同流"(《孟子·尽心上》)。这种"民日迁善而不知为之者"的情形,成为不少人追求的君子教化百姓的理想图景。曹魏幽州刺史杜恕在其《体论·政》篇中说:

> 大上养化,使民日迁善,而不知其所以然,此治之上也;其次使民交让,处劳而不怨,此治之次也;其下正法,使民利赏而劝善,畏刑而不敢为非,此治之下也。⑤

---

① 《三国志·蜀书》卷三十三裴松之注引《诸葛亮集》,第 895 页。
② 《三国志·蜀书》卷三十五,第 913 页。
③ 杨世文:《魏晋学案》卷二十七,第 740 页。
④ 《朱子语类》卷一〇八,载杨世文《魏晋学案》卷二十七,第 741 页。
⑤ 《全三国文》卷四十二,第 1290 页。

杜恕在孟子的基础上,把君王养化百姓的境界分为三等:孟子所说的民日迁善而不知其所以然为第一等;教会百姓相互谦让,任劳任怨为第二等;完善法制,依法赏罚为第三等。二人都希望君王实行言传身教式的教化,看重润物细无声的效果。阮籍把这种效果与音乐的特点联系起来,他说:"乾坤易简,故雅乐不烦;道德平淡,故无声无味。不烦则阴阳自通,无味则百物自乐,日迁善成化而不自知,风俗移易而同于是乐,此自然之道,乐之所始也。"①阮籍认为,正如乾坤的简易导致雅乐的纯粹一样,教化的潜移默化也正是道德平淡的结果。正是因为君王潜移默化的人格影响,所以才有百姓"日迁善成化而不自知"的境界。这种理想在孟子时代不能实现,在曹魏时代更不能实现。

对孟子"舍生而取义"思想的宣扬。曹操《让县自明本志令》云:"及至袁绍据河北,兵势强盛,孤自度势,实不敌之,但计投死为国,以义灭身,足垂于后。"②曹操初起之时,有报国之心,愿为汉王朝"以义灭身",即孟子所说的舍生取义。当然,随着实力的增强,野心也增大,"以义灭身"也就成了自我夸耀的幌子。曹植把孔子与孟子放在一起,也高度赞扬了孟子的舍生取义思想,他说:

> 夫人贵生者,非贵其养体好服,终竟年寿也,贵在其代天而理物也。夫爵禄者,非虚张者也,有功德然后应之,当矣。无功而爵厚,无德而禄重,或人以为荣,而壮夫以为耻。故太上立德,其次立功,盖功德者所以垂名也。名者不灭,士之所利,故孔子有夕死之论,孟轲有弃生之义。彼一圣一贤,岂不愿久生哉? 志或有不展也。③

曹植首先指出,"贵生者"不应以身体、服饰、寿命以及爵禄为贵,而应以其能"代天而理物"、有功德为贵,然后引孔孟的话来证明。孔子说过:"朝闻道,夕死可矣。"(《论语·里仁》)孟子在孔子的基础上也有一段精彩的议论:"生亦我所欲也,义亦我所欲也,二者不可得兼,舍生而取义者也。生亦我所欲,所欲有甚于生者,故不为苟得也;死亦我所恶,所恶有甚于死者,故患有所不辟也。"(《孟子·告子上》)从中可以看出孔孟对

---

①《阮籍集·乐论》,载杨世文《魏晋学案》卷十六,第389页。
②《三国志·魏书》卷一裴松之注引《魏武故事》载《让县自明本志令》,第33页。
③《三国志·魏书》卷十九裴松之注引《魏略》,第569页。

仁义之道的珍视。在曹植看来,孔孟所追求的道义,就是功与德,这种理解与曹植时代的人生价值观相一致。在曹植的时代,人开始追求个体的价值,在人的生命普遍短暂的形势下,他们把立德立功作为实现个体价值的重要途径。曹植是根据时代的特征,对孟子的舍生取义说作出了自己的理解。他把孔子视为圣,把孟子视为贤。

曹植是曹魏政权中运用孟子思想较多的一位。他在《陈申举之义疏》一文中说:"欲国之安,祈家之贵,存共其荣,没同其祸者,公族之臣也。今反公族疏而异姓亲,臣窃惑焉。臣闻孟子曰:'君子穷则独善其身,达则兼善天下。'今臣与陛下践冰履炭,登山浮涧,寒温燥湿,高下共之,岂得离陛下哉?"①曹植这里是反用孟子之意,他认为,自己从来没有像孟子所说的那样"独善其身",而是与君王你风雨同舟,不离不弃,因此希望文帝曹丕能重用公族之臣而警惕异姓之臣。为此他还上了《求通亲亲表》:

> 臣植言:臣闻天称其高者,以无不覆;地称其广者,以无不载;日月称其明者,以无不照;江海称其大者,以无不容。故孔子曰:"大哉尧之为君! 惟天为大,惟尧则之。"夫天德之于万物,可谓弘广矣! 盖尧之为教,先亲后疏,自近及远。……及周之文王,亦崇厥化。其《诗》曰:"刑于寡妻,至于兄弟,以御于家邦。"是以雍雍穆穆,风人咏之。《传》曰:"周之宗盟,异姓为后。"诚骨肉之恩,爽而不离,亲亲之义,实在敦固。"未有义而后其君,仁而遗其亲者也。"②

这段话的大意是曹植希望文帝"先亲后疏",重仁义之道。引经据典,言辞恳切。从思想和文字来看,这段话受孟子影响较大。所引孔子语虽然见于《论语·泰伯》篇:"子曰:'大哉尧之为君也! 巍巍乎! 唯天为大,唯尧则之。荡荡乎,民无能名焉。巍巍乎其有成功也,焕乎其有文章。'"但曹植所参照的文字更可能源于《孟子·滕文公上》:"是故以天下与人易,为天下得人难。孔子曰:'大哉尧之为君! 惟天为大,惟尧则之。荡荡乎民无能名焉! 君哉舜也! 巍巍乎有天下而不与焉!'"孟子引孔子

---

① 杨世文:《魏晋学案》卷四,第110页。
② 杨世文:《魏晋学案》卷二,第107—108页。《全三国文》卷一六名为《求存问亲戚疏》,第1138页。

语有取舍,曹植引语与孟子同。下引《诗经·大雅·思齐》诗句以及所要表达的观点,都源于孟子所讲的这段话:"老吾老,以及人之老;幼吾幼,以及人之幼,天下可运于掌。《诗》云:'刑于寡妻,至于兄弟,以御于家邦。'言举斯心加诸彼而已。故推恩足以保四海,不推恩无以保妻子。古之人所以大过人者无他焉,善推其所为而已矣。"(《孟子·梁惠王上》)孟子引诗是为了强调"老吾老,以及人之老;幼吾幼,以及人之幼"的合理性,这是建立在仁爱有差等基础上的推恩思想。曹植引诗也是为了强调实施仁爱应有差等,他把孟子的话概括为"先亲后疏,自近及远",认为这样才符合"亲亲之义"①。最后,曹植直接引孟子的话"未有义而后其君,仁而遗其亲者也",以此来突出施行仁义的重要性。可以说,这段话无论是引文还是表达的思想,都与孟子息息相关。

　　曹植在《求通亲亲表》中还表达了自己对兄长文帝的敬意,以及作为一个臣子的职责,并把孟子的观点视为臣侍奉君主的最高标准。他说:

　　　　今之否隔,友于同忧,而臣独倡言者,窃不愿于圣世,使有不蒙施之物。……故伊尹耻其君不为尧舜。孟子曰:"不以舜之所以事尧事其君者,不敬其君者也。"臣之愚蔽,固非虞伊;至于欲使陛下崇光被时雍之美,宣缉熙章明之德者,是臣懁懁之诚,窃所独守。②

孟子的话本来是阐述君臣之道的,他说:"欲为君,尽君道;欲为臣,尽臣道。二者皆法尧舜而已矣。不以舜之所以事尧事君,不敬其君者也;不以尧之所以治民治民,贼其民者也。"(《孟子·离娄上》)君道应如尧之治民,臣道应如舜之事尧。曹植表达的重点虽然是孟子的臣道,即自己愿意像舜一样事文帝,但他还是含蓄地希望文帝能有孟子所说的君道——尧舜之风,所以他说"伊尹耻其君不为尧舜",与其说是希望,倒不如说是委婉的批评。

　　曹植还吸收了孟子"五百年必有王者兴"(《孟子·公孙丑下》)的

---

① "亲亲"之说,虽一见于《中庸》:"仁者人也,亲亲为大。"但《孟子》中也有两次出现,《告子下》:"亲亲,仁也。"《尽心上》:"亲亲,仁也;敬长,义也。"从整段所表达的思想以及最后引孟子原话的情形看,"亲亲"之说也应是受孟子影响。

② 杨世文:《魏晋学案》卷二,第108页。

历史观。他在《汉二祖优劣论》一文中说："昔汉之初兴,高祖因暴秦而起, ……光武秉朱光之臣钺,震赫斯之隆怒。……是以计功则业殊,比隆则事异,旌德则靡愆,言行则无秽,量力则势微,论辅则力劣。卒能握乾坤之休征,应五百之显期,立不刊之遐迹,建不朽之元功;金石播其休烈,诗书载其勋懿,故曰:光武其近优也。"① "五百之显期"就是孟子的历史观,孟子曾说"五百年必有王者兴,其间必有名世者"(《孟子·公孙丑下》),又说"由尧、舜至于汤,五百有余岁, ……由汤至于文王,五百有余岁, ……由文王至于孔子,五百有余岁"(《孟子·尽心下》)。曹植认为光武帝就是这一历史规律的再现。如以孔子卒年为公元前479年说为准,则至公元25年光武帝即帝位,改元建武,共有505年。所以曹植说"应五百之显期"。

对孟子"穷则独善其身,达则兼善天下"思想进行发挥的,还有嵇康。孟子说:"故士穷不失义,达不离道。穷不失义,故士得己焉;达不离道,故民不失望焉。……穷则独善其身,达则兼善天下。"(《孟子·尽心上》)讲的是对待穷达的态度。嵇康用其语并发挥其义。他在《与山巨源绝交书》中说:

> 老子、庄周,吾之师也,亲居贱职;柳下惠、东方朔,达人也,安乎卑位。吾岂敢短之哉! 又仲尼兼爱,不羞执鞭;子文无欲卿相,而三登令尹,是乃君子思济物之意也。所谓达能兼善而不渝,穷则自得而无闷。以此观之,故尧舜之君世,许由之岩栖,子房之佐汉,接舆之行歌,其揆一也。仰瞻数君,可谓能遂其志者也。故君子百行,殊涂而同致,循性而动,各附所安。②

嵇康认为,不管是老子、庄子、柳下惠、东方朔,还是孔子、子文,他们都做到了孟子所说的"穷则独善其身,达则兼善天下","自得而无闷"即孟子说的"独善其身"、"士得己焉"。嵇康强调了"兼善"的"不渝",即长久性,强调了"独善"的"无闷",即自得性。在此基础上,嵇康列举了尧、舜、许由、张良、接舆五人的人生道路,世俗之人虽然会认为他们的人生

① 杨世文:《魏晋学案》卷四,第114页。
② 杨世文:《魏晋学案》卷十七,第449—450页。

道路截然不同,甚至有成败的巨大差别,但嵇康认为,从"遂其志"、"循性而动,各附所安"的角度看,他们又是殊途同归。嵇康和孟子讲的都是一种人生态度,但孟子侧重于穷与达下个体的责任,嵇康侧重于穷与达的一致性。嵇康可能是受庄子齐物思想的影响。

东吴奏曹掾陆绩盛赞扬雄可被称为圣人,其推理逻辑借鉴了孟子推崇孔子、柳下惠的思路。他在《述玄》篇中说:

> 昔孔子在衰周之时,不见深识,或遭困苦,谓之佞人;列国智士,称之达者,不曰圣人,唯弟子中言其圣耳。逮至孟轲、孙卿之徒,及汉世贤人君子,咸并服德归美,谓之圣人,用《春秋》以为王法,故遂隆崇,莫有非毁。杨子云亦生衰乱之世,虽不见用,智者识焉,桓谭之绝伦,称曰圣人,其事与孔子相似。……昔《诗》称"母氏圣善",《多方》曰"惟圣罔念作狂,惟狂克念作圣",《洪范》曰"睿作圣",孟轲谓"柳下惠作圣人"。由是言之,人之受性,聪明纯淑,无所系轹,顺天道,履仁谊,因可谓之圣人,何常之有乎! 世不达圣贤之数,谓圣人如鬼神而非人类,岂不远哉?[①]

陆绩认为,孔子在世时名声不显,从孟子开始,称其为圣人,并视其《春秋》为王法。把孔子作《春秋》视为为天下立王法的,孟子是第一人。他曾说:"孔子惧,作《春秋》。《春秋》,天子之事也。""孔子成《春秋》而乱臣贼子惧。"(《孟子·滕文公下》)陆绩赞同孟子的观点,所以说"用《春秋》以为王法"。陆绩赞同孟子的观点,是为了证明扬雄著《太玄》有孔子著《春秋》之功,所以接下来他又举孟子称柳下惠为圣人的例子,进一步证明只要"顺天道,履仁谊,因可谓之圣人"。

运用孟子论说逻辑来证明事理的,还有魏齐王曹芳时的大司农桓范,他著有十二卷《世要论》。在《辨能》篇,他用孟子逐一否定的逻辑,认为所谓的能人,其实是一代不如一代。他说:

> 夫商鞅、申、韩之徒,其能也,贵尚谲诈,务行苛克,废礼义之教,任刑名之数,不师古始,败俗伤化,此则伊尹、周、邵之罪人也。然其尊君卑臣,富国强兵,守法持术,有可取焉。逮至汉兴,有宁成、郅

---

① 杨世文:《魏晋学案》卷二十四,第 658 页。

都之辈,放商、韩之治,专以杀伐残暴为能,顺人主之意,希旨而行,要时趋利,敢行祸败,此又商、韩之罪人也。然其抑豪强,抚孤弱,清己禁奸,背私立公,尚有可取焉。至于晚世之所谓能者,乃犯公家之法,赴私门之势,废百姓之务,趣人间之事,决烦理务,临时苟辨,但使官无谴负之累,不省下民吁嗟之冤,复是申、韩、宁、郅之罪人也。而俗犹共言其能,执政者选用不废者,何也?为贵势之所持,人间之士所称,听声用名者众,察实审能者寡,故使能否之分不定也。①

这种论证逻辑是对孟子的继承。孟子在评价三王、五霸、诸侯和大夫时说:"五霸者,三王之罪人也;今之诸侯,五霸之罪人也;今之大夫,今之诸侯之罪人也。……五霸者,搂诸侯以伐诸侯者也,故曰,五霸者,三王之罪人也。五霸,桓公为盛。葵丘之会,诸侯束牲载书而不歃血。初命曰,……再命曰,……三命曰,……四命曰,……五命曰,……今之诸侯,皆犯此五禁,故曰,今之诸侯,五霸之罪人也。长君之恶其罪小,逢君之恶其罪大。今之大夫皆逢君之恶,故曰,今之大夫,今之诸侯之罪人也。"(《孟子·告子下》)孟子和桓范都指出了每一类能人的长处,但相比于前一类人,后一类人又都是有罪之人。孟子的重点落脚在批评"今之大夫皆逢君之恶",桓范的重点落脚在批评"听声用名者众,察实审能者寡"的用人现象。

涉及孟子思想言论的还如王粲,他在《难钟荀太平论》中说:"三圣有所不化矣,有所不移矣,周公之不能化殷之顽民,所可知也。苟不可移,必或犯罪,罪而弗刑,是失所也;犯而刑之,刑不可错矣。孟轲有言:'尽信书,不如无书。'有大而言之者,刑错之属也。岂亿兆之民,历数十年而无一人犯罪、一物失所哉!谓之无者,尽信书之谓也。"②他用孟子的话来证明太平之世也有犯罪,也用刑罚,切不可据书本而重古贱今。何晏有《景福殿赋》,赞扬了孟母择邻而居的教育方式:"嘉班妾之辞辇,伟孟母之择邻。"③应璩在《与董仲连书》中,还用孟子的困窘与有粮无薪相

---

① 《全三国文》卷三十七,第 1262 页。
② 杨世文:《魏晋学案》卷八,第 199 页。
③ 《全三国文》卷三十九,第 1272 页。

比:"谷籴惊踊,告求周邻,日获数斗,犹复无薪可以熟之,虽孟轲困于梁宋,宣尼饥于陈蔡,无以过此。"①可见,孟子在这期间的地位虽然不高,但是其人其书还是为人所熟知。

---

①《全三国文》卷三十,第 1219 页。

第十二章　西晋的孟学

第一节　《傅子》所反映的孟学观

傅玄是"北地泥阳人"（今陕西耀县东南）①，为名门望族之后。从后人辑录的《傅子》辑本②以及傅玄本传来看，傅玄有浓厚的儒家思想，他给晋武帝上疏说："尊儒尚学，贵农贱商，此皆事业之要务也。""天下足食，则仁义之教可不令而行也。""夫儒学者，王教之首也。"③倡导儒学，看重仁义教化。后人在评价其作用和地位时，也常常言及于此。《四库全书总目提要》云："《草木状》、《竹谱记录》琐屑，无关名理。《抱朴子》又多道家诡诞之说，不能悉轨于正。独玄此书所论，皆关切治道，阐启儒风。"④钱保塘《傅子·序》云："特其天性峭刻，生当魏政极敝之后，风俗虚荡，纲纪废弛，志欲修举法度，综核名实，以整齐一切。……《治体》、《法刑》、《问刑》篇亦极言专尚刑法之弊，固犹是儒家者言。"⑤

就孟子思想而言，现有《傅子》辑本虽只有三处直接言及孟子，但与孟子思想有明显关联的内容也不少。《傅玄列传》载："撰论经国九流及三史故事，评断得失，各为区例，名为《傅子》，为内、外、中篇，凡有四部、六录，合百四十首，数十万言，并文集百余卷行于世。玄初作内篇成，子咸以示司空王沈。沈与玄书曰：'省足下所著书，言富理济，经纶政体，存重儒教，足以塞杨墨之流遁，齐孙孟于往代。每开卷，未尝不叹息也。'"⑥

---

① 房玄龄等撰：《晋书》卷四十七，中华书局，1974年，第1317页。地理的考证，见魏明安、赵以武《傅玄评传》第一章"北地傅氏的来龙去脉"（魏明安、赵以武：《傅玄评传》，南京大学出版社，2011年，第4—12页）。
② 清代至民国的《傅子》辑本，主要有方濬师辑本二卷，严可均辑本四卷，叶德辉辑本三卷。
③ 《晋书》卷四十七，第1319页。
④ 纪昀总撰：《四库全书总目提要》卷九一子部一儒家类一，河北人民出版社，2000年，第2345页。
⑤ 刘治立：《傅子评注·附录》，天津古籍出版社，2010年，第275页。
⑥ 《晋书》卷四十七，第1323页。

王沈对傅玄及其《傅子》一书评价甚高,认为可与孟子"距杨墨,放淫辞,邪说者不得作"(《孟子·滕文公下》)之功相比肩,是孟子、荀子在晋代的再现。东晋干宝在《晋纪总论》中说:"览傅玄、刘毅之言,而得百官之邪。"① 显扬百官之邪,也就是孟子想做到的"放淫辞,邪说者不得作"。具体说来,傅玄对孟子的民本思想、仁义推恩思想以及历史观、人性论等都有继承或者批评。

一、继承和发挥孟子的民本思想

傅玄在百姓的看法上,吸收了孟子的民本思想,提出"国以民为本",强调"安民"。在《安民》篇,他首先从正面分析了"民安"的七种表现及其影响。他说,明主"分其业而壹其事","则民必安矣";吏"尽心以恤其下,则民必安矣";赏罚有度,"则民必安矣";"上爱其下,下乐其上,则民必安矣";"邻居相持,怀土无迁志,则民必安矣";"事有储,并兼之隙塞,则民必安矣";"知稼穑之艰难,重用其民,如保赤子,则民必安矣"。接着,他又一一列举了与以上七种情形相反的做法,认为"若是者民危",最后总结说:"安民而上危,民危而上安者,未之有也。""国以民为本,亲民之吏,不可以不留意也。"② 傅玄所提出的"安民",也正是孟子特别看重的,甚至可以说,孟子所倡导的人性论、仁政思想、教育思想等,一切以"安民"为基础。所以孟子告诉齐宣王:"文王一怒而安天下之民。……而武王亦一怒而安天下之民。今王亦一怒而安天下之民,民惟恐王之不好勇也。"(《孟子·梁惠王下》)如果以安民为目的,则君王的"好乐"、"好货"、"好色"、"好勇"等都可以得到百姓的支持。傅玄所列举的安民的种种做法,在《孟子》中都有体现,如"分其业而壹其事",在孟子就是主张社会分工,提出劳心劳力之说;"上爱其下,下乐其上",在孟子就是主张与民同乐。所不同者,在孟子"民为本"的基础上,傅玄又突出了"吏"的重要性,因为真正接触百姓的是地方官吏,所以他认为"令长者,最亲民之吏,百姓之命也"③。孟子把民本思想的实现寄托于君王,而傅玄

---

① 《晋书》卷五,第136页。
② 以上所引皆见《傅子评注·安民》,第77—78页。
③ 《傅子评注·安民》,第78页。

则看重直接面对百姓的吏。可见,傅玄把孟子的民本思想落了地。

傅玄还用孟子"天时不如地利,地利不如人和"(《孟子·公孙丑下》)之说来突出百姓的重要性。他说:

> 陆田者,命悬于天也。人力虽修,苟水旱不时,则一年之功弃矣。水田制之由人,人力苟修,则地利可尽。天时不如地利,地利不如人和。①

孟子说"天时"一段话的目的,并不是教导统治者如何在战争中取胜,而主要是劝诫统治者要重视民心,施行仁政。傅玄用这句话说明旱地和水田主要依靠天时和地利,但最终都不如人和,人和即傅玄说的"民安",孟子说的得民心。当实现了"民安"时,孟子说"是故明君制民之产,必使仰足以事父母,俯足以畜妻子,乐岁终身饱,凶年免于死亡。然后驱而之善,故民之从之也轻"(《孟子·梁惠王上》),傅玄则概括孟子的话说"天下足食,则仁义之教可不令而行也"②。要重视百姓,就必须制民恒产,实现天下足食。

二、从孟子的"推恩"到傅玄的"推心"

孔子说:"夫仁者,己欲立而立人,己欲达而达人。"(《论语·雍也》)"己所不欲,勿施于人。"(《论语·颜渊》)推己及人是孔子仁学的基本内容之一。孟子在孔子仁学基础上提出仁义观和仁政,强调由己及人的"推恩"、"与民同乐"。他告诉齐宣王:"老吾老,以及人之老;幼吾幼,以及人之幼。天下可运于掌。《诗》云:'刑于寡妻,至于兄弟,以御于家邦。'言举斯心加诸彼而已。故推恩足以保四海,不推恩无以保妻子。古之人所以大过人者,无他焉,善推其所为而已矣。"(《孟子·梁惠王上》)推恩,即由己及人地推广恩惠。傅玄则发挥了孔孟由己及人的推恩思想,主张推心。他在《仁论》篇说:

> 昔者,圣人之崇仁也,将以兴天下之利也。利或不兴,须仁以济。天下有不得其所,若己推而委之于沟壑然。夫仁者,盖推己以

① 《傅子评注》,第138页。
② 《晋书》卷四十七,第1319页。

及人也。故己所不欲,无施于人;推己所欲,以及天下。推己心孝于
父母,以及天下,则天下之为人子者,不失其事亲之道矣。推己心有
乐于妻子,以及天下,则天下之为人父者,不失其室家之欢矣。推己
之不忍于饥寒,以及天下之心,含生无冻馁之忧矣。此三者,非难见
之理,非难行之事,唯不内推其心,以恕乎人。未之思耳,夫何远之
有哉! 古之仁人,推所好以训天下,而民莫不尚德;推所恶以诫天
下,而民莫不知耻。①

"兴天下之利"即孟子说的制民以恒产;"天下有不得其所,若己推而委
之于沟壑然",即孟子所说:"为民父母,使民盻盻然,将终岁勤动,不得以
养其父母,又称贷而益之,使老稚转乎沟壑,恶在其为民父母也? "(《孟
子·滕文公上》)承上,傅玄概括孔孟的话为"夫仁者,盖推己以及人
也",并指出"推己",就是"推己心"。接着,傅玄从三个方面论证了"推
己心"的重要性:推广自己孝敬父母的心于天下,则天下都有事亲之道;
推广自己想使妻、子快乐的心于天下,则天下都有室家之欢;推广自己不
愿忍饥挨饿的心于天下,则天下不会有饥寒交迫的忧虑。要推己心于天
下,那么就必须"正心",所以傅玄又作《正心》篇说:

古之大君子,修身治人,先正其心,自得而已矣。能自得则无
不得矣,苟自失则无不失矣。无不得者,治天下有余,故否则保身居
正,终年不失其和;达则兼善天下,物无不得其所。无不失者,营妻
子不足,故否则是己非人,而祸逮乎其身;达则纵情用物,而殃及乎
天下。……夫推心以及人,而四海蒙其佑,则文王其人也。不推心
以虐用天下,则左右不可保,亡秦是也。②

傅玄认为,正心就是"自得","自得"者方能在穷困时做到身正,终年内
心平和,在显达时"兼善天下",推己及人与物,万物得其所。与"自得"
者相反,"自失"者穷时"是己非人",达时"纵情用物",不但不能推己及
人,还不足以保妻、子。傅玄这里所说的"否"、"达"两种情形,就是对孟
子"穷则独善其身,达则兼善天下"(《孟子·尽心上》)思想的发挥。傅

---

① 《傅子评注·仁论》,第 26 页。"若己推而委之于沟壑然","然"字原下属,据他本改。
② 《傅子评注·正心》,第 62 页。

玄先从正反两方面描述了能否正心、推心的截然不同效果,最后强调,是否推心实质上关系着国家的兴亡:推心则四海蒙佑,不推心则左右不可保①,此即孟子说的"推恩足以保四海,不推恩无以保妻子"。傅玄把《大学》的正心思想与孔孟的推恩思想相结合,作为君子乃至于君王修身、治国的重要准则。

三、对孟子其他思想的吸收

傅玄在人性论上主张善恶兼有,但就性善的一方面来讲,他又吸收了孟子的一些说法,如"不忍人之心"、善端、"求放心"等。

傅玄说:"夫贪荣重利,常人之性也。……先王知人有好善尚德之性,而又贪荣而重利,故贵其所尚,而抑其所贪。"②"贪荣重利"是性之恶,"好善尚德"是性之善。他主张扬人性之善而抑人性之恶,反对片面地从人性恶角度出发,施行严刑峻法,重罚厚赏。所以他又说:

> 况人含五常之性,有善可因,有恶可改者乎? 人之所重,莫重乎身。贵教之道行,士有仗节成义,死而不顾者矣。此先王因善教义,因义而立礼者也。因善教义,故义威而礼行,因义立礼,故礼设而义通。若夫商、韩、孙、吴,知人性之贪得乐进,而不知兼济其善,于是束之以法,要之以功,使天下唯力是恃,唯争是务。恃力务争,至有探汤赴火,而忘其身者,好利之心独用也。人怀好利之心,则善端没矣。③

他认为顺人之善性而施行教化,可以使"士有仗节成义,死而不顾者",即孟子说的舍生取义。但若只看人之恶性而施严刑峻法与重罚厚赏,实际上是鼓励"恃力务争","好利之心独用"。如此,则人之善端泯灭。傅玄所说的善端,即孟子所讲的四心对应的四端:仁之端、义之端、礼之端、智之端,它们是人先天具有的。他还在《仁论》篇特别强调了"仁之端"。他说,推己心及人"非难见之理,非难行之事,唯不内推其心,以恕乎人。

---

① 推心是傅玄反复宣扬的观点,《意林》引有傅玄一段相似的话:"割地利己,天下仇之;推心及物,天下归之。以信接人,天下信之;不以信接人,妻子疑之。"(《傅子评注》,第 148 页)
② 《傅子评注·戒言》,第 59—60 页。
③ 《傅子评注·贵教》,第 56 页。

未之思耳,夫何远之有哉!……孔子曰:'仁远乎哉?我欲仁,斯仁至矣。'此之谓也。若子方惠及于老马,西巴不忍而放麑,皆仁之端也"①。傅玄举田子方不忍老马受辱而赎老马,秦西巴不忍小麑与母麑分离而放小麑,以此证明人心先天就有"仁之端",又在《问刑》篇指出人"有不忍之心"②。因此他认为孔子才会说"我欲仁,斯仁至矣"。

为什么说"内推其心"或者"思",仁就可得呢?因为傅玄认为"心为万事主,……其心正于内,而后动静不妄;动静不妄,以先率天下,而后天下履正,而咸保其性也。斯远乎哉?求之心而已矣!"③心是主宰,心正就可保有善端,所以说善离我们不远,求之于心即可得。傅玄这里说的"内推其心"、"求之心"、"思",正是孟子性善说中的重要观点。孟子说人的四心对应四端,所以他的性善即是心善④。他认为心为"大体","心之官则思,思则得之,不思则不得也","仁义礼智,非由外铄我也,我固有之,弗思耳矣"(《孟子·告子上》)。就是说,人成人的过程,就是回到"心",通过"思"扩充善端的过程。傅玄吸收了孟子这一观点,以此作为"正心"、"推心"、求仁的理论基础。

孟子的历史观"五百年必有王者兴,其间必有名世者"(《孟子·公孙丑下》),常被魏晋士人宣扬。傅玄也以此来评价当时的杰出人物,他评价荀彧和荀攸说:"荀令君之仁,荀军师之智,斯可谓近世大贤君子矣。荀令君仁以立德,明以举贤,行无诡默,谋能应机。孟轲称'五百年而有王者兴,其间必有命世者',其荀令君乎!太祖称'荀令君之进善,不进不休,荀军师之去恶,不去不止'也。"⑤傅玄认为荀彧和荀攸是大贤君子,是孟子所说的命世者,即皋陶、伊尹、莱朱、太公望、散宜生之类。从有关二人的记载看,他们的品行举止倒也符合孟子的标准。荀彧曾劝曹操:"君子无终食之间违仁。今公外定武功,内兴文学,……既立德立功,而

---

① 《傅子评注·仁论》,第27页。
② 《问刑》:"或曰:'汉太宗除肉刑,可谓仁乎?'傅子曰:'匹夫之仁也,非王天下之仁也。夫王天下者,大有济者也,非小不忍之谓也。……犹有不忍之心,故曰匹夫之仁。'"(《傅子评注·问刑》,第85页)
③ 《傅子评注·正心》,第63页。
④ 唐君毅先生说:"孟子言性,乃即心言性善,及此心即性情心、德行心之义。所谓即心言性善,乃就心之直接感应,以指证此心之性之善。"(唐君毅:《中国哲学原论·原性篇》,第13页)
⑤ 《三国志·魏书》卷十裴松之注引《傅子》,第325页。

又兼立言,诚仲尼述作之意,……宜集天下大才通儒,考论六经,刊定传记,存古今之学,除其烦重,以一圣真,并隆礼学,渐敦教化,则王道两济。"①可见荀彧主张兴仁学与王道、立德立功。曹操评荀攸:"荀公达真贤人也,所谓'温良恭俭让以得之'。孔子称'晏平仲善与人交,久而敬之',公达即其人也。"②可见,傅玄评价贤人的标准与孟子有很大的一致性。

另外,在孝养父母上,傅玄也主张孟子的"养志"。孟子批评了曾元"养口体"的做法,认为"若曾子,则可谓养志也。事亲若曾子者,可也"(《孟子·离娄上》)。傅玄把孟子的"养志"视为"大孝",说"大孝养志,其次养形。养志者,尽其和;养形者,不失其敬"③。

傅玄曾说:"道家笑儒者之拘,儒者嗤道家之放,皆不见本也。"④可见他对儒道有较为客观的认识。但总的说来,傅玄更推崇儒家思想,对早期儒家经典以及孔子言论都很熟悉,对孟子评价也较高。他说:"昔仲尼既殁,仲尼之徒,追论夫子之言,谓之《论语》。其后邹之君子孟子舆拟其体,著七篇,谓之《孟子》。"⑤他认为《孟子》是孟子自著,体例模仿《论语》。他并把孟子看作是孔子的后继者,是孔子之后的儒家代表,并指出孟子字舆。又说:"孟轲、荀卿,若在孔门,非唯游、夏而已,乃冉、闵之徒也。"⑥孔子把学生分为四科:德行、言语、政事、文学。子游和子夏属于文学科的代表,熟悉古代文献;冉仲弓、闵子骞属于德行科的代表,有好的德行。四科以德行排序第一,文学最后。按孟子学生公孙丑所说:"昔者窃闻之:子夏、子游、子张,皆有圣人之一体,冉牛、闵子、颜渊则具体而微。"(《孟子·公孙丑上》)就是说,属于文学科的子游、子夏、子张只有孔子一部分长处,属于德行科的冉伯牛、冉仲弓、闵子骞大体近于孔子。可见,在当时人看来,德行科优于文学,清人李颙《四书反身录》亦云:"孔门以'德行'为本,'文学'为末。"⑦从以上分析看,傅玄一方面对孟子没能接受孔子的直接教诲表示遗憾,另一方面又含蓄地指出孟子若在

①《三国志·魏书》卷十裴松之注引《彧别传》,第317—318页。
②《三国志·魏书》裴松之注引曹操令,第325页。
③《傅子评注》,第147页。
④《傅子评注》,第144页。
⑤《傅子评注》,第142页。
⑥《傅子评注》,第145页。
⑦李颙:《二曲集》,中华书局,1996年,第476页。

孔门,必是四科代表性人物。

第二节　郭象《庄子注》对孟子人性论的吸收

魏晋玄学盛行,《庄子》几乎成了上层社会必读之书,在晋时就有数十注家,其中郭象注影响最大。郭注重义理,对庄子思想多有发挥。其中,他在向秀"以儒道为壹"的基础上,提出"名教即自然"的新命题[1],调和儒道两家。调和的重要手段之一,就是重新阐述了庄子的人性论。具体讲,郭象虽然与庄子一样主张人性自然,但他在庄子的基础上,丰富了人性的内涵,并吸收了孟子人性论的部分内容。

郭象对人性的理解别于孟子与庄子,但又都有继承。孟子不以生而具有的生理现象、生理欲望以及外在表现作为性,他对人性的理解是以心作为主要依据的,即从心之所生来规定人性。庄子把仁义、聪明等看作后天的成见,是扰乱人自然之性的东西[2]。而郭象发展了庄子的自然人性观,对自然之性的理解更为宽泛,把许多范畴都归于人性,如仁义礼智、聪明、善辩、能文、能武[3]、衣食[4]以及今人所说的各种天赋、潜能。郭象认为,对于一些人而言,仁义就是他们固有的本性,或者说是性长于仁义,他说:"夫曾、史性长于仁耳,而性不长者,横复慕之,慕之而仁,仁已伪矣。"[5]只要"人安其性"[6],就能实现人性自然。把仁义看作人性中可以有的先天要素,这显然是受孟子人性论的影响。而且这一观点被郭象反复强调:

---

① 相关论述,可参见方勇《庄子学史》第一册,人民出版社,2008年,第383—384、388—398页。
② 庄子在《天道》篇,虚构了一个老聃与孔子讨论人性与仁义关系的寓言:"老聃曰:'请问仁义,人之性邪?'子曰:'然。君子不仁则不成,不义则不生。仁义,真人之性也,又奚为矣?'"老聃经过一番分析,最后得出了"夫子乱人之性也"的结论。见郭象注,成玄英疏,曹础基等点校《庄子注疏》,中华书局,2011年,第260—261页。
③ 《庄子·则阳》篇郭象注:"岂唯文武,凡性皆然。"(《庄子注疏·则阳》,第475页)
④ 《庄子·马蹄》篇郭象注:"夫民之德,小异而大同。故性之不可去者,衣食也。"(《庄子注疏·马蹄》,第183—184页)与告子的"食、色,性也"同。
⑤ 《庄子注疏·骈拇》,第172页。
⑥ 《庄子注疏·胠箧》,第195页。

　　《庄子·骈拇》："噫,仁义其非人情乎? 彼仁人何其多忧也。"
郭象注："夫仁义自是人之情性,但当任之耳。恐仁义非人情而忧之
者,真可谓多忧也。"①

　　《庄子·骈拇》："自三代以下者,天下何其嚣嚣也。"郭象注:
"夫仁义自是人情也,而三代以下,横共嚣嚣,弃情逐迹,如将不及,
不亦多忧乎!"②

　　《庄子·天运》："仁义,先王之蘧庐,止可以一宿而不可久。觏
而多责。"郭象注："夫仁义者,人之性也。人性有变,古今不同。"③

在郭象看来,仁义是人情,是人性,是人的情性,或者说仁义可以成为人
性的一个方面。郭象所说的"人情"、"情性",就是指人性,所说的"迹",
就是某些能赢得好名声的行为,与人性相悖,如他说:"兼爱之迹可尚,
则天下之目乱矣。以可尚之迹,蒿令有患而遂忧之,此为陷人于难而后
拯之也。然今世正谓此为仁也。"④ "兼爱"这种行为为人所称道,并能从
中获利,所以人起而效仿,这就是"兼爱之迹"。"兼爱"本身可以属于人
性,但后天追求"兼爱"的行为就不是人性。可见,郭象的人性论是以庄
子自然人性为基础,借鉴了孟子仁义礼智四端为人性先天所固有的观
点,把仁义礼等也视为自然人性中可以有的要素,并以此展开他对人性
自然的分析以及对违背人性自然的批评。

　　郭象把以下三种做法视为违背人性自然。一是本性中没有或者很
少⑤ 仁义、聪明、善辩等自然之性,但又人为强求。他说:"夫有耳目者,
未尝以慕聋盲自困也,所困常在于希离慕旷,则离、旷虽性聪明,乃是乱
耳目之主也。""夫曾、史性长于仁耳,而性不长者,横复慕之,慕之而仁,
仁已伪矣。"⑥ 本性中不长于仁,而又羡慕曾参、史鰌之仁性而行仁,是为
"伪",非天性。二是总担忧本性中固有仁义等自然之性的人,其仁义之

---

① 《庄子注疏·骈拇》,第174页。
② 《庄子注疏·骈拇》,第175页。
③ 《庄子注疏·天运》,第281页。
④ 《庄子注疏·骈拇》,第175页。
⑤ 郭象认为仁义、聪明等因素在人性中有有无、多少之分。他在《胠箧》篇注云:"性少而以逐
　 多则迷也。"(《庄子注疏·胠箧》,第198页)
⑥ 《庄子注疏·骈拇》,第172页。

性不是他的本性。他说："夫仁义自是人之情性,但当任之耳。""恐仁义非人情而忧之者,真可谓多忧也。"① 人性中本有仁义,就顺其自然发展,如总忧虑仁义不是自然本性,则是多忧。三是本性中虽有仁义之类,但不顺其自然发展,而是以仁义等为口实来号召天下。这种做法就是扰乱天下,仁义等也成为扰乱天下的工具,所以郭象说："夫与物无伤者,非为仁也,而仁迹行焉;令万理皆当者,非为义也,而义功见焉。故当为无伤者,非仁义之招也。然而天下奔驰,弃我殉彼,以失其常然。故乱心不由于丑,而恒在美色;挠世不由于恶,而恒在仁义。则仁义者,挠天下之具也。"② 顺本性发展,仁义自在其中,如以仁义来召集天下,则是为仁义之名而弃仁义之性。可见,郭象不是否定人的仁义之性,而是否定以仁义求私欲的行为。所以郭象又说："属性于仁,殉仁者耳,故不善也。"③ "谓仁义为善,则损身以殉之,此于性命,还自不仁也。身自不仁,其如人何! 故任其性命乃能及人,及人而不累于己,彼我同于自得,斯可谓善也。"④ "若夫仁义各出其情,则其断制不止乎一人。"⑤ 就是说,顺仁义本性发展,于人于己都可自得,自得就是善。

　　与孟子视仁义礼智四端为善不同,郭象是把顺仁义本性发展这一过程看作善。郭象虽然没有直接说人性善,但他一改庄子视仁义礼为后天"成心"的观点⑥,把仁义礼看成人性中可以有的先天要素。正是从这一角度出发,郭象才提出了"名教即自然"的新命题。在分析礼乐时,郭象又一次用仁义礼内在于心来证明"名教即自然"的观点。他注《庄子·缮性》篇"中纯实而反乎情,乐也;信行容体而顺乎文,礼也"句说:"仁义发中,而还任本怀,则志得矣。志得矣,其迹则乐也。信行容体而顺乎自然之节文者,其迹则礼也。"⑦ "中"即心中,"还"即返,"本怀"即庄子说的"情",郭象说的天然本性。郭象认为,只要返回心中,让仁义从心中发出,任仁义之性自然发展,则得志而乐。同样,让自己的言行容貌

---

① 《庄子注疏·骈拇》,第 174 页。
② 《庄子注疏·骈拇》,第 177 页。
③ 《庄子注疏·骈拇》,第 179 页。
④ 《庄子注疏·骈拇》,第 180 页。
⑤ 《庄子注疏·徐无鬼》,第 451 页。
⑥ 《庄子·齐物论》:"夫随其成心而师之,谁独且无师乎?""成心"即主观偏见。
⑦ 《庄子注疏·缮性》,第 298 页。

举止都真实可信而又合于自己心中的礼节,就是礼。郭象这里是把仁义礼等看作无需任何知识经验,但能充分决定人的行为的先天具有的伦理道德,而且还认为要实现仁义礼,只需"发中"、"还任本怀",顺自然之节文。郭象既承认了仁义礼等伦理道德的合理性,还把它们看作人性先天要素发展的结果。"名教即自然",在这里找到了理论依据①。而理论依据的重要内容,即孟子所说:人先天有仁义礼智四端,"仁义礼智,非由外铄我也,我固有之也"(《孟子·告子上》),仁义皆内在②,"由仁义行,非行仁义也"(《孟子·离娄下》)。

对于人性的完善,孟子主张通过"思"、"求其放心"(《孟子·告子上》)、"反求诸己"(《孟子·公孙丑上》)等形式来扩充,辅以教化。郭象的因性发展论、独化论,与孟子的主张有内在的一致性。

郭象注《在宥》篇时说:"因其性而任之则治,反其性而凌之则乱。"③注《天道》篇也说:"言物各有性,教学之无益也。""绝学任性,与时变化,而后至焉。"④他说的因性、任性就是指顺应人性本身的要素。如果人性中有仁义,则顺应仁义之性就可成就仁义,这一点与孟子主张扩充仁义礼智四端以实现仁义礼智的完满是一致的。在顺应人性发展过程中,郭象也提到了"思"的重要性,他说:

> 言天下皆不愿为恶,及其为恶,或迫于苛役,或迷而失性耳。然迷者自思复,而厉者自思善,故我无为而天下自化。⑤

照以上一段话的意思,郭象似乎是说恶不是人性中固有的要素,为恶是外在环境的逼迫,或者失去本有之善性的结果。孟子也曾把为恶看成外

---

① 此外,郭象还把顺万物之性发展的行为视为儒家眼里的德和礼。他注《论语·为政》"为政以德,譬如北辰,居其所而众星共之"句云:"万物皆得性谓之德。夫为政者奚事哉? 得万物之性,故云德而已也。得其性则归之,失其性则违之。"注《论语·为政》:"道之以德,齐之以礼,有耻且格"句云:"德者,得其性者也。礼者,体其情者也。情有所耻而性有所本。得其性则本至,体其情则知至。"(皇侃《论语义疏》引,见程树德《论语集释》,中华书局,1990年,第64、69页)又把贤看作人性自然发展的结果,说"贤出于性,非言所为"(《庄子注疏·徐无鬼》,第448页)。这种解释也可视为对儒道两家的调和。
② 见《孟子·告子上》"食色性也"章和"孟季子问公都子"章。
③ 《庄子注疏·在宥》,第215页。
④ 《庄子注疏·天道》,第266页。
⑤ 《庄子注疏·天地》,第244页。

在环境的影响,他说:"富岁子弟多赖,凶岁子弟多暴,非天之降才尔殊也,其所以陷溺其心者然也。""人见其禽兽也,而以为未尝有才焉者,是岂人之情也哉?"(《孟子·告子上》)面对失去本性,孟子的解决办法是求其放心、反求诸己,其实质是启动心之"思"。郭象这里也认为,迷失本性的人"自思复",恶人"自思善",都是通过"思"来弃恶趋善。这种强调主体的自我反省而不是外在教化的成人路径,正是郭象与孟子的相通之处。郭象在注《天运》篇时说:"由外入者,假学以成性者也。虽性可学成,然要当内有其质;若无主于内,则无以藏圣道也。"①在注《庄子·列御寇》篇时也说:"夫积习之功为报,报其性不报其为也。然则学习之功成性而已,岂为之哉!"②后天积习之所以能有成功的回报,是因为积习顺应了人性中先天有的要素,成功不是回报积习本身。换句话说,如果内心没有仁义之性,则仅用外在的积习是不能助成仁义之道的。所以他批评有儒名的郑国人缓:"言缓③自美其儒,谓己能有积学之功,不知其性之自然也。"④人性是根本,积学只是助推器⑤。

孟子认为,"心之官"为"大体",能思,即心具有完满自足的功能,所以他说"心之官则思,思则得之,不思则不得也","先立乎其大者,则其小者弗能夺也"。郭象的自然人性论受此影响,提出"独化"说。他在注《大宗师》"夫道有情有信,无为无形"一段时说:

> 道,无能也。此言得之于道,乃所以明其自得耳。自得耳,道不能使之得也。我之未得,又不能为得也。然则凡得之者,外不资于道,内不由于己,掘然自得而独化也。⑥

郭象认为迷失本性的人能"自思复",恶人能"自思善","自思"即这里说的"外不资于道,内不由于己,掘然自得而独化","内不由于己"即孟子

---

① 《庄子注疏·天运》,第281页。

② 《庄子注疏·列御寇》,第544页。

③ 缓,指《庄子·列御寇》中的郑人缓,他成就儒名后,让他的弟弟翟学习墨家。二人相互辩论,其父帮助弟弟翟,十年后缓因辩论失败自杀。缓托梦给他的父亲,认为是自己让弟弟成为墨家,从而怨斥父亲。

④ 《庄子注疏·列御寇》,第544页。

⑤ 郭象在《庄子·则阳》篇注云:"自外入者,大人之化;由中出者,民物之性也。性各得正,故民无违心;化必至公,故主无所执。"(《庄子注疏》,第475页)化,教化。

⑥ 《庄子注疏·大宗师》,第138页。

说的"思则得之",都突出了主体的完满自足。虽然郭象的"独化"说是为了实现人性自然自足的发展,而孟子通过"思"的扩充论是为了实现德行的圆满,但就顺人性发展,看重主体的内在作用这一角度看,郭象的观点与孟子是一脉相通的。正如有研究者所说:"郭象正是将这种'独化'观与孟子的性善论融合起来,由此论证了名教的合理性。"①

第三节　綦毋邃的孟学观

綦毋邃,按照马国翰《玉函山房辑佚书》的说法:"邃字及里爵均无考。周广业《孟子古注考》云:宋裴骃注《史记》两引起说,知为晋人。案:裴氏所引邃注《列女传》语也。《隋志》列其书于皇甫谧《列女传》之下,杜预《女记》之上。审为晋代之士矣。兹据补题《隋志》云:梁有《孟子注》九卷,綦毋邃撰,亡。《唐书·艺文志》载:綦毋邃注《孟子》七卷。盖其书亡于隋世,至唐复得之而缺其二卷也,今佚。"②据马国翰所言,綦毋邃是晋人应该可以确定,他的《孟子》注本有九卷,但都先后亡佚了。马国翰从《通典》、《文选》中辑出五条,又据宋熙时子所注《孟子外书·孝经》篇引綦毋邃注得四条③,共九条。从这九条看,綦毋邃所注《孟子》有以下一些特点。

第一,对字词、名物的注解。《文选》卷二十三阮籍《咏怀诗》"灼灼西颓日"有"如何当路子,磬折忘所归"句,李善注云:"《孟子》:公孙丑问曰:'夫子当路于齐,管、晏之功可复许乎?'綦毋邃曰:'当仕路也。'"④綦毋邃把"路"解释为"仕路",与赵岐注解一致。《文选》卷五十九沈约《齐故安陆昭王碑文》"乃暴以秋阳,威以夏日"句,李善注云:"孟子曰:'江汉以濯之,秋阳以暴之。'綦毋邃曰:'周之秋,于夏为

---

① 李俊岫:《汉唐孟子学述论》,第 210 页。
② 见马国翰《玉函山房辑佚书·孟子綦毋氏注》前之题注,广陵书局,2004 年影印楚南湘远堂刊本,第 1883 页。
③《续修四库全书》所收《孟子外书》为吴骞据周春家藏残本所刻,书前有清马廷鸾序,他说熙时子即为刘敞。虽然《孟子外书》一般被认为是伪书,但其所引綦毋邃的注可能有一定依据,故视为綦毋邃注加以分析。
④《文选》卷二十三,第 325 页。

盛阳也。'"① 对"秋阳"的解释,綦毋邃沿袭赵岐说,赵注云:"秋阳,周之秋,夏之五月、六月,盛阳也。"② 又如《孟子·滕文公下》有"禹掘地而注之海,驱蛇龙而放之菹"句,綦毋邃注云:"泽生草曰菹。"③ 綦毋氏注依赵注,不同在于綦毋邃把赵注的"菹"写作"葅"。焦循解释说:"孟子之'菹',即《王制》之'沮',綦毋邃作'葅',黄公绍《韵会》引《孟子》作'苴'。苴即葅字,葅为苴之通也。"④ 可以推测,綦毋邃的注也重在对名物制度的解释。

第二,概括赵岐注以解释《孟子》文意。《通典》卷九十九《礼典》"与旧君不通服议"云:"战国时,齐宣王问孟子曰:'礼为旧君有服,何如?'答曰:'谏行言听,膏泽下于人,有故而去,君使人导之出疆,又先安其所往,如此则为之服。'"杜佑引綦毋邃注《孟子》语曰:"谓有他故,不得不行,或避怨仇者也。"⑤ 綦毋邃概括了赵岐注。赵岐注孟子的话说:"为臣之时,谏行言从,德泽加民,若有他故,不得不行,譬如华元奔晋,随会奔秦是也。"赵岐所说的"华元奔晋",事见《左传》成公十五年和《史记·宋微子世家》,讲的是春秋时宋国大臣华元,因得罪司马唐山而有性命之忧,于是华元逃奔晋国。"随会奔秦"事见于《左传》文公六年、七年。"华元奔晋"、"随会奔秦"讲的都是綦毋邃所说的"避怨仇者",故綦毋邃概括赵岐注而用之。

第三,在赵岐注的基础上,綦毋邃能结合《孟子》一书中相关材料理解句意,而不以字面意思理解文意。《孟子·公孙丑上》:孟子曰:"伯夷隘,柳下惠不恭。隘与不恭,君子不由也。"赵岐注云:"伯夷隘,惧人之污来及己,故无所含容,言其大隘狭也。柳下惠轻忽时人,禽兽畜之,无欲弹正之心,言其大不恭敬也。圣人之道,不取于此,故曰'君子不由也'。先言二人之行,孟子乃评之。"⑥ 赵岐依字面意思,认为伯夷为大隘狭,柳下惠为大不恭敬。綦毋邃注曰:"隘,谓疾恶太甚,无所

---

① 《文选》卷五十九,第819页。

② 赵岐:《孟子章句》卷五,第108页。

③ 《文选》卷四左思《蜀都赋》"潜龙蟠于沮泽,应鸣鼓而兴雨"句李善注引。"沮",赵岐《孟子章句》作"菹",綦毋邃注写作"葅"。李善说"沮与葅同"。见《文选》卷四,第76页。

④ 《孟子正义》卷十三,第448页。

⑤ 杜佑撰,王文锦、王永兴等点校:《通典》,中华书局,1988年,第2642页。

⑥ 《孟子章句》卷三,第93页。

容也。不恭,谓禽兽畜人,是不敬。然此不为褊隘,不为不恭。"①綦毋遂对"隘"和"不恭"的解释与赵注近,但对孟子说话之意的理解与赵注完全相反,他认为孟子此处要表达的是:伯夷不是"褊隘",柳下惠不是"不恭",孟子是正话反说之意。如果结合孟子在其他章中对伯夷、柳下惠的评价,綦毋遂的看法也许有些道理,至少可备一说。孟子在《万章下》中曾说:"伯夷,圣之清者也;……柳下惠,圣之和者也。"在《告子下》中说:"居下位,不以贤事不肖者,伯夷也;五就汤,五就桀者,伊尹也;不恶污君,不辞小官者,柳下惠也。三子者不同道,其趋一也。一者何也? 曰,仁也。君子亦仁而已矣,何必同?"在《尽心下》中说:"圣人,百世之师也,伯夷、柳下惠是也。故闻伯夷之风者,顽夫廉,懦夫有立志;闻柳下惠之风者,薄夫敦,鄙夫宽。"孟子既然把伯夷和柳下惠视为圣人、君子,他们怎么会有"褊隘"、"不恭"这类极端的缺点呢? 所以焦循在比较二人的说法后说:"此解隘、不恭与赵氏同。而其不同赵氏者,赵氏谓伯夷之不屑就为隘,柳下惠之不屑去为不恭,以君子不由为圣人不取。……然孟子以夷为圣之清,惠为圣之和,夷、惠既是圣人,则隘、不恭圣人不由,不得谓夷、惠为隘、不恭,故綦毋遂易赵氏义云:'此不为褊隘,不为不恭。'此字指夷之'不屑就',惠之'不屑去',谓如是为隘,如是为不恭,若谓伯夷隘,柳下惠不恭,在伯夷、柳下惠皆君子也,隘与不恭君子皆不为,在夷不为隘,惠不为不恭也。"②焦循也更认可綦毋遂的看法。从中可见綦毋遂对孟子的理解是建立在通盘考虑的基础上的。

此外,据宋熙时子所注《孟子外书·孝经》篇引綦毋遂注的四条来看,綦毋遂对《孟子》中的历史人物、字的读音等都有涉及,但多因袭赵岐注,这也可能是綦毋氏注影响不够大而没能流传下来的一个主要原因。

---

① 《文选》卷五十七颜延之《陶征士诔》"人之秉彝,不隘不恭"句李善注引,见《文选》卷五十七,第 792 页。
② 《孟子正义》卷七,第 249 页。

第十三章　东晋的孟学

第一节　葛洪对孟子思想的继承与发展

葛洪,字稚川,自号抱朴子,主要生活在东晋,曾被封为关内侯,后隐居广东罗浮山炼丹。他深受儒道两家思想影响,广泛涉猎儒家经典及子、史类书籍,据他在《抱朴子外篇·自叙》中所言:"年十六,始读《孝经》《论语》《诗》《易》。……曾所披涉,自正经、诸史、百家之言,下至短杂文章,近万卷。既性闇善忘,又少文,意志不专,所识者甚薄,亦不免惑。而著述时犹得有所引用,竟不成纯儒。"[①] "念精治《五经》,著一部子书,令后世知其为文儒而已。"[②] 他对儒家《五经》及《论语》很推崇,成为"纯儒"是他的理想。他对儒家的推崇在《外篇》中多有体现。如对儒教的重视,说"世道多难,儒教沦丧"[③];批评秦二世"不重儒术,舍先圣之道,习刑狱之法"[④];又说"肆心于细务者,不觉儒道之弘远"[⑤]。葛洪推崇儒学,也很重视子学,他认为"正经为道义之渊海,子书为增深之川流"[⑥],因此自己广泛涉猎、引用百家之言,把自己所著的书也归为子书,并说自己只能遗憾地成为一名"文儒"。

葛洪一生著述颇丰,《抱朴子外篇·自叙》云:"凡著《内篇》二十卷,《外篇》五十卷,碑、颂、诗、赋百卷,军书、檄移、章表、笺记三十卷,……又抄五经、七史、百家之言、兵事、方伎、短杂、奇要三百一十卷,别有《目录》。其《内篇》言神仙、方药、鬼怪、变化、养生、延年、禳邪、却

---

① 杨明照:《抱朴子外篇校笺·自叙》(下册),中华书局,1991 年,第 655 页。
② 《抱朴子外篇校笺·自叙》(下册),第 710 页。
③ 《抱朴子外篇校笺·勖学》(上册),第 134 页。
④ 《抱朴子外篇校笺·勖学》(上册),第 143 页。
⑤ 《抱朴子外篇校笺·崇教》(上册),第 145 页。
⑥ 《抱朴子外篇校笺·尚博》(下册),第 98 页。

祸之事,属道家;其《外篇》言人间得失,世事臧否,属儒家。"① 著述之
多,可见其用功之勤。他把《外篇》归为儒家,其主要目的是"言人间得
失,世事臧否"。其中,他常或明或暗地引用《孟子》的语句,对孟子思想
有不少吸收和发展。

一、反对"枉尺而直寻"

孔子曾告诉鲁哀公让百姓服从的方法:"举直错诸枉,则民服;举枉
错诸直,则民不服。"② 处理好"枉"与"直"的关系则百姓服从。孟子吸
收了这一思想,批评弟子陈代"枉尺而直寻"的建议,认为"且夫枉尺而
直寻者以利言也","枉己者,未有能直人者也"(《孟子·滕文公下》)。

也许在葛洪的时代,很多人为了个人私利,违背了处理枉直的应有
原则,所以葛洪特别看重孔孟这一思想,在多篇文章中加以强调。在《名
实》篇,葛洪认为圣贤不会"舍鸾凤之林,适枳棘之薮,竞腐鼠于踞鸱,而
枉尺以直寻哉"③!"枉尺直寻"是孟子坚决反对的求利行为,因此葛洪
常常用此来臧否人物。在《行品》篇,葛洪评论雅人:"不枉尺以直寻,不
降辱以苟合者,雅人也。"④ 又评论暴人:"不原本于枉直,苟好胜而肆怒
者,暴人也。"⑤ 雅人与暴人的重要区别之一,就是是否坚持应有的枉直
原则。葛洪还说真伪之间难于分辨的有十种情形,第十种情形即包括了
"枉直混错"⑥,看似是仁,是善,是直,是忠贞,其实与其对立面不分。葛
洪还高度赞扬了坚持枉直原则的臣子,他称赞汉代廷尉于定国"小大以
情,不失枉直"⑦。葛洪不但把遵循枉直原则视为臣子重要的品质,还将其
作为明君应该遵循的原则之一,他说明君应能"明检齐以杜僭滥,详直枉
以违晦吝"⑧。如果做不到这一点,就会出现众叛亲离的局面,即所谓"枉

---

① 《抱朴子外篇校笺·自叙》(下册),第 698 页。
② 杨伯峻:《论语译注》,第 19 页。
③ 《抱朴子外篇校笺·名实》(上册),第 497 页。
④ 《抱朴子外篇校笺·行品》(上册),第 535 页。
⑤ 《抱朴子外篇校笺·行品》(上册),第 541 页。
⑥ 《抱朴子外篇校笺·行品》(上册),第 554 页。
⑦ 《抱朴子外篇校笺·酒诫》(上册),第 595 页。
⑧ 《抱朴子外篇校笺·君道》(上册),第 177 页。

直不中,则无近不离"①。可见,能否处理好枉与直的关系,是小至个人,大至国家立足的重要原则之一。

坚决反对"枉尺直寻"的孟子具有浩然之气。葛洪对孟子这种浩然之气也是极为推崇的。在《嘉遁》篇,他赞扬虚构的怀冰先生说:"谧清音则莫之或闻,掩辉藻则世不得睹。背朝华于朱门,保恬寂乎蓬户。绝轨躅于金、张之间,养浩然于幽人之伍。"②当朝廷黑暗,直道难行之时,圣贤君子不会做"枉尺直寻"之事,反而会"绝轨躅于金、张之间,养浩然于幽人之伍"。不委曲求全以接近权贵,而是在偏远之地养孟子所说的浩然之气。

二、借孟子对古人的评价以为己意

葛洪在《自叙》篇说自己常引用"正经、诸史、百家之言",他在表达自己意见时,也常借孟子评价古人之说以为己意。

借孟子对杨朱的评价,肯定乱世中全身远害的隐退。他在《嘉遁》篇借怀冰先生之口说:"盖禄厚者责重,爵尊者神劳。故漆园垂纶,而不顾卿相之贵;柏成操耜,而不屑诸侯之高。羊说安乎屠肆,杨朱吝其一毛。"③较早对杨朱进行批评的是孟子,他说:"杨子取为我,拔一毛而利天下,不为也。"(《孟子·尽心上》)后来《列子·杨朱》篇也有"去子体之一毛以济一世"④而不为的记载。《淮南子·泛论训》篇也说:"全性保真,不以物累形,杨子之所立也,而孟子非之。"⑤可见,葛洪对杨朱的评价本于孟子。不同在于,孟子侧重于自利,而葛洪则取杨朱不受物累、全身远害这一点。葛洪在《外篇》中对杨朱的评价都是基于这一观点。他在《博喻》篇中说:"徇名者,不以授命为难;重身者,不以近欲累情。是以纪信甘灰糜而不恨,杨朱同一毛于连城。"⑥杨朱看重自身,"不以近欲累

---

①《抱朴子外篇校笺·博喻》(下册),第 291 页。

②《抱朴子外篇校笺·嘉遁》(上册),第 1 页。杨明照校笺云:"陈澧曰:'"伍"疑当作"伍"。'照按:陈说是。"(《抱朴子外篇校笺·嘉遁》〔上册〕,第 4 页)

③《抱朴子外篇校笺·嘉遁》(上册),第 32 页。

④杨伯峻:《列子集释》,中华书局,1979 年,第 230 页。

⑤《淮南鸿烈集解·泛论训》,第 436 页。

⑥《抱朴子外篇校笺·博喻》(下册),第 240 页。

情"。在《应嘲》篇也是如此："甚爱骭毛,而缀用兵战守之法。"①

借孟子对商纣的评价,批评当时权贵乃至士人的骄横。《刺骄》篇云:

> 盖欲人之敬之,必见自敬焉。不修善事,则为恶人。无事于大,则为小人。纣为无道,见称独夫。仲尼陪臣,谓为素王。则君子不在乎富贵矣。②

孟子最早对周武王灭商纣一事的性质进行了评价。当齐宣王认为武王伐纣是臣弑君时,孟子反对说:"贼仁者谓之贼,贼义者谓之残,残贼之人谓之一夫。闻诛一夫纣矣,未闻弑君也。"(《孟子·梁惠王下》)孟子把武王的行为定性为诛杀无道。葛洪借鉴了这一评价,把孟子说的"贼仁"、"贼义"概括为"无道",一夫即独夫。这段话还有两处吸收了孟子的观点。"盖欲人之敬之,必见自敬焉"本于《孟子》"仁者爱人,有礼者敬人。爱人者,人恒爱之;敬人者,人恒敬之"(《孟子·离娄下》)。"无事于大,则为小人"本于《孟子》"体有贵贱,有小大。无以小害大,无以贱害贵。养其小者为小人,养其大者为大人"(《孟子·告子上》)③。葛洪这段话是为了批评时人无礼而骄横的行为,要求人们做到自敬、修善、事大——即孟子说的养心,最后把商纣与孔子对比,得出君子在乎德行而非富贵的结论。但因他把孟子几个关联不大的看法牵强地放在一起,所以影响了行文的流畅,有罗列之嫌。葛洪还用孟子对商纣的评价来批评吕尚,他借逸民之口说:

> 吕尚长于用兵,短于为国,不能仪玄黄以覆载,拟海岳以博纳,褒贤贵德,乐育人才,而甘于刑杀,不修仁义,……吕尚创业垂统,以示后人,而张苛酷之端,开残贼之轨,适足以驱俊民以资他国,逐

---

① 《抱朴子外篇校笺·应嘲》(下册),第408页。

② 《抱朴子外篇校笺·刺骄》(下册),第34页。

③ 《孟子·告子上》还有类似的说法:"公都子问曰:'钧是人也,或为大人,或为小人,何也?'孟子曰:'从其大体为大人,从其小体为小人。'曰:'钧是人也,或从其大体,或从其小体,何也?'曰:'耳目之官不思,而蔽于物,物交物,则引之而已矣。心之官则思,思则得之,不思则不得也。此天之所与我者。先立乎其大者,则其小者弗能夺也。此为大人而已矣。'"孟子把心视为大体,耳目四肢等为小体。葛洪说的"无事于大"即孟子说的"从其小体"。

贤能以遗仇敌也。①

吕尚作为西周的开国功臣,在武王伐纣的军事行动中起着重要作用,后被分封于齐,杀当地隐士狂矞、华士兄弟。葛洪认为吕尚擅长用兵而不擅长治国,重刑杀而不修仁义,也不能重用贤德之人,故批评他有商纣一样的"残贼"之行。虽然葛洪也主张用刑,但他认为"刑为仁佐"②,所以说吕尚的做法开启了孟子说的"贼仁"、"贼义"的"残贼之轨"。"创业垂统,以示后人"说也本于孟子,孟子曾告诉滕文公:"苟为善,后世子孙必有王者矣。君子创业垂统,为可继也。"(《孟子·梁惠王下》)葛洪借孟子的话批评吕尚不为善,实际上是对两晋之间的统治者不为善,滥杀贤能做法的强烈不满。

借孟子对伯夷的评价,表达对隐士修仁德的赞美。《孟子》一书有八章论及伯夷,孟子赞扬他"非其君不事,非其民不使,治则进,乱则退",并誉之为"圣之清者也"(《孟子·万章下》),即清高的圣人。葛洪吸收了孟子的观点,他在《逸民》篇说:

> 身名并全,谓之为上。隐居求志,先民嘉焉。夷、齐一介,不合变通,古人嗟叹,谓不降辱。夫言不降者,明隐逸之为高也;不辱者,知羁絷之为涝也。圣人之清者,孟轲所美,亦云天爵贵于印绶。志修遗荣,孙卿所尚,道义既备,可轻王公。而世人所畏唯势,所重唯利。盛德身滞,便谓庸人;器小任大,便谓高士。③

本段先分出"身名并全"与"隐居求志"两个层次,再以伯夷、叔齐为例,肯定了"隐居求志"者"不降辱"的品质。"不降辱",是对孟子赞美的伯夷"非其君不事,非其民不使,治则进,乱则退"等品质的概括,也是对官场种种不合理规则的蔑视和对清高的肯定。葛洪在《任命》篇也表达了这种思想:"盖君子藏器以有待也,稽德以有为也,非其时不见也,非其君不事也,穷达任所值,出处无所系。"④"非其君不事",是伯夷清高的表现之一,也是孟子所推崇的伯夷的重要品质。葛洪之所以要肯定伯夷的清

---

① 《抱朴子外篇校笺·逸民》(上册),第68—70页。
② 《抱朴子外篇校笺·用刑》(上册),第330页。
③ 《抱朴子外篇校笺·逸民》(上册),第87—88页。
④ 《抱朴子外篇校笺·任命》(上册),第480—481页。

高,是为了批评当时仕人对隐逸贤士的否定看法:"故木食山栖,外物遗累者,古之清高,今之遁逃也。"① 仕人认为古之隐士是清高,时下的隐士更是逃避。葛洪借孟子评价伯夷的话,肯定了这种"盛德身滞"的清高者,否定了世人以势利为高的不良倾向。同孟子一样,葛洪看重隐逸之士,并非重其隐逸的形式,而是看重他们身上具有的仁德,即所谓的"天爵"。孟子说:"夫仁,天之尊爵也,人之安宅也。"(《孟子·公孙丑上》)又说:"有天爵者,有人爵者。仁义忠信,乐善不倦,此天爵也;公卿大夫,此人爵也。古之人修其天爵,而人爵从之。今之人修其天爵,以要人爵。"(《孟子·告子上》)孟子把仁义忠信看成天爵,把公卿大夫看成人爵,认为天爵是人安身立命之所。葛洪吸收了孟子的观点,把孟子的意思概括为"天爵贵于印绶","印绶"即孟子说的人爵。他又在《刺骄》篇中说:"天爵苟存于吾体者,以此独立不达,亦何苦何恨乎?"② 只要自己有仁义忠信等美好的德行,即使遗世独立而不被重用,也无苦恨。

葛洪既肯定隐逸者的清高,也赞扬出仕者的贤能。他借对伊尹的评价来表达对君主举贤授能的期望。《孟子》一书有八章论及伊尹,孟子赞扬他:"'何事非君?何使非民?'治亦进,乱亦进,⋯⋯思天下之民匹夫匹妇有不与被尧舜之泽者,如己推而内之沟中——其自任以天下之重也。"并誉之为"圣之任者也"(《孟子·万章下》),即负责任的圣人。葛洪吸收了孟子的看法,他说:

> 昔鲁哀庸主也,而仲尼上圣,不敢不尽其节;齐景下才也,而晏婴大贤,不敢不竭其诚。岂有人臣当与其君校智力之多少,计局量之优劣,必须尧、舜乃为之役哉! 何事非君? 何使非民? 耻令其君不及唐、虞,此亦达者之用心也。③

葛洪在孟子评价伊尹的基础上,增举了孔子、晏婴的例子,借此说明君不必比臣强,君也不必担忧自己比臣弱,君只要能举贤授能,贤能之士定能在其位谋其政,而且还会努力帮助君主成为像尧舜那样的圣君。最后借孟子赞扬伊尹的话"何事非君? 何使非民"来突出贤士的责任感。伯

---

① 《抱朴子外篇校笺·逸民》(上册),第 64 页。
② 《抱朴子外篇校笺·刺骄》(下册),第 41 页。
③ 《抱朴子外篇校笺·任能》(上册),第 320—321 页。

夷的"非其君不事"与伊尹的"何事非君",虽看似两个极端,但从修德上讲又是相通的,所以孟子都视他们为圣人。葛洪正是看中了这一点,他也认为评价一个人对社会是否有价值,仕与隐不是标准,而在于是否修德。

葛洪还借孟子对禹、稷与颜渊的评价,同样说明贵贱不在于位而在于德。《逸民》篇云:

> 桀、纣帝王也,仲尼陪臣也,今见比于桀、纣,则莫不怒焉;见拟于仲尼,则莫不悦焉。尔则贵贱果不在位也。故孟子云:禹、稷、颜渊,易地皆然矣。宰予亦谓:孔子贤于尧、舜远矣。夫匹庶而钧称于王者,儒生高极乎唐、虞者,德而已矣,何必官哉! [1]

葛洪认为,桀纣为帝王,孔子为陪臣,但人皆愿比于孔子而不愿比于桀纣,因此说"贵贱不在位"。接下来,葛洪用孟子对禹等的评价来证明这一点。他所引的《孟子》见于《离娄下》:"禹、稷当平世,三过其门而不入,孔子贤之。颜子当乱世,居于陋巷,一箪食,一瓢饮;人不堪其忧,颜子不改其乐,孔子贤之。孟子曰:'禹、稷、颜回同道。禹思天下有溺者,由己溺之也;稷思天下有饥者,由己饥之也,是以如是其急也。禹、稷、颜子易地则皆然。……'"禹、稷属于孟子与葛洪所说的"圣之任者",颜回属于"圣之清者",所以孟子说三人"同道",所同者,乃是以百姓苦难为急的仁义之心。如果禹、稷与颜回易位而处,禹、稷也会自得其乐,颜回也会三过家门而不入。葛洪还把孟子借宰予评孔子的话放在一起加强了这一观点。孟子说:"宰我、子贡、有若,智足以知圣人,污不至阿其所好。宰我曰:'以予观于夫子,贤于尧、舜远矣。'"(《孟子·公孙丑上》)葛洪这里把孔子、颜回作为不得权位而贵的人,把尧、舜、禹、稷作为得权位而贵的人,所以他总结说,贵是因为"德而已矣,何必官哉",此即孟子说的禹、稷、颜回的同道。葛洪对其他历史人物如伯夷、伊尹以及商纣等的评价,都是着眼于这一点。

三、肯定孟子为"求仁而得",反对纯仁

孟子发挥了孔子的仁学,强调仁义,要求推行建立在"不忍人之心"、

---

[1]《抱朴子外篇校笺·逸民》(上册),第92页。

"恻隐之心"基础上的"不忍人之政"——仁政,反对以获利为最终目的的行为。葛洪批判性吸收了孟子的这一观点。

葛洪把孟子推行和宣扬仁的行为视为"求仁而得"。他在《逸民》篇说:"夫仕也者,欲以为名邪? 则修毫可以泄愤懑,篇章可以寄姓字,何假乎良史,何烦乎镵鼎哉! 孟子不以矢石为功,扬云不以治民益世,求仁而得,不亦可乎?"① 获得好名声不一定以出仕而建功立业,也不一定借助史官和钟鼎铭文。像孟子一样,虽无率兵作战、攻城略地之功②,但一心追求仁,提高自己德行,同样可以获得。所以他说:"垂恻隐于有生,恒恕己以接物者,仁人也。"③ 孟子就是有恻隐之心的仁人。葛洪肯定孟子求仁的行为,也赞扬了他反对唯利是图的态度。《守塉》篇云:

> 故列子不以其乏,而贪郑阳之禄;曾参不以其贫,而易晋、楚之富。夫收微言于将坠者,周、孔之退武也;情孳孳以为利者,孟叟之罪人也。④

葛洪对唯利是图的行为极为痛恨,他在《自叙》中说自己"尤疾无义之人,不勤农桑之本业,而慕非义之奸利"⑤。可以说,上引葛洪《守塉》篇中的一段话,就是用孟子等前贤的态度来否定"非义之奸利"。曾参事见于《孟子·公孙丑下》孟子的转述:"曾子曰:'晋楚之富,不可及也;彼以其富,我以吾仁;彼以其爵,我以吾义,吾何慊乎哉?'"曾参把求仁义看得比求富贵重,所以葛洪概括为"不以其贫,而易晋、楚之富"。他在《广譬》篇也有此表述:"是以御寇不纳郑阳之惠,曾参不没晋、楚之宝。"⑥ 孟子对片面逐利行为的反对贯穿《孟子》全书,如孟子对梁惠王"将有以利吾国乎"之问,孟子答之"何必曰利? 亦有仁义而已矣"(《孟子·梁惠

---

① 《抱朴子外篇校笺·逸民》(上册),第99页。
② 《史记·孟子荀卿列传》:"孟轲,驺人也。受业子思之门人。道既通,游事齐宣王,宣王不能用。适梁,梁惠王不果所言,则见以为迂远而阔于事情。当是之时,秦用商君,富国强兵;楚、魏用吴起,战胜弱敌;齐威王、宣王用孙子、田忌之徒,而诸侯东面朝齐。天下方务于合从连衡,以攻伐为贤,而孟轲乃述唐、虞、三代之德,是以所如者不合。退而与万章之徒序《诗》、《书》,述仲尼之意,作《孟子》七篇。"(《史记》卷七十四,第2343页)
③ 《抱朴子外篇校笺·行品》(上册),第534页。
④ 《抱朴子外篇校笺·守塉》(下册),第188页。
⑤ 《抱朴子外篇校笺·自叙》(下册),第673页。
⑥ 《抱朴子外篇校笺·广譬》(下册),第362页。

王上》)。又如孟子区别"舜与跖之分":"鸡鸣而起,孳孳为善者,舜之徒也;鸡鸣而起,孳孳为利者,跖之徒也。欲知舜与跖之分,无他,利与善之间也。"(《孟子·尽心上》)后者即葛洪"情孳孳以为利者"说所本。在葛洪看来,那些专心求利之人,都违背了孟子对仁义与利关系的界定,所以说他们是"孟曳之罪人"。

葛洪虽然认同孟子的"求仁而得",但他反对"纯仁",要求仁与刑并重。他说:"莫不贵仁,而无能纯仁以致治也;莫不贱刑,而无能废刑以整民也。……故仁者养物之器,刑者惩非之具,我欲利之,而彼欲害之,加仁无悛,非刑不止。刑为仁佐,于是可知也。"① 又说:"仁之为政,非为不美也。然黎庶巧伪,趋利忘义,若不齐之以威,纠之以刑,远羲、农之风,则乱不可振,其祸深大。"② 仁能养物,刑能惩非。仁固然重要,仁政也美,但百姓容易"趋利忘义",如果不用刑,则社会就陷入混乱。所以葛洪说"仁者为政之脂粉,刑者御世之辔策;脂粉非体中之至急,而辔策须臾不可无也。"③ 葛洪一方面把刑罚看作仁政的辅佐,但从轻重缓急一面来讲,他又认为刑罚比仁更急迫。孟子虽然也说:"仁则荣,不仁则辱。今恶辱而居不仁,是犹恶湿而居下也。如恶之,莫如贵德而尊士,贤者在位,能者在职。国家闲暇,及是时明其政刑。"(《孟子·公孙丑上》)又说"徒善不足以为政,徒法不能以自行"(《孟子·离娄上》)。主张在推行仁的同时"明其政刑",善与法不能偏废。但葛洪与孟子重仁不轻视刑不同,葛洪是把两者并重,甚至认为从缓急的角度讲,刑重于仁。

对于葛洪的观点,有人提出质疑。反对者也以孟子为依据:

> 宽以爱人则得众,悦以使人则下附。故孟子以体仁为安,扬子云谓申、韩为屠宰。④

反对用刑者以孟子和扬雄为例来证明其说。孟子在孔子仁学基础上大力倡导仁义,宣扬"夫仁,天之尊爵也,人之安宅也"(《孟子·公孙丑上》),"仁,人之安宅也;义,人之正路也。旷安宅而弗居,舍正路而不

---

① 《抱朴子外篇校笺·用刑》(上册),第330页。
② 《抱朴子外篇校笺·用刑》(上册),第331页。
③ 《抱朴子外篇校笺·用刑》(上册),第344页。
④ 《抱朴子外篇校笺·用刑》(上册),第348页。

由,哀哉"(《孟子·离娄上》)。反对者认为,孟子以体仁得安身立命之所,而扬雄视重刑罚的申不害、韩非为屠夫,可见前贤重视行仁而反对用刑。而且这一说法也与葛洪在《逸民》篇对"孟子不以矢石为功"、"求仁而得"[①] 的赞许一致,那为什么还要倡导刑罚呢? 葛洪批评说:"俗儒徒闻周以仁兴,秦以严亡,而未觉周所以得之不纯仁,而秦所以失之不独严也。"[②] 葛洪批评的俗儒虽然不是明指孟子,但孟子曾说过:"三代之得天下也以仁,其失天下也以不仁。国之所以废兴存亡者亦然。"(《孟子·离娄上》)加之这里的反对者是以孟子为依据进行批评,因此葛洪所说的俗儒实际上已经包含了孟子。葛洪认为,不用刑的仁是"纯仁","纯仁"不能实现社会的治理。周代的兴旺正是因为它没有实行"纯仁",而兼以刑罚;秦的灭亡也正是因为它仅看重严刑峻法,而没有推行仁。所以他说:"莫不贵仁,而无能纯仁以致治也;莫不贱刑,而无能废刑以整民也。"[③] 在治理国家中,仁与刑缺一不可。

　　葛洪前对孟子"求仁而得"的行为表示赞许,后又对孟子"以体仁为安"的行为表示反对,看似矛盾,但其实各有侧重。对于前者,葛洪是为了说明未出仕者照样可以有益于社会,只是与出仕者的方法不同而已。对于后者,葛洪是为了突出用刑的重要性。他并非反对"体仁",而是反对"纯仁"而废刑。从合理性来讲,葛洪的观点比孟子的观点更切合实际。

　　与孔孟把"仁"视为儒家伦理范畴之首不同,葛洪在孔孟的基础上强调"明",把"明"作为一种形而上的有更高境界的范畴。他著《仁明》篇,并在篇中结合孔孟的话,反复辨明"仁"与"明"的不同特征以及"明"的重要性。他说:

　　　　夫心不违仁而明不经国,危亡之祸,无以杜遏,亦可知矣。夫料盛衰于未兆,探机事于无形,指倚伏于理外,距浸润于根生者,明之功也。垂恻隐于昆虫,虽见犯而不校,睹觳觫而改牲,避行苇而不蹈

----

① 抱朴子说:"孟子不以矢石为功,扬云不以治民益世,求仁而得,不亦可乎?"(《抱朴子外篇校笺·逸民》〔上册〕,第99页)
② 《抱朴子外篇校笺·用刑》(上册),第364页。
③ 《抱朴子外篇校笺·用刑》(上册),第330页。

者,仁之事也。尔则明者才也,仁者行也。杀身成仁之行可力为而至,鉴玄测幽之明难妄假。精粗之分,居然殊矣。夫体不忍之仁,无臧否之明,则心惑伪真,神乱朱紫,思算不分,邪正不识,不逮安危,则一身之不保,何暇立以济物乎? ①

这段话包含了孟子三个方面的思想:一是恻隐之心;二是齐宣王不忍衅钟之牛"觳觫"而"以羊易之",孟子称此为"仁术"(《孟子·梁惠王上》);三是孟子说:"人皆有所不忍,达之于其所忍,仁也。"(《孟子·尽心下》)葛洪用孟子所说的"仁"与他心中的"明"相比较,认为孟子讲的恻隐之心,齐宣王的以羊易牛的仁术,以及由"所不忍"达之于"所忍"的仁,都只属于具体的行为举止,可以力行而至,但"明"却是先天的禀赋才性,后天的学习难以达成。所以他在评《周易》"立人之道,曰仁与义"句时说:"所以云尔者,以为仁在于行,行可力为;而明入于神,必须天授之才,非所以训故也。"②又认为"明"是"精","仁"是"粗","三光华象者,乾也;厚载无穷者,坤也。乾有仁而兼明,坤有仁而无明"③,乾有"仁"有"明",坤有"仁"无"明"。葛洪改变了孟子把"仁"看作人性先天固有的观点,取而代之以"明",把"明"看成是天赋之性。在这里,葛洪是把孟子所说的"仁"看作"纯仁","明"远非"纯仁"所能比。他引《诗经》和《周易》的话为依据:"《诗》云:'明明上天,照临下土。''明明天子,令问不已。'《易》曰:'王明,并受其福。''幽赞神明。''神而明之。'此则明之与神合体,诚非纯仁所能企拟也。"④"明"是日光照耀万物,是神明。结合葛洪《抱朴子》一书对教与学、君与臣、仁与刑、名与实以及贫与达等的看法,可见葛洪所说的"明",实是指能把现实生活中各种看似对立的范畴恰到好处地加以处理,并能全面、系统而又深入地把握大局的境界。

　　葛洪把"明"置于"仁"之上的观点受到了当时一些人的质疑,质疑者也以孔孟的话为依据:

---

① 《抱朴子外篇校笺·仁明》(下册),第 227—228 页。
② 《抱朴子外篇校笺·仁明》(下册),第 236 页。
③ 《抱朴子外篇校笺·仁明》(下册),第 220 页。
④ 《抱朴子外篇校笺·仁明》(下册),第 233 页。

　　仲尼叹仁为"任重而道远"。又云："人而不仁,如礼何?""若
圣与仁,则吾岂敢!"孟子曰："仁,宅也;义,路也。""人无恻隐之
心,非仁也。""三代得天下以仁,失天下以不仁。"此皆圣贤之格言,
竹素之显证也。而先生贵明,未见典据。小子蔽闻,窃所惑焉。①

葛洪以孔孟为例证明"仁"不如"明",质疑者同样以孔孟的话来质疑。
他们认为:在圣贤孔孟那里,仁是最高的标准,孟子还把仁比喻成宅,把
仁与恻隐之心相连,把仁视为得、失天下的根本,那么葛洪把"明"抬得
比仁更高,是否有依据。葛洪对此解释说:

　　曩六国相吞,豺虎力竞,高权诈而下道德,尚杀伐而废退让。孟
生方欲抑顿贪残,褒隆仁义,安得不勤勤谆谆独称仁邪! 然未有片
言云仁胜明也。譬犹疫疠之时,医巫为贵,异口同辞,唯论药石。岂
可便谓针艾之伎,过于长生久视之道乎? ②

葛洪认为,在战国时期,诸侯看重权诈与攻伐,而轻视道德与谦让,孟子
身处其间,想抑制贪婪残暴的行为,褒奖和倡导仁义,所以只能极尽所能
地突出仁,就像面对一心想强大而雪耻的梁惠王"亦将有以利吾国乎"
之问,孟子只能报以"王亦曰仁义而已矣,何必曰利"(《孟子·梁惠王
上》)的回答,而且孟子并未说过"仁胜明"。也就是说,孟子的做法是在
特定时代环境下的特定做法,葛洪为此打了个生动的比方:生病时药物
最重要,但不等于说针灸等技艺超过了养生之道。针灸之法是具体的,
而养生之道则是所有具体方法恰到好处的综合。前者是"仁",后者是
"明"。在《仁明》篇末尾,葛洪从另一个角度回答了质疑者以孔孟之言
进行的质疑。他说:

　　孔子曰："聪明神武。"不云聪仁。又曰："昔者,明王之治天
下。"不曰仁王。《春秋传》曰："明德惟馨。"不云仁德。……"我欲
仁,斯仁至矣。"又曰："为仁由己。"斯则人人可为之也。至于聪明,
何可督哉! 故孟子云:凡见赤子将入井,莫不趋而救之。以此观之,
则莫不有仁心。但厚薄之间,而聪明之分,时而有耳。昔崔杼不杀

①《抱朴子外篇校笺·仁明》(下册),第230页。
②《抱朴子外篇校笺·仁明》(下册),第231页。

晏婴,晏婴谓杼为大不仁而有小仁。然则奸臣贼子,犹能有仁矣。[①]

葛洪认为,当孔子涉及一些更高的境界时,都会用"明"而不是"仁",如聪明、明王,其他如《左传》《尚书》《周易》甚至《老子》等也是如此。他根据孔孟的话,指出仁是一种"人人可为之"的品质,正如孟子所说:"今人乍见孺子将入于井,皆有怵惕恻隐之心,……恻隐之心,仁之端也。"(《孟子·公孙丑上》)葛洪引孟子的话不是为了证明人性善,也不是为了证明仁为内在,他只是为了证明仁心的普遍性,即使像春秋时弑君的齐国大夫崔杼也有小仁。但"明"却不是人人生而具有的。对人而言,"仁"有厚薄之分,而"明"只有有无之别,而且"明"的能力难以通过后天的人为来取得。

四、同情孟子的遭遇,视其为"命世"者

孟子游历过魏、齐、鲁、滕等国家,在齐、鲁特别是齐国,他有推行自己主张的机会,但最终因多种原因没有成功。葛洪对孟子的这种遭遇表示了同情。他在《名实》篇说:

> 夫贤常少而愚常多,多则比周而匿瑕,少则孤弱而无援,佞人相汲引而柴正路,俊哲处下位而不见知,拔茅之义圮[②],而负乘之群兴,亢龙高坠,泣血涟如。故子西逐大圣之仲尼,臧仓毁命世之孟轲。二生不免斯患,降兹亦何足言! 斯祸盖与开辟并生,苦之匪唯一世也。历览振古,多同此疾。[③]

葛洪先批评了奸佞当道并相互包庇的行为,他们结党营私,阻塞了贤能之人的发展道路。然后对仲尼和孟轲的不遇表示了同情。"臧仓毁孟轲"一事见《孟子·梁惠王下》,鲁平公准备去拜访孟子,但他所宠幸的小臣臧仓向他进谗言,说孟子办母亲的丧礼不合礼义,孟子不是一个贤德之人,于是鲁平公作罢。在葛洪看来,臧仓的行为就是毁了孟子的前程。最后他由孔孟二人的遭遇推广开去,得出了振聋发聩的结论:自古

---

① 《抱朴子外篇校笺·仁明》(下册),第234—235页。
② "圮"本作"圯",据杨明照校注改。
③ 《抱朴子外篇校笺·名实》(上册),第491页。

以来,贤能之人都会遭谗言受害之祸。喊出了贤能之士的心声。

　　葛洪称孟轲为"命世"者,这是对孟子视自己为"名世者"看法的认可。孟子曾说:"五百年必有王者兴,其间必有名世者。……夫天未欲平治天下也;如欲平治天下,当今之世,舍我其谁也?"(《孟子·公孙丑下》)据焦循考证,"命世即名世,谓前圣既没、后圣未起之间,有能通经辨物,以表章圣道,使世不惑者也"①。葛洪不但视孟子为"命世"者,他甚至认为孟子有亚圣之才。赵岐最早说孟子是"命世亚圣之大才者也"②。葛洪在《正郭》篇也说:"夫所谓亚圣者,必具体而微,命世绝伦,与彼周、孔其间无所复容之谓也。"③葛洪这里虽然没有直接说孟子是亚圣,但他评亚圣的几个条件却是孟子用来评自己的。"具体而微",本于《孟子·公孙丑上》中公孙丑问孟子的话:"子夏、子游、子张,皆有圣人之一体;冉牛、闵子、颜渊,则具体而微。敢问所安?"孟子避而不谈,说"姑舍是"。从孟子微妙的态度中可以看出,孟子至少认为自己不会比子夏、颜渊辈差,即"具体而微"——大体近于孔子。"命世"即孟子说的"名世者",也是孟子用来暗指自己的。"周、孔其间无所复容"者,即孟子在《尽心下》最后一章说的,"由文王至于孔子""五百有余岁"年间的太公望、散宜生等④,孟子在这一章含蓄地表达了自己就是皋陶、伊尹、太公望等一类的人——圣人兴起时的"名世者"。葛洪准确地体会到了孟子的心理,因此用他评自己的话作为评亚圣的标准,实际上间接肯定了孟子的亚圣品质。

　　葛洪在《吴失》篇再次言及孟子的困境,他说:"孔、墨之道,昔曾不行。孟轲、扬雄,亦居困否。有德无时,有自来耳。"⑤葛洪指出,孔子、墨翟、孟轲与扬雄都难以推行自己的政治理想,他们虽然有超凡的德行,但

① 《孟子正义》卷九,第310页。
② 赵岐:《孟子章句·孟子题辞》,第66页。
③ 《抱朴子外篇校笺·正郭》(下册),第452页。
④ 孟子曰:"由尧、舜至于汤,五百有余岁。若禹、皋陶,则见而知之;若汤,则闻而知之。由汤至于文王,五百有余岁。若伊尹、莱朱,则见而知之;若文王,则闻而知之。由文王至于孔子,五百有余岁。若太公望、散宜生,则见而知之;若孔子,则闻而知之。由孔子而来至于今,百有余岁。去圣人之世若此其未远也,近圣人之居,若此其甚也,然而无有乎尔,则亦无有乎尔!"(《孟子·尽心下》)孟子含蓄地把自己视为"见而知之"的名世者。
⑤ 《抱朴子外篇校笺·吴失》(下册),第166页。

却不得天时。"有德无时",即孟子说的"夫天未欲平治天下也"。在葛洪《外篇》中直接提到孟子的地方不多,其中把孟子与扬雄并提的就有两处,可见葛洪是把扬雄看成孟子之后的儒学代表。后世也多承此说,如韩愈《原道》篇云:"斯吾所谓道也,非向所谓老与佛之道也。尧以是传之舜,……孔子传之孟轲。轲之死,不得其传焉。荀与扬也,择焉而不精,语焉而不详。"[1]

五、葛洪对孟子其他思想的吸收

吸收了孟子"将大有为之君,必有所不召之臣"的君臣观。孟子曾说:"故将大有为之君,必有所不召之臣;欲有谋焉,则就之。……故汤之于伊尹,学焉而后臣之,故不劳而王。桓公之于管仲,学焉而后臣之,故不劳而霸。"(《孟子·公孙丑下》)又说:"费惠公曰:'吾于子思,则师之矣……'非惟小国之君为然也,虽大国之君亦有之。晋平公之于亥唐也,入云则入,坐云则坐,食云则食;虽蔬食菜羹,未尝不饱,盖不敢不饱也。""为其多闻也,则天子不召师。"(《孟子·万章下》)可以说,王者先以圣贤为师,然后以之为臣,是孟子理想的君臣观,也一直是他在现实中努力追求的效果。葛洪在《逸民》篇吸收了孟子这一思想。他说:"唐尧非不能致许由、巢父也,虞舜非不能胁善卷、石户也,夏禹非不能逼柏成子高也,成汤非不能录卞随、务光也,魏文非不能屈干木也,晋平非不能吏亥唐也,然服而师之,贵而重之,岂六君之小弱也?诚以百行殊尚,默默难齐,慕尊贤之美称,耻贼善之丑迹,取之不足以增威,放之未忧于官旷,从其志则可以阐弘风化,熙隆退让,厉苟进之贪夫,感轻薄之冒昧。……彼六君尚不肯苦言以侵隐士,宁肯加之锋刃乎!圣贤诚可师者。"[2]葛洪举了尧、舜、禹等六君主善待圣贤并以之为师的例子,其中段干木和唐亥事最早见于《孟子》。葛洪吸收了孟子的思想,明确指出"圣贤诚可师者"。

君之为君,以圣贤为师,对于圣贤,除了能爱,还要有恭敬之心。所以葛洪批评了当时权贵宴饮宾客而不能致敬的行为。他说:"或曲晏密

集,管弦嘈杂,后宾填门,不复接引。或于同造之中,偏有所见,复未必全得也。直以求之差勤,以数接其情,苟且继到,壶榼不旷者耳。孟轲所谓'爱而不敬,豕畜之也'。而多有行诸,云是自尊重之道。自尊重之道,乃在乎以贵下贱,卑以自牧,非此之谓也。"① 他借孟子的话,指出了权贵对宾客"爱而不敬,豕畜之"的本质,认为"自尊重之道"在于重视百姓而得民心,以谦卑自养其德。得民心又莫过于与民同乐,所以葛洪在《君道》中说:"夫根深则末盛矣,下乐则上安矣。马不调,造父不能超千里之迹;民不附,唐虞不能致同天之美。马极则变态生,而倾偾惟忧矣;民困则多离叛,其祸必振矣。"② 又说:"若乃肆情纵欲,而不与天下共其乐,故有忧莫之恤也。"③ 君王能与百姓同乐则君王安定,否则,即使如尧舜也不能有同天之美,更不说要求百姓为君王分忧减愁了。葛洪要表达的意思又回到了孟子的民本思想:"乐民之乐者,民亦乐其乐;忧民之忧者,民亦忧其忧。乐以天下,忧以天下,然而不王者,未之有也。"(《孟子·梁惠王下》)"君行仁政,斯民亲其上,死其长矣。"(《孟子·梁惠王下》)

葛洪对孟子思想的接受不是系统的,他根据时代的特点和自己的看法,选择性地吸收并发展了孟子的某些观点。葛洪既认同孟子赞扬伯夷的"非其君不事,非其民不使",又肯定孟子赞扬伊尹的"何事非君,何使非民"。既把孟子的行为视为"求仁而得",又反对纯仁。既要求君主能敬重圣贤并以之为师,同时还希望君主能与民同乐。

第二节 段灼对孟子思想的吸收

段灼,据《晋书》本传云:"字休然,敦煌人也。世为西土著姓,果直有才辩。少仕州郡,稍迁邓艾镇西司马,从艾破蜀有功,封关内侯,累迁议郎。"④ 段灼是敦煌人,世为河西土著。从段灼大量引用《孟子》文字并

① 《抱朴子外篇校笺·刺骄》(下册),第 23 页。
② 《抱朴子外篇校笺·君道》(上册),第 229—230 页。
③ 《抱朴子外篇校笺·君道》(上册),第 241 页。
④ 《晋书》卷四十八,第 1336 页。

作一定发挥来看,在魏晋时期,孟子思想在河西也受到了相当重视,这是孟学史的新拓展。

一、关于禅让说

孟子是第一个否定禅让制的人,他否认尧把天下让给舜,说天子能向天举荐人选,但"天子不能以天下与人",只有百姓才是谁最终得天下的决定性因素。因此,当燕国君王子哙让国于相国子之时,他同意齐国讨伐燕国,认为"子哙不得与人燕,子之不得受燕于子哙"(《孟子·公孙丑下》)。禅让制在孟子时的燕国相国子之身上真实上演后,又在曹丕和司马炎身上上演,于是有司马炎的臣子喻其为尧舜复兴。对此,段灼以孟子对尧舜禅让的评价为依据,从曹丕受禅说起,强调了孟子禅让说的民本实质。他在《遣息上表》中说:

> 今之言世者,皆曰尧舜复兴,天下已太平矣。臣独以为未,亦窃有所劝焉。且百王垂制,圣贤吐言,来事之明鉴也。孟子曰:"尧不能以天下与舜,则舜之有天下也,天与之也。昔舜为相,尧崩,三年之丧毕,舜避尧之子于南河,天下诸侯朝觐者、狱讼者,不之尧之子而之舜。舜曰天也,乃之中国,践天子位焉。若居尧之宫,逼尧之子,非天所与者也。"曩昔西有不臣之蜀,东有僭号之吴,三主鼎足,并称天子。魏文帝率万乘之众,受禅于靡陂,而自以德同唐虞,以为汉献即是古之尧,自谓即是今之舜,乃谓孟轲、孙卿不通禅代之变,遂作禅代之文,刻石垂戒,班示天下,传之后世,亦安能使将来君子皆晓然心服其义乎![1]

段灼首先否定了当时"皆曰尧舜复兴,天下已太平矣"之说,认为天子之位的变更,应以圣贤之言为鉴,然后概括性地引用了孟子讲述尧舜禅让的话。他引完孟子的话后却没有直接加以评述,而是转到魏文帝曹丕受禅一事上。他说魏文帝是在"三主鼎足"的情况下受禅,自以为汉献帝为尧,自己就是当今之舜,有舜之美德,还批评"孟轲、孙卿不通禅代之变"。查阅《三国志·魏书·文帝纪》等文献,不见文帝有类似的批评,仅汉献

---

[1]《晋书》卷四十八,第1341—1342页。

帝为曹丕禅位时册诏说："咨尔魏王：昔者帝尧禅位于虞舜，舜亦以命禹，天命不于常，惟归有德。……皇灵降瑞，人神告征，诞惟亮采，师锡朕命，佥曰尔度克协于虞舜，用率我唐典，敬逊而位。"[1] 曹丕登坛受禅作禅代之文说："皇帝臣丕敢用玄牡昭告于皇皇后帝：……汉主以神器宜授于臣，宪章有虞，致位于丕。丕震畏天命，虽休勿休。群公庶尹六事之人，外及将士，泊于蛮夷君长，佥曰：'天命不可以辞拒，神器不可以久旷，群臣不可以无主，万几不可以无统。'丕祗承皇象，敢不钦承。"[2] 曹丕把尧舜禅让看成是真实可信的历史，并以此自比。如果要说曹丕对孟子的禅让说有批评，也是间接的批评。从上引段灼的一段话可以看出，他赞同孟子的舜得天下为"天与之"的观点，希望晋武帝从曹丕受禅一事中吸取历史教训。所以他接着又说：

> 然魏文徒希慕尧舜之名，推新集之魏，欲以同于唐虞之盛，忽骨肉之恩，忘藩屏之固，竟不能使四海宾服，混一皇化，而于时群臣莫有谏者，不其过矣哉！孙卿曰："尧舜禅让，是不然矣。天下者，至重也，非至强莫之能任；至大也，非至辩莫之能分；至众也，非至明莫之能见。此三至者，非圣人莫之能尽。"由此言之，孙卿、孟轲亦各有所不取焉。陛下受禅，从东府入西宫，兵刃耀天，旌旗翳日。虽应天顺人，同符唐虞，然法度损益，则亦不异于昔魏文矣，故宜资三至以强制之。[3]

段灼指出，魏文帝仅得舜受禅之名而无舜之德，在数列文帝的不足后引用了荀子对禅让的看法。荀子的话，源自《荀子·正论》篇。段灼所引非荀子原话，而是他理解性的引用[4]，他认为，荀子不赞同有禅让，天下"至重"、"至大"、"至众"，只有"至强"、"至辩"、"至明"的圣人才能胜任，也就是说，所谓的禅让，实际上是德高位重者居天子之位。在各引了孟

---

① 《三国志·魏书》卷二，第 62 页。
② 《三国志·魏书》卷二裴松之注引《献帝传》，第 75 页。
③ 《晋书》卷四十八，第 1342 页。
④ 《荀子·正论》："世俗之为说者曰：'尧、舜擅让。'是不然"。又说："天下者，至重也，非至强莫之能任；至大也，非至辨莫之能分；至众也，非至明莫之能和。此三至者，非圣人莫之能尽。故非圣人莫之能王。圣人备道全美者也，是县天下之权称也。"（《荀子集解》，第 331、324—325 页）

子、荀子对禅让的看法后,段灼总结说:"由此言之,孙卿、孟轲亦各有所不取焉。"荀子和孟子从不同的角度否定了禅让说。孟子主张仁政、以民为本,所以以民意为起点去考察天子,把民意的选择作为天子之位更替的决定因素;荀子主张礼法之政,所以从君王的德与才出发去考察天子,把德才兼备作为天子之位更替的决定因素。当然,荀子强调得天下之人要德才兼备,这其实也是君主得民心、体现民意的前提,是孟子民意论的应有之义。从这一点看,二人也是一致的。段灼引孟子和荀子的话来否定禅让说,其目的当然不是要否定晋武帝禅让的合理性。他是想以此劝谏武帝,希望他健全法度,努力成为"至强"、"至辩"、"至明"的圣君,如此才是真正的当今的舜。从中可以看出,段灼对孟子、荀子的禅让说进行过比较研究,并准确地把握了二者不同。

二、"人和"与推恩思想

孟子曰:"天时不如地利,地利不如人和。三里之城,七里之郭,环而攻之而不胜。夫环而攻之,必有得天时者矣;然而不胜者,是天时不如地利也。城非不高也,池非不深也,兵革非不坚利也,米粟非不多也,委而去之,是地利不如人和也。故曰:域民不以封疆之界,固国不以山溪之险,威天下不以兵革之利。得道者多助,失道者寡助。寡助之至,亲戚畔之;多助之至,天下顺之。以天下之所顺攻亲戚之所畔;故君子有不战,战必胜矣。"(《孟子·公孙丑下》)孟子认为天时、地利都不如人和,而人和的关键是得道。段灼全盘吸收了孟子这一思想,并与孟子的推恩思想相结合。他在《陈时宜》中说:

> 臣闻天时不如地利,地利不如人和。三里之城,五里之郭,圜围而攻之,有不克者,此天时不如地利。城非不高,池非不深,谷非不多,兵非不利,委而去之,此地利不如人和。然古之王者,非不先推恩德,结固人心。人心苟和,虽三里之城,五里之郭,不可攻也。人心不和,虽金城汤池,不能守也。臣推此以广其义,舜弹五弦之琴,咏《南风》之诗,而天下自理,由尧人可比屋而封也。[1]

---

[1]《晋书》卷四十八,第1338—1339页。

前部分完全照搬孟子原话,突出人和。之后与孟子强调得道虽在用语上略为不同,段灼强调推恩、得民心,但其本质是一致的。人和就是通过推恩而得民心,此即得道。接下来,段灼又把孟子的推恩思想作为实现人和的主要手段。他接着上文说:

> 曩者多难,奸雄屡起,搅乱众心,刀锯相乘,流死之孤,哀声未绝。故臣以为陛下当深思远念,杜渐防萌,弹琴咏诗,垂拱而已。其要莫若推恩以协和黎庶,故推恩足以保四海,不推恩不足以保妻子。是故唐尧以亲睦九族为先,周文以刑于寡妻为急,明王圣主莫不先亲后疏,自近及远。臣以为太宰、司徒、卫将军三王宜留洛中镇守,其余诸王自州征足任者,年十五以上悉遣之国。为选中郎傅相,才兼文武,以辅佐之。……若虑后世强大,自可豫为制度,使得推恩以分子弟。如此则枝分叶布,稍自削小,渐使转至万国,亦后世之利,非所患也。①

段灼为武帝建议,要想实现舜治国的境界,就要施行孟子的推恩思想。“故推恩足以保四海”至“自近及远”几句,本于孟子这段话:“老吾老,以及人之老;幼吾幼,以及人之幼,天下可运于掌。《诗》云:‘刑于寡妻,至于兄弟,以御于家邦。’言举斯心加诸彼而已。故推恩足以保四海,不推恩无以保妻子。古之人所以大过人者无他焉,善推其所为而已矣。”(《孟子·梁惠王上》)段灼认为,推恩是“先亲后疏,自近及远”,这种理解符合孟子的建立在仁爱有差等基础上的推恩思想。在此基础上,段灼还把推恩思想作为晋武帝应实行分封制的政治理论基础。他相信,建立在推恩基础上的分封制,既可以削弱诸侯的权力以避免其强大,还可以使司马氏的势力“枝分叶布”,得以永保。所以他说:“故灭周者秦,非姬姓也;代汉者魏,非刘氏也。于今国家大计,使异姓无裂土专封之邑,同姓并据有连城之地,纵复令诸王后世子孙还自相并,盖亦楚人失繁弱于云梦,尚未为亡其弓也。其于神器不移他族,则始祖不迁之庙,万年亿兆不改其名矣。”②可见,他建立在推恩基础上的分封制,主要是就司马氏家

---

① 《晋书》卷四十八,第 1339 页。
② 《晋书》卷四十八,第 1348—1349 页。

族而言的。

在推恩思想中,段灼特别强调了养老的重要性。在《遣息上表》中说:

> 昔田子方养老马,而穷士知所归,况居天下之广居,立天下之正位,行天下之大道乎!昔明王圣主,无不养老。老人众多,未必皆贤,不可悉养。故父事三老,所以明孝;宗事五更,所以明敬。孟子曰:"吾老以及人之老,吾幼以及人之幼。"今天下虽定,而华山之阳无放马之群,桃林之下未有休息之牛,故以吴人尚未臣服故也。夫饥者易为食,渴者易为饮,天下元元瞻望新政。愿陛下思子方之仁,念犬马之劳,思帷盖之报,发仁惠之诏,广开养老之制。①

本段中除了直接标明"孟子曰"的句子外,还有不少语句本于《孟子》,如"况居"三句、"夫饥者"两句。"况居"三句,孟子本来是用来形容大丈夫的,而段灼以此指君王;"孟子曰"两句,孟子讲的是推恩,而段灼侧重于推恩中的养老;"夫饥者"两句,孟子是说齐宣王有实行仁政的绝佳时机:"且王者之不作,未有疏于此时者也;民之憔悴于虐政,未有甚于此时者也。饥者易为食,渴者易为饮。"(《孟子·公孙丑上》)段灼也以此说明晋武帝有实行新政的好时机,但最后落脚于养老。段灼所引孟子的话与其想要表达的养老思想,其实并不完全一致,有的引用甚至显得累赘,如"况居"三句。从中可以看出,段灼对《孟子》十分熟悉,行文中常常是随手拈来,甚至有总想引《孟子》的冲动。

三、仁政思想

段灼虽然没有直接提孟子的仁政,但其人和及推恩思想就是孟子仁政思想的重要内容。他还结合历史,分析了实行仁政与不实行仁政的巨大差异。他在《遣息上表》中说:

> 且夫士之归仁,犹水之归下,禽之走旷野,故曰"为川驱鱼者獭也,为薮驱雀者鹯也,为汤武驱人者桀纣也"。汉高祖起于布衣,提三尺之刃而取天下,用六国之资,无唐虞之禅,岂徒赖良平之奇谋,

---

① 《晋书》卷四十八,第 1347—1348 页。

尽英雄之智力而已乎,亦由项氏为驱人也。①

段灼所引孟子的话与《孟子》原文有较大差异。《孟子·离娄上》载:"孟子曰:'桀纣之失天下也,失其民也;失其民者,失其心也。……民之归仁也,犹水之就下、兽之走圹也。故为渊驱鱼者,獭也;为丛驱爵者,鹯也;为汤武驱民者,桀与纣也。今天下之君有好仁者,则诸侯皆为之驱矣。'"两相比较可以看出,段灼把孟子用来讲得民心的途径,改为得贤士的途径。段灼深信,仁政不仅是得"人和"的关键,也是得贤士的必要手段。他从孟子的话推衍开去,认为汉高祖以布衣之身却能取得帝王之业,绝非张良、陈平两人的奇谋,而是得到了天下英雄智力的支持,而这正是项羽不行仁政、施展暴政,帮助汉高祖驱人的结果。

段灼根据孟子的观点,接下来依次分析了王莽、光武帝得失天下的原因——是否行仁政。他说,王莽当初是"折节力行,以要名誉,宗族称孝,朋友归仁","然世之论者以为乱臣贼子无道之甚者莫过于莽,此亦犹纣之不善不如是之甚也。……内外群臣莫不归莽功德。……故莽得遂策命孺子而夺其位也。昔汤武之兴,亦逆取而顺守之耳。向莽深惟殷周取守之术,崇道德,务仁义,履信实,去华伪,施惠天下,十有八年,恩足以感百姓,义足以结英雄,人怀其德,豪杰并用,如此,宗庙社稷宜未灭也。光武虽复贤才,大业讵可冀哉!"②段灼相信,王莽当初的行为是得民心之举,夺取天子之位的性质如同汤武,是"逆取而顺守"。只要王莽能行仁政,推恩于百姓,任用贤士,也可保宗庙社稷。如此,即使是出现了光武般的贤才,他也不可能指望夺得天下。但是,王莽"即位之后,自谓得天人之助,以为功广三王,德茂唐虞,乃自骄矜,奋其威诈,班宣符谶,震暴残酷,穷凶极恶,人怨神怒,冬雷电以惊其耳目,夏地动以惕其心腹。而莽犹不知觉悟,方复重行不顺时之令,竟连伍之刑,佞媚者亲幸,忠谏者诛夷。由是天下忿愤,内外俱发,四海分崩,城池不守,身死于匹夫之手,为天下笑,岂不异哉!其所由然者,非取之过,而守之非道也"③。段灼认为王莽失败的原因不是夺取了汉家天下,而是夺取后没有行仁政,性

---

① 《晋书》卷四十八,第 1345 页。
② 《晋书》卷四十八,第 1345—1346 页。
③ 《晋书》卷四十八,第 1346 页。

质与桀纣败于汤武一致。然后他顺势总结了光武成功的原因：

> 莽既屠肌，六合云扰，刘圣公已立而不辨，盆子承之而覆败，公孙述又称帝于蜀汉。如此数子，固非所谓应天顺人者，徒为光武之驱除者耳。夫天下者，盖亦天下之天下，非一人之天下也。……有德则天下归之，无德则天下叛之。[①]

段灼认为，光武夺得天下，除了其本身的贤德，还主要因王莽、刘圣公（刘玄）、盆子（刘盆子）等人的暴行，间接为光武帝赢得了民心，这就是孟子说的"为汤武驱民者，桀与纣也"。他最后根据君权得失的历史，得出了一个振聋发聩的结论："夫天下者，盖亦天下之天下，非一人之天下也。"此即孟子说的"得乎丘民而为天子"（《孟子·尽心下》）、民贵君轻。他说的"有德"两句，也是对孟子"得道者多助，失道者寡助。寡助之至，亲戚畔之；多助之至，天下顺之"（《孟子·公孙丑下》）概括。

纵观段灼的上述文字，大量引用《孟子》来伸张自己的政论是其突出特点之一。这种做法在魏晋南北朝的孟学史上并不多见。这既显示出段灼对《孟子》的尊重，对其文本的熟悉，也体现了他甚至河西孟子思想接受的特点：把《孟子》在不同章中的，但思想又有关联的话放在一起，集中说明这一思想，然后结合现实，达到引论、立论的目的。

第三节　《八儒》篇评孟子为"疏通致远之儒"

《八儒》是《圣贤群辅录》中的一篇，《全晋文》根据《陶潜集》旧本，把它归入陶渊明名下。《四库全书总目》卷一百三十七"子部"十七《圣贤群辅录》条云："一名《四八目》，旧附载《陶潜集》中。唐、宋以来相沿引用，承讹踵谬，莫悟其非。迩以编录遗书，始蒙睿鉴高深，断为伪托。臣等仰承圣训，详悉推求，乃知今本潜集为北齐仆射阳休之编。休之序录称其集先有两本，一本六卷，排比颠乱，兼复阙少。萧统所撰八卷，又少《五孝传》及《四八目》。今录统所阙并序目等合为十卷，是《五孝传》

及《四八目》实休之所增,萧统旧本无是也。统序称深爱其文,故加搜校,则八卷以外不应更有佚篇,其为晚出伪书,已无疑义。且集中与子俨等疏称子夏为孔子四友,而此录四友乃为颜回、子贡、子路、子张。……至书以《圣贤群辅》为名,而鲁三桓、郑七穆、晋六卿、魏四友以及仕莽之唐林、唐遵,叛晋之王敦,并列简编,名实相连,理乖风教,亦决非潜之所为。昔宋庠校正斯集,仅知八儒三墨二条为后人所窜入,而全书之赝,竟不能明。"① 根据《总目》的说法,萧统撰的八卷《陶潜集》,无《四八目》与《五孝传》,这两部分是北齐阳休之增补进《陶潜集》的。后来《四八目》改名《圣贤群辅录》。虽然《八儒》不是陶渊明的作品,也不能肯定是阳休之所作,但其至少是北齐之前的作品可以肯定。基于这一认识,笔者把《八儒》作为北朝孟学的材料。《八儒》篇说:

> 夫子没后,散于天下,设于中国,成百氏之源,为纲纪之儒。居环堵之室,荜门圭窦,瓮牖绳枢,并日而食,以道自居者,有道之儒,子思氏之所行也。衣冠中动作顺,大让如慢,小让如伪者,子张氏之所行也。颜氏传《诗》为道,为讽谏之儒。孟氏传《书》为道,为疏通致远之儒。漆雕氏传《礼》为道,为恭俭庄敬之儒。仲梁氏传《乐》为道,以和阴阳,为移风易俗之儒。乐正氏传《春秋》为道,为属辞比事之儒。公孙氏传《易》为道,为洁净精微之儒。②

《八儒》篇是在韩非"儒分为八"说基础上的发挥。对韩非"儒分为八"说的评论,详见上文第四章第一节。韩非批评孟子等儒学八家对孔子之学取舍不同,但都自以为得孔学之真。他在批评孟子等八家儒学的基础上,进一步指出:我们不能确定孔子是否得到了尧舜的真传,也不能确定孟子是否得到了孔子的真传,并直斥孟子等人的学说是"愚诬之学,杂反之行"③。韩非从儒学的源头尧舜直至孔子,逐一否定其学说的真实性,从而否定了孟子学说的根本立足点。

《八儒》篇接受了韩非"儒分为八"之说,也把孟子作为其中一家。与韩非之不同在于,《八儒》篇把孔子视为"纲纪之儒",八家分别得其

---

① 纪昀总撰:《四库全书总目提要》卷一百三十七子部四十七类书类存目一,第3486页。
② 《圣贤群辅录》,载《全晋文》卷一百十二,第2103页。
③ 《韩非子集解·显学》,第457页。

一面,而且还对每一家的特点作了概括,孟子通过传《书》,成为"疏通致远"之儒。司马迁曾说孟子"退而与万章之徒序《诗》、《书》,述仲尼之意,作《孟子》七篇"①。可见孟子曾为《诗》、《书》作序,以此申述孔子的思想。今本《孟子》引《尚书》二十多次,包括部分《尚书》逸文。所引的形式有三种:直接用"《书》曰",称述《尚书》篇名,直接引用《尚书》句子。在《八儒》作者看来,孟子传《尚书》,重在"疏通致远"。何为"疏通致远"?《八儒》作者没有具体解释。比照他对其他几家的解释,如颜氏传《诗》,因而是讽谏之儒,漆雕氏传《礼》,因而是恭俭庄敬之儒,可见他对某一儒派的概括,是以所传内容的特点为依据的。《诗》重在讽谏,故称传《诗》的颜氏为讽谏之儒。那么概括孟子的"疏通致远",也应是指《尚书》的特点。总体而言,《尚书》是上古乃至整个中国封建社会的政治哲学经典,重点讲明君贤臣各自应遵循的准则。"疏通"即指疏解、整理《尚书》所载君臣治国原则、方法以及经验教训等;"致远",即在"疏通"的基础上,把《尚书》所包含的治国理念运用于现实政治,使之惠及后代。

　　《八儒》把孟子概括为"疏通致远之儒",虽然略显粗疏,但还是较准确地把握了孟子思想的本质。具体就孟子引《尚书》文及其想证明的观点而言,其涉及的内容主要是上古圣王的民本思想、仁政思想,这正是孟子"疏通致远"的政治核心内容。如孟子说:"文王一怒而安天下之民。《书》曰:'天降下民,作之君,作之师。惟曰其助上帝宠之,四方有罪无罪惟我在,天下曷敢有越厥志?'一人衡行于天下,武王耻之。此武王之勇也。而武王亦一怒而安天下之民。今王亦一怒而安天下之民,民惟恐王之不好勇也。"(《孟子·梁惠王下》)孟子引《尚书》,就是希望齐宣王以民为本,有武王之勇,即"一怒而安天下之民"。又如孟子反复引用的"《书》曰:'徯我后,后来其苏!'"(《孟子·梁惠王下》)"《书》曰:'徯我后,后来其无罚!'"(《孟子·滕文公下》)所引《尚书》文都强调了行仁政得民心的积极效果。再如孟子引《太誓》文:"《太誓》曰:'我武惟扬,侵于之疆,则取于残,杀伐用张,于汤有光。'不行王政云尔;苟行王政,四海之内皆举首而望之,欲以为君。"(《孟子·滕文公下》)"《太誓》

---

① 《史记》卷七十四,第 2343 页。

曰：'天视自我民视,天听自我民听。'"(《孟子·万章上》)

《八儒》在韩非子的基础上,对孟子一派的学说思想进行了概括,虽然语意简要,但也表明对孟子思想有一定的研究。

第四节　《孔丛子》与孟子思想的关联

同《孔子家语》的遭遇一样,《孔丛子》的真伪问题也一直存在争议。《孔丛子》的著录最早见于《隋书·经籍志》,标明孔鲋撰。之后唐、宋、元、明、清历代官私书目皆有著录。但自宋开始,孔鲋撰的说法受到质疑,经过晁公武、洪迈、朱熹、李濂、《四库提要》、罗根泽、钱穆等人的辨析,《孔丛子》是伪书几乎就成了定论,并认为作伪者是王肃或者宋咸①。与作伪说不同的观点认为,《孔丛子》的真伪问题不应该只看作者,应该重点看书中材料的来源和真实性问题,因此他们相信,《孔丛子》是孔子后世子孙言行事迹的真实记录,记录方式是叠加追述,记录人是孔氏后人,但非出自一人之手。有的甚至推测出了各阶段具体的编撰者,如孔鲋、孔安国、孔臧②。这种观点随着新出土帛简的不断丰富而受到了更多人的重视。

如果《孔丛子》是伪书,那么书中与孟子思想有关的材料,就可能是作伪者结合刘向、班固、赵岐等人有关孟子师事子思的观点而杜撰出的结果,作伪者也相信子思学于孔子,孟子学于子思,这种观点为思孟学派的形成和扩大影响起了推动作用。当然,即使《孔丛子》是伪书,也还存在书中某些材料是真实可靠的情况。如果该书不是伪书,而真是孔子及后世子孙有关材料的汇集,那么从孟学史的角度讲,书中与孟子思想有关的材料就应该区别看待:孟子求学于子思的材料,是我们研究孟子思想形成以及思孟学派传承的重要文献;子思之后孔谦、孔鲋事迹中与孟

① 以上人的观点,可以参见傅亚庶《孔丛子校释》附录三《诸家考证》,中华书局,2011年。
② 持此类观点的有陈梦家,当今学者傅亚庶、黄怀信、王钧林、孙少华等人,其观点分别见傅亚庶《孔丛子校释》附录三《诸家考证》;傅亚庶:《再论〈孔丛子〉的成书与真伪》,《兰州学刊》2013年第1期;黄怀信:《〈孔丛子〉的时代与作者》,《西北大学学报》1987年第1期;王钧林、周海生译注:《孔丛子》,中华书局,2009年;孙少华:《〈孔丛子〉研究》,中国社会科学出版社,2011年。

子有关的材料,就应该是孔子后人吸收孟子思想的结果。鉴于该书的真伪问题比较复杂,这里也仅罗列出书中与孟子思想有明显关联的材料,并作简要说明。

关于《孔丛子》的成书年代,笔者采用了陈梦家先生的观点,即成书于东晋。因此笔者把本节内容放在东晋这一时间段来考查。

一、关于仁义与修身等思想

从今本《论语》看,孔子分言仁与义,没有一处合言仁义,到《孟子》,仁义则常常合在一起讲。《孔丛子·记问》篇有一章孔子与子思的对话,其中孔子用仁义二字评价尧舜。其文云:

> 子思问于夫子曰:"亟闻夫子之诏,正俗化民之政,莫善于礼乐也。管子任法以治齐,而天下称仁焉,是法与礼乐异用而同功也,何必但礼乐哉?"子曰:"尧、舜之化,百世不辍,仁义之风远也。管仲任法,身死则法息,严而寡恩也。"①

滕文公为世子时,曾会见过孟子,当时"孟子道性善,言必称尧舜"(《孟子·滕文公上》)。孟子还说过"尧舜之道,不以仁政,不能平治天下"(《孟子·离娄上》)。如果《记问》篇属实,那么孟子尧舜、仁义之说,其源在孔子;如果《记问》篇是伪作,那么就是作伪者对孟子观点的抄袭。这种情况《记问》篇还有一处:

> 楚王使使奉金帛聘夫子,宰予、冉有曰:"夫子之道,于是行矣"。遂请见,问夫子曰:"太公勤身苦志,八十而遇文王,孰与许由之贤?"夫子曰:"许由,独善其身者也;太公,兼利天下者也。"②

"独善其身"、"兼利天下"说同于孟子的"古之人,得志,泽加于民;不得志,修身见于世。穷则独善其身,达则兼善天下"(《孟子·尽心上》)。楚王聘孔子事见于《史记·孔子世家》:"孔子迁于蔡三岁,吴伐陈。楚救陈,军于城父。闻孔子在陈蔡之间,楚使人聘孔子。孔子将往

---

① 《孔丛子校释·记问》,第95—96页。
② 《孔丛子校释·记问》,第96—97页。"利"字,《说郛》本作"善"字。

拜礼，……（陈蔡大夫）于是乃相与发徒役围孔子于野外。不得行，绝粮。……于是使子贡至楚。楚昭王兴师迎孔子。"① 但所记完全不同。许由事迹见于《庄子·逍遥游》《庄子·让王》《史记·伯夷传》和皇甫谧《高士传》等书，《庄子·逍遥游》说："尧让天下于许由，……许由曰：'子治天下，天下既已治也。而我犹代子，吾将为名乎？名者，实之宾也。吾将为宾乎？鹪鹩巢于深林，不过一枝；偃鼠饮河，不过满腹。归休乎君，予无所用天下为！庖人虽不治庖，尸祝不越樽俎而代之矣。'"② 此即《记问》篇中所说的"许由独善其身"。姜太公其人其事，《诗经》、《孟子》、《楚辞》、《吕氏春秋》、《韩诗外传》等书有只言片语的记载，《史记·齐太公世家》记载相对较详，所有记载均印证了姜太公兼利天下的追求。可见，这段文字中的人和事情都是有依凭。同样，如果《记问》篇属实，那么孟子的独善兼善说本于孔子；如果《记问》篇是伪作，那么就是作伪者对孟子观点的抄袭，也表明作伪者对孟子这一思想的认可。孟子这一思想还在《孔丛子·独治》篇中出现过一次：

> 尹曾谓子鱼曰："子之读先王之书，将奚以为？"答曰："为治也。世治则助之行道，世乱则独治其身，治之至也。"③

子鱼即秦时陈胜的博士孔鲋，是孔子九世孙，他所说的"世乱则独治其身"，显然与孟子的"穷则独善其身"说相关。如果《孔丛子》不是伪书，那么孔鲋的说法就是对孔孟观点的吸收，如果《孔丛子》是伪书，那么孔鲋的说法就可能是作伪者根据孟子观点的演绎。当然还有一种情况，即《记问》篇是伪作，而《独治》篇属实，那么孔鲋的说法就是对孟子观点的吸收。不管是哪种情况，都表明孟子独善兼善说影响比较大。

《孔丛子·儒服》篇记载了孔子七世孙子高（孔穿）与其弟子的对话，其中子高谈到了孟子的"不忍人之心"说。其文云：

> 子高游赵，平原君客有邹文、季节者，与子高相善。及将还鲁，诸故人诀既毕，文、节送行三宿。临别，文、节流涕交颐，子高徒抗手

① 《史记》卷四十七，第 1930—1932 页。
② 《庄子集释·逍遥游》，第 24 页。
③ 《孔丛子校释·独治》，第 410 页。

而已,分背就路。其徒问曰:"先生与彼二子善,彼有恋恋之心,未知后会何期,凄怆流涕,而先生厉声高揖,无乃非亲亲之谓乎!"子高曰:"始谓此二子丈夫尔,乃今知其妇人也。人生则有四方之志,岂鹿豕也哉,而常聚乎?"其徒曰:"若此,二子之泣非邪?"答曰:"斯二子,良人也,有不忍之心。其于敢断,必不足矣。"其徒曰:"凡泣者,一无取乎?"子高曰:"有二焉:大奸之人,以泣自信。妇人懦夫,以泣著爱。"①

"不忍人之心"是孟子推出性善论的关键理论范畴,他说:"人皆有不忍人之心。先王有不忍人之心,斯有不忍人之政矣。以不忍人之心,行不忍人之政,治天下可运之掌上。所以谓人皆有不忍人之心者,今人乍见孺子将入于井,皆有怵惕恻隐之心,非所以内交于孺子之父母也,非所以要誉于乡党朋友也,非恶其声而然也。"(《孟子·公孙丑上》)孟子认为这种不忍人之心是人先天固有的,并具体表现为恻隐、羞恶、辞让、是非四心。从上引材料子高的谈话语境来看,他所说的"不忍之心"正是孟子说的"不忍人之心"。如所记属实,则子高在人性论上也受孟子影响。

此外,在《孔丛子·执节》篇中,子高儿子子顺(孔谦)的"习与体成,则自然矣"说,与孟子也有密切关联。《执节》记载:

魏安釐王问天下之高士,子顺曰:"世无其人也。抑可以为次,其鲁仲连乎?"王曰:"鲁仲连,强作之者,非体自然也。"答曰:"人皆作之,作之不止,乃成君子。文、武欲作尧、舜而至焉。昔我先君夫子欲作文、武而至焉。作之不变,习与体成。习与体成,则自然矣。"②

子顺认为,鲁仲连虽然是强行装作高士而非本性自然流露,但如果长期坚持装作,最终也能变成君子。他还以文王、武王、孔子的成功作为例证,最后总结为"习与体成,则自然矣"。这个观点源自孟子,孟子曾说:"尧舜,性之也;汤武,身之也;五霸,假之也。久假而不归,恶知其非有也。"(《孟子·尽心上》)他还在回答曹交"人皆可以为尧舜"之问时说:"尧舜之道,孝弟而已矣。子服尧之服,诵尧之言,行尧之行,是尧

---

① 《孔丛子校释·儒服》,第296—297页。
② 《孔丛子校释·执节》,第373页。

而已矣。子服桀之服,诵桀之言,行桀之行,是桀而已矣。"(《孟子·告子下》)子顺说的"文、武欲作尧、舜而至焉",就是孟子说的"汤武,身之也","子服尧之服,诵尧之言,行尧之行,是尧而已矣";他总结的"习与体成,则自然矣",就是孟子说的"久假而不归,恶知其非有也"。观点完全一致,只是文字表述略有不同。

二、有关孟子师事子思的记载

前面说过,如果《孔丛子》是伪书,那么书中有关孟子师事子思的记载,就可能是作伪者结合刘向、班固、赵岐等人的说法杜撰出的结果,作伪者也相信孟子学于子思。如果该书不是伪书,那么书中孟子师事子思的记载,就是我们研究孟子思想形成以及思孟学派传承的重要文献。因为《孔丛子》长期被作为伪书,所以孟子求学于子思的材料多不为学者重视,引述也少。作为孟学史研究,无论真伪,这些材料都不能避而不谈,所以下面就一一列出,并作简要分析。《孔丛子·杂训》篇中有两则,《孔丛子·居卫》篇中有两则。

> 《杂训》:孟子车尚幼,请见子思。子思见之,甚悦其志,命子上侍坐焉,礼敬子车甚崇,子上不愿也。客退,子上请曰:"白闻士无介不见,女无媒不嫁。孟孺子无介而见,大人悦而敬之,白也未谕,敢问。"子思曰:"然,吾昔从夫子于郯,遇程子于途,倾盖而语终日,而别,命子路将束帛赠焉,以其道同于君子也。今孟子车,孺子也,言称尧、舜,性乐仁义,世所希有也,事之犹可,况加敬乎!非尔所及也。"[①]
>
> 《杂训》:孟轲问牧民何先,子思曰:"先利之。"曰:"君子之所以教民,亦仁义,固所以利之乎?"子思曰:"上不仁则下不得其所,上不义则下乐为乱也,此为不利大矣。故《易》曰:'利者,义之和也。'又曰:'利用安身,以崇德也。'此皆利之大者也。"[②]
>
> 《居卫》:孟轲问子思曰:"尧、舜、文、武之道,可力而致乎?"子思曰:"彼,人也。我,人也。称其言,履其行,夜思之,昼行之。滋滋

---

① 《孔丛子校释·杂训》,第111—112页。
② 《孔丛子校释·杂训》,第114页。"亦仁义,固所以利之乎"句,黎翔凤本作"亦有仁义而已矣,何必曰利",这就与《孟子·梁惠王上》首章中孟子的话完全一致。

焉,汲汲焉,如农之赴时,商之趣利,恶有不致者乎?"①

　　《居卫》:子思谓孟轲曰:"自大,而不修其所以大,不大矣;自异,而不修其所以异,不异矣。故君子高其行,则人莫能偕也;远其志,则人莫能及也。礼接于人,人不敢慢;辞交于人,人不敢侮。其唯高远乎。"②

以上四则是孟子求学于子思的记载。第一则讲子思初见孟子时的总体印象。子思评价孟子"言称尧、舜,性乐仁义,世所希有",这与《孟子·滕文公上》"孟子道性善,言必称尧舜"的记载,以及《孟子》一书中孟子多言仁义的情况相符③。第二则讲子思与孟子交流义利关系,其中孟子的观点对应在《孟子·梁惠王上》首章里:面对梁惠王"将有以利吾国乎"之问,孟子通过层层例举,说明"王亦曰仁义而已矣,何必曰利"。两则材料中孟子说的角度略有不同:《杂训》中孟子讲的是"牧民"——引导百姓的问题,《梁惠王上》中孟子讲的是"利国"——引导国君的问题。孟子认为国君治国应以仁义为先,不能先利后义,但在面对百姓时,孟子认为推行仁政的根本是"制民以恒产",即"先利之"。就是说,对国君本人来讲,要去利而以仁义为先,对百姓来讲,要以利为先。这个观点与《孔丛子》中子思的观点完全一致:面对百姓,子思要求"先利之",面对国君治国,子思要求去利。所以当齐王问子思"图帝何如"时,子思说:"不可也。君不能去君贪利之心。……夫水之性清,而土壤汩之;人之性安,而嗜欲乱之。故能有天下者,必无以天下为者也;能有名誉者,必无以名誉为者也。达此,则其利心外矣。"④"利心外"就是孟子说的"何必曰利"。

　　第三则讲孟子问尧舜文武之道通过努力是否可以实现。子思的观点在《孟子》中也有明显的体现:《滕文公上》孟子引颜渊的话说:"舜,何人也? 予,何人也? 有为者亦若是。"《离娄下》:"孟子曰:'……乃若

---

① 《孔丛子校释·居卫》,第 131 页。
② 《孔丛子校释·居卫》,第 131 页。
③ 仁义连用虽然早在《老子》《墨子》中出现,但对仁义一词有较全面定位和自觉认识的,特别是在儒家文献里,孟子无疑是最早的。仁义一词在《孟子》中共出现了 26 次,而且几乎都表示一种内在的道德规范。
④ 《孔丛子校释·抗志》,第 178 页。

所忧则有之：舜，人也；我，亦人也。舜为法于天下，可传于后世，我由未免为乡人也，是则可忧也。忧之如何？如舜而已矣。'"《告子下》："曹交问曰：'人皆可以为尧舜，有诸？'孟子曰：'然。……尧舜之道，孝弟而已矣。子服尧之服，诵尧之言，行尧之行，是尧而已矣。'"不但观点一致，连用语都相关。第四则讲子思对孟子的教诲。虽然在语句上与《孟子》没有明显的对应处，但子思说的"高行"、"远志"与孟子说的修身观，如"枉己者，未有能直人"以及大丈夫精神一致。

《孔丛子·居卫》篇中还有一则子思讲周太王事迹的记载，所讲事迹和不少语句与《孟子·梁惠王下》中孟子讲的事迹吻合度非常高。下面分别列出：

《居卫》：申祥问曰："殷人自契至汤而王，周人自弃至武王而王，同营之后也，周人追王大王、王季、文王，而殷人独否，何也？"子思曰："文质之异也。周人之所追王大王，王迹起焉。"又曰："文王受命，断虞、芮之讼，伐崇邦，退犬夷，追王大王、王季，何也？"子思曰："狄人攻大王，大王召耆老而问焉，曰：'狄人何来？'耆老曰：'欲得菽粟财货。'大王曰：'与之。'与之至无，而狄人不止。大王又问耆老曰：'狄人何欲？'耆老曰：'欲土地。'大王曰：'与之。'耆老曰：'君不为社稷乎？'大王曰：'社稷所以为民也，不可以所为民者亡民也。'耆老曰：'君纵不为社稷，不为宗庙乎？'大王曰：'宗庙者，私也。不可以吾私害民。'遂仗策而去，过梁山，止乎岐下。豳民之束修，奔而从之者三千乘，一止而成三千乘之邑，此王道之端也，成王于是追而王之。王季，其子乜，承其业，广其基焉。虽同追王，不亦可乎！"①

《梁惠王下》：滕文公问曰："滕，小国也；竭力以事大国，则不得免焉，如之何则可？"孟子对曰："昔者大王居邠，狄人侵之。事之以皮币，不得免焉；事之以犬马，不得免焉；事之以珠玉，不得免焉。乃属其耆老而告之曰：'狄人之所欲者，吾土地也。吾闻之也：君子不以其所以养人者害人。二三子何患乎无君？我将去之。'去邠，

---

① 《孔丛子校释·居卫》，第131—132页。

逾梁山，邑于岐山之下居焉。邠人曰：'仁人也，不可失也。'从之者如归市。或曰：'世守也，非身之所能为也。效死勿去。'君请择于斯二者。"

周太王的故事在两则材料中的语境不同，想要达到的说理目的也不一样。《居卫》篇是申祥问询子思周太王为什么会受到尊崇，子思为了解释原因而讲到太王行仁政的事迹；《梁惠王下》是滕文公问询孟子怎样做才能避免大国的侵害，孟子为了说明做仁人、行仁政算是一种有效办法，因此讲到太王的事迹。虽然语境和说理目的不同，但所讲太王事迹完全一致。傅亚庶在注释"社稷所以为民也，不可以所为民者亡民也"句时说："原本'所为民'下无'者'字，……庶按：有'者'字是，据补，'所为民者'承上'社稷'而言。此事古书数有记载，《吕氏春秋·审为篇》作'不以所以养害所养'，《庄子·让王篇》作'不以所用养害所养'，《孟子·梁惠王下》作'君子不以其所以养人者害人'，《淮南子·道应篇》作'不以其所养害其养'。唯《孟子》作'养人者'，与此文意相近。"[1] 如果《居卫》篇是真实的记录文献，那么孟子的话就是对子思讲述的概括；如果《居卫》篇不是真实的记录文献，那么篇中子思的话，就是虚构者在孟子讲述基础上的想象扩充。

以上《杂训》与《居卫》中涉及子思与孟子的材料，都与《孟子》有明显的关联，如果所记是后人的虚构，那么虚构之人必定熟悉孔孟思想，并借孟子的某些观点和部分语句虚构了子思与孟子的对话。虽然这种虚构没有系统地建立起思孟学派的思想体系，我们也无法知道虚构者在主观上是否有这样的计划，但在客观上，这种虚构实实在在地影响了后世学人对思孟学派的理解。如果《杂训》与《居卫》所记属实，那么思孟学派就是历史的存在。

《孔丛子》中还有一些关于子思的记载与孟子思想相通[2]。如《公仪》篇记载子思接受了一个友人馈赠的两车粟，而拒绝了另一友人馈赠的酒肉，他解释这样做的原因时说："伋不幸而贫于财，至乃困乏，将恐绝先

---

① 见《孔丛子校释·居卫》注释七十一，第142—143页。
② 《孔丛子》中有不少孔子论《诗》《书》的记载，其中有些与《孟子》中的记载很接近。可以参见孙少华《〈孔丛子〉与秦汉子书学术传统》第二章第二节有关内容。

人之祀。夫所以受粟,为周乏也,酒脯,则所以饮宴也。方乏于食而乃饮宴,非义也,吾岂以为分哉?度义而行也。"①孟子与万章也讨论过怎样接受馈赠的问题,孟子的原则是"周之则受,赐之则不受"(《孟子·万章下》),这就是子思的"度义而行"。还如《抗志》篇:"曾申谓子思曰:'屈己以申道乎?抗志以贫贱乎?'子思曰:'道申,吾所愿也。今天下王侯,其孰能哉?与屈己以富贵,不若抗志以贫贱。屈己则制于人,抗志则不愧于道。'"②《孟子·滕文公下》有类似的对话,孟子的学生陈代认为孟子"不见诸侯,宜若小然;今一见之,大则以王,小则以霸",因此希望孟子"'枉尺而直寻',宜若可为"。孟子回答说:"且夫枉尺而直寻者,以利言也。如以利,则枉寻直尺而利,亦可为与?……如枉道而从彼,何也?且子过矣:枉己者,未有能直人者也。"赵岐注解"枉尺直寻"说:"欲使孟子屈己信道。"③"屈己信道"就是子思希望的"屈己伸道"。

第五节　两晋其他人对孟子思想的吸收与批评

两晋时期的思想比较复杂,儒学、玄学、佛教、道教以及反对它们的言论都同时并存并相互影响。儒学虽然不再像汉代那样受尊崇,但却一直受到绝大多数文人士大夫的重视。如嵇喜为其弟嵇康作的传云:"家世儒学,少有俊才,旷迈不群,高亮任性,不修名誉,宽简有大量。学不师授,博洽多闻,长而好老、庄之业,恬静无欲。"④像嵇康这种标榜"越名教而任自然"、"非汤武而薄周孔"的人,其实是"家世儒学"。又如东晋谢石把儒学视为国学,把它看作为人、治国的基础。他在《上疏请兴复国学》中说:"立人之道,曰仁与义。翼善辅性,惟礼与学。虽理出自然,必须诱导。故洙、泗阐弘道之风,《诗》《书》垂轨教之典;敦《诗》悦《礼》,王化以斯而隆,甄陶九流,群生于是乎穆。……大晋受命,值世多阻,虽圣化日融,而王道未备。……请兴复国学以训胄子,班下州郡,普修乡

---

① 《孔丛子校释·公仪》,第 165 页。
② 《孔丛子校释·抗志》,第 174 页。
③ 《孟子章句》卷六,第 110 页。
④ 《三国志·魏书》卷二十一裴松之注引,第 605 页。

校；雕琢琳琅，和宝必至；大启群蒙，茂兹成德；匪懈于事，必由之以通，则人竞其业，道隆学备矣。"①他希望通过兴复国学来恢复仁义、王化、王道传统，即儒学传统。这种理想在当时虽然不可能实现，但其作为一种社会思潮却一直存在。就孟子思想而言，它虽然不是这一阶段士人关注的重点，但其人性论、仁义观、仁政论以及对古代圣贤、孔子作《春秋》等的看法，还不同程度被士人所接受。当然，这种接受呈现出一种散乱状态，多是只言片语。

一、或隐或显地接受孟子的人性论

两晋士人有言及孟子人性论中的四心、四端以及"平旦之气"等概念的。庾亮在《请放黜陶夏疏》中说："斌虽丑恶，罪在难忍。然王宪有制，骨肉至亲，亲运刀锯以刑同体，伤父母之恩，无恻隐之心。应加放黜，以惩暴虐。"②据《晋书·陶侃列传》载，陶侃死后，陶夏为世子，送侃丧还长沙。陶夏弟陶斌先往长沙，悉取国中器仗财物。夏至杀斌，于是庾亮有此上疏③。在庾亮看来，陶夏杀害兄弟，伤父母之恩，无恻隐之心。这种情形正如孟子所说："无恻隐之心，非人也。"（《孟子·公孙丑上》）陶夏的行为即非人的行为。西晋给事中袁准《袁子正书·明赏罚》篇张扬仁义，称赞"仁心"："夫干禄者，唯利所在，智足以取当世，而不能日月不违仁。当其用智以御世，贤者有不如也。圣人明于此道，故张仁义以开天下之门，抑情伪以塞天下之户，相赏罚以随之。……先王制为八议赦宥之差，断之以三槐九棘之听，服念五六日至于旬时，全正义也，而后断之，仁心如此之厚，故至刑可为也。"④他认为唯利是图会伤仁义，因此主张用圣人之法：以仁义抑情伪，并盛赞先王的做法为仁心厚重，仁心即恻隐之心。潘岳也间接承认人性为善，他在《九品议》中说："天生蒸民，而树之君，使司牧之，勿失其性。君不独治，于是乎建牧立监，陈其辅佐，故曰天工人其代之。"⑤孟子曾在《告子上》中，引《诗经·大雅·烝民》中的"天

---

① 《宋书·礼志一》，载《全晋文》卷八十三，第 1939 页。
② 《晋书》卷六十六，第 1780 页。
③ 见《晋书》卷六十六相关记载，第 1779—1780 页。
④ 《群书治要》，载杨世文《魏晋学案》卷四十，第 1094—1095 页。
⑤ 《艺文类聚》卷五十二，载《全晋文》卷九十二，第 1991 页。

生蒸民"四句来证明仁义礼智本人性固有。潘岳这里也引此诗句来说明天子不应让百姓"失其性",此性即应指善性。

　　西晋给事中袁准吸收了孟子人性论中的"夜气"、"平旦之气"说。他在《才性论》中说:"凡万物生于天地间,有美有恶。物何故美? 清气之所生也;物何故恶? 浊气之所施也。……贤不肖者,人之性也;贤者为师,不肖者为资,师资之材也。然则性言其质,才名其用,明矣。"①袁准虽然把美与恶、贤与不肖都看作人性,但他所说的清气生成物之美,与孟子性善论中的"夜气"等一脉相承。孟子曾以牛山之木被砍伐为喻,说明:"虽存乎人者,岂无仁义之心哉? 其所以放其良心者,亦犹斧斤之于木也,旦旦而伐之,可以为美乎? 其日夜之所息,平旦之气,其好恶与人相近也者几希,则其旦昼之所为,有梏亡之矣。梏之反覆,则其夜气不足以存;夜气不足以存,则其违禽兽不远矣。人见其禽兽也,而以为未尝有才焉者,是岂人之情也哉?"(《孟子·告子上》)孟子说的"夜气"、"平旦之气",实际上就是人心底的善端,是人与禽兽的那么一点点区别,这种气,"苟得其养,无物不长;苟失其养,无物不消"(《孟子·告子下》),得其养则可为"浩然之气",成就仁义礼智之德,失其养则为禽兽。袁准的清气生美、浊气生恶,很可能受到了孟子平旦之气说的启发。

　　在孟子仁义礼智四端本于人性的观点基础上,陶渊明把孝作为人性所固有。他在《读史述九章·庶人孝传赞》中评汝郁的孝行后说:"况童龀孝于自然,可谓天性也。"②儿童的孝出于自然,是天性,就如孟子说的赤子之心、"人皆有不忍人之心"(《孟子·公孙丑上》)、"仁义礼智,非由外铄我也,我固有之也"(《孟子·告子上》)。此外,东晋末年的桓玄把"君臣之敬"也视为人性固有。他在《重难王谧》篇中说:"君臣之敬,皆是自然之所生。"③这些可看作对孟子人性论的丰富。

　　西晋仲长敖作《核性赋》,假借荀子、韩非与李斯之口,对孟子的人性本善说进行批评。这种批评以赋的形式和一种假设的对话形式展开,别开生面。其赋云:

---

① 《艺文类聚》卷二十一,载杨世文《魏晋学案》卷四十,第1082页。
② 《陶潜集》旧本,载《全晋文》卷一百十二,第2101页。
③ 《沙门不拜俗事一》,载《全晋文》卷一百十九,第2144页。

　　赵荀卿著书，言人性之恶，弟子李斯、韩非顾而相谓曰："夫子之言性恶，当矣。未详才之善否何如，愿闻其说。"荀卿曰："天地之间，兆族罗列。同禀气质，无有区别。裸虫三百，人最为劣。爪牙皮毛，不足自卫。唯赖诈伪，迭相嚼啮。总而言之，少尧多桀。但见商鞅，不闻稷契。父子兄弟，殊情异计。君臣朋友，志乖怨结。邻国乡党，务相吞噬。台隶僮竖，唯盗唯窃。面从背违，意与口戾。言如饴蜜，心如蛮厉。未知胜负，便相陵蔑。正路莫践，竟赴邪辙。利害交争，岂顾宪制？怀仁抱义，祇受其毙。周孔徒劳，名教虚设。……"荀卿之言未终，韩非越席起舞，李斯击节长歌，其辞曰："形生有极，嗜欲莫限。达鼻耳，开口眼。纳众恶，距群善。方寸地，九折坂。为人作险易，俄顷成此寋。多谢悠悠子，悟之亦不晚。"[1]

孟子言性善，荀子针锋相对，提出性恶，并在《荀子》一书中对孟子的性善说加以全面批评。之后，荀子的学生韩非从法家的角度，彻底否定了孟子的性善说，指出人心为恶。仲长敖根据这段历史，假设了一个荀子师徒三人以问答的形式对孟子性善说展开批评的场景。既有调侃意味，也包含了仲长敖对性善、性恶的看法。他先假借韩非、李斯之口，肯定了荀子性恶说的合理，然后又假借荀子之口，重新解释了"才之善"的不可能。孟子曾说："乃若其情，则可以为善矣，乃所谓善也。若夫为不善，非才之罪也。"（《孟子·告子上》）因此仲长敖说的"才之善"即孟子的性善。仲长敖借荀子之口指出，天地万物本无区别，但因人"唯赖诈伪，迭相嚼啮"，所以是最低劣的。接着他根据历史和现实中的一些现象，认为圣贤少而暴君多，父子兄弟、君臣朋友、邻国乡党、台隶僮竖都是心口不一，抱自利之心。而怀抱仁义者却不得善终，周孔、名教只是摆设。假借荀子之口的批评近于韩非子的口吻，它是仲长敖借古人之口抨击当时不良社会风气和政治的幌子，是激愤之辞，而非真正否定孟子的性善说。

　　与孟子"性"相关的另一个重要范畴是"命"——天命。孟子讲尽心知性则知天矣，存心养性以事天，说"夭寿不贰，修身以俟之，所以立命也"（《孟子·尽心上》）。懂得了修身立命，"是故知命者不立乎岩墙之

---

① 《艺文类聚》卷二十一，载《全晋文》卷八十六，第 1960—1961 页。

下。尽其道而死者,正命也;桎梏死者,非正命也"(《孟子·尽心上》)。孟子的这些思想被张邈和嵇康所借鉴和发挥。张邈《释嵇叔夜难宅无吉凶摄生论》云:"夫命者,所禀之分也;信顺者,成命之理也。故曰:'君子修身以俟命','知命者不立于岩墙之下'。何者? 是夭遂之实也。犹食非命,而命必胥食,故然矣。"① 张邈相信卜相说和命定论,主张宅无吉凶而难摄生,因此他这里肯定了孟子修身立命说以及所谓的"正命"观。嵇康虽然反对命定论,但他认为宅之吉凶与摄生并非虚无,因此他对张邈的说法提出批评,也否定了孟子"知命者不立乎岩墙之下"的说法。他在反驳张邈的《答张辽叔释难宅无吉凶摄生论》一文中说:

> 《论》曰:"知命者不立岩墙之下。"吾谓知命者当无所不顺,乃畏岩墙,知命有在,立之何惧? 若岩墙果能为害,不择命之长短,则知与不知,立之有祸,避之无患也。则何知白起非长平之岩墙,而云千万皆命,无疑众寡耶? 若谓长平虽同于岩墙,故是相命宜值之,则命所当至,期于必然,不立之诫,何所施邪? 若此果有相也? 此复吾之所疑也。②

他认为,既然是知命者,那么就无所不顺,也就不畏惧立岩墙下。如果岩墙果能为害,则无论是命长还是命短,是知命还是不知命,都应该避免站立在其下。然后嵇康以白起长平之战坑杀赵国降卒四十多万为例,说明命与岩墙的关系。最后说天命既然一定,那么不立岩墙的训诫,又有什么作用呢? 张邈把孟子的话作为自己观点的依据,而嵇康则对此依据进行否定。

两晋期间的人性论,除有意无意间支持人性善的言论外,还有一些人持人性有善有恶的观点。如西晋末年的荀组说:"人生不同,性有厚薄,是以圣人制礼居中,使贤者俯就,不肖者企及。"③ 荀组把人性的厚对应贤者,把人性的薄对应不肖者,因此他说圣人要"制礼居中"。这种看

---

① 《嵇中散集》,载《全晋文》卷六十五,第 1833 页。原作"夭"原作"天","实"原作"宝",据中华书局影印组校对改。
② 《嵇中散集》,载杨世文《魏晋学案》卷十七,第 443 页。
③ 荀组:《请议定改葬服制表》,《通典》卷九十八,载《全晋文》卷三十一,第 1638 页。

法与贾谊的中主材性 ①、董仲舒的中民之性 ②、王充的中人之性 ③ 相近。
西晋虞溥更是把教育看成是使"中人之性"转变为善性的重要途径。他
在《移告属县》一文中说："学所以定情理性而积众善者也。情定于内而
行成于外,积善于心而名显于教,故中人之性随教而移,善积则习与性
成。唐虞之时,皆比屋而可封,及其废也,而云可诛,岂非化以成俗,教移
人心者哉!" ④ 虞溥把善性的形成归功于后天的教育和学习。抱有这种
观点的还有西晋的庾峻。晋受禅,他赐爵关中侯。他曾上疏说:"臣闻黎
庶之性,人众而贤寡;设官分职,则官寡而贤众。为贤众而多官则妨化,
以无官而弃贤则废道。是故圣王之御世也,因人之性,或出或处,故有朝
廷之士,又有山林之士。朝廷之士,佐主成化,犹人之有股肱心膂,共为
一体也。山林之士,被褐怀玉,太上栖于丘园,高节出于众庶。……夫人
之性陵上,犹水之趣下也,益而不已必决,升而不已必困。始于匹夫行义
不敦,终于皇舆为之败绩,固不可不慎也。" ⑤ 他说的"黎庶之性,人众而
贤寡",相当于孟子说的"行之而不著焉,习矣而不察焉,终身由之而不
知其道者,众也"(《孟子·尽心上》)。"夫人之性陵上,犹水之趣下也",
本于孟子的"民之归仁也,犹水之就下"(《孟子·离娄上》),以及"人性
之善也,犹水之就下也"(《孟子·告子上》)。虽然这种视后天教化为实
现性善的主要渠道的思想与荀子一致,但就几种人性的最早讨论以及贾
谊、董仲舒、王充等人关于人性的思考,都与孟子有关。从这个角度说,
荀组、虞溥等人对人性的看法,也属于这一发展序列。

---

① 《新书·连语》:"抑臣又窃闻之曰,有上主者,有中主者,有下主者。上主者,可引而上,不可
引而下;下主者,可以引而下,不可引而上;中主者,可引而上,可引而下。……故材性乃上
主也,贤人必合,而不肖人必离,国家必治,无可忧者也。若材性下主也,邪人必合,贤正必
远,坐而须亡耳,又不可胜忧矣。故其可忧者,唯中主尔,又似练丝,染之蓝则青,染之缁则
黑,得善佐则存,不得善佐则亡。"(《新书校注》,第198—199页)

② 《春秋繁露义证·实性》,第311—312页。

③ 《论衡·本性》:"实者,人性有善有恶,犹人才有高有下也,高不可下,下不可高……命有贵
贱,性有善恶。谓性无善恶,是谓人命无贵贱也。九州田土之性,善恶不均,故有黄赤黑之
别,上中下之差。……人禀天地之性,怀五常之气,或仁或义,性术乖也。……余固以孟轲言
人性善者,中人以上者也;孙卿言人性恶者,中人以下者也;扬雄言人性善恶混者,中人也。
若反经合道,则可以为教;尽性之理,则未也。"(《论衡校释》,第142—143页)

④ 《晋书》卷八十二,第2139—2140页。

⑤ 《晋书·庾峻传》,载《全晋文》卷三十六,第1666页。

二、发挥孟子的仁义、仁政学说，提倡仁与法并行

两晋时期，孟子的仁义观、仁政思想还是被不少人宣扬。结合时代的需求，有人还倡导仁与法并行。

两晋之间的长合乡侯袁瓌向成帝上疏建国学，希望以仁义为内容，弘扬先王之教。他说：

> 臣闻先王之教也，崇典训以弘远代，明礼乐以流后生，所以导万物之性，畅为善之道也。宗周既兴，文史载焕，端委垂于南蛮，颂声溢于四海，故延州聘鲁，闻《雅》而叹；韩起适鲁，观《易》而美。何者？立人之道，于斯为首。孔子恂恂以教洙泗，孟轲系之，诲诱无倦，是以仁义之声于今犹存，礼让之节时或有之。①

袁瓌描述了先王之教的盛况：崇典训、明礼乐、兴文史、奏《雅》《颂》、观《周易》。他把孔子在洙泗之间聚徒讲学作为宗周既兴之后的又一次重大教化活动，传承先王之教。孔子之后，袁瓌把孟子作为传承先王之教的第一人，赞扬他"诲诱无倦"，即教诲弟子，诱导梁惠王、齐宣王一类的诸侯推行仁政。正是因为有孔孟大力宣扬先王之教，所以仁义、礼乐才没有断绝。这可以说是对孟子四处游说，宣扬仁义以及王道仁政的充分肯定。

同样是上疏建学校，东晋名臣王导也有相似的理由。他在《上疏请修学校》的奏疏中说：

> 夫治化之本，在于正人伦。人伦之正，存乎设庠序。庠序设而五教明，则德化洽通，彝伦攸叙，有耻且格也。父子兄弟夫妇长幼之序顺，而君臣之义固矣。《易》所谓正家而天下定者也。故圣王蒙以养正，少而教之，使化沾肌骨，习以成性，有若自然，日迁善远罪而不自知。……人知士之所贵，由乎道存。则退而修其身，修其身以及其家，正家以及于乡，学于乡以登于朝。反本复始，各求诸己，敦素之业著，浮伪之道息，教使然也。故以之事君则忠，用之莅下则仁，

---

①《晋书》卷八十三，第 2166—2167 页。《全晋文》题为《上疏请建国学》，字句有不少出入，见《全晋文》卷五十六，第 1781 页。

即孟轲所谓"未有仁而遗其亲,义而后其君者也"。①

设庠序来加强教化,是孔孟以来都很看重的方式。"习以成性,有若自然",是贾谊引用孔子的话"少成若天性,习贯如自然"②,但不见于今本《论语》。"日迁善远罪而不自知"是本孟子的"民日迁善而不知为之者"(《孟子·尽心上》)。王导引孔孟的话,就是为了说明仁义教化润物细无声的特点。后面他再用孟子的"反本"与"反求诸己"说加以强调。最后引孟子的话来作结:有仁义的人不会遗忘亲人,不会怠慢君主。所引孟子话见于《孟子》第一章,该章即以强调仁义为主旨。

在宣扬仁义的用时,有人也看到了法令刑罚的重要性。西晋给事中袁准著有《袁子正书》,该书在吸收孔孟仁义思想基础上,提出仁义与刑罚并行。其《悦近》篇云:"圣人者,以仁义为本,以大信持之,根深而基厚,故风雨不愆伏也。"③以仁义为本则可以立于不败。仁义是根本,但还需借助刑法,所以他在《礼政》篇说:

> 治国之大体有四:一曰仁义,二曰礼制,三曰法令,四曰刑罚;四本者具,则帝之功立矣。……夫仁义礼制者,治之本也;法令刑罚者,治之末也。无本者不立,无末者不成。何则?夫礼教之治,先之以仁义,示之以敬让,使民迁善日用而不知也。儒者见其如此,因谓治国不须刑法;不知刑法承其下,而后仁义兴于上也。法令者,赏善禁淫,居治之要会。商、韩见其如此,因曰治国不待仁义;不知仁义为之体,故法令行于下也。④

司马昭篡位建立晋,却以孝以礼治天下,打着"名教"的口号杀害异己。当时的礼教已经名不副实。袁准的《礼政》篇可视为对这种不良倾向的拨正。他首先把仁义礼制作为治国的根本,认为实行仁义敬让,百姓就能"迁善日用而不知"。这种效果正是孟子宣扬的"王者之民皞皞如也。杀之而不怨,利之而不庸,民日迁善而不知为之者"(《孟子·尽心上》)。袁准同时指出,仁义礼制离不开法令刑罚,后者是前者的支撑。接着他

①《晋书·王导传》,载《全晋文》卷十九,第1562页。
②《汉书》卷四十八,第2248页。
③《群书治要》,载杨世文《魏晋学案》卷四十,第1091页。
④《群书治要》,载杨世文《魏晋学案》卷四十,第1086页。

进一步阐述了两者的关系：

> 先仁而后法，先教而后刑，是治之先后者也。夫远物难明，而近理易知。故礼让缓而刑罚急，是治之缓急也。夫仁者使人有德，不能使人知禁；礼者使人知禁，不能使人必仁。故本之者仁，明之者礼也，必行之者刑罚也。先王为礼以达人之性理，刑以承礼之所不足。故以仁义为不足以治者，不知人性者也，是故失教。失教者无本也。以刑法为不可用者，是不知情伪者也，是故失威。失威者不禁也。故有刑法而无仁义，久则民怨，民怨则怒也。有仁义而无刑法，则民慢，民慢则奸起也。故曰：本之以仁，成之以法，使两通而无偏重，则治之至也。夫仁义虽弱而持久，刑杀虽强而速亡，自然之治也。[①]

从先后言，仁在先而法在后；从缓急言，礼让缓而刑罚急。袁准认为，否定仁义的治理作用，就是"不知人性"，即不知人性为善。否定刑罚的作用，就是不知人情为伪。看来袁准的礼政是以性善情伪为前提的。最后袁准把"本之以仁，成之以法"看作最理想的治理方式。他的这种看法与同时代的葛洪有惊人的相似。葛洪说："莫不贵仁，而无能纯仁以致治也；莫不贱刑，而无能废刑以整民也。……故仁者养物之器，刑者惩非之具，我欲利之，而彼欲害之，加仁无悛，非刑不止。刑为仁佐，于是可知也。"[②]

与宣扬仁义同步，有人也吸收了孟子的仁政思想，相信实行仁政，地方百里也可以称王天下。西晋光禄大夫刘颂《言政事疏》云：

> 古者封国，大者不过土方百里，然后人数殷众，境内必盈其力，足以备充制度。……周之建侯，长享其国，与王者并，远者仅将千载，近者犹数百年；汉之诸王，传祚暨至曾玄。人性不甚相远，古今一揆，而短长甚违，其故何邪？立意本殊而制不同故也。周之封建，使国重于君，公侯之身轻于社稷，故无道之君不免诛放。敦兴灭继绝之义，故国祚不泯。不免诛放，则群后思惧，胤嗣必继，是无亡国也。……今宜反汉之弊，修周旧迹。……夫创业之美，勋在垂统，使

---

①《群书治要》，载杨世文《魏晋学案》卷四十，第1086—1087页。
②《抱朴子外篇校笺·用刑》（上册），第330页。

夫后世蒙赖以安。①

刘颂指出，土方圆百里的小国强大并长享国运，关键在于"使国重于君"、"公侯之身轻于社稷"。这一思想在孟子那里是被反复强调的："地方百里而可以王。"（《孟子·梁惠王上》）"然而文王犹方百里起。"（《孟子·公孙丑上》）"得百里之地而君之，皆能以朝诸侯，有天下。"（《孟子·公孙丑上》）"以德行仁者王，王不待大，汤以七十里，文王以百里。"（《孟子·公孙丑上》）"民为贵，社稷次之，君为轻。"（《孟子·尽心下》）西晋统一全国，地方远过千里，刘颂借孟子思想，主要是想劝国君恢复周代政治：以国家社稷为重。如此，方可实现孟子说的"君子创业垂统，为可继也"（《孟子·梁惠王下》）。

　　如果说刘颂的"使国重于君，公侯之身轻于社稷"说较孟子的民贵君轻还略显委婉，那么东晋袁豹上疏关于大田的事则直接吸收了孟子的民本思想。他说："国因民以为本，民资食以为天。"② 提出民为国本。他还在为益州刺史朱龄石讨伐蜀国所作的檄文中说：

　　　夫顺德者昌，逆德者亡，失仁与义，难以求安，……王者之师，以仁为本，舍逆取顺。③

袁豹在民为国本观念的基础上，把仁义作为安身立命之所，"失仁与义，难以求安"，正是孟子说的"仁，人之安宅也；义，人之正路也"（《孟子·离娄上》）。以此出发，他继承了孟子王者之师的思想。孟子为梁惠王描述了王者之师的特点："王如施仁政于民，省刑罚，薄税敛，深耕易耨；壮者以暇日修其孝悌忠信，入以事其父兄，出以事其长上，可使制梃以挞秦楚之坚甲利兵矣。彼夺其民时，使不得耕耨以养其父母。父母冻饿，兄弟妻子离散。彼陷溺其民，王往而征之，夫谁与王敌？故曰：'仁者无敌。'"（《孟子·梁惠王上》）王者之师可以"制梃以挞秦楚之坚甲利兵"，实现"仁者无敌"。另外，当齐宣王在是否讨伐、夺取燕国的问题上向孟子请教时，孟子说："取之而燕民悦，则取之。……取之而燕民不悦，

---

①《晋书·刘颂传》，载杨世文《魏晋学案》卷三十四，第 934—938 页。
②《宋书》卷五十二，第 1498 页。
③《宋书》卷五十二，第 1500—1502 页。

则勿取。……以万乘之国伐万乘之国,箪食壶浆,以迎王师,岂有他哉? 避水火也。"(《孟子·梁惠王下》)又说:"今燕虐其民,王往而征之,民以为将拯己于水火之中也,箪食壶浆以迎王师。若杀其父兄,系累其子弟,毁其宗庙,迁其重器,如之何其可也? 天下固畏齐之强也,今又倍地而不行仁政,是动天下之兵也。"(《孟子·梁惠王下》)孟子从正反两面强调了王者之师以仁为基础决定取舍的特点。袁豹虽然没有直接提到孟子的仁政,但他说的"王者之师,以仁为本,舍逆取顺",却是对孟子"王师"标准的准确概括,王者之师以是否救民于水火——仁义之举,作为自己出兵的标准,因此能得民心,这正是孟子说的"仁者无敌"之意。

陆机也从孟子讲的天时、地利、人和的关系出发,论证了"安百姓"、与民同忧乐的重要性。他在《辩亡论下》中说:

> 《易》曰"汤武革命顺乎天",《玄》曰"乱不极则治不形",言帝王之因天时也。古人有言曰"天时不如地利",《易》曰"王侯设险以守其国",言为国之恃险也。又曰"地利不如人和","在德不在险",言守险之由人也。吴之兴也,参而由焉,孙卿所谓合其参者也。及其亡也,恃险而已,又孙卿所谓舍其参者也。夫四州之萌非无众也,大江之南非乏俊也,山川之险易守,劲利之器易用也,先政之业易循也,功不兴而祸遘者,何哉? 所以用之者失也。是故先王达经国之长规,审存亡之至数,谦己以安百姓,敦惠以致人和,宽冲以诱俊义之谋,慈和以给士民之爱。是以其安也,则黎元与之同庆;及其危也,则兆庶与之共患。安与众同庆,则其危不可得也;危与下共患,则其难不足恤也。①

陆机用《周易》、《太玄》来印证孟子的"天时不如地利"(《孟子·公孙丑下》)。又用吴国的兴亡来印证孟子的"地利不如人和"(《孟子·公孙丑下》)。他进一步解释了吴国灭亡的原因:吴国人多势众,不乏俊杰,有山川之险,有利器可用,然而最后灭亡,是因为用人者的失误,即不能"安百姓"、"致人和"。所谓"安百姓",就是能与百姓"同庆"、"共患",如此则得人和。陆机的这些思想很可能是受了孟子如下说法的影响:"武王亦

---

① 《文选》卷五三,载杨世文《魏晋学案》卷二十五,第 677 页。

一怒而安天下之民。""乐民之乐者,民亦乐其乐。忧民之忧者,民亦忧其忧。""君行仁政,斯民亲其上,死其长矣。"(《孟子·梁惠王下》)"得道者多助,失道者寡助。"(《孟子·公孙丑下》)陆机还反复强调了与民同忧乐的重要性。他在《五等论》中说:"是以分天下以厚乐,则己得与之同忧;缱天下以丰利,而己得与之共害。利博而恩笃,乐远则忧深,故诸侯享食土之实,万国受传世之祚。……知国为己土,众皆我民;民安,己受其利;国伤,家婴其病。"① 只有与民同乐,才能与之同忧;与民同利,才能与之共害。这是对孟子民本思想的准确阐述。两晋之交的王承也倡导孟子的与民同利思想,《世说新语·政事第三》记载:"王安期为东海郡,小吏盗池中鱼,纲纪推之。王曰:'文王之囿,与众共之。池鱼复何足惜!'"② "文王之囿,与众共之",即孟子宣扬的"文王之囿方七十里,刍荛者往焉,雉兔者往焉,与民同之"(《孟子·梁惠王下》),所以南朝梁代刘孝标在注解这段话时,几乎全引了《孟子》中与之相关的一章。

此外,干宝的《晋纪总论》对孟子的舍生取义思想以及仁政思想也有继承。他说:"顺乎天而享其运,应乎人而和其义,……故众知向方,皆乐其生而哀其死,悦其教而安其俗,君子勤礼,小人尽力,廉耻笃于家间,邪僻销于胸怀。故其民有见危以授命,而不求生以害义。"③ 只要君主能与民同哀乐,百姓就会如孟子所说的那样,"君行仁政,斯民亲其上,死其长矣"(《孟子·梁惠王下》),"舍生而取义"(《孟子·告子上》)。干宝还以周太王古公亶父为例,指出实行仁政得民心、得天下。他说:"以至于太王,为戎翟所逼,而不忍百姓之命,杖策而去,故其诗曰:'来朝走马,帅西水浒,至于岐下。'周民从而思之,曰仁人不可失也,故从之如归市。……以三圣之智,伐独夫之纣,犹正其名教,曰逆取顺守。保大定功,安民和众。"④ 周太王事迹虽见载于《诗经·大雅·绵》,但干宝所引

---

① 《晋书·陆机传》,《文选》卷五四,《群书治要》卷三〇,载杨世文《魏晋学案》卷二十五,第678—679页。

② 《世说新语笺疏·政事第三》,第205—206页。

③ 《文选》卷四九,载杨世文《魏晋学案》卷三十八,第1054页。西晋博士蔡充《梁王肜谥议》:"而临大节,无不可夺之志;当危事,不能舍生取义。"(《晋书·梁王肜传》,载《全晋文》卷一百十三,第2108页)也宣扬了孟子的舍生取义思想。

④ 《文选》卷四九,《艺文类聚》卷十一,又见《群书治要》卷二十九,载杨世文《魏晋学案》卷三十八,第1054页。

主要本于《孟子·梁惠王下》。孟子说："昔者大王居邠，狄人侵之。……乃属其耆老而告之曰：'狄人之所欲者，吾土地也。吾闻之也：君子不以其所以养人者害人。二三子何患乎无君？我将去之。'去邠，逾梁山，邑于岐山之下居焉。邠人曰：'仁人也，不可失也。'从之者如归市。"干宝也是借孟子对周太王的描述来肯定仁政。

可见，孟子的仁义说、仁政论，是两晋士人关注得比较多的内容，它既是身处动乱频繁社会中的百姓的心声，也是不少士人的政治理想。虽然它在当时的社会中难于实现，但它却一直是社会努力发展的方向，是前进的动力。

三、继承孟子的《春秋》观

上文在分析董仲舒对孟子《春秋》观的看法时，曾把孟子的《春秋》观概括为四个方面，并指出孟子的观点对后世的孔子研究、《春秋》研究、史学著作撰写等都有不小影响。就两晋而言，很多论及孔子或者《春秋》的人，也都常常以孟子的评价作为依据。西晋杜预为《春秋左传》作集注，他对《春秋》的基本看法，受到了孟子的影响。其《春秋左氏传序》云：

> 《春秋》者，鲁史记之名也。记事者，以事系日，以日系月，以月系时，以时系年，所以纪远近，别同异也。故史之所记，必表年以首事，年有四时，故错举以为所记之名也。《周礼》有史官，掌邦国四方之事，达四方之志；诸侯亦各有国史，大事书之于策，小事简牍而已。孟子曰："楚谓之《梼杌》，晋谓之《乘》，而鲁谓之《春秋》，其实一也。"……周德既衰，官失其守，上之人不能使春秋昭明，赴告策书，诸所记注，多违旧章。仲尼因鲁史策书成文，考其真伪而志其典礼，上以遵周公之遗制，下以明将来之法。其教之所存，文之所害，则刊而正之，以示劝诫；……盖周公之志，仲尼从而明之。[1]

这段话有三个观点源于孟子。首先是对《春秋》一书性质的定位，杜预赞同孟子的说法，即《春秋》是鲁国史书，与楚国的《梼杌》，晋国的《乘》

[1]《文选》卷四五，《春秋左传注疏》卷首，载杨世文《魏晋学案》卷三十三，第895页。

性质一样。其次是孔子在乱世中作《春秋》,上遵周公之志,代圣王立法治国。三是孔子作《春秋》是为"刊而正之,以示劝诫",此即孟子说的"孔子成《春秋》而乱臣贼子惧"。此外,杜预总结的《春秋左传》的体例:"微而显"、"志而晦"、"婉而成章"、"尽而不污"、"惩恶而劝善"①,也与孟子总结孔子作《春秋》的三点看法有关联。

汉太尉荀彧玄孙、东晋大臣荀崧更是全盘吸收了孟子的《春秋》观,他在《上疏请增置博士》的奏疏中说:

> 自丧乱以来,经学尤寡,今处学则阙朝廷之秀,仕朝则废儒学之美。……世祖武皇帝应运登禅,崇儒兴学。……博士旧置十九人,今五经合九人,准古计今,犹未能半,宜及节省之制,以时施行。今九人以外,犹宜增四。……宜为郑《易》置博士一人,郑《仪礼》博士一人,《春秋公羊传》博士一人,《榖梁》博士一人。昔周之衰,下陵上替,臣弑其君,子弑其父,上无天子,下无方伯,善者谁赏,恶者谁罚,孔子惧而作《春秋》。诸侯讳妒,惧犯时禁,是以微辞妙旨,义不显明,故曰:"知我者其惟《春秋》,罪我者其惟《春秋》。"②

晋元帝初登位,兴修学校,简省博士,置《春秋左传》等五经博士九人。荀崧上疏请增加《春秋公羊传》、《春秋榖梁传》等四博士。他特别解释了把《春秋》三传列为博士的原因,从"昔周之衰"开始,以下几乎是照搬孟子的原话。他对孟子总结孔子作《春秋》的三点主要看法,自然也是一一认可了。

四、借孟子对伯夷的评价来评价时人

对伯夷的行为品质,一直以正面评价居多,其中,孟子的评价对后世影响又最大。《孟子》一书有八章论及伯夷,孟子赞扬他"非其君不事,非其民不使,治则进,乱则退",并誉之为"圣之清者也"(《孟子·万章下》),即清高的圣人。这一看法不仅成为后人评价伯夷的标准,还常常成为评价隐士、盛德之人的常用话语。西晋卢钦称赞徐邈说:"徐公志高

① 《文选》卷四五,《春秋左传注疏》卷首,载杨世文《魏晋学案》卷三十三,第 896 页。
② 《晋书》卷七十五,第 1977—1978 页。也见《全晋文》卷三十一,第 1633—1634 页。两者文字有出入,这里各有取舍。

行洁,才博气猛。其施之也,高而不狷,洁而不介,博而守约,猛而能宽。圣人以清为难,而徐公之所易也。"①伯夷被孟子誉为"圣之清者",卢钦认为徐邈很容易达到这一境界。"博而守约",本于孟子的"守约而施博者,善道也"(《孟子·尽心下》)。

太伯为让位于弟季历及其子姬昌而出走。两汉之际的丁鸿也仿此,佯狂出走以让位于弟丁盛,后有感于友人鲍俊之言而回国教授于杨州②。西晋关内侯华峤评丁鸿说:"《论语》称夫子温良恭俭让以得之,行首乎?故尝请论之:孔子曰:'太伯其可谓至德也已矣。三以天下让,民无德而称焉。'孟子曰:'闻伯夷之风者,贪夫廉,懦夫有立志。'然则太伯出于不苟得,未始有于让也。是以太伯称贤人,后之人慕而殉之。……原丁鸿之心,其本主于忠爱,何其终悟而从义也? 以此殆知其殉尚异于数世也。"③华峤从孔子评太伯说起,认为太伯的出走是不想无功受位,不是出于让,并举孟子赞美伯夷的话加强这一观点,"不苟得"即孟说的"伯夷之风"、"圣之清"。以此观点看丁鸿,那么丁鸿的出走是为了忠爱,他与太伯的出走有本质的不同,也与伯夷的清高不同。

西晋秦州刺史张辅著《名士优劣论》,其中比较了乐毅与诸葛亮的优劣:"乐毅诸葛孔明之优劣,或以毅相弱燕,合五国之兵,以破强齐,雪君王之耻,围城而不急攻,将令道穷而义服,此则仁者之师,莫不谓毅为优。余以为五国之兵共伐一齐,不足为强,大战济西,伏尸流血,不足为仁。夫孔明抱文武之德,……及玄德临终,禅登大位,在扰攘之际,立童蒙之主。设官分职,班叙众才,文以宁内,武以折冲,然后布其恩泽于中国之民。其行军也,路不拾遗,毫毛无犯,勋业垂济而陨。观其遗文,谋谟弘远,雅规恢廓。已有功则让于下,下有阙则躬自咎,见善则迁,纳谏则改,故声烈振于遐迩者也。孟子曰:'闻伯夷之风,贪夫廉。'余以为睹孔明之忠,奸臣立节矣。殆将与伊吕争俦,岂徒乐毅为伍哉。"④张辅认为乐毅既不强大,也不仁义,反倒是诸葛亮有文武之德,居功不自傲,有错能担当。他认为伯夷以清高为节,可以使贪夫清廉;而诸葛亮以忠诚为高,

①《三国志·魏书》卷二十七,第 740 页。
②事见于袁宏《后汉纪》卷十三,见张烈点校《两汉纪》下册,第 263—264 页。
③袁宏《后汉纪》卷十三引华峤评丁鸿语,见张烈点校《两汉纪》下册,第 264 页。
④《艺文类聚》卷二十二,《太平御览》卷四百四十七,载《全晋文》卷一百五,第 2063 页。

可以使奸臣立节,完全可以与伯夷比肩。东晋孙绰也用伯夷之风赞扬逝去的徐群:"惟君风轨英邈,德音徽远,播殽仰芳,流宗播揖。在昔古人有言,闻伯夷之风者,懦夫有立志,仰先生之道,岂无青云之怀哉!"① 徐群也有伯夷那样的人格魅力。

此外,汉末的司马徽也用伯夷的清高来批评庞统。据《世说新语·言语》篇记载,庞统曾赶二千里去见司马徽,而司马徽却在采桑,庞统说:"吾闻丈夫处世,当带金佩紫,焉有屈洪流之量,而执丝妇之事。"司马徽说:"昔伯成耦耕,不慕诸侯之荣;原宪桑枢,不易有官之宅。何有坐则华屋,行则肥马,侍女数十,然后为奇? 此乃许、父所以慷慨,夷、齐所以长叹。"② 司马徽用伯夷、叔齐所看重的清高,否定了庞统所看重的权贵,所以南朝梁代的刘孝标在注此段话时也说:"孟子曰:'伯夷、叔齐目不视恶色,耳不听恶声,与乡人居,若在涂炭,盖圣人之清也。'"③ 可见,孟子对伯夷的评价——"伯夷,圣之清者也",已经被后人接受,并成为共识。

五、对孟子其他思想的接受

魏晋南北朝是一个朝代更替特别频繁的阶段,每一朝取得政权的方式不尽相同,大略讲,主要有禅让④ 和武力两种。无论是以哪种方式取得政权,如何论证自己政权的合法性,都是每个君王迫切需要思考的问题。孟子早就对这两种方式有过思考。孟子认为禅让的实质是"天与之","天与之"的实质是"人与之"(《孟子·万章上》),即禅让最后落脚在民意。孟子认同"汤放桀,武王伐纣"的合理性,认为武王是"诛一夫纣矣,未闻弑君也"(《孟子·梁惠王下》)。荀子继承这一看法,主张"诛暴国之君若诛独夫","故桀、纣无天下而汤、武不弑君"⑤。之后《易传》提出汤武革命说:"汤武革命,顺乎天而应乎人。"⑥ 在孟子看来,无论是禅让还

① 《艺文类聚》卷三十六,载《全晋文》卷六十一,第 1808 页。
② 《世说新语笺疏·言语第二》,第 80 页。
③ 《世说新语笺疏·言语第二》,第 80 页。
④ 这期间所谓的禅让,也都是建立在武力基础上,徒有禅让的形式,而非传说中尧舜那种建立在德行基础上的禅让。
⑤ 《荀子集解·正论》,第 324 页。
⑥ 周振甫译注:《周易译注》,中华书局,2001 年,第 170 页。

是武力,只要是民心所向,即为合法。孟子的观点恰好迎合了一些学者的需要。

赞同禅让、汤武革命说的,如东晋中期颇有盛名的孙盛,他在《老聃非大圣论》中说:"唐尧则天,稷契翼其化;汤武革命,伊吕赞其功。"① 还如干宝,他为显示晋武帝取得政权的合法性,撰有《晋武帝革命论》,他说:"史臣曰,帝王之兴,必俟天命,苟有代谢,非人事也。文质异时,兴建不同。故古之有天下者,柏皇栗陆以前,为而不有,应而不求,执大象也。鸿黄世及,以一民也。尧舜内禅,体文德也。汉魏外禅,顺大名也。汤武革命,应天人也。高光争伐,定功业也。各因其运而天下随时,随时之义大矣哉! 古者敬其事则命以始,今帝王受命而用其终,岂人事乎? 其天意乎?"② 干宝把帝王得天下视为得"天命"、得"天意",这与孟子说的"天与之"(《孟子·万章上》)一致。他说"文质异时,兴建不同",所以从上古帝王柏皇到光武帝,建国方式各异,尧舜禅让算是令德的体现,汤武革命算是顺应天人。据此而言,晋武帝取得政权也自然合法。干宝还在《晋纪总论》中宣扬孟子"诛一夫纣"的思想来加强他的观点。他说:"以至于太王,为戎翟所逼,而不忍百姓之命,杖策而去,故其诗曰:'来朝走马,帅西水浒,至于岐下。'周民从而思之,曰仁人不可失也,故从之如归市。……以三圣之智,伐独夫之纣,犹正其名教,曰逆取顺守。保大定功,安民和众。……爰及上代,虽文质异时,功业不同,及其安民立政者,其揆一也。"③ 干宝认为,从周太王古公亶父到周武王,他们实行的都是"安民和众"的仁政,讨伐独夫纣也是民心所向。这种推理的立足点、结论与孟子完全相同。后来南朝齐梁时候的范缜也持这种观点,他在《答曹录事〈难神灭论〉》中说:"苟可以安上、治民、移风、易俗,三光明于上,黔黎悦于下,何欺妄之有乎? 请问汤放桀、武伐纣,是杀君非耶? 而孟子云:'闻诛独夫纣,未闻杀君也。'子不责圣人放杀之迹,而勤勤于郊稷之妄乎?"④ 那些反对神灭论的人认为,如果神灭可信,那么那些圣人用祭

---

① 《广弘明集》卷五,载杨世文《魏晋学案》卷四十四,第 1181 页。
② 《文选》卷四九,《艺文类聚》卷十三引《晋纪》,载杨世文《魏晋学案》卷三十八,第 1056 页。
③ 《文选》卷四九,《艺文类聚》卷十一,《群书治要》卷二十九,载杨世文《魏晋学案》卷三十八,第 1054—1055 页。
④ 《弘明集·答曹录事〈难神灭论〉》,第 629 页。

祀作为教化就是欺骗。而范缜指出,只要圣人所作所为是治理国家、安定百姓、移风易俗,使百姓快乐,那么这种教化就不是欺骗。然后以孟子肯定汤武革命的行为来证明。

西晋袁崧则批评了借禅让、革命说而行篡夺之实的行为。他在《献帝纪论》中说:"献帝崎岖危乱之间,飘泊万里之衢,萍流蓬转,险阻备经,自古帝王,未之有也。观其天性慈爱,弱而仁惠,若辅之以德,真守文令主也。曹氏始于勤王,终至滔天,遂力制群雄,负鼎而趋。然因其利器,假而不反,回山倒海,遂移天日。昔田常假汤武而杀君,操因尧舜而窃国,所乘不同,其盗贼之身一也。"①袁崧认为田常假借汤武革命而弑君,曹氏假借尧舜禅让之名而窃国,实与盗贼无异。这种评价抓住了这些历史事件的本质,正如当时司马顺所说:"事乖唐虞,而假为禅名。"②

孙盛还用孟子"三年之丧"说评价上古至曹魏丧礼的得失。其《魏氏春秋评》评"文帝居丧大飨"云:

> 昔者先王之以孝治天下也,内节天性,外施四海,存尽其敬,亡极其哀,思慕谅暗,寄政冢宰,故曰"三年之丧,自天子达于庶人"。夫然,故在三之义惇,臣子之恩笃,雍熙之化隆,经国之道固,圣人之所以通天地,厚人伦,显至教,敦风俗,斯万世不易之典,百王服膺之制也。……故虽三季之末,七雄之弊,犹未有废缞斩于旬朔之间,释麻杖于反哭之日者也。逮于汉文,变易古制,人道之纪,一旦而废,缞素夺于至尊,四海散其遏密,义感阙于群后,大化坠于君亲。虽心存贬约,虑在经纶,至于树德垂声,崇化变俗,固以道薄于当年,风颓于百代矣。……魏王既追汉制,替其大礼,处莫重之哀而设飨宴之乐,居贻厥之始而坠王化之基。及至受禅,显纳二女,忘其至恤,以诬先圣之典,天心丧矣,将何以终! 是以知王龄之不遐,卜世之期促也。③

"三年之丧"是很古老的制度,《礼记》、《左传》、《论语》中都有记载,孔子

---

①《太平御览》卷九十二,载杨世文《魏晋学案》卷四十,第1108页。
②《晋书·宗室列传·任城景王陵列传》载景王陵弟司马顺语,第1114页。
③《三国志·魏书·文帝纪》裴松之注,载杨世文《魏晋学案》卷四十四,第1185页。

说："夫三年之丧，天下之通丧也。"① 孟子也把"三年之丧"作为尽孝的重要内容，他告诉准备为父亲治丧的滕文公："三年之丧，齐疏之服，飦粥之食，自天子达于庶人，三代共之。"（《孟子·滕文公上》）孙盛借孟子的话，肯定了三年之丧的合理性，说它能"存尽其敬，亡极其哀"，是"万世不易之典，百王服膺之制"。基于这种认识，孙盛批评汉文帝"变易古制"，即文帝诏令的"出临三日，皆释服"，"服大红十五日，小红十四日，纤七日，释服"②，认为这种行为致使"道薄于当年，风颓于百代"，甚至不如周代末期的战国乱世。曹操沿袭汉制，还"设飨宴之乐"，曹丕更是"诬先圣之典"，即曹丕说"封树之制，非上古也，吾无取焉"③。孙盛批评曹氏父子这种否定三年之丧的行为是"天心丧"，并视为曹魏短促的主要原因。三年之丧在孟子之前多见于文献，孟子则直接促成了滕太子施行这种丧礼。所以孙盛以孟子之说来评价上古至于曹魏丧礼的得失，也就在情理之中了。

孙盛还在《魏氏春秋评》"元帝纪总评"中，用孟子"五百年必有王者兴"（《孟子·公孙丑下》）的历史观来评价晋元帝的出现。他说："昔秦始皇东游，望气者云：'五百年后，东南金陵之地，有天子气。'于是始皇改曰秣陵，吴人以为孙权帝之表也。盛案：始皇游岁，至权僭号，四百三十七年，考之年数既不合，校之基宇又非伦，岂应帝王之符，而见兆于上代乎？有晋金行，奄君四海，金陵之祥，其在斯乎？且秦政东游，至是五百二十六年，所谓'五百年之后当有王者'也。"④ 孟子"五百年必有王者兴"的说法，是他总结历史现象时提出的，而秦时的望气者把它与谶纬相结合。孙盛根据两者的说法，认为秦始皇东游（公元前 210 年）到晋元帝即位（公元 317 年），掐头去尾五百二十六年。晋元帝的兴起正应验了孟子的说法。虽然孟子的说法以及谶纬说都没有科学依据，仅仅是个人或者政权根据需要而作出的附会之说，但它却常常成为后世解释政权合法性的重要理论依据。

还有一些人用孟子的话来论证自己的观点。西晋张邈在《宅无吉凶

---

① 杨伯峻：《论语译注·阳货》，第 188 页。
② 《汉书》卷四，第 132 页。
③ 《三国志·魏书》卷二，第 81 页。
④ 《太平御览》卷九十八，载《全晋文》卷六十四，第 1825 页。

摄生论》中,用孟子"孔子登东山而小鲁,登泰山而小天下"来说明"立高丘而观居民,则知曰东西非祸福矣"①。魏晋时期先后任尚书郎、征南军司的杨伟撰《历议》篇,他说:"若不从法,是校方圆,弃规矩;考轻重,背权衡;课长短,废尺寸;论是非,违分理。若不先定校历之本法,而悬听弃法之末争,则孟轲所谓'方寸之木,可使高于岑楼'者也。"②引孟子文来说明"先定校历之本法"的重要性,及建立必要的基本原则。魏晋时期的何桢,引孟子"古者关讥而不征"来说明"关险之设,所由尚矣"③。西晋汉中太守阎缵撰《舆棺诣阙上书理愍怀太子》文,为太子司马遹的遭遇鸣冤:"臣伏念遹生于圣父而至此者,由于长养深宫,沉沦富贵,受饶先帝,父母骄之。……敕使但道古今孝子慈亲,忠臣事君,及思愆改过之义,皆闻善道,庶几可全。昔太甲有罪,放之三年,思庸克复,为殷明王。……汉高皇帝数置酒于庭,欲废太子,后四皓为师,子房为傅,竟复成就。前事不忘,后事之戒。孟轲有云,'孤臣孽子,其操心也危,虑患也深',故多善功。"④阎缵指出,太子司马遹的失德是因为环境的影响,如果能正确引导,他完全有可能成为明君,并举历史上的太甲、刘盈等来辅证。他最后引孟子的话为司马遹开脱:因司马遹是庶孽之子,所以要时常提高警惕,考虑患害也深。

　　此外,还有直接赞美孟子,或者对孟子的遭遇表示同情,或者否定孟子的。袁宏在《三国名臣颂》中说:"夫时方颠沛,则显不如隐;万物思治,则默不如语。是以古之君子不患弘道难,患遭时难;遭时匪难,遇君难。故有道无时,孟子所以咨嗟;有时无君,贾生所以垂泣。"⑤他认为孟子有道,但不得天时。所以孟子有"夫天未欲平治天下也,如欲平治天下,当今之世,舍我其谁也"(《孟子·公孙丑下》)的慨叹。东晋著作郎伏滔论青、楚人物时说:"滔以春秋时鲍叔、管仲、隰朋……;战国时公羊高、孟轲、邹衍、田单、荀卿、邹奭、莒大夫、田子方、檀子、鲁连、淳于髡、盼子、田光、颜歜、黔子、於陵仲子、王叔、即墨大夫;……此皆青士有才德

---

① 《嵇中散集》,载《全晋文》卷六十五,第 1832 页。
② 《晋书·律历志》中,载《全晋文》卷三十,第 1627 页。
③ 《艺文类聚》卷六引《何桢集》,载《全晋文》卷三十二,第 1640 页。
④ 《晋书》卷四十八,第 1351 页。
⑤ 《晋书·袁宏传》,载杨世文《魏晋学案》卷四十,第 1104 页。

者也。"① 把孟子与公羊高、邹衍等人并列,视为青士有才德者。左思妹左芬,站在女性的角度,高度赞扬了孟母,作《孟轲母赞》:"邹母善导,三徙成教。邻止庠序,俎豆是效。断织激子,广以坟奥。聪达知礼,敷述圣道。"② 认为孟母三迁择邻而处等行为铸就了孟子的伟大。

　　批评孟子的如东晋孝武帝时的苏彦,他在《苏子》中说:"立君臣,设尊卑,杜将渐,防未萌,莫过乎《礼》。哀王道,伤时政,莫过乎《诗》。导阴阳,示悔吝,莫过乎《易》。明善恶,著废兴,吐辞令,莫过乎《春秋》。量远近,赋九州,莫过乎《尚书》。和人情,动风俗,莫过乎乐。治刑名,审法术,莫过乎商、韩。载百王,纪治乱,莫过乎《史》、《汉》。孟轲之徒,涸淆其间,世人见其才易登,其意易过,于是家著一书,人书一法,雅人君子,投笔砚而高视。"③ 在苏彦看来,先秦以来有价值的著作只有六经和《商君书》、《韩非子》、《史记》以及《汉书》,其他人虽然著书立说,也仅仅是混淆于上述诸书之间而已。他特别举出孟子,认为孟子就是这类人的代表,非雅人君子。

---

① 《世说新语笺疏·言语第二》注引《滔集》,第 157 页。
② 《全晋文》卷十三,第 1534 页。
③ 《太平御览》卷六百八,载《全晋文》卷一百三十八,第 2256 页。

第十四章　南北朝的孟学

第一节　萧绎对孟子思想的吸收与践行

　　萧绎,字世诚,小字七符,梁武帝萧衍第七子,后为梁元帝,在位三年。一般认为《金楼子》是萧绎所著,著此书几乎贯穿他的一生①。这本帝王著作,包含了不少儒、释、道的言论,体现了其思想的多元性。作为一个生活在浓厚佛教氛围中的帝王,萧绎对儒家思想还是给予了较多的关注。如他在做荆州刺史时,"尝置儒林参军一人,劝学从事二人,生三十人"②。

　　其中最突出的,是萧绎对孔子的推崇,他"工书善画,自图宣尼像,为之赞而书之,时人为之三绝"③。他还仿《论语》而著《立言》篇,其内容、用语乃至行文风格都与《论语》类似,也近于扬雄仿《论语》的《法言》。如:"君子有三患:未之闻,患弗得闻;既闻之,患弗能学;既学之,患弗能行。君子有四耻:有其位,无其言,君子耻之;有其言,无其行,君子耻之;既得之,又失之,君子耻之;地有余,而民不足,君子耻之。"④又如:"殷亡,焚众器皆尽,唯琬琰不焚。君子则唯仁义存而已矣。"⑤萧绎甚至把自己视为孔子第二。他在《立言》篇中说:"周公没五百年有孔子,孔子没五百年有太史公。五百年运,余何敢让焉。"⑥用孟子"五百年必有王者兴"的历史观,证明自己就是五百年应运而生的王者。"余何敢让焉"的自信,与孟子的"当今之世,舍我其谁也"(《孟子·公孙丑下》)有惊人

---

① 许逸民在《金楼子校笺·前言》中有论证。许逸民:《金楼子校笺》,中华书局,2011年。
②《南史·梁本纪》卷八,中华书局,1975年,第243页。
③《南史·梁本纪》卷八,第243页。
④《金楼子校笺·立言》,第846页。
⑤《金楼子校笺·立言》,第908页。
⑥《金楼子校笺·立言》,第798页。

相似。又说:"饱食高卧,立言何求焉? 修德履道,身何忧焉? 居安虑危,戚也;见险怀惧,忧也。纷纷然荣枯宠辱之动也,人其能不动乎? 仲尼其人也,抑吾其次之。有佞而进,有直而退,其宁退乎?"① 直接把自己看成是孔子第二。《四库提要》对此批评说:"俨然上比孔子,尤为不经。"还如他在《立言》中说:"楚人畏荀卿之出境,汉氏追匡衡之入界,是知儒道实有可尊。故皇甫嵩手握百万之众而不反,岂非儒者之贵乎?"② 从这些言论中可见萧绎对孔子乃至儒家的推崇。

对孟子而言,《金楼子》全书直接言及孟子的有三次,言及《孟子》一书的有两次,直接或概括性引用《孟子》语句的有十三处。具体而言,这些材料大概涉及以下几个方面。

首先,萧绎看重孟子的王道思想。他在《说蕃》篇中说:

> 昔蕃屏之盛者,则刘德字君道,造次儒服,卓尔不群。好古文,每就人间求善书,……《周官》、《尚书》、《礼》、《礼记》、《孟子》、《老子》,献王好之。……河间王躬求幽隐,兴礼乐,盖有汉之所以兴也。……故武帝遣所忠问王,王辄对无穷。帝曰:"汤以七十里,文王以百里,其勉之。"王知意,即纵酒听乐。③

这里讲的是汉景帝子河间献王刘德的事。刘德好搜求古书,特别喜欢包括《孟子》在内的几种书。他见识广博,富有才华,对武帝所问无所不答。最后武帝以孟子的话"汤以七十里,文王以百里"勉励他。刘德听出了武帝的言外之意,于是纵酒作乐。孟子多次以汤、文王为例,说明称王天下无需大国和地方千里,只要行仁政、王道,地方百里即可,所谓"以德服人者,中心悦而诚服也"(《孟子·公孙丑上》)。刘德行王道、兴礼乐,所以连强大如汉武帝者都很紧张,可见王道在君王、诸侯眼里的巨大作用。萧绎著书时虽还不是皇帝,但对皇权的蕃卫之国的作用以及与中央的微妙关系,自然有清醒的认识。所以他提出这个问题以示警诫。

萧绎在《立言》中,更是把孟子与齐宣王有关王道的讨论加以概括,以此说明王道的重要性。孟子曾告诉齐宣王,他那里没有霸道,只有王

---

① 《金楼子校笺·立言》,第 826 页。
② 《金楼子校笺·立言》,第 922 页。
③ 《金楼子校笺·说蕃》,第 603—604 页。

道,而且说齐宣王有实行王道的根基。在孟子看来,齐宣王把眼见的用来衅钟的牛,换成没有眼见的羊,这就是一种不忍人之心,是君子的品格。推广这种不忍人之心,制民以恒产,"谨庠序之教,申之以孝悌之义,颁白者不负戴于道路矣。老者衣帛食肉,黎民不饥不寒,然而不王者,未之有也。"(《孟子·梁惠王上》)萧绎肯定了齐宣王的行为与孟子的独到之言。他说:

> 夫言行在于美,不在于多。出一美言美行,而天下从之;或见一恶意丑事,而万民违之,可不慎乎?《易》曰:"言行,君子之枢机。枢机之发,荣辱之主也。"昔成汤教民去三面之网,而诸侯向之。齐宣王活衅钟之牛,而孟轲以王道求之。[1]

在萧绎看来,齐宣王不忍心杀牛而以羊替代,这就是美行,一种体现王道、仁政的美行。这一美行在本质上,与"成汤教民去三面之网"的圣人之举一致,所以孟子赞誉他有王道的根基。如果把这一美行加以扩大,自然就是王道了。孟子王道、仁政的核心是爱民,所以萧绎在《金楼子》中也特别强调了这一点。他说:"楚王之食楚也,故爱楚四境之民。越王之食越也,故爱越四境之民。天子之食天下也,吾是以知兼爱天下之民矣。"[2] 他这里说的"兼爱"不是墨子的"兼爱",而应是孟子以民为本之意。又说:"士民不亲,则汤武不能必胜。"[3] "不修文德而尚武功,不明教化而枉任刑,是一恶也。"[4] 亲民、尚德、重教化而反对武力和滥用刑罚,都是王道的重要内容。

　　实行王道的君主应该以尧舜等先圣的德行为高标。所以孟子说:"是故君子有终身之忧,无一朝之患也。乃若所忧则有之:舜,人也;我,亦人也。舜为法于天下,可传于后世,我由未免为乡人也,是则可忧也。忧之如何? 如舜而已矣。"(《孟子·离娄下》)君子的"终身之忧"是指忧虑自己达不到圣人的境界。萧绎也认为一个君主应该有这种"终身之忧"。他在评其父皇梁武帝时说:

---

[1]《金楼子校笺·立言》,第 767 页。
[2]《金楼子校笺·立言》,第 837 页。
[3]《金楼子校笺·立言》,第 909 页。
[4]《金楼子校笺·杂记》,第 1316 页。

即位五十年,至于安上治民,移风易俗,度越终古,无得而称焉。又作《联珠》五十首,以明孝道云。伏寻我皇之为孝也,四运推移,不以荣落迁贸;五德更用,不以贵贱革心。……言未发而涕零,容弗改而伤恸。所谓终身之忧者,是之谓也。盖虞舜、夏禹、周文、梁帝,万载之中,四人而已。①

他认为梁武帝在位五十年,努力做一个贤德之君应该做的事,孟子说的"终身之忧"在他身上有最好的体现。萧绎还在《兴王》篇,从天皇氏、地皇氏说起,经伏羲、神农、黄帝等人而至尧、舜、禹、汤、文王、武王,再到汉、魏、晋、宋诸帝,直至说到梁武帝。他不但认为梁武帝上承历代贤明君王,而且还把他看成舜、禹、周文王之后唯一可以与他们比肩的帝王。"万载之中,四人而已",简直是无以复加的赞誉。

其次,从萧绎对母亲文宣阮太后的怀念可以看到孟母教子对萧绎的影响。萧绎母亲早些时候为梁武帝采女,天监七年(公元 508 年)生萧绎,"寻拜为修容,赐姓阮氏。尝随元帝出藩"②。其本传十分简略,萧绎《金楼子·后妃》篇对其母亲有较为详细的记载,说她幼时聪慧,诵《三都赋》《五经指归》,过目不忘。后为修容,精研佛经。当自己"在幼学中,亲承慈训,初受《孝经》《正览》《论语》《毛诗》。及随绎,数番指以吏道,政无繁寡,皆荷慈训"③。萧绎还说其母"居常俨敬,无喜愠之色。恭俭仁恕,未尝疾言亲指。至于醴酏品式,衣裳制度,家人有善,莫不仰则"④。萧绎外祖母去世,萧绎母亲"攀号恸绝,殊不胜哀。乃刻木为二亲之像,朝夕虔事。每岁时伏腊,言必随泪下"⑤。就是这样一位既爱戴自己父母,又爱护自己儿子的皇太后,被萧绎视为孟母一样的母亲。当她去世后,萧绎在《后妃》篇中这样描述自己想到母亲时的感受:

每读孟轲、皇甫谧之传,未尝不拊膺哽恸也;读诗人劳悴之章,未尝不废书而泣血也。⑥

① 《金楼子校笺·兴王》,第 209—210 页。
② 《南史》卷十二,第 340 页。
③ 《金楼子校笺·后妃》,第 381 页。
④ 《金楼子校笺·后妃》,第 381 页。
⑤ 《金楼子校笺·后妃》,第 381 页。
⑥ 《金楼子校笺·后妃》,第 384 页。

孟子只有《史记》有传，从萧绎说读《孟轲传》"拊膺哽恸"来看，他读的不太可能是《史记》孟子本传。再看同样令他感动的《皇甫谧传》，里面有这样一段关于皇甫谧年轻时的记载："年二十，不好学，游荡无度，或以为痴。尝得瓜果，辄进所后叔母任氏。任氏曰：'《孝经》云："三牲之养，犹为不孝。"汝今年余二十，目不存教，心不入道，无以慰我。'因叹曰：'昔孟母三徙以成仁，曾父烹豕以存教，岂我居不卜邻，教有所阙，何尔鲁钝之甚也！修身笃学，自汝得之，于我何有！'因对之流涕。谧乃感激，就乡人席坦受书，勤力不怠。"① 这是一个令人感动的母亲教育儿子的故事，而且与孟母教子有关。再看萧绎说的"诗人劳悴之章"，应是指《诗经·小雅·蓼莪》，因为其中有"哀哀父母，生我劳瘁"句。该诗写诗人哀叹父母辛劳，自己却不能供养他们。从后面所涉及的内容看，萧绎读的《孟轲传》，应是《列女传》中的《邹孟轲母》。该文讲述了孟母三迁择邻、断杼教子、教子守礼、劝子远行等四则孟母教子的故事，表现了孟母的伟大和善于教育的特点。从《金楼子·后妃》篇中可知，萧绎从出生到做湘东王，累迁镇西将军、都督、荆州刺史，最终成为皇帝，其母一直跟随，而且其母的行为举止有着孟母的影子。我们也许可以作一点推测，阮太后作为母亲，她对孟母教子的故事应该很熟悉，她不仅受孟母影响，而且会给萧绎讲孟母教子的故事。在母亲的熏陶下，萧绎也许从中了解了孟子的成长，进而熟读《孟子》以及《邹孟轲母》等相关典籍②，对孟子和孟母都很敬佩。所以当母亲去世后，每次读到与孟子、孟母有关的书籍，都会由此想到自己母亲的伟大，因而抚胸痛哭。

第三，萧绎对孟子重德行的言论予以高度的认同。他在《立言》篇中说：

> 君子以宴安为鸩毒，富贵为不幸。故溺于情者，忘月满之亏；在乎道者，知日损之为贵。……《淮南》言："萧条者，形之君；寂寞者，音之主。"又云："教者生于君子，以被小人；利者兴于小人，以润君子。"《孟子》言："禹恶旨酒，而乐善言。"又云："若我得志，不为

① 《晋书》卷五十一，第 1409 页。王隐《晋书》也有相关记载，刘孝标注《世说新语·文学》时，也引此作为皇甫谧的注解。见《世说新语笺疏·文学第四》，第 292 页。
② 这从萧绎常化用孟子的话可见出一些痕迹。

食前方丈,妾数百人。"斯言至矣。①

萧绎先提出自己的观点"君子以宴安为鸩毒,富贵为不幸",最后引孟子的话来证明。前一句话见于《孟子·离娄下》:"孟子曰:'禹恶旨酒而好善言。汤执中,立贤无方。文王视民如伤,望道而未之见……'"孟子是为了说明古代贤君治国各有特点,禹的特点是不喜欢美酒,却有听得进善言的品质。后一句见于《孟子·尽心下》:"孟子曰:'说大人则藐之,勿视其巍巍然。堂高数仞,榱题数尺,我得志,弗为也;食前方丈,侍妾数百人,我得志,弗为也。'"孟子也希望像禹一样,实现了自己的志向,不会把菜肴满桌、侍妾数百作为自己的追求。孟子的两句话都是强调物质的享受不如德行的修养,萧绎视之为"至言"。面对物质享受是这样,面对权贵、爵位也应有这样的态度。萧绎说:

> 古之学者为己,今之学者为人。学而优则仕,仕而优则学,古人之风也。修天爵以取人爵,获人爵而弃天爵,末俗之风也。古人之风,夫子所以昌言。末俗之风,孟子所以扼腕。……夫今之俗,搢绅稚齿,闾巷小生,学以浮动为贵,用百家则多尚轻侧,涉经记则不通大旨。……口谈忠孝,色方在于过鸿;形服儒衣,心不则于德义。既弥乖于本行,实有长于浇风。一失其源,则其流已远。②

萧绎先借孔子的话批评了今之学者的功利心,然后用孟子有关"天爵"、"人爵"的话来批评"末俗之风"。孟子说:"夫仁,天之尊爵也,人之安宅也。"(《孟子·公孙丑上》)又说:"有天爵者,有人爵者。仁义忠信,乐善不倦,此天爵也;公卿大夫,此人爵也。古之人修其天爵,而人爵从之。今之人修其天爵,以要人爵;既得人爵,而弃其天爵,则惑之甚者也,终亦必亡而已矣。"(《孟子·告子上》)孟子把仁义忠信看成天爵,把公卿大夫看成人爵,认为天爵是人安身立命之所。但有人却得公卿大夫之位后放弃了仁义忠信,这是本末倒置,最终也会失去那些社会爵位。这就是萧绎说的"孟子所以扼腕"。梁武帝萧衍的参军沈绩,把孟子的重天爵归结于孟子无位,他说:"故宣尼绝笔于获麟,孟轲反身于天爵,诚无其位

---

① 《金楼子校笺·立言》,第 775—776 页。
② 《金楼子校笺·立言》,第 965—967 页。

也。"① 这有点吃不到葡萄说葡萄酸的意思。

　　萧绎还化用孟子"弈秋诲棋"的故事,批评那些口谈忠孝,而心口不一的人。"色方在于过鸿",就是对孟子下面一段话的概括:"弈秋,通国之善弈者也。使弈秋诲二人弈,其一人专心致志,惟弈秋之为听。一人虽听之,一心以为有鸿鹄将至,思援弓缴而射之,虽与之俱学,弗若之矣。"(《孟子·告子上》)这是把孟子的寓言典故化,增强了它的表现力。

　　第四,倡导孟子"尽信《书》则不如无《书》"的读书法。《立言》篇云:"孔文举言:'武王伐纣,而悬之白旗。汉祖入关,子婴不死。武王历年,止有白鱼之瑞。汉祖祥应,其瑞不一。是则汉祖优而武王劣也。'殷洪远云:'魏武兴师,本由亲举。汉祖初起,本是乱兵。此则魏武优于汉帝。'蒋子通言:'汉祖取天下如登山,光武取天下如走丸。'当寻、邑百万,震古未闻。滹沱河冰,身面流血,岂其易也! 凡如此例,有书不如无书,委之煨烬,于事为宜矣。"② 孔文举说汉高祖比周武王强;殷洪远认为魏武帝比汉高祖强;而蒋子通说光武帝比汉高祖强。三人说法不一,但都振振有词。对此,萧绎认为应该用孟子的读书态度:尽信《书》则不如无《书》。要求回到事情的原委上去,实事求是。这种读书法有利于培养读者独立思考的能力。

　　《金楼子》还暗引了孟子一些观点。如《立言》篇:"加脂粉则宿瘤进,蒙不洁则西施屏。人之学也亦如此,岂可不学邪?"③ 这里引用了孟子的:"西子蒙不洁,则人皆掩鼻而过之。虽有恶人,齐戒沐浴则可以祀上帝。"(《孟子·离娄下》)以此说明学习的重要性。还如《杂记》篇:"夫矢人岂不仁于函人? 矢人惟恐不伤人,函人惟恐伤人,故伎术不同也。"④ 引用了孟子的话:"矢人岂不仁于函人哉? 矢人惟恐不伤人。函人惟恐伤人。巫、匠亦然。故术不可不慎也。"(《孟子·公孙丑上》)孟子本意是说技术的不同会影响人性后天发展的方向,萧绎也以此说明技术的不同会影响人心。

　　此外,萧绎在《兴王》篇梳理前代有突出成就的帝王的历史时,也用

---

① 《弘明集·与王公朝贵书并六十二人答·建安王外兵参军沈绩答》,第 671 页。
② 《金楼子校笺·立言》,第 839 页。
③ 《金楼子校笺·立言》,第 909 页。
④ 《金楼子校笺·杂记》,第 1243 页。

到了《孟子》中有关帝王,特别是尧舜的历史记载。如《兴王》篇描述舜
受禅情况:"尧崩,乃葬济阴城,庙居齐郡,有柏树死而更生焉。舜摄政
二十八年,尧乃殂。三年礼毕,舜避丹朱于南河。诸侯朝觐讼狱者,不之
丹朱,而之舜。舜曰:'乃天命也。'"①又说:"象傲,瞽叟顽,后母嚚,咸欲
杀舜。使舜入井,舜凿井旁行二十里。……尧于是降,以女娥皇、女英配
之,妻舜以观其内,使九男与处,以观其外。"②虽然相关记载也见于《尧
典》,但就从详略程度看,它更应是受到《孟子》的影响。《孟子·万章
上》:"舜相尧二十有八载,非人之所能为也,天也。尧崩,三年之丧毕,舜
避尧之子于南河之南。天下诸侯朝觐者,不之尧之子而之舜;讼狱者,不
之尧之子而之舜;讴歌者,不讴歌尧之子而讴歌舜,故曰天也。""帝使其
子九男二女,百官牛羊仓廪备,以事舜于畎亩之中。""父母使舜完廪,捐
阶,瞽瞍焚廪。使浚井,出,从而掩之。"把《孟子》中有些历史人物的记
载作为可靠信史的,较早的有司马迁,之后班固等人也如此,与萧绎同代
的刘孝标在注解《世说新语》时,也用《孟子》的相关记载来加以考证。
《世说新语·言语》篇记载了吴郡人蔡洪的话:"大禹生于东夷,文王生
于西羌。圣贤所出,何必常处。"刘孝标注:"按孟子曰:'舜生于诸冯,东
夷人也;文王生于岐周,西夷人也。'则东夷是舜非禹也。"③他所引孟子
的话见于《离娄下》:"孟子曰:'舜生于诸冯,迁于负夏,卒于鸣条,东夷
之人也。文王生于岐周,卒于毕郢,西夷之人也。地之相去也,千有余
里;世之相后也,千有余岁。得志行乎中国,若合符节,先圣后圣,其揆一
也。'"刘孝标不仅用孟子的话来考证了《世说新语》的失误,而且他所引
的孟子这段话要表达的重点——"先圣后圣,其揆一也",也正是蔡洪想
要说明的观点"圣贤所出,何必常处"。

　　总之,《金楼子》在涉及孟子言论和思想时,或直接引述,或暗引,或
化为典故,一切为说理服务。但总体说来,不成体系,有时甚至显得有些
牵强。

---

① 《金楼子校笺·兴王》,第 74 页。
② 《金楼子校笺·兴王》,第 93 页。
③ 《世说新语笺疏·言语第二》,第 99 页。

第二节　《弘明集》及魏晋南北朝其他佛学典籍中的孟学

佛教传入中国后,与本土的儒家、道家以及玄学等思想相互斗争、融合,逐渐发展成为中国式的佛教。在儒学与佛教的斗争、融合过程中,周公与孔子常常成为双方讨论的话题。孟子作为儒家的代表人物之一,其思想也成为儒佛双方讨论的话题之一。

《弘明集》是南朝梁僧佑编撰的佛教文集,所收佛教文论自东汉末年至南朝梁时。为便于集中讨论佛学典籍中的孟学观,故把南北朝之前的一些佛学文献,如《牟子理惑论》、孙绰的《喻道论》和康僧会翻译的《六度集经》也放在这里讨论。

一、孟子性善与佛教善心的相通

把佛教中的善与孟子的性善结合起来讨论,是魏晋南北朝孟学史中的新特点。郗超《奉法要》说:"说人之善,善心便生;说人之恶,便起忿意。意始虽微,渐相资积,是以一善生巨亿万善,一恶生巨亿万恶。"[1] 此说虽然更近于善恶混,但就其善心生这一点来说,与孟子的性善说相通,正如徐复观先生所说,"性善两字说出后,主观实践的结论,通过概念而可诉之于每一个人的思想,乃可以在客观上为万人万世立教","孟子所说的性善,实际便是心善。经过此一点醒,每一个人皆可在自己的心上当下认取善的根苗,而无须向外凭空悬拟"[2]。释道恒还把孟子的善端说用来解释佛教的善。他在《释驳论》中说:

盖圣人设教,应器投法,受量有限,故化之以渐。录善心于毫端,忘鄙吝于丘壑,片行之善,永为身赀;一念之福,终为神用。[3]

所说的"录善心于毫端"、"片行之善"、"一念之福",就相当于孟子说的四心、四端。东晋戴逵更是把善视为先天具有,他在《答周居士难释疑论》中说:"非为善恶舛错,是非莫验。推斯而言,人之生也,性分夙定,

---

① 《弘明集·奉法要》,第 906 页。
② 徐复观:《中国人性论史》,第 99 页。
③ 《弘明集·释驳论》,第 369 页。标点略有改动。

善者自善,非先有其生,而后行善,以致于善也。恶者自恶,非本分无恶,长而行恶,以得于恶也。"①戴逵也认为人性有善与恶之别,而且善恶都是先天具有,并非后天行善或者行恶所致。就善性角度讲,这种看法与孟子的性善论是一致的,他们都承认善是心性的固有内容。

　　刘宋的何承天注重儒道,不信佛法。他在批评佛教时,从儒家传统的天地人三才之说出发,也结合孟子的性善说展开批评。他在《达性论》篇中说:"天以阴阳分,地以刚柔用,人以仁义立。人非天地不生,天地非人不灵,三才同体,相须而成者也。"②他认为,"人以仁义立",是因为人有恻隐之心和廉耻好恶之感。他在给颜延之的信中说:

　　　　夫立人之道,取诸仁义,恻隐为仁者之表,耻恶为义心之端。牛山之木,剪性于銮斧;恬漠之想,汩虑于利害。诚宜滋其萌蘖,援其善心。③

这段话全盘吸收了孟子的性善说。孟子说:"恻隐之心,仁之端也;羞恶之心,义之端也。"(《孟子·公孙丑上》)"牛山之木"是孟子关于性善论的比喻说法。他说:"牛山之木尝美矣,以其郊于大国也,斧斤伐之,可以为美乎?是其日夜之所息,雨露之所润,非无萌蘖之生焉,牛羊又从而牧之,是以若彼濯濯也。人见其濯濯也,以为未尝有材焉,此岂山之性也哉?虽存乎人者,岂无仁义之心哉?其所以放其良心者,亦犹斧斤之于木也,旦旦而伐之,可以为美乎?"(《孟子·告子上》)牛山之木因砍伐、牧牛羊而不美,人性因放其良心而不善。何承天通过孟子的观点,说明仁义是立人之道,而仁义源于心性之恻隐、羞恶,所以人先天有善性。即使这种善性被剪灭,也可以通过善心重启而得到。他还在《重答颜永嘉》中再次提到了恻隐、羞恶之心以及仁义端绪。他说:"夫阴阳陶气,刚柔赋性,圆首方足,容貌匪殊;恻隐耻恶,悠悠皆是。但参体二仪,必举仁义为端耳。知欲限以名器,慎其所假,遂令惠人洁士,比性于毛群;庶几之贤,同气于介族,立象之意,岂其然哉?……足下论仁义,则云情之者少,利之者多。言施惠,则许其遗贤忘报。在情既少,孰能遗贤?利之者多,

---

①《广弘明集》卷二十,载《全晋文》卷一百三十七,第 2252 页。
②《弘明集·达性论》,第 224 页。
③《弘明集·答颜永嘉》,第 233 页。宜,原作"直",据他本改。

曷云忘报？若能推乐施之士，以期欲仁之俦，演忘报之意，引向义之心，则义实在斯，求仁不远。"①从性善出发，认为应该把施恩惠与发扬仁义善性结合起来，如此才能真正忘掉施恩惠时的回报之心。

二、把佛等同于孟子说的先觉

佛是梵语佛陀的简称，译为觉者或智者，意为修行完满的人。当佛教与传统的儒学发生冲突时，就有人出来调和这种矛盾。孙绰即其中一人，他把佛等同于孟子的先觉。他在《喻道论》中说：

> 或难曰："周、孔适时而教，佛欲顿去之，将何以惩暴止奸，统理群生者哉？"答曰："不然，周、孔即佛，佛即周、孔，盖外内名之耳。故在皇为皇，在王为王。佛者梵语，晋训'觉'也。'觉'之为义，'悟物'之谓，犹孟轲以圣人为先觉，其旨一也。应世轨物，盖亦随时，周、孔救极弊，佛教明其本耳，共为首尾，其致不殊，即如外圣有深浅之迹。"②

孙绰这是试图调和佛教与儒学。他认为中国所说的周公、孔子，就相当于西方所说的佛，西方所说的佛，就相当于中国所说的周公、孔子。佛与周公、孔子的区别只是内外名称的不同而已，其本质是一致的。孙绰进一步拿孟子的话作为依据来证明其观点，他说晋称佛为"觉"，而孟子称伊尹为"圣之任者也"，并引伊尹的话说："天之生此民也，使先知觉后知，使先觉觉后觉也。予，天民之先觉者也；予将以斯道觉斯民也。非予觉之，而谁也？"（《孟子·万章下》）孙绰认为，孟子把伊尹视为"先觉"，其所指称的含义与晋人称佛为"觉"是一致的，皆为悟物。一般认为，佛教中佛是"佛法的创觉者"，他"能觉苦觉乐觉中道"，佛的"正觉，是从己及人而推及世间彻悟自他、心物的中道"，佛"是创觉者，弟子是后觉，先觉觉后觉"③。就是说，佛开悟后，又怜念众生在迷不觉，于是把自己所觉悟的真理，拿来辗转教化他人，使人人成佛，这就是佛的自觉与觉他。孙绰正是把孟子的"先觉觉后觉"与佛教的自觉与觉

---

① 《弘明集·重答颜永嘉》，第 249、256 页。标点略有改动。
② 《弘明集》卷三，载杨世文《魏晋学案》卷四十四，第 1193 页。
③ 以上所引，见释印顺《佛法概说》，中华书局，2010 年，第 7—11 页。

他等同起来,他认为所不同者,佛教的"觉"是从人心——根本上着眼,而周、孔及孟子是从现实的时弊考虑。两者刚好从首到尾,构成了人实现完满的全过程。

当然,孙绰此说是为了调和、融合佛教与儒学,孟子说的先觉与佛教的"觉"既有不同,也有相通之处。孟子说的"觉"是建立在人性善的基础上的,不管是先觉者还是后觉者,都有相同的善性。扩充了人性固有的善端并使之完满者为先觉者,反之,"放其心而不知求"(《孟子·告子上》),"行之而不著焉,习矣而不察焉,终身由之而不知其道者"(《孟子·尽心上》),为后觉者。孟子说的"先觉觉后觉",其实就是指圣人用自己具有完满仁义礼智的人格去影响和教化众庶,使之能"反求诸己",重启善端。当孟子说的"觉"作为名词"先觉"时,是指道德完满的人,作为动词时是指教化。佛教的"觉"主要是一种觉悟,是从自觉到觉他过程中的最高境界,即彻底认识宇宙真相,而具辨一切事理,这与孟子的道德境界不同。但两者实现目标的手段有相似之处,孟子讲"思",佛教讲"悟",都属于心灵的体认。

三、孟子仁政与佛教的不杀生

中国早期佛教以译经为主,在早期翻译的佛经中,援儒入佛的情况很常见。其中,孟子的性善论、仁义思想、仁政理论就是其部分内容,这在三国时期吴国康僧会翻译的《六度集经》中就体现得很明显。举一例来分析,就可看出它吸收孟子思想的特点,如其《布施度无极章》中关于《长寿王本生》的故事:

> 昔者菩萨为大国王,名曰长寿,太子名长生。其王仁恻,恒怀悲心,愍伤众生,誓愿济度。精进不倦,刀杖不行,臣民无怨。风雨时节,宝谷丰沃。邻国小王,执操暴虐,贪残为法,国荒民贫。谓群臣曰:"吾闻长寿,其国丰富,去斯不远,怀仁不杀,无兵革之备,吾欲夺之,其可获乎?"群臣曰:"可。"则兴战士到大国界,蕃屏之臣,驰表其状惟愿备豫。长寿则会群臣议曰:"彼王来者,惟贪吾国民众宝多。若与之战,必伤民命,利己残民,贪而不仁,吾不为也。"群臣佥曰:"臣等旧习军谋兵法,请自灭之,无劳圣思。"王曰:"胜则彼死,

弱则吾丧。彼兵吾民,皆天生育,重身惜命,谁不然哉?全己害民,贤者不为也。"群臣出曰:"斯天仁之君,不可失也。"自相捡率,以兵拒贼。长寿觉之,谓太子曰:"彼贪吾国,怀毒而来,群臣以吾一人之身,欲残民命,今吾委国,庶全天民,其义可乎?"太子曰:"诺。"父子逾城。即改名族,隐于山草。①

这段话明显受了孟子的影响。滕文公曾问孟子小国如何与大国相处,孟子讲述了古公亶父从邠迁到岐山的历史:

> 昔者大王居邠,狄人侵之。事之以皮币,不得免焉;事之以犬马,不得免焉;事之以珠玉,不得免焉。乃属其耆老而告之曰:"狄人之所欲者,吾土地也。吾闻之也:君子不以其所以养人者害人。二三子何患乎无君?我将去之。"去邠,逾梁山,邑于岐山之下居焉。邠人曰:"仁人也,不可失也。"从之者如归市。(《孟子·梁惠王下》)

周太王不愿以私利而发动战争,因此放弃君位、土地、财富而迁居,这是孟子心中理想的仁君形象。同样,《长寿王本生》中描绘的长寿王,有仁义恻隐之心,"愍伤众生,誓愿济度。精进不倦,刀杖不行,臣民无怨。风雨时节,宝谷丰沃","怀仁不杀",也是儒家的仁君形象。周太王说"狄人之所欲者,吾土地也。吾闻之也:君子不以其所以养人者害人",长寿王说"彼王来者,惟贪吾国民众宝多。若与之战,必伤民命,利己残民,贪而不仁,吾不为也",用语和体现的恻隐之心完全一致。邠人说"仁人也,不可失也",长寿王群臣说"斯天仁之君,不可失也"。可见,《六度集经》中宣扬的佛的前生或者人王,与孟子乃至儒家推崇的圣贤之君,都看重仁德,推崇仁政,反对刑杀。还如该书《精进度无极章·鹿王本生》中的人王,有感于鹿王的仁爱之举,感叹"为君之道,可不仁乎",于是"自斯绝杀尚仁,天即佑之,国丰民熙。遐迩称仁,民归若流"②。此即孟子所说:"今夫天下之人牧,未有不嗜杀人者也。如有不嗜杀人者,则天下之民皆引领而望之矣!诚如是也,民归之,由水之就下,沛然谁能御之?"(《孟

---

① 康僧会译,蒲正信注:《六度集经》,巴蜀书社,2011年,第49—50页。
② 康僧会译:《六度集经》,第215页。

子·梁惠王上》）"绝杀尚仁"就是孟子说的"不嗜杀人"。

　　孟子因主张仁政而反对战争，反对"嗜杀"。这被佛教视为不杀生、去杀。刘宋的宗炳在《明佛论》中就有这种看法，他说：

> 　　但今相与理，缘于饮血之世，畋渔非可顿绝。是以圣王庖厨其化，盖顺民之杀以减其害，践庖闻声，则所不忍。因豺獭以为节，疾非时之伤孕；解罝而不网，明含气之命重矣。孟轲击赏于衅钟，知王德之去杀矣。先王抚鹿救急，故虽深其仁，不得顿苦其禁。如来穷神明极，故均重五道之命，去杀为众戒之首。①

"庖厨"的说法本于《孟子·梁惠王下》："君子之于禽兽也，见其生，不忍见其死；闻其声，不忍食其肉。是以君子远庖厨也。"宗炳用它说明圣王有不忍人之心而不愿杀戮。接着又用孟子与齐宣王的事来加强这一观点。齐宣王曾不忍心杀衅钟的牛，孟子视为有不忍人之心和仁术。宗炳从孟子的行为中看到的是"去杀"，这正是佛教的核心。宗炳虽然赞扬了儒家圣人的不忍人之心和"去杀"之意，但他又认为儒家的仁义之心只能解决尘世生活中的当务之急，不能彻底解除民众的痛苦，所以他最终推出神明至极的如来佛，并再次强调佛教全部戒条之首的"去杀"。宗炳虽然也用孟子等儒家圣贤的话语甚至思想来传达佛教观点，但这与《六度集经》把佛简单等同于儒家圣贤、推崇仁德相比，对佛教的认识又深刻得多。

　　在不忍人之心的基础上，孟子主张不忍人之政——仁政，他认为君王如果不能实行仁政，就不应该好乐、好勇、好货、好色。南齐萧子良为了批评孔稚圭对佛教所发的虚浮激烈之言，吸收了孟子这一思想，他说：

> 　　每患浮言之妨正道，激烈之伤纯和，亦已久矣。孟子有云："君王无好智，君王无好勇。"智勇之过，生乎患祸，所遵正当，仁义为本。②

萧子良引孟子的话是为证明"浮言之妨正道，激烈之伤纯和"。但他所引的话并非孟子原话，而是对孟子语句的概括。"好勇"之说见于《孟子·梁惠王下》，当孟子告诉齐宣王与邻国交往的方法时，齐宣王说："大哉言矣！寡人有疾，寡人好勇。""好智"说未直接见于《孟子》，萧子良

---

① 《弘明集·明佛论》，第138—139页。标点略有改动。
② 《弘明集·文宣王书与中丞孔稚圭释疑惑（并笺答）》，第744页。略有修订。

指的大概是梁惠王"察邻国之政,无如寡人之用心者"(《孟子·梁惠王
上》)的自负,以及齐宣王"齐桓晋文"之问的野心。他认为,孟子之所
以反对好智、好勇,是因为这些行为过头就会产生祸患,唯有以仁义为根
本,才能避免。萧子良对孟子的意思有准确理解,他在借此批评孔稚圭
"浮言"、"激烈"的同时,宣扬仁义为本,并以此作为他批评孔稚圭对佛教
的错误看法以及维护佛教的前提,这是调和儒佛的常用方式。

四、宗炳对孟子的先贬后褒

刘宋宗炳是著名的画家,崇尚佛教,著有《明佛论》,阐明轮回的神
识不灭和法身的神识常住。他在《明佛论》中先批评了孔孟不谈鬼神死
亡,眼界狭小。他说:

> 《书》称知远,不出唐虞;《春秋》属辞,尽于王业;《礼》、《乐》之
> 良敬,《诗》、《易》之温洁。今于无穷之中,焕三千日月以列照。丽
> 万二千天下以贞观,乃知周、孔所述,盖于蛮触之域,应求治之粗感,
> 且宁乏于一生之内耳。逸乎生表者,存而未论也。若不然也,何其
> 笃于为始形,而略于为终神哉? 登蒙山而小鲁,登太山而小天下,是
> 其际矣。且又《坟》、《典》已逸,俗儒所编,专在治迹。……而学者
> 唯守救粗之阙文,以《书》、《礼》为限断,闻穷神积劫之远化,炫目前
> 而永忽,不亦悲夫?[①]

他认为儒家经典《书》、《春秋》、《礼》、《乐》、《诗》、《易》虽各有侧重,但关
注的都是狭小的世界,局限于一生且忙于世俗的现实生活,对于生之外
的事和精神一类,就存而不论,不如佛教关注广大无穷的世界。然后他
对孟子赞扬孔子的话展开批评。孟子赞扬孔子"登东山而小鲁,登泰山
而小天下。故观于海者难为水,游于圣人之门者难为言"(《孟子·尽心
上》),高度称赞了孔子知识的渊博和境界的高远。但在宗炳看来,孟子
所推崇的孔子所代表的中土最高境界,也仅此而已,因为孔子所编的经
书只关注国家治理的事情。宗炳含蓄地批评孔子为俗儒,而孟子却视其
为"小天下",可见孟子的境界又低了不少。所以宗炳又说:

---

① 《弘明集·明佛论》,第 96 页。

　　　　至若冉季、子游、子夏、子思、孟轲、林宗、康成、盖公、严平、班嗣、杨王之流,或分尽于礼教,或自毕于任逸,而无欣于佛法,皆其寡缘所穷,终无僭滥。①

宗炳这里解释了孟子等人境界狭小的原因:子思、孟子等人只一味强调遵循礼教,把眼光停留在现实世界上,而不信奉佛法,所以很少接触那些不可穷尽的道理。孔孟都重点关注当下的现实社会,而佛教却把重点放在来生,所以宗炳有如此评价。虽然他看到了儒佛的不同,但他以彼否定此的做法,也有失偏颇。

　　但是,同在《明佛论》篇,同样是针对编撰经书和孟子评孔子登临泰山,宗炳前后表现出完全不同的态度,他说:

　　　　昔仲尼修《五经》于鲁,以化天下,及其眇邈太蒙之颠,而天下与鲁俱小。岂非神合于八遐,故超于一世哉?然则《五经》之作,盖于俄顷之间,应其所小者耳。②

前面批评孔孟境界狭小,这里又说孔子登山小鲁、小天下,是"神合于八遐"、"超于一世",即神明达八方、超越一世的界限,编写经书仅仅是为了满足那些境界狭小之人的需求。另外,宗炳之前还批评了孔子不谈死亡鬼神,所述"盖于蛮触之域,应求治之粗感,且宁乏于一生之内耳",但后面又为孔子开脱,说孔子不谈鬼神是因为子路"尽于好勇,笃于事君,固宜应以一生之内。至于生死、鬼神之本,虽曰有问,非其实理之感。故性与天道,不可得闻。佛家之说众生,有边无边之类十四问,一切智者皆置而不答。诚以答之无利益,则堕恶邪?"③孔子不谈鬼神是因弟子还没有达到可谈的境界,而且佛教中的智者也有不答的情形。

五、《牟子理惑论》中的孟学观

　　牟子其人其文都有不少争议④。一般认为,牟子著《牟子理惑论》,成

――――――――――

① 《弘明集·明佛论》,第121页。
② 《弘明集·明佛论》,第154页。
③ 《弘明集·明佛论》,第160页。
④ 杨海文先生对二者的讨论有详细的梳理,并把《牟子理惑论》视为中国佛教史上第一篇孟子学文献,进行了详细梳理和分析。见杨海文《中国佛教史上第一篇孟子学文献——〈牟子理惑论〉新探》,《湖南大学学报》2013年第5期。

书于东汉末年,通过问答的形式,旨在融合儒、道、释三家思想。书中除大量引孔子、老子的话来论述佛教与儒、道思想并不相悖外,还吸收了不少孟子思想,如距杨墨、夷夏之辨以及权变思想。还比较了孟子与苏秦、张仪本质的不同。

首先,牟子自比孟子"距杨墨"。当弟子问孟子为何好辩时,孟子道出了自己学术的理想:"天下之言不归杨,则归墨。杨氏为我,是无君也;墨氏兼爱,是无父也。无父无君,是禽兽也。……杨墨之道不息,孔子之道不著,是邪说诬民,充塞仁义也。仁义充塞则率兽食人,人将相食。吾为此惧,闲先圣之道,距杨墨,放淫辞,邪说者不得作。……我亦欲正人心,息邪说,距诐行,放淫辞,以承三圣者!岂好辩哉?予不得已也。能言距杨墨者,圣人之徒也。"(《孟子·滕文公下》)孟子把距杨、墨视为捍卫先圣之道,继承圣人事业。牟子以此自比,他说:

> 牟子既修经传诸子,书无大小,靡不好之。虽不乐兵法,然犹读焉。虽读神仙不死之书,抑而不信,以为虚诞。是时灵帝崩后,天下扰乱,独交州差安。北方异人咸来在焉,多为神仙辟谷长生之术。时人多有学者,牟子常以五经难之,道家术士莫敢对焉,比之于孟轲距杨朱墨翟。[1]

牟子说自己早年对儒家经传和其他诸子都乐意读,晚年虽用心于佛教,但仍然研习和重视儒、道,所谓"锐志于佛道,兼研《老子》五千文,含玄妙为酒浆,玩五经为琴簧"[2]。牟子所不信者,唯神仙不死之书、神仙辟谷长生之术,视其为汉末乱世中麻痹人精神的虚幻荒诞之言。因此,面对道家术士的宣扬和时人多学习的状况,牟子以五经为依据诘难他们。孟子认为杨、墨"是邪说诬民,充塞仁义也",而牟子认为神仙之说"虚诞",所以自比为孟轲距杨、墨。

牟子不但把自己批驳神仙之术视为孟子距杨、墨,还把自己宣扬佛、道以批评"众私掩其公"的行为视为孟子距杨、墨。有人质疑牟子:道家和佛教的道既然都讲究无为,为什么还要把它们进行区分呢?牟子说:

---

① 《弘明集·牟子理惑论》,第 6 页。
② 《弘明集·牟子理惑论》,第 9 页。

> 俱谓之草,众草之性不可胜言;俱谓之金,众金之性不可胜言。同类殊性,万物皆然。岂徒道乎? 昔杨墨塞群儒之路,车不得前,人不得步,孟轲辟之,乃知所从。……佛道非不正,众私掩其公。是以吾分而别之。①

牟子认为"同类殊性,万物皆然"②,佛教与道家的道同为无为,但也各有不同,所以要辨才能明。正如孟子要辩杨墨之非,儒道才能通畅一样。所以他说"佛道非不正,众私掩其公。是以吾分而别之"。牟子自比孟子距杨墨,虽然在方法上同属于辨明是非,但更多的是一种精神力量的鼓舞。

以孟子距杨墨作比的,还有梁朝的陆任、陆倕。他们在附和梁武帝《大梁皇帝敕答臣下神灭论》文所作的答复中说:"惠示《至尊所答臣下审神灭论》。昔者异学争途,孟子抗周公之法;小乘乱道,龙树陈释迦之教。于是杨、墨之党,舌举口张;六师之徒,辙乱旗靡。"③他们赞扬梁武帝"尽化知神",解除了赞同神灭论的人的困惑,就如同孟子反对杨墨邪说诬民,弘扬了周公思想。

其次,牟子对孟子的夷夏之辨作出新的解释。有人用孔孟对夷夏之辨的看法来批评牟子,说:"孔子曰:'夷狄之有君,不如诸夏之亡也。'孟子讥陈相更学许行之术,曰:'吾闻用夏变夷,未闻用夷变夏者也。'吾子弱冠学尧舜周孔之道,而今舍之,更学夷狄之术,不已惑乎!"④夷夏之辨由来已久,孔孟的看法显示了重夏轻夷的传统。批评者认为,牟子放弃中国之学而学夷人的佛教,这是糊涂的做法。牟子解释说:

> 此吾未解大道时之余语耳。若子可谓见礼制之华,而暗道德之实;窥炬烛之明,未睹天庭之日也。孔子所言,矫世法矣。孟轲所云,疾专一耳。昔孔子欲居九夷,曰:"君子居之,何陋之有?"及仲尼不容于鲁卫,孟轲不用于齐梁,岂复仕于夷狄乎? 禹出西羌而圣哲,瞽叟生舜而顽嚚,由余产狄国而霸秦,管蔡自河洛而流言。传

---

① 《弘明集·牟子理惑论》,第61页。
② 这与孟子说的"故凡同类者,举相似也"(《孟子·告子上》)完全不同。
③ 《弘明集·与王公朝贵书并六十二人答·散骑侍郎陆任太子中舍陆倕答》,第693页。
④ 《弘明集·牟子理惑论》,第33页。

曰："北辰之星,在天之中,在人之北。"以此观之,汉地未必为天中也。佛经所说,上下周极,含血之类物,皆属佛焉。是以吾复尊而学之,何为当舍尧舜周孔之道?金玉不相伤,精魂不相妨。谓人为惑时,自惑乎。①

牟子认为,孟子要批评的,是陈相把楚人许行的主张作为唯一合理的观点,因而"尽弃其学而学焉",并宣扬"贤者与民并耕而食,饔飧而治"(《孟子·滕文公上》)。他引孔子的话说,只要有君子居住,即使是夷狄之地也不鄙陋。并假设"仲尼不容于鲁卫,孟轲不用于齐梁",他们也会去夷狄处做官。就是说,孔孟并非专一于夏,夷夏各有圣贤君子,也有德薄之人,并以禹出西羌等例子来说明。牟子还进一步从地域角度说明夷夏之辨的不合理性:根据经传所说,夏所在之地未必是天地的中心。背后所指不言而明。鉴于以上看法,佛所说既然有理,在不舍弃周孔之道的情况下学习它,又有何不可?

孟子的夷夏之辨实际上体现了传统的中原中心思想,是文化的自信,甚至可以说是文化的霸权。牟子对孟子的说法进行了重新解释,这既是他宣扬佛教,使之合法化的需要,也是佛教教义本身的应有之意。杨海文说:"《牟子理惑论》这里对礼制、道德作出华(表象)、实(本质)之分,致使其夷夏观既包含极端义,又包含调和义。从极端义看,因为道德比礼制更重要,佛法比儒教更重要,故须以夷变夏;从调和义看,因为道德和礼制密不可分,佛法和儒家不可分,故须夷夏并存。无论以夷变夏的极端义,还是夷夏并存的调和义,均迥异于孔孟讲的以夏变夷。"②

第三,牟子吸收了孟子的权变思想。面对男女授受不亲礼制下的"嫂溺,则援之以手礼与"的提问,孟子说:"男女授受不亲,礼也;嫂溺,援之以手者,权也。"(《孟子·离娄上》)又说:"执中无权,犹执一也。"(《孟子·尽心上》)牟子用这一思想批评了那些否定佛教施舍的人。

批评者以儒家的仁惠来质疑须大拏太子(即悉达多)的行为,说:"盖以父之财乞路人,不可谓惠。二亲尚存,杀己代人,不可谓仁。今佛

---

① 《弘明集·牟子理惑论》,第 33 页。
② 杨海文:《中国佛教史上第一篇孟子学文献——〈牟子理惑论〉新探》,《湖南大学学报》2013年第 5 期。

经云："太子须大拏，以父之财，施与远人。国之宝象，以赐怨家。妻子匄与他人。'不敬其亲而敬他人者，谓之悖礼。不爱其亲而爱他人，谓之悖德。须大拏不孝不仁，而佛家尊之，岂不异哉？"① 他们认为须大拏太子违背礼德，不孝不仁。牟子解释说：

> 五经之义，立嫡以长。太王见昌之志，转季为嫡，遂成周业，以致太平。娶妻之义，必告父母。舜不告而娶，以成大伦。贞士须聘请，贤臣待征召。伊尹负鼎干汤，宁戚叩角要齐，汤以致王，齐以之霸。礼，男女不亲授。嫂溺则授之以手，权其急也。苟见其大，不拘于小，大人岂拘常也。须大拏睹世之无常，财货非己宝，故恣意布施，以成大道。父国受其祚，怨家不得入；至于成佛，父母兄弟皆得度世。②

牟子先列举了周太王、舜、伊尹、宁戚四人不按儒家经义行事而取得成功的例子，然后又以孟子"嫂溺则授之以手"的例子作结，说明"权其急"的重要性。就是说，在紧急情况下要懂得变通，从大处着眼，不拘泥于小节。这正是孟子权变思想的精髓。以此为依据，牟子认为须大拏太子的行为很好地体现这种权变。牟子认为，除了在轻重缓急上要有权变思想，就是在时机和地域上也要懂得权变。批评者质疑牟子：佛经既然那么好，你为什么不把它用于朝廷、家庭和朋友呢？牟子说："子未达其源而问其流也。夫陈俎豆于垒门，建旌旗于朝堂，衣狐裘以当蒸宾，被绨绤以御黄钟，非不丽也，乖其处、非其时也。故持孔子之术入商鞅之门，赍孟轲之说诣苏张之庭，功无分寸，过有丈尺矣。"③ 牟子指出，佛经虽好，但不是在任何时间和任何人身上都可马上有效。就如礼器虽好，但放在军营的大门就无用；狐皮虽好，但夏天穿来防暑热就适得其反；孔孟的学说虽好，但在商鞅、苏秦和张仪的门下宣传，就有危险。可见时机和地域的把握很重要，这也是权变。

从《牟子理惑论》可以看出，早期佛教影响不大，地位不高，研究者大量运用儒家思想来论证其合理性，呈现出明显的援儒入佛的倾向，所

---

① 《弘明集·牟子理惑论》，第 35 页。匄，原作"自"，据他本改。
② 《弘明集·牟子理惑论》，第 36 页。
③ 《弘明集·牟子理惑论》，第 45 页。

以孔孟思想自然受到了更多的关注。

此外,还有人用孟子的"尽信书不如无书",批评道士对佛教别名"浮屠"、"佛徒"、"丧门"、"沙门"等所作的望文生义的解释。如刘勰《灭惑论》:"汉明之世,佛经始过,故汉译言,音字未正。浮音似佛,桑音似沙,声之误也。以图为屠,字之误也。……以文害志,孟轲所讥。"[①]用到孟子这一思想的还有晋宋时的大臣范泰,他向晋成帝上书《论沙门踞食表》,要求改变沙门踞食的方式,回到传统的吃饭坐姿。他说:"臣谓理之所在,幸可不以文害意。五帝不相袭礼,三王不沿其乐,革命随时,其义并大。庄周以今古譬舟车,孟轲以专信书不如无书,是故证羊非直。"[②]他首先概括孟子的话"不以文害辞,不以辞害志"(《孟子·万章上》),说明不能以文字的表面意思来损害本义,接着说明传统都在变化,不能总沿袭过去。最后用孟子尽信书不如无书的观点以及庄子、孔子的话来佐证。

第三节 《刘子》引《孟子》及其体现的孟学观

刘昼,北齐思想家,生平事迹略见于《北齐书》《北史》。据《北史·儒林列传上·刘昼传》载:"刘昼字孔昭,渤海阜城人也。少孤贫,爱学,伏膺无倦。……恨下里少坟籍,便杖策入都。知邺令宋世良家有书五千卷,乃求为其子博士,恣意披览,昼夜不息。还,举秀才,策不第,乃恨不学属文,方复缉缀辞藻。言甚古拙,制一首赋,以六合为名,自谓绝伦,乃叹儒者劳而寡功。……昼求秀才,十年不得,发愤撰《高才不遇传》。冀州刺史郦伯伟见之,始举昼,时年四十八。……孝昭即位,好受直言。昼闻之,喜曰:'董仲舒、公孙弘可以出矣。'乃步诣晋阳上书,言亦切直,而多非世要,终不见收采。……昼常自谓博物奇才,言好矜大。每言:'使我数十卷书行于后世,不易齐景之千驷也。'容止舒缓,举动不伦,由是竟无仕,卒于家。"[③]从不多的记载中,我们可以得到如下信息:

①《弘明集·灭惑论》,第543页。
②《弘明集·论沙门踞食表》,第825页。
③《北史》卷八十一,中华书局,1974年,第2729—2730页。

其一,刘昼遍览群书,这从《刘子》大量引用先秦以来的典籍可以得到印证。其二,刘昼有济世安民的理想,但仕途之路一直不顺,故对儒者"劳而寡功"的现状有较为清楚的认识。其三,刘昼自视甚高,好放豪言。这也许是其仕途不顺的原因之一。但从《刘子》来看,其文却平实严谨,不见"言好矜大"的特点。

刘昼必定熟悉《孟子》,《刘子》一书对孟子的性善说、仁义观、仁政思想、民本思想都有不同程度的继承和发展。他对孟子的评价与他对儒家的总体看法一致。

一、在孟子性善论基础上主张性善情欲恶

魏晋南北朝对人性论的讨论不多,往往只是泛泛而谈,不主一家。刘昼对人性的看法既有与孟子一致的一面,也有发展的一面。可以说,他的人性论是对孟、荀、董仲舒等的人性论的综合继承。他在《防欲》章集中谈到了性、情、欲三者的产生以及关系。他说:

> 人之禀气,必有性情。性之所感者,情也;情之所安者,欲也。情出于性而情违性,欲由于情而欲害情。……性贞则情销,情炽则性灭。是以殊莹则尘埃不能附,性明则情欲不能染也。……故林之性静,所以动者,风摇之也;水之性清,所以浊者,土浑之也;人之性贞,所以邪者,欲眩之也。①

刘昼认为人承受天地元气而有性、情,情出于性,而欲因情生。情欲出于性,也会损害性。但性如果能保持与生俱来的正性,它就不会被情欲扰乱,即所谓"性贞则情销,情炽则性灭","性贞"即"性正","正"应为积极意义的不偏不斜、中正。刘昼虽然没有说性善,但按照他的解释,他所说的"性贞",就相当于孟子说的性善,所以他说"林之性静,所以动者,风摇之也;水之性清,所以浊者,土浑之也;人之性贞,所以邪者,欲眩之也"。静是树林的性,清是水的性,林动、水浊是因为外在因素的影响。同样,人性为"贞",其反面是"邪","邪"者恶也,造成人性恶的是情,而

---

① 傅亚庶:《刘子校释》,中华书局,1998 年,第 10 页。

影响情的最终是欲①，而非人性本身，因此可以说，"性贞"就是性正，就是性善。而且，孟子还曾把"平旦之气"、"夜气"看成人心中的善念或者善端，把气与善性联系起来。虽然刘昼的"人之禀气，必有性情"说与此有区别，但就他说的"性贞"是"禀气"的结果这一点来看，其与孟子的观点是相通的。刘昼"性贞"说受孟子性善说影响，还可以从以下一段话中看出。他说：

> 蜂蚊小害，指肤外疾，人入山则避蜂虿，入室则驱蚊虻。何者？以其害于体也。嗜欲攻心，正性颠倒，嗜欲大害，攻心内疾，方于指肤，亦以多也。外疾之害，轻于秋毫，人知避之；内疾之害，重于泰山，而莫之避。是弃轻患而负重害，不亦倒乎？人有牛马，放逸不归，必知收之；情欲放逸而不知收之，不亦惑乎？②

刘昼首先指出，蚊、蜂叮咬人的手指、皮肤是"外疾"——外在的小伤害，人们知道尽量避免。但是，追求欲望是颠倒"正性"的"内疾"——内在的大伤害，人们却往往不去避免。他的"指肤外疾"、"攻心内疾"说，受孟子"小体"、"大体"说的影响。孟子把耳目口鼻四肢视为小体，把心视为大体，说"体有贵贱，有小大。无以小害大，无以贱害贵。养其小者为小人，养其大者为大人"（《孟子·告子上》）。"以小害大"即孟子说的"陷溺其心"（《孟子·告子上》）、"以饥渴之害为心害"（《孟子·尽心上》）以及"放其良心"（《孟子·告子上》）等。这也就是刘昼说的"攻心"。然后，刘昼反用孟子"鸡犬放"之说来说明人应当遏制情欲，使"正性"得到发展。孟子曾说："仁，人心也；义，人路也。舍其路而弗由，放其心而不知求，哀哉！人有鸡犬放，则知求之；有放心，而不知求。学问之道无他，求其放心而已矣。"（《孟子·告子上》）孟子认为应该把丧失的善心找回来，而刘昼是说把放纵的情欲收拢，虽然两人所说看似相反，

---

① 之前的荀子、董仲舒等人也主张情欲恶。荀子云："性者，天之就也；情者，性之质也；欲者，情之应也。"（《荀子集解·正名》，第428页）董仲舒云："质朴之谓性，性非教化不成；人欲之谓情，情非度制不节。"（《汉书》卷五十六，第2515页）不同于：刘昼主张性善情欲恶，"情者，是非之主，而利害之根"（《刘子校释·去情》，第20页），"扬善生于性美，宣恶出于情妒"（《刘子校释·伤谗》，第327页）。而且他还把情与欲分开，把欲作为影响性走向恶的根源。所以他先讲"防欲"，接着说"去情"。
② 《刘子校释·防欲》，第11页。

但就发挥善性、禁止恶的产生这一点上是完全一致的。与孟子性善论略不同的是,孟子把恶视为后天社会的影响,而刘昼把恶视为人性中情欲的影响。

虽然在善为性之根本上,刘昼与孟子一致,但在实现善性的途径上,刘昼上承荀子,主张"积学"。他在《崇学》篇说:"人性謏慧,非积学而不成。""人性美而不监道者,不学也。"①这与孟子以思、自省为主要方式的内修路径完全不同。

二、用孟子"弈秋诲二人弈"说明专一的重要性

"弈秋诲二人弈"是孟子讲的类似于寓言的故事。他说:"弈秋,通国之善弈者也。使弈秋诲二人弈,其一人专心致志,惟弈秋之为听。一人虽听之,一心以为有鸿鹄将至,思援弓缴而射之,虽与之俱学,弗若之矣。"(《孟子·告子上》)孟子讲这个寓言,本是为了说明君王如不专心于仁义,终将不能实现王道。刘昼著《专务》章,对孟子这个寓言略加改造。其文曰:

> 弈秋,通国之善弈也。当弈之思,有吹笙过者,倾心听之,将闻未闻之际,问以弈道,则不知也。非弈道深微,情有暂暗,笙滑之也。隶首,天下之善算也。当算之际,有鸣鸿过者,弯弧拟之,将发未发之间,问以三五,则不知也。非三五难算,意有暴昧,鸿乱之也。以弈秋之弈,隶首之算,穷微尽数,非有差也。然而心在笙鸿,而弈败算挠者,是心不专一,游情外务也。②

刘昼丰富了孟子寓言的内容,旨在说明外界对心的干扰会影响学习,所以说:"学者必精勤专心,以入于神。若心不在学而强讽诵之者,虽入于耳而不谛于心,譬若聋者之歌,效人为之,无以自乐,虽出于口则越而散矣。"③本章上承《崇学》章,就是强调学习的专一。与孟子原意完全不同。

---

① 《刘子校释·崇学》,第 37 页。
② 《刘子校释·专务》,第 49 页。
③ 《刘子校释·专务》,第 49 页。

三、吸收孟子的仁政、民本思想

刘昼重视仁义以及仁与利的关系。《言苑》章说：“仁义所在，匹夫为重；仁义所去，则尊贵为轻。”“为仁则不利，为利则不仁。”① 一个人社会地位的轻重与权势无关，有无仁义是关键。仁与利是孟子认为最应该谨慎处理的一对关系，所以《孟子》开篇就警告：“苟为后义而先利，不夺不餍。未有仁而遗其亲者也，未有义而后其君者也。王亦曰仁义而已矣，何必曰利？”（《孟子·梁惠王上》）以至于朱熹后来认为“义利之说乃儒者第一义”②。孟子还借鲁国执政大夫季孙氏的家臣阳虎的话说：“为富不仁矣，为仁不富矣。”（《孟子·滕文公上》）这正是刘昼“为仁则不利，为利则不仁”所本。

作为治国者，正确处理仁与利的关系，莫过于以民为本，施行仁政。所以刘昼在《贵农》章中说：

> 衣食者，民之本也；民者，国之本也。民恃衣食，犹鱼之须水；国之恃民，如人之倚足。鱼无水，则不可以生；人失足，必不可以步；国失民，亦不可以治。先王知其如此，而给民衣食。③

“衣食者，民之本也；民者，国之本也”，是《贵农》章的基本观点。就是说，国家的根本要务是解决百姓的温饱问题，解决了温饱问题，也就解决了民为本的问题。这可视为对孟子民本、仁政思想的高度概括，因为孟子的民本思想就是要求：“明君制民之产，必使仰足以事父母，俯足以畜妻子，乐岁终身饱，凶年免于死亡。”（《孟子·梁惠王上》）就是说，老百姓的产业至少能让一家人在风调雨顺之年吃饱穿暖，即使在灾荒年代，也能避免饿死和冻死。刘昼《贵农》篇即围绕这一主题展开分析。但他的方法也仅停留于“天子亲耕，后妃亲织，以为天下先”④ 的传统形式，而没法给出实质性的政策和途径。

以民为本的仁政是怎样具体体现的呢？孟子和刘昼有相似的看法。

---

① 《刘子校释·言苑》，第 509、511 页。
② 《朱子全书·与延平李先生书》，第 1082 页。
③ 《刘子校释·贵农》，第 112 页。
④ 《刘子校释·贵农》，第 112 页。

孟子多次描绘了这样一幅图景："王如施仁政于民,省刑罚,薄税敛,深耕易耨,壮者以暇日修其孝弟忠信,入以事其父兄,出以事其长上,可使制梃以挞秦楚之坚甲利兵矣。""不违农时,谷不可胜食也;数罟不入洿池,鱼鳖不可胜食也;斧斤以时入山林,材木不可胜用也。谷与鱼鳖不可胜食,材木不可胜用,是使民养生丧死无憾也。养生丧死无憾,王道之始也。五亩之宅,树之以桑,五十者可以衣帛矣。鸡豚狗彘之畜,无失其时,七十者可以食肉矣。百亩之田,勿夺其食,数口之家可以无饥矣。谨庠序之教,申之以孝悌之义,颁白者不负戴于道路矣。七十者衣帛食肉,黎民不饥不寒,然而不王者,未之有也。"(《孟子·梁惠王上》)刘昼《爱民》章基本是对以上图景的再现。他说:

> 夫足寒伤心,民劳伤国。足温而心平,人佚而国宁。是故善为理者,必以仁爱为本,不以苛酷为先。宽宥刑罚,以全民命,省彻徭役,以休民力;轻约赋敛,不匮人财,不夺农时,以足民用,则家给国富,而太平可致也。人之于君,犹子之于父母也。未有父母富而子贫,父母贫而子富也。故人饶足者,非独人之足,亦国之足也;渴乏者,非独人之渴乏,亦国之渴乏也。……先王之治,上顺天时,下养万物,草木昆虫,不失其所。獭未祭鱼,不施网罟;豺未祭兽,不修田猎;鹰隼未击,不张罻罗;霜露未沾,不伐草木。草木有生而无识,鸟兽有识而无知,犹施仁爱以及之,奚况生人而不爱之乎? [①]

施行仁政,刘昼说的"宽宥刑罚,以全民命,省彻徭役,以休民力",即孟子说的"省刑罚,薄税敛";刘昼说的"不夺农时,以足民用",即孟子说的"不违农时,谷不可胜食也";刘昼说的"獭未祭鱼,不施网罟"等举措,即孟子说的"数罟不入洿池"等可持续性手段。可见,刘昼很推崇孟子的仁政,特别是民本思想。

刘昼认为,君王爱民,施行仁政,会营造良好的君民关系:"故君者,其仁如春,其泽如雨,德润万物,则人为之死矣"[②],并以周太王为榜样:"昔太王去邠,而人随之,仁爱有余也。……仁爱附人,坚于金石。金石

---

① 《刘子校释·爱民》,第 123 页。
② 《刘子校释·爱民》,第 123 页。

可销而人不可离。"① 这都是对孟子相关说法的借鉴。孟子说："是故明君制民之产，必使仰足以事父母，俯足以畜妻子，乐岁终身饱，凶年免于死亡。然后驱而之善，故民之从之也轻。"（《孟子·梁惠王上》）"君行仁政，斯民亲其上，死其长矣。"（《孟子·梁惠王下》）孟子描绘古公亶父"去邠，逾梁山，邑于岐山之下居焉。邠人曰：'仁人也，不可失也。' 从之者如归市"（《孟子·梁惠王下》）。

四、要求仁政与法术结合，因时而变

刘昼虽然讲民本、仁政，但主张不废法而治世。他在《法术》章说："建国君人者，虽能善政，未能弃法而成治也。……为政者不可废法而治人。"② 又在《赏罚》章说："圣人之为治也，以爵赏劝善，以仁化爱民，故刑罚不用，太平可致。然而不可废刑罚者，以民之有纵也。是以赏虽劝善，不可无罚；罚虽禁恶，不可无赏。赏平罚当，则理道立矣。"③ 这就如同孟子说施行仁政，"莫如贵德而尊士，贤者在位，能者在职。国家闲暇，及是时明其政刑"（《孟子·公孙丑上》）。把仁政与刑法制度结合起来治国，这是魏晋以来很多士大夫的共识，诸如之前的荀悦、傅玄、袁准、杜恕等。刘昼在前人论述的基础上有发展，认为"法宜变动，非一代也"④，即一代有一代之法术。不仅是法术，就是整个礼制体系都应随时代而变，"礼者，成化之所宗，而非所以成化也。成化之宗，在于随时；为治之本，在于因世。不因世而欲治，不随时而成化，以斯治政，未为忠也。"⑤ 用发展、辩证的眼光审视仁政、礼制的作用，这是刘昼的独到处。

所以他以此观点去批评孟子对古公亶父让国之举的赞扬，就显得合情合理。他在《随时》章说：

> 昔秦攻梁，梁惠王谓孟轲曰："先生不远千里，辱幸弊邑，今秦攻梁，先生何以御乎？"孟轲对曰："昔太王居邠，狄人攻之，事之以玉帛，不可。太王不欲伤其民，乃去邠之岐。今王奚不去梁乎？"惠王

---

① 《刘子校释·爱民》，第 123 页。
② 《刘子校释·法术》，第 141 页。
③ 《刘子校释·赏罚》，第 150 页
④ 《刘子校释·法术》，第 142 页。
⑤ 《刘子校释·法术》，第 142 页。

不悦。夫梁所宝者,国也。今使去梁,非其能去也,非异代之所宜行也。故其言虽仁义,非惠王所须也。亦何异救饥而与之珠,拯溺而投之玉乎?秦孝公问商鞅治秦之术,鞅对以变法峻刑。行之三年,人富兵强,国以大治,威服诸侯。以孟轲之仁义,论太王之去邠,而不合于世用;以商君之浅薄,行刻削之苛法,而反以成治。非仁义之不可行,而刻削之苛为美,由于淳浇异迹,则政教宜殊,当合纵之代,而仁义未可全行也。①

孟子与梁惠王的事见于《孟子·梁惠王下》。当时魏国面临齐国的威胁,梁惠王向孟子请教解围的方法,于是孟子有这番话。孟子的意思是,梁惠王可以像周太王那样,为了不伤及百姓而离开魏国,以此也可以获得民心,从而壮大自己。刘昼批评了孟子的建议,认为孟子的话虽然是仁义之言,但不适合当时梁惠王的实际情况,并说孟子的建议无异于以珠宝救饥饿,以玉石救落水之人,即华而不实。然后,他以历史为鉴,说浅薄如商鞅者,不行仁义而以严刑峻法治秦国,反而成就霸业。最后刘昼总结说:孟子的仁义之法不是无用,商鞅的严刑峻法不是不苛刻,但时代不同,因而所用的政教手段也应该随时而变。孟子处在合纵连横、弱肉强食的时代,所以仁义之法就不可能完全行得通了。刘昼看到了孟子理论在当时行不通的关键原因。

在《爱命》章,刘昼高度赞扬了周太王为爱民而离开邠地的行为,这里又否定了孟子类似的建议。刘昼的说法并不矛盾,它刚好是其治国之术随时代而变的观点的体现。

为了进一步说明"当合纵之代,而仁义未可全行"的观点,刘昼仍以历史为鉴。他说:"鲁哀公好儒而削,代君修墨而残,徐偃王行仁而亡,燕哙为义而灭。夫削残亡灭,暴乱之所招也。而此以仁义儒墨而遇之,非仁义儒墨之不行,非其时之所致也。"② 其中,"燕哙为义而灭",指《孟子》记载的燕王子哙让国于其相子之,国家大乱,齐国趁机讨伐它一事。孟子虽然也反对燕王子哙让国于子之,但他反对的是"子哙不得与人燕,子之不得受燕于子哙"(《孟子·公孙丑下》),即君权要"天与之,人与之"

---

① 《刘子校释·随时》,第 434 页。
② 《刘子校释·随时》,第 434—435 页。

（《孟子·万章上》）。刘昼认为，在战国乱世，即使是孟子所说的"人与之"的民意、仁义、仁政，都不符合时代的要求，行之必败。

刘昼对孟子的批判性看法，可能受到了司马迁的影响。司马迁在《孟子荀卿列传》中评述孟子："适梁，梁惠王不果所言，则见以为迂远而阔于事情。当是之时，秦用商君，富国强兵；楚、魏用吴起，战胜弱敌；齐威王、宣王用孙子、田忌之徒，而诸侯东面朝齐。天下方务于合从连衡，以攻伐为贤，而孟轲乃述唐、虞、三代之德，是以所如者不合。"①司马迁也认为孟子的想法不适合合纵连横、战争不断的时代，所以说他"迂远而阔于事情"。而刘昼的批评正好是对司马迁这一说法的具体阐述。可以说，刘昼是司马迁之后对孟子学术思想进行自觉反思，并给予客观评价的又一人。

《刘子》一书最后一章名为《九流》，依照《汉书·艺文志》和《庄子·天下》篇，分别评述九家：道、儒、阴阳、名、法、墨、纵横、杂、农，有兼容并蓄之意。评述包括孟子在内的儒家说：

> 儒者，晏婴、子思、孟轲、荀卿之类也。顺阴阳之性，明教化之本，游心于六艺，留情于五常，厚葬久服，重乐有命，祖述尧、舜，宪章文、武，宗师仲尼，以尊敬其道。然而薄者，流广文繁，难可穷究也。②

本段几乎是借用《汉书·艺文志》之言。从中可知的信息是：刘昼所说的儒，仍然是子学概念中的儒家，孟子仍被看成先秦诸子之一，《孟子》仍然是子书。借前人的话评述九家后，刘昼最后表达了自己的看法：

> 观此九家之学，虽旨有深浅，辞有详略，偕俪形反，流分乖隔，然皆同其妙理，俱会治道，迹虽有殊，归趣无异。犹五行相灭亦还相生，四气相反而共成岁，淄渑殊源同归于海，宫商异声俱会于乐。……道者，玄化为本；儒者，德化为宗。九流之中，二化为最。夫道以无为化世，儒以六艺济俗。无为以清虚为心，六艺以礼教为训。若以礼教行于大同，则邪伪萌生；使无为化于成、康，则氛乱竞起。何者？浇淳时异则风化应殊，古今乖舛则政教宜隔。以此观

①《史记》卷七十四，第2343页。
②《刘子校释·九流》，第520页。

之,儒教虽非得真之说,然兹教可以导物;道家虽为达情之论,而违礼复不可以救弊。①

刘昼对九家都持肯定态度,认为它们各有所长,相互补充,共同撑起了学术界的繁荣。他最看重儒道两家,认为两者从不同的两个方面调和了社会,缺一不可。他还秉持一贯的发展的眼光,指出儒道两家也只适应不同的时代,并非如孟子宣扬的那样,仁者无敌。最后,刘昼给仕与隐两类人开出了如何利用九家学术来为自己服务的药方:"今治世之贤,宜以礼教为先,嘉遁之士,应以无为是务,则操业俱遂,而身名两全也。"②

《刘子》是南北朝末期的作品,该书宣扬最多的思想,一是主张与时俱进地运用前代思想,随时而变;二是要求不专主一家思想,做到融会贯通。从《刘子》一书看,刘昼的确不主一家之说,对诸子百家的思想都有吸收。这种兼容并蓄的思想既是刘昼博览群书的结果,也可以视为南北文化融合以及政治统一的前奏,是唐朝思想开明、不专主一家思想的先驱。

---

① 《刘子校释·九流》,第 521 页。
② 《刘子校释·九流》,第 521—522 页。

第十五章　魏晋南北朝孟子地位
的演变与影响

第一节　孟子地位的演变

　　前文说过,孟子地位在东汉有一个快速提高的过程,但随着汉王朝的解体和经学的式微,《孟子》"博文"的权威地位丧失,孟子地位上升的势头好像戛然而止。纵观魏晋南北朝,《孟子》一书多数时候只能为士人起到寻章摘句、提供例证、理论支撑或启发思想的作用,较全面研究或者评价孟子其人其书的文献几乎没有①。但通过全面梳理有关孟学文献,我们认为,孟子地位虽然没有汉代的明显上升势头,更没有宋以后的风光无限,但还是有一个趋势,显示了孟子在儒学体系中的地位提升,那就是在孟荀并称与孔孟并称的同时②,后者逐渐成为主流。

　　梁玉绳说"孟、荀齐号,起自汉儒"③,从司马迁把孟子和荀子放在一起立传开始,汉代人就时有把两人放在一起评论的。这在魏晋南北朝时期也较为常见,如三国时期徐干《中论·序》:"予以荀卿子、孟轲怀亚圣之才,著一家之法。"④李康《运命论》:"孟轲、孙卿,体二希圣,从容正道,不能维其末。"⑤其他的还如陆绩、傅玄、段灼、葛洪、刘勰等人,他们这是把孟子与荀子都看成诸子。至于孔孟并称,在汉代就已经比较常见,如司马迁、贤良文学、扬雄、王充、班固、马融、赵岐等人的称说。魏晋

---

① 据现有文献,其间綦毋邃似曾为《孟子》作注,但从该书早早亡佚来看,它的影响很小,从中可见《孟子》一书甚至儒学研究在当时的地位。今有马国翰《玉函山房辑佚书·孟子綦毋氏注》。
② 李峻岫博士在《汉唐孟子学述论》中较详细列举过魏晋南北朝时期"孟荀齐号"与"孔孟并称"的情形,见李峻岫《汉唐孟子学述论》,齐鲁书社,2010年,第184—188页。
③ 梁玉绳撰,贺次君点校:《史记志疑》卷三十六,第1481页。
④《中论校注·序》。
⑤《文选》卷五十三,第731页。

南北朝时更加普遍。为便于看清孔孟并称的特点,现列举一些代表性的说法:

曹植云:"故孔子有夕死之论,孟轲有弃生之义。"①

徐干云:"仲尼孟轲,可谓达于权智之实者也。"②

两晋间长合乡侯袁瑰云:"孔子恂恂以教洙泗,孟轲系之,诲诱无倦,是以仁义之声于今犹存,礼让之节时或有之。"③

东晋何承天云:"承平贵孔孟,政敝侯申商。"④

前凉敦煌太守阴澹云:"今四表辑宁,将行乡射之礼,先生年耆望重,道冠一时,养老之义,实系儒贤。……然夫子至圣,有召赴焉;孟轲大德,无聘不至,盖欲弘阐大猷,敷明道化故也。"⑤

南齐王融上疏齐世祖云:"窃习战阵攻守之术,农桑牧艺之书,申、商、韩、墨之权,伊、周、孔、孟之道。"⑥

梁元帝萧绎云:"学而优则仕,仕而优则学,古人之风也。修天爵以取人爵,获人爵而弃天爵,末俗之风也。古人之风,夫子所以昌言。末俗之风,孟子所以扼腕。"⑦

北齐樊逊云:"若夫仲尼厄于陈、蔡,孟轲困于齐、梁,自是不遇其时,宁关性命之理。"⑧

其他还有东晋葛洪、梁朝江淹和沈绩等人。比较汉代孔孟并称的做法,魏晋南北朝有四个突出特点:一是说话人的政治地位多数都较高,或君王,或权臣,或名士,而汉代多文士,政治地位普遍不高,这说明孟子在魏晋南北朝一直受到社会高层的关注;二是说话人的地域南北皆有,说明孟子的影响较广;三是在并称孔孟时基本是共识式地陈述,而不像汉代人有时是在解释和说服他人相信孟子的地位;四是自觉地把孟子纳入

---

① 《三国志·魏书》卷十九裴松之注引《魏略》,第 569 页。
② 《中论校注·智行》,第 130 页。
③ 《晋书》卷八十三,第 2167 页。
④ 《宋书》卷二十二,第 665 页。
⑤ 《晋书》卷九十四,第 2449 页。
⑥ 萧子显:《南齐书》卷四十七,中华书局,1972 年,第 820 页。
⑦ 《金楼子校笺·立言》,第 965—966 页。
⑧ 李百药:《北齐书》卷四十五,中华书局,1972 年,第 613 页。

孔子为代表的儒家序列,与其他学派形成对比。如何承天说"承平贵孔孟,政敝侯申商",儒法分说;王融说"申、商、韩、墨之权,伊、周、孔、孟之道",把孟子纳入周孔序列。而魏晋南北朝时孔子的地位已经非常高[①],把孟子与孔子并称,是对孟子地位的最大认可。另外,如果再比较孟荀并称与孔孟并称的做法,还可以发现一个特点,那就是孟荀并称的做法多在东晋以前,而孔孟并称的做法多见于东晋和南朝。就是说,孟子逐渐被纳入周孔序列并得到了更多的认可[②]。从上面的变化来看,孟子在整个魏晋南北朝的地位"不但没有下降,相反呈上升趋势,逐渐超出与荀子同列的位置,而上接孔圣"[③]。那为什么魏晋南北朝总给人孟子地位不高的印象呢? 这是因为这一时期儒学地位整体不高,关注孟子的人关注重点不再是《孟子》章句,而是孟子精神品质及其与孔子的思想渊源。

第二节　孟子对社会观念的影响

在魏晋南北朝,孟子对社会的影响虽然主要针对的是个人,但在一定范围内也形成了一些社会共识,主要体现在以下两个方面。

第一,孔孟并称上承汉代并有了新的特点。在本书第二编第九章第二节,我们说把孔孟放在一起加以评价,视孟子为孔子思想最关键的传承者,是汉代不少文人士大夫逐渐形成的一个社会共识。这种共识在魏晋南北朝得以延续并有了新特点:孔孟并称成为上层社会的普遍共识,孟子作为孔子传承人的身份更加突出。从上一节梳理的并称孔孟的评论者看,曹植、萧绎是帝王,徐干、阴澹、袁瓌、何承天、王融、江淹、沈绩、樊逊等人不是权贵就是宠臣,他们把孟子与孔子并列评论,不但说明他

[①] 孔子在世时,其地位就已经凸显,后经过孟子、荀子、董仲舒以及司马迁的推崇(见刘立夫《孔子如何从"君子"变成"圣人"》,《伦理学研究》2020 年第 6 期),最终确立了圣人地位。魏晋南北朝时期,作为儒学象征的孔子地位更加突出,注释《论语》的著作多达 84 种,是汉代的 4 倍(见唐明贵《魏晋南北朝时期〈论语〉学的发展及其原因》,《齐鲁学刊》2006 年第 5 期)。

[②] 其实司马迁《史记·孟子荀卿列传》的特别合传方式,就让不少人看到了他尊孟抑荀的心思。所以梁玉绳引程氏《读史偶见》云:"此传专为孟子作,绍遗文而明统纪,举陈、蔡之厄,比齐、梁之困,旁及诸子,牵连书之,荀卿亦附见。"(《史记志疑》卷三十六,第 1481 页)

[③] 李峻岫:《汉唐孟子学述论》,第 188 页。

们熟知和高度认可孟子,还意味着他们的看法在一定程度上代表了当时上层社会精英阶层的普遍看法。原因有两个,一是孔子在魏晋南北朝的地位已经如日中天,他们把孟子与之并称,说明他们是自觉或不自觉地把孟子视为孔子理所当然的传承人;二是他们在评论孔孟时,无论侧重于哪方面的内容,他们用的语气甚至评论的句式都相似,这说明孟子在这方面的影响是长期稳定的。

第二,孟子的仁政论及其核心民本思想,一直是各政权关注的重点。孟子在世时,其仁政思想就成为社会关注的一个热点。魏晋南北朝朝代更替频繁,战争不断,社会长期动荡不安,文人士大夫和百姓深受其苦,这促使社会关注孟子的仁政,因此它在一定范围内形成了社会关注的热点甚至共识性的治国理念。这在三国时期尤为突出。从本书第三编第十一章的梳理来看,三国时期关注过孟子仁政思想(包括仁义观、与民同乐论、先王之道、王者之师论)的人就有曹操、曹植、魏明帝时期的太常和洽、曹魏时的弘农太守曹冏、曹魏时关内侯高堂隆、曹魏时文帝郎中栈潜、曹魏王肃、曹魏幽州刺史杜恕、曹魏镇西将军钟会、吴国丞相陆逊、吴国丞相陆逊族子陆凯、蜀国刘备及其丞相诸葛亮等。可见关注孟子仁政的人多,而且关注的人位高权重,往往有绝对的话语权和引领作用。社会的动荡促使他们把目光投向孟子的仁政思想,并各取所需要的语句和角度,从而形成自己的治理主张。虽然他们都不是专论孟子仁政,但都关注过并加以借鉴,从这个角度讲,孟子的仁政思想在一定范围内影响了当时的治国理念。为便于进一步认识这种作用,下面部分列举出孟子"与民同乐"思想被借鉴的情形。

　　荀悦《申鉴·政体》:或曰:"圣王以天下为乐。"曰:"否。圣王以天下为忧,天下以圣王为乐。凡主以天下为乐,天下以凡主为忧。圣王屈己以申天下之乐,凡主伸己以屈天下之忧。申天下之乐,故乐亦报之。屈天下之忧,故忧亦及之。天下之道也。"[①]

　　曹冏《六代论(并上书)》:论曰:昔夏、殷、周历世数十,而秦二世而亡。何则?三代之君,与天下共其民,故天下同其忧。秦王独

①《申鉴注校补·政体》,第46—47页。

制其民,故倾危而莫救。夫与民共其乐者,人必忧其忧;与民同其安者,人必拯其危。先王知独治之不能久也,故与人共治之;知独守之不能固也,故与人共守之。①

　　陆凯《上言政事多谬疏》:臣闻有道之君,以乐乐民;无道之君,以乐乐身。乐民者,其乐弥长;乐身者,不久而亡。夫民者,国之根也。诚宜重其食,爱其命。民安则君安,民乐则君乐。②

　　栈潜《谏明帝兴众役疏戚属疏》:臣闻文王作丰,经始勿亟;百姓子来,不日而成。灵沼、灵囿,与民共之。③

以上几个人都是帝王身边的权臣,荀悦深受汉献帝和曹操的信任;曹冏是曹魏宗室;栈潜是曹魏时文帝郎中,敢于进谏;陆凯是吴国丞相陆逊的族子,吴国后期的重臣。他们讲到的与民同乐思想,显然都源自孟子,而且在当时的社会上层应该有一定代表性。

---

① 《全三国文》卷二十,第 1161 页。
② 杨世文 :《魏晋学案》卷二十四,第 664 页。
③ 《全三国文》卷二十九,第 1216 页。

结　语

　　本书从第二章开始,先秦部分以时间为序展开,两汉部分则用四部之子、史、经划分为三个板块,每个板块之内又以时间为序,希望这样做既能梳理出孟学史的发展逻辑,又能对单个学者的孟子学说研究作较为深入的考察。但以上的分析还是侧重于横向的个体研究,对孟子思想中单个理论范畴在后世的接受情况还没有形成一个清晰的线索。因此,以下就对孟子思想中一些重要观点在先秦至魏晋南北朝被继承、发展和批判情形作一个粗线条的梳理,便于从纵向的专题的角度加深对孟学发展的认识。

　　第一,孟子天道观的接受情况。最早发挥孟子天道观的是其后学之帛书《五行》说文。《五行》说文在孟子天人观的基础上推进一步,把天与人统一起来,实现了天人的合一。说文常用"天"、"天道"、"天之道"、"天德"四词来表示道德义理层面的天,经过一系列的转换与表述,在孟子那里还具有超越性质的天,在说文这里就被等同于形于内的德,天道也不再是人心之外的超越存在,而是内蕴于人心的要素。而且天道就是君子道,君子道就是仁义礼智圣五行自然地和同于心。之后,荀子从学派之争角度,避开孟子天道观中重视民意与心性的倾向,转而大力发挥孟子对自然之天的粗略看法,把它作为自己天人观的核心加以拓展,并对孟子超越性的天道观进行了批评。荀子第一个从哲学高度阐述自然之天,认为天就是客观存在的自然,就是日月风雨,就是万物的总和。他在肯定"天行有常道"的基础上,明确提出了"天人之分"论,对孟子的天人合一的趋势进行了批判。孟子说"顺天者存,逆天者亡",而荀子针锋相对,认为"天行有常,不为尧存,不为桀亡"(《荀子·天论》)。当然,孟子更看重的也是人事而非天命,他相信"三代之得天下也以仁,其失天下也以不仁。国之所以废兴存亡者亦然"(《孟子·离娄上》),认为"无礼义,则上下乱"(《孟子·尽心下》)。荀子强调天人相分,重视人道,隆礼、尊贤、重法,以之为治国之本,可以说与孟子天道观又有一致性。

　　汉初,《淮南子》一书对孟子天道观中超越性的成分加以继承,特别发挥了孟子"求之有道,得之有命"说,认为"人无能作也,有能为也;有能为也,而无能成也。人之为,天成之。……求之有道,得之在命,故君子能为善,而不能必其得福;不忍为非,而未能必免其祸"(《淮南子·缪称训》)。至董仲舒力主"天人感应"之说,大力宣扬孟子天授君权的观点,认为"受命之君,天意之所予也。故号为天子者,宜视天为父,事天以孝道也"(《春秋繁露·深察名号》)。他还完全继承了孟子"天与之,人与之"说,把天意落实为民意,说"且天之生民,非为王也,而天立王以为民也"(《春秋繁露·尧舜不擅移、汤武不专杀》)。同时,董仲舒对孟子天→民→君这一单向的决定模式进行了改造,既重视民对君的决定作用,又强调君代表天的不可违逆性,"人之得天得众者,莫如受命之天子。下至公、侯、伯、子、男,海内之心悬于天子"(《春秋繁露·奉本》)。与孟子相比,董仲舒更加突出了君的地位,这可以说是对孟子君民关系的一大改造,也是汉代君主专制的需要。至东汉初的王充,主要用批判的眼光去审视孟子的天道观。他批评孟子"五百年必有王者兴"的说法是"不知天",又强烈批评孟子的"正命"论,以宇宙之"元气"言天命。他把孟子所讲的高高在上的虚幻的超越性的天命,转化为了人略可把握的自然之气,这个气是宇宙间的存在,也有人不可抗拒的力量。如果说孟子的天命还有一种形上的超越性神秘力量,那么王充的天命已是一种形下的不再神秘但仍无法控制的力量。汉末的赵岐把孟子赋予"天"的主宰性力量称为"天命"或者"天意",把天命归之于仁德,并用汉代的"三命"说解释孟子的"正命"说。

　　第二,孟子人性论的接受情况。自孟子提出性善论之后,批评者有之,赞同者有之。帛书《五行》说文首开其端,吸收了孟子的"不忍人之心"说、仁义端绪说,认为仁义之理本于心,只要心能"求"、"积",并"进之"、"遂之"、扩充之,就能"动□于中而形善于外"。"形善于外"就是内在仁义之端绪(在说文为"理")扩充的结果,在孟子具体表现为"仁不可胜用"、"义不可胜用",在说文则相应地表现为"仁覆四海"、"义襄天下"。荀子坚决反对孟子的性善论,反行其道而言性恶,他在孟子所理解的性的含义基础上进一步界定了性的含义:"生之所以然者谓之性。"(《荀子·正名》)然后提出了"人之性恶,其善者伪也"(《荀子·性恶》)

的看法,并结合历史与现实展开论证。韩非继承其师荀子的性恶论,对孟子的性善论继续展开批评。他的性恶论实际是一种心恶论,它不仅是对荀子情恶论与"化性起伪"说的发展与否定,更是对孟子心善论的反向立论,彻底否定了心可扩充四端的可能性。当然,韩非的心恶论是从个别历史事件和现实事例中推论出来的,并不具有普遍性,因此有其局限。战国末期的《吕氏春秋》对孟子的"夜气"说以及养性、扩充善端等观点也有所借鉴,并提出了"精气"说。

　　汉初的贾谊,吸收了孟子"凡同类者,举相似也","圣人与我同类者"(《孟子·告子上》)的思想,又受先秦"性可以为善,可以为不善"论的影响,把人的"材性"分为上中下三个层次,显示出其人性论的矛盾之处。《淮南子》也承认民性为善,说"神明定于天下而心反其初,心反其初而民性善,民性善而天地阴阳从而包之,则财足而人澹矣,贪鄙忿争不得生焉"(《淮南子·本经训》),实际也是即心言善。甚至进一步指出人性中包含着仁、智等德行,"凡人之性,莫贵于仁,莫急于智"(《淮南子·主术训》)。韩婴虽主荀学,但在人性论上,却以孟子的性善论为主,他肯定人天生有"仁义礼智顺善之心","顺善之心"就是向善之心,也就是孟子所谓的恻隐之心等四心或者四端。董仲舒首先批评了孟子的性善说,认为人性是人先天具有的禀性,善只是对禀性的一种判断,而"人受命于天,有善善恶恶之性"(《春秋繁露·玉杯》),并把人性划分为三种:圣人之性、中民之性、斗筲之性。董仲舒把"性"看成一种特定的名号,它不是善,也不是恶,而是一种天然的状态,而善是因后天"王教之化"而从性中派生出来的状态,即所谓"善出性中"。可以说,"王教之化"是董仲舒论人性的出发点和归结点,这与孟子的性善论相通。盐铁会议上,贤良文学以性善论为依据,反对御史大夫们的法治而主张"废法以治"。

　　扬雄对孟荀的人性论采取了折中的态度,认为"人之性也,善恶混。修其善则为善人,修其恶则为恶人"(《法言·修身》)。他虽然把善恶看成人性中的对等成分,但他论述的重点却在善以及善的实现,这与孟子又是完全一致的。而且在成人成德的可能上,他还吸收了孟子的观点,认为"群人"也可成圣。王充批评了孟子"人性皆善,及其不善,物乱之也"(《论衡·本性》)的看法,提出"三性"说,其"正性"就是孟子说的善性,"遭性"就是荀子说的恶性,"随性"就是扬雄说的善恶混之性,或者董仲舒说的"中民之性"。可以说,王充"三性"说是对孟子、荀子、扬雄人性论的折中,也是对之前人性论的总结。汉末赵岐把孟子的四心作为人之为人的根本,认为虽然人人有四心,但又并非人人都能够推衍四心而加以践行,突出了实现道德圆满的不易。

魏晋时期较早对孟子性善论提出批评的是荀悦。在荀悦之前的孟子、荀子、扬雄等人,根据特定的社会伦理,把人性的后天表现判断为善或者恶,荀悦对这些说法都加以批驳。对孟子性善论而言,他批评孟子性善论的理由是"性善则无四凶"。荀悦不但否定孟子的性善论,也不赞同性恶论、性无善恶论、性善情恶论和性善恶皆浑论,他赞同刘向的"性情相应,性不独善,情不独恶"说。傅玄在人性论上主张善恶兼有,但就性善的一方面来讲,他又吸收了孟子的一些说法,如"不忍人之心"、善端、"求放心"等。他说:"人怀好利之心,则善端没矣。"① 又说:"若子方惠及于老马,西巴不忍而放麑,皆仁之端也。"② 郭象发展了庄子的自然人性观,把仁义礼智、聪明等范畴都归入人性。把仁义礼智看作人性中可以有的先天要素,这显然是受孟子人性论的影响。郭象虽然没有直接说人性善,但他一改庄子视仁义礼为后天"成心"的观点③,把仁义礼看成人性中可以有的先天要素。正是从这一角度出发,郭象才提出了"名教即自然"的新命题。而且,孟子说"心之官则思,思则得之,不思则不得也","先立乎其大者,则其小者弗能夺也"。郭象的自然人性论受此影响,提出"独化"说。

此外,把佛教中的善与孟子的性善结合起来讨论,是魏晋南北朝孟学史中的新特点。如释道恒在《释驳论》中用孟子的善端说来解释佛教的善。东晋戴逵更是在《答周居士难释疑论》中把善视为先天具有。刘宋的何承天结合孟子的恻隐之心和羞耻之心来批评佛教。北朝末期的刘昼,综合继承孟子、荀子、董仲舒等的人性论,提出性善情欲恶。

第三,孟子仁义观或仁政论的接受情况。仁义以及由此生发出的仁政,是孟子思想的核心内容之一,也是孟学史的重中之重,后世大凡涉

---

① 《傅子评注·贵教》,第 56 页。
② 《傅子评注·仁论》,第 27 页。
③ 《庄子·齐物论》:"夫随其成心而师之,谁独且无师乎?""成心"即主观偏见。

及孟学者,几乎无不论及于此。帛书《五行》说文就深受孟子"仁义内在"说的影响,在孟子扩充四端的思想上,进一步发展了孟子的"气"论,以"仁气"、"义气"、"礼气"解释仁、义、礼的内在性及其扩充问题,即仁、义、礼之端绪是怎样扩充至完满境界的。之后的荀子虽然也谈仁义,但其重点却是隆礼重法;针对孟子的仁政说,荀子又提出了礼法之政,礼法之政并非一概否定孟子的仁政,它是根据时势而对仁政的一种扬弃。韩非在荀子的基础上更进一步,对整个儒家的仁义说采取否定态度,其重点又常常放在孟子身上。因为他认为以仁义治国的时势已变迁,而且仁义理论本身有缺陷,所以批评孟子"见大利而不趋,闻祸端而不备,浅薄于争守之事,而务以仁义自饰者,可亡也"(《韩非子·亡征》)。故此韩非认为治国的核心在于懂得法术之道——"严刑"、"重罚"与"明赏设利"。此外,针对孟子"得其心,斯得民矣"的看法,韩非提出"适民心者,恣奸之行"、"虽拂于民心,立其治"的观点,对孟子十分看重的民心说持否定态度。具有汇集诸家之说性质的《吕氏春秋》,则发扬了孟子的仁政思想,对其民心说也加以肯定。说"古之君民者,仁义以治之,爱利以安之,忠信以导之,务除其灾,思致其福。……此五帝三王之所以无敌也"(《吕氏春秋·适威》),又说"先王先顺民心,故功名成。夫以德得民心以立大功名者,上世多有之矣。失民心而立功名者,未之曾有也"(《吕氏春秋·顺民》)。

言秦必言其暴政,但秦始皇在"立石刻,颂秦德"时也曾说过"圣智仁义,显白道理"的话,强调"皇帝之德"对于"存定四极"的决定作用,这与孟子一贯主张的君主以仁德治国、圣君能"王天下"的王道政治相通。

汉初兴起总结秦亡教训的热议,士大夫们在数落秦王暴政之余,往往倡导孟子仁义思想及其仁政以抗之。贾谊吸收了孟子"民为贵,社稷次之,君为轻。是故得乎丘民而为天子"(《孟子·尽心下》)的民本思想,认为"闻之于政也,民无不为本也。国以为本,君以为本,吏以为本。……闻之于政也,民无不为力也。故国以为力,君以为力,吏以为力"(《新书·大政上》),把民本思想作为其政治学说的核心。《淮南子》有些篇章否定仁义,说"是故道散而为德,德溢而为仁义,仁义立而道德废矣"(《淮南子·俶真训》),但有些篇章又充分肯定仁义在末世的作用，说"国之所以存者，仁义是也；人之所以生者，行善是也"（《淮南子·主术训》）。这体现了该书集体编撰的特点和杂烩诸家之说的缺陷。董仲舒吸收儒道法等学派的思想，对儒学重加改造，钱基博评价其《春秋繁露》一书云："然要其归，必止乎仁义，有与孟子相表里者。"（《古籍举要》）董氏仁义说与孔孟之仁义说已有不小差异，显示出了汉代儒学的新特点。董氏对孟子的仁政说以及王道论都有接受，如说"道，王道也。王者，人之始也。……五帝三王之治天下，不敢有君民之心。什一而税。教以爱，使以忠，敬长老，亲亲而尊尊，不夺民时，使民不过岁三日"（《春秋繁露·王道》）。在西汉末的盐铁会议上，贤良文学坚决主张孟子以民为本、爱惜民力、与民同乐以及不与民争利的民本思想，坚持孟子仁政主张，反对"强战"，要求为政不违农时，勤于耕种渔牧，并实行王道教化，相信"王者行仁政，无敌于天下，恶用费哉"（《盐铁论·本议》）。稍后的扬雄与孟子制民以恒产以及推恩于民的主张一致，也重视富民，反对与民争利。经学家高诱在注解和注引《孟子》时，也突出了孟子以仁德为核心的仁政观，还强调了孟子行仁政得民心的思想。赵岐注《孟子》，也在孔孟之说的基础上，明确提出"仁义之本，在于孝弟"的说法，对孟子的仁义说加以阐发。

　　在近四百年的魏晋南北朝中，南北长期对峙，战争不断，朝代更替频繁，文人士大夫和百姓深受其苦。因此，对孟子仁义、仁政的渴求就成为他们的美好愿望。汉末至曹魏阶段的文人士大夫以及侯王们，根据自身政治集团的需要，选择性继承了孟子的仁政思想，包括对君、民、兵等方面的要求。曹操倡导先王之道，曹冏、栈潜、关内侯高堂隆等都宣扬了孟子的"与民同乐"思想。荀悦提升了仁义的地位，说"夫道之本，仁义而已矣"[1]，提出"重民轻身"，要求君王"与民同乐"。之后的段灼吸收了孟子天时、地利不如人和的观点，并与孟子的推恩思想相结合。西晋光禄大夫刘颂《言政事疏》吸收了孟子的仁政思想，相信实行仁政，地方百里也可以称王天下。陆机在《辩亡论下》中，也从孟子讲的天时、地利、人和的关系出发，论证了"安百姓"、与民同忧乐的重要性。东晋袁豹上疏关于大田的事则直接吸收了孟子的民本思想，说"国因民以为本，民资食

<hr>

[1]《申鉴注校补·政体》，第1页。

以为天"①。南北朝末期的刘昼继承了孟子关于仁义以及仁与利关系的思想,用"衣食者,民之本也;民者,国之本也"概括了孟子的民本、仁政思想。此外,孟子因主张仁政而反对战争,反对"嗜杀",被佛教视为佛教教义的不杀生、去杀。如宗炳在《明佛论》中就持这种看法。

这一期间,还有不少人看到了孟子仁政的局限性和不足,提出仁政应与刑法制度相结合,这成为魏晋以来很多士大夫的共识。葛洪把孟子推行和宣扬仁的行为视为"求仁而得",但他反对"纯仁",要求仁与刑并重,认为"仁之为政,非为不美也。然黎庶巧伪,趋利忘义,若不齐之以威,纠之以刑,远羡羲、农之风,则乱不可振,其祸深大"②。西晋给事中袁准著有《袁子正书》,该书在吸收孔孟仁义思想基础上,提出仁义与刑罚并行,"仁义为之体,故法令行于下也"③。刘昼在前人论述的基础上有发展,认为"法宜变动,非一代也"④,即一代有一代之法术。不仅是法术,就是整个礼制体系都应随时代而变,"礼者,成化之所宗,而非所以成化也。成化之宗,在于随时;为治之本,在于因世。不因世而欲治,不随时而成化,以斯治政,未为忠也。"⑤用发展、辩证的眼光审视仁政、礼制的作用,这是刘昼的独到处。

第四,孟子义利观的接受情况。义利观既是儒家第一要义⑥,所以各代儒士在发挥孔孟思想时,或多或少常会论及。《五行》说文虽然没有直接言及义利之别,但是它吸收了孟子的身心观,认为"耳目也者,悦声色者也;鼻口者,悦臭味者也;手足者,悦佚愉者也。心也者,悦仁义者也"(第二十二章),又在孟子"舍生取义"说基础上提出"舍体独心"说,可以说,耳目鼻口四肢所欲者即利也,心所欲者即义也;把心视为身之主宰,也即义为利之主宰。此即义利之别。荀子的义利观虽然更接近于孔子,但他有不少看法是对孟子义利观的继承与拓展,如孟子说义为人之天性,利欲为习染,荀子则反说利为人之天性,礼义是后天的人为;孟子重

---

① 《宋书》卷五十二,第1498页。
② 《抱朴子外篇校笺·用刑》(上册),第331页。
③ 《群书治要》,载杨世文《魏晋学案》卷四十,第1086页。
④ 《刘子校释·法术》,第142页。
⑤ 《刘子校释·法术》,第142页。
⑥ 朱熹所说:"义利之说乃儒者第一义。"(《朱子全书·与延平李先生书》,第1082页)

义,荀子也重义;孟荀都相信处理不好义利关系,则会危及个人和社稷;孟子义利二分并以义为重、利为轻,荀子则义利兼顾;二人对士以上的阶层都是要求"先义后利",而对庶民阶层则是"后义而先利"。韩非猛烈批评孟子的义利观,认为孟子"去求利之心,出相爱之道"的做法是"不熟于论恩诈而诬"(《韩非子·六反》),相信在明法禁的前提下,君、臣到士、民,如果能一心求利,则国家大治。但又反对孟子主张"明君制民之产"的利民政策。

　　汉初,义利之辨也是时人讨论的问题之一。休养生息政策的出台,既与黄老无为思想有关,也是义利考辩的结果。董仲舒在孟子"养其小者为小人,养其大者为大人"说的基础上,提出"利以养其体,义以养其心"说,批评弃义逐利的行为。司马迁从史家的角度盛赞孟子的义利观,说自己著《孟子列传》是为"明礼义之统纪,绝惠王利端,列往世兴衰"(《太史公自序》),又说"余读《孟子》书,至梁惠王问'何以利吾国',未尝不废书而叹也。曰:嗟乎,利诚乱之始也"(《孟子荀卿列传》),这一思想可谓贯通整部《史记》。西汉后期,武帝诸多政策带来的一系列社会矛盾开始呈现,其中盐铁专卖等经济政策尤为突出。于是在盐铁会议上,贤良文学与御史大夫对义利关系展开了一场大辩论。贤良文学接受了孔孟的义利观,坚决反对大夫的盐铁专卖政策以及以此增加国家财富的做法,认为"故贵何必财,亦仁义而已矣"(《盐铁论·贫富》)。扬雄也说"大人之学也,为道;小人之学也,为利"(《法言·学行》),在面对民众时,主张要让利、给利,相信如此则"惠以厚下,民忘其死"(《法言·寡见》)。王充《刺孟》篇集中批评了孟子的义利观,认为孟子不分"货财之利"、"安吉之利"而一味加以否定是失"验效",是"失对上之指,违道理之实"。赵岐对孟子的义利观有独到的理解,对于《孟子》首章梁惠王与孟子的义利之辨,赵岐认为梁惠王所言之利并非私利,而是指"富国强兵",所以他用"王何必以利为名"来解释"王何必曰利",在原话的基础上增加了一个"名"字。就是说,孟子并不是从根本上一味反对利,对追求"富国强兵"之利是赞同的,他反对的只是以利为名号,即把利字整天挂在嘴边。这样的理解可谓得孟子本意。

　　第五,孟子尧舜禅让、汤武革命说的接受情况。禅让制体现了古人理想的原始民主思想,无论其在历史上是否存在,它在春秋战国时期兴起广泛讨论却是不争的事实。在孟子之前,涉及禅让制的文献都对尧舜禅让报以肯定态度,而以孔子后学自居的孟子,却第一个对禅让制加以否定。荀子发挥了孟子的质疑精神,也认为尧舜王位的更迭不是自觉的禅让,也不属于"死而擅"、"老衰而擅"的被动禅让,而是圣王德行不断循环替代的结果。荀子在孟子"启贤,能敬承继禹之道"(《孟子·万章上》)说的基础上,提出"天下有圣而在后者,则天下不离,朝不易位,……天下厌然与乡无以异也,以尧继尧"[1]。荀子否定禅让制的原因也与孟子一致。孟子赞同臣子、百姓可革"一夫"之命,君主无能也可使之易位。而禅让制主张君权从上到下的自然过渡,当然也就与上面这两种自下而上的暴力革命方式相抵触了,所以孟子要否定禅让制。荀子也借用了这一论证逻辑,反对"桀、纣有天下,汤、武篡而夺之"[2]的世俗之说,并对孟子所说的桀纣的"一夫"行径作了更为具体的描绘。之后的韩非则完全否定汤武革命说,在他眼里,无论是通过禅让得位的舜,还是通过武力讨伐得位的汤、武,其实质都是臣子的篡夺:"尧为人君而君其臣,舜为人臣而臣其君,汤、武为人臣而弑其主、刑其尸,而天下誉之,此天下所以至今不治者也。……故人臣毋称尧舜之贤,毋誉汤、武之伐,毋言烈士之高,尽力守法,专心于事主者为忠臣。"[3]

对于尧舜禅让天下的传说,董仲舒同孟子一样加以否定,并作《尧舜不擅移、汤武不专杀》一文。他认为长子不能把父亲给予的传宗嗣的重任私自让人,尧舜为天之子,所以也不能把天下私自让给他人。董仲舒说:"且天之生民,非为王也,而天立王以为民也。故其德足以安乐民者,天予之;其恶足以贼害民者,天夺之。……王者,天之所予也,其所伐皆天之所夺也。"[4]这里的"天予之"就是孟子的"天与之"、"天受之",董仲舒和孟子最终都归结到"人与之"、"人受之","天夺之"的实质也是民夺之。给予与夺取的天意,最后都落实到了民意,百姓的取舍成了天命在现实社会中的象征。从天授君权出发,在评价汤武革命合法性问题上,董仲舒也继承了孟子的看法。他说:"故夏无道而殷伐之,殷无道而周伐

---

[1]《荀子集解·正论》,第 332 页。
[2]《荀子集解·正论》,第 322 页。
[3]《韩非子集解·忠孝》,第 465—468 页。
[4]《春秋繁露义证·尧舜不擅移、汤武不专杀》,第 220 页。

之，……今桀纣令天下而不行，禁天下而不止，安在其能臣天下也？果不能臣天下，何谓汤武弑？"[1]他说的桀纣无道就是孟子说的桀纣"残贼之人"。桀纣已经失去天命，不再是天意的代表者，"天之所弃，天下弗佑，桀纣是也"[2]，所以汤武是讨伐而不是弑君。董仲舒还由汤武推广开去，把秦伐周、汉伐秦视为天命所归，这种逻辑受到了魏晋南北朝人的欢迎。

政权的合法性是魏晋南北朝许多政权都比较敏感的问题，因此许多人为了满足统治者的需求，开展了关于尧舜禅让和汤武革命说的讨论。孟子对这两个问题的看法，或成为他们的理论依据，或成为他们批评的对象。赞同尧舜禅让、汤武革命说的，如曹丕，他把尧舜禅让看成真实可信的历史，并以此自比。段灼在《遣息上表》中，以孟子对尧舜禅让的评价为依据，从曹丕受禅说起，强调了孟子禅让说的民本实质。东晋中期颇有盛名的孙盛，他在《老聃非大圣论》中说："唐尧则天，稷契翼其化；汤武革命，伊吕赞其功。"[3]还如干宝，他为显示晋武帝取得政权的合法性，撰有《晋武帝革命论》，把帝王得天下视为得"天命"、得"天意"，即孟子说的"天与之"（《孟子·万章上》）。批评禅让和汤武革命的，如西晋袁宏，他在《献帝纪论》中视禅让、革命说为篡夺行为。

此外，先秦至魏晋南北朝对孟子的修养工夫论、君臣观、史学观以及权变思想等都有不同程度的接受。如孟子的内圣工夫论，虽然至宋代及以后才被大力阐发，但是汉前也有论及。荀子一反孟子的内修路径，在心、性二分和性恶论的基础上，追求人人可以达到的外王品格，提出"涂之人可以为禹"（《荀子·性恶》）的论断，强调"圣人也者，人之所积也"（《荀子·儒效》）的外修路径，针对孟子"求其放心"说，提出"长迁而不反其初"的思想。《淮南子》吸收了孟子"反求诸己"、"反身而诚"的观点，对君子内修德行的品质十分重视，认为"士处卑隐，欲上达，必先反诸己"（《淮南子·主术训》）。扬雄也对孟子的"诚"、"思"等修养工夫很看重，肯定"枉己者未有能直人者"，赞赏孟子鄙弃修德不纯之人的做法。

---

[1]《春秋繁露义证·尧舜不擅移、汤武不专杀》，第220—221页。
[2]《春秋繁露义证·观德》，第270页。
[3]《广弘明集》卷五，载杨世文《魏晋学案》卷四十四，第1181页。

对孟子君臣观,韩婴肯定孟子不召之臣的理想,认为贤德之人"天子不得而臣也,诸侯不得而友也"(《韩诗外传》卷一)。在史学观上,孟子对孔子作《春秋》的几点看法(如"《春秋》,天子之事也"等)都属于开山之论,对后世孔子研究、《春秋》研究、史学研究、史学著作撰写等都产生了不小影响。如汉代董仲舒、司马迁、班固以及西晋杜预、东晋荀崧对《春秋》的看法,都受到孟子的影响。

　　从战国至魏晋南北朝纷繁复杂、形式多样的孟学文献来看,孟学的发展有几个规律性的特点:第一,历代对孟子思想的吸收、发展与批判都是以孟子为诸子的视角展开的,有别于《五经》,也有别于《论语》。即使在孔孟并称频繁的时代,这种审视视角也没有改变。第二,严格说来,除赵岐《孟子章句》等极少研究文献外,这期间的孟学都不是真正意义上的孟子学说研究,而更多的是孟子思想的接受。经过唐代的过渡,直到宋代,专门的孟子学说研究才大规模出现,孟子学说研究史也才步入正轨。当然,正因为战国至魏晋南北朝孟学史的文献零散不易收集,研究的人少,所以相关研究才显得迫切而有意义。第三,唐前历代孟学是不成体系的,文人士大夫对孟子思想的因革往往服务于个人的政治、思想或文化主张,语句的引用、摘录、重组以及概括等形式最为常见。第四,孟学呈现出的特点与时代特征特别是时代政治特征紧密相关:战国时诸侯纷争,百家争鸣,富国强兵和一统天下成为当时最大的政治,于是孟子与其他诸子一道,成为学派为构建自己治国理论而互相批判的靶子,批判的意味特别浓烈;汉代独尊儒术,经学成为官学,于是孟子被纳入经学体系加以审视,虽然孟学中也有否定的声音,但总体来讲,肯定是主流;魏晋南北朝政权更迭频繁,儒术独尊局面结束,儒道释等思想相互融合,于是对孟子思想的吸收与发展从汉代的普遍直接明了变为普遍间接甚至隐蔽,孟学进入潜伏状态。

　　具体来说,战国作为孟学的发端期,主要表现为学派内部或者学派之间的争论。从一开始,孟子学说与政治的紧密关系就被学人所重视,并作为他们批评和吸收的重中之重。而其心性之学却相对被削弱,甚至把他的心性之学与政治简单比附,这种趋势到汉代则更加明显,如董仲舒、王充等人对孟子心性之学的理解就是其突出者,直到宋代,理学的兴起才使这一趋势有所好转。虽然如此,汉代却是孟学的初兴阶段。在汉代儒学整体繁荣的大环境下,还身为诸子之书的《孟子》已经受到了统治者以及儒生的重视,最突出的莫过于它在文景两朝曾立于学官。赵岐《孟子题辞》云:"汉兴,除秦虐禁,开延道德。孝文皇帝欲广游学之路,《论语》《孝经》《孟子》《尔雅》皆置博士,后罢传记博士,独立《五经》而已。迄今诸经通义得引《孟子》以明事,谓之博文。"《孟子》置博士的经历虽然短暂,但到汉末赵岐,当疏解经文通义引用《孟子》来证明事理时,仍称其为"博文"。就是说,景帝之后,《孟子》官方的博士地位虽然被取消了,但在经学研究领域,《孟子》的博士身份仍然一直被认同。这种待遇提高了《孟子》的地位,扩大了影响,它不仅被广泛称引,还出现了好几种注本,其中,《孟子章句》更是集大成性的注本。

　　从魏晋开始,《孟子》的"博文"地位受到了相当程度的削弱。因为种种原因,经学到汉末以后整体走向衰落,儒术独尊的局面结束。但是,在魏晋南北朝期间,《五经》以及《论语》仍然受到了世人的重视,除了直接大量引用外,汉代传统的章句之学也是重要的研究方式之一。如王弼、韩康伯注《周易》,王肃注《尚书》《周易》《毛诗》、三《礼》、《论语》、《孝经》等,杜预注《春秋左氏传》,范宁注《春秋穀梁传》。受玄学影响,注《易》的最为突出,如刘表注《周易》,宋衷注《周易》,董遇注《周易》,虞翻注《周易》,陆绩注《周易》,姚信注《周易》,向秀注《周易》,王廙注《周易》。此外,颍容著《春秋左氏条例》,糜信注《春秋穀梁传》。《论语》注本也很多,如何晏注《论语》,郭象注《论语》,袁乔注《论语》,卫瓘注《论语》,孙绰注《论语》,张凭注《论语》,等等。与《五经》、《论语》注家的繁多相比,魏晋南北朝的《孟子》注本仅綦毋邃一家,可见其影响远不如《五经》,与同有置博士经历的《论语》也远不能相比。

　　魏晋南北朝《孟子》的注本不如《五经》和《论语》多,被引据的频率也没有它们高。但这一阶段世人对《孟子》的引据还是有它的特点:第一,与引据《五经》常常标出书名不同,引据《孟子》时多间接引用,有时直接用"孟轲云"之类。第二,引据《五经》和《论语》的语句一般比较完整,与原文出入不大,但引据《孟子》时往往是概述性的,有时把《孟子》中思想表述一致但分散在不同篇章中的内容放在一起加以引用,有时甚至把《孟子》的有关内容高度浓缩,以典故的方式呈现。第三,与前两点有关联的是,此阶段的《孟子》引据多只言片语,多被作为古人的话以支撑自己的观点,而不是圣神不可置疑的圣哲之言,没有了"博文"地位的权威。

虽然魏晋南北朝《孟子》的"博文"地位下降,但孟子的核心思想仍然受到了不少人的关注,并成为这一时代孟学的重要话题。特别是孟子的仁义观、仁政论及其核心民本思想,一直是士大夫乃至君主关注的重点,在各个大小政权中被反复提及。虽然这些主张在当时仅仅是士大夫们的一厢情愿,或是君王门面的装点,多停留在纸面上而不可能真正实施,但这又的的确确体现了乱世中仁政的弥足珍贵以及人们对它的渴望,显示了它不可替代的作用和价值,而这正是魏晋南北朝孟学独特的表现形式。所以到唐代初期,唐太宗和魏征等人在总结前代历史经验教训的基础上,对孟子民本思想反复讨论,并最终有了一定程度的落实。又如孔孟并称,自汉初以来,孔孟并称的趋势就渐趋明显,经韩婴、董仲舒、司马迁等人的推崇,孔孟并称已经成为当时学术潮流中的常见现象。在魏晋南北朝,孔孟并称的情况也很频繁,这从一个侧面看出孟子的影响也有所扩大。中唐韩愈的道统说,把孟子看成周孔之道的唯一传人,这不能不说受到孔孟并称趋势的影响;宋代《孟子》一书被列为科举考试科目,孟子被官方追封为"邹国公"并被批准配享孔庙,以及南宋《孟子》入"四书"等一系列重要事件,也与汉代以来体现时人重视孟子而开启的孔孟并称这一趋势有很直接的关系。还如孟子的人性论,虽然孟子的性善论只是当时多种人性论中的一种,并未成为主流,但也许正是这种众说交杂、莫衷一是的状态,才使中唐李翱重新发现了孟子的性善说,并大加阐发,宋代也才避开把孟子心性论与政治简单结合的倾向,对孟子人性论作了全新的理解和阐发。其他如孟子的汤武革命论、君臣观,既是魏晋南北朝关注的热点,也是唐初唐太宗等人热议的话题。

参考文献

一、论著

艾春明:《〈韩诗外传〉研究》,沈阳:辽宁大学出版社,2010 年。

艾兰、汪涛、范毓周主编:《中国古代思维模式与阴阳五行说探源》,南京:江苏古籍出版社,1998 年。

班固:《汉书》,北京:中华书局,1962 年。

陈登元编:《荀子哲学》,《民国丛书》第四编第 4 册,上海:上海书店据商务印书馆版影印。

陈静:《自由与秩序的困惑——〈淮南子〉研究》,昆明:云南大学出版社,2004 年。

陈立:《白虎通疏证》,北京:中华书局,1994 年。

陈来:《竹帛〈五行〉与简帛研究》,北京:三联书店,2009 年。

陈澧撰,黄国声主编:《陈澧集》,上海:上海古籍出版社,2008 年。

陈其泰、张爱芳编:《〈汉书〉研究》,北京:中国大百科全书出版社,2009 年。

陈寿撰,裴松之注:《三国志》,北京:中华书局,1982 年。

程树德:《论语集释》,北京:中华书局,1990 年。

陈桐生:《〈史记〉与诸子百家之学》,合肥:安徽大学出版社,2006 年。

陈雄根、何志华编著:《先秦两汉典籍引〈孟子〉资料汇编》,香港:中文大学出版社,2007 年。

陈柱:《墨学十论》,桂林:广西师范大学出版社,2010 年。

池田知久著,王启发译:《马王堆汉墓帛书五行研究》,北京:线装书局、中国社会科学出版社,2005 年。

戴震:《孟子字义疏证》,北京:中华书局,1982 年。

丁四新:《郭店楚墓竹简思想研究》,北京:东方出版社,2000 年。

董洪利:《孟子研究》,南京:江苏古籍出版社,1997 年。

杜维明主编:《思想·文献·历史:思孟学派新探》,北京:北京大学出版
　　社,2008年。

杜维明著,彭国翔编译:《儒家传统与文明对话》,北京:人民出版社,2010年。

杜佑撰,王文锦、王永兴等点校:《通典》,北京:中华书局,1988年。

范晔撰,李贤等注:《后汉书》,北京:中华书局,1965年。

房玄龄等撰:《晋书》,北京:中华书局,1974年。

方勇:《庄子学史》,北京:人民出版社,2008年。

傅亚庶:《刘子校释》,北京:中华书局,1998年。

高亨:《诸子新笺》,济南:齐鲁书社,1980年。

高似孙撰,张艳云校点:《子略》,沈阳:辽宁教育出版社,1998年。

高诱撰,姚宏补:《战国策高氏注》,台北:世界书局影印读未见书斋重雕本,
　　1975年。

郭鼎堂:《先秦天道观之进展》,上海:商务印书馆,1936年。

葛兆光:《中国思想史》,上海:复旦大学出版社,2001年。

郭沫若:《十批判书》,北京:东方出版社,1996年。

郭庆藩撰,王孝鱼点校:《庄子集释》,北京:中华书局,1961年。

郭象注,成玄英疏,曹础基等点校:《庄子注疏》,北京:中华书局,2011年。

郭沂:《郭店竹简与先秦学术思想》,上海:上海教育出版社,2001年。

韩婴撰,许维遹校释:《韩诗外传集释》,北京:中华书局,1980年。

韩愈著,刘真伦、岳珍校注:《韩愈文集汇校笺注》,北京:中华书局,2010年。

胡毓寰:《孟子本义》,《民国丛书》第五编第4册,上海:上海书店据正中
　　书局1933年版影印。

黄怀信、张懋镕等撰:《逸周书汇校集注》,上海:上海古籍出版社,1995年。

黄俊杰:《中国孟学诠释史论》,北京:社会科学文献出版社,2004年。

黄人二:《上海博物馆藏战国楚竹书(一)研究》,台中:高文出版社,2002年。

黄宗羲原著,全祖望补修:《宋元学案》,北京:中华书局,1986年。

黄宗羲:《明儒学案》,北京:中华书局,2008年。

贾谊撰,阎振益、钟夏校注:《新书校注》,北京:中华书局,2000年。

贾谊撰,吴云、李春台校注:《贾谊集校注》,天津:天津古籍出版社,2010年。

蒋礼鸿:《商君书锥指》,北京:中华书局,1986年。

蒋寅:《学术的年轮》,北京:中国文联出版社,2000年。

蒋祖怡：《王充卷》，郑州：中州书画出版社，1983 年。

焦循撰，沈文倬点校：《孟子正义》，北京：中华书局，1987 年。

金春峰：《汉代思想史》，北京：中国社会科学出版社，1987 年。

荆门市博物馆编：《郭店楚墓竹简》，北京：文物出版社，1998 年。

康僧会译，蒲正信注：《六度集经》，成都：巴蜀书社，2011 年。

孔安国传，孔颖达正义，黄怀信整理：《尚书正义》，上海：上海古籍出版社，2007 年。

赖炎元：《韩诗外传今注今译》，台北：商务印书馆，1979 年。

兰翠：《唐代孟子学研究》，北京：北京大学出版社，2014 年。

郎擎霄：《孟子学案》，《民国丛书》第四编第 4 册，上海：上海书店据商务印书馆版影印。

劳思光：《新编中国哲学史》，桂林：广西师范大学出版社，2005 年。

李澄宇：《读二十五史蠡述》，北京：北京图书馆出版社，2005 年。

李存山：《中国气论探源与发微》，北京：中国社会科学出版社，1990 年。

李零：《郭店楚简校读记》（增订本），北京：中国人民大学出版社，2007 年。

黎靖德编，王星贤点校：《朱子语类》，北京：中华书局，1986 年。

李峻岫：《汉唐孟子学述论》，济南：齐鲁书社，2010 年。

李明辉编：《儒学经典诠释方法》，上海：华东师范大学出版社，2007 年。

黎翔凤撰，梁运华整理：《管子校注》，北京：中华书局，2004 年。

李亚彬：《道德哲学之维——孟子荀子人性论比较研究》，北京：人民出版社，2007 年。

李延寿：《北史》，北京：中华书局，1974 年。

李延寿：《南史》，北京：中华书局，1975 年。

李颙：《二曲集》，北京：中华书局，1996 年。

梁启超：《饮冰室合集》，北京：中华书局，1989 年。

梁启超：《论中国学术思想变迁之大势》，上海：上海古籍出版社，2001 年。

梁启雄：《韩子浅解》，北京：中华书局，1960 年。

梁启雄：《荀子柬释》，《民国丛书》第五编第 4 册，上海：上海书店据商务印书馆 1936 年版影印。

梁涛：《郭店竹简与思孟学派》，北京：中国人民大学出版社，2008 年。

梁玉绳：《史记志疑》，北京：中华书局，1981 年。

刘立夫、魏建中等译注：《弘明集》，北京：中华书局，2013 年。

刘师培：《刘申叔先生遗书》，南京：江苏古籍出版社，1997 年。

刘文典撰，冯逸、乔华点校：《淮南鸿烈集解》，北京：中华书局，1989 年。

卢文弨著，王文锦点校：《抱经堂文集》，北京：中华书局，1990 年。

刘向撰，向宗鲁校证：《说苑校证》，北京：中华书局，1987 年。

刘昫等撰：《旧唐书》，北京：中华书局，1975 年。

刘绪义：《天人视界——先秦诸子发生学研究》，北京：人民出版社，2009 年。

刘毓庆、郭万金：《从文学到经学——先秦两汉〈诗经〉学史论》，上海：华
　　东师范大学出版社，2009 年。

刘治立：《傅子评注》，天津：天津古籍出版社，2010 年。

陆贾撰，王利器校注：《新语校注》，北京：中华书局，1986 年。

罗根泽：《诸子考索》，北京：人民出版社，1958 年。

马国翰：《玉函山房辑佚书》，扬州：广陵书局影印楚南湘远堂刊本，
　　2004 年。

马庆洲：《淮南子考论》，北京：北京大学出版社，2009 年。

毛奇龄：《四书賸言》，见阮元编《清经解》，上海：上海书店影印学海堂
　　本，1988 年。

牟宗三：《圆善论》，长春：吉林出版集团有限责任公司，2010 年。

牟宗三：《从陆象山到刘蕺山》，长春：吉林出版集团有限责任公司，
　　2010 年。

欧阳修等撰：《新唐书》，北京：中华书局，1975 年。

庞朴：《帛书五行篇研究》，济南：齐鲁书社，1988 年。

庞朴：《竹帛〈五行〉篇校注及研究》，台北：万卷楼图书有限公司，2000 年。

钱基博：《古籍举要》，桂林：广西师范大学出版社，2009 年。

钱穆：《孟子研究》，《民国丛书》第四编第 4 册，上海：上海书店据开明书
　　店 1948 年版影印。

钱穆：《国史大纲》，北京：商务印书馆，1996 年。

钱穆：《先秦诸子系年》，北京：商务印书馆，2001 年。

钱穆：《秦汉史》，北京：三联书店，2004 年。

钱穆：《两汉经学今古文平议》，北京：商务印书馆，2005 年。

《清代诗文集汇编》编纂委员会编:《清代诗文集汇编》,清咸丰元年刻本,
　　上海:上海古籍出版社,2010 年。

裘锡圭:《中国出土古文献十讲》,上海:复旦大学出版社,2004 年。

阮元校刻:《十三经注疏》,北京:中华书局,1980 年。

桑弘羊撰,王利器校注:《盐铁论校注》(定本),北京:中华书局,1992 年。

僧祐撰,苏晋仁、萧鍊子点校:《出三藏记集》,北京:中华书局,1995 年。

沈约:《宋书》,北京:中华书局,1974 年。

释印顺:《佛法概说》,北京:中华书局,2010 年。

四川大学古籍整理研究所编:《宋集珍本丛刊》,北京:线装书局,2004
　　年,清雍正甲寅刻本。

司马迁:《史记》,北京:中华书局,1982 年。

宋翔凤:《孟子刘注》,见《丛书集成续编》第十五册经部宋翔凤辑《孟子
　　刘注》一卷,上海:上海书店影印《广雅书局丛书》,1994 年。

苏舆:《春秋繁露义证》,北京:中华书局,1992 年。

孙纪文:《淮南子研究》,北京:学苑出版社,2005 年。

孙诒让:《墨子闲诂》卷九,清光绪三十三年刻本。

唐君毅:《中国哲学原论·原性篇》,北京:中国社会科学出版社,2005 年。

唐君毅:《中国哲学原论·导论篇》,北京:中国社会科学出版社,2005 年。

唐晏著,吴东民点校:《两汉三国学案》,北京:中华书局,2008 年。

王充撰,黄晖校释:《论衡校释》,北京:中华书局,1990 年。

王蘧常:《诸子学派要诠》,中华书局,上海书店,1887 年。

王蘧常:《秦史》,上海:上海古籍出版社,2000 年。

王钧林、周海生译注:《孔丛子》,北京:中华书局,2009 年。

王盛元译注:《孔子家语译注》,上海:上海三联书店,2018 年。

王叔岷:《诸子斠证》,北京:中华书局,2007 年。

王叔岷:《慕庐论学集》,北京:中华书局,2007 年。

王叔岷:《先秦道法思想讲稿》,北京:中华书局,2007 年。

王先谦撰,吴格点校:《诗三家义集疏》,北京:中华书局,1987 年。

王先谦撰,沈啸、王星贤点校:《荀子集解》,北京:中华书局,1988 年。

王先慎撰,钟哲点校:《韩非子集解》,北京:中华书局,1998 年。

王应麟撰,翁元圻等注,栾保群等校点:《困学纪闻》,上海:上海古籍出版

社,2008 年。

王永祥:《董仲舒评传》,南京:南京大学出版社,1995 年。

魏明安、赵以武:《傅玄评传》,南京:南京大学出版社,2011 年。

魏启鹏:《简帛文献〈五行〉笺证》,北京:中华书局,2005 年。

魏征等撰:《隋书》,北京:中华书局,1973 年。

吴毓江撰,孙启治点校:《墨子校注》,北京:中华书局,2006 年。

萧统编,李善注:《文选》,北京:中华书局影印嘉庆胡刻本,1977 年。

熊十力:《原儒》,上海:上海书店出版社,2009 年。

徐复观:《两汉思想史》,上海:华东师范大学出版社,2001 年。

徐复观:《中国人性论史》,上海:华东师范大学出版社,2005 年。

徐敏:《王充哲学思想探索》,北京:三联书店,1979 年。

徐平章:《荀子与两汉儒学》,台北:文津出版社,1988 年。

许维遹:《吕氏春秋集释》,北京:中华书局,2009 年。

徐湘霖校注:《中论校注》,成都:巴蜀书社,2000 年。

许逸民:《金楼子校笺》,北京:中华书局,2011 年。

徐元诰撰,王树民、沈长云点校:《国语集解》,北京:中华书局,2002 年。

荀悦撰,黄省曾注,孙启治校补:《申鉴注校补》,北京:中华书局,2012 年。

严可均辑:《全上古三代秦汉三国六朝文》(附索引),北京:中华书局,
　　1958 年。

杨承彬:《孔、孟、荀的道德思想》,台北:商务印书馆,1978 年

杨伯峻:《列子集释》,北京:中华书局,1979 年。

杨伯峻:《孟子译注》,北京:中华书局,2005 年。

杨大膺编:《孟子学说研究》,《民国丛书》第四编第 4 册,上海:上海书店
　　据中华书局 1937 年版影印。

杨国荣:《孟子的哲学思想》,上海:华东师范大学出版社,2009 年。

杨筠如:《荀子研究》,《民国丛书》第四编第 4 册,上海:上海书店据商务
　　印书馆版影印。

杨明照:《抱朴子外篇校笺》,北京:中华书局,1991 年。

杨儒宾、祝平次编:《儒学的气论与工夫论》,上海:华东师范大学出版社,
　　2008 年。

杨世文:《魏晋学案》,北京:人民出版社,2013 年。

杨树达:《汉书管窥》,上海:上海古籍出版社,1984 年。

扬雄著,张震泽校注:《扬雄集校注》,上海:上海古籍出版社,1993 年。

扬雄撰,汪荣宝疏:《法言义疏》,北京:中华书局,1987 年。

扬雄撰,司马光集注,刘韶军点校:《太玄集注》,北京:中华书局,1998 年。

杨燕起等汇辑:《史记集评》,北京:华文出版社,2005 年。

杨泽波:《孟子性善论研究》(修订本),北京:中国人民大学出版社,
　　2010 年。

杨朝明、宋立林主编:《孔子家语通解》,济南:齐鲁书社,2013 年。

杨朝明:《〈孔子家语〉综合研究》,济南:齐鲁书社,2017 年。

幺峻洲:《孟子索引》,济南:齐鲁书社,2009 年。

姚铉编,许增校:《唐文粹》,光绪十六年杭州许氏榆园校刊刻本,杭州:浙
　　江人民出版社,1986 年。

叶德辉:《刘熙事迹考》,见《丛书集成续编》第十五册经部叶德辉辑《孟
　　子章句》一卷附《刘熙事迹考》一卷,上海:上海书店影印《郋园先生
　　全书》,1994 年。

永瑢等撰:《四库全书总目提要》,王云五主编万有文库本,上海:商务印
　　书馆,1931 年。

永瑢等撰:《四库全书总目》,北京:中华书局,1965 年。

余嘉锡笺疏:《世说新语笺疏》,北京:中华书局,2007 年。

于省吾:《双剑誃诸子新证》,上海:上海书店,1999 年。

余英时:《士与中国文化》,上海:上海人民出版社,2003 年。

张纯、王晓波:《韩非子思想的历史研究》,北京:中华书局,1986 年。

张立文主编:《中国学术通史》,北京:人民出版社,2004 年。

张烈点校:《两汉纪》,北京:中华书局,2002 年。

章太炎:《诸子学略说》,桂林:广西师范大学出版社,2010 年。

章学诚著,叶瑛校注:《文史通义》,北京:中华书局,1985 年。

张震泽:《孙膑兵法校理》,北京:中华书局,1984 年。

张震泽:《十一家注孙子校理》,北京:中华书局,1999 年。

赵岐:《孟子章句》,见宋椠大字本《孟子》,张元济辑《续古逸丛书》,《四
　　部丛刊初编》(八),上海:上海书店,1989 年。

赵岐:《孟子章句》,张元济等辑《续古逸丛书》影印宋椠大字本《孟子》,

扬州：江苏广陵古籍刻印社,1994 年。

赵岐：《孟子章句》,北京：中华书局影印《四部丛刊》,1998 年。

郑卜五：《孟子著述考(一)》,台北："国立编译馆",1993 年。

钟肇鹏：《王充年谱》,济南：齐鲁书社,1983 年。

周桂钿：《虚实之辨——王充哲学的宗旨》,北京：人民出版社,1994 年。

周桂钿：《董学探微》,北京：北京师范大学出版社,2008 年。

周勋初：《韩非子札记》,南京：江苏人民出版社,1980 年。

周振甫译注：《周易译注》,北京：中华书局,2001 年。

周钟灵、施孝适、许惟贤主编：《韩非子索引》,北京：中华书局,1982 年。

朱熹：《四书章句集注》,北京：中华书局,1983 年。

朱熹：《朱子全书》,上海：上海古籍出版社,合肥：安徽教育出版社,2002 年。

二、论文、论文集类

郭登皞：《韩非子政治思想研究》,《民族杂志》1937 年第 5 卷第 3 期。

黄彰健：《孟子性论之研究》,见《中央研究院历史语言研究所集刊》第 26
　　册,1955 年。

湖南省博物馆、中国科学院考古研究所：《长沙马王堆二、三号汉墓发掘
　　简报》,《文物》1974 年第 7 期。

晓菡：《长沙马王堆汉墓帛书概述》,《文物》1974 年第 9 期。

湖北省荆门市博物馆：《荆门郭店一号楚墓》,《文物》1997 年第 7 期。

刘家和：《关于战国时期的性恶说》,载《中国哲学》第十八辑,长沙：岳麓
　　书社,1998 年。

《中国哲学》编辑部：《郭店楚简研究》(《中国哲学》第二十辑),沈阳：辽
　　宁教育出版社,1999 年。

《中国哲学》编辑部：《郭店简与儒学研究》(《中国哲学》第二十一辑),
　　沈阳：辽宁教育出版社,2000 年。

武汉大学中国文化研究院编：《郭店楚简国际学术研讨会论文集》,武汉：
　　湖北人民出版社,2000 年。

江文思、安乐哲编,梁溪译：《孟子心性之学》,北京：社会科学文献出版
　　社,2005 年。

山东师范大学齐鲁文化研究中心、美国哈佛大学燕京学社编:《儒家思孟学派论集》,济南:齐鲁书社,2008 年。

刘又铭:《当代新荀学的基本概念》,见《儒林》第四辑,济南:山东大学出版社,2008 年。

杨海文:《中国佛教史上第一篇孟子学文献——〈牟子理惑论〉新探》,《湖南大学学报》2013 年第 5 期。

后　记

本书是我多个阶段学习所思所想的汇集，前后近二十年时间，既见证了个人的慵懒，也说明了常人做学术之不易。

2002 年进入重庆师范大学攻读硕士学位，跟随董运庭老师学习先秦两汉文学，学习初期董先生开出一系列书目，让我在读书中寻找自己的研究方向。书目几乎囊括了先秦所有典籍，还有不少先秦两汉研究专著和研究论文集。董先生之意很明显，是想让文字学、文献学和文学等功底都不好的我结合方家论著，研读元典，同时学着写学术论文。过一段时间，董先生会耐心深入地询问、启发读书心得，开展交流。其中，《孟子》一书是我用时最多的儒家典籍，第一年写的读书笔记，就是谈对孟子其人其书的认识，读研期间试着写的四篇论文，有三篇与《孟子》有关。虽然我的硕士学位论文无关孟子，但对其义利观、民本思想、人性论以及为人为文的浩然之气一直印象深刻。

2009 年有幸入华东师范大学方勇老师的门下研学先秦诸子学。先生建议我在《论语》和《孟子》之间选择一个做接受史研究，我几乎不加犹豫就选择了《孟子》，虽然知道宋代之前的孟学史研究没有多少现存的资料和基础，但还是如同失散多年的朋友重新相聚一样愉悦，并决定暂时研究战国至秦汉这一段的孟学史。当真正展开研究时，困难要比想象的要多得多，主要的问题有四个方面：

一是孟学史的界定问题。何为孟学史？在多数人的认识中，一个思想家其人其书的研究史能称为学史的，他应该是在历史上有重大影响的人物。孟子学术思想的接受史称为孟学史是否恰当？这个问题在博士论文开题时就有专家提出，所以在没有做好充分论证之前，博士论文题目最后定为《先秦两汉孟子学研究》。随着研究的推进，从孟学文献数量、研究阐释角度、孟子对历朝历代政治、文化以及社会的影响等来看，将孟子学术思想的接受史称为孟学史不但是恰当的，也是必要的。

二是孟学史史料的界定和收集问题。从传统意义上讲，孟学史史料是指自觉研究孟子其人其书的专门文献,虽然自觉的《孟子》研究始于汉代,如郑玄、高诱、刘熙和赵岐的注,但只有赵岐的《孟子章句》流传了下来。魏晋南北朝近四百年的时间,仅有綦毋邃注的《孟子》七卷,而且亡佚了。唐代见于著录的孟子注本有三家,即陆善经的《孟子注》,张镒的《孟子音义》和丁公著的《孟子手音》,但也亡佚了。直到宋代《孟子》升格为儒家经典,研究孟子其人其书的文献才蔚为大观。就是说,宋代之前传统意义上的孟学史文献很少,甚至有的学者认为,从严格意义上讲,这一时段没有孟学史这一说。但正如蒋寅先生所说:"孟子身后升沉荣毁的戏剧性遭遇,从一个侧面勾画出封建专制严酷程度的曲线。我始终认为,孔孟之道的意义主要在于两千年来对中国人以及汉文化圈的巨大影响。而要研究这种影响对文化传统的意义,花几十万字的篇幅写一部孔子、孟子研究,远不如写一部孔子、孟子学史更有意义。"而要全面了解孟学史,就不能避开战国至唐代这一段。鉴于以上原因,当初的研究主要是从思想史的角度来展开的,这种做法得到了不少专家的支持和肯定。研究角度和理路确定后,接下来面临的最大困难是没有现存的孟学史史料,需要从战国至秦汉文献中一点一点梳理和辨析出来。这就要求既要熟悉《孟子》字句和思想,也要熟悉与《孟子》有关的著作的思想,特别是它们对孟子思想的继承与发展、批评与否定甚至直接引用和间接引用的情况。为此,在个人才智范围内,用了许多笨办法,花了不少时间和精力,翻检了这一时段所有的传世文献和出土文献,尽可能全面地梳理孟学史史料——这是开展后续研究的基础。虽然翻检中时有惊喜,但这是最费时最枯燥最辛苦的工作。

三是撰写的体例问题。是以时间为序逐一评论孟子思想接受主体的接受情况?还是以孟子思想专题的形式梳理和评论后人的接受情况?两者各有长短,专家也各有建议,甚是犹豫了一阵。最后,考虑到后一种写法有可能会丢掉一些孟学史史料,导致不能真实反映孟学史的全貌,所以选择了前一种写法,这也是比较通行和省力的写法。同时,汉代孟学史还采用了经史子文献分类与时间顺序相结合的方式。为了弥补专题研究的不足,在"结语"部分对孟子思想中主要理论范畴在后世的接受情况做了纵向的简要梳理,这样便于我们从不同的角度认识孟学史。

四是文献的真伪问题。这个问题一直困扰古代文学、哲学、历史学等多个领域的研究。就战国秦汉孟学史而言，主要是出土文献的考证问题，即竹简《五行》篇是不是子思的作品？帛书《五行》说文和《圣德》篇是不是孟子后学的作品？好在许多研究者对此有较成熟的考证，这省去了不少力气。魏晋南北朝文献的真伪问题主要涉及《孔丛子》和《孔子家语》两书。从孟学史史料角度讲，两书如果是伪书，那么书中与孟子思想有关的材料就是作伪者结合孔孟思想而做出的有意抄袭，其中包含了作伪者对孟子思想及其与孔子思想关系的理解；如果两书不是伪书，那么它们就是我们研究孟子思想形成以及思孟学派传承的重要文献，也是孟学史史料的重要文献。从这个角度讲，真伪问题不是影响孟学史研究的本质问题，而只是不同的研究角度问题。

2013 年进入四川大学历史学博士后流动站，跟随舒大刚先生研究中国儒学，选择的研究对象是魏晋南北朝孟学史。开题时，很多专家为我担心：这一段有多少孟学史料可言？撰写的可行性有多大？在开题之前，虽然我大略翻看过这一阶段的部分文献，其实心里是没多少底的。之所以坚持做，是基于两个原因：一是战国至秦汉孟学史研究的经历让我知道，从思想史的角度去挖掘孟学史，是可行的；二是孟学史应该是一个完整的体系，不能缺魏晋南北朝这一段，虽然儒学地位在这一阶段不如汉代，《孟子》地位更是急速下降，但作为儒家重要典籍，它在这段历史中不应湮没无闻，应该只是呈现的方式不同罢了。舒先生要求严格，指导有方，所以研究的最后成果还算比较满意，在 2016 年出站答辩时，得到了所有专家的肯定。

在 2019 年，为了完成学院下达的项目申报任务，我将经过两年多修改的战国至魏晋南北朝孟学史申报了国家社科后期资助，有幸获批。说是为了完成任务并非矫情，因为前后经历了好些年，在翻检各种文献过程中有些疲惫。而且之前研究中想解决但没有解决的问题都是最棘手的问题，是硬骨头，如：补齐少数没有涉及的孟学史史料特别是有争议的史料，分析孟子思想与当时政治、思想、文化等的互动情况以及孟学的内在发展逻辑，分析各个阶段孟子地位的演变及对社会观念的影响等。正如担心的一样，评审专家指出的问题都是这些难啃的硬骨头。已然立项，也只有硬着头皮，挑战心底多年积下的惰性。经过近两年智穷才尽般的努力,完成了项目。虽然不敢说解决了之前的棘手问题,但算是在这些方面做了些探索和努力,解决了部分问题。唯有希望之前的孟学史研究,不要成为一些学者指出的那样:经典作家的接受史研究已成为最缺乏创意的"学术避难所"。

最后要感谢指导和鼓励我的众多先生和亲友。感谢一路走来倾囊相授的老师董运庭先生、方勇先生和舒大刚先生,他们不嫌弟子基础薄,悟性低,总是周全考虑,耐心指导。他们的博学多才与宽厚包容,不仅免去了我学习上的惶恐,也让我领悟到了做人、做学问的道理。感谢学习期间给予学业指导的其他老师们,他们或激情飞扬,或笃厚沉稳,或学无所遗,或深耕细作,他们的指导总能让我有忽然开朗之感。感谢亦友亦师的同学们,有了大家的论争切磋、小聚交流,枯燥的研究和学习也变成了美好的回忆。感谢日夜操劳的父母和爱人唐淑琼,他们默默承受了繁琐的生活和照顾两个儿子的重担,给了我连续而完整的时间来研读。

本书的出版还得到了宜宾学院出版基金资助。此处一并表示感谢!